JN423422

6th Edition

초등교사를 위한

과학교육

CENGAGE Learning

Elementary Science Methods: A Constructivist Approach
6th Edition

David Jerner Martin

© 2014 Cengage Learning Korea Ltd.

Original edition © 2012 Wadsworth, a part of Cengage Learning.
Elementary Science Methods: A Constructivist Approach, 6th Edition, International Edition
by David Jerner Martin. ISBN: 978-1-111-77110-2

This edition is translated by license from Wadsworth, a part of Cengage Learning, for sale in Korea only.

ALL RIGHTS RESERVED. No part of this work covered by the copyright herein may be reproduced, transmitted, stored or used in any form or by any means graphic, electronic, or mechanical, including but not limited to photocopying, recording, scanning, digitalizing, taping, Web distribution, information networks, or information storage and retrieval systems, without the prior written permission of the publisher.

For permission to use material from this text or product, email to
asia.infokorea@cengage.com

ISBN-13: 978-89-5526-874-4

Cengage Learning Korea Ltd.
Suite 1801 Seokyo Tower Building
133 Yanghwa-Ro, Mapo-Gu
Seoul 121-837 Korea
Tel: (82) 2 322 4926
Fax: (82) 2 322 4927

Cengage Learning is a leading provider of customized learning solutions with office locations around the globe, including Singapore, the United Kingdom, Australia, Mexico, Brazil, and Japan. Locate your local office at:
www.cengage.com/global

Cengage Learning products are represented in Canada by Nelson Education, Ltd.

For product information, visit **www.cengageasia.com**

Printed in Korea
1 2 3 4 17 16 15 14

6th Edition

Elementary Science Methods

A Constructivist Approach

David Jerner Martin 저

초등교사를 위한 과학교육

권성기·김동렬·임청환 공역

CENGAGE Learning

북스힐

Andover • Melbourne • Mexico City • Stamford, CT • Toronto • Hong Kong • New Delhi • Seoul • Singapore • Tokyo

차례 요약

차례

역자 서문

먼저 이 책의 원서 제목은 David Jerner Martin의 「*Elementary Science Methods: A Constructivist Approach* (6th ed)」 (2012)이다. 영어 제목의 Elementary Science Methods를 그대로 직역하면 초등 과학 방법이 될 것이지만, 미국에서는 초등 과학교육 강좌를 그렇게 부르고 있다. 과학교육 강의를 흔히 Science Teaching Methods라고 표현할 때 수업이라는 말을 생략하여 생겨난 듯하다. 그래서 처음엔 이 교재의 한국어판에 초등 과학교육이라는 제목을 붙였다. 저자는 미국 케너소 주립대학교의 David Jerner Martin 교수로서, 현재는 은퇴하였다.

우리나라에서는 과학 교사를 양성하기 위하여 교과 교육학 강의가 중요한 부분이 되었으며 더욱 과학교육 과목이 확대되고 있다. 역자들은 교육대학교에서 과학교육을 강의해오던 바에 적절한 교재를 찾던 중에 초등 과학교육 강의를 위한 교재들이 대개 이론이나 지식 중심의 결과적 설명방식임을 알게 되었다. 이와 다르게 중등 과학 교사를 양성하는 사범대학교의 과학교육 교재를 그대로 이용하기도 하지만, 중등교사를 위한 과학교육 강의를 그대로 교육대학교 예비 교사들에게 적용하는 것도 만족스럽지 못하였다. 이런 문제를 해결하는 책으로 마틴 교수의 초등 과학교육이라는 책은 매력적으로 보였다. 더구나 부제로 붙인 구성주의적 접근이 과학교육에서 구성주의에 대한 관심이 폭발적으로 받게 된 상황과 맞물려서 구성주의 과학교육에 대한 강의를 하고 싶던 소망과도 잘 맞았다.

그러나 그 이후에도 마틴 교수는 2, 3판을 출판하여 4판을 출판하고 공로상을 수상하였다. 역자들은 4판을 다시 번역하기로 계획하였으나 차일피일 미루다가 또다시 5판이 출판되었고 어느 정도 번역하였으나 또 미뤄지게 되었으며, 최종적으로 6판을 번역하는 것으로 완성되었다.

그리고 이 교재의 제목도 「초등교사를 위한 과학교육」으로 과감하게 바꾸기로 하였다. 초등교사를 위한 과학교육이 중등교사의 과학교육과 엄격하게 구별되지는 않지만, 초등학교의 담임 교사가 여러 가지 과목을 함께 가르치고 있는 현실의 모습을 인정하면 초등교사의 과학과목은 중등교사의 과학과는 상당한 차이가 있을 것이다. 또 한편으로 사전 질문, 요약, 핵심 용어 등이 새로 추가되었으며, 부록에는 2009년 개정 과학과 교육과정을 수록하였다. 궁극적으로는 교육대학교의 예비교사들이 초등 과학교육을 공부하고 과학수업 능력을 개발하여 유능한 초등교사로 성장시키는 것이 이 책의 목적이다.

저자의 서문에 이 책의 구성 및 의도가 강조되었듯이, 초등학교 학생을 위한 과학교육은 과학을 행하도록 하는 과정 중심적인 구성주의적 접근이어야 한다. 따라서 조작적 활동을 경험하면서 예비 교사들이 초등 과학교육에 대한 개념과 방법을 구성하도록 하는 것이 가장 바람직할 것이다. 이 교재를 초등 과학 교사 양성을 위한 과학교육 강의에 활용할 때는 이 책을 읽고 외우기보다는 여러분이 직접 과학 활동을 행하고 과학 교사로서 효과적인 수업을 수행하기 위한 최선의 방법을 구성해야 한다.

처음에 출판했던 시그마 프레스와 센게이지 러닝과 북스힐 출판사는 어려운 출판 시장 상황에서도 책을 발행할 수 있도록 도와주셨기에 깊은 감사를 드린다. 또한 이 책을 꼼꼼하게 교정하는 작업에 남일균 교사의 도움이 너무나도 컸다. 크고 작은 도움을 주신 대구교육대학교 과학교육과 교수님들과 초등 과학교육 전공의 대학원생들 모두에게 감사를 드리며, 1996년 이후에 초등 과학교육론 강좌를 수강했던 대구교육대학교 학생들에게도 진심으로 감사드린다.

끝으로 이 책의 내용상의 오류는 번역자들의 몫이다. 작은 실수라도 알려주셔서 초등 과학교육을 구성하는 작업에 함께 참여하기를 부탁드린다.

2013.10.29

권성기, 임청환, 김동렬 일동

저자 서문

아동에게 과학을 행하는 방법을 가르치기

아동은 과학을 행하면서 학습한다. 흥미로운 것에 스스로 질문하고, 그 질문에 답을 탐색하기 위해서 열린 탐구의 과정을 적용하며, 이전에 개인적으로 구성했던 의미에 새로운 경험을 결합시킨다. 이렇게 자신의 경험과 사고로부터 개인적 지식을 구축하는 것이 구성주의 핵심이다.

그러나 아동이 자신의 탐구에 매력을 느끼는 것이 자연스러움에도 과학수업은 과학지식을 학생들에게 능숙하게 전달 impartation하는 것을 주된 특징으로 진행되었다. 교과에는 아동이 배워야 할 정보를 수록하였고, 교사는 교과서 안의 정보를 해석해주는 일을 하면서 제시된 자료를 모든 아동이 배우는데 필요하다고 주장하였다.

21세기 과학교육은 교사에 초점을 맞춘 접근에서 매우 다른 접근 방식으로 옮겨가고 있다. 아동에게 의미있는 방식으로 구성하게 돕는 접근으로 바뀌고 있다. 아동 스스로 선택하고 경험하며, 과학교육의 초점은 습득보다는 행하는 쪽으로 옮겨 갔다.

아동이 과학을 행할 때는 과학의 과정을 개인적으로 구성한 탐구의 과정을 활용한다. 따라서 이 책은 과정 중심의 탐구 과학수업을 구성하는 것을 주제로 한다. 과정 기능과 손으로 직접 조작하는 경험을 통해서 아동들이 흥미로워 하는 현상에 스스로 질문을 던지면서 해답을 찾고 고안하는 것을 강조한다. 학생들에게 과학을 행하는 방식을 교실에서 구성주의적인 방식으로 학습하는 것처럼 과학을 구성주의적 접근으로 가르친다.

지난 30년 동안 저자는 유치원부터 대학교까지 모든 수준의 과학교육을 경험하였는데, 그런 경험에 따르면 아동들이 과학을 학습하기 위해서는 그들 스스로 과학을 해보는 것 밖에는 없다. 이런 경험을 실천하기 위한 이 교재도 초등학교 과학교육은 직접 조작하는 과정 중심적 구성주의적 탐구에 의하여 이루어져야 한다는 대담한 입장을 확고하게 취하고 있다. 예비 교사와 현직 교사가 이 교재를 공부하면서 과학교육에 대한 개념과 방법을 구성한다면 과학을 가르치는 일은 재미있고, 가슴이 뛰며 보람과 성취감을 맛보게 하는 일이 될 것이다.

칼 세이건 Carl Sagan에게 이 책의 초판을 보냈더니 "과학수업을 변화시키려는 당신의 노력이 모두 잘 되기를 바란다"고 짤막하게 결론을 써 주었다. 그러나 과학교육을 변화시키는 것은 나만으로는 가능하지 않다. 여러분이 과학교육을 변화시킬 수 있다. 왜냐하면 과학을 가르치는 방식을 여러분 스스로 구성하는 사람이 교사일 것이며 과학 수업을 가장 효과적으로 변화시킬 수 있기 때문이다.

이 책의 대상

이 책은 유치원에서 6학년(혹은 일부 활동은 8학년)의 학생들에게 과학을 구성주의 관점에서 가르치도록 준비하는 데 필요할 것이다. 대학교의 학부와 대학원 과정에 적절하다. 학교 현장의 경험이 없는 학부생은 이 교재의 활동을 통해서 구성주의적 탐구 과학 수업에 대한 개념을 탄탄하게 구성할 수 있을 것이다. 대학원생은 탐구에 대한 고급 모형과 과학-기술-사회를 포함한 학문간 연구, 내용과 방법에 대한 논쟁, 현장 연구를 통한 전문성 향상에 대해 공부할 수 있다.

이 책의 구성

이 책은 2부로 구성되어 있다. 1부는 예비 교사들에게 과학을 어떻게 가르칠 것인가를 기본적으로 구성하여 이해하게 한다. 과학의 본성, 과정을 가르칠 때 내용의 역할, 구성주의 패러다임이라는 개념을 생각하고, 학생에게 탐구를 격려하는 방법, 학습자의 개인차를 조절하는 방법과 영어 학습자와 다문화 차원을 다루며, 참평가 방법에 대해서 공부한다.

2부는 학생의 기본적 과학 프로그램에 대한 탐구 문학과 다른 학문 분야의 주제를 통합하고, 교육공학의 활용과 개념도를 과학교육의 전문성으로 확장시켰다.

부록에서 예비 교사가 자신의 과학교육 체계를 구성하도록 과학의 기본 원리와 개념을 담은 활동과 이 교재에서 활용된 아동 문학의 목록을 실었다(역자 주: 한국어판에서는 이런 부록 대신에 2009년 개정 과학과 교육과정을 실었다).

6판에서 새롭게 변한 부분

6판에서 달라진 부분 중 중요한 특성은 다음과 같다.

- 1장의 **과학교육의 필요성**은 최근에 발견된 과학적 성과들을 새롭게 포함시켰다. 전에 보지 못하던 새로운 동물 종의 발견, 명왕성을 행성이 아닌 것으로 분류, 화성에서 물을 찾으려는 시도, 태양계 밖의 수백 개의 행성 발견 등이 추가되었다.
- 2장의 **오늘날의 과학교육**은 과학의 국가 수준 검사와 국제 비교 결과, 5-E 순환 학습, 융합인재교육(STEM: 과학, 기술, 공학 및 수학)에 관한 자료, **뒤처지는 아동 방지법**을 대체한 **교육의 청사진**의 내용을 반영하였다.
- 3장의 **과학의 과정**에 관련된 활동 중에 몇 가지를 새롭게 추가하거나 다듬었다.
- 4장의 **초등 과학교육에서 구성주의**는 새로운 연구 분야인 "뇌연구와 지식의 구성"이라는 절을 다시 저술했다.
- 5장의 **탐구**는 문제 풀이 학습, 과학 프로젝트 학습, 개별화 수업, 개인화된 수업 부분을 다듬고, "탐구 활동들"이라는 절을 추가했다.
- 영어 학습자에게 과학을 가르치는 내용을 확장하여 최근의 연구에서 주목받은 면을 포함시켰다.
- 8장의 **평가**는 형성 평가를 강조하도록 수정했다.

- 11장의 **초등 과학교육을 위한 공학기술**은 교수 학습을 위한 최근의 교육공학을 반영하도록 대폭 수정하고, 미국의 교육공학 계획과 기준을 포함했다. 또한 초등학교 온라인 교육에 대한 부분을 덧붙였다.
- 이번 6판에는 200가지 정도의 아동 문학과 관련된 제안이 실려있다. 그중에는 정확한 과학 내용을 실어야 한다는 최근의 추세를 반영하여 주로 비소설인 문학 작품이 50개 이상이 포함되어 있다.

이 교재의 특성

전체적으로 이 교재는 구성주의 방식으로 쓰여졌다. 각 주제는 한 가지 혹은 그 이상의 사례 연구나 활동을 실행하게 하여 예비 교사가 자신의 개념을 구성하는 것을 시작하게 돕는다. 현상을 담고 있는 다양한 상황을 탐구하면서 각 주제들을 귀납적으로 모아 하나의 개념을 도입하거나 정의할 수 있도록 했다. 이런 방식으로 예비 교사들이 하나의 주제를 다룰 때 일반화를 구성하고 결론을 구성하도록 했다. 또한 저자가 미리 구성한 결론에 의존하지 않도록 했다. 반복적으로 여러분의 결론을 저자의 결론과 비교해야 하며, 어느 정도는 일치되기를 희망한다.

그럼에도 논쟁과 불일치되는 일을 환영한다. 이런 방법이 사람들이 자신의 생각을 다듬는 유일한 방식이다. 그리고 이것이 구성주의의 핵심이라고 생각한다.

끝열린 탐구 활동을 학생들에게 풍족하게 제시하여 초등학교에서 과학을 가르치는 일에 대한 개념을 개인적으로 구성하기를 의도했다. 예비 교사인 여러분들이 소집단으로 여러 가지 활동을 수행하고 결과를 논의하는 일은 교사가 초등학교 과학 교실에서 수행하는 일과 똑같다. 총 180가지 이상의 과정 중심 탐구 활동이 제안되어 있으며, 각 활동은 학년 수준을 표시하였으며, 교사가 아동에게 스스로 탐구하고 수행하는 데 도움을 주도록 끝이 열려 있다. 이 교재의 활동들은 설명하려는 개념을 논의할 때 필요하며 학생들이 그 개념을 학교 교실에 어떻게 적용할지를 논의할 수 있다.

학교 수업에 적용

- **교사 활동** Constructing Your Ideas: 예비교사가 지금 공부하는 주제에 대하여 자신의 개념을 구성하게 돕는 의도로 설계된 것으로 이 교재 전체에 수록되어 있다.
- **학교 활동** In the Schools: 현재 공부하는 개념을 설명하며 어떻게 초등학교 수업에 실제로 활용될 수 있는지를 보여준다.
- **과학수업 활동** Constructing Science in the Classroom: 과학 학습의 원리를 따르면서 과학을 가르치는 데 이용될 수 있다. 아동의 활동이 시작되는 출발점을 제안한 것으로 그대로 따를 필요는 없다. 대상 학년을 적절한 범위로 권장하였으며 대부분 아동의 문학과 연결시켜 놓았다.
- **안전 유의점** Safety: 교재의 여백에 안전과 관련된 아이콘을 두어 안전 문제를 강조했다. 많은 활동 안에서도 안전 문제를 표시하였고, 9장의 한 절은 과학교육에서 안전 문제를 할애하였다.

- **학교 현장 교사의 경험** Teacher Voice: 각 장마다 뒷부분에 포함하여 각 주의 우수 교사들이 경험한 참이야기를 실었다. 이 교재에서 공부한 원리를 실제 학교 현장에 어떻게 수월하게 적용할 수 있는가를 보여주려고 했다. 물론 자신만의 과학교육 경험에 대한 부분도 특별히 필요한 경우에 수록하였다.

학생들의 공부에 도움을 주기 위하여

학습에 도움을 주고 촉진하기 위하여 다음과 같은 부분을 새롭게 구성하였다.

- **사전 질문** Preview Questions: 예비교사가 지금 읽고 있는 부분의 초점을 찾도록 각 장의 앞부분에 사전 질문을 실어 놓았다.
- **미국과학교육기준** National Science Education Standards: 예비 교사들에게 공부 하는 자료가 과학교육기준과 어떻게 연관되는지를 보여주기 위하여 여백 부분에 과학교육기준을 실어 놓았다.
- **요약** Summaries: 각 장의 끝부분에는 중요한 논점을 완전하게 상기시키도록 요약 부분을 실어 놓았다.
- **핵심 용어** Key Terms: 각 장의 끝에 수록된 핵심 용어는 교재에서는 굵게 표시되어 있으며 교재 맨 마지막의 용어 색인집에도 정의를 수록했다.
- **토의를 위한 질문들** Additional Questions for Discussion: 각 장의 말미에 중요한 측면을 반성하도록 질문을 실어 놓았다.

저자에 관하여

데이비드 마틴 David Jerner Martin은 「초등 과학교육: 구성주의적 접근」이라는 책의 저자이면서 「유아 과학교육의 구성과 교사: 교육에 구성주의 접근의 도입」이라는 책을 킴벌리 루미스 Kimberly S. Loomis와 공저했다. 그는 미국과 이국의 여러 학교에서 교육 자문을 하고 날씨 채널의 교육에도 기여했다. 「초등 과학교육」이라는 책은 한국어와 중국어로 번역되었으며 케너소 주립 대학교 Kennesaw State University의 '최우수상 Flame of Excellence'을 받았다(역자 주: 2013년에 보낸 이메일에 현재는 은퇴하셨다는 소식을 받았다).

Part 1

초등 과학교육 구성

Chapter

1 과학교육의 필요성

> 어린이들—너무도 몰라서 중대한 질문을 할 수 없는—을 제외하고는 자연의 모습이 왜 그러한지 의문을 품는 사람이 거의 없다. 우주는 어디서 왔을까? 우주는 언제나 여기에 머무는가? 언젠가는 시간이 거꾸로 흘러 결과가 원인에 앞서 일어나는 일이 있지 않을까? 혹은 인간이 알 수 있는 데도 마지막 한계가 있을까? 등의 의문들을 말이다. 우리 사회에서는 아직도 이런 질문에 대해서 부모나 교사는 그저 어깨를 움츠리기 일쑤다.

Carl Sagan의 서문, Stephen W. Hawking(1988). *A Brief History of Time*. (New York, NY: Bantan Books p. ix) 시간의 역사, 현정준(1988)역, 삼성이데아, 18-19

© Creative Imaging Photography/Alamy

어린 아이는 자연을 연구하는 과학자와 같다. 아동은 통제화된 실험을 알고 싶어하는 본능을 갖고 있다(*Scientific American*, 2010). 아동은 태어나는 순간 혹은 그 이전부터 자연 세계를 인식하고 분류하려고 한다. 사물이 무엇이며 어떻게 작동하며 다른 사물과 어떻게 관련되어 있는가에 자연적으로 호기심을 갖고 있다. 바람, 비, 눈, 안개가 어디서 생겨나는가를 신기해하며, 스트로베리에서 곰팡이가 자라거나 물고기가 물속에서 숨을 쉬고 새가 날아가는 것을 놀라워한다. 깃털이 돌맹이보다 천천히 떨어지는 걸 신기해하며 트럭이 움직이거나 장난감이 작동하는 이유를 궁금해한다. 아동은 질문을 탐색하고 자신의 결론을 만드는 걸 좋아한다.

아동이 학교에 올 때는 알고 싶어하는 내적 본능으로 모험하면서 경험한 종류나 깊이가 다양하다. 초등학생에게 과학을 가르치는 교사는 이런 다양한 경험을 활용하는데 풍부한 심미안을 갖춰야 한다. 교사가 학생을 격려하고, 감수성을 복돋우면서 발달하도록 적절한 수업을 제공하면 아동은 스스로 질문을 제기하고 탐구하면서 자신이 구성한 것에 소유 의식을 가지며 계속 탐구하려는 호기심과 욕구를 초등학교 시절에 유지하고 어른이 돼서도 계속 탐구할 것이다.

이 장은 초등 과학교육에 대한 여러분의 생각을 자극하는 데 그 목적이 있다. 그래서 질문이 해답보다 더 많을 것이다. 구성주의적인 관점은 어떤 현상에 대해 자신이 가지고 있는 기존의 생각에 의문을 가질 때 학습이 가장 잘 일어난다고 제안한다. 그리고 학습이 일어나기 가장 좋은 방법은 학습자 자신이 이미 가지고 있는 이해와 경험으로 쉽게 조화시킬 수 없는 경험들에 노출시키는 것이다. 따라서 이 장에서는 현재 과학교육에 대해 여러분이 이해한 것에 의문을 가지는 것으로 시작하고자 한다.

사전 질문

이 장을 공부하면 다음 질문에 답을 하면서 논의할 수 있다.

- 초등학교 과학 교사는 과학에 대하여 얼마나 많이 알아야 하는가?
- 학생이 학습하는데 어떤 반응(교사의 반응 또는 학생의 반응)이 더 가치로운가?
- 왜 과학의 과정이 중요한가?
- 교사는 학생에게 지식의 소유 의식을 갖도록 어떻게 도와줄 것인가?
- 초등 과학교육에서 교사의 태도는 어떤 역할을 하는가?

초등 과학 교사는 과학에 대해 어느 정도 알아야 하는가?

미국과학교육기준의 전문성 개발 기준 A. 탐구를 통한 내용 학습

학교에서 겪은 과학적 경험 중에서 지금 기억나는 것이 있다면 어떤 것이 있는가?

1.1 교사 활동

과학에 대한 기억

잠시 동안 초등학교 시절을 돌이켜 보고 4학년 혹은 5학년 때에 겪었던 일들을 이야기해 보자. 과학 시간에 어떤 것을 배웠는지 생각해 보자. 기억나는 것을 한두 가지 적어 보고 이것에 대해 친구들과 이야기해 보자. 그 경험 중에 긍정적인 것은 어느 것인가? 또 부정적인 경험은 어떤 것인가? 비슷한 내용에는 어떤 것이 있는가?

위에서 기억한 경험에 대해 학생들이 주고 받았던 이야기를 보면, '강 하구로 야외답사 갔던 일', '개구리 해부', '애벌레(나비나 나방의 유충)가 나비로 부화하는 것 관찰하기', '암석 수집' 등이 있다.

미국과학교육기준의 내용 기준 A. 과학 탐구: 과학 탐구에 대한 이해

학생들의 기억 중에서 산소의 원자 구성이나 석영의 굳기, 완두콩이 교배 후 노란색이 나올 확률, 인간 세포의 **염색체** chromosomes 수, **마찰** friction의 성질, 가위를 통한 지렛대의 원리나 혹은 물의 어는점과 같은 생각들이 떠올랐다는 말은 거의 없을 것이다.

만약 좀 더 최근인 고등학교나 심지어 대학시절을 돌이켜 보며 과학에서 배웠던 내용을 기록해 보아도 이런 사실적 정보가 포함되지는 않을 것이다. 그러나 분명히 이러한 내용을 배운 것은 사실이다!

이러한 활동은 매우 중요한 질문을 제시한다. 우리가 학교에 다니며 분명히 배웠던 사실이나 개념, 정보 등을 기억하지 못한다면 왜 배웠을까? (역자 주: 어떻게 배웠는가도 고려할 필요가 있다.) 이를 보면 사실적인 내용을 가르치는 것은 과학을 꾸준히 배우는 데 혹은 과학의 즐거움이나 진가를 아는 것에 촉진제 역할을 하지는 못한다는 것이 드러난다.

우리는 지금 초등학교 학생들에게 과학을 어떻게 가르칠 것인가를 공부하고 있다.

아이들이 학습했던 것을 기억할 수 있어야 한다. 그 아이들이 지금부터 14~15년이 지난 뒤에 "과학에서 배운 것 중에서 기억나는 것이 무엇인가?"라는 질문을 받았을 때, 여러분에게 배웠던 것을 기억하여 대답할 수 있기를 원한다!

초등 과학 교사들은 대개 그들의 임무가 아이들에게 과학적 내용을 많이 가르치는 일이 가장 중요하다고 생각하기 쉽다. 일반적으로 과학은 자연에 대한 사실적인 학문이며 모든 초등학교 학생들이 개념, 일반화, 정보를 알아야 한다고 생각한다. 이 절에서는 이것이 옳은가에 대해서 검토하고자 한다.

오늘날 알려진 과학의 양

미국과학교육기준의 내용 기준 G. 과학사와 과학의 본성

과학교육에 있어서 사실적 정보 factual information에 초점을 둘 경우 접하게 되는 어려움 중 하나는 이제까지 알려진 정보의 양이다. 지금까지 알려진 과학의 양은 막대하다. 생물학이라는 분야만 해도 1,400가지의 분야로 구분되며 각 분야가 명확한 특징을 갖고 있다(Hurd, 2002). 2020년까지 전 세계의 지식의 양은 73일마다 두 배씩 늘어날 것이라고 예측한다(Costa, 2007). 이런 예측에 따르면 3월 중순에 전 세계에서 알려진 지식의 양은 다음해 설날이 되면 그 양이 두 배가 된다는 의미이다! 1998년 백악관의 새천년 만찬에서 호킹 Hawking박사는 지식이 현재의 비율로 증가한다면 2600년에 이르면, "새로 출판된 책을 길게 연결하면 한 시간에 90마일을 움직여야 그 책의 끝을 볼 수 있다"고 말하기도 했다(Hawking, 1998).

이제까지 알려진 과학의 양은 엄청나며, 동시에 매우 빠른 속도로 그 양이 증가한다는 것을 알았을 것이다.

인간에게 알려진 과학의 양이 매우 많기 때문에 아이들이 우리도 모르는 질문을 잘하는 것은 전혀 놀라운 일이 아니다. 예를 들어 아이들에게 변태 과정을 가르치게 되었다고 가정하자. 그러면 과학 시간에 애벌레의 **변태** metamorphosis 과정을 공부하고 암기해서 이러한 과정을 딱정벌레나 나방, 나비 등에 적용시켜 관찰할 것이다. 이제 교사는 변태를 지도할 준비가 된 것이다. 그리고 나서 애벌레가 나비가 된다는 변태를 실제로 사전에 준비된 자료를 가지고 수업한다. 그런데 이때 예상치 못하게 어떤 아이가 집게벌레에 대한 질문을 하였다고 하자(그림 1.1). 아마도 그 아이의 집에서는 이 벌레가 많이 발견되었기 때문에 이런 질문을 하였을 수도 있다. 그렇다면 이 상황에서 교사는 무엇을 해야 하는가? 교사가 변태 과정에 대해서는 많이 알고 있지만 집게벌레에 대해서는 모른다면 어떻게 대답해야 하겠는가?

또 다른 예도 있다. 이번에는 간단한 기계를 다룬다고 가정하자. 아이들이 그들 자신만의 기계를 '발명'하라고 하는데, 한 아이가 기중기에 대해 물었다. 교사는 기중기에 대해 알지 못한다면 궁지에 빠지게 될 수도 있을 것이다. 그렇다면 교사는 과연 무엇을 해야 하는가?

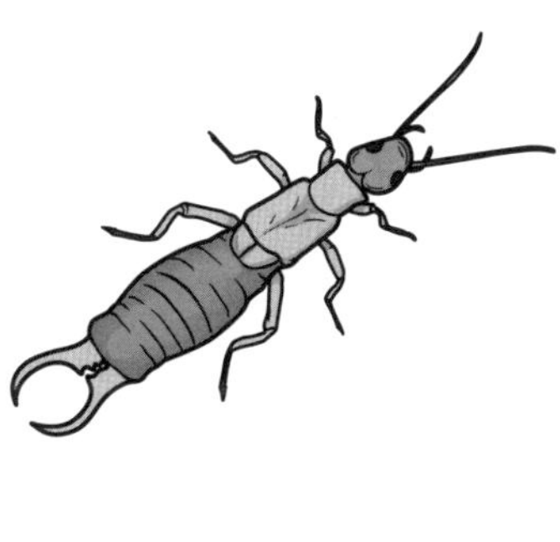

그림 1.1
집게벌레.

이제까지 우리는 과학에 대해 아무리 많이 공부하고 배워도 결코 충분하지 않다는 문제를 살펴보았다.

과학적 지식의 쇠퇴

과학에 있어서 사실적인 정보에 초점을 둘 때 또 다른 어려움이 있다. 즉, **과학적 지식이 쇠퇴할 가능성**이 있다. 오늘날 우리가 아는 지식이 몇 년이 지나면 다른 정보로 대치될 수 있다. 예를 들어 1956년 이전에 생물 교사들은 인간의 체세포는 48개(24쌍)의 염색체를 가지고 있다는 사실을 기억하는 것을 학생들에게 강조하였다. 그러나 1956년 인간의 염색체 수는 48개가 아닌 46개라는 사실이 밝혀졌다(Therman, 1986, p. 8). 염색체 분리의 기술 발전으로 정확한 분리가 가능했고 정확하게 셀 수 있었기 때문이었다. 그러나 1956년 이전에 인간 체세포가 48개의 염색체라는 지식을 반증되지 않는 확고한 것으로 생물학을 공부하던 학생들에게 어떤 일이 일어났을까? 그런 사실의 오류를 어떻게 해야 할까?

과학적 지식의 변화

과학에 있어서 사실적인 정보에 초점을 둘 때 또 다른 어려움이 있다. **과학적 지식이 변한다는 것**이다. 과학적 탐구는 이전에 받아들였던 이론을 폐기하고 다른 이론을 채택하는 일이 종종 일어난다. 기본적인 현상에 대한 이해는 연구가 추가되거나, 신기술, 재발견된 조사, 심층적인 연구 등으로 변할 수 있다. 이에 해당하는 사례가 **판구조론** plate tectonics으로, 지구의 대륙과 해양 지각이 움직이는 판 위에 있다는 이론이다(그림 1.2). 판구조론이 이전에 확고하게 받아들이던 대륙 지각과 해양 대지가 영구적이라는 이론을 대치한 것은 50년도 지나지 않았다.

또 다른 예를 보면 **DNA**를 영국의 크릭과 미국의 왓슨이 캠브리지 대학교에서 1953년에 발견한 경우이다. 이 발견은 사람들의 생명에 대한 생각을 혁명적으로 바꾸고 완전히 새로운 탐구 영역을 개척한 것이다(그림 1.3).

새로운 동식물의 종이 매년 발견된다. 예를 들어 캘리포니아의 시에라 네바다의 남쪽 동굴에서는 31종의 새로운 동식물이 최근에 발견되었다(Anderson, 2010). 해양 생

그림 1.2
지구의 판의 일반적인 운동 방향.

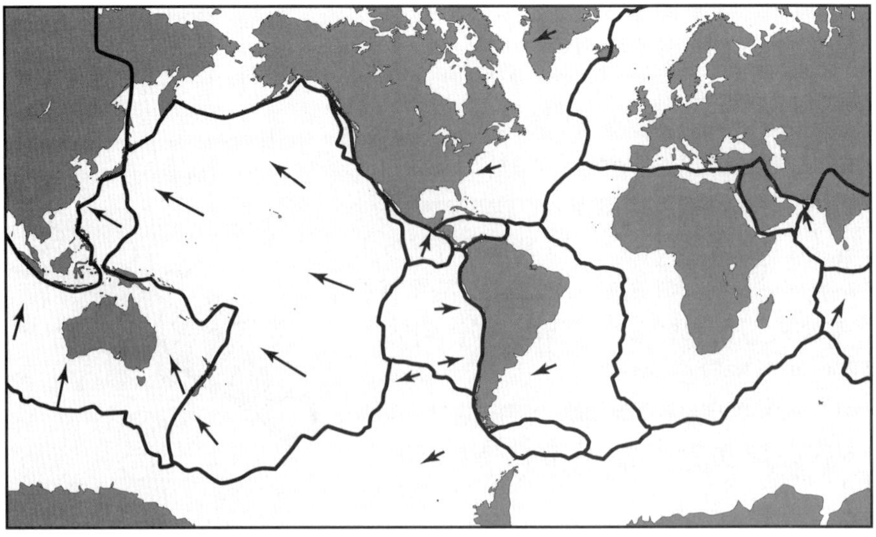

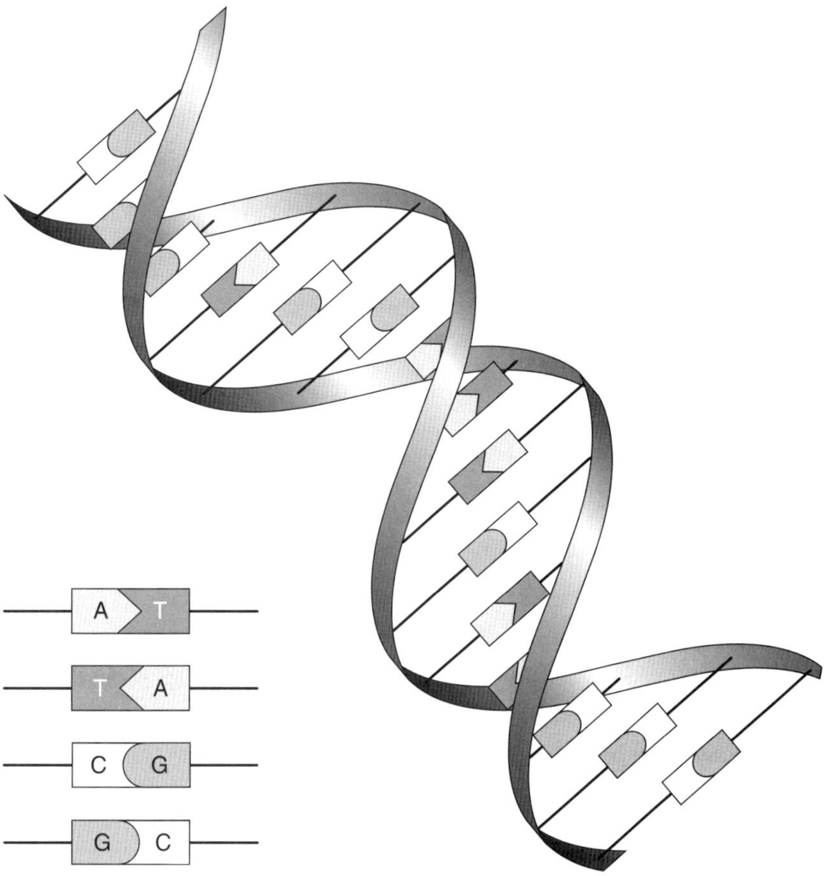

그림 1.3
DNA.

물을 10년간 연구("해양 생물의 종류 조사")한 과학자에 따르면 바다 밑의 생물 중에 6,000종이 새로 발견되었다(Skirble, 2010).

천문학 분야에서는 지난 몇 년간 매우 큰 변화가 있었다. 그 중 한 가지 사례가 태양계에 대한 모습이 변하는 경우이다. 전 세계의 천문학자가 일만 명 이상 회원으로 있는 국제 천문학 연맹(IAU)은 2006년에 우리 태양계에 새로운 물체를 용인했다. 이런 변화는 행성 planet이라는 말이 더 이상 명확한 정의가 아니기 때문이었다(Riddle, 2007). 명왕성 pluto을 행성이 아닌 작은 행성 dwarf planet으로 분류하고 태양계에는 8개의 행성[1]만이 있다고 발표하였다. 이런 변화는 역사적 논쟁거리가 되었으며 감성적인 이유 때문에 천문학 연맹의 전체 회원 중 5%만이 찬성했다. 그러나 2008년 연례 모임에서 명왕성을 **명왕체** plutoid라고 다시 분류하였고, 해왕성의 궤도(Riddle, 2007)와 서로 교차하는 둥근 천체라고 묘사하였다(그림 1.4).

태양계에 대한 탐사가 더 진행되고 발달할수록 이런 변화는 더 세련될 것이다. 2006년에 우주선 뉴 호라이즌 New Horizons호가 명왕성까지 9.5년간 25억 마일을 여행했다(그림 1.5). 그 탐사의 목적은 우리 태양계의 경계선에 있는 얼음으로 덮힌 천체라고 생각되는 세계를 이해하려는 것이었다.

[1] 국제 천문학 연맹은 수성, 금성, 지구… 해왕성을 "**M**y **V**ery **E**ducated **M**other **J**ust **S**erved **U**s **N**achos"라고 줄여서 말했다(역자 주: 우리에겐 수금지화목토천해가 된다).

그림 1.4
태양 주위를 도는 목성, 토성, 천왕성, 해왕성과 명왕체인 명왕성과 UB313(아직 이름이 없음)의 궤도.

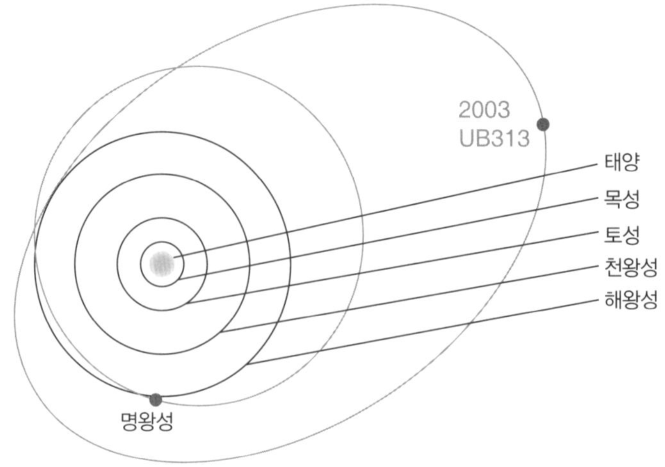

이름 붙이지 못한 탐사 위성이 화성까지 7개월이 걸려 3억 마일을 여행하면서 화성 주위를 돌거나 착륙하여 물의 역사나 흔적으로 찾으려고 했다. 그 중에 유명한 탐사선이 **스피릿** Spirit호인데, 2004년 화성에 착륙하여 6년간 화성을 탐사하다가 '모래 구덩이'에 빠져 버렸다(Mars rovers, 2010)(그림 1.6). 2008년에는 **휘닉스 착륙선** Phoenix Mars Lander이 화성에 착륙하였다(National Aeronautics and Space Administration, 2009)(그림 1.7). 이들 탐사의 목적은 화성 환경에 물이 있어서 우리가 알고 있는 생명이 존재했는 지의 단서를 찾고 그곳의 대기, 날씨, 기후 등을 연구하여 그 행성의 개척이 실현 가능한가를 판단하기 위함이다. 전송된 자료를 보면 화성은 한때 물이 있었다는 흔적이 있다(Rhian, 2010). 우리가 화성이나 우주에 대하여 알고 있는 지식에 더해서 더 많은 정보가 필요하며 우리가 알고 있던 것이 새로운 정보로 바뀔 것이다.

그림 1.5
명왕성을 지나는 *뉴 호라이즌호.*

NASA/JPL-Caltech

(a) 화성 탐사 로봇인 *스피릿*호 그림. (b) *스피릿*호의 카메라가 찍은 화성 표면 사진.

그림 1.6
*스피릿*호의 화성탐사.

천문학자의 궁극적인 목적은 우주의 어딘가에 우리가 알고 있는 생명이 있는가를 발견하는 것이다. 2010년까지 우리 태양계 밖에는 500개 이상의 행성이 발견되었다. 그 중 하나가 '골디락 행성 Goldilocks Planet'이다. 생명이 살기에 너무 덥지도 않고 너무 춥지도 않으며 지나치게 크거나 작지 않은 적당한 행성이다(Borenstein, 2010). 천문학자는 우리 은하계에 있는 천억 개의 별 중에서 10억 개의 별이 우리 태양계와 비슷한 천체일 것이며 그 중에 어떤 천체가 '생명의 흔적'을 갖고 있을 것이라고 믿는다(Ferris, 2009, p. 82). (이런 일에 관심을 가진 사람이 외계 생명체를 탐사한다!)

그림 1.7
화성의 휘닉스 착륙선.

허블 망원경이 1990년에 궤도로 발사되고, 2009년부터 작동하는데, 새로운 카메라와 매우 민감하고 복잡한 **스펙트로그래프** spectrograph를 장착했다. 이런 장치 덕분에 허블 망원경의 행성 탐사가 확장되고 6억 년 정도의 나이를 가진 먼 우주까지도 탐사할 수 있다(Lehnert, et al., 2010).

생물학 분야의 최근 발전 중의 하나가 인간 **유전자 지도** genome 프로젝트이다. 유전자 지도는 인간의 세포에 있는 염색체의 **유전자** genes를 모두 포함한 것이다. 인간 유전자 지도 프로젝트는 약 32,000개의 유전자를 찾아내고 그 중 절반의 유전자의 특성을 결정하는 것이다(Human Genome Project Information, 2009). 이 프로젝트는 유전자가 그런 특성을 어떻게 표현하는지를 연구하는 분야뿐만 아니라 결핵 치료나 루게릭 병 Lou Gehrig's Disease, 당뇨병, 암의 치료 방식 및 어떤 질병의 원인이 되는 손상된 유전자의 수정 기법까지도 새로 개척하게 했다(Human Genome Study, 2007; GlaxoSmithKline, 2007; Scan of Entire Human Genome, 2006; Russo, 2007; Shute, 2007; Genomic Sequence Program, 2009).

이러한 사실들은 과학적 지식이 계속해서 변한다는 것을 보여 주는 사례 중의 일부이다.

과학적 논쟁

과학에는 논쟁이 많이 벌어진다. 그런 사례는 행성의 정의에 대한 사례나 야생 동물의 종족 보존, 줄기 세포 연구나 대체 연료의 잠재력에 대한 사례에서도 찾을 수 있다. 가장 논쟁이 격렬한 주제가 지구 온난화와 진화에 대한 것이다. 서로 자신의 입장을 지지하는 논증을 제기한다. 과학자 중에서 지구 온난화는 별로 문제가 아니라고 여기는 경우는 **에온** eons이라는 주기 동안의 온도 변화의 순환이라고 말한다. 그러나 다른 많은 과학자는 북극과 남극의 온도 상승이 탄소 온실 가스의 연소로 인하여 전체 지구의 온도가 몇 도 상승하더라도 해수면의 급격한 상승과 북극 빙하가 녹아서 홍수가 생기는 등의 재앙이 생길 것이라고 믿는다. 진화론을 지지하는 사람들은 지질학의 증거와 화석의 기록 및 자연 환경에 생물 종이 과거부터 현재까지 적응하고 있음을 역설한다. 진화론의 증거였던 유명한 루시 Lucy 골격보다 1백만 년 앞선 것으로 에티오피아의 4백4십만 년 전 여성 골격이 발견(Shreeve, 2010)됨으로써 진화론도 그 자체가 계속 진화하고 있다. 지적 설계론을 옹호하는 사람들은 신이 모든 걸 할 수 있기 때문에 우주의 질서를 만들고 그 안의 모든 피조물을 신의 계획에 따라 창조했다고 생각한다. 진화론과 창조론 사이의 갈등은 학교에서 어느 것(혹은 두 가지 모두)을 가르쳐야 하는 가를 정치적으로 논쟁하게 만들었다. 미국과학교사협회 NSTA의 사이트에서 모든 학년의 과학 교사들에게 이 논쟁은 결론을 내렸으며 검색해 보면 이를 확인할 수 있다(역자 주: NSTA 사이트 중에 진화에 대한 입장을 선언한 부분에서 진화는 과학교육에서 중요한 통합적 개념적으로 가르쳐야 하며 과학적 소양을 갖추는데 필수적이며, 정책 결정자나 행정가가 창조 과학이나 그와 관련된 개념을 강제적으로 가르치는 걸 요구해서는 안 된다고 실려 있다. www.nsta.org/about/position/evolution.aspx).

인터넷이나 다른 자원들에서 과학적 논쟁에 대한 정보를 많이 얻을 수 있다. 과학이 어떻게 행해지며 동일한 자료를 보고도 다른 해석이 생겨날 수 있는 가를 이해하는 것은 탐구할 가치가 있다.

따라서 학급에서 논쟁 거리가 되는 주제를 도입하기 전에 주의를 기울여야 한다. 또한 교육과정에 적절한지, 학교 정책이 용인하고 있는 지 등을 논의하고 판단해야 한다.

초등 교사는 과학을 얼마나 많이 알아야 하는가?

이런 논의는 초등 과학 교사가 '충분한' 과학 내용을 배우는 데 적어도 세 가지의 어려움이 있다는 것을 보여주었다.

1. 오늘날 알려진 과학의 양이 막대해서 어느 한 개인이 전부 혹은 그 일부라도 알기 위해서는 많은 어려움이 있다.
2. 오늘날 사실로 간주되는 과학적 지식이 미래에 쇠퇴할 지도 모른다.
3. 과학적 개념은 시간이 지남에 따라 변화하는 경향이 있다.

이런 경우에 초등 과학 교사는 과학에 대하여 무엇을 알아야 하는가? 이번 장의 시작 부분에서 대답보다 질문이 더 많이 있다고 말했다. 이것이 그 첫 번째 경우이다. "초등 과학 교사가 알아야 할 과학은 무엇인가?"라는 질문에 대한 절대적인 해답을 없다. 또한 "초등 과학 교사가 유능한 과학 교사가 되기 위해 알아야 할 최소한의 과학 지식은 무엇인가?"라는 질문에도 보편적으로 동의할 수 있는 해답은 없다.

미국의 과학교육 기준(2장에서 다룬다)은 과학 교사는 과학 지식에 대하여 충분히 넓은 범위를 기반으로 갖추어야 한다고 제안하였다:

- 과학 탐구의 본성을 이해하고 과학에서 탐구의 역할을 이해하는 한편 과학 탐구에 그 기능을 어떻게 활용할 지에 대하여 이해할 수 있어야 한다.
- 주요 과학 학문 분야의 기본 사실과 개념을 이해할 수 있어야 한다.
- 과학 과목 안의 혹은 수학, 기술 같은 다른 학교 교과목에 걸친 개념적 연결을 이해할 수 있어야 한다.
- 과학 탐구와 능력을 이용하여 개인적 문제와 사회적 문제를 다룰 수 있어야 한다 (National Research Council, 1996, p. 39).

미국과학교사협회의 **교사 양성의 표준** Standards for Teacher Preparation에 따르면 초등 과학 교사는 과학의 주요 분야의 내용을 균형있게 공부해야 하며, 학교 실험 탐구의 상황에서 공부해야 한다고 했다(National Science Teachers Association, 2003).

초등학교 과학 교사가 과학의 기본 영역인 생명 과학, 물상 과학, 지구-우주 과학을 공부하는 것은 매우 바람직하다. 생명 과학에는 세포, 식물, 동물, 생식 주기, **유전학** genetics, 진화, **생태계** ecology가 포함된다. 물상 과학(역자 주: 물리학과 화학을 합쳐서 물상 과학이라고 부른다)에는 물질, 에너지, 화학 등이 포함된다. 지구-우주 과학은 **지질학** geology, 암석, 광물, 지구, 바다, 날씨, 지구와 우주의 힘과 같은 주제들이 포함된다.

과학 성취도 비교

미국과학교육기준의 프로그램 기준 A. 학년별 목표에 일관성 유지

젊은 학생들이 과학을 충분하게 준비하지 못했다는 우려가 많이 있다. 즉 현대를 살아가는데 과학을 충분히 알지 못한다는 것이다. 이런 걱정은 1995년에 실시된 3차 국제 수학 과학 성취도 TIMSS 비교 연구에서 미국 학생의 8학년과 12학년 시험 성적이 매우 낮았으며, 수학 과학 성취도 반복 연구 TIMSS-R에서도 8학년의 결과는 매우 낮았다. 국제 수학 과학 성취도 비교 연구는 1999, 2003, 2007년에 실시되었다. 많은 나라의 4학년과 8학년 학생(1995년에는 12학년을 대상)이 수학과 과학에 대한 이해 성취를 4년마다 검사한다. 주요 목적은 각 나라의 수학과 과학교육의 상태를 평가하고 비교하기 위한 것이다. 그 결과가 그림 1.8에 있다. 그림 1.8에서 보듯이 미국의 4학년은 과학 성취도에서 최상위권에 있지만 8학년은 검사를 실시한 나라들 중에서 상위 삼분의 일에 일관되게 위치하고 있다(이 문제는 8장에서 더 자세하게 다룬다).

젊은 학생들이 과학에 대한 준비가 미흡하다는 우려는 미국의 보고서에서 과학 점수가 낮았다는 지적으로 더 심각해 지고 있다. 미국 교육부의 교육 통계 센터는 1969년부터 4년마다 미국 학생들의 과학, 수학, 읽기 과목의 평가를 교육 통계로 발표했다. **국가 교육 발전 평가** National Assessment of Educational Progress (NAEP) 보고서도 이와 유사한 결과를 발표하는데 과학 성취도는 다음과 같은 경향을 보이고 있다(National Assessment of Educational Progress, 2006; National Center for Educational Statistics, 2005; National Center for Education Statistics, 2011).

그림 1.8

TIMSS의 과학 성취도 검사에서 미국과 다른 나라의 비교.

	연도(참가국 수)	미국보다 과학점수가 유의하게 높은 국가의 숫자	미국과 과학점수가 유사한 국가의 숫자	미국보다 과학점수가 유의하게 낮은 국가의 숫자
4학년 과학	1995 (26개국)	1	6	19
	1999 (실시 안함)			
	2003 (25개국)	3	6	16
	2007 (36개국)	4	7	25
8학년 과학	1995 (41개국)	9	17	15
	1999 (38개국)	14	6	18
	2003 (45개국)	7	6	32
	2007 (48개국)	9	4	35
고등학교: 일반과학	1995 (21개국)	11	8	2
고등학교 고급 과학과 고급 수학	1995 (16개국)	14	2	0

주: *유의하다*는 말은 통계적 유의성을 말하며, 그 점수가 학생들의 지식과 이해를 진정으로 나타내는 정도를 뜻한다. (자료는 Office of Educational Research and Improvement, 1999; National Center for Education Statistics, 2001, 2004, 2009에서 발췌)

- 9세 학생: 1970년대 점수가 줄어들다가 1980년 초기와 1990년 중반에 상승을 보였으며, 2005년에 증가를 보였다. 2009년 조사에서 4학년 학생의 28%가 기본 수준 Basic level(부분적 숙달) 이하의 점수를 보였으며, 기본 수준 이상은 72%였다. 숙달 수준 Proficient level (교과에서 요구되는 능력) 이상이 34%였으며 탁월 수준 Advanced level(뛰어난 성취 수행)이 1%로 나타났다.[2]
- 13세 학생: 1970년대까지 점수가 줄어들었다가 1980년대와 1990년대에 점수가 향상되어 1970년대 수준으로 회복된 후에 비교적 변하지 않고 있다. 2009년 검사에서 8학년의 37%가 기본 수준 이하였고, 63%가 기본 수준, 30%가 숙달 수준, 2%가 탁월 수준을 보였다.
- 17세 학생: 1970년대와 1980년대 초기에 점수가 감소했다가 1986년과 1992년 사이에 증가했다가 1996년 이후에 다시 감소했다. 2009년 검사에서 12학년의 40%가 기본 수준 이하였고, 60%가 기본 수준, 21%가 숙달 수준, 2%가 탁월 수준에 도달했다.

이와 같은 과학에 대한 준비가 미흡하다는 문제를 인식하면서 미국은 과학, 수학, 기술의 능력이 줄어들면 세계 경제의 경쟁력을 위협받을 수 있다는 공포가 커져갔다(Bybee & Fuchs, 2006). 이렇게 과학의 이해 문제를 해결하는 방법으로 주로 교사가 더 많은 과학 내용을 알아야 하고 그 과학 내용을 학생에게 나누어 주어야 한다는 방식이 흔히 제안된다. 이런 문제를 지적한 미국 연구 협의회 National Research Council도 교사

[2] 평가방식이 달라져서 2009년도 검사 결과를 그 이전 결과와 비교하기 어렵다.

가 과학, 수학, 기술에 대하여 지금보다 더 깊은 이해를 갖추어야 하며 과학 내용 지식이 교사 양성 프로그램에서 중심이 되어야 한다고 강조하고 있다(NRC 보고서, 2000).

주정부의 정책과 교사의 질을 분석하면서 다링-하몬드 Darling-Hammond(2000)는 내용에 해박한 것이 좋은 수업을 하는데 필요하지만, 충분한 조건은 아니며 어린 학년의 학생을 가르칠 때는 교육적인 전문성이 더 중요하다고 지적하였다.

교사가 과학을 가르치는 준비를 위해서 과학 내용을 습득하는 일에 초점을 맞춰야 하지만, 다음과 같은 입장을 갖는 게 현명하다. **초등학교 과학 교사는 과학을 잘 가르치기 위하여 방대한 지식을 가질 필요는 없다.** 이런 입장 때문에 이 책이 엉뚱한 주장을 한다면서 덮어 버리지 말라. 물론 모든 교사가 알고 있어야 하는 기본적이고 근본적이면서 핵심적인 과학의 원리는 분명히 있다. 그러나 초등 교사가 과학의 방대한 사실, 개념, 이론을 모두 숙달해야 할 필요는 없다는 것을 의미한다. 오히려 교사는 학생들이 과학을 어떻게 학습하며, 어떻게 가르칠까에 대하여 알아야 한다.

아동은 막대한 양의 과학 정보를 학습하기보다는 과학을 어떻게 **행하는** 가의 방법을 알아야 한다. 학생들은 어떻게 관찰하는지, 새로운 생각을 어떻게 조화시키는지, 분석하는 방법이나 평가 방법 및 창조하는 방식을 배워야 한다. 또한 자신의 개념화를 구성할 수 있는 능력을 갖춰야 한다. **학생들에게** 중요한 것과 중요하지 않은 것을 구별할 수 있어야 한다.

학생들의 마음 속에 오만가지 과학의 사실, 원리, 개념들을 학습하게 하면 그런 것들이 현재 혹은 미래 사회를 살아가는 데 필수적이라는 잘못된 인상을 심어줄 수 있다. 다시 한번 더 강조하지만 아동은 과학을 **행하는** 방법을 학습해야 한다.

옳고 그름

교육의 전통적인 **패러다임** paradigm에서는, 교사들은 아이들이 배울 수 있도록 정보를 제시하고 아이들은 여러 질문이나 상황에 대답함으로써 배웠던 지식을 확인한다. 어떤 대답은 "옳다"고 간주되고 어떤 대답은 '틀린' 것으로 간주된다.

미국과학교육기준의 수업 기준 A. 탐구 기반 프로그램

초등 과학교육에 대한 근본적인 두 가지 질문을 고려해 보자. **옳은 답이 있는가? 틀린 답이 있는가?**

고무공을 이용한 수업

한 예비 교사가 고무공을 이용하여 1학년생을 위한 수학과 과학의 **다중학문적 수업** multidisciplinary을 개발했다. 이 수업의 목표는 아동들에게 여러 색깔의 공이 들어 있는 플라스틱 가방을 주고 다양한 색깔의 고무공을 색깔별로 분류하여 고무공의 수를 초보적인 막대 그래프로 그리는 것이다(그림 1.9). 예비 교사가 색깔이 다른 고무공이 들어 있는 가방을 학생에게 하나씩 나누어 주었다. 교사는 '가르치기에 적당한 시간'을 포착하여 가방을 건네줄 때 그 가방 안에 몇 개의 고무공이 있는지를 학생들에게 물어보았다(이 수업을 하기 전에 교실에서 일반적으로 찾을 수 있는 물체를 이용해서 어림하는 방법을 알아보았다). 분명히 거기에는 15개에서 20개의 고무공이 있다는 것은 알기 쉬

웠다. 교사는 아동들 사이를 옮겨 다니며 "너의 가방 안에 몇 개의 고무곰이 있다고 생각하니?" 하며 물었다. '20개'라고 한 아동이 대답했다. '25개'라고 다른 아동이 대답했다. '17개', '12개', '30개', '25개', '5개', '18개'. 잠깐만! 멜리사가 단지 '5개'라고 답하지 않았는가? 현명하게도 그 예비 교사는 멜리사나 다른 아이들이 계산했던 것을 비판하지 않고 나머지 아이들에게 갔다. 그 수업은 그 예비 교사의 노련한 진행에 의해 마무리되었다. 어느 누구도 그 계산 활동을 비판하지 않았다. 수업을 끝냈을 때 멜리사는 손을 들고 "제가 가방 안에 5마리의 고무곰이 있다고 말한 것은 선생님이 색깔 수가 몇 가지인지 물었다고 생각했기 때문이에요."라고 말했다.

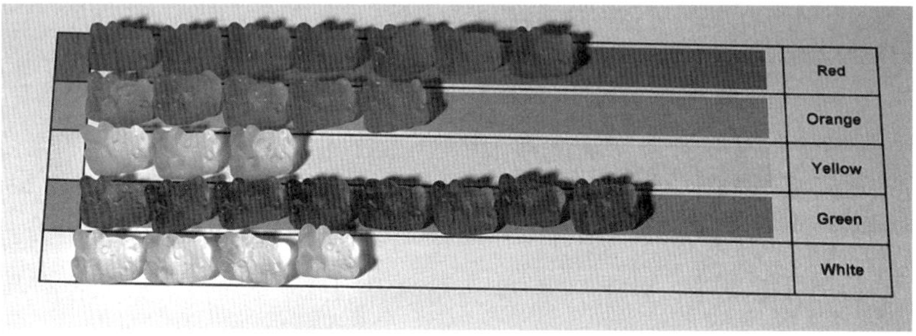

그림 1.9
고무곰의 막대그래프.

이 일화는 과학교육에 있어서 뿐만 아니라 교육에 있어서 계속해서 되풀이되는 원리, 즉 정답은 없다는 것을 보여준다.

2학년 학급에서 교사가 5 + 2가 무엇이냐고 한 아동에게 묻는다고 가정해 보자. 교사는 물론 7이라는 대답을 기대한다. 그런데 그 아동이 '10'이라고 대답했다고 가정해 보자. 그것은 틀린 것인가? 아동에게 물어 보자. "너는 어떻게 10이라는 답을 얻었니?" 아동이 말한 것으로부터 교사는 아동이 덧셈 대신 곱셈을 했다는 것을 알 수 있을 것이다. 계산에 실수가 있었고, 누구라도 왜 '잘못된' 답이 산출되었는지를 쉽게 말할 수 있을 것이다. 아동이 3이라고 대답했다고 가정한다면 그 아동은 뺄셈을 했을 것이다. '52'는 어떤가? "5 더하기 2는 얼마?"라고 물었을 때 "52이다." 라고 말하는 넌센스 퀴즈를 안다. 그래서 52라고 답하는 아동을 이해할 수 있다. 아동이 '9'라고 답했을 때를 가정해 보자. 그 교사는 아동이 왜 '9'라고 답했는지 그 이유를 찾으려 할 것이다. 그러나 교사는 9가 나온 방법을 쉽게 찾을 수 없다. 그래서 대개 교사는 그 대답을 틀린 것으로 간주해 버린다. 앞에서 '10' 혹은 '3'이나 '52'라고 했을 경우에 그 답을 무시하지 않았다. 왜냐하면 교사는 아동이 생각했던 방법을 찾아내고 구성할 수 있기 때문이었다. 그러나 그 교사는 '9'라는 답에서는 구성할 수가 없기 때문에 '9'를 틀린 것으로 생각할 수도 있다. 이 질문의 해답은 여러분에게 맡기겠다.

예상치 못한 것을 인식하는 일

미국과학교육기준의 내용 기준 F. 과학의 개인적, 사회적 측면: 과학과 기술의 지역적 특성

아인슈타인 Albert Einstein(1954)은 다음처럼 말했다:

> 현대적 수업 방식이 탐구의 호기심을 억압하지 않는다면 기적에 가깝다... 관찰하고 탐색하는 일을 기뻐하지 않고 의무와 강압에 의해서 이루어지는 일은 매우 슬픈 오류이다.

새로운 지식은 '옳고' '그름'의 한계를 뛰어 넘어 새로운 사고의 결과로서 만들어진다. 과학자들이 과학을 하는 것은 옳고 그른 답에 얽매이지 않는다. 오히려 그들은 새롭고 예상치 못했던 그리고 이전의 방식들과 잘 맞지 않는 사건들을 계속해서 탐구한다. 이 점을 설명하기 위해 유명한 발명과 발견의 이야기를 생각해 보자.

전화는 우연한 사건으로 발명되었다. 벨 Alexander Graham Bell과 동료인 왓슨 Thomas Watson은 인간의 고막이 진동을 통해 소리가 내이에까지 전달되듯이 진동막이 전류 변화를 일으킴을 알게 되었다. 1875년 어느 날 왓슨은 장치의 송신기 부분을, 벨은 수신기 부분을 연구하고 있었다. 갑자기 벨은 수신기에서 땅하는 소리를 들었다. 송신기에 있는 스프링 중 하나가 부딪친 것이다. 그래서 왓슨은 그것을 제자리에 놓으려다 띵 하는 소리를 내게 된 것이다. 이것이 작은 전류를 유도했고 따라서 전기 줄을 따라 수신기 쪽으로 전달되었다. 이 우연한 사건이 결국 전화기의 발명을 가져왔다(Evans, 1966).

페니실린은 플레밍 Alexander Fleming의 우연한 관찰로 발명되었다. 공기로 운반되는 어떤 물질(나중에 곰팡이로 알려진)이 **배양기** culture medium의 **페트리 접시** petri dishes를 더럽혔는 데 그 접시 위에는 **박테리아** staphylococcal bacteria가 세균을 죽이면서 자라고 있었다(Macfarlane, 1984).

2000년 노벨 물리학상을 받은 킬비 Jack St. Clair Kilby는 '집적회로의 발명과 발달에 기여'한 공로를 인정받았다(Nobel e-Museum, 2000). 실리콘 칩의 발명으로 개인용 컴퓨터, 무선 전화기, 전기 장난감, 심장 박동기 등 수천 가지의 제품이 개발될 수 있었다. 그뿐만이 아니라 전자 공학이라는 분야를 새롭게 정의하게 된다. 전자 공학자인 킬비는 MIT의 고급 물리과목을 수강할 수 없었는데, 수학과목 점수가 너무 낮았기 때문이었다. 그는 자신이 발명한 마이크로 칩은 이론 물리학을 듣지 않았지만, "모든 사람들이 불가능하다고 생각하는 걸 몰랐기 때문에 그 어느 것이라도 안 된다고 생각하지 않았기 때문에 가능하다"고 말했다(Reid, 2001, p. 134).

이러한 예를 통해 과거에는 결코 중요하게 보지 않았던 것들의 중요성을 깨닫게 됨에 따라 발명이 이루어졌음을 알 수 있다. 이것이 과학자의 중요한 특징 중의 하나이다. 기존의 지식을 기억 속으로 받아들인다고 해서 새로운 지식이 습득되는 것은 아니다. 새로운 지식은 다른 사람들이 관찰하지 않은 것을 관찰함으로써, 다른 사람들이 질문하지 않았던 것을 질문함으로써, 다른 사람들이 추론해내지 못한 것을 추론해 냄으로써, 정답이 아니라 의미있는 대답에 더 초점을 둠으로써 얻어지게 된다. 즉 새로운 지식은 과학을 행함에 따라 결과로서 얻어지는 것이다.

지각

사람들이 어떤 현상이나 관찰에 의미를 부여하는 방법을 지각하는 방식에 직접적으로 영향을 받는다.

1.2

교사 활동

단어의 의미

모든 사람들이 알고 있지만 약간은 평범하지 않은 단어를 골라보자. 그리고 학생들에게 마음속으로 그 단어와 연상되는 단어를 써보게 하자. 예를 들어 여러분이 *재규어* jaguar 라는 단어를 제시하고 마음속에서 처음으로 떠오르는 것을 쓰도록 할 수도 있다.

그 대답으로는 '호랑이', '동물', '차', '은', '돈', '부자', '고양이'가 포함될 수 있다. 각각의 대답은 그 말을 들었을 때 처음으로 연상되는 것을 나타낸다. 동일한 자극에 대해서도 학생들은 각각 다른 방법으로 지각한다는 것에 주의해야 한다.

1.3

교사 활동

짝을 이룬 단어들의 의미

다음에 나오는 단어들로 짝을 만들고 *왜* 짝을 만들었는지 말해 보아라:

개미, 고양이, 원숭이, 건물, 플라스틱, 바위, 바나나, 압정

짝 1: __________ 과 __________

이유는?______________________________

짝 2: __________ 과 __________

이유는?______________________________

친구들의 대답과 자신의 것을 비교해 보라. 원숭이라는 단어와 어떤 것과 짝을 지은 사람은 누구인가? 아마 어떤 사람은 원숭이가 바나나를 먹기 때문에 원숭이를 바나나와 짝지었을 것이다. 바위와 원숭이를 짝지은 사람은 원숭이가 바위에 오르기 때문일 것이다. 건물과 원숭이를 짝지은 사람이 있는가? 고양이란 단어와 원숭이로 짝을 이루게 한 사람은 누구인가? 어떤 학생이 영어 글자수가 같기 때문에 압정 tacks과 고양이를 짝지었다고 했다. 다른 짝들은 어떤가? 사람들은 서로 다른 방법으로 이 단어들을 지각한다.

1.4

교사 활동

문장의 의미

다음에 나오는 문장을 학생들에게 큰 소리로 읽어 준다. 그런 다음 학생들에게 처음으로 떠오르는 것을 써 보게 하여라:

한 사람이 가면을 쓰고 집에 있고, 다른 사람은 집으로 오고 있다.

학생들은 '도둑', '할로윈 Halloween 축제', '강도' 등을 대답한다. 한 학생은 '야구'라고 쓴다. 여러분들도 틀림없이 똑같은 것(즉 똑같은 문장)을 듣고서도 다양한 방식으로 의

미를 지각했다.

눈의 착시 현상도 사람들이 같은 자극에 대해 각기 다른 방식으로 지각한다는 것을 보여 준다. 그림 1.10에서 무엇을 볼 수 있는가? 다른 사람은 어떻게 볼까?

지각 perception은 '감각 자극의 탐지와 해석(Solso, 1988, p. 6)'이다. 그것은 정보가 감각기관을 통해 받아들여지고 그 정보에 주의를 기울일 때 형성되는 정신적인 이미지이다. 같은 자극을 받은 두 사람이 같은 방식으로 이해하지는 않는다. 이것은 우리 모두가 어떻게 사물을 인식하는가에 영향을 끼치는 이전의 경험의 정도가 다르기 때문이다. 여러분 교실에서 학생은 '재규어 jaguar'라는 말을 서로 다른 현상으로 연결한다. 사람들은 같은 단어 목록에서 다르게 짝지었다. 각각의 사람들은 '마스크를 쓴 사람'의 의미를 갖는다.

만약 간단한 단어로 짝을 이룰 때도 서로 다르게 의미를 갖는 것이 사실이라면 화산 폭발처럼 좀 더 복잡한 개념에 대해서도 서로 다르게 의미를 구성할 것이 틀림없다. 화산이란 단어에 대해 3학년 학생에게 질문해 보아라. 그러면 아이들은 폭발, 용암, 화산, 쇄설물을 말하거나 세인트 헬렌산, 하와이라고 이야기할 것이다. 이 대답 중에서 옳은 것은 어느 것인가? 잘못된 대답은 어느 것인가? 재규어에 대해서는 어떠한가? 어떤 것이 옳고 그른 것인가? 어떤 대답이 옳고, 잘못되었는지를 말하는 것은 정말로 어려울 것이다. 각 개인에게는 그 대답이 모두 옳다고 말하는 것이 최선일 것이다. 학생들은 교사가 기대했던 것과는 매우 다른 방법으로 대답한다. 아이들의 대답은 잘못된 것이 아니다. 그것은 단순히 그들 자신의 생각인 것이다.

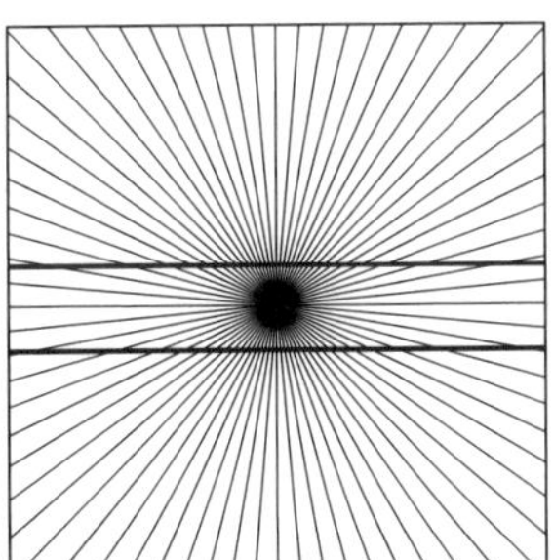

a. 두 선이 직선인가?

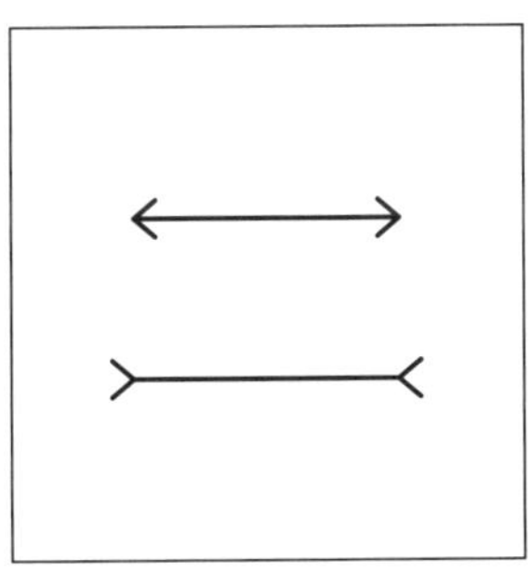

b. 두 선의 길이는 같은가?

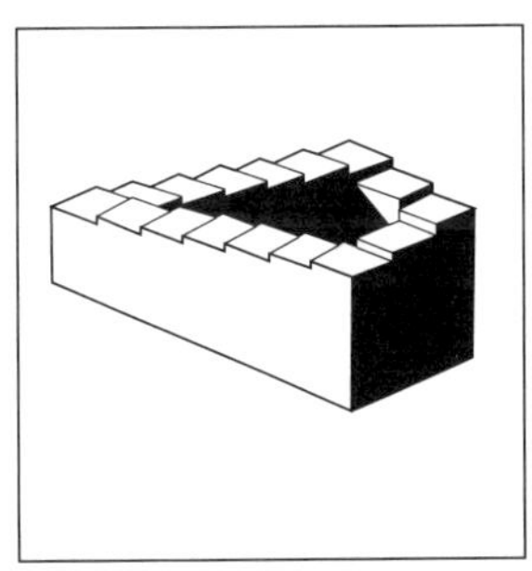

c. 계단의 정상은 어디인가?

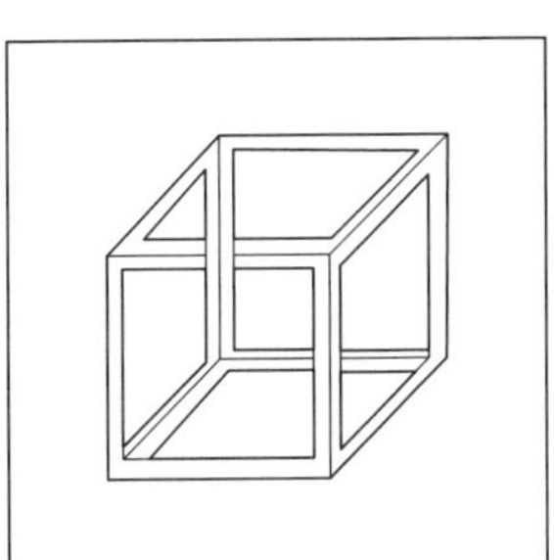

d. 이런 상자를 만들 수 있겠는가?

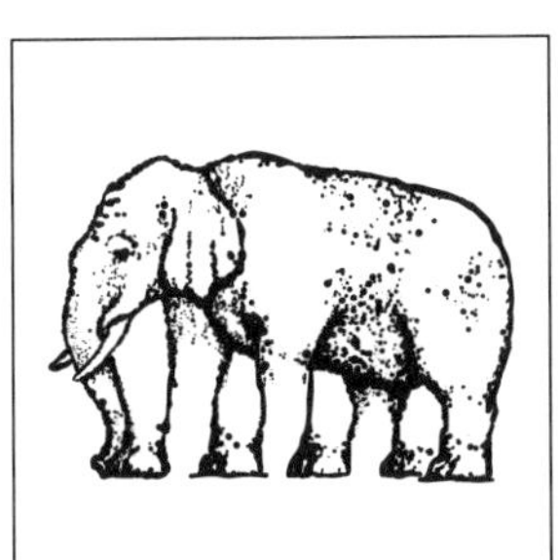

e. 이 코끼리 다리는 몇 개인가?

f. 수평선이 나란한가? 아니면 경사진 것처럼 보이는가?

그림 1.10
눈의 착시현상.

듣기

미국과학교육기준의 수업 기준 A. 탐구 기반 프로그램

초등학교 교사가 어린이의 대답에 귀기울여야 한다는 것은 이 책의 기본 전제이다. 그렇게 함으로써 어린아이가 이전에 경험하고 지각한 것은 무엇인지, 또 이전에 경험한 것을 가지고 어떻게 새로운 정보와 결합시키는지, 그리고 어떻게 정보를 구성하는지를 이해할 수 있다. 어린이가 의사소통하려는 것을 들어봄으로써 알게 된다. 아동의 반응에 주의를 갖게 된다. 듣기는 아동의 혼란과 복잡함도 이해하면서 다양한 "아하"의 깨달음도 인식시켜주며, 어린아이의 마음속이 어떻게 되어있는지를 끊임없이 이해하려고 노력하게 된다.

어린아이에게 귀를 기울이는 것은 교사에게 그 아이가 무슨 생각을 하는지를 깨닫게 해줄 뿐만 아니라 매우 흥미롭고 독특한 결과를 이끌어낸다. 그 전에는 생각하지도 못했던 새로운 설명을 감지하게 해준다.

그럼으로써 '정답'도 '오답'도 없다는 것을 알 수 있다. 어린이의 대답은 그들의 사고방식을 나타낸다. 교사는 학생의 옳고 그른 대답을 가리기보다는 왜 그런 대답들이 나왔는지 학생으로부터 이유를 듣는 것이 훨씬 더 중요하다.

트럼펫을 부는 백조 Trumpet of the Swan에서 "네가 말할 때보다 들을 때 더 많은 걸 알아낼 수 있을거야"라는 말이 있다(White, 1970, p. 50).

과학의 과정

미국과학교육기준의 내용 기준 G. 과학사와 과학의 본성: 과학의 본성

우리는 아이들에게 이미 어떤 사람이 결론 지은 사실, 일반화, 개념, 이론을 가르치기보다는 어떻게 과학을 행하는가를 가르치는 것이 훨씬 더 중요하다는 것을 지적해 왔다. 즉 과학에 관해서 학습시키는 것보다는 과학을 **행하는** 것을 학습시키는 것이 훨씬 더 좋다는 것이다. 그렇다면 **과학을 행한다**는 것은 무엇을 뜻하는 것인가? 아이들이 과학을 행할 때는 무엇을 해야 할까?

이 질문의 해답을 위해, **과학의 탐구과정** process of science에 주목해 보자.

1.5 교사 활동

오늘 등굣길에 무엇을 보았는가?

1분 정도 시간을 주고, 오늘 학교 오는 길에 무엇을 보았는지 생각해 보게 한 다음, 한두 가지를 적어서 서로 이야기해 보자.

여러분은 무엇을 보았습니까? 라고 물었을 때 어떤 학생은 '차량', '신호등', '비', '안개', '사고난 자동차' 등을 보았다고 대답할 것이다. 그러나 많은 학생들이 등굣길에 본 것들을 기억해 낸다는 것이 쉽지 않다. 왜 그럴까? 틀림없이 셀 수 없이 많은 자극들이 있었을 것이다. 그리고 우리는 우리가 본 것에 대해 관심을 가지지 않기 때문이다. 우리의 **관찰력**은 예리하지 않다. 관찰은 감각 기관에 의해 얻어지며, 관찰은 **과학적 탐구 과정**의 가장 기초가 되는 것이다.

사전에는 과정 process이라는 단어가 '어떤 목적을 지향한 체계적인 일련의 행동' (Merriam Webster, 2003)이라고 정의되어 있다. 과학에서 과정은 현상의 이해, 의문에 대한 해답, 이론을 발전시키고 어떤 것을 발견하는 목적을 향하고 있다. 다음의 12가지 과정들은 과학적인 탐구에 필요한 과정들이다:

- 관찰
- 분류
- 의사소통
- 측정
- 예상
- 추리
- 변인 찾기와 변인 통제
- 가설 설정 및 가설 검증
- 자료 해석
- 조작적 정의
- 실험 수행
- 모형 구성

과학의 과정 활용

많은 경우에 **과학적 방법**을 문제, 가설, 실험, 관찰, 자료 수집, 결론의 과정으로 기억한다. 그러나 과학자들이 이런 방식으로 과학을 행하지는 않는다(Crowther et al., 2005). 어떤 과학자는 한 가지 이상의 관찰이나 반성으로부터 시작하여 질문을 갖게 된다. 그 질문은 처음 관찰과 반성에서 생겨났고, 다양한 방식으로 실험을 하지만 항상 공식적인 가설 형태가 아닐 수도 있다.

과학을 행하는 한 가지 '옳은' 방식은 없다. 단지 좁은 과학적 탐구의 특징이 있다. 과학자들은 결과에 영향을 끼치는 변인을 찾고 통제할 필요를 느낀다. 다양한 도구로 자료를 수집하여 여러 가지 요인을 측정하고 추론과 타당한 논리를 활용하여 그 자료들을 해석한다. 이때 가설을 형식화하고 검증한다. 탐구결과, 탐구방법, 결과 해석 등을 의사소통할 필요를 가진다.

이런 과학의 특성에 익숙해야 한다. 왜냐하면 그것들이 과학의 과정이기 때문이다. 과학자들은 과학적 과정을 주의 깊고 적절하게 활용하여 호기심에서 생겨난 질문에 답을 하려고 한다. 과학은 지식을 얻고 검증하는 과정인데, 과학자들이 바로 과학의 과정을 통해서 과학을 행한다. 그 결과로 얻은 지식이 이론적이라면 검증과 타당성 여부를 판단한 후 재수정되며, 새로운 원소나 곤충의 미기록종을 발견하는 사실의 발견일 수도 있으며 새로운 기술을 개발한 것일 수도 있다.

과학을 행하는 것을 배운다는 것은, 탐구 상황에서 탐구 과정을 행하는 것을 배운다는 뜻이다. 과학의 과정은 3장에서 자세히 다룬다.

과학교육에 대한 탐구 과정적 접근의 역사

미국과학교육기준의 내용 기준 G. 과학사와 과학의 본성: 과학의 본성

'과학의 과정'이 어떻게 과학 활동의 기초로서 인식되어졌는지에 대해 역사적인 흐름을 간단히 알아보도록 하자. 1957년 10월, 미국은 소련에서 **스푸트닉** Sputnik이라는 인공위성을 쏘아 올린 것에 대해 깊은 굴욕을 느끼고 있었다(그림 1.11). 미국 과학자들은 미국 우주 항공기를 띄우기 위해 몇 년 동안 노력했다. 그런데 소련에서 먼저 인공위성을 띄운 것이다. 미국의 과학자, 시민, 그리고 정부 관계자들은 화가 났다. "어떻게 이런 일이 일어났는가? 모든 기술적인 가능성과 모든 재능 그리고 완벽한 재력을 갖춘 미국이 어떻게 최초로 인공위성을 쏘아 올리는 데 실패했는가?" 흔히 그렇듯이 교육 분야가 많은 비난을 받았다. 이것이 과학교육에 하나의 전환점이 되었다.

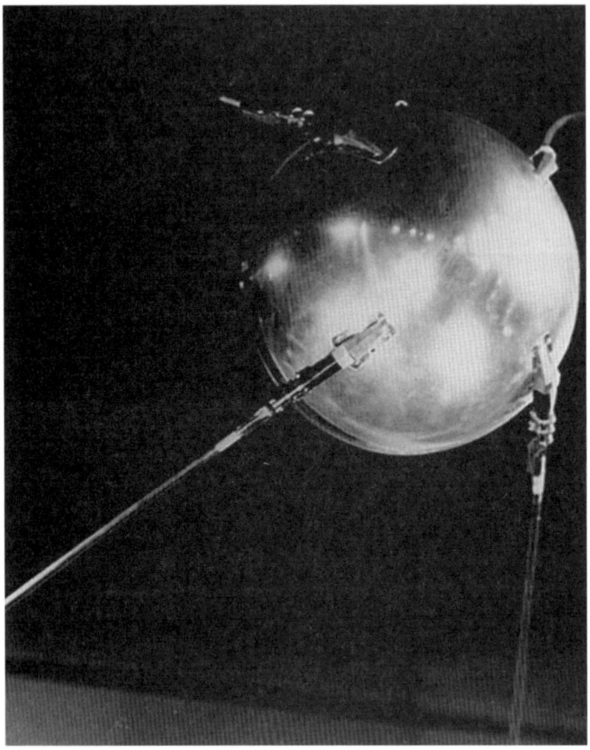

NASA

그림 1.11

스푸트닉호.

스푸트닉호의 발사 후 2년이 지나서 하버드 대학교 심리학 교수인 브루너 Jerome Bruner는 메사추세츠에 있는 우즈 홀에서 오늘날 아주 중요한 의미를 가지는 '우즈 홀 Woods Hole' 회의를 10일 동안 개최하였다. 그 회담은 오랫동안 미국에서의 과학교육의 실태를 조사해 온 국립 과학원 National Academy of Sciences의 요청으로 이루어졌다. 그 회의의 목적은 "단기적인 계획을 세우지 말고 대신 어린 학생들에게 과학의 근본 내용과 방법을 포함하는 기초과정을 공부하게 하자."(Bruner, 1960, p. vii)는 것이었다. 그 회의에서 교육 분야를 다루는 것은 전례가 없는 일이었고 심리학자가 의장을 맡고 교육 분야 외에도 여러 과학 분야 전문가와 심리학, 수학, 영화 촬영의 전문가들도 참석했다. 그중에는 가네 Robert Gagne, 인헬더 Bärbel Inhelder(삐아제 Jean Piaget를 대신하여), 스키너 B. F. Skinner도 참석했었다.

이 회의에서 "과학자들은 어떻게 과학을 하는가?"라는 문제가 제기되었다. 비록 그 회의 이전에도 과정 중심의 과학교육과정에 대한 진출이 있었지만, 과학교육은 학생들에게 학습시켜야 할 중요한 것으로 화학, 생물학, 물리학, 지질학, 천문학, 그리고 다른 과학 분야의 개념, 일반화, 이론, 법칙 등으로 구성되었다. 이런 과학적 정보는 초등학생에게는 너무 어려운 것이어서 과학교육은 더 높은 상급학년에 집중되었다. 우즈 홀 회의에서, 학생은 과학자가 행하는 과학적인 방법으로 배워야 한다는 결론에 도달했다. 즉 화학 시간에는 화학자의 전문적인 연구 방법대로 배워야 한다. 물리학 시간에는 물리학자가 행한 물리적인 방법을 배워야 한다. 생물학 시간에는 생물학자가 탐구하는 방법들을 배워야 한다는 것이다.

이런 확신들이 과학교육에서 내용보다는 과정에 더욱 중점을 둔 새롭고 대담한 접

근법을 나타나게 하였다. 교육학자들은 과학자들이 과학을 행하는 방법을 파헤쳐서 뿌리를 찾기 시작했다. 그것이 과학의 과정을 확인하게 했다. 과학교육에 대한 과정적 접근을 저학년 학생들에게 영향을 주었고 새로운 과학교육과정 프로그램이 탄생하게 되었다("1960년대의 조작적인 초등 과학교육 접근들"이라는 부분을 참조하라). 이것은 직접 조작 hands-on하는 프로그램으로 모든 수준의 학생들에게 예측과 실험을 먼저 하고 결론을 나중에 내도록 격려하는 것이다. 이런 접근의 프로그램은 교사가 어떤 이론이나 원칙에 기초를 두어 무슨 일이 발생할 것인지를 직접 설명하고, 학생들은 그 이론이나 원리가 옳다는 것을 보이기 위해 계획된 실험 활동을 하는 소위 증명 '실험' 모형과는 직접적으로 대조된다.

미국과학교육기준의 내용 기준 F. 과학의 개인적, 사회적 측면: 개인건강

예를 들어 여러분들은 생물 시간에 다양한 음식 재료에 요오드 용액을 떨어뜨려 본 것을 기억할 것이다. 이를 통해 녹말에 요오드 용액을 떨어뜨리면 검푸른 색(남청색)으로 변한다는 것을 배웠고, 그것은 녹말이 있는가를 검증하는 실험이었다. 즉 실험 활동을 통해 여러분들은 여러 가지 식품(감자, 설탕, 옥수수 가루, 빵) 위에 요오드 용액을 한 방울 떨어뜨려 변화된 색깔을 기록하도록 지도 받았다. 그리고 여러분이 결과로 감자, 옥수수 가루, 빵 등에 녹말이 포함되어 있다고 기록해야 했을 것이다. 이 실험에서 중요한 것은 다른 누군가가 이미 결론을 낸 사실을 **확인**했다는 것뿐이다.

과학 활동의 기본이 과학의 과정이므로, 학생들이 과학의 과정을 숙달하게 하는 일은 필수적이다. 과학 내용을 도구로 이용하면서 과정을 숙달할 수 있다. 예를 들어 **관찰** 과정은 식물, 동물, 암석, 운동하는 물체를 활용하여 학습시킬 수 있다. 또한 잎, 계절, 사진, 조개껍질, 광물을 이용하여 **분류**하도록 학습시킬 수도 있다. 과학탐구의 결과를 **의사교환**시키며, 실험하면서 각각의 항목을 **측정**할 수 있으며, 식물에게 빛을 쪼이지 않으면 어떻게 될까를 **예상**하게 하며, 토양은 여러 가지 것으로 만들어져 있음을 **추론**시킬 수 있다.

다시 말하지만, 이 교재의 기본 입장은 아동들이 사실을 학습하는 것보다 과정 기능을 학습하는 것이 훨씬 중요하다. 달리 말해서 과학에 **관하여** 학습하는 것보다 과학을 **행하도록** 배우는 것이 더욱 중요하다.

1960년대의 조작적인 초등 과학교육 접근들

1960년대의 새로운 조작적인 초등 과학교육에의 접근은, 어린아이가 스스로 많은 발견을 하도록 일련의 활동을 하게 했다. 어린이들로 하여금 어떻게 과학을 *행하는* 것인가를 학습시키는 즉, 과학의 과정을 습득하는 데 목적이 있었다. 이런 새로운 과학 프로그램은 이전의 내용 중심의 프로그램을 밀어내고 빠르게 정착되었다. 그 새로운 과학 프로그램은 미국 학생이 과학 지식이 부족하고 전문적이지 않다는 문제를 해결하는 방법이었다.

그런 프로그램 중에서 과정중심 탐구 과학교육을 실현한 것들이 초등 과학 과목 ESS, 과학교육과정증진 SCIS들이 있다.

초등 과학 과목 프로그램은 조작 활동을 통한 발견적 접근을 취하고 있다. 아동의 과학적 과정 발달을 촉진하기 위해 '씨앗 기르기', '대응과 측정', '기본 균형'과 같은 단원들이 저학년 초등학생을 위해 개발되었고, '물흐름', '지도', '부엌 물리' 등의 단원은 고

그림 1.12
학습 순환.

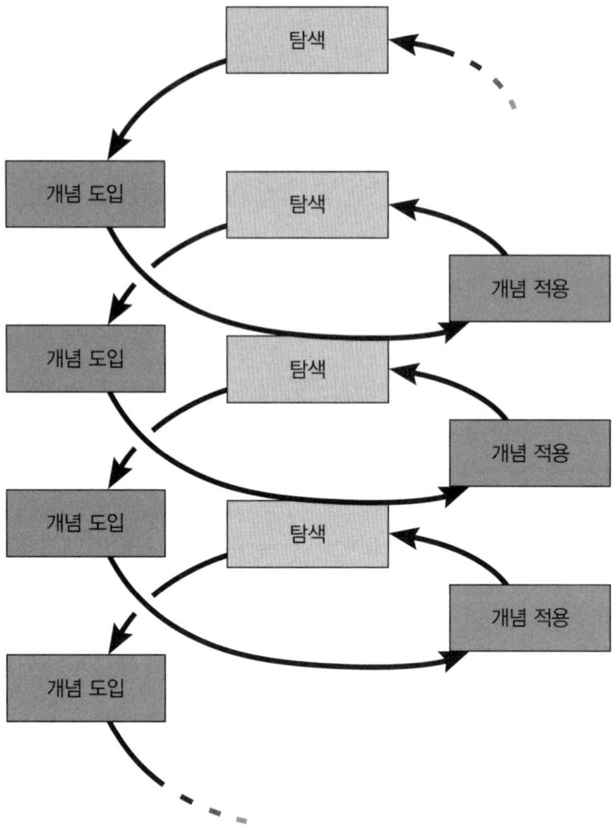

학년 초등학생용이었다. 자유 발견을 강조하며, 아동의 필요, 관심, 배경에 근거하여 자연 현상을 탐구하도록 했다.

과학교육 증진 프로그램은 버클리의 캘리포니아 대학교의 카플러스 Robert Karplus 교수가 개발한 것이다. 그는 교과서 중심의 내용 위주의 과학수업에 불만을 느끼고 있었다. 탐구적 과학교육의 접근을 통해서 어린아이가 관찰하고 자신만의 결론에 도달하는 것이 과학자가 과학을 행하는 방법이라고 생각하였다. 카플러스와 그 동료들이 유명한 '순환 학습 learning cycle'을 개발하였고, 아동의 탐구를 촉진하도록 교사가 안내할 수 있게 되었다(그림 1.12). 구성주의적 교육에 근거를 두고, 순환 학습은 처음에 3단계 수업과정이 있었다. (1) 탐색, (2) 개념 도입, (3) 개념 적용 단계가 있었다(Karplus, 1977, 2000). 이런 수업모형에서 처음에 학생들은 교사가 제시한 어떤 개념을 탐색하면서 무엇인지 알아보려고 한다(탐색 단계). 학생들의 직접 조작하는 탐색이 이루어져야 하며 교사가 지시하지 않는다. 어린아이가 탐색하는 기회를 얻으면, 자신이 발견한 것에서 개념을 유도해낸다(개념 도입 단계). 이때 그 개념은 교사의 감독에 따라서 현재의 과학 지식과 일치되게 할 수도 있다. 마지막으로 아동이 그 개념의 유용성을 조사하고 적용하도록 격려한다(개념 적용 단계). 다시 말하지만 교사는 감독자보다는 촉진자로서 역할을 해야 한다. 이런 탐구는 논리적으로 또 다른 새로운 개념의 탐색 단계로 이끌려지고, 다시 순환이 시작된다(SCIS의 개선된 프로그램인 SCIS 3+는 델타교육 Delta Education에서 구할 수 있다). 현재는 다양한 형태로 순환학습이 변형되고 있으며, 평가 단계를 포함하기도 한다. 그중에 하나가 생물 과학 프로그램 BSCS에서 개발된 '5E' 순

환 학습 모형이다(Bybee et al., 2006). 그 단계는 다음과 같다:

1. 참여 Engagement: 학생의 관심을 끌고, 이전 지식을 평가하고 탐구 주제를 설정한다.
2. 탐색 Exploration: 그 주제에 대하여 토론하고 질문하며 자료를 갖고 잠정적인 이해를 구성한다.
3. 설명 Explanation: 학생들이 이해한 것을 기술하고 설명하면서 토론을 거쳐 자신의 구성을 세련되게 다듬는다.
4. 확장 Elaboration: 학생의 개념을 확장시키기 위해 새로운 경험을 주고 심화 탐구의 기회를 주어 다음 주제로 안내한다.
5. 평가 Evaluation: 학생에게 자신이 이해한 것과 진전된 것을 평가한다.

지식과 사고에 대한 주인 의식

> 모든 교육처럼 과학교육도… 개인이 생각하고 행동하도록 권한을 부여해야 한다 (DeBoer, 1991, p. 249).

미국과학교육기준의 전문성 개발 기준 B. 과학, 학습, 교육에 대한 지식을 통합

아이들이 스스로 생각하는 힘을 키우기 위해서는 자신의 사고능력에 자신감을 갖게 해야 한다. 달리 말해서 자신의 지식과 사고에 대해 주인 의식을 가져야 한다.

신비한 상자

교사 활동 1.6

신비한 상자

더 진행하기 전에 잠시 **멈추고** 이 활동을 해 보자.

뚜껑을 씌운 작은 상자 하나를 준비하고 그 안에 두세 개의 작은 물체를 넣어 둔다. 그 물체의 크기와 모양, 재료는 어떤 것이어도 상관없다. *단 누구에게도 상자 안에 무엇이 들어있는지 말해서는 안 된다.* 상자에 뚜껑을 씌우고 그것을 테이프로 감싼다. 그리고 이 신비한 상자를 4~5명의 학생 모둠에게 준 다음 상자 안에 무엇이 들어 있을지 그려보거나 쓰거나 혹은 이야기해 보도록 한다. 만약 상자 안에 자성 물체가 들어 있다면 학생들의 관찰을 돕기 위해 자석을 제공할 수도 있을 것이다.

상자 내부의 바닥에 작은 금속 고리를 테이프로 부착해 놓고 그 외에 작은 나사, 작은 돌 등을 넣어 둔다(그림 1.13). 동전이나 대리석 조각과 같은 것들도 그 안에 넣을 수 있다. 단 상자 안에 너무 많은 물체를 넣지 않도록 한다.

상자 안에 무엇이 들어 있는지 알아보기 위해 어떤 활동을 할 수 있겠는가? 아마 그것을 흔들어 볼 것이다. 기울여도 볼 것인데, 가끔은 빠르게 혹은 매우 느리게 또는 다른 각도에서 기울여 볼 것이다. 상자의 균형을 맞춰 보려고도 할 것이다. 만약 상자 안에 어떤 자기적인 물질이 있다고 느껴진다면 자석을 사용하여 알아보려고 할 것이다.

그림 1.13
신비한 상자.

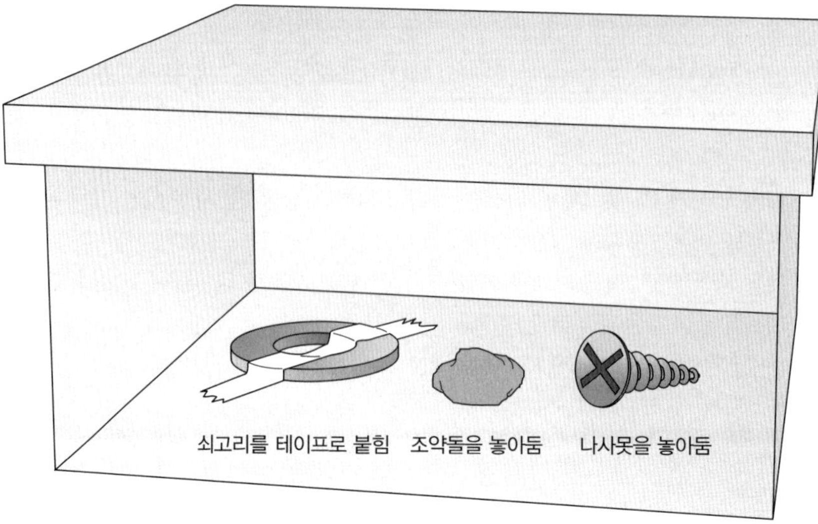

여러분은 자기력을 느낄 수 있는가? 여러분은 여러 가지 감각을 사용할 수 있다. 촉각(자기장을 느낄 때), 청각(상자를 기울여 볼 때 나는 소리), 시각(균형을 맞춰 볼 때) 등 이외에도 어떤 감각을 사용할 수 있을까? 냄새를 맡아보는 후각이 있다. 어떤 냄새가 나는가? 탐구를 진행하면서 한 군데로 초점이 모아질 것이다. 여러분의 생각을 다른 친구와 토론하고 논쟁하고 항변하고 또한 다른 사람들의 이야기를 받아들임으로써 자신의 생각을 바꿀 수도 있다.

이 활동에서 여러분이 사용한 여러 가지 과정을 활용한다는 것에 주목하라. 관찰, 분류(자석에 붙는 물체와 붙지 않는 물체), 의사소통(모둠 조의 다른 사람들과 함께), 측정(물체의 위치나 자기력의 상대적 세기), 예상, 추론, 가설 설정 및 가설 검증(상자 안에 있는 물체의 자기력과 이미 알고 있는 물체의 자력을 비교), 자료 해석, 그리고 모델 형성도 관여한다.

이제 여러분은 상자 안에 무엇이 들어 있는지에 대해 잠정적인 일반화를 만들 수 있다. 이 결론을 다듬어 보자. 각 물건들은 얼마나 클까? 모양은 어떠한가? 얼마나 두꺼운가? 어떤 색깔일까?

계속해서 탐구를 해 보자. 초등 과학수업에서 교사는 가능한 한 여러 주일 동안 과학시간에 상자들을 그대로 두어 학생의 관심을 집중시키고 어린이들이 그 상자에 무엇이 들어 있는지에 대한 그들 나름의 결론을 계속 다듬어 나가도록 해주어야 한다. 아이들은 상호 협동적인 모둠 활동을 통해 해결해 나가며 서로의 가정들에 도전해 보거나 그들이 행한 실험들에 대해 왜 그런 추론이 나왔는지에 대한 이유를 서로에게 물어 볼 것이다.

결과적으로 여러분은 최상의 생각들을 찾아낼 것이다. 그 생각이 옳을까? 어떻게 그것을 확신하는가? 여러분은 몇 % 확신하는가? 어떻게 그 확신을 높힐 수 있는가? 주어진 신비한 상자와 같은 것을 넣은 상자를 모형으로 만들 수도 있다. 그리하여 그 두 상자가 같은 특징을 나타내는지 주의 깊게 비교해 볼 수 있다.

대부분 상자 안에 무엇이 들어 있는지에 대해 여러 가지 생각들이 떠오를 것이다. 누가 맞을까? 누가 틀린 것일까? 그 상자가 닫혀 있다는 것을 기억하라. '옳음'과 '그름'은 다른 시각으로 받아 들여져야 한다. '옳고 그름'은 더 이상 이상적인 답의 기능을 하지 않는다. 대신에 최선의 생각이 무엇이며 관찰한 것들을 연결지어 결론을 내리는 생각이 더 중요한 기능을 한다. 학생의 각각의 결론은 자신의 최상의 생각들을 나타내는 것으로서 받아들여야 한다.

이 신비한 상자 활동은 아이들의 마음과 유사하다. 교사가 될 여러분은 어린이의 마음에 무엇이 있는지 확실히 알 수 없다. 어린이들이 무엇을 어떻게 생각하는지 알아보기 위해 질문할 수도 있고, 들어 볼 수도 있고, 해명을 요구할 수도 있고, 그림을 그려보게 할 수도 있고, 관찰할 수도 있고, 개인적 감정을 알아 볼 수도 있다. 그러나 어린이들의 마음에 무엇이 있는지에 대한 교사들의 결론은 신비한 상자 안에 무엇이 있는지에 대한 결론보다 덜 정확할지 모른다. 단지 추론할 수 있을 뿐이다.

주인 의식

상자를 열어야만 하는가? 만약 그 상자들이 닫혀 있는 상태이고 절대로 열리지 않는다고 가정하자. 여러분은 어떻게 느껴지는가? 실망스러운가? 속임수 같은가? 여러분이 옳은지 그른지는 절대 알 수 없다. 만약 상자를 열지 않는다면 스스로의 관찰력과 논리적 추론 능력에 의지할 것이며, 자신과 다른 사람들의 생각으로부터 결론을 낼 것이다. 그리고 자신의 사고로부터 얻은 결론이 타당한지를 밝혀야 할 때 자신의 관찰, 생각, 결론에 대해 주인 의식이 요구된다.

그러나 어느 때인가 그 상자를 열었다고 가정해 보자. 자신의 생각이 무가치하게 될 것이다. 관찰하고, 사고하고, 추론하는 대신에 단지 '추측'만 하려고 할 것이다. 옳은 답과 비교할 뿐이지 자신의 결론을 찾을 필요를 느끼지 못한다. 만약 그 추측이 '옳은' 답과 맞았다면 훌륭해! 라고 한다. 그러나 틀리면 이것 참! 이라고 한다.

상자를 열어야만 하는가? '최선의' 답을 찾기 위한 이번 활동에서 사용한 과학적 과정 기능에 대해 신뢰를 가졌는가? 각자 학생들 스스로 결정해야 한다. 여러분이 결정한다면, 여러분의 주장을 펼쳐야 한다.

아동 사고의 가치

교사 활동 1.7

어떤 지식이 가치 있는가?

여기에 여러분이 고민해야 할 질문이 있다. 초등학교 학생들은 선생님들의 지식과 학생 자신의 지식 중 어느 것을 더 가치있게 생각할까?

많은 학생들이 '자신의 지식'이 더 중요하다고 대답한다. 이런 반응은 교사의 가장 큰 임무가 어린이들이 스스로 생각할 수 있게 도와 주는 것이라는 믿음으로부터 나온 것이다. 그러나 교사의 지식은 어떠한가? 교사의 생각이 어린이들의 것보다 더 가치 있는 것이 아니란 말인가? 교사들은 생각하는 방법을 배우지 않았는가? 아이들에게 어떻게 생각해야 할 것인지를 가르치는 사람이 바로 교사가 아닌가? 교사는 아이들이 올바로 사고할 수 있도록 격려해야 되지 않는가? 이런 질문은 교사가 숙고해야 할 질문들이다.

만약 여러분이 진실로 어린이들이 자신에 대한 주인 의식을 가져야 함이 중요하다고 믿는다면, 어린이들에게 자신의 생각이 가치 있는 것임을 믿게 할 수 있는 방법들을 고려해 보아야 할 것이다.

발문

잠시 본론을 벗어나 보자. 일반적인 초등학교 교사는 학교에서 하루에 200~300가지의 발문을 한다고 한다(Orlich et al., 2010). 발문은 교수-학습 전략으로서, 어린이들의 사고 활동을 촉진시키거나, 혹은 어린이들이 어떤 생각을 하는지 더 잘 이해하기 위해서 필요하다.

유치원 교사가 동물에 관한 수업을 할 때 묻는 발문을 살펴보자:

"동물의 이름을 하나 말해 보세요."
"다른 동물 이름을 말해 보세요."
"날아 다니는 동물 이름을 말해 보세요."
"네발 달린 동물 이름을 말해 보세요."
"집에서 기르는 동물 이름을 말해 보세요."
"숲에서 살고 있는 동물 이름을 말해 보세요."
"물속에 살고 있는 동물 이름을 말해 보세요."
"털을 가진 동물 이름을 말해 보세요."

이렇게 본다면 교사가 하루에 어떻게 300가지의 발문을 만들어 내는가는 알기 쉽다.

다음의 발문들을 살펴보자. 각각의 발문들은 옳은 답 아니면 틀린 답을 포함하고 있다:

"날아 다니는 동불 이름을 말해 보세요."
"새?"
"맞았다."
"오리?"
"맞았다."
"개?"
"틀렸다."
"다리가 4개인 동물 이름을 말해 보세요."
"개?"
"맞았다."
"거미?"
"틀렸다."
"집에서 기를 수 있는 동물 이름을 말해 보세요."
"고양이?"
"맞았다."
"사자?"
"틀렸다."

모든 질문에 대해 옳은 답과 틀린 답이 있다는 생각을 갖게 된다. 누가 옳은 답을 알고 있는가? 물론 교사이다. 위의 글을 살펴보면, 어린이들은 의문스러운 듯한 목소리로 답을 한다. 그러면 교사는 그들이 '옳은'지 '틀린'지 아이들에게 이야기한다. 교사는 맞다 틀리다는 답을 "정말 그럴까?", "좋은 답이구나.", "대답해 줘서 고맙다." 등으로 표현할 수 있다. 이런 방법들을 사용해서 옳은 답이 나올 때까지 계속한다. '옳은' 답이 나오면 "내가 바라던 것이구나.", "다른 좋은 답들도 있겠지만 내가 듣고자 했던 것이란다." 등으로 말한다. 이런 발문형태를 'IRE' 질문이라고 한다. 교사가 질문을 시작 Initiate 하고 학생은 반응 Response 하고, 교사가 즉각 평가 Evaluate 하는 형태이다(Schwartz et al., 2009). 이런 경우 지식을 가지고 있는 사람은 바로 교사가 된다. 교사는 어린이들이 그들의 답(맞을 수도 있고 틀릴 수도 있는)과 교사의 답(항상 옳은)을 비교하게 된다. 그것으로 말미암아 어린이들은 교사가 바라는 답을 해야 한다고 분명한 생각을 가지게 된다. 교사가 지식을 소유한다. 즉 교사가 지식의 책임을 진다는 것이다. 교사의 생각이 가치 있는 지식이다. 그리고 "교사는 지식으로 생각되는 것을 통제하고 있다"(Allen, 2008, p. 3). 어린이가 최종 결과를 이미 알고 있는 조작 활동을 할 때도 이런 일이 똑같이 일어난다. 그 때 어린이가 해야 할 일은 교사가 바라는 결과를 찾는 일이다. "나는 그것이 옳다고는 생각하지 않는데, 다시 해보고 네가 얻은 결론을 알아보자."라는 말은 "너는 아직 내가 원한 결과를 얻지 못했다"는 의미로 해석된다.

이러한 일을 어떻게 바꿀 수 있을까? 학생들은 자신의 생각을 드러내고 다른 사람의 생각을 들으면서 수정하는 기회를 가져야 한다. 5장에서 블룸 Bloom 의 상위 수준의 발문은 토론을 촉진시키는 반면에 하위 수준의 발문은 옳거나 그른 답을 유도한다(Bloom et. al., 1956). **닫힌 질문** closed questions 은 단답을 유도하지만 **끝열린 질문** open-ended questions 은 교사가 오랫동안 기다리는 시간을 주어서 생각할 시간을 줄수록 어린이들은 자신의 생각들이 중요하다는 믿음을 가지게 된다. 물론 이렇게 되면 하루에 300가지의 발문을 하지는 못한다(8장에서 아동의 이해를 평가하기 위한 방법으로 형식적 발문과 비형식적 발문을 탐구할 것이다).

교사 활동 1.8

발문

한 사람이 선생님이 되고 나머지는 학생이 되어 보자. 다음과 같이 식물에 관한 여러 가지 사실적인 발문들을 해 보자:

"식물의 세 가지 중요한 부분은 무엇입니까?"

"식물을 땅에서 지탱시켜 주는 곳은 어디입니까?"

"어디에서 양분을 만듭니까?"

"식물을 서 있게 하는 부분은 어디입니까?"

"식물은 살아가기 위해 무엇이 필요합니까?"

"식물은 빛이 있는 곳과 어두운 곳 중에서 어디서 잘 자랄까요?"

위의 발문들을 할 때, 30초 안에 질문과 답을 하도록 하라. 그러면 순간적인 대답을 얻을 것이며, 질문하고, 답하고, 질문하고, 답하는 '리듬'이 생긴다.

갑자기 다음과 같은 끝열린 질문을 불쑥 해 보라. "만약 식물에게 붉은 빛만을 쬐게 한다면 어떤 일이 일어날까요?"

마지막 발문에 대한 대답은 좀 더 늦어질 것이다. 처음엔 약간 '엉뚱한' 반응의 대답이 나올 수도 있다. 왜냐하면 사람들은 질문과 답이 리듬에 방해받는 것을 좋아하지 않고 생각하는데 필요한 침묵보다는 말하고 싶어하기 때문이다. 그러나 대부분의 학생들은 그들의 생각을 모으기 위해 침묵하게 된다. 교사가 약 10초 동안 적당히 기다리고 난 뒤에 대답에 어떤 비평없이 그들의 설명을 들어주자. 학생들은 그 문제에 대해 가장 최선의 생각으로 대답하며 자신의 응답에 대해 주인 의식을 가지게 된다.

교사가 그 질문의 답을 모르거나 '충고의 말'처럼 답을 알려주지 않은 채 학생에게 질문하면 학생은 그들 스스로 문제를 해결하려고 한다. 아이들은 사고의 결론뿐만 아니라 사고의 과정에 대한 주인 의식도 가지게 된다. 자신의 지식이 가치 있고, 교사에게도 인정받는 방식을 학습하게 된다. 허쉬 Hirsch는 "질문과 대답을 즉시 연결시키는 일은... 학생에게 곰곰히 생각할 기회를 부정하는 것이다"고 말한다(Hirsch, 2010, p. 61).

어린이들의 사고 과정과 지식에 자신감을 주는 또 다른 방법은 "맞았어", "좋았어", "훌륭해"와 같은 단정적인 말들을 적게 사용하는 것이다. 이런 단정적인 말은 어떤 결론이 교사의 판단에 의해 이루어진다는 생각을 학생에게 심어줄 수 있다. 그 대신에 어린이들의 사고에 대한 자신감을 길러 주기 위해, 단정적인 말들은 간단한 문장으로 된 감사의 표현으로 바뀌져야 한다. 어린이들이 강한 주인 의식을 가지기 위해서는 어린이들의 생각을 파고 드는 반응을 보여야 한다. "너는 왜 그렇게 말했지?", "너는 어떻게 알았지?", "네가 말한 것의 예를 들어보렴.", "제인의 대답에 덧붙일 말은 없니?", "너는 동의하니?", "너는 반대하니?", "만약...이라면 어떤 일이 일어날까?", "어떻게 그런 생각을 갖게 되었니?", "네 생각을 설명해 볼래?"

이 강좌에서 여러분은 초등학교에서 과학을 가르치는 방법이 학생들에게 과학적인 사실, 개념, 일반화, 이론을 확고하게 하는 것뿐만 아니라 사고의 주인 의식을 갖게 하는 방법임을 구성할 수 있어야 한다. 이것이 바로 **과정 중심 탐구 방법** process-oriented inquiry methodology이다. 교사의 안내 하에서 아이들은 자신의 질문을 할 수 있고, 그 질문을 탐구해 가는 그들만의 방법들을 찾아낼 수 있으며, 질문에 대한 나름대로의 답들을 발전시켜 갈 수 있다. 어린이들이 어떻게 학습하는가를 깊게 논의하는 것은 이 책의 범위를 벗어나지만 만약 어린이들에게 어떤 것을 배우고 유지시키려면 그들은 **우리**가 한 것이 아닌 **자신**이 한 활동들을 가치있게 여기고 소유하게 된다. 우리의 의무는 어린이들에게 자신의 생각이 탄탄하도록 이끌어 가는 것이다. 모든 어린이들에게 자신의 대답이 적어도 교사를 포함한 어느 누구의 것보다도 가치 있다는 것을 알려주어야 한다.

과학에 대한 태도와 과학수업에 대한 태도

미국과학교육기준의 전문성 개발 기준 C. 생애 학습

모든 사람들은 이전에 경험했거나 배운 것에 의해 형성된 선개념이 있다. 그런 선개념 중에 어떤 것은 일반적으로 인정된 지식과 일치할 수도 있고 또 어떤 것은 그렇지 않을 수도 있다. 긍정적일 수도 있고 부정적인 생각일 수도 있다. 많은 교사는 어린이가 학교에 오기 전에 가진 학습 능력과 과학적 정보의 양에 관해 나름대로의 선개념을 가지고 있다. 자연 세계에 대해 가지고 있는 기존의 선개념은 사람들이 학습할 때 상당한 영향을 준다. 4장에서 이런 현상과 그 의미를 다룬다. 이처럼 학생의 학습 능력에 대해 교사가 가지고 있는 선개념은 교사의 교수 방법에 상당한 영향을 준다.

교사 활동

1.9

태도 조사 도구

신념 체계는 교사의 수업 행동에 매우 큰 영향을 준다. 그림 1.14와 1.15에 간단한 측정 도구는 여러분의 사고 경향, 즉 과학에 대한 태도와 과학수업에 대한 태도가 긍정적인가 부정적인가를 나타낸다. 몇 분 안에 끝낼 수 있다. 방법은 간단하게 각 항목마다 일반적으로 한 쌍의 형용사 사이에 여러분의 생각을 잘 나타내는 부분을 표시한다. *A*는 여러분이 왼쪽 형용사에 동의함을 나타내는 것이고 *E*는 오른쪽 형용사에 동의함을 나타내며 *C*는 불분명한 경우이다.

점수는 자신이 매긴다. 여기서 *A*는 5점, *B*는 4점, *C*는 3점, *D*는 2점, *E*는 1점을 준다. 점수는 20점(모두 *E*를 표시하였을 때)에서 100점(모두 *A*를 표시하였을 때) 사이에 있을 것이다.

과학에 대한 나의 태도

	A	B	C	D	E	
1. 좋은	____	____	____	____	____	나쁜
2. 즐거운	____	____	____	____	____	즐겁지 않은
3. 유의미한	____	____	____	____	____	의미없는
4. 중요한	____	____	____	____	____	중요하지 않은
5. 긍정적인	____	____	____	____	____	부정적인
6. 단순한	____	____	____	____	____	복잡한
7. 유익한	____	____	____	____	____	해로운
8. 흥미로운	____	____	____	____	____	지루한
9. 쉬운	____	____	____	____	____	어려운
10. 객관적인	____	____	____	____	____	주관적인
11. 안전한	____	____	____	____	____	위험한
12. 유용한	____	____	____	____	____	쓸모없는
13. 힘들지 않은	____	____	____	____	____	힘든
14. 정돈된	____	____	____	____	____	무질서한
15. 편안한	____	____	____	____	____	불편한
16. 가치 있는	____	____	____	____	____	무가치한
17. 자극적인	____	____	____	____	____	단조로운
18. 편안한	____	____	____	____	____	위협하는
19. 생산적인	____	____	____	____	____	비생산적인
20. 정돈된	____	____	____	____	____	난잡한

그림 1.14
과학에 관한 태도검사도구.

그림 1.15
과학교육에 대한 태도 검사 도구.

과학교육에 대한 나의 태도

	A	B	C	D	E	
1. 안전한	____	____	____	____	____	위험한
2. 행복한	____	____	____	____	____	슬픈
3. 편안한	____	____	____	____	____	불편한
4. 성공적인	____	____	____	____	____	실패하는
5. 깔끔한	____	____	____	____	____	지저분한
6. 정돈된	____	____	____	____	____	무질서한
7. 유용한	____	____	____	____	____	쓸모 없는
8. 자신 있는	____	____	____	____	____	자신 없는
9. 즐거운	____	____	____	____	____	고통스러운
10. 중요한	____	____	____	____	____	중요하지 않은
11. 신선한	____	____	____	____	____	싫증나는
12. 조직적인	____	____	____	____	____	혼란스러운
13. 유익한	____	____	____	____	____	해로운
14. 낙천적인	____	____	____	____	____	비관적인
15. 열심인	____	____	____	____	____	무관심한
16. 강한	____	____	____	____	____	약한
17. 좋은	____	____	____	____	____	나쁜
18. 충분한	____	____	____	____	____	불충분한
19. 영향력 있는	____	____	____	____	____	영향력 없는
20. 고무적인	____	____	____	____	____	단조로운

위의 조사를 통해 여러분의 과학과 과학수업에 대한 태도를 개략적으로 알 수 있다. 만약 긍정적인 쪽(80~100)으로 점수를 얻었다면, 초등학교 과학을 즐겁게 가르칠 수 있을 것이다. 그러나 점수가 낮다면 여러분은 좀 더 긍정적인 태도로 발전할 수 있는 방법을 찾고 싶을 것이다. 그것은 오직 여러분 자신만이 할 수 있다. 어느 누구도 여러분의 태도에 대해 말할 수 없다.

또한 개별적인 항목들을 볼 필요가 있다. *D*나 *E*를 표시한 항목은 어떤 것인지, *C*를 표시한 항목은 어떤 것인지. 이것은 여러분이 초등학교 과학을 가르치는 능력을 발달시키기 위해 관심을 가져야 할 부분을 나타내 준다. 성공적인 초등 과학 교사는 긍정적인 태도와 진실로 열린 마음을 가지고 있다. 과학과 과학수업에 대한 여러분의 현재 신념을 알아내고 자연 세계에 대한 선개념을 아는 것은 새로운 탐구 분야를 개척하는 데 필요하다.

학교 현장 교사의 경험

처음 내 직업은 교사가 아니었고 판매와 고객 관리원이었다. 학교에 처음 와서 4년 동안에 5학년의 교육과정을 지도했다. 학생들처럼 교사인 나도 과학을 좋아하지는 않았다. 어른이 되어 과학을 좋아하지 않는 이유가 학창 시절의 경험들이 부정적이었다는 걸 알게 되었다. 말하자면 내 생각이 "틀렸다"는 말을 들었을 때 부정적인 경험이 되었다. 과학을 가르치게 되었을 때 겁먹게 되었고, 과학을 효과적으로 가르치는 데 필요한 기본 지식이 모자란다고 느꼈기 때문이다.

그 후에 아동은 문제에 대해 자연적으로 해답을 찾으려고 한다는 걸 깨달았다. 교사가 '요리책'처럼 과학을 처방하고 통제하지 않더라도 학생에게 탐구하도록 기회를 주면 정말로 놀라운 것들을 찾아낸다. 학생들은 탐구수업을 받으면서 자신의 개념을 발견하고, 교사가 원했던 것을 학습한다. 탐구 수업에서 학습의 소유권은 학생에게 있다. 잡지 만들기는 탐구 수업에서 필요한 방법으로, 학생이 만든 잡지는 자신의 생각을 담고 있다. 학생의 소유 의식을 촉진시켜준다. 예를 들어 어떤 학생이 병렬 회로를 만들었다고 전문 용어로 교사에게 말할 능력은 없지만, 다른 회로와 어떤 점이 다른가를 설명할 수는 있다. 교사가 적절하게 용어를 도입시켜 주면 학생은 자신의 학습 경험에 소유 의식을 갖게 된다.

과학 학습이 자연스런 탐구를 통해 일어나게 하려면 교사는 자신이 발견하는 것이 아니고, 학생들이 발견하도록 안내해야 한다. 학생이 답을 찾을 수 있는 종류의 질문을 하는 것이 교과서의 해답을 제공하는 것보다 더 중요하다. 이렇게 해서 자연적인 학습 형태가 계속 일어나게 해준다.

좋은 과학수업이 '과학을 모두 알고 있는 것'은 아니다. 최소한의 안내와 방향 제시만으로도 학생이 스스로 성공적으로 학습하게 만들어 주는 것이 좋은 과학수업이다. 학생들이 자신의 학습에 대해 소유 의식을 갖게 되는 걸 관찰하는 놀라운 경험을 하게 된다.

스테파니 게론 **Stefanie Gerron**

텍사스 주의 북리치랜드
스노우 하이츠 초등학교
4, 5학년 교사

은유

이전의 신념을 한 단어로 나타내는 것이 **은유** metaphors의 사용이다. 최근의 연구는 수업에 관한 잠재적 신념이 은유 안에 숨어있고 교사의 역할을 어떻게 보고있는지가 담겨 있다(BouJaoude, 2000; Munby, 1986; Pittman & O'Neill, 2001; Tobin, 1990). 예를 들어 교사가 스스로를 '배의 선장'이라고 은유한다면 매우 강한 지도자를 나타내며, 학습의 책임이 어린이들에게 있다는 것을 주저할 것이다.

미국과학교육기준의 전문성 개발 기준 C. 생애 학습

1.10 교사 활동

은유

몇 분 동안 여러분이 초등학교 과학 교사로서의 역할을 특징 지을 수 있는 은유에 대해 생각해 보아라. 여러분은 과학 교사를 배의 선장으로 생각하는가? 버스 운전사? 탐험가? 스카우트 리더? 부모? 지휘자? 연주자로 생각하는가? 자신을 포함한 모든 사람들의 다양한 은유를 기록하여 목록을 만들어라. 그중에서 자신이 생각하는 초등 과학 교사가 하는 모습과 가장 비슷한 생각을 갖게 하는 은유를 선택하여 적어보아라.

이 책을 공부하는 중에도 이 같은 은유를 참고할 것이며 원한다면 그 은유를 바꿀 수도 있다. 그런 은유는 이 교재에서 공부한 내용을 여러분이 어떻게 구성했는지를 보여주기 때문이다.

요약

1장의 목표는 초등학생에게 과학을 가르치는 최선의 방법을 여러분 나름대로 탐구하게 하도록 하는 것이었다. 여러분은 지금까지 여러 가지 문제들을 다루어 보았고, 잠정적인 결론에 도달했다.

교사가 자신이 가르칠 내용을 알아야 하는 것은 당연하다. 과학을 가르치려면 생명 과학, 물상 과학, 지구와 우주 과학의 기본 원리와 개념을 알아야 한다. 과학적 지식은 계속해서 변화하고 있기 때문에 현명한 교사가 가르치려는 과학의 **모든** 것을 알아야 하는 것이 불가능하며 필요하지 않다. 오히려 과학의 과정을 활용하여 탐구적으로 과학을 가르치는 것이 더욱 중요하며 학생에게 과학에 **관하여** 가르치기보다는 과학을 **행하도록** 가르쳐야 한다.

다른 나라에 비하여 미국의 4학년 학생들의 과학 성취도는 뛰어나다. 교실에서 '정답'과 '오답'을 강조하게 되면 학생의 생각은 정보를 어떻게 이해하는가로 국한되기 쉽다. 말하는 것보다 더 중요한 것이 탐구이다. 교사가 개방적으로 학생이 자신의 탐구로부터 정보를 어떻게 구성하는지 기회를 주어야 한다. 과학의 과정은 과학적 탐구의 장치를 나타낸다. 많은 사람들은 탐구의 단계가 순환 학습의 형태라고 생각한다.

초등 과학교육의 방법, 내용, 과정, 목표, 결과에 대한 중요한 질문들을 제기하기 시작했다. 이 과목이 진행됨에 따라서 여러분은 스스로가 이런 질문들과 여러분의 관심사를 해결하는 것, 그리고 21세기를 살아가도록 오늘날 어린이들을 준비시키는 데 필요한 과학교육의 체계를 개발하는 것을 여러분 스스로의 목표로 만들어 보아라. 어느 누구도 여러분을 위해서 이것을 해주지는 않는다. 스스로 만들도록 노력해야 한다. 이런 일은 마치 어린이들에게 완전히 소화된 정보만을 퍼붓지 **말라**는 제안과 같은 것이다. 여러분은 스스로 생각해야 한다. 즉, 여러분도 초등 과학교육을 자신에게 의미있게 구성해야 한다.

이 책이 그런 탐색에 도움이 될 것이다.

핵심 용어

끝열린 질문
닫힌 질문
마찰
명왕체
박테리아
배양기
변태
생태계
스펙트로그래프
에온
염색체
유전자

유전자 지도	판구조론
유전학	패러다임
은유	페트리 접시
지각	학문간
지질학	DNA

토의를 위한 질문들

1. 초등 과학 교사는 과학을 가르치기 위해서 어떤 과학을, 얼마나 알아야 하는가?
2. 시저 Sizer(1985)는 "훌륭한 선생님과 현명한 아이들은 사람의 수행 능력을 분별하는 방법을 안다. 학생들을 어리석게 느끼도록 만드는 것도 바보같고 잔인하지만 학생의 자아를 알려주기 위해 2 + 2 = 5라고 거짓말하는 것도 잔혹할 뿐만 아니라 부정직하다". 이런 주장을 이번 장에서 제안한 정답도 없고 오답도 없다는 구성주의적인 입장과 대조해 보라.
3. 미국 4학년 학생들의 과학 표준화 검사 결과는 다른 나라에 비교해서 우수하다고 할 수 있는데, 8학년은 그렇지 못하다. 이런 일이 어떻게 생겼는가?
4. 초등 과학 교사가 학생의 학습을 최대화하기 위하여 어떻게 해야 하는가?
5. 학생이 지식의 주인 의식을 갖는 것이 왜 중요하며, 교사가 어떻게 도와줄 것인가?
6. 초등 과학교육에서 교사의 태도는 무슨 역할을 하는가?

Chapter

2 오늘날의 과학교육

"사실은 모든 사람이 믿고 있는 단순한 진술이다. 그러나 잘못되었다고 판정되지 않는 한 성실한 것이다. 가설은 새로운 제안이며, 아무도 믿고 싶어 하지 않는다. 그러나 효과적이라고 판정되지 않는 한 잘못된 것일 수 있다."

에드워드 텔러 Teller, 핵물리학자이며 수소폭탄의 제조에 기여했다. 물리학의 어두운 비밀 Conversations on the Dark Secret of Physics (1991)에서 인용

D. Berry/PhotoLink/Getty Images

여러분은 초등학교 과학교육과 관계된 많은 요소들을 탐구하고 있다. 그리고 과학에 대해 배우는 것보다 과학의 과정을 숙달함으로써 과학을 행하도록 배우는 것이 아이들에게 더욱 유익하며, 과학적 내용은 과학의 과정을 배우는 수단으로서 아이들은 과학자들이 실제로 과학을 하는 방법과 유사한 방식으로 과학을 배워야 한다는 제안을 고찰해 왔다.

이제까지는 과학 그 자체 혹은 과학자들이 과학을 하는 방법에 대해서는 많이 다루지 않았다. 이 장에서는 과학적 활동, 산물, 응용과정 및 태도 등의 과학의 본성에 대해 탐구할 것이다. 그리고 우수한 초등 과학 프로그램에 알맞은 목표와 목적을 탐구하게 될 것이다.

사전 질문

이 장을 공부하면 다음 질문에 답을 하면서 논의할 수 있다.

- '과학의 본성'이 무슨 의미인가?
- 과학 활동의 근본 특성은 무엇인가? 그 특성을 아는 것이 왜 중요한가?
- 과학적 사실, 개념, 이론, 법칙이 무엇인가?

과학의 본성

미국과학교육기준의 내용 기준 G. 과학사와 과학의 본성: 과학의 본성

과학의 본성 nature of science은 과학이 행하여지는 방식과 그 결과물을 말한다. 앞의 1장에서 신비한 상자 활동에서 과학의 본성에 해당하는 특성을 경험했다(과학의 과정, 신뢰감 형성은 물론이고, 상자를 열어보았다면 완벽한 신뢰를 얻지 못한다는 인식). 이번에는 과학의 본성을 경험하기 위한 또 다른 활동을 해보자.

2.1 교사 활동

과학자와 과학 그리기

모둠별로 과학자를 그려보자. 그 그림을 발표하면서 다른 모둠에게 과학에 대한 느낌을 설명해보자.

과학자의 특징이 무엇인가? 200명의 남녀 대학생을 대상으로 한 연구에 따르면, 전체 그림의 82%가 남성을 과학자로 묘사했다(Thomas et al., 2006). 55%의 그림이 실험복을, 68%가 안경을, 21%가 수염을 그렸다.

이 연구와 여러분의 그림은 비슷한가? 과학자에 대한 편견을 찾을 수 있는가?

오늘날 우리가 과학 science이라고 알고 있는 것은 원래는 '**철학** philosophy'이라고 불리었다. '철학'이라는 단어는 아리스토텔레스 시대에 '사랑 philos'과 '지혜 sophia'라는 두 단어가 합쳐져서 만들어진 것이다. 따라서 철학은 문자 그대로 '지혜에 대한 사랑'이란 뜻이다. 과학이란 단어는 '앎'을 의미하는 라틴어 'scientia'에서 파생된 것이다. 라틴어에서 유래한 과학의 사전적인 정의는 "알고 있는 상태이며, 무지 혹은 오해와 구별되는 지식이다"(Merriam-Webster, 2003).

미국과학교사협회 NSTA는 과학을 "다양한 직접/간접의 정보를 수집하고 그 정보를 검사하는 체계적 과정의 특징을 갖고 있다"고 기술한다(NSTA, 2000). 이런 묘사는 과학자들이 과학적 정보를 얻는 방식은 어떤 특징이 있음을 암시한다. 이런 특징을 모아보면 과학의 본성을 알 수 있다(Lederman, 2010).

과학의 본성을 명확하게 정의하는 것은 어렵지만 그 성분을 서술할 수는 있다(Crowther, Lederman, & Lederman, 2005). 즉 과학 활동의 본성에는 그 자체의 방법, 엄격한 신념 및 한계와 단절까지도 포함한다(Perkins-Gough, 2006).

보편적으로 동의하고 있는 과학의 본성의 기본 주장은 다음 7가지가 있다(Akerson, Buzzeli, & Donnelly, 2010; Akerson, Hanson, & Cullen, 2007; Akerson & Donnelly, 2008; Lederman et al., 2002).

1. 과학 지식은 신뢰롭고 잠정적이다(사람들은 과학지식을 신뢰하지만, 새로운 정보에 의해서 변화될 수도 있음을 인식해야 한다).
2. 한 가지의 유일한 과학적 방법은 없다(그러나 과학적 노력에서 공통적으로 보이는 특성 중에는 **경험적** empirical 증거와 자연세계에서 검증하는 일이 포함된다).
3. 창의성은 과학 지식의 발달에 역할한다.
4. 관찰과 추론 사이에는 연관되지만 구별되어야 한다.
5. 이론과 법칙 사이에도 구별되면서 연관이 있다.

6. 과학이 객관성을 추구하지만, 과학 지식의 발전에는 주관성의 요소가 포함된다.
7. 사회적, 문화적 맥락도 과학 지식의 발전에 역할을 한다.

교실에서 흔히 볼 수 있는 생각과 다르게 과학적 방법이 한 가지일 수 없다는 점은 주목해야 한다. 따라서 전형적인 과학적 방법이 과학이 작동하는 방식을 대표하지는 못한다(Windschitl, 2009).

이번에는 과학의 본성을 주요 성분을 살펴보자.

과학적 활동의 특성

과학은 다음과 같은 과학의 본성의 주장들과 연관된 독특한 특성을 가진다. 수준 높은 초등 과학 프로그램에서 학생들은 자신의 탐구와 조사를 수행하면서 이런 특성을 탐색해야 한다.

미국과학교육기준의 내용 기준 G. 과학사와 과학의 본성: 과학의 본성

1. 과학은 권위와 권위주의를 거부한다. 많은 사람은 가설의 검증이 과학자의 주요 임무라고 생각한다. 그러나 이런 일이 많은 실험으로 행해지며 대부분의 과학적 연구는 가설을 검증하기보다는 **반증**하려고 한다. 만약 오랜 시간 동안 그 가설을 반증하지 못하면 그것을 받아들인다.

이것의 좋은 예는 삐아제 Piaget의 연구를 둘러싼 논쟁에서 찾아볼 수 있다. 그는 스위스 사립 학교를 다니는 아동이라는 매우 한정된 범위 안에서 연구를 수행했다. 많은 연구자들은 삐아제가 자신의 주장을 일반화시키기 위해 사용한 표본이 대표성이 없다고 부정적 견해를 지니고 있었다. 그러나 삐아제의 이론을 **반증**하려 했지만, 반증할 수 없다는 것을 알게 되었다. 그리고 반증을 위한 모순된 경우는 부족한 반면 그의 이론에 대한 긍정적인 후속 연구가 행해져 점점 더 많은 사람들이 그의 이론을 받아들이게 되었다(4장을 보면 삐아제의 이론을 초등학교 과학수업에 적용하는 논의가 있다).

2. 과학은 정직하다. 과학자들은 그들의 연구 결과들을 발표한다. 그리고 이러한 출판물은 사람들에게 똑같은 실험을 하게 해 주어 가설을 반증하거나 반증하는 데 실패하도록 해 준다.

좋은 예는 1989년 두 명의 대학 교수가 저온의 핵융합 반응을 일으키는 과정을 발견하고 이를 발표한 것이다. **핵융합** fusion 반응은 태양에너지의 원천과 같은 것으로, 수소 원자 4개의 핵이 결합하여 헬륨 원자 하나의 핵을 형성할 때 발생한다(그림 2.1 참조). 이 과정에서 많은 에너지가 발생하는데, 이것은 수소 원자 4개의 원자핵이 결합할 때 가지는 에너지가 한 개의 헬륨 핵의 에너지보다 많기 때문이다. 수소를 사용한 핵융합 과정은 자동차, 발전소, 공장 등의 이상적인 에너지 원천이며 수소는 물에서 얻을 수 있고 지구상에 풍부하기 때문에 결국 무궁한 에너지를 얻을 수 있다. 그러나 이러한 반응은 방사능이 많이 발생하고 매우 높은 온도에서 발생한다. 그렇기 때문에 **저온 핵융합** cold fusion 반응을 위한 시스템을 개발하려는 것은 지극히 당연한 것이다.

어떤 교수가 상온에서 핵융합 반응을 발생시키는 방법을 발견했다면서 그들이 수행한 실험의 절차를 상세히 발표하였다. 이에 대해 다른 연구자들도 그 대학 교수들과 똑같은 시스템으로 반복했지만, 재현할 수 없었다. 이렇게 되어 연구에 결점이 있음이 명백하게 드러났고 처음 연구 결과를 발표한 교수들은 연구 결과를 철회해야 했다(Wade,

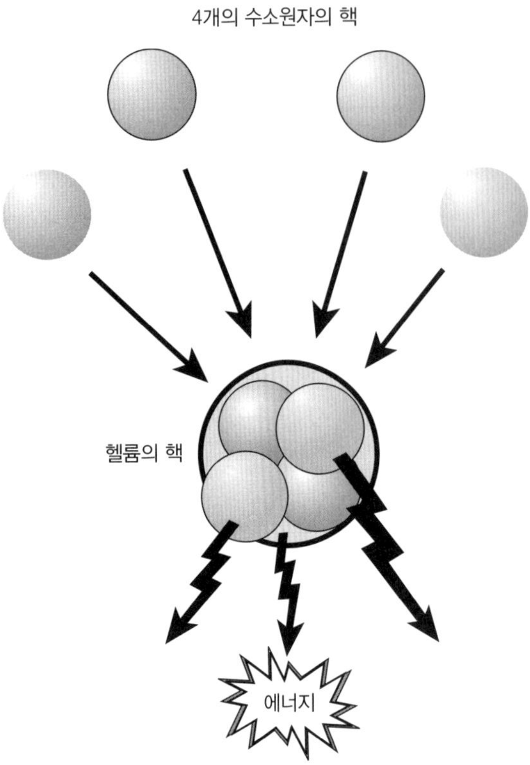

그림 2.1
핵융합 반응.

1993, p. 477). 과학자들은 아직도 에너지 원천으로 활용될 수 있는 저온 핵융합 방식을 개발하려고 한다(Moyer, 2010; CBS 뉴스, 2009).

3. 과학은 관찰된 현상에 대한 초자연적인 설명을 거부한다. 마술, 점성술, 외계 침공, 초능력적인 지각, 식물의 감정, 바이오 리듬 자석 치료 같은 대체의학 등은 사이비 과학으로 부르는데, 체계적인 관찰 자료가 부족하고 잘못된 추론이나 서투른 과학적 방법을 이용한다. 그러나 미국 사람들이 상당수 사이비 과학을 믿고 있다. 2001년에서 2005년 사이에 미국 사람들 중에서 사이비 과학을 믿는 비율이 줄고 있긴 하지만, 여전히 25%는 점성술, 50% 가량이 초능력, 30%가 UFO를 믿고 외계인이 지구에 착륙했다고 믿는다(National Science Board, 2006). 만약에 사람들이 과학의 본성을 이해하게 되어 이런 문제를 막을 수 있다면 과학의 본성 이해는 매우 중요한 일이 될 것이다(Perkins-Gough, 2006). 그러나 유명한 과학자인 호킹 Stephen Hawking(2010)도 TV의 다큐멘터리에서 외계인이 존재할 수도 있으며, 멸망하지 않으려면 외계인과 접촉하지 말 것을 말하기도 했다. 그래서 외계인과 UFO가 사이비 과학으로 간주되지 않을 수도 있다.

과학은 초자연적 설명이 아니라 자연적인 설명을 추구한다. 새로운 과학적 발견이 수용되려면 현재의 지식에 비추어 검증되어야 한다. 그러나 사이비 과학 현상이 과학적 탐구의 엄격함을 따르지 않더라도 '틀린' 것은 아닐 수 있다. 중요한 과학 발견들은 먼저 의심을 거쳐서 이루어진다.

4. 과학은 절대적 진리를 획득 가능하다는 생각에 대해 의심하며 거부한다. 과학자들은 자연계에 항상 어느 정도의 불확실성이 있을 것이라는 것을 인정한다. 심지어 한때 진실이라고 여겼던 뉴턴 Newton의 운동 법칙에도 의심을 던졌고, 실제로 아인슈타인의 상대성 이론은 뉴턴의 법칙에 예외가 있을 보여 준다. 또 양자 역학과 끈 이론이 아인슈타인의 이론에 예외가 됨이 밝혀졌다.

5. 과학은 간결하다. 오캄의 면도날 Occam's Razor은 '실체가 필요 이상으로 복잡하지 않아야 함'을 뜻하며, 그 의미는 간단한 설명이 복잡한 것보다 낫다는 것이다. 과학에서 만약 하나의 관찰에 대해 여러 가지 다른 설명들이 있다면 가장 간단한 설명을 선택한다. **경제성** parsimony은 과학에서 명백하다. 뉴턴의 법칙은 물체의 운동을 매우 간단히 설명한다. 예를 들어 뉴턴의 제 1법칙은 외부에서 힘이 가해지지 않는다면, 정지 상태에 있는 물체는 계속 정지하려 하고 직선 운동 상태에 있는 물체는 운동 방향으로 같은 속력으로 계속 운동함을 진술한다. 아인슈타인의 일반 상대성 이론은 유명하면서 간단한 식 '$e = mc^2$'으로 표현된다. 다윈 Darwin의 진화론은 간단하고 매우 핵심적인 단어인 '적자 생존'으로 줄일 수 있다.

6. 과학은 일관성을 추구한다. 과학은 자연 세계에 있는 모든 사물과 사건은 일관된 형태로 일어나고 기본 법칙은 우주 공간의 어느 곳이든 똑같다고 가정한다. 예를 들어 과학자들은 우주의 모든 물질은 지구에서 발견된 원소와 동일한 것이라고 많은 증거를 바탕으로 결론내렸다.

과학의 본성을 가르치기

과학의 본성은 많은 학생들에게 추상적인 개념으로 느껴지며, 학생 스스로가 활동을 수행하고 과학의 본성을 관찰하기 전까지는 이해하기 매우 어렵다. 과학의 본성을 가장 잘 이해하기 위해서는 과학 탐구를 수행할 때 가능하다는 연구가 있다(Morrison, Raab, & Ingram, 2009; Clough, 2007). 그러나 과학의 본성을 분명하게 드러내고 가르칠 필요가 있으며 과학의 본성을 탐구의 맥락에서 가르치는 것을 추천하였다(Akerson, 2005).

미국과학교육기준의 내용 기준 G. 과학사와 과학의 본성: 과학의 본성

교사는 학생들이 얻은 결과가 탐구를 완결하는 의미인지 아니면 후속 작업이 더 필요한지를 물어봐야 한다. 또한 교사가 후속 탐구가 어떤 이점을 갖는지를 강조할 필요가 있다. 그렇게 되면 교사가 학생들의 탐구를 과학의 본성의 명제들과 연결됨을 분명하게 보여주는 것이다. 또한 학생들에게 분명한 증거와 설득을 이해시켜야 한다. 한마디로 말한다면 과학의 본성을 기억해야 할 것이 아니라 경험해야 할 것이다. 과학의 본성을 경험하게 되면 학생들은 자신의 과학적 소양이 강화될 것이다.

교사 활동 2.2

과학의 본성을 가르치기

미국의 과학교육기준에서 학생들에게 과학의 본성과 과학사를 공부할 것을 규정하였고, 과학을 인간의 노력 또는 인간의 활동으로 이해하도록 목표를 설정했다. 모둠으로 이런 목표를 달성하기 위한 수업을 개괄적으로 설계하라.

과학의 산물

우리는 과학을 지식이 만들어지는 과정으로 정의했다. 따라서 적어도 과학적 활동은 과정과 산물이라는 최소한 두 개의 요소로 이루어진다. 먼저 과학의 산물을 공부하자.

미국과학교육기준의 내용 기준 G. 과학사와 과학의 본성: 과학의 본성

과학의 산물은 과학 활동의 결과로써 생겨난 사실, 개념, 이론, 법칙, 제품 및 태도 등이다. 아동이 과학을 행한 결과로 이런 산물을 어떻게 구성하는가를 탐구해보자.

과학적 사실

여기에 사실들로 여겨지는 몇 개의 예가 있다:

1. 지구는 지축을 중심으로 24시간마다 한 번씩 자전한다.
2. 모든 동물의 76%가 곤충이다.

3. 녹색 식물의 잎의 세포에는 엽록소가 있다.
4. 물분자는 수소와 산소 원자들로 구성된다.
5. 지구상에서 물체가 자유 낙하할 때 중력 가속도는 9.8 m/s^2이다.
6. 순수한 물의 어는점은 섭씨 0°C 혹은 화씨 32°F이다.

여러분도 알 수 있듯이 '**사실** fact'은 실제 존재하는 것에 대한 하나의 정보이며, 대개 구체적으로 관찰 가능한 것이다.

2.3 교사 활동

과학적 사실 회상

위에 제시된 예를 참고하여 과학적 사실들을 약 2분 동안 가능한 많이 생각하여 적어 보아라.

아마 많은 사실을 썼을 것이다. 사실이 어느 정도 긴 목록인가? 그것을 생각하는데 얼마나 어려웠는가? 아동에게 과학적 사실을 기억하는 것이 얼마나 중요한가?

질 높은 과학 프로그램은 아동에게 과학에 관하여 학습하도록 하기보다는 과학을 어떻게 행하는가를 학습하도록 해야 한다고 제안했었다. 그러나 과학 개념, 이론, 법칙을 만들어 내려면 사실적 정보들이 많이 있어야 한다. 이 점은 다음 질문을 생기게 한다. "아이들은 사실들을 스스로 발견할 수 있을까?"

2.1 학교 활동

미국과학교육기준의 내용 기준 D. 지구와 우주 과학: 지구 물질의 성질

흙에 관한 사실 발견

1학년 수업을 맡고 있는 선생님이 집 뒤뜰에서 흙 한 양동이를 학교에 가지고 왔다. 선생님은 이 흙 한줌을 종이판 위에 올려놓고 아이들에게 그 흙을 관찰하여 그 속에서 발견한 것의 목록을 만들게 했다. 그러한 활동의 목적은 아이들이 흙을 관찰하여 그 속에 무엇이 들어 있는지를 발견하게 하는 것이다. 아이들은 손가락, 돋보기, 체, 연필 등을 사용하였다. 선생님은 모둠 사이를 지나 다니면서 아이들이 찾아낸 것을 물어보기도 하고 다른 관찰 방법을 제안하기도 하였다. 아이들이 활동을 다 끝냈을 때 선생님은 아이들이 제각기 발견한 것들을 모아서 목록을 만들었는데 나뭇잎 막대기, 모래, 작은 돌, 곤충, 진흙 등 여러 가지가 있었다. 여기에서 아이들은 흙은 여러 가지 물질로 이루어져 있다는 기초적 사실을 발견했다.

이 수업과 연관지어 선생님은 콥 Vicky Cobb의 *부패의 좋은 점* Lots of Rot (Lippincott, 1981)이라는 책을 읽어 주었다. 이 책에는 음식과 흙의 부패에 관한 이야기가 쓰여져 있다. 그리고 곰팡이, 박테리아에 대한 정보를 아이들이 발견할 수 있게 하는 활동도 제시되어 있다.

2.2

학교 활동

미국과학교육기준의 내용 기준 D. 지구와 우주 과학: 지구 물질의 성질

광물에 대한 사실의 발견

4학년 교실에서 선생님은 석영의 표본 4개를 실험대에 두었다. 아이들은 손톱, 동전, 못 등을 이용하여 석영의 굳기를 조사하였다. 그것들이 석영을 긁는 것인지 석영이 그 물체를 긁는 것인지를 관찰하게 하였다. 이 활동으로부터 아이들은 석영이 다른 물건들보다 더 단단하다는 것을 스스로 발견할 수 있었다. 아이들이 광물에 대한 사실을 발견한 것이다(교사 답안: 석영이 그 물체 중에서는 가장 단단하다).

그런 다음에 교사는 각 모둠의 아이들에게 서로 다른 굳기를 가진 암석들(석고, 석탄, 규암, 세일, 동석 soapstone, 사암, 활석, 점판암 slate, 흑요석, 석회석 등), 동전과 검은 마분지와 흰 종이를 함께 봉지에 담아서 나눠준다. 아동은 암석의 굳기를 알아보기 위해 차례로 암석이 동전을 긁는지 아니면 동전이 암석을 긁는 지를 검사한다. 또 암석을 검은 종이와 흰종이에도 비벼 본다. 이런 활동의 결과를 "동전보다 단단하다" 혹은 "동전보다 무르다" 혹은 "검은 종이에 써진다" 혹은 "검은 종이에 써진다" 등의 서술하는 방식으로 정리하여 암석을 분류한다.

교사 답안: 엄밀하게 말하면 암석은 특정한 굳기가 없다. 왜냐하면 암석은 여러 가지 광물의 혼합물로 만들어진 것인데 각 광물마다 굳기가 다르기 때문이다. 그러나 이 활동의 목적에서 이런 구별은 무시하자.

교사는 *암석과 광물* Rock and Mineral이라는 사임스 R.F.Symes의 책 (DK Publishers, 2008)을 보여준다. 그 책은 주요 암석과 광물에 대한 그림 안내서이며, 각 암석과 광물의 특성, 형성 과정, 발견 장소, 사용 방식에 대한 것을 설명하고 있다.

2.4

교사 활동

과학적 사실 발견을 위한 활동

여러분이 앞의 활동에서 생각한 과학적 사실의 목록 중에서 한 가지를 골라서 아이들이 그 사실을 스스로 발견할 수 있도록 해주는 활동을 고안해 보아라.

과학적 개념

과학적 **개념** concepts은 몇 가지 사실들이나 관찰 결과들을 함께 묶은 생각이다. 개념은 '사건이나 사물에서 관찰된 규칙성'이다(Novak & Gowan, 1984, p. 4). 예를 들면, "녹색 식물은 성장하는 데 빛을 필요로 한다"는 진술에는 '빛'과 '녹색 식물의 성장'이라는 두 가지 관찰이 관련된다. 아래에는 개념의 예가 있다:

1. 녹색 식물은 빛을 향해 굽는다.
2. 인간은 음식을 사용하여 몸에 필요한 에너지를 얻고 성장한다.
3. 어떤 화학 물질은 다른 물질과 반응시키면 거품을 낸다.
4. 책을 부드러운 종이 위에서보다 사포 위에서 밀 때 더 많은 힘이 든다.

5. 흐르는 물은 골짜기를 침식시키며 흐른다.
6. 같은 세기로 밀더라도 무거운 당구공은 가벼운 당구공보다 더 멀리 굴러간다.

2.5 교사 활동

과학적 개념 회상

앞의 *사실* 기억 활동처럼 2분 동안 모둠에서 생각할 수 있는 과학적 개념을 써 보아라. 위의 개념을 예시로 활용하고 칠판에 적어라.

여러분은 얼마나 많이 썼는가? 생각하기 힘들었는가? 아이들이 과학적 개념을 기억하는 일은 얼마나 중요한가?

과학적 사실처럼 과학적 개념도 매우 많다. 질 높은 과학 프로그램이 아동에게 과학에 관하여 학습하도록 하기보다는 과학을 어떻게 행하는가를 학습하도록 한다면 아이들은 과학적 개념을 스스로 발견할 수 있지 않을까?

2.3 학교 활동

미국과학교육기준의 내용 기준 B. 물리: 빛에너지

그림자에 대한 개념발달

초등학교 교실에서 선생님은 전등과 하얀 종이 그리고 나무토막을 모둠별로 나누어주고 그 나무토막으로부터 그림자를 만들어 보게 하고, 전등을 여러 각도에서 비춤으로써 그림자의 모양이 어떻게 되는지 관찰하게 하였다. 학생들은 "그림자의 길이는 빛의 각도에 따라 변한다."는 개념을 개발하고 있다(그림 2.2).

선생님은 그 현상이 문학에도 있음을 보여주기 위해서 스티븐슨 Robert Louis Stevenson의 '나의 그림자 My Shadow'라는 시를 읽어주었다.

그림 2.2
그림자 만들기.

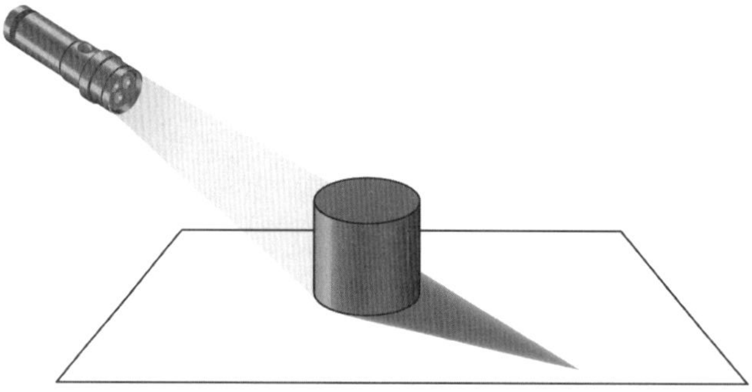

2.4

학교 활동

미국과학교육기준의 내용 기준 F. 개인적, 사회적 관점에서 과학: 개인 건강

맥박과 호흡에 대한 개념발달

3학년 교실에서, 선생님은 아이들에게 손목이나 목에 손가락 2개를 대고 맥박수를 세는 방법과 호흡수를 세는 방법을 가르쳐준 다음 의자에 앉아있을 때 맥박과 호흡을 재어보게 하였다. 그러고 나서, 2분 동안 가벼운 운동(제자리에서 걷기)을 한 후에 맥박과 호흡을 재어보게 하였다. 또, 힘든 운동(점프나 달리기)을 하고 나서 재어보라고 하였다. 아이들은 그 결과를 비교해 보고 그래프를 그렸다(그림 2.3). 그들은 "운동을 많이 할수록 맥박은 더 빨리 뛰고, 호흡도 더 빠르다."라는 결론에 도달했다. 그들은 스스로 개념을 개발했다.

그러고 나서 선생님은 사이먼 S.Simon의 *심장: 순환계* The Heart: Our circulatory system (Morrow Junior Books, 1996)라는 책을 읽어주었는데, 인체 안의 심장과 순환계를 설명하고 어떻게 작동하는지를 알려주는 책이었다. 또 고든 S. Gordon의 *운동* Exercise (Children's Press, 2002)이라는 책을 읽어주면서 운동의 중요성과 건강을 유지하는 방법을 논의하게 했다.

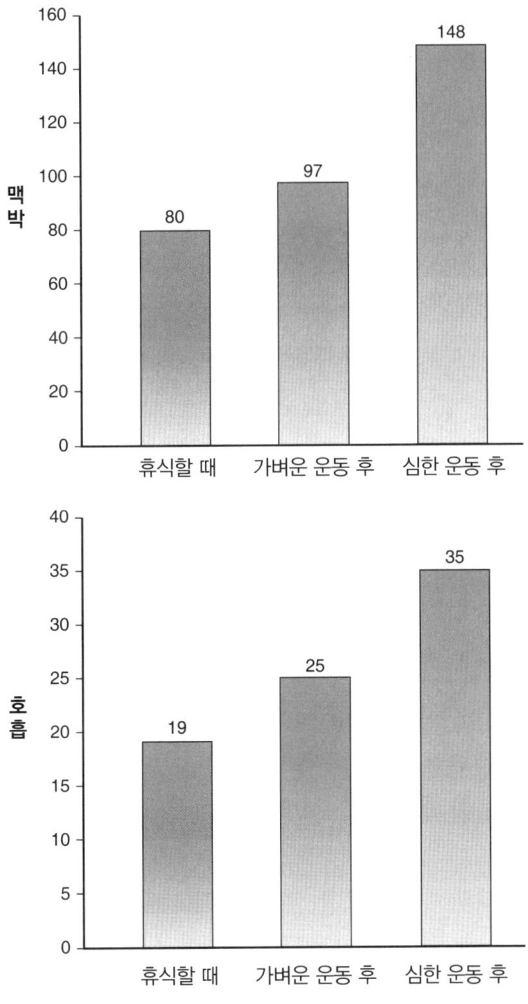

그림 2.3
휴식 때, 가벼운 운동(걷기) 후, 심한 운동(점프) 후의 맥박과 호흡 그래프. (Microsoft Excel® 소프트웨어)

2.5

학교 활동

미국과학교육기준의 내용 기준 B. 물리: 물체의 위치와 운동

낙하산에 대한 개념 발달

6학년 교실에서 선생님은 아이들에게 낙하산의 면적이 낙하 속도에 영향을 미치는지 실험해 보게 하였다. 선생님은 낙하산 만드는 방법을 가르쳐 주고 낙하산에 같은 무게의 장난감 차를 매달았다. 아이들은 낙하산을 다른 크기로 여러 개 만들었다. 낙하산 면적을 '면적 = S^2 (S는 한 변의 길이)'의 공식으로 구했다. 그러고 나서 책상에 올라가 낙하산들을 같은 높이에서 떨어뜨렸다. 큰 낙하산이 작은 것보다 늦게 떨어졌다(그림 2.4). 이런 활동을 초시계를 이용하여 낙하시간을 재면서 더 높은 곳에서, 다른 재료로 만든 낙하산으로 바꿔서 다양하게 시도할 수 있다. 이런 경우 모두 낙하산 면적이 넓을수록 천천히 떨어진다는 결과를 얻는다. 그럼으로써 낙하산이 떨어지는 데 면적이 끼치는 영향에 대한 개념을 발달시키게 되었다.

그림 2.4
낙하산 실험.

2.6

학교 활동

미국과학교육기준의 내용 기준 B. 물리: 소리에너지

소리에 대한 개념발달

2학년 교실에서 선생님은 똑같은 빈 병에 서로 다른 양의 물을 채우고, 나무 막대로 각각의 병을 가볍게 쳤다. 아이들은 병 속의 물이 더 많을수록 낮은 소리가 난다는 것을 알았다. 그러고 나서 선생님은 세 개의 빈 병을 각 모둠에 주고 소리의 높낮이가 병 속의 물의

(계속)

양에 달려 있다는 것을 알아보기 위해 그들 나름대로의 실험을 더 해보게 하였다. 각 모둠은 병에 물을 채우면서 계속 막대기를 두드렸다. 어떤 모둠은 병을 여러 개 사용해서 여러 음계를 만들고 '메리의 작은 양 Mary Had a Little Lamb'이라는 노래를 그 병들로 연주했다.

활동이 끝났을 때 전체 학생들이 결과를 토론했다. 모두가 같은 현상을 발견한 것 같았다. "병 속에 물이 많을수록 소리는 더 낮다"는 결과를 얻었다. 이제는 개념을 형식화할 수 있었고, 병 옆을 칠 때 나는 소리의 높이는 병 속의 물 높이에 달려있다는 개념을 찾아냈다. 음악선생님을 실험에 초대하여 학생들의 탐구에 대한 설명을 들려주었다.

교사 활동 2.6

과학적 개념을 발달시키는 활동

여러분이 작성한 개념의 목록 중에 한 개를 골라서 아이들이 그 개념을 발견할 수 있는 활동을 고안해 보아라.

과학적 이론

과학적 **이론** theories은 관찰된 규칙성이나 개념을 설명하기 위해 생겨난다. 이론은 참인 것처럼 보이지만 증명되지는 않았다. 예를 들어 어느 날 자동차 타이어에 공기가 빠졌다고 가정해 보자. 날씨는 다른 때보다 더 추웠다. 그래서 여러분은 추운 날씨 때문에 그 타이어의 공기가 빠졌는가 하고 의문을 가진다. 그러고 나서 여러 개의 풍선에 공기를 불어넣고 그 풍선을 냉장고에 넣어 그 전과 후의 풍선의 지름을 측정해 보는 실험을 한다. 모든 풍선이 줄어든다면, 여러분은 "공기는 날씨가 추워지면 수축한다"는 이론을 세우기 시작한다.

좋은 이론이 되려면 두 가지 요건을 만족해야 한다(Hawking & Mlodinow, 2005). 작은 성분들로 정확한 묘사를 해야 하며, 미래의 관찰 결과를 명확하게 예측해야 한다. 이론의 유명한 예는 원자 이론이다. 원자 이론에 의하면, 원자는 **양성자** protons(양전하를 가진)와 **중성자** neutrons(전하를 띠지 않는)로 이루어진 **핵** nucleus 주위를 음전하를 가지고 빠른 속도로 움직이는 질량이 거의 없는 **전자** electrons가 멀리서 돌고 있다(그림 2.5 참조). 이 이론은 간접적인 증거에 기초한 것으로 원자를 실제로 본 사람은 없다[그러나 2009년에 우크라이나의 과학자가 탄소원자의 전자구름을 사진으로 찍었다(Castelvecchi, 2009)]. 그러나 원자가 원자 이론에서 묘사된 것처럼 그렇게 구성되어 있다는 것이 사실이라면, 화학 반응 또는 핵반응이 일어날 때 원자 이론에서 제시한 것처럼 될 것이다. 많은 과학적 실험이 원자가 기대한 것처럼 행동한다는 것을 보여주었다. 그래서 우리가 원자를 실제로 볼 수 없고 원자의 구조를 직접적 관찰로 증명할 수 없더라도 원자 이론은 원자가 어떻게 생겼는지를 말해준다.

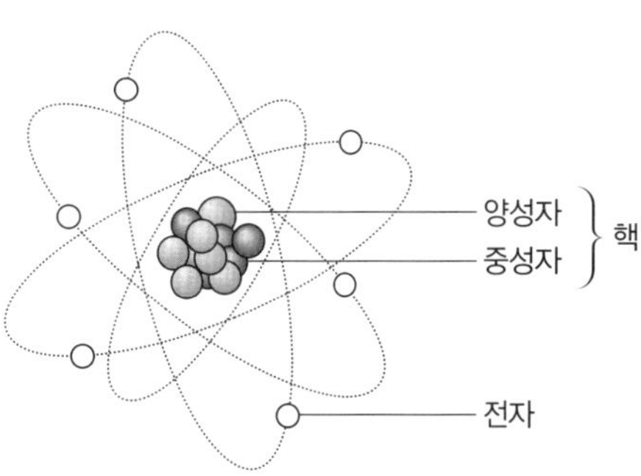

그림 2.5
원자 모델.

여기에 이론에 대한 예가 있다:

1. **분자의 운동론**: 분자는 운동 상태에 있고 분자의 운동 속도는 온도에 영향을 받는다.
2. **분자 이론**: 화합물은 원자 안의 전자들의 상호작용으로 형성된다.
3. **아인슈타인의 일반 상대성 원리**: 물체가 빨리 움직일수록 질량이 더 커진다.
4. **진화론**: 종은 환경에 적응하며, 환경에 가장 적합한 종만이 살아 남는다.
5. **판구조론**: 지각은 몇 개의 움직이는 판으로 이루어져 있고 그 판 위에 해양지각과 대륙지각이 있다.
6. **세포 이론**: 생물은 세포로 만들어졌다.

과학을 행하면서 아동은 다양한 이론을 만들어 낼 수 있다. 아동은 탐색하고 탐구하면서 엄격한 과학적 탐구과정을 구사할 수 있다. 비록 그 이론이 과학적으로 인정된 이론과 일치하지는 않지만, 아동이 구성한 최상의 과학적 생각을 나타낸 것이다. 아동이 과학을 **행하면**서 얻은 결과이다.

과학적 법칙

과학적 **법칙** laws은 반증되지 않았기 때문에 올바른 것으로 받아들여지는 과학적 주장이다. 과학 법칙은 자연에서의 일반화, 원리, 형태이다(McComas, 1998). 법칙은 이론과 대비시켜보면, 일반화를 **설명**한 것이 이론이다. 법칙은 일반화이고, 이론은 설명이다. 예를 들어 뉴턴의 운동법칙은 중력, 질량, 거리의 관계를 묘사하지만, 그 힘의 이유를 알지 못한다. 아인슈타인은 이 법칙을 자신의 상대성 이론으로 설명하려고 했으며, 플랑크는 양자역학으로 설명하려고 시도한 것이다. 확립된 법칙과 이론은 내적으로 일관되어야 하며 증거와 잘 부합해야 하는 동시에 여러 현상에 폭넓게 검증되어야 하며 미래 연구에 활용될 정도로 폭넓은 효과를 보여주어야 한다(NSTA, 2000).

우리는 벌써 몇 개의 과학적 법칙을 언급했다. 여기에 과학적 법칙의 예시가 있다:

1. **운동에 대한 뉴턴의 제 3법칙**: 모든 힘에는 크기는 같고 반대 방향으로 반작용의 힘이 있다.
2. **중력의 법칙**: 모든 물체는 다른 물체의 질량과 떨어진 거리와 의존하는 힘으로 다른 물체를 끌어당긴다.
3. **질량 보존의 법칙**: 질량은 생성되거나 소멸되지 않는다.
4. **에너지 보존의 법칙**: 에너지는 생성되거나 소멸되지 않는다.
5. **질량과 에너지의 보존 법칙**: 질량과 에너지의 총량은 항상 일정하다.
6. **분리의 법칙**: 번식 과정에서 형질을 조절하는 두 가지 요인이 분리되는데 한 쌍의 한 요인만 자손에게 전달된다.

대부분의 과학자들은 법칙을 절대적 진리로 받아들이는데 주저한다. 과학은 권위를 피하고 회의적 태도를 유지한다. 법칙은 마치 과학자가 받아들인 변하지 않는 일관성과 절대적 진리를 뜻한다. 핵물리학자는 "지난 세기 초까지 물리학에서 법칙이라고 부를 수 있는 과학 지식은 한 조각도 없다. 대신에 원리, 이론, 모형이라는 말을 쓴다. 아무도 감히 법칙이라고 말하지 않는다"고 말했다(Wong & Hodson, 2009, p. 122). 과학의 세계에는 법칙이 몇 개에 불과하다. 사실 **법칙**이라는 용어를 쓰지 않는 경우도 많다.

과학의 산물로서의 사물들

과학의 산물 중에 가장 눈에 띄는 것이 제품이다. 제트기, 행성 탐사 로켓, 핸드폰, 리모콘, 컴퓨터, 팩스, 스마트폰, 3D 고화질 TV, 서리에 강한 딸기, 동식물 복제, 레이저 수술 기구 등이 개발되었고 당연히 받아들이는 많은 것들이 있다(그림 2.6). 이런 제품들은 과학적 사고와 이론이 기술자와 발명가에 의해 고안된 기술적 응용이 상호작용한 결과이다. 과학과 기술이 서로 밀접하게 연관되어 있어 얻은 산물이며, 과학과 기술 사이의 경계는 점점 더 분리하기 어렵게 되었다.

미국과학교육기준의 내용 기준 E. 과학과 과학기술: 과학과 기술에 대한 이해

과학에 대한 태도

사실, 개념, 일반화, 이론, 법칙과 같이 구체적으로 설명할 수 없는 또 다른 과학의 산물이 있다. 이것이 과학에 대한 '태도'이다. 과학에 대한 사람들의 태도는 좋은 일이 일어나서(예를 들어 기적의 약이 생명을 구한다) 긍정적 태도를 갖거나 나쁜 일이 일어나서(예를 들어 컴퓨터가 고장 난다) 부정적 태도를 갖는 등 다양하다. 1장에서 자신의 과학과 과학교육에 대한 태도를 평가해 보았다. 사람들이 과학과 기술에 대해 가지고 있는 태도는 자신의 경험과 탐구에 비추어 형성된다. 아이들이 과학에 흥미를 가지고, 성공적인 경험을 갖고, 탐구하며, 스스로 의문을 갖고 올바른 결론을 개발시켜 도출하게 되면 과학에 대한 긍정적인 태도가 만들어지고 그들의 삶 전체에 남아있게 된다.

미국과학교육기준의 수업 기준 E. 지적인 엄밀함을 반성하고 과학 학습에 적합한 태도를 개발

Shutterstock.com: Dennis Sabo, Cristopher McRae, tatniz, tomas del amo, Tatiana Popova, Sergej Razvodovskij, Henrik Winther Andersen, Alexirius, iOoncept

그림 2.6

현대의 gizmos.

과학의 학문간 특성

미국과학교육기준의 프로그램 기준 B. 적합하고, 탐구에 기반을 두고, 다른 과목과 연관

과학에도 무수히 많은 전문분야들이 있지만, 전체 과학 활동이라는 틀에서 보면 다른 분야와 독립적으로 단 하나의 학문분야를 분리하는 것은 불가능하다. 과학이라는 큰 분야에서 어떤 한 분야를 분리하려는 것은 음식 재료를 측정하지 않고, 온도 조절 없이, 알맞은 주방기구를 쓰지 않은 채 요리하려는 것과 같다. 과학의 모든 분야는 다른 분야에 의존한다. 예를 들면 전통적으로 생명과학의 주제인 세포의 작용을 연구하기 위해서는 전통적으로 물상과학의 주제인 세포막에서의 전자 밀도와 고농도에서 저농도로 물질의 확산 등 화학적 변화에 대한 연구 없이는 불가능하다. 지구과학의 주제인 광물의 성질을 결정 구조의 화학적, 물리적 성질을 탐구하지 않고는 연구할 수 없다. 우주를 연구하는 사람이 자료를 이해하려면 광학과 파동 물리학에 의존한다. 생태학을 연구할 때 물리, 화학, 생물, 지구와 우주과학 등 모든 과학에 의존한다(그림 2.7).

'학문간 interdisciplinary'이라는 용어는 여러 과학 분야의 통합만을 의미하는 것뿐만 아니라 전통적인 교과의 경계를 허무는 것을 말한다. 누구도 언어를 적절하게 사용하지 않고 과학을 연구하는 것은 상상할 수 없다. 과학적 실험으로부터 얻은 모든 자료는 결국은 수학적으로 해석된다. 만약 과학이 진실로 의미가 있는 것이 되려면, 사회적 맥락 속에서 이해되어야 함이 틀림없다. 실제로 과학기술은 대부분이 사회적인 동기로 추구되는 학문인 것이다. 자연 보호, 건강, 일기 예보, 유전공학 그리고 에너지의 자원 등에 관한 연구는 모두 사회적 맥락에 뿌리를 두고 있다.

과학, 기술, 공학 및 수학

미국과학교육기준의 프로그램 기준 B. 적합하고, 탐구에 기반을 두고 다른 과목과 연관

과학, 기술, 공학 및 수학 STEM은 학문간 과학의 최신 경향으로 생물학, 지구과학, 물리, 화학의 원리를 기술, 공학의 기본 원리와 수학을 학문간 형식으로 융합하여 가르치려는 흐름이다. 지난 몇 년간 이런 새로운 흐름이 생겨났고 미국과학교사협회나 각급 학교수준

그림 2.7
해안가 생태계 연구는 학문간 성격을 띤다.

의 과학 교사들에게 지지를 받고 있다. 미국 정부도 STEM 프로그램을 '혁신 교육 Educate to Innovate'으로 적극 지원하고 있다(Obama, 2009). 사실상 미국 교육성이 각 주정부에 최우선 과제로서 자금을 지원할 때 STEM이 주정부의 계획에 통합되어 있을 것을 요구한다(Robelen, 2010). 더욱 자세한 학문간, 통합적 접근에 대한 논의는 10장에서 다룰 것이다.

초등 과학교육의 목적

지금까지 우리는 과학의 본성과 과학자가 과학을 행하는 것에 대해 알아보았다. 이제 우수한 초등 과학교육의 프로그램의 목표에 관심을 둘 차례이다.

미국과학교육기준의 프로그램 기준 A. 학년별로 일관된 목적

세이건 Carl Sagan(1989)은 "우리는 과학과 기술에 크게 의존하는 사회에 살고 있으나, 거의 대부분의 사람이 과학과 기술에 대해 잘 모른다."라고 말했다. 일상적인 상황에서 과학과 기술을 이해하는 능력을 **과학적 소양** scientific literacy이라고 한다. 과학적 소양의 개발이 모든 과학교육의 기본 목표이다. 과학적 소양은 개인적 의사 결정, 경제적 생산성, 시민의 문화적 참여에 필요한 과학 개념과 과정을 이해하고 지식을 갖추는 것이다(National Research Council, 1996). 과학적 소양은 과학적이고 기술적 문제를 합리적으로 판단하기 위해 기본적으로 필요한 정보를 개발하는 것을 포함한다. 과학적으로 소양 있는 사람은 감정이나 미신에 의존하기보다 합리성에 의존하여 언제, 어떻게 질문할 것인지, 비판적으로 어떻게 생각하는지, 어떻게 결정하는지를 안다. 과학적 소양을 정치적, 경제적, 법률적 문제를 이해하는 능력처럼 과학적으로 새로운 문제를 이해하는 능력으로 묘사하기도 한다(Trefil & O'Brien-Trefil, 2009).

많은 국가 기구가 과학교육의 목표에 대한 자신의 견해를 피력했다. 최근에 이 중의 세 단체가 자신들의 견해를 발표했다. 미국과학교사협회 NSTA, 미국 과학진흥 협회 AAAS, 그리고 미국과학교육기준평가위원회 NCSESA가 여기에 속한다(13장에서 주요 과학교육 전문 기구를 자세히 다룬다). 비록 이들 각 조직의 견해가 계속적으로 발전되어 달라지더라도, 과학교육에 대한 견해와 친숙해질 필요가 있다. 이 책의 내용도 부분적으로 이들 국가 기구의 철학과 견해에 기초를 두고 있다. 세 기구의 견해는 거의 유사한데, 과학에서 내용을 덜 가르치고, 탐구 기능을 더 가르치고, 탐구 방식으로 가르치고, 간학문적인 관점에서 가르치고, 모든 어린이들을 과학에 흥미를 갖게 가르치고, 특히 과학적으로 소양 있는 시민으로 육성하는 데 강조를 두고 있다.

미국과학교사협회

미국과학교사협회는 모든 학교급에서 과학교육을 개혁하는 데 아주 활동적이다. 1990년(그리고 2003년에도 재확인)에 미국과학교사협회는 과학교육의 두 가지 주요 목표로서 모든 시민이 과학적 소양 능력을 획득하고, 과학자, 기술자, 과학 교사를 적절하게 공급하는 것을 택했다(NSTA, 1990, 2003).

미국과학교사협회는 이런 목표를 성취하기 위해 초등학교 과학교육은 여러 활동을 하여 과학 개념과 과학과정을 배우는 데 중점을 두어야 하고, 교육과정은 개념적 주제에 따라 조직되어야 하고, 학생들에게 과학과 기술을 실생활의 문제에 적용하고, 과학교육 프로그램은 과학, 기술, 수학, 인문과목, 사회과목을 통합하여 학생의 수준에 맞추

어야 한다. NSTA는 다시 한 번 모든 학생의 과학 소양의 중요성을 강조했다.

초등학교 과학교육과 관련되어 NSTA는 "초등 과학 프로그램은 학생들에게 과학 기술 세계에서 문제 해결자로서 생산적으로 역할하는 데 필요한 기능과 이해를 개발하는 기회를 제공해야 한다"(NSTA, 2002, p. 1)고 말하였다. 이것을 위해:

1. 학생들은 탐구와 과정 기능을 사용하여 일차적인 탐색과 탐구에 참여해야 한다.
2. 수업은 학생들의 개념 구조를 기반으로 이루어져야 한다.
3. 내용은 폭넓은 개념 주제를 바탕으로 조직되어야 한다.
4. 과학교육의 핵심 부분에 수학과 의사소통의 기능을 넣어야 한다.

미국 과학진흥 협회

미국 과학진흥 협회는 많은 과학기술 단체가 연합한, 전 세계에서 가장 큰 협회로서 과학과 인류의 진보를 위한 다양한 활동을 한다. 미국 과학진흥 협회는 미국의 과학교육 실태의 심각성을 알고, 핼리혜성이 다음 번 지구 가까이를 지나가는 해를 기념하는 '프로젝트 2061'이라고 불리는 프로젝트를 수행했다. 그 프로젝트 결과 중 과학적 소양 능력 향상을 위해 '모든 미국인을 위한 과학 Science for All Americans'이라는 책(Rutherford & Ahlgren, 1990)을 출간했다. 이 책은 과학교육에서 중요한 의미를 담고 있다. 이 책은 교사에게 과학 주제가 홀로 떨어진 한 분야의 개념이나 단편적 사실이라기보다 과학적 전문 분야들 사이에 상호 관계와 체계적이라는 간학문적인 시각을 제안한다. 따라서 교사가 구체적인 것에서 추상적인 것으로, 대답보다는 질문으로 시작하고, 학생들이 갖고 있는 기존의 정보를 찾고, 학생들이 의문에 답하기 위해 증거를 찾고 자료를 해석하는데 참여하도록 할 것을 요구한다.

미국 과학진흥 협회는 '모든 미국인을 위한 과학'이 추진되도록 '과학적 소양의 벤치마크 Benchmarks for Science Literacy : Project 2061(1994)'라는 책을 출간하여 과학, 수학, 기술 분야간의 통합뿐만 아니라 과학 안의 분야의 통합을 보여주었다. 이 두 권의 책은 현재의 과학교육에 엄청난 영향을 끼치고 있으며, 많은 학교 지역구에서 과학 프로그램을 개발할 때 그 원리와 제안들이 바탕이 되고 있다.

미국 과학진흥 협회가 출판한 책 중에는 교사가 의미있고 적합한 과학 프로그램을 설계하고 개발할 때 도움을 주고 있다. 그럼으로써 전문성 개발 워크숍, 교육과정 자료 준비, 뉴스레터 발간의 작업도 진행하여 과학교육을 강화시키고 있다.

미국과학교육기준평가위원회

미국과학교육기준평가위원회 NCSESA는 과학교육의 국가적 표준개발을 위해 미국과학교사협회와 다른 전문 기관의 요구에 의해 만들어졌다. 그 결과물인 국가 과학교육기준 National Science Education Standards은 모든 학생이 학교 학습을 통하여 무엇을 알아야 하고, 이해해야 하며, 할 수 있어야 하는 것을 기술한다(National Research Council, 1996). 궁극적인 목적은 모든 학생들의 과학적 소양을 증진시키는 것이다. "모든 학생들은 성별, 인종, 경제적 조건, 생활환경 또는 포부 혹은 흥미와 동기에 관계없이 높은 수준의 과학적 소양을 습득할 기회를 얻어야 한다" 그 표준은 다음과 같은 원리들의 안내를 받는다:

1. 과학은 모든 학생을 위한 것이다.
2. 과학을 배우는 것은 능동적인 과정이다.
3. 학교 과학은 당대 과학의 지적, 문화적 전통을 반영한다.
4. 과학을 증진시키는 것이 체계적인 교육 개혁의 한 부분이다.

과학교육의 표준은 연방 정부의 명령도 아니고 국가적인 교육과정을 나타내는 것도 아니며, 그것은 과학적으로 소양 있다는 것이 무엇인가를 나타내주는 일관된 비전을 제공하며 내용, 과학수업, 전문성 개발, 평가, 과학 프로그램, 과학교육 지원체계에 대한 준거들이다. 과학수업 표준은 탐구 중심 과학교육 프로그램을 강조하는 것으로 교사가 정보를 전파하기보다는 학습을 촉진하도록, 다양한 참평가 방법을 활용하도록, 탐구 학습이 수행되는 학습 환경을 제공하도록, 지적인 노력의 표준을 유지하도록, 과학 프로그램을 개발하고 계획하는데 능동적으로 참여하도록 호소한다.

과학 내용 표준은 K-4학년, 5~8학년, 9~12학년의 학생이 달성해야 할 성과로서, 8개 영역으로 구분되어 있다(National Research Council, 1996, p. 104).

1. 과학의 개념과 과정의 통합
2. 탐구로서의 과학
3. 물상 과학
4. 생물학
5. 지구와 우주 과학
6. 과학과 기술
7. 과학의 개인적 측면과 사회적 측면
8. 과학사와 과학의 본성

이런 표준은 프로젝트 2061과 함께 오늘날의 모든 수준의 과학교육에 원동력이 되고 있다. NSTA가 추진한 두 가지 프로젝트는 현대 과학교육의 본성을 포괄하고 있다.

이런 표준에 친숙해지는 일은 자신만의 개별적인 수업 형태를 개발하고 과학 수업을 계획하는데 매우 중요하다. 이 교재에 오른쪽 여백에 표시한 각각의 표준은 미국과학교육기준과 여러분이 구성한 개념과 연관성을 보여준다.

그렇다고 너무 이런 기준에 불안함을 느낄 필요는 없다. 미국 국립 연구협회는 다음 세대를 위한 과학교육기준에 대한 작업을 시작하여 2012년 말에 개발을 완료할 것이다. 초안이 공개되었는데, 새로운 과학교육 기준은 세 가지 핵심 영역으로 (1) 핵심 학문아이디어, (2) 요인 간의 교차, (3) 과학자들이 참여하는 실제를 담고 있다(Eberle, 2010). 새로운 과학교육기준의 목적은 '과학적으로 소양있는 사회'를 촉진하는 것이다(Eberle, 2010, p. 8). 새로운 과학교육기준의 내용 영역은 더 적은 수의 핵심 영역을 심도 있게 학습하고 개념을 연결시켜 다음 학년에 연속적으로 발달하게 하려고 구성하고 있다(Getting to the Core, 2007).

과학교육기준의 두드러진 특징은 탐구에 초점을 두었다는 점이다. 과학 수업을 탐구적으로 접근하도록 교사를 도와주기 위해서 국립 연구협의회는 **탐구와 과학교육기준: 교수 학습 안내** Inquiry and the National Science Education Standards: A Guide for Teaching and Learning (National Research Council, 2000)라는 책을 발간하였다. 이 책은 교육자들에게 실질적인 안내를 주기 위한 것으로 과학 탐구 수업에 관한 실질적인 정보와 학교 교실에서 탐구 수업 방법을 실행하는 방안을 다루고 있다. 이 교재의 5장도 탐구 수업을 탐색하는데 전부 할애되어 있다.

뒤처지는 아동 방지법

미국과학교육기준의 프로그램 기준 A. 학년별로 일관된 목적

2002년 8월 1일 조지 부시 George W. Bush 대통령은 **뒤처지는 아동 방지법** No child Left Behind Act of 2001 (NCLB)에 서명하였다. 1965년에 존슨 L.B.Johnson 대통령이 처음 만든 **초등 중등 교육법** Elementary and Secondary Education Act (ESEA)을 최근에 재수정한 것이다. 현재는 익숙해진 이 법은 네 가지 원칙에 기반을 두고 있다. 학생의 성취를 증진시킬 책무를 강조하며, 학부모와 학생들에게 더 많은 선택권을 주고 주, 지역 학교, 교육청, 학교가 연방 재정을 유연하게 사용하도록 하고, 어린 아동일수록 읽기를 강조한다는 것이다(U.S. Department of Education, 2002). 이 법안은 2006년까지 모든 교사는 핵심 교과를 높은 수준으로 가르칠 것을 규정하고 있다(U.S. Department of Education, 2004). 이 법의 핵심은 학생의 성취에 대하여 교사, 학교, 주정부가 성취 증진의 책무가 있음을 강조한 것이다. 이런 규정으로 인하여 주정부의 표준을 만들고 모든 학생은 그 시험을 치르도록 요청받고 있다.

만약 어떤 학교의 학생이 표준화된 성취도 검사에서 얻은 점수가 적절하게 **연도별 진전** adequate yearly progress (AYP)을 보이지 못하면, 그 학교는 교정 활동을 받게 되고 재측정하여 주정부 표준을 충족하도록 목표를 설정해야 한다. 또 그 학교가 계속해서 학생 성취에서 요구된 수준의 증진을 보이지 못하게 되면 **부적당한** 학교로 지적되며, 학부모에게 학교 선택에 대한 기회를 주거나 보충 교육 서비스를 받는 등 '부적당한' 댓가를 치러야 한다. 이런 지원을 받고도 연도별 전진을 보이지 못하는 학교는 주정부에 의하여 '개혁'될 수도 있다. 반면에 학생들이 검사에서 높은 성취를 이루면 교사와 학교는 재정적인 지원을 받게 된다. 성취도 검사에 실패한 학생은 그 시험을 본 학년에 머물러야 하고 점수가 낮은 학생을 가르친 교사는 교정 활동과 전문 연수를 받아야 한다.

따라서 표준화된 성취 검사는 기념비적인 중요성을 갖게 되었다. 그 검사 검수의 결과가 학교에서 학생의 진보, 교사의 상벌, 행정가의 자유, 학교 재정, 학교의 존재 여부 등에 영향을 미치게 된다. 이런 이유로 인하여 '과도한 시험 high-stakes testing'이라고 부르는 문제가 교육에서 논쟁으로 등장하게 되었다. 아직 표준화 성취도 검사가 학생 성취를 정확하게 측정하지 않을 수 있다는 것이 잘 알려져 있다(Goldberg, 2004; Holland, 2008; kohn, 2000; Linn, Baker, & Betebenner, 2002). 이런 문제는 다면적이며, 과도한 시험이 가진 장단점을 뜨겁게 논쟁하고 있다. 앞서 말한 것처럼 교사는 표준화 성취도 검사에 엄청난 걱정을 느낄 것이다. 많은 교사는 바람직한 교육과정을 가르치는 일을 희생시켜 검사를 위한 수업을 얻으려는 것으로 느껴지기도 한다. 더 나아가서 많은 경우 학교 시간에는 시험보지 않는 과목, 가령 과학을 적게 혹은 아예 할당하지 않을 수 있다.

2009년 파이 델타 카파의 연례 대회에서 공립학교의 대중에 대한 태도를 갤럽이 조사했는데 비록 뒤처지는 아동 방지법에 대한 지지는 줄고 있지만, 25%의 미국 사람들이 뒤처지는 아동 방지법이 지역 사회의 학교를 돕는다고 생각하고 있었다. 대다수 대중들은 현재의 학교체제 안에서 개선을 찾아야 하며, 교육자들이 지역 사회에 친숙해지고 지역 사회의 투자를 통해서 나아질 것을 요구한다(Burshaw & McNee, 2009).

개혁의 청사진

NCLB 법은 2007년에 의회의 인준을 받아야 했다. 그러나 오바마 Barack Obama 대통령과 교육부 장관 던컨 Duncan은 연방 정부가 교육을 지원하는 방식에 대하여 새롭고 다른 생각을 제시하였고, 그 결과로 ESEA의 재인준은 연기되었다.

그 새로운 생각은 **선두 경쟁** Race to the Top으로 2009년 **미국 회복을 위한 투자 법률** American Recovery and Investment Act의 재정 지원을 받는 것에서 유래한다. 그 프로그램은 네 가지 영역을 강조한다:

- 아동을 자료에 근거하여 수업하는 일에 대한 결정
- 능력
- 주기적으로 낮은 수행을 보이는 학교에 대한 개선
- 지역의 요구를 만족하도록 수업을 개선

ESEA 법을 재인준하려는 계획은 **개혁의 청사진** Blueprint for Reform이라는 보고서에 구현되어 있다(U.S. Department of Education, 2010). 2010년 3월에 오바마 대통령에게 제출되었던 그 보고서는 "2009년 **미국 회복을 위한 투자 법률**(**선두 경쟁**)에 의하여 상당한 개혁이 이루어졌고 따라서 '세계에서 가장 높은 수준의 교육을 받은 국가'를 만든다는 목표로 변화하는 것"을 제시하고 있다(Duncan & Richardson,2009, p. 24).

개혁의 청사진이라는 보고서는 네 가지 영역을 강조한다:

1. 교사와 교장의 유효성을 증진시켜 모든 사람이 훌륭한 교사가 되고 모든 학교가 뛰어난 지도자가 되도록 한다.
2. 가족들에게 학교를 평가하고 증진하는 데 필요한 정보를 제공하고 교육자들에게 학생들의 학습을 개선하도록 돕는다.
3. 대학교의 표준과 직업 표준을 실행하고 그 표준에 맞는 평가를 개발한다.
4. 미국의 가장 수행수준이 낮은 학교의 학습과 성취를 집중 지원과 효과적 개입을 통해 개선한다.

특별히 주목할 점은 행정은 각 학생들의 출발점의 수행에는 상관없이 그들의 성장을 표준화 검사로 측정하는 쪽으로 초점을 맞추고 있다.

이런 새로운 제안에 대한 우려도 있다. NEA와 미국 교사 노조는 그 **개혁의 청사진** 보고서는 연방 정부의 통제가 커지고 교사에게 더 많은 책임을 요구하면서 그에 필요한 권위를 부여하지 않는다는 점이다. 또한 전문가 조직은 표준화 검사에 지나치게 의존하게 되면서 성취도를 신뢰성있게 측정하지 못할 수 있음을 지적한다.

그럼에도 ESEA 법이 아직 재인준되지 않았으며 법률로 공부되지는 않았다는 점을 유념해야 한다. 만약 새로운 법률이 통과되어 학교 수준에 까지 영향을 주려면 세부 사항 결정까지 시간이 걸릴 것이다. 또한 대부분의 주정부는 **뒤처지는 아동 방지법**의 시행에 대하여 작업하고 있으며 그 중에 과학 시험이 포함된다.

2000년의 목표: 미국을 교육하자는 법

1990년 부시 대통령과 정부 관리는 국가 교육 정책을 의논하기 위해 미국 역사상 처음으로 만났다. 그들의 토론은 공교육을 위한 여섯 가지 국가적 목표로 요약되었다. 그

미국과학교육기준의 프로그램 기준 A. 학년별로 일관된 목적

목표에 두 가지 목표를 더해서 2000년의 목표 Goals 2000: 미국을 교육하자는 법 Educate America이 1994년에 법률로 제정되었다. 2000년의 목표는 다음과 같다:

1. 학교 입학 2000년까지 미국의 모든 아이들은 학교를 다닐 것이다.
2. 학교 졸업 2000년까지 미국의 고등학교 졸업은 최소 90%까지 증가할 것이다.
3. 학교 성취와 시민의식 2000년까지 미국 학생 중 4, 8, 12학년은 영어, 수학, 과학, 외국어, 사회 정부, 경제, 예술, 역사, 지리와 같은 어려운 교과목에 놀라운 능력을 보여 줄 것이다. 그리고 미국의 모든 학교는 모든 학생들이 자신의 마음을 잘 이용하도록 하여 책임 있는 시민 정신을 갖추고 계속 교육을 받아 현대 경제에서 생산적인 직업인이 되도록 준비시킬 것이다.
4. 교사 교육과 전문성 개발 2000년까지 미국의 수업 능력은 다음 세기의 미국 학생들을 가르치고 준비시킬 수 있도록 교사의 전문 기능과 지식을 습득하고 계속 향상시킬 수 있는 프로그램에 참여할 기회를 가질 것이다.
5. 수학과 과학 2000년까지 미국 학생들은 수학 및 과학 성취면에서 세계 1등이 될 것이다.
6. 성인 교육과 평생 학습 2000년까지 미국의 모든 성인은 소양을 갖추고 세계 경제 속에서 경쟁하는데 필요한 지식과 기능을 갖추고, 시민의 의무와 권리를 행사할 것이다.
7. 안전하고, 술과 마약이 없는 전문적인 학교 2000년까지 미국의 모든 학교는 폭력, 마약, 불법 총기, 술이 없으며 학습을 위한 전문 환경을 마련할 것이다.
8. 학부모 참여 2000년까지 모든 학교는 학부모 참여를 증진시키도록 유대 관계를 맺고 아동의 사회적, 정서적, 학업적 성장을 증진시키는데 학부모의 참여를 늘릴 것이다.

위의 여러 목표 중에서 다섯 번째 목표는 미국 학생들의 수학과 과학의 성취는 세계에서 최고가 될 것이라고 진술하고 있다. 과학과 수학의 수업 방식과 질 높은 수업 자료 이용과 과학과 수학을 학습하는 데 필요한 시간과 같은 요인들이 이 목표 성취에 영향을 줄 것이다. 이 목표는 내용 획득의 의미로서 해석되어 국제 비교대상이 되기도 한다. 다섯 번째 목표의 진전을 측정하기 위한 평가는 1장에서 다루었다.

미국과학교육기준의 전문성 개발 기준 C. 생애 학습

자신의 철학은?

이제 초등 과학교육에 대한 여러분의 생각을 정리해야 할 때이다.

2.7 교사 활동

과학교육에 대한 기본적인 철학

초등 과학교육에 대한 자신의 철학을 일차적으로 써 본다. 다음 질문들을 고려하여 자신의 철학에 대해 주의 깊게, 그리고 철저하게 생각해 보자:

- 교사의 역할은 무엇인가?
- 학생의 역할은 무엇인가?
- 과학 프로그램의 목표와 결과는 무엇인가?

(계속)

- 과학적 과정들의 역할은 무엇인가?
- 어떤 내용을 가르칠 것인가?
- 과정과 내용을 어떻게 조화시킬 것인가?
- 조작적인 활동의 역할은 무엇인가?
- 자료와 기구를 어떻게 이용할 것인가?
- 교과서 자료와 학습지를 어떻게 이용할 것인가?
- 학습에 아이들을 얼마나 관여시킬 것인가?
- 아이들은 학습에 어떻게 관여시킬 것인가?
- 아이들은 과학의 가치를 어떻게 배우는가?

과학교육에 대한 기본 철학은 단지 위의 질문에 대한 대답을 모아 놓은 것이 *아니라* 과학교육에 대한 자신의 생각을 종합한 것이어야 한다.

이 강좌를 시작하면서 이러한 활동을 제안한 것은 자신의 생각을 반성하고 사고가 어떤 방식으로 변하는가를 재검토할 기회를 주기 위함이다. 자신의 진술이 포괄적인 것도 아니며 잘 다듬어진 것도 아니다. 탐구를 시작할 때 과학 교수 학습 경험에 대해 자신이 가진 생각의 표현이다. 그 표현과 함께 1장에서 '과학 교사'에 대한 은유를 통해 질 높은 초등 과학교육의 적절한 방법론을 구성하고 재구성할 수 있다. 이번 강좌가 끝날 때 그 진술과 은유를 다시 검토하고 처음에 가졌던 생각과 비교하여 어떻게 변했는가를 찾도록 해야 한다.

요약

오늘날의 과학교육은 탐구와 과정에 초점을 맞추고 있으며 학생들에게 과학적 소양과 기술적 소양을 성취하게 하는 것이 기본적인 목적이다. '과학의 본성'은 과학을 행하고 그 결과로 산물이 얻어지는 방식을 말한다. 과학의 본성은 정보를 체계적으로 수집하고 엄밀한 탐구, 정직함, 회의적 태도, 경제성, 일관성의 요건을 거치면서 증거에 기반한 결론을 형성하는 것이라고 특징지을 수 있다. 과학은 권위주의, 초자연적 설명과 절대 진리를 거부한다. 과학의 산물에는 사실, 개념, 이론, 법칙, 응용물뿐만 아니라 태도까지도 중요한 것들이다.

과학교육은 과학과 관련된 전문 조직에 의한 지원과 도움을 받아서 과학교육의 목적과 표준을 정하고 과학적 탐구를 통해 이런 목표들을 달성하는 방식을 세운다. 과학교육의 목표와 표준을 설정하는 데 중요한 역할을 하는 협회들은 미국과학교사협회 NSTA, 미국 과학진흥 협회 AAAS, 국립연구협회 NRC, 과학아카데미의 과학교육위원회 National Academy of Science Board가 있다. 미국 과학교육 표준은 과학교육의 결과로 학생들이 알아야 하고 수행할 수 있는 목표를 안내한다. 2012년에는 새로운 표준을 다시 수정할 것이다. 뒤처지는 아동 방지법 *2001* No Child Left Behind Act of 2001은 모든 주정부의 교육 실제에 영향을 주고 있으며, 매우 고강도의 표준화 검사를 요구하는 결과를 초래했다. 이 법률은 2011~2012년에 재인준될 예정이며 개혁의 청사진이라는 보고서의 기본 원칙을 따를 것이다. 연방 정부의 프로그램은 현 시대의 과학교육에 긍정적이면서도 도전적인 영향을 줄 것이다.

핵심 용어

개념	운동
경제성	이론
경험적	저온 핵융합
과학의 본성	전자
과학적 소양	중성자
법칙	핵
사실	핵융합
양성자	

토의를 위한 질문들

1. 아이들이 스스로의 과학적 사실, 개념, 일반화를 발견하기 위해 노력할 때 그 아이들은 기대하지 못한 결론을 내릴지도 모른다. 그때 교사는 아이들이 내린 결론이 지금까지 인정된 과학적 정보와 어느 정도 일치한다고 해야 하는가?
2. '과학의 본성'은 무엇인가?
3. 과학 활동의 특징은 무엇인가? 그것을 인식하는 것이 왜 중요한가?
4. 한 사람이 과학적으로 소양이 있는지를 어떻게 알 수 있는가?
5. 듀이 John Dewey는 "학습자가 자신의 활동을 학습 과정에서 안내하는 목적을 형성하는 데 참여하는 것이 중요하다"(Dewey, 1938. p. 67)는 것을 지적했다. 듀이의 관점과 미국 과학교육 표준은 서로 양립 가능한가? 어떻게 양립 가능한가?
6. 과학교육의 가장 중요한 목적은 무엇인가?

Chapter 3

과학의 과정

실험은 과학이 자연에 제기한 질문이며 측정은 자연의 대답에 대한 기록이다.

Max Planck,
Scientific Autobiography and Other Papers, 1949

여러분은 과학의 본질, 아동이 과학에 대하여 배우는 것과 과학을 행하는 것의 차이점, 과학의 과정과 산물 사이의 차이점, 과학교육에 관해 국가 기구가 받아들이는 입장에 대해 탐구하고 있다. 우리는 아동들이 누군가에 의해서 이미 결정된 사실, 개념, 일반화, 이론, 법칙에 대해 배우는 것보다 과학을 행하는 방법을 배우는 것이 훨씬 더 중요하다고 제안했다. 즉, 아동이 어떠한 사실을 배우는 것보다 탐구 과정 기술을 숙달하는 것이 훨씬 중요하다는 것이다. 그리고 아이들은 과학자들이 과학을 연구하는 방법으로 과학적 활동을 하여야 한다. 여러분은 과학자가 어떤 것에 대한 호기심의 결과로서 발생한 문제에 과학적 탐구과정을 주의 깊고 적절하게 적용하여 과학적 활동을 한다는 것을 알게 되었다. 질 높은 초등 과학 프로그램이라면 아동이 스스로 의문을 제기하고, 의문을 탐구하는 방법을 고안하여 그 의문에 대한 답을 개발해야 한다고 제안했다. 아동은 그들 스스로를 과학자로 간주해야 한다.

과학의 탐구기능은 과학자들이 과학을 할 때 사용하는 것이다. 초등학생은 과학자들이 탐구할 때 과학자가 생각하고 연구하는 방법과 유사한 방법으로 과학의 과정 기능들을 사용하여 자신의 의문을 탐구한다. 어린이들은 과정적 기능을 사용하여 지식을 구성하는데 의문을 가지고, 관찰하고, 측정하고, 자료를 수집하고, 자료를 조직하고 해석하며, 다른 **변인** variable들을 통제하면서 하나의 변인을 조작하여 결과를 예상하고, 가설을 설정하고 검증하며, 실험을 수행하고, 그들이 관찰한 것에 대한 추론을 하고, 자신의 모형을 다른 사람과 의사소통한다. 과학을 한다는 것은 과학의 과정을 적용하는 것을 의미한다. 과정적 기능은 탐구 지향적 inquiry-based hands-on이고 조작적인 과학 학습에서 핵심적인 것이다. 과정적 기능을 적용하려면 아동은 먼저 각 과정을 숙달해야 한다.

이 장에서는 과학적 탐구에서 기초적인 것으로 인식되는 12가지 과정에 대해 알아 보고자 한다. 이런 탐구과정을

두 가지로 나눌 수 있다. 즉 과학탐구의 기초를 형성하는 기본적 과정과 실제 과학적 탐구방법을 형성하는 통합된 과정으로 구분된다.

사전 질문

이 장을 공부하면 다음 질문에 답을 하면서 논의할 수 있다.

- '과학의 과정'은 무슨 의미인가?
- 기본적 과정들은 무엇이고 어린이들은 각각에 능숙해지기 위해 무엇을 해야 하는가?
- 통합된 과학의 과정은 무엇이며 각각에 능숙해지기 위해 무엇을 해야 하는가?
- 기본적 과정들과 통합된 과정들 사이의 차이점들은 무엇인가?
- 만약 교사가 어린이들이 어떻게 과학의 과정을 하고 적용하도록 하는 것에 집중한다면 그는 어떻게 지역 교육과정에 규정된 내용을 가르칠 것인가?
- 왜 과학교육의 목표는 내용보다 과정들에 집중하도록 쓰여야 하는가?

기본적 과정

- 관찰
- 분류
- 의사소통
- 측정
- 예상
- 추리

미국과학교육기준의 **내용 기준 A.** 과학적 탐구 수행을 위해 필요한 능력들

관찰

암석의 세계로 짧은 여행을 떠나 보자.

3.1

교사 활동

미국과학교육기준의 내용 기준 D. 지구와 우주 과학: 지구물질의 특성들

암석 관찰

암석 관찰 활동을 위해서는 12~15개 정도의 암석 표본을 수집해야 한다. 학교 운동장, 뒷마당, 건축 가게, 조경 설비 회사 또는 전문 취급소 등에서 표본을 구할 수 있다.

숫자가 표시된 종이 판자에 각각의 암석 표본을 올려놓고, 교실 주위에 판자를 놓아두자. 또 관찰하는 데 도움될만한 돋보기도 갖추어 놓자. 이제 교실에 있는 견본을 하나하나 직접 손으로 만져 보고, 들어서 무게를 가늠해 보고, 눈으로 살펴보는 등 암석의 특징을 탐구해 보자. 관찰하는 데 돋보기도 사용해 보자.

10~15분 정도 관찰한 후 함께 모여서 서로의 관찰 결과에 대해서 이야기를 나누어 보자.

암석 번호	색깔	감촉	무게	광택	기타 특징
1					
2					
3					
4					
5					
6					

그림 3.1
암석 관찰 활동 결과지.

대부분의 사람은 처음 보는 사물을 세심하게 관찰하는 것이 어렵다. 그래서 무엇을 관찰해야 할지 지침이 되는 그림 3.1의 양식을 이용할 수도 있다. 빈칸을 모두 다 채울 필요는 없다. 그저 하나의 지침으로 이용하도록 하라. '색깔'은 보면 알 수 있고 '감촉'은 그저 손에 어떤 느낌을 주는가 하는 것이다. 감촉의 표현에는 거친가, 미끄러운가, 부드러운가, 가루가 많은가 등이 있다. '무게'는 기대한 것보다 무거운가 가벼운가 하는 것을 말한다. 즉, 여러분이 손바닥으로 그 표본을 들어보았을 때의 상황에 관한 것이다. '광택'은 얼마나 빛나는가를 자기 기준대로 적으면 된다. '다른 특징'은 그 표본을 보았을 때 쉽게 외관상 드러나는 특성들이다.

이 활동의 목적은 여러분이 스스로 관찰하는 것이다. 암석의 이름을 찾아 내는 것이 아니다. **퇴적암** sedimentary과 **화성암** igneous 그리고 **변성암** metamorphic의 차이를 알거나, 암석의 이름을 외우는 것을 의도하지는 않는다. 이 활동의 중요한 목적은 자신이 직접 관찰하는 것이다.

관찰에 무슨 감각을 사용했는가? 여러 가지 색깔과 미세한 색깔의 차이는 시각을 이용하여 관찰하였다. 표본이 얼마나 매끄러운지, 거친지 느낄 때는 촉각을 이용했을 것이다. 미각은 사용하지 **않았다(안전 유의점:** 교사가 특별히 맛을 보아도 좋다고 말하지 않았다면 맛을 **보지 말아야** 한다). 여러분은 후각이나 청각을 사용하였는가? 다른 감각은 어떤가? 암석의 무게를 알아보는 데 무슨 감각을 이용했는가? 아마도 우리가 알고 있는 것처럼 촉감보다는 내부의 근육 감각일 것이다.

학교 활동 3.1

미국과학교육기준의 내용 기준 A. 과학적 탐구수행을 위해 필요한 능력들

관찰 활동

이 활동은 암석 관찰 활동 후에 제시하는 것으로 아동이 관찰을 시작하기 위한 특별한 방법을 제공해 준다. 그림, 잎, 소의 목에 단 방울, 동전, 우표, 단추, 금속 제품 혹은 그 밖의 다른 것들을 종이에 올려놓고 교실 주위에 놓아둔다. 아동은 그 주위를 이동하고 기록하며 관찰한다. "선생님이 될 것이라면, 결코 어떠한 것도 버리지 마라"라는 격언을 되새겨 보라. 수집품들이 있으면 그것을 사용하라.

이런 관찰 활동에서 주의해야 할 점은, 암석 관찰에는 암석에는 전혀 흥미를 느끼지 못하는 학생이 한두 명 있을지도 모른다는 것을 염두에 두어야 한다는 것이다. 이런 점에 주의를 기울이고, 관찰에 흥미를 느끼는 학생과 흥미가 없는 학생이 관찰하는 것을 비교하는 것은 유용하다. 흥미 없을 때 관찰하는 것보다 흥미 있을 때 관찰하는 것이 훨씬 낫다는 것은 분명하다.

관찰할 때에는 우리의 모든 감각을 사용하는 방법을 익혀야 한다. 생리학자들은 우리가 다섯 가지 이상의 감각을 가졌다고 한다. 그것은 시각, 청각, 후각, 미각, 촉각이다. 그리고 평형 감각, 근육 수축 감각, 근육 인지 감각, 방향 감각, 어떤 물건이 얼마나 무거운지를 알아 볼 때 쓰는 근육 감각, 그리고 다른 내적 감각 등이 있다. 피부에는 네 종류의 감각점 receptos이 분포해 있는데 이것은 냉점, 온점, 통점, 압점이다. 우리 몸에는 약 30여 종류의 감각점이 분포해 있다. 그래서 어떤 사람은 사람이 30가지 이상의 감각을 가지고 있다고 말한다.

관찰 기능의 개발에 있어서, 아동들은 감각 전부를 사용하는 법을 배울 수 있고, 감각 기관에서 감지된 자극에 주의를 기울일 수도 있고, 이때부터 자극을 처리하는 것도 가능할 것이다. 우리가 관찰을 생각할 때, 우리는 눈으로 관찰하는 것을 떠올리는 경향이 있다. 하지만 관찰은 냄새를 맡는 것(집에서 생강빵을 굽고 난 후 난 냄새를 기억하는가?), 듣는 것(알파벳 학습에서 노래의 역할을 생각해 보라), 맛보기(아직까지 할머니의 사과파이를 맛 볼 수 있는가?) 그리고 촉감(PK 교사들은 종종 연마지에서 오려낸 문자들로 알파벳을 가르치곤 한다)을 포함한다. 6, 7장에서 보게 되겠지만, 어린이들은 학습과정에서 다른 종류의 학습방법을 가지고 다른 감각과 감각의 조합을 사용한다. 장기 기억의 기억 장치와 연결되면 사람들은 자극을 인지하며, 지각적인 감각이 더 쉽게 만들어 준다. 어린 아동은 그보다 나이 많은 어린이나 어른보다 경험이 적기 때문에 이런 기본적인 경험을 쌓는 것이 중요하다. 아동들이 더 많이 관찰 활동을 하면 할수록 더 많은 경험이 기억 속에 장기 저장되어 그들은 관찰한 새로운 것들을 좀 더 쉽고 정확하게 자신의 것으로 내면화할 수 있을 것이다.

3.2 교사 활동

미국과학교육기준의 전문성 개발 기준 A. 탐구를 통한 내용 학습

궁금하게 여겨서 관찰했던 것은 무엇인가?

당신은 얼마나 훌륭한 관찰자인가? 오늘 학교 오는 길에 무엇을 보았는가? 어떤 것에 대해 궁금하게 여길만한 것을 발견하였는가? 관찰하고자 하는 마음이 들어 그 해답을 찾고자 관찰했던 것은 무엇인가?

달 관찰 사례

미국과학교육기준의 내용 기준 D. 지구와 우주 과학: 지구와 대기의 변화

초등학교 과학교육을 배우는 학생들에게 전날 밤 본 달을 묘사해 보라고 요구했다. 많은 학생들은 그것을 보지 않았고, 본 학생들도 각각 달리 묘사했다. 어떤 학생은 달이

오른쪽으로 기울어 있었다고 말했고, 어떤 학생은 왼쪽으로 기울어 있다고 말했다. 그리고 몇 학생은 똑바로 있었다고 말했다. 말로 된 묘사들을 명확히 하기 위해 몇 학생은 도화지에 자기가 본 것을 그렸다. 너무 여러 가지의 묘사가 나왔으므로 "어떻게 하면 달을 정확하게 관찰할 수 있을까?"라는 문제가 발생하였다. 학생들은 달을 본대로 정확히 그려야 한다고 생각했다. 그 다음날 몇몇 학생들은 자기가 전날 밤에 그린 달 그림들을 나누어 가졌다. 다시 여러 가지가 불일치 되었다. 왼쪽 대 오른쪽, 오목한 부분이 위를 향하는 각도, 달의 '어두운' 부분이 부분적으로 볼 수 있는지 아닌지 등이다. 그 학급은 좀 더 정확한 관찰이 필요하다는 결정을 내렸다. 왜냐하면 달 그 자체가 모든 사람들에게 다르게 보이지 않는다는 사실은 분명하기 때문이다. 다른 것은 관찰이다. 학생들은 달의 두 뾰족한 끝을 이어주는 가상의 선을 긋고, 달이 향하고 있는 방향을 나타내기 위해 가상의 수직 이등분선을 그었다(그림 3.2 참조). 다음 날은 좀 더 일관성 있는 관찰이 되었지만, 달이 3일 동안에 점점 모양이 바뀌어서 점점 둥근 달 쪽으로 되었기 때문에 새로운 문제점이 생겼다. 또 달은 위치를 바꾼 것처럼 보였다. 몇몇 아이들은 맑은 밤이었지만 달을 찾을 수 없었다고 보고하기도 했다.

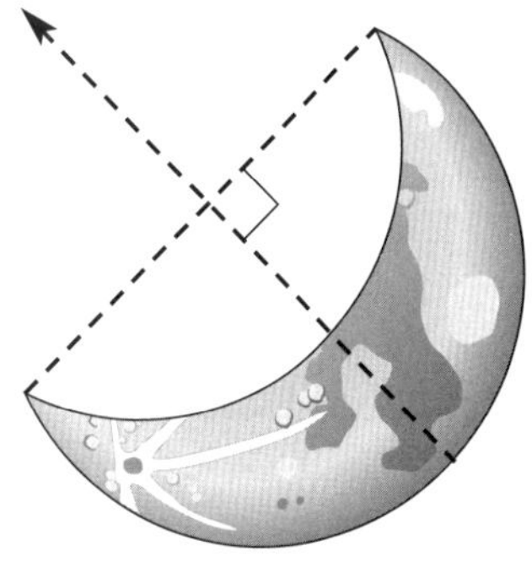

그림 3.2
달 관찰에서 달이 향하는 방향을 결정하기 위한 그림.

그래서 매일 맑은 날 밤에 달에 관한 관찰을 기록하는 것이 학급 과제가 되었다. 관찰과정에 대하여 그 학급은 그들이 며칠 동안에 관찰한 것을 비교하기 위해서는 세밀히 묘사한 그림의 형태로 기록해야 한다는 것을 알았다. 수업이 진행되어 감에 따라 달 관찰로부터 일반화가 만들어졌다. (1) 달은 모양이 변한다. (2) 달은 하늘에서 위치를 바꾼다. (3) 달을 보는 방식은 관찰하는 위치에 따라 달라진다. (4) 달은 낮 동안에도 때때로 볼 수 있다. 이것들 이외의 많은 질문들이 관찰에 의해 발생되었다. (1) 왜 달은 모양이 변하는가? (2) 달이 사라지면 어디로 가는가? (3) 왜 달은 움직이는가? (4) 왜 달은 서로 다른 장소에서 다르게 보이는가? 비록 이러한 질문에 대한 답을 찾아 내지 못했지만, 몇몇 학생은 스스로 질문에 대한 답을 찾기 위해 탐구하고 있다.

과학의 핵심은 관찰이다. 궁극적으로 어떤 과학적 탐구의 결과와 절차를 결정짓는 것은 관찰이다. 정확한 관찰 없이 과학적으로 탐구하는 것은 불가능하다. 우리는 예상한 것뿐만 아니라, 전혀 예상하지 못한 것들도 관찰할 수 있어야 한다. 1장에서 말했던 것처럼, 발명은 예상치 못했던 관찰로 인한 것이다.

교사 활동 3.3

미국과학교육기준의 내용 기준 A. 과학적 탐구수행을 위해 필요한 능력들

전에 보지 않았던 사물 찾기

예상하지 않았던 사물을 관찰하는 능력을 발전시키기 위해 다음에 학교에 갈 때 같은 길로 가면서 예전에 보지 못했지만 항상 거기에 있었던 것을 찾아보자. 여러분들은 그곳을 다니며 "얼마나 많은 것을 보지 못하고 지났었나!"하며 놀랄 것이다.

관찰은 **질적** qualitative일 수도 **양적** quantitative일 수도 있다. 앞에서 암석을 관찰했을 때 그 관찰은 질적 관찰이었다. 질적 관찰은 측정을 필요로 하지 않는다. 양적인 관찰에서 측정은 관찰에 특정 사실을 부착하기 위해서 필요하다. 예를 들어 어떤 암석의 부피와 무게를 측정하는 것은 양적 관찰이다. 이 측정으로부터 그것의 **밀도** density를 계산할 수 있다. 밀도는 일정한 부피가 차지하는 무게를 측정한 것이다. 어린 아이들에게 가장 적절한 형태의 관찰은 질적 관찰이다. 양적 요인은 아이들이 수학적인 추상 능력이 가능할 때 도입한다.

관찰이란 의심할 여지없이 초등학교 학생이 숙달해야 할 중요한 기능이다. 초등학교 교사는 아동들에게 가능한 최대의 관찰 기회를 제공해야 한다. 관찰이 매 프로그램마다 모든 면에 있어야 한다. 아동들의 관찰 능력을 향상시키고 그 능력을 좀 더 예리하게 하고 완전히 숙달하도록 하는 것이 우리의 책무이다. 관찰은 모든 과학적 연구의 기초가 된다.

관찰 활동이 과학수업 활동 3.1~3.6까지 제시되어 있다. 초등학교 저학년에게 적당한 것과 고학년에게 더 적당한 것도 있다. 이 활동들은 다섯 가지 기초적인 감각을 각각 사용하는 방법들을 제안한다.

학년 수준
K 이전-1

3.1 과학수업 활동

미국과학교육기준의 내용 기준 A. 과학적 탐구수행을 위해 필요한 능력들

가방 안에 무엇이 있는가?

촉감을 이용한 관찰 활동

목표

학생들은 가방 안에 물체를 식별하기 위해 촉각을 이용할 수 있다.

각 아이들에게 '만질 수 있는 가방'을 주어라. 가방은 흔한 물체를 넣어 둔 종이 가방이다. 아이들은 가방 안을 볼 수 없으나 가방 안의 것을 만질 수 있으며, 만진 것에 대해 설명을 해야 한다. 물건에 대한 아이들의 추측은 가방을 어떻게 만지느냐로 결정된다. 그 다음 아이들은 봄으로써 그들의 추측을 확인한다.

다음으로 각각의 아이에게 종이 가방을 주어라. 그리고 다양한 작은 물건(나무 구슬, 연필, 천 조각, 솜, 구슬 가닥, 리본 등)으로 가득 찬 플라스틱 가방을 주어라. 아이들은 가방 안에서 두세 개의 물건을 꺼내 무엇인지 알아본다. 이때 어떤 아이들은 쉽게 찾는데, 좀 어렵게 확인하는 경우도 있다. 그리고 상대방의 가방과 바꾼다. 관찰과 확인은 위의 내용과 동일하게 행해진다.

아이들은 집에서 그들의 가방을 준비할 수 있고, 다음 날 학교에 가방을 가져 올 수 있으며, 가족과 함께 게임을 즐길 수도 있다.

과학수업 활동 3.2

미국과학교육기준의 내용 기준 C. 생명과학: 유기체의 한살이

학년 수준 K 이전-2

씨앗, 씨앗, 씨앗들

시각을 이용한 관찰 활동

목표

학생들은 씨앗을 관찰할 수 있다.

강낭콩과 완두콩 같이 서로 다른 종류의 씨앗을 구한다. 단, 이 씨앗들은 모두 열매는 맺을 수 있는 것이어야 한다(만약 씨앗을 삶거나 얼리지 않았다면 그 씨앗을 심으면 싹이 날 수 있을 것이다). 이 씨앗들의 껍질을 말랑하게 하기 위해서 두어 시간 정도 물속에 담가 둔다.

아동들에게는 그 씨앗의 겉모양을 설명하게 하고 직접 그려보게 한다. 그런 뒤 씨를 쪼개어 보아라. 아동은 칼로 자를 수 있지만 그렇지 않으면, 씨앗을 물이 든 컵 속에서 계속 불려서 저절로 쪼개지도록 한다. 아동에게 씨앗 속의 모양을 묘사하고, 그리도록 하여라. 학생들이 관찰하는 데 도움이 되는 돋보기를 준비해 두라(그림 3.3).

그림 3.3
씨앗 속을 관찰.

아동의 관찰력을 좀 더 예리하게 하기 위해서, 채소를 삶는 것, 포장된 것, 신선한 것, 얼었던 것을 비교하게 하자.

과학수업 활동 3.3

미국과학교육기준의 내용 기준 A. 과학적 탐구수행을 위해 필요한 능력들

학년 수준 K 이전-3

달걀 속에서 무슨 소리가 나는가?

청각을 이용한 관찰 활동

목표

학생들은 알지 못하는 물체를 식별하기 위해 청각을 사용할 수 있다.

플라스틱으로 만든 달걀 모형 속에 여러 가지 물체(쌀, 콩, 핀, 솜, 주사위들, 종이 클립, 열쇠, 성냥, 병 뚜껑, 동전, 이쑤시개, 마카로니, 실, 크레용, 너트 조이개, 기계 나사, M&M® 초콜릿, 대리석 조각)를 하나씩 넣어 두고 숫자를 기록한 후 달걀 모형을 닫는다. 또한 약간의 빈 달걀 모형이나 달걀에 넣은 물품의 표본을 이용할 수 있게 한다.

책상이나 테이블 위에 물건을 떨어뜨릴 때, 크고 작은 소리를 구별하고 소리의 종류를 쉽게 구별하기 위해 눈을 감도록 한다. 그리고 아동은 그 물건이 내는 소리를 듣고 그 물체의 정체를 찾아내도록 노력하게 한다.

그런 뒤 달걀 모형을 흔들어 보며 주의 깊게 들어보도록 한다. 그리고 아이들이 소리를 듣고 달걀 안의 물건이 무엇인지 추측하게 한다. 다음과 같은 전형적인 질문을 할 수도 있

(계속)

다. "어느 달걀에서 둔탁한 소리가 나지?", "어느 달걀에서 가벼운 소리가 나지?", "어느 것이 비어 있는 것처럼 보이지?", "플라스틱이나 유리, 금속성의 소리가 나는 것은 어느 달걀이지?", "알아듣기 쉬운 소리는 어떤 거지?", "알아듣기 어려운 소리는 어떤 거지?", "우리가 늘 들어 왔던 소리라고 생각되는 소리가 있었니?"

만약 학생들이 특정한 달걀 속에 어떤 물체가 있는지 불확실해 한다면 그들이 생각하는 물체들을 빈 달걀에 넣어보고 흔들어서 소리를 비교해보도록 제안한다.

학년 수준
K 이전-8

3.4 과학수업 활동

미국과학교육기준의 내용 기준 A. 과학적 탐구수행을 위해 필요한 능력들

오늘 자연에서 무엇을 보았는가?

시각을 이용한 관찰 활동

목표

학생들은 자연 환경을 관찰할 수 있다.

자연환경 관찰을 위해 학생들이 야외에서 실지 견학을 할 수 있다. 좀 더 자세한 관찰을 위해 그들에게 각각이 다른 자연적인 것들 즉 다른 색깔의 잎들, 꽃잎, 도토리, 딱정벌레의 외골격들, 솔방울, 씨앗, 꼬투리, 이끼 그리고 이외의 더 많을 것들 수집하게 하는 것이다. 학생들은 교실로 돌아와서, 자연의 온갖 종류의 것들에 대한 관찰을 보여주기 위해 조별로 포스터를 제작한다.

(McBride & Brewer, 2010에서 발췌)

학년 수준
2-4

3.5 과학수업 활동

미국과학교육기준의 내용 기준 A. 과학적 탐구수행을 위해 필요한 능력들

어떤 것의 냄새인가?

후각을 이용한 관찰 활동

목표

학생은 필름통 안에 있는 물질을 식별하기 위해 후각을 이용할 수 있다.

동네 사진관에 가서 빈 필름통을 구하여 통에 번호를 적는다. 각각에 종이 조각이나 면 조각을 넣고 향수나 시나몬, 소다, 레몬 주스, 사과 주스, 오렌지 주스, 양파즙, 인스턴트 커피, 녹차 등을 몇 방울씩 떨어뜨린다. 플라스틱 뚜껑으로 통을 덮고, 두 개 혹은 세 개의 구멍을 뚫는다. 아이들에게 그 냄새를 설명하게 하고, 통 속에 있는 물질을 알아맞히게 한다.

과학수업 활동 3.6

미국과학교육기준의 내용 기준 D. 지구와 우주 과학: 지구물질의 특성들

학년 수준 5-8

암석과 광물의 관찰

모든 감각을 이용한 관찰 활동

목표

학생들은 암석과 광물을 관찰할 수 있다.

이 활동은 교사 활동 3.1의 암석 관찰 활동의 범위를 확장시킨 것이다. 그리고 이 활동은 암석과 광물 단원의 소개로서 아주 적합하다.

약 15개의 서로 다른 종류의 암석과 광물 표본을 준비하라. 광물 표본 준비를 위한 안내는 다음과 같다:

장석 feldspar—2~3가지의 색

사암 sandstone—1~2가지 표본(다른 색의 층이 나타나는 것이 좋음)

셰일 shale—여러 가지 색, 화석이 포함된 표본과 그렇지 않은 표본

화강암 granite—서로 다른 색의 한두 가지의 적당한 표본

역암 conglomerate

석영 quartz—수정, 호안석, 혈석, 벽옥, 정동석, 마노, 장미석영 자수정 등의 8~10가지 종류

자철석 magnetite

석고 gypsum—몇 가지 다른 종류

황철광 pyrite

규질암 chert

석회암 limestone—여러 가지 형태

편마암 gneiss

플로라이트 fluorite

동석 soapstone

경석 pumice

흑요석 obsidian

석탄 coal

좀 더 많은 것들에 대해서 생각해 볼 수 있을 것이다. 여러분이 사는 곳에서 구할 수 있는 것을 사용하거나 또 여러분 자신의 개인 소장품도 사용하라.

종이 위에 암석과 광물 표본을 두고 그 광석이 무엇인지 이름을 붙여 두어라. 교실 주위에 그것을 펼쳐 놓아라. 돋보기를 사용할 수도 있다. 자철석에는 자석을 붙여 놓거나 끈으로 매달 수도 있다. 아동은 이 암석, 저 암석 돌아다니면서 건드려 보고, 들어보고, 눈으로 관찰하고, 그 암석과 광물의 성질을 탐구해 볼 수 있다. 아이들은 이런 활동을 통해서 돋보기의 원리를 이해할 기회를 가지게 될지도 모른다. 아동에게 관찰을 돕기 위해서 그림 3.1과 같은

(계속)

안내서를 제공해 줄 수도 있다. 좀 더 체계적인 연구를 위해, 여러분들은 무른 정도, 광택 정도, 부력, 둥근 정도 등과 같은 암석의 특징을 토론할 수 있다.

아동들이 표본을 관찰하고 토론하는 데 20~30분 정도의 시간을 준 뒤, 관찰한 결과를 전체 학급에 모아서 서로 공유하도록 한다. 아래는 전형적인 관찰내용이다:

같은 광물로 구성된 표본 중에는 다른 색을 띠는 것이 있다.

비록 다른 종류의 광물이라 할지라도, 같은 것처럼 보이는 광물이 있다.

어떤 광물은 매우 무거운 반면, 어떤 광물은 아주 가볍다.

자철석은 자성을 띠고 자석을 끌어당긴다. 천연 자석도 자석처럼 똑같은 극을 가지고 있다.

어떤 암석은 매우 작은 알갱이로 구성된 반면, 어떤 암석은 아주 큰 결정으로 구성되어 있다.

아동들은 표본을 보고 더 많은 특징을 찾을 수 있다.

그림 3.4

암석과 광물의 표본 관찰.

3.4 교사 활동

미국과학교육기준의 수업 기준 A. 탐구기반 프로그램

관찰을 위한 활동

아동이 보다 예리한 관찰 감각을 기르는 데 사용될 수 있는 간단한 활동을 고안해 보아라. 학년 수준을 적고 그 활동이 그 학년의 아동에게 적합한지를 확인하라. 수업을 위해 과정 중심적인 목표를 세워 보라. 그 목표는 "학생들은 __을 관찰할 수 있다."와 같은 것이다. 그리고 나서 모둠별로 모여서 모든 아동이 그 활동을 하게 하라.

분류

이 부분을 시작하기 전에 다양한 수집품을 준비해야 하는데, 조개, 깃털, 외국동전, 단추, 우표, 금속 조각 등을 50~60개 정도 모아야 한다. 그리고 나면 분류 활동을 위한 준비는 완료된 것이다.

교사 활동 3.5

미국과학교육기준의 개념 및 과정의 통합. 체계, 질서, 조직

수집품 분류하기

먼저 항목을 원하는 방법으로 분류한다. 학급 내의 다른 모둠이 분류한 것과 자신이 분류한 것을 비교해 보도록 하자.

수집품을 분류하는 방법은 몇 가지나 되는가? 각 모둠은 어떤 종류의 것끼리 묶었는가?

만약 외국 동전을 이용했다면, 그 동전이 네모인지 둥근지 구멍이 있는 것인지 아닌지에 따라서 구분했을 수도 있고, 동물 그림이 있는지 없는지, 동전 위에 뭔가 쓰여 있는지 아닌지 또는 작은 동전끼리 분류했을 수도 있을 것이다. 이것은 어린 학생이 분류할 수 있는 간단한 활동이다. 이러한 활동에는 유사한 물체의 공통점을 추상화하는 능력이 요구된다.

학교 활동 3.2

개념 및 과정의 통합. 체계, 질서, 조직

조개 껍질 분류

조개 껍질 분류하기는 아동에게 가능한 분류 방법이다. 교사는 아동에게 비슷해 보이는 조개 껍질끼리 모으도록 한다. 그리고 각 무더기에서 같은 점이 무엇인지 발표시킨다(그림 3.5).

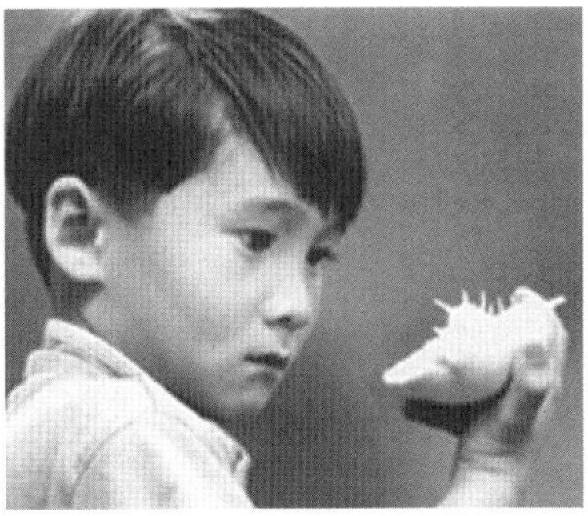

그림 3.5
조개 껍질 관찰과 분류.

어린이들은 또한 쉽게 드러나는 하나의 특성으로 사물을 분류하는 능력을 가지고 있다. 예를 들어 유치원 선생님이 각각 6개의 빨강, 노랑, 녹색의 정사각형을 종이 가방에 넣고, 섞은 후 책상에 쏟아 놓으면 아이들은 노란 색을 가진 3종류의 모둠, 즉 사각형, 삼각형, 원으로 분류할 수 있다(시각 장애 아동을 위해서는 거친 종이를 잘라서 모양을 만들면 촉각 자극을 줄 수 있다). 이러한 분류 활동은 색깔이나 모양 등의 하나의 특성을 인지할 것을 필요로 한다. 그러나 만약 빨강, 노랑, 초록색의 정사각형 세 개와 삼각형 세 개, 원 세 개를 종이 가방에 넣고 분류하라고 한다면 보통의 유치원 아동은 색깔이나 모양 중 한 가지로 분류할 것이다. 모양으로 분류한 아동은 색깔로 분류한 아동을 이해하지 못하고, 색깔로 분류한 아동도 그와 반대이다. 전조작기 아동은 아직 동일한 사물이 한 가지 이상의 특성을 가질 수 있다는 것을 인지하는 능력이 없다.

미국과학교육기준의 개념 및 과정의 통합. 체계, 질서, 조직

삐아제 Piaget는 이런 점을 보여주는 활동을 고안했다. 연구자가 전조작기 아동에게 20개의 나무 구슬을 보여주는데 17개는 갈색이고 3개는 하얀 구슬이었다. 그리고 아동에게 질문했다. "여러분은 갈색 구슬과 나무 구슬 중 어떤 것으로 더 긴 목걸이를 만들 수 있습니까?" 전조작 단계에 있는 아동은 전형적으로 "갈색 구슬이요"라고 대답한다. 이것은 각 구슬이 두 개의 속성, 즉 색과 재질로 되어 있다는 것을 알지 못하기 때문이다(Bybee & Sund, 1982). 전조작 단계에 있는 아동은 한 번에 한 가지 속성만을 다룰 수 있다(Salkind, 1985).

물체를 분류할 때 좀 더 큰 묶음의 하위에 종속하는 관계로 나누는 것을 **유목 포함** class inclusion이라고 하고, 이것은 인지 발달 단계 중 구체적 조작기에서 학습된다. 초기 구체적 조작기에서 아동은 동일한 사물이 한 가지 이상의 속성을 가질 수 있다는 것을 인식하게 된다(예를 들면 구슬은 모두 나무로 만들어져 있고 다양한 색을 띤다거나 종이 가방 속의 물체는 모양뿐만 아니라 색을 가진다). 이제 아동은 유목 포함 기능을 이용하여 사물을 서로 겹치지 않는 속성 mutually exclusive attribute을 갖는 두 개의 묶음으로 나눌 수 있다. 여기에는 더욱 복잡한 사고가 필요한데 이것은 삐아제의 보존 논리 과제 수행을 보면 추리할 수 있다(Charlesworth & Lind, 2010 참조).

아동에게 분류 능력이 자발적으로 생겨나지 않는다는 것을 아는 것이 중요하다. 즉, 아동에게 분류할 수 있는 여러 가지 현상을 노출시켜야 한다. 분류 기능의 경험을 얻기 위해서 다양한 종류의 물체를 사용하여 분류 활동을 많이 해 보도록 격려하여야 한다. 일상적인 학습 상황으로 관찰 활동 속에 분류 활동을 포함시키는 것이 좋다.

▶ 이제 여러분이 수집해 놓은 것을 섞어 보자. 이번에는 수집품들을 두 개의 묶음으로 만들고 각 묶음에 그림이라든가 글씨로 이름을 붙인다. 여러분의 묶음과 다른 모둠이 분류한 것을 서로 비교해 보자.

아동들이 두 개의 묶음으로 수집품을 나눌 때 어떤 방법의 차이가 있는가? 각 모둠에 왜 그런 방식으로 구분했는지 물어 보자. 이런 방법 중 어떤 것이 다른 방법보다 더 '맞는'가? 어떤 방법은 '틀린 것'인가?

여러분 모둠이 묶은 것을 다르게 살펴보자. 각 모둠은 설명하는 글이나 그림이 붙은 두 개의 무더기를 가지고 있다. 두 묶음은 구조적으로 동등한가? 다른 말로 하면 두 묶음이 서로 반대되는가? 예를 들어 두 묶음이 (1) 구리 동전과 (2) 은 동전이라고 가정해

보자. 이 두 묶음은 색이라는 속성에서 서로 '반대'된다. 하지만 두 집단을 (1) 구리 동전과 (2) 사람의 얼굴이 있는 동전으로 나눈다면, 서로 '반대'되지 **않는다**. 이런 식(구리 동전과 사람의 얼굴이 있는 동전)으로 동전을 분류할 때는, 구리 동전 중에 사람 얼굴이 있는 동전이 있을 수 있다. 이런 묶음은 **서로 배타적이지 않다**. 이들 사이엔 명확한 경계선이 없다.

동등한 분류 체계를 만들기 위해서 아이들은 공통적인 속성을 찾을 수 있어야 하며 동시에 그 속성을 가진 특정한 경우를 찾을 수 있어야 한다. 이런 능력은 구체적 조작기의 중기에서 일어난다. 아동은 동등한 분류 체계를 개발하는 실제 경험이 필요하므로 분류 활동이 많이 제공될수록 분류 기능을 더 잘 배울 수 있다. 이런 분류 활동도 일상적인 학습 상황에 포함되어야 한다.

▶ 다음 단계에는 위에서 여러분이 서로 배타적으로 분류했던 묶음 내에서 또 다시 두 개의 하위 묶음을 만드는 것이다(만약 서로 배타적인 묶음을 만들지 못했다면, 물체를 다시 배열하여 서로 배타적인 묶음으로 분류해 보라). 글이나 그림으로 하위 묶음의 이름을 써두자. 유사한 물건을 다른 학생은 어떤 방법으로 분류했는지를 서로 논의해 보자.

다음과 같이 분류하고 끝낼 수 있다.

상위 묶음 A	상위 묶음 B
하위 묶음 1	하위 묶음 1
하위 묶음 2	하위 묶음 2

특별히 하위 묶음에 주의를 기울여 보자. 하위 묶음 1과 하위 묶음 2는 각각 상위 묶음 내에서 서로 배타적인가? 만약 겹친다면, 그것을 재분류해야 한다. 상위 묶음 A, B 아래의 각각의 하위 묶음 1을 보자. 그들은 **같은** 하위 묶음인가? 하위 묶음 2도 마찬가지로 같은지를 살펴보자. 예를 들어 외국 동전 수집품을 다음과 같은 체계로 분류할 수 있다:

구리 동전	은색 동전
큰 것	큰 것
작은 것	작은 것

위의 배열에서 각 상위 묶음들 밑에 있는 하위 묶음은 같다. 큰 구리 동전과 작은 동전, 큰 은색의 동전과 작은 은색 동전이 있을 수 있다. '크다'와 '작다'를 아주 명백하게 정의할 수 있다면 새로운 동전을 네 개의 묶음 중에서 어느 한 묶음에 넣는다는 것은 쉽다. 그러나 다음 분류를 생각해 보자.

구리 동전	은색 동전
큰 것	얼굴 있는 것
작은 것	얼굴 없는 것

이 분류 체계에 대해서 어떻게 생각하는가? 각 묶음 아래의 하위 묶음은 배타적이다. 사실 새로운 동전을 다음 4개 묶음[(1) 큰 구리, (2) 작은 구리, (3) 얼굴 있는 은색 동전, (4) 얼굴 없는 은색 동전]에 정확하게 위치시킬 수 있다. 다시 말해 문제는 동등함parallelism이 부족하다. 묶음 아래에 하위 묶음은 서로 동등하지 않다. 게다가 이 분류 체계는 동전 수집품에 들어 있는 **모든** 항목들에서 같은 속성을 찾을 수 없다는 것을 암시한다. 구리 동전에서 주된 속성은 크기이고, 은색 동전에서 주된 속성은 무늬이다. 그러나 하위 묶음 내의 동등함이 부족하다고 해서 분류 체계가 잘못되었다거나, 약해지는 것은 아니라고 덧붙여 말하고 싶다. 동등하지 않은 분류 체계가 더 잘 설명하는 예가 있다. 예를 들어 나무잎은 활엽과 침엽을 모두 포함한다. 활엽의 주된 속성은 침엽의 속성과 서로 다르다. 따라서 분류 체계에는 다음과 같이 동등하지 않을 수밖에 없다:

활엽	침엽
둥근 테두리	두꺼운 것
거칠은 테두리	얇은 것

분류 체계를 평가할 때 고려해야 할 중요한 사항은 그것이 모아놓은 물체들의 차이점을 정확하게 설명해 주느냐이다. 분류과정에 대해 아동의 생각을 발견하기 위해 왜 그렇게 분류했는지 **물어보는** 것도 대단히 중요하다.

▶ 분류 활동을 좀 더 발전시켜 보자. 각각의 하위 묶음에 대해서 둘 이상의 하위 묶음을 만들어라. 유사한 속성을 이용하고 서로 겹치지 않는지, 그리고 동등하게 분류되도록 해라. 다른 사람의 분류 체계를 점검해 보아라. 어디에 분류해서 놓아야 할지 가장 많은 시간이 걸린 '어려운 것'을 선택해서 다른 묶음에 놓았을 때 분류 체계가 잘 짜여진다면 이 일은 금방 가능할 것이다.

당신은 다음과 같은 분류 체계를 할 수 있을 것이다.

묶음 A	묶음 B
하위 묶음 1	하위 묶음 1
a	a
b	b
하위 묶음 2	하위 묶음 2

묶음 A	묶음 B
a	a
b	b

위에서 설명한 나뭇잎의 분류 체계는 다음과 같다:

활엽	침엽
둥근 테두리	두꺼운 것
나란히맥	끝이 둥근 것
그물맥	끝이 뾰족한 것
거친 테두리	얇은 것
나란히맥	끝이 둥근 것
그물맥	끝이 뾰족한 것

이러한 다중 분류 multiple grouping는 단순한 유목 포함 class inclusion 체계보다 상위 수준의 인지 기능을 요구하는 위계적인 분류 체계이다. 아동이 이런 복잡한 분류 체계를 숙달하려면 인지 발달 단계에서 구체적 조작기의 후기이거나 형식적 조작기의 초기 단계에 있어야 한다.

3.3

학교 활동

미국과학교육기준의 개념 및 과정의 통합. 체계, 질서, 조직

파스타 면 분류하기

유치원 교사는 각각의 학생들에게 빨강, 노랑, 초록, 그리고 파란색 파스타로 가득 찬 가방을 주었다. 파스타는 여러 가지 모양과 크기를 가지고 있었고 그녀는 몇 가지 다른 종류들을 선택했었다. 그녀는 작은 병의 식용색소 내용물과 약 반컵의 소독용 알코올을 첨가한 플라스틱 밀봉 봉투에 파스타를 넣어 물을 들였다. 그녀는 파스타에 막을 입히기 위해 봉투를 몇 번 흔들었고 싱크대에 알코올을 쏟아 냈다. 그리고 그녀는 염색된 파스타들을 말리기 위해 야외의 신문위에 약 한 시간 동안 펼쳐 두었다. 색상젤은 액체 식용색소만큼 파스타를 염색할 수 없다는 것을 주목해야 한다. 안전 유의점: 소독용 알코올은 흡수하기에 독성을 가지고 있다! 학생들은 다양한 색깔의 파스타를 어떠한 방법으로든 분류하고 그들이 사용한 방법을 반에서 설명하도록 하였다. 그들은 파스타로 목걸이를 만들었고 그들만의 패턴으로 줄에 꿰어 연결하였으며 반에서 그들이 사용한 패턴을 설명하도록 하였다.

그리고 교사는 색깔은 항상 보이는대로가 아님을 설명하는 나프 Amy Knapp의 *면의 색깔* The Color of Noodles (Sandpiper Press, 1998)을 읽어 주었다.

3.4

학교 활동

미국과학교육기준의 개념 및 과정의 통합. 체계, 질서, 조직

철물점

4학년 교사가 학교에 쇠로 만든 단단한 물건을 가져 왔다. 이 물건은 쇠고리, 못, 드라이버, 볼트, 너트, 그 밖의 작은 쇠붙이 조각이었다. 모둠별로 약 50개의 물건들이 주어지고, 손님이 즉시 찾을 수 있도록 물건들을 정리하는 분류 체계를 요구하였다. 그리고 또한 손님이 찾기 쉽게 묶음에 이름을 달도록 요구했다. 그러고 나서 교사가 손님이 되어서 어떤 물건이 어디에 있는지 물어 보았다.

3.5

학교 활동

미국과학교육기준의 개념 및 과정의 통합. 체계, 질서, 조직

지문

3학년 교사는 반 아이들에게 지문을 분류하게 함으로서 그들이 '탐정'이 되어 보도록 했다. 학생들은 5 × 7 cm 카드를 부드러운 연필로 검게 칠하고 자신의 지문을 검은 부분에 문지른 다음 접착력이 강한 투명 테이프 위에 손끝을 눌러서 지문이 남도록 했다. 그들은 지문자국이 남은 테이프를 종이에 붙이면서 왼손과 오른손을 표시하고 손가락 번호를 부여하였다. 학생들은 그 후 그들의 지문의 주된 문양을 세 가지 중심문양으로 비교하였다: 아치 모양(지문 선은 손가락의 한쪽에서 들어가고 다른 쪽에서 나온다), 고리 모양(지문 선은 손가락의 같은 쪽에서 들어가고 나온다), 원 모양(지문 선은 손가락의 한쪽 면으로 들어가서 가운데로 나선 모양이다). 그들은 그들의 지문의 아래 그림 3.6과 같은 세 가지 중심 패턴에 따라 분류하였고 각 범주로 분류되는 지문들을 학생 수에 따라 막대 그래프로 그렸다.

분류는 과학적 활동 전반에 걸쳐 사용되는 기술이다. 이것은 어린이들이 개념을 형성하기 위해 사실을 합치는 데 필요하고 어린이들이 가설을 설정하고 실험과정들을 설계하는 동안 변인들을 확인하는 데 필수적인 것이다.

여러 연령층의 아이들에게 적당한 몇 가지 분류 활동이 과학수업 활동 3.7~3.11에 제시되어 있다.

그림 3.6
지문의 기본 형태.

과학수업 활동 3.7

미국과학교육기준의 내용 기준 B. 물상 과학: 자석

학년 수준 K 이전-1

어느 것이 자석에 붙고, 어느 것이 자석에 붙지 않는가?

자석에 붙은 물체 분류 활동

목표

학생들은 자성을 띠느냐 띠지 않느냐에 따라 물체를 분류할 수 있다.

그림 3.7

건전지도 자석에 붙는다.

수업 시간 중에 각 아이들에게 자석을 주고 물체가 자석에 붙는지를 알아보기 위해 물체들을 탐구할 시간을 주어라. 안전 유의점: 학생들이 자석을 컴퓨터나 모니터, CD, 플래시 드라이브 혹은 TV에 가까이 가져오지 않도록 주의를 주어야 한다. 그렇게 할 경우 전기충격으로 컴퓨터나 TV에 영구적인 손상을 줄 수 있다. 비슷하게 영구적 손상을 피하기 위해 학생들이 자석을 어떠한 전기장치나 CD/DVD에 가까이 가져오지 않게 해야 한다. 못, 종이, 클립, 가위, 고무밴드, 나무 조각, 크레파스, 나뭇잎, 금속 고리, 10원 짜리 동전, 100원 짜리 동전, 종이 조각 등을 사용할 수 있다. 아이들에게 한 번에 한 가지 물건을 선택하게 하고, 자석에 붙는지 안붙는지를 말하게 하라. 그러고 나서 쟁반 위에 '자석에 붙는 물건'과 '자석에 붙지 않는 물건'으로 배열하게 하라. 각 물건을 실험한 후 자석에 붙는 것, 자석에 붙지 않는 것이라고 표기된 도표에 기록한다.

자석에 붙는 것과 자석에 붙지 않는 것을 칠판에 적도록 할 수 있다.

이 수업은 또한 예상 활동으로 사용할 수도 있다. 아이들은 한 물체를 선택하여 그것이 자석에 붙을 지를 예상해 본다. 그리고 자석으로 시험해 보고 나서 적절한 이름을 붙인 후 그 물건을 배열한다. 아이들이 예상한 것과 결과를 비교해 보도록 하기 위해 '예상'과 '결과'를 넣은 도표를 활용하는 것은 좋은 생각이다.

과학수업 활동 3.8

미국과학교육기준의 내용 기준 C. 생명 과학: 유기체의 한살이

학년 수준 K 이전-2

씨앗 분류

씨앗 분류 활동

목표

학생들은 씨앗을 분류하는 체계를 고안할 수 있다.

과학수업 활동 3.2의 관찰 활동에서 사용된 다양한 강낭콩과 완두콩을 사용하도록 한다. 아이들은 씨앗의 안쪽과 바깥쪽의 모양을 설명하거나 그림을 그렸었다. 이번에는 그것들을 분류해서 이름을 붙이도록 한다. 옥수수 씨, 금잔화 씨, 팬지 씨, 무 씨 등을 추가해서 다시 분류하도록 한다. 좀 더 학년이 높은 아이들은 하위 분류까지 하도록 해도 좋다. 그리고 묶음과 하위 묶음을 말이나 그림으로 찾도록 하고, 자신들의 분류를 설명하도록 한다.

학년 수준
K 이전-3

3.9 과학수업 활동

미국과학교육기준의 내용 기준 C. 생명 과학: 유기체의 한살이

잎 분류

잎 분류 활동

목표

학생들은 자기가 설정한 준거에 따라 잎을 분류할 수 있다.

아이들에게 학교 주위에서 잎을 수집하게 한다. 안전 유의점: 학생들을 장소로 데리고 가기 전에 위험한 식물, 즉 독성이 있는 아이비나 오크나무가 없는지 조사하라. 또한 많은 잎들이 독성을 갖기 때문에 학생들이 나뭇잎을 씹거나 맛보지 않도록 주의를 주어야 한다. 교실로 돌아가서 스스로 한 가지나 그 이상의 특징에 따라 그들을 분류하도록 한다. 서로의 분류 체계에 대해서 전체 학생들과 토론한다.

아이들에게 다른 분류 방법을 더 탐구하도록 하기 위해 잎을 보관할 때는 밀랍판 위에 나뭇잎을 놓고 뜨거운 다리미로 다림질한다. 이렇게 만든 보관용 잎을 과학 코너에 포함시킨다.

학년 수준
1-3

3.10 과학수업 활동

미국과학교육기준의 내용 기준 D. 지구와 우주 과학: 지구물질의 특성들

흙 속에 있는 성분 분류하기

흙 분류 활동

목표

학생들은 흙 속에 있는 성분을 분류하는 체계를 만들 수 있다.

집이나 운동장의 흙이 든 몇 개의 가방을 제공하라. 종이접시에 각 종류의 흙 한 숟가락을 놓고 각각의 모둠에 돋보기와 함께 준다. 학생들에게 흙에서 찾은 물질들에 대해 분류하도록 하라. 흙 속에 모래, 암석, 나무 껍질, 나뭇잎, 벌레, 식물 뿌리, 씨앗처럼 아는 것은 이름을 적어 종이에 놓아두고, 잘 모르는 것은 물음표로 표시하여 다른 종이에 둔다. 교사는 교실 주위를 돌아다니면서 다음과 같은 "흙 속에 어느 것이 살고 있는가? 흙 속에 어느 것이 살아가는 데 이용되는가? 흙 속에서 절대로 살지 않은 것은 무엇인가? 어느 것이 가장 큰가? 어느 것이 가장 작은가?"와 같은 질문을 한다. 흙 속에 있는 여러 가지 물질을 찾아내고, 어떤 기준에 의해서 물질을 나눌 수 있고, 그들의 분류 체계를 다른 사람에게 설명할 수 있다.

과학수업 활동 3.11

미국과학교육기준의 내용 기준 C. 생명 과학: 유기체의 특성

학년 수준 5-8

벌레 분류하기

분류 활동

목표

학생들은 관찰한 특징에 따라 곤충들을 분류할 것이다.

현장학습을 위해 학생들을 운동장으로 데리고 가서, 그들이 찾은 곤충들을 모으도록 하라.

안전 유의점: 학생들에게 어떻게 곤충들을 *건들지 않고* 병에 잡을 수 있는지 지도하라. 학생들에게 개미와 거미들로부터는 거리를 두도록 확인 시켜라—특히 학생들이 땅속에 있거나 습하고 어두운 지역의 것들을 관찰하지 않도록 주의를 주어야 한다. 또한 학생들은 독이 있는 떡갈나무, 아이비 그리고 옻나무를 구분하고 이것들로부터 떨어져 관찰해야 한다는 것을 명심해야 한다. 학생들에게 곤충 사진을 주어 학생들이 모은 곤충들을 보충하여 각 모둠이 15개에서 20개의 곤충이나 사진을 갖도록 하라.

학생들에게 사진과 실제 곤충 모두에게서 보이는 특징들을 확인하고 그에 따라 곤충을 분류하도록 하라. 학생들에게 각 분류 영역에 서술적인 이름을 붙이도록 하고 왜 그렇게 이름을 붙였는지를 설명하도록 하라.

교사 답안: 곤충은 약 900,000개의 다른 종류로 알려진 자연의 살아있는 유기체 중 가장 다양한 그룹이다. 이런 종류들 중 250,000개부터 350,000개까지가 딱정벌레이고 지구에서 가장 인구가 많은 종이며, 알려진 생명체의 5분의 1을 차지하고 있다. 새로운 곤충들도 정기적으로 발견되고 있다. 하지만 거미는 곤충이 아니다. 거미류는 8개의 다리를 가지고 더듬이가 없으며 2개의 몸통(머리와 복부)을 가지고 날개가 없다; 곤충류는 6개의 다리와 더듬이, 3개의 몸통으로 구분되며 보통 날개를 가지고 있다.

교사 활동 3.6

미국과학교육기준의 수업 기준 A. 탐구 기반 프로그램

분류 관련 활동

아동에게 분류 기능을 발달시킬 수 있는 간단한 활동을 적어 보아라. 학년 수준을 명확히 적고 그 활동이 그 학년의 아이들에게 적합한지 확인하라. 수업을 위한 과정 중심적인 목표를 세워 보아라. 저학년 아이들을 위해 목표는 다음과 같이 표현할 수 있을 것이다. "학생들은 ____ 을 분류할 것이다." 고학년 아이들을 위해 여러분은 먼저 분류 체계에서 사용되는 속성을 명확히 할 필요가 있다. "학생들은 ____ 을 바탕으로 하여 ____ 을 분류할 것이다." 그러나 아동은 경험을 통해 스스로 그들이 사용하는 속성을 이끌어 낼 것이다. 그리고 나서 작은 모둠으로 모여서 각자가 준비해 온 활동을 실시하여라.

의사소통

의사소통은 우리의 삶에서 중요한 것처럼 과학에서도 매우 중요하다. 의사소통이 없다면, 사람들은 개인이 어떤 것을 했으며 하기 위하여 계획하고 어떻게 사유하고 생각하는지 알 수 없다. 여러분은 1장에서 학생들의 말을 들어주는 것의 필요성을 고려할 때, 2장에서 과학의 본성에서 의사소통의 역할을 보면서 의사소통의 중요성을 살펴보았다.

3.7 교사 활동

미국과학교육기준의 내용 기준 A. 과학적 탐구수행을 위해 필요한 능력들

자켓을 입는 방법에 대한 지시

상대 한 명을 정하고 그 상대방은 멀리 떨어져 있는 행성으로부터 왔고 자켓과 그 자켓을 입고 있는 인간을 한 번도 본 적이 없는 것으로 가정한다. 자켓이나 스웨터를 가지고 와서 상대방에게 그것을 어떻게 입는지 방법을 가르쳐 준다(상대방은 *시키는 대로만 해야 한다*).

먼저 어떻게 시작할 것인가? 상대에게 자켓이 뒤집어져 있지 않은지 확인하도록 할 것인가? 그러고 나서는 어떻게 할 것인가? "오른쪽 팔을 자켓의 오른쪽 소매에 넣으라"고 했을 수 있다. 좋아, 하지만 너의 팔을 소매의 끝까지 밀어 넣으라고는 말하지 않았다. 몇 분 동안 이렇게 한 후 상대와 역할을 바꾸어 본다.

미국과학교육기준의 내용 기준 A. 과학적 탐구수행을 위해 필요한 능력들

이러한 연습은 정확하게 의사를 전달한다는 것이 얼마나 어려운 일인가 하는 것을 보여 준다. 누군가의 지시에 따라 그들의 집을 찾아 가 본 적이 있는가? 재미있는 이야기책 Joke book은 "오른쪽으로 약 4개의 담장 기둥을 돌아가면 커다란 단풍나무에 이를 거야"와 같은 지시해 주는 말들로 가득 차 있다. 정확하고 간결한 의사소통 능력은 과학적인 활동을 포함한 모든 삶의 과정에서 필수적인 것이다.

의사소통은 자신의 생각을 다른 사람에게 알리는 모든 방법으로 정의할 수 있다. 우리는 이미 관찰과 분류 활동에서 의사소통의 기능을 이용하였다. 아이들은 어떤 것을 관찰할 때 의사소통을 통하여 자기들이 관찰한 것을 다른 사람에게 알려 준다. 아이들은 자신의 분류 체계에 대한 설명을 서로 교환한다. 아이들은 무엇인가를 발견했을 때 의사소통을 통해 자신들이 발견한 것을 다른 사람에게 알려 준다. 사실 교사가 아이들이 정보를 이해하였는가를 확인할 수 있는 유일한 방법은 그것에 관해 질문하고 나서 아이들이 말하는 것을 듣는 것이다.

의사소통은 언어적 행동뿐만 아니라 비언어적인 행위 또한 포함한다. 사람들은 말하고, 몸 동작을 취하고, 글을 쓰고, 그림을 그리고, 이야기를 하고, 입으로 표현을 하고, 연기를 하고, 판토마임을 하고, 노래를 부르며, 인형극을 하는 등으로 의사소통을 한다. 교실에서는 서너 명 또는 여러 명과 대화를 나눌 수 있고 선생님과 회의할 수 있다. 그래프, 표, 다이어그램, 포스터, 상징물, 지도 그리고 수학 방정식도 어떤 것을 탐구하면서 수집한 자료의 전달 형태이다. 매일 최고 최저 온도를 기록한 그래프는 기온의 변화를 말해 주며 아이들이 먹는 매일의 음식 도표는 그들 영양 상태에 대해 많은 것을 말해 준다.

3.6

학교 활동

미국과학교육기준의 내용 기준 A. 과학적 탐구수행을 위해 필요한 능력들

재미있는 그림

1, 2학년에서 아이들은 그림 3.8의 재미있는 그림처럼 알지 못하는 물체에 대해 말로써 묘사할 수 있다. 한 아동이 상대방이 재미있는 그림을 못보게 들고서 그것을 상대가 정확히 그려낼 수 있도록 설명한다.

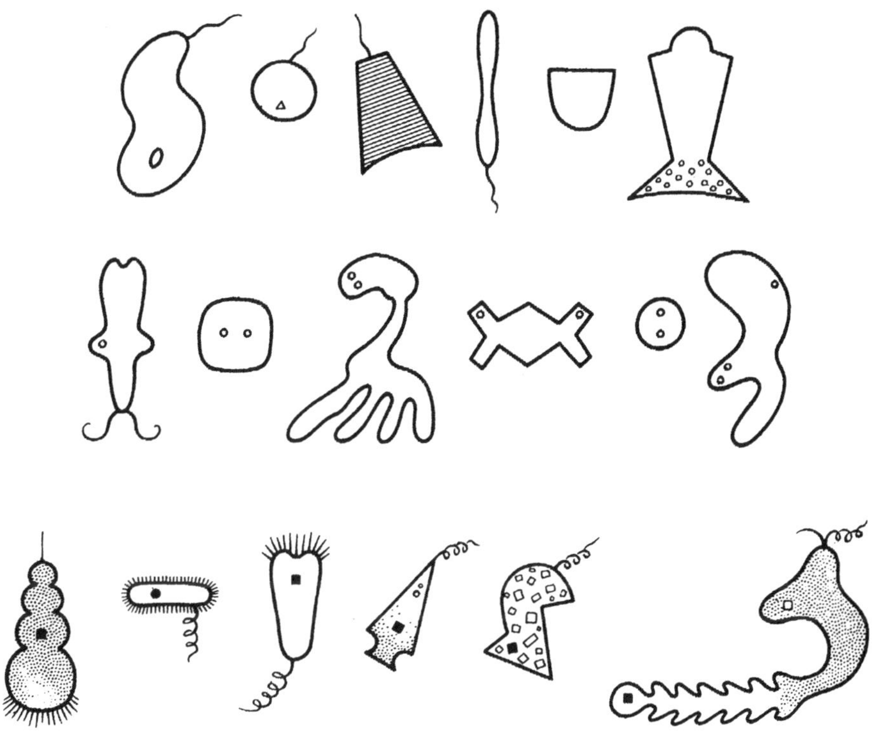

Delta Education, P.O. Box 3000, Nashua, NH 03061. Telephone 800-442-5444

그림 3.8
재미있는 그림.

충분하고 정확한 이해력을 기르기 위해서 이러한 다양한 활동을 과학 프로그램에 포함시켜 아이들이 정확한 의사소통 기능을 발전시킬 수 있는 최대 기회를 제공해 주어야 한다. 아이들은 자신들의 활동을 글로 적어 학급일지에 발표할 수도 있고, 정기적으로 자기 개인의 과학 일지에 기록할 수도 있다. 또한 이 과학 일지를 급우들이나 교사와 함께 봄으로써 자신의 기술이 명확하고 정확한지 확인해 볼 수도 있다. 아이들은 또한 그들의 활동을 글로 쓰거나 학급 발표 시간을 통해 그 활동의 결과를 말로 전할 수도 있다. 아이들은 토론하고, 묘사하고, 설명할 기회를 더 많이 가질수록 자신들의 의사 전달 기능은 더 향상될 것이다.

여러분들이 학교에서 사용할 수 있는 또 다른 의사 전달 활동이 과학수업 활동 3.12~3.14에 제시되어 있다.

학년 수준
K 이전-1

3.12 과학수업 활동

미국과학교육기준의 내용 기준 A. 과학적 탐구수행을 위해 필요한 능력들

스무고개

의사소통 놀이

목표

아이들이 알지 못하는 사물이나 사건의 특징을 의사소통할 수 있다.

'스무고개 게임'은 모든 사물이나 사건을 다 이용할 수 있으며, 아이들의 의사소통 기능을 발전시킬 수 있는 아주 훌륭한 놀이이다. 다음과 같은 의사 전달 방법을 사용할 수 있다:

구두 설명, 그림, 도표, 개념도, 그래프, 포스터, 글로 쓰여진 설명, 무언극, 비디오 게임, '스무고개'

학년 수준
1-4

3.13 과학수업 활동

미국과학교육기준의 내용 기준 D. 지구와 우주 과학: 지구물질의 특성들

내가 가장 좋아하는 암석

의사소통을 위한 활동

목표

학생들은 암석을 정확하게 묘사할 것이다.

10개에서 12개의 비슷한 암석의 모아 놓은 것을 구하라. 한 명씩 학생들이 생각하기에 가장 좋아하는 암석을 선택하도록 하되 암석의 모음에서 가지고 오지는 않는다. 학생들은 왜 이것이 그와 그녀의 가장 좋은 암석인지를 정해야 한다. 학생들은 암석들을 건드리지 않으면서 자신들의 짝에게 자신이 가장 좋아하는 암석을 묘사하고 짝에게 그 암석을 골라보게 한다. 만약 짝이 옳은 암석을 고르지 못한다면 어떤 것이 맞는 암석인지를 말해 주어서는 *안 된다*. 대신 짝에게 자신이 가장 좋아하는 암석을 좀 더 설명하도록 한다. 짝이 옳은 암석을 고르고 나면 역할을 바꾸어 본다.

학생들에게 그들이 가장 좋아하는 암석을 묘사하는 것이 쉬운지 그리고 그것을 짝의 묘사를 통해 찾아내는 것이 쉬운지를 물어보라. 어떻게 좀 더 잘 할 수 있을까?

과학수업 활동 3.14

미국과학교육기준의 내용 기준 F. 과학의 개인적, 사회적 측면: 개인 건강

학년 수준 1-8

음식 종류 표

표로 의사소통

목표

학생은 점심 식사로 먹는 음식 종류를 보여주는 표를 구성할 수 있다.

첫째, 학생들과 미국정부의 음식 피라미드와 음식군에 대하여 논의한다. 확인된 음식 종류는 곡물, 야채, 과일, 기름, 우유, 고기 그리고 물고기가 있다(그림 3.9 참조). 더욱이, 피라미드는 '임의 열량(당, 고열량 음식, 음식군으로부터 제안된 것보다 많이 섭취하는 것을 포함하는)'과 운동을 알아차린다. 학생들에게 피라미드를 보여주고 피라미드 위의 각각의 굵은 줄무늬는 건강한 식습관을 유지하기 위해 필요한 음식의 양을 나타낸다는 것을 설명하라. 만약 그들이 이전의 음식 피라미드의 형태에 익숙하다면, 새로운 피라미드를 이전의 것과 관련시켜라(그림 3.9). (1992년의 음식 피라미드는 음식군과 각군별로 사람들이 섭취해야 하는 상대적인 양에 초점을 두었다. 2005년 음식 피라미드는 음식군보다는 전체적인 영양소와 운동의 필요성에 좀 더 초점을 두었다.)

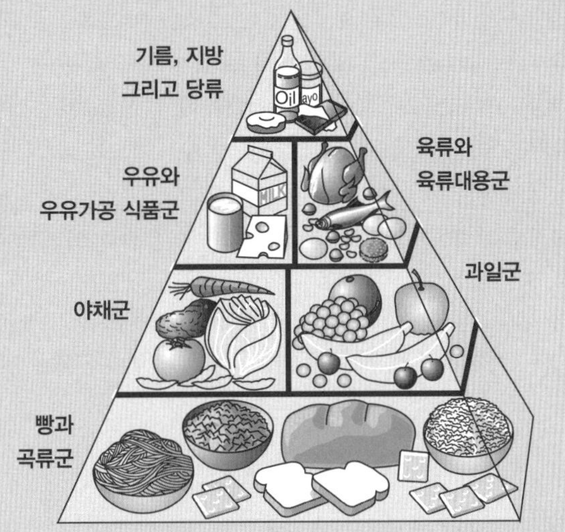

(a) 1992년에 음식 피라미드가 설정되었고 아직까지 자주 사용된다.

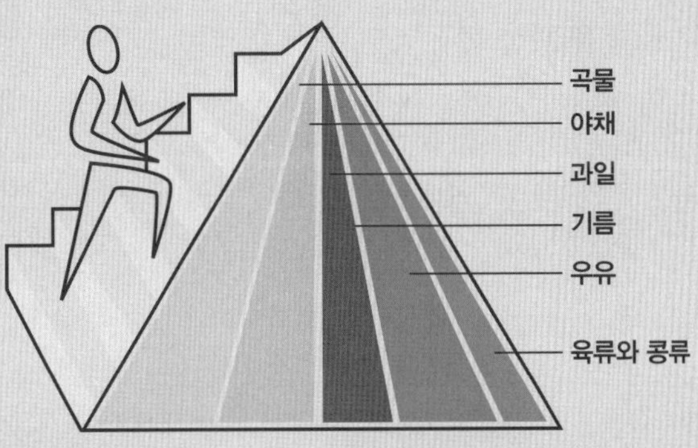

(b) 새로운 음식 피라미드는 2005년에 설정되었다.

그림 3.9

음식 피라미드.

이 활동 이전에 식사에 따라서 자기가 먹는 음식을 서술하게 하고, 이런 음식이 음식 피라미드의 어느 곳에 있는지를 보이도록 한다. 우린 대부분 한 가지 음식은 사실 한 가지 종류 이상이기 때문에 어떤 주어진 음식을 앞서 정한 음식 종류로 구분할 수 있어야 한다. 가령 햄버거는 빵과 시리얼 종류의 음식이면서 고기와 고기 대용의 음식 종류이다.

(계속)

하루를 정해서 학생에게 점심에 먹은 음식을 기본 음식 종류와 상대적으로 비교해 보도록 시킨다. 학생마다 비어있는 음식 피라미드를 주고 자신이 먹은 음식의 이름(햄버거, 상추 등)을 적정한 곳에 표시하게 한다. 그리고 이 음식 피라미드를 이용하여 점심에 먹은 각 음식의 정도를 보여주도록 발표시킨다.

이것은 국민건강의 아주 심각한 문제인 소아 비만에 대하여 논의할 수 있는 좋은 기회이다. 예를 들어 소아 비만의 건강 위험, 이를 줄이는 방법들 그리고 음식 피라미드에서 보는 것과 같이 비만과 음식 섭취 사이의 관계들을 논의할 수 있을 것이다. 학생들에게 MyPyramid.gov라는 사이트에 접속해서 '나의 피라미드 계획 Pramid Plan'을 선택하여 나이와 몸무게 그리고 운동 습관을 입력한 후 자신의 현재 습관과 비교하고 개인별 영양과 운동 계획을 찾아보도록 하라.

지방 섭취가 비만의 가장 중요한 요인이기 때문에 학생들에게 지방 음식들을 검사해도 될 것이다. 한 개의 갈색 종이 가방에 같은 양의 여러 가지 종류의 음식을 놓게 하라. 익히지 않은 햄버거와 익힌 햄버거, 쌀, 프렌치 프라이스, 사과, 바나나, 컬리플라워, 여러 종류의 빵, 여러 종류의 쿠키, 아이스크림들로 시도해 보라. 지방은 기름 얼룩을 남기고 더 많은 지방을 함양할수록 더 큰 기름 얼룩을 남긴다(크기와 같은 다른 제공된 요인들도 같아야 한다).

3.8 교사 활동

미국과학교육기준의 수업 기준 A. 탐구 기반 프로그램

의사소통을 위한 활동

어린이들의 의사소통 기능을 발달시키는 데 도움을 줄 수 있는 간단한 활동을 적어 보자. 학년을 명시하고, 그 학년의 어린이들에게 알맞은 활동이 되도록 구성한다. 과정 중심적인 목표를 다음과 같이 나타낸다. "학생은 __ 를 의사소통할 수 있다." 그런 다음 작은 모둠으로 나누고, 각자가 준비한 활동을 실제로 해 보아라.

미국과학교육기준의 내용 기준 A. 과학적 탐구수행을 위해 필요한 능력들

측정

과학에서 초등학생이 측정해야 하는 것에는 (1) 길이, (2) 부피, (3) 무게 혹은 질량, (4) 온도, (5) 시간의 다섯 가지가 있다.

길이

길이란 두 지점 사이의 거리를 말한다. 테이블의 높이, 천장의 높이, 문의 높이, 두 도시 사이의 거리, 배구공의 둘레 등이 모두 길이의 예가 될 수 있다. 길이는 면적을 구하는 데 필요한 기본적인 것으로서 면적은 가로 × 세로(직사각형의 면적)나 1/2 × 높이 × 밑면(삼각형의 넓이)과 같은 다양한 공식을 활용해서 계산할 수 있다. 길이는 또한 가로 × 세로 × 높이(직육면체의 부피)와 같은 부피 공식에도 사용된다.

길이는 미터법 단위 metric unit나 관습 단위 conventional unit로 측정된다. 길이를 미터법으로 나타낼 때 기본 단위는 미터 meter로서, 프랑스 리옹을 통과하는 북극에서부터 적도까지 자오선의 천만분의 1로 정의되었다. 오늘날의 미터는 좀 더 정확하게 빛이 1초 동안에 이동하는 거리의 1/299,792,458로 정의한다.

1 m는 10 cm로, 1 cm는 10 mm로 나누어진다. 그러므로 1 m에는 1,000 mm가 있다. 1,000 m는 1 km가 된다(그림 3.10 미터법 접두사 표 참조).

접두사	의미
킬로(kilo)	1,000배
헥토(hecto)	100배
데카(deca)	10배
데시(deci)	1/10배
센티(centi)	1/100배
밀리(milli)	1/1,000배

그림 3.10
미터법 접두사.

미국의 관습 단위에서 길이의 기본 단위는 피트 foot이다. 1피트는 미터법으로 0.3048 m로 정의된다. 3피트는 1야드이다. 1미터는 1야드보다 조금 더 길다. 만약 센티미터 자를 인치자와 나란히 놓아보면 1인치가 약 2.54 cm에 해당하는 길이임을 알 수 있을 것이다.

물리적인 환경 속에서 책상의 높이, 방의 가로 세로 길이, 문의 높이, 자신의 키 등 다양한 길이들을 아이들이 재어 보도록 격려해야 한다. 다양한 측정 도구는 측정을 도와주는 것으로 자, 야드자, 미터자, 캘리퍼스 등이 있다. 아동이 물체의 길이를 측정할 때, 사용한 단위의 일자리 숫자까지 기록하게 하고, 소숫점 아래 부분은 무시하게 하라.

아동들은 레고® 장난감, 받침목, 블록, 클립의 개수, 스프링의 길이, 발의 길이 등과 관련지어서 길이를 측정할 수 있다. 중요한 점은 길이가 양으로 표현될 수 있고 사물은 이런 식으로 측정될 수 있다는 것을 아동이 깨닫는 것이다. 이것은 미터법의 단순 암기나 1피트가 몇 인치냐 하는 것보다 훨씬 중요한 문제이다.

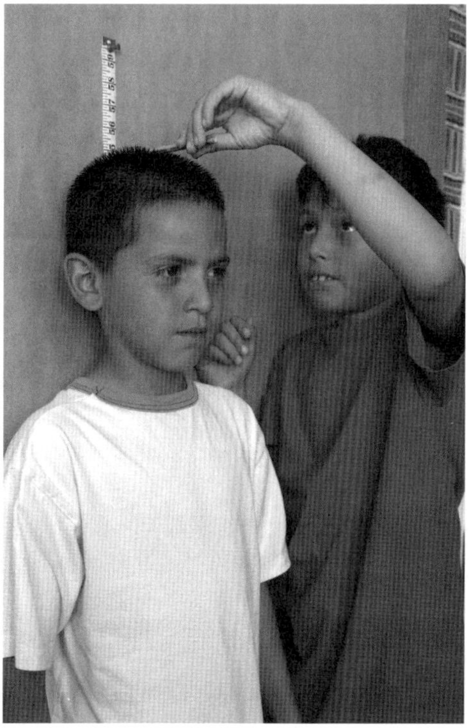

Copyright © Michael Newman/Photo Edit

그림 3.11
아이들은 벽이나 자신의 키 등을 포함해 모든 것을 측정한다.

3.7

학교 활동

미국과학교육기준의 내용 기준 C. 생명 과학: 유기체의 특성

식물 성장 그래프

식물의 키를 모눈 종이 위에 작은 네모의 개수로 측정할 수 있다. 아이들은 그들이 측정하려는 식물 뒤에 모눈 종이를 놓고, 식물의 꼭대기까지로 종이조각을 잘라낸다. 그 조각을 큰 종이 위에 붙이고, 네모의 개수를 센다. 이것이 식물의 상대적인 키를 보여 준다. 그 과정은 장기간에 걸쳐서 식물의 성장을 나타내는 데 사용될 수도 있다(그림 3.12).

Copyright © Billy E. Barnes/Photo Edit

그림 3.12

소나무의 높이 측정.

3.8

학교 활동

미국과학교육기준의 프로그램 기준 C. 수학 교과와 연계

1킬로미터나 1마일은 얼마나 긴가?

1미터 되는 막대기들을 보행길이나 운동장과 같은 안전한 곳으로 가지고 가서 막대기를 차례로 연결하여 1,000번이 될 때까지 이어 보자. 이것이 1킬로미터의 길이가 된다. 아마도 몇 킬로미터 정도의 보행길 전장의 길이로 측정할 수 있을 것이다. 운동장에서는 얼마만큼의 원로나 왕복구간이 1킬로미터와 같은지 기록할 수 있다. 어떻게 그것이 마일과 비교될 수 있을까? 당신은 1야드가 3피트라는 것으로 1,760야드가 5,280피트라는 것을 알 수 있다. 1야드 막대기로 똑같이 해 보라. 아이들은 학교 앞의 길을 따라 1마일과 1킬로미터를 측정할 수 있다. 이것을 길에 표시해 놓으면 지나가는 사람이 자기 차의 주행 거리장치의 정확성도 체크할 수 있다.

부피

미국과학교육기준의 내용 기준 A. 과학적 탐구수행을 위해 필요한 능력들

어떤 물체의 부피는 그것이 얼마나 많은 공간을 차지하는가를 말한다. 부피는 길이, 단위나 혹은 부피 자체의 고유한 단위로 측정된다. 미터 단위계에서 부피의 기본 단위는 리터(L)이다. 1리터는 1,000 mL이다. 1 mL는 각 면이 1 cm인 입방체의 부피를 의미한다. '세제곱 센티미터 cubic cm'나 '*cc*'는 mL보다 더 보편적으로 사용되는 용어이다. 1 L는 1,000 cc와 같다. 관습 단위에서 액체 부피의 기본 단위는 쿼트 quart이다. 이것은 8온스들이 컵 4개의 부피와 같으며 4쿼트는 1갤런 gallon이다.

길이와 마찬가지로 아이들에게 부피에 대한 자신만의 단위를 커피 캔과 종이컵과 같이 다양한 것들을 사용하여 고안하는 것은 가능하며 바람직한 일이다.

3.9

학교 활동

미국과학교육기준의 프로그램 기준 C. 수학 교과와 연계

음료수 한 병은 몇 리터인가?

음료수 1리터는 몇 개의 컵을 채울 수 있는가? 유치원 선생님은 아이들에게 1리터들이 병에 든 음료수를 컵으로 옮겨 부으라고 했다. 그리고 다른 아이들은 채워지고 있는 컵의 수를 헤아렸다. 선생님은 다음과 같이 질문한다. "만약 음료수 1리터를 한 개 산다면 우리 반 모든 아이들이 음료수 한 컵씩 마실 수 있을까?"

어린 아동이 부피의 개념을 다루게 될 때 삐아제의 **보존** conservation 논리에 관련된 실험을 생각해 보자. 둥근 찰흙 한 덩이를 담배 모양으로 길쭉하게 만들면 전조작 단계에 있는 아이들은 찰흙의 양이 동일하다는 것을 인식하지 못한다. 그들은 원기둥 모양의 것이 더 길기 때문에 **더 많다고** 생각한다. 이것처럼 가늘고 긴 컵에서 밑넓이가 더 넓은 컵으로 물을 부으면 긴 컵보다 넓은 컵의 깊이가 얕기 때문에 아이들은 넓은 컵에 든 물의 양이 더 적다고 인식한다. 이런 실험은 전조작기 아동에게 부피 보존 개념이 어렵다는 것을 보여준다. 그들은 어떤 물체의 모양이 변할 때 물체의 양이 변하지 않음을 이해하지 못한다. 이러한 과제는 때로 아이들이 구체적 조작기를 위한 준비가 되어 있는지를 결정할 때 이용된다(삐아제의 발달단계와 초등 과학교육에 대한 이의적용은 4장에서 논의된다).

전조작기의 아이들은 부피 보존 개념을 수용하기 어렵기 때문에 저학년에서 다른 물체의 부피를 비교하는 것과 물체의 모양이 변해도 물체의 양이 변하지 않음을 알아야 하는 활동은 부적당하다. 유치원에서 부피에 관한 활동은 빈 양동이를 모래로 가득 채우는 데 필요한 컵 수를 알아내는 과제로 구성되어야 한다.

치환 displacement에 의한 부피 계산은 매우 진보된 개념으로 고학년의 초등학생도 이해하지 못할 수 있다. 치환은 불규칙한 형태의 물체의 부피를 알아내는 방법으로 부피를 알고 있는 물에 물체를 넣었을 때 물의 부피 증가를 알아보는 방법이다. 이것은 쿠키를 만들기 위해 버터 1/2컵을 측정하는 방법과 유사하다. 물 1.5컵을 측정 컵에 붓고, 수위가 2에 닿을 때까지 버터를 담근다. 이런 방법을 사용하여 버터 1/2컵을 측정할 수 있다. 이 개념은 아동이 이해하기 무척 어렵다. 왜냐하면 물의 부피가 보존됨과 버터의 부피가 보존됨을 이해해야 할 뿐 아니라 그것들이 동시에 같은 장소를 공유할 수 없음과 부피의 계산을 위해 뺄셈 과정을 이해해야 하기 때문이다. 선생님들은 이 개념을 5학년 교육과정에서 지도할 때 아동은 그것을 이해하지 못한다고 보고했다. 이것은 많은 5학년 아동이 치환을 이해하기 위해 필요한 보존 개념을 이해하지 못하고 있음을 뜻하는 것이다(치환의 개념은 과학수업 활동 3.41의 "왜 어떤 것은 가라앉고 어떤 것은 물에 뜰까?" 참조).

무게와 질량

무게와 질량은 다르다. **무게**는 어떤 물질에 중력이 끌어당기는 정도이고 **질량**은 물질의 고유한 양을 의미한다. 무게는 중력의 크기에 좌우된다. 달의 중력은 지구 중력의 1/6이

다. 그것은 달이 지구보다 작기 때문이며 따라서 달에서는 지구에서 물체의 무게의 약 1/6 정도가 된다. 사람은 지구에서보다 달에서 더 높이 점프하고 더 넓은 보폭으로 걷는다. 왜냐하면 중심으로 끌어당기는 중력이 작기 때문이다. 그러나 사람의 질량은 달에 있든 지구에 있든 동일하다. 무게는 장소에 따라 변하지만 질량은 변하지 않는다.

무게와 질량은 다른 방법으로 측정되며 단위도 다르다. 미터 단위계에서 질량의 가장 보편적인 단위는 kg이고, 관습적으로 무게는 파운드 pound로 쓴다. 불행하게도 이 단위들은 일상 생활에서 종종 서로 혼용하고 있다. 예를 들면 병원에 가면 간호사가 체중이 57 kg의 무게라고 말하지만, 집에서는 125파운드의 무게라고 한다. 버터 포장에는 '내용물 1파운드(454 g)'라고 적혀 있다. 여기서 파운드는 무게의 단위이고, kg이나 g은 질량의 단위이다. 사람들이 파운드와 kg을 혼용하는 경향이 있는데 그 이유는 실용적인 면에서 주어진 질량의 무게가 지구의 어디에서나 같기 때문이다. 만약 바위 하나가 5 kg의 질량이라면, 지구상의 어디서나 11파운드(kg에 2.2를 곱한다.)의 무게일 것이다. 그것을 어디로 가지고 가든 변함없다. 물론 고도에 따라 무게에 약간의 변화가 있을 수 있다. 왜냐하면 중력은 고도가 높아질수록 감소하기 때문이다. 그러나 실제 무게는 이런 변화가 크지 않다. 어린이에게 무게와 질량을 구분하여 이해하는 것은 쉽지 않다. 이와 같이 일상적으로 무게와 질량을 섞어서 쓰는 것이 현실이기 때문에 초등학교 교사는 무게와 질량의 차이를 아동들에게 이해시키기 위해서 너무 많은 노력을 기울이지 않기를 제안한다. 이런 개념은 나중에 확실하게 알 수 있을 것이다.

무게 weight의 기본 단위는 파운드이다(역자 주: SI 단위계는 N이다). 1파운드는 16온스이다. 그리고 1톤은 2,000파운드이다. 관습 단위에서 무게를 측정하는 단위는 여러 가지가 있는데 톤, 온스, 드럼 같은 것이 있다.

질량 mass의 기본 단위는 킬로그램이다. 킬로그램은 프랑스 파리에서 보관하고 있는 플라티늄, 이리듐의 합금으로 만들어진 실린더의 질량으로 정의된다. 1킬로그램의 질량은 지구상에 평균 해수면에서 2.2파운드가 나간다. 1그램은 1/1,000킬로그램으로 순수한 물을 1세제곱 센티미터인 정육면체 속에 담은 질량과 같다. 그것은 1달러 지폐의 질량과 비슷하다. 그림 3.10에 나타난 접두사들은 그램에도 적용된다. 가장 일반적으로 사용되는 보조 단위는 밀리그램(1/1,000그램)과 킬로그램(1,000그램)이다.

어린아이들이 그램 또는 온스, 파운드를 가지고 무게를 재는 것은 바람직하지 않다. 이 개념은 추상적이어서 상급 학년에서 다루어진다. 대신에 그들은 사물을 작은 곰, 종이 클립, 레고®, 블록 등을 사용하여 무게를 재 보아야 한다. 작은 곰, 플라스틱 육면체 또는 종이 클립은 간단한 저울을 사용하여 무게를 잴 수 있다. 또한 아이들은 유사한 사물의 무게를 비교하기 위해서 커다란 암석과 작은 암석, 무거운 책과 가벼운 책, 커다란 금속 고리와 작은 금속 고리를 서로 비교할 수 있다.

학교 활동

3.10

미국과학교육기준의 내용 기준 A. 과학적 탐구수행을 위해 필요한 능력들

과자의 무게

2학년 학급에서 선생님은 각 아동에게 1개의 초콜릿이 박힌 과자를 주고 가장 큰 과자를 가진 사람이 누구인지 알아보는 방법을 물어 보았다. 아동들은 지름을 비교하고 다음에 두께를 비교했다. 선생님은 윗접시 저울로 과자의 무게를 비교하도록 했다. 그런 다음 아이들은 간식으로 스낵 과자를 받았다. 안전 유의점: 만약 초콜릿에 알레르기가 있는 학생이 있다면 다른 종류의 과자를 사용하라.

윗접시 저울

균형을 맞추어 측정하는 것은 한쪽 접시저울이나 양쪽 윗접시저울에서도 가능하다. 양쪽 접시저울이 초등 과학에 가장 적합한 형태이다. 양쪽 접시저울에서 무게를 측정하려는 물체는 한쪽에 놓이고 분동은 다른 쪽 접시에 얹어서 양쪽의 균형을 맞춘다. 균형은 보통 양쪽의 중심선을 가리키는 눈금이 좌우로 흔들리다가 중앙에서 멈추면 균형이 잡힌 것이다. 하지만 마찰 때문에, 균형이 맞추어진 뒤 조금 왼쪽이나 오른쪽에 올 수도 있다. 이러한 불균형을 피하기 위해, 눈금이 중심선을 지나면서 양쪽으로 똑같은 양을 그네처럼 흔들려도 균형이 맞추어졌다는 뜻이다. 그림 3.13은 윗접시 저울들을 보여준다.

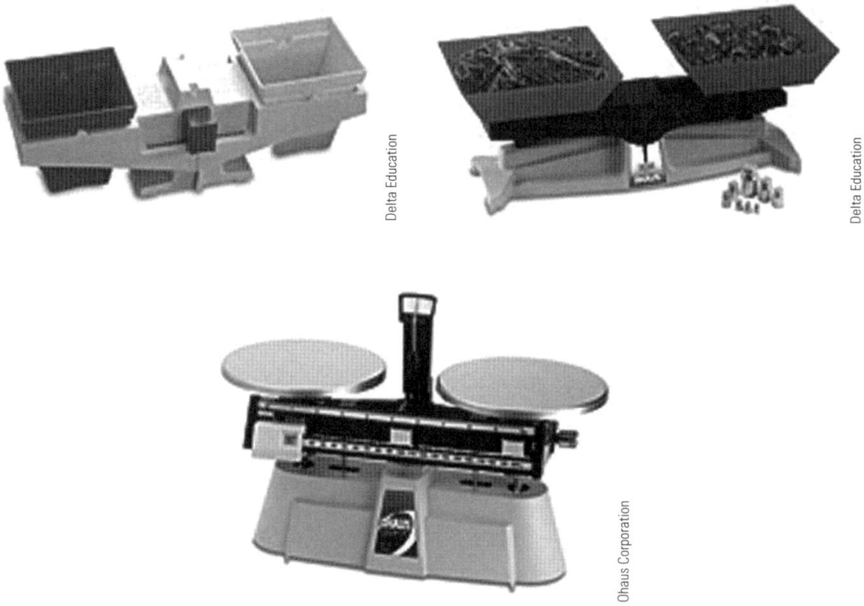

그림 3.13
윗접시 저울.

온도

온도는 섭씨 온도계(미터 단위) 또는 화씨 온도계(미국의 관습 단위)로 측정될 수 있다. 화씨로 표현되든 섭씨로 표현되든 온도는 같다. 아이들은 화씨 체계와 섭씨 체계 모두 익숙해져야 한다. 온도의 기준점은 해수면에서의 물의 어는점과 끓는점이다. 물의 어는점은 0 °C(화씨 32 °F)이고 물의 끓는점은 100 °C(화씨 212 °F)이다. 섭씨 온도계는 물의 어는점과 끓는점을 100등분으로 나누어져 나타내는 반면에 화씨 온도계는 180등분으로 나눈 것이다.

대표적 온도는 그림 3.14에 있다.

온도는 아동들이 이해하기에는 어려운 추상적 개념이다. 그러므로 아동들은 그들 자신의 신체와 온도를 비교하도록 하는 것이 좋을 수 있다. 컵 안의 물은 뜨거운가? 서늘한가? 차가운가? 여름에 모래는 뜨거운가? 얼마만큼 뜨거운가? 걸어다니지 못할 만큼 뜨거운가? 거리의 아스팔트는 어떠한가? 보도의 콘크리트는 어떠한가?

3.11

학교 활동

미국과학교육기준의 내용 기준 A. 과학적 탐구수행을 위해 필요한 능력들

매일의 온도 기록

아동들에게 매일 학급의 달력 위에 텔레비전이나 라디오 날씨 예보에서 들은 온도를 기록하게 함으로써 온도의 개념을 도입할 수 있다.

1학년 또래의 아동들은 **내삽** interpolation(자에 표시된 눈금 사이의 숫자를 추론) 기능을 포함한 온도계 읽기를 학습할 수 있다. 또한 디지털 온도계도 사용할 수 있다.

그림 3.14
화씨 온도와 섭씨 온도.

	섭씨 온도계	화씨 온도계
물의 끓는점	100°	212°
사람 신체의 정상 체온	37°	98.6°
더운 날 바깥 온도	32°	90°
방 안의 쾌적 온도	21°	70°
물의 어는점	0°	32°
추운 날 바깥 온도	−18°	0°

3.12

학교 활동

미국과학교육기준의 내용 기준 A. 과학적 탐구수행을 위해 필요한 능력들

변하는 기온

5학년 교사는 '금발머리 소녀 Goldilocks와 세 마리 곰'이라는 이야기를 읽고 학생들에게 어떠한 요인들로 인해 세 그릇의 죽이 온도가 변하게 되었는지를 물었다. 각 모둠은 한 가지 언급된 요인을 선택했고 그 요인이 온도를 변하게 하는 영향을 측정하는 방법을 고안하였다. 시간이 이야기 속의 한 가지 요인이었기 때문에, 학생들은 시간마다 온도를 기록하거나 혹은 연속으로 측정한 온도가 3번 같을 때까지 이를 측정하였다.

시간

시간을 측정하는 데는 두 가지 측면이 있다. 시각과 시간이 그것이다. 초등학교 저학년 아동이 성취해야 할 과제 중의 하나는 시계를 사용하여 시각을 말할 수 있어야 한다. 벽시계를 이용하여 많은 일상생활의 시각이 기록될 수 있다. 아동은 보통의 시계를 이용하여 시각 개념을 정확히 알 수 있을 때까지 디지털 시계를 사용해서는 안 된다. 많은 과학 활동이 시각을 읽는 활동을 포함하는 경우가 많다.

미국과학교육기준의 프로그램 기준 C. 수학 교과와 연계

3.13

학교 활동

미국과학교육기준의 내용 기준 B. 물상 과학: 열에너지

시간과 온도 기록

아동에게 매일 11시 30분의 실외 온도를 기록하고 실외의 온도가 매일 어떻게 변하는지를 막대 그래프로 그려보게 한다. 그들은 매일 온도를 라디오나 TV의 온도 예보와 비교한다.

시간의 또 다른 면은 시간의 간격을 측정하는 것이다. 시간 간격에 사용되는 단위는 초이다. 이것은 보편적인 단위로서 관습 단위에서나 미터법에서나 같다. 초는 원래 평균 태양일(1년에 걸친 낮의 평균 길이)의 1/86,400으로서 정의되었다. 오늘날의 초는 세슘 133 원소에 의해 방출되는 복사선의 형태를 단위로 해서 정의된다.

시간의 간격은 초시계 stopwatches 또는 시계의 초침을 사용하여 측정된다. 시간 간격은 학생들과 교사들에 의해 고안된 시스템을 사용해서 측정할 수 있다. 1초의 길이는 약 '하나–하나–천'이라고 말하는 데 걸린 시간이다. 많은 과학 활동들에서 측정되는 시간 간격은 학생들이 '하나–하나–천, 둘–하나–천, 셋–하나–천...'이라는 리듬으로 세는 데 걸리는 시간으로 어림될 수 있다. 학생들이 초를 세는 이런 리듬이 있는 방법을 익힐 때 그들은 벽시계의 초침과 그들이 측정하는 시간을 비교함으로서 사실 그들의 측정 시간이 '실제' 시간과 매우 정확하게 비슷하다는 것을 증명할 수 있다.

여러 가지 크기의 모래시계는 팝콘이 만들어지는 것처럼 주어진 발생시간에 따라 뒤집는 수를 기록함으로써 시간을 측정할 수 있다. 교사는 주유소에서 사용가능한 종이 깔때기에 모래를 일정한 양만큼 넣어 떨어지도록 하여 모래시계처럼 사용하였다.

3.14

학교 활동

미국과학교육기준의 내용 기준 A. 과학적 탐구수행을 위해 필요한 능력들

운동장을 가로지르는 데는 시간이 얼마나 걸릴까?

운동장 끝에서 다른 쪽 끝으로 가로 지르는 데 시간이 얼마나 걸릴까? 한 아동은 달리고 또 다른 아동은 시계, 초시계, 또는 반에서 고안한 비통상적인 시간기록 장치로 시간을 잰다.

3.15

학교 활동

미국과학교육기준의 내용 기준 B. 물상 과학: 열에너지

마시멜로우 굽기

초등학교 고학년 교사는 학생들에게 불 위에서 마시멜로우를 굽는 데 얼마나 걸리는지를 물었다. 논의 끝에, 학생들은 시간은 불 위로부터 얼마나 멀리 마시멜로우가 있는가에 달려 있다는 결정을 하였다. 교사는 일정한 크기의 마시멜로우와 꼬챙이들, 그리고 고체 알코올 연료 Sterno can를 구하였다. 학생들은 각각의 마시멜로우를 불 바로 위에 놓고 고체 알코올 연료 캔 위의 거리를 측정하여 마시멜로우가 익는 데 걸리는 시간을 측정하였다. 학생들은 "익었다"라는 것을 마시멜로우에 불이 붙기 직전으로 정의하였다.

학생들은 그래프 프로그램을 이용하여 고체 알코올 연료®로부터 거리를 *x*축에 두고 시간을 *y*축으로 하여 자료를 표시하였다. 학생들은 그들의 관찰과 그래프로부터 결론을 형성하였다(그림 3.15).

(케너소 대학교의 대학원생인 웬디 Wendy Hobbs가 개발한 활동)

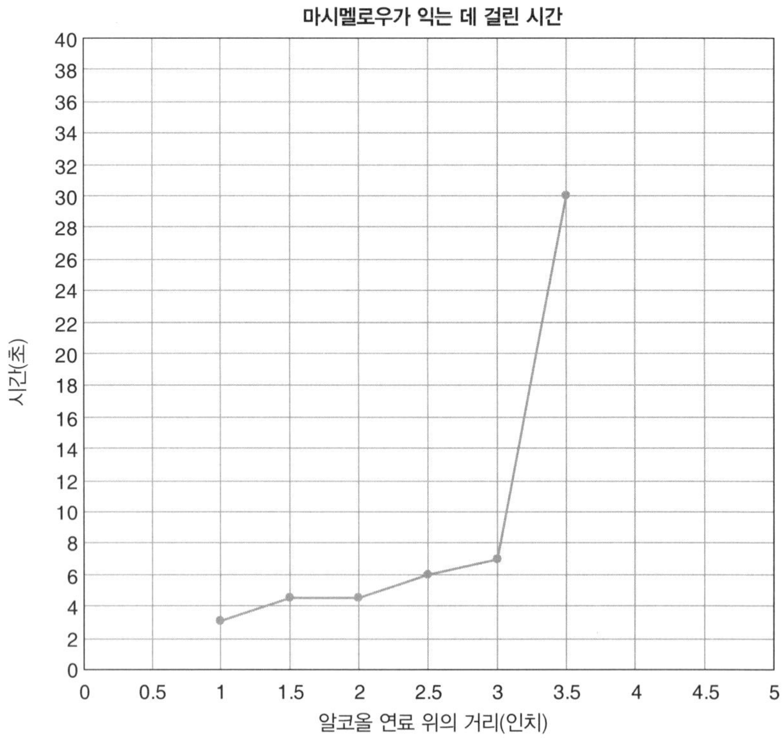

그림 3.15
불꽃의 거리에 따라 마시멜로우가 익는 데 걸리는 시간에 대한 그래프(그래프 마스터 프로그램).

모든 측정의 단위들과 마찬가지로 시간 역시 추상적 개념이다. 그래서 어린이들은 시간을 사용하는 것과 관련된 활동을 통해서 시간의 개념을 익혀야 한다. 유치원 아동은 시간 개념을 활동으로 이해할 수 있다.

미터법과 관습법

많은 과학교육자들은 미터법으로 학생들을 가르쳐야 한다고 주장해 왔다. 그러나 미국은 아직도 관습적인 단위를 쓰는 매우 적은 국가 중의 하나이다. 미국과 가장 가까운 이웃인 캐나다와 멕시코조차도 미터법을 사용한다. 미국 국회는 수년 동안 미터법 사용을 법제화하도록 시도해 왔다. 그러나 결과적으로 필요한 지지를 얻는 데 실패했다(그러나 1988년 미국의 국제 무역에서 경쟁력을 높이기 위해 연방기구는 실용적일 때는 미터법을 사용해야 한다는 법이 통과되었다). 그러나 아직도 미국에서는 여전히 키를 5피트 3인치, 몸무게를 120파운드로 온도는 화씨 72도라고 말한다.

미국과학교육기준의 수업 기준 E. 지적으로 엄격하고 과학 학습에 적용하는 태도를 개발

미터법 사용에 대해 찬반 논쟁을 검토하는 일은 유용하다. 과학의 세계는 미터법을 사용한다. 그러므로 아동들이 과학자들이 과학을 하는 방법으로 과학을 배워야 한다는 우리의 전제를 이행하면 아동들은 미터법을 사용하여 모든 과학 측정을 해야 한다. 미터법은 관습법보다 사용하기 쉽기 때문에 아동들은 이것을 이용하여 공부하는 것을 좋아한다. 그러나 학습 이론에서 아동들은 그들에게 의미 있는 것이 가장 잘 학습된다고 제안한다. 아동들은 관습 단위에 익숙해 있다. 그래서 인치, 마일, 파운드, 온스, 화씨 같은 용어를 사용한다. 아동들이 매일매일 일상의 모든 것을 미터로 길이를 측정하고 킬로그램으로 무게를 달고 섭씨로 온도를 기록하는 것은 아니다. 비록 이것들이 아동의 삶에 매일 사용되지 않더라도, 초등 과학교육에 미터 단위가 사용되기를 주장하는 것은 관습 단위보다 더 의미 없는 것들을 그들에게 생각하게 하는 것이다. 이것은 과학 학습의 주변에 신비주의와 엘리트주의를 두는 것인지 모른다. 이것은 당신이 고민해야만 되는 교육 분야의 많은 애매함 중의 하나이다. 그러므로 과학 과목에서 미터법을 사용해야 하는지는 교사가 결정해야 한다. 만약 대화를 하는데 쉽고, 과학자가 보편적으로 미터법을 사용하기 때문에 미터법을 사용한다면 미터법 사용을 강하게 주장하는 편이다. 또한 선경험과 친숙함에 기초를 둔 의미를 기르려고 관습 단위를 사용한다면 당신은 관습 단위계 사용을 강하게 주장하는 편이다. 이 책의 대부분의 단위는 미터법과 관습 단위 모두에 의해 제공되었다.

다양한 학년을 위한 측정 활동을 과학수업 활동 3.15~3.21까지 제시했다.

학교 활동 3.16

미국과학교육기준의 내용 기준 A. 과학적 탐구수행을 위해 필요한 능력들

미터법과 관습법 비교

미터 단위와 관습 단위가 함께 사용되고 있다는 것을 아동이 이해하도록 돕기 위해, 교사는 식료품 가게에서 측정 단위가 미터법과 관습법으로 함께 사용된 품목들의 목록을 적게 한다. 아동들은 밀가루와 설탕이 파운드로 팔고 청량음료는 리터로 파는 것을 알게 된다.

학년 수준
K 이전-1

3.15 과학수업 활동

미국과학교육기준의 내용 기준 A. 과학적 탐구수행을 위해 필요한 능력들

몇 개의 동전이 있는가?

길이 측정 활동

목표

학생은 흔한 물체를 이용하여 길이를 측정할 수 있다.

아동에게 몇 개의 동전과 측정에 사용할 옷핀, 냅킨, 종이 클립, 색판지 등의 물체를 준다. 측정의 단위가 '동전 한 개'라는 것을 설명해 주고, 한 물체를 선택해서 그 물체가 동전 몇 개의 길이가 되는지 어림하게 한다. 그런 다음 동전의 끝과 끝을 붙여 놓아서 동전 개수로 물체의 실제 길이를 측정하게 한다(그림 3.16).

어림했던 길이와 실제 동전으로 측정한 길이를 표에 기록하게 하라. 아동은 계속 동전으로 물체의 길이를 측정하고 그것에 의해서 길이 측정의 의미를 이해할 수 있게 된다. 그러면서 점점 어림도 더욱 정확해질 것이다.

후속 활동으로 측정에 이용될 수 있는 다른 물체로는 어떤 것이 있을지 아동에게 알아보게 한다.

그림 3.16
종이 한쪽 길이를 동전으로 측정하기.

과학수업 활동 3.16

미국과학교육기준의 내용 기준 A. 과학적 탐구수행을 위해 필요한 능력들

학년 수준 K 이전-1

동전 한 개의 무게는 얼마인가?

무게 측정 활동

목표

학생이 비관습적인 단위를 사용하여 물체의 무게를 측정할 수 있다.

먼저 학생들에게 윗접시 저울 사용법을 알려 준다(“윗접시 저울” 박스 참조). 그런 다음 윗접시 저울의 한쪽 접시에 동전 하나를 놓고 다른 쪽 접시에는 저울이 평형을 이룰 때까지 클립을 하나씩 놓는다. 학생들은 클립의 숫자를 기록한다. 학생에게 동전 두 개, 세 개, 네 개의 무게를 측정하도록 한다. 또한 클립을 ‘분동 weights’으로 사용한 것인데, 다른 물체를 이용하여 여러 다른 사물의 무게도 측정하도록 하라.

과학수업 활동 3.17

미국과학교육기준의 내용 기준 A. 과학적 탐구수행을 위해 필요한 능력들

학년 수준 1-3

백보의 길이

길이 측정

목표

학생은 백보를 걸어 보고 그 거리를 측정한다.

학생에게 어떻게 하면 일정한 속도로 걸어갈 수 있는지를 보이게 한다. 강당이나 운동장에서 직선을 따라 100걸음을 걸어보게 한다. 끝난 지점에서 테이프를 붙히고 자기 이름을 적어 놓는다. 그 거리를 발 길이나 미터 자로 측정하고 종이에 그 결과를 적게 한다. 그러고 나서 보폭의 길이가 달라지면 거리가 어떻게 달라지는지를 비교하게 한다.

과학수업 활동 3.18

미국과학교육기준의 내용 기준 B. 물상 과학: 열에너지

학년 수준 5-8

얼음은 어떻게 물의 온도에 영향을 주는가?

온도 측정 활동

목표

학생은 물의 온도를 측정할 수 있다.

유리컵에 물을 적당히 채우고 온도를 측정한다. 거기에 얼음을 넣고 얼음이 녹는 데 걸릴 시간은 예상해 본다. 매 분마다 온도를 측정하고 표에 기록한다. 같은 온도가 세 번 나올 때까지 계속 측정한다.

학년 수준
5-8

3.19 과학수업 활동

미국과학교육기준의 내용 기준 D. 지구와 우주 과학: 지구물질의 특성들

공기의 무게는 얼마나 나가나?

무게 측정 활동

목표

학생들은 주어진 양의 공기의 무게를 측정할 수 있다.

공기는 보거나 냄새를 맡을 수 없기 때문에 아동이 이해하기에는 어려운 현상이다. 그러나 우리는 바람이 불 때 공기를 느낄 수 있고 우리 주위는 공기로 가득하다는 것을 안다. 그런데 공기도 무게를 가지는가? 공기는 물질이다(바람이 불 때 느낌으로 알 수 있다). 따라서 공기는 무게를 가진다.

불지 않은 풍선을 윗접시 저울의 오른쪽에 올려놓아 보자. 추, 클립, 작은 종이 조각을 다른 쪽 접시에 올려놓아서 그 저울이 완전히 균형을 이루도록 한다. 그런 다음 풍선에 공기를 불어넣어 본다(우리는 학생들이 풍선에 불어넣은 것이 엄밀히 공기가 아니라는 것을 이해한다: 왜냐하면 그것은 당신의 폐로부터 나온 것이기 때문에 더 많은 양의 이산화탄소와 수증기를 포함하고 있다. 하지만 그것은 역시 공기이다). 공기로 가득한 풍선을 오른쪽 접시에 다시 올려놓는다. 풍선 안의 공기의 무게 때문에 저울의 균형은 깨질 것이다. 공기의 무게는 매우 작다. 거의 1 g보다 작을 것이다. 모눈 종이 조각을 네모로 잘라서 저울이 균형을 이룰 때까지 왼쪽 접시 위에 올려놓자. 종이 조각의 무게는 풍선 속의 공기의 무게와 같다.

얼마나 무게가 나가는지를 찾아내기 위해서는 모눈 종이 한 장 전체의 무게를 재고 그 안에 작은 네모의 숫자를 나눠 보면 작은 네모 하나의 무게를 알 수 있다. 그 무게와 균형을 잡기 위해서 올려놓은 작은 네모의 숫자를 곱하면 풍선 안의 공기의 무게를 알 수 있다(이것은 수학과의 통합을 보여준다).

학년 수준
5-8

3.20 과학수업 활동

미국과학교육기준의 내용 기준 A. 과학적 탐구수행을 위해 필요한 능력들

빨대 저울

무게 측정 활동

목표

학생은 빨대 저울을 이용해서 아주 가벼운 물건의 무게를 측정할 수 있다.

빨대 저울을 가지고 아동은 모기, 머리카락, 풀잎, 모눈 종이의 네모 하나 등 아주 가벼운 물체의 무게를 잴 수 있다. 플라스틱이나 종이 빨대와 그 빨대 끝에 딱 맞는 볼트나 나사, 핀, 두 개의 나무 토막을 준비한다. 빨대의 한쪽 끝을 비스듬히 잘라서 접시 모양으로 만든다. 다른 쪽 끝에는 나사를 박아 넣는다. 나사의 바로 앞에 그리고 빨대의 무게 중심에서 *약간 위에* 핀으로 빨대를 관통시킨다. 두 개의 나무 토막 사이에 빨대를 얹은 후 빨대가 적당한 기울기가 될 때까지 아주 천천히 나사를 조이기도 하고 풀기도 한다. 이 저울은 1,000분의 1그램의 무게를 측정할 수 있다(그림 3.17).

(계속)

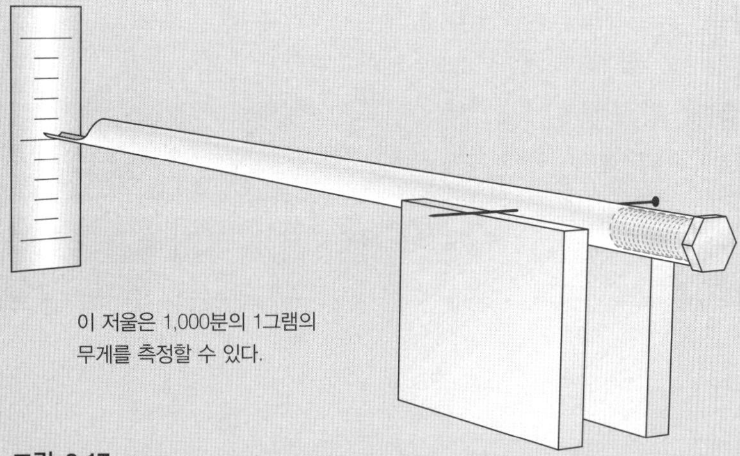

그림 3.17
빨대 저울.

이 저울을 이용해서 물체의 무게를 재기 위해서는 수평 저울로 모눈 종이 한 장의 무게를 재야 한다. 모눈 종이의 네모의 숫자를 세고 네모 하나의 무게를 알기 위해 그 숫자로 종이의 무게를 나눈다. 그리고 네모 하나를 잘라서 빨대 저울의 접시 위에 놓는다. 저울의 눈금자를 저울의 끝에 놓고, 모눈 종이의 네모 하나를 놓았을 때의 점과 놓지 않았을 때의 점을 기록하고 두 점 사이를 10등분으로 똑같이 나누어라. 그렇게 하면 각 눈금에 의해 무게가 표시되어 아주 작은 물체의 무게를 측정할 수 있게 된다(한 눈금이 모눈 종이 네모 하나 무게의 10분의 1이다).

이제부터 다른 가벼운 물체의 무게도 빨대 저울을 사용하여 측정하라.

과학수업 활동 3.21

미국과학교육기준의 내용 기준 B. 물상 과학: 열에너지

학년 수준 5-8

덮개의 색깔은 물이 태양으로부터 데워지는 속도에 영향을 미치는가?

온도

목표

학생들은 다른 요인에 따라 물의 온도를 측정할 것이다.

학생들에게 커다란 스티로폼 컵, 수돗물 한 양동이, 온도계, 여러 색깔의 색종이 모음, 그리고 알루미늄 포일 한 조각을 제공하라.

학생들은 컵의 3/4을 수돗물로 채운다. 그다음 그들은 컵의 윗부분을 색종이, 또는 흰색과 검은색 종이 혹은 알루미늄 포일로 덮고 온도계로 덮개를 뚫고 물 속에 잠기게 하여 처음 물의 온도를 기록한다. 그들은 컵을 태양 아래 두고 미리 정한 분(10분)마다 온도를 기록한다.

교실로 돌아와 학생들은 같은 시간마다 덮개의 형태와 색깔에 따라 물의 온도를 보여주는 막대그래프로 자료를 기록한다. 만약 학생들이 같은 덮개를 선택한다면, 온도는 평균값으로 한다.

학생들은 "덮개의 색상이 컵 속의 물이 태양에 얼마나 빨리 데워지는 데 영향을 주었는가?"에 답하기 위해 자료와 그래프를 본다.

3.9

교사 활동

미국과학교육기준의 수업 기준 A. 탐구 기반 프로그램

측정 활동

학생들의 측정 기능을 개발하는 활동을 적어 보아라. 학년 수준을 명확히 적고 그 활동이 그 학년의 아이들에게 적합한지 확인하라. 그리고 활동을 위한 과정 중심적인 목표를 다음과 같이 표현할 수 있다. "학생들은 ________ 을 측정할 수 있을 것이다." 그리고 나서 모둠별로 준비된 활동을 수행해 보아라.

예상

많은 수의 과학적 탐구는 탐구 결과를 예상하고 예상한 결과들이 일어나는지를 시험하려는 것에서 시작된다.

3.10

교사 활동

미국과학교육기준의 내용 기준 A. 탐구로서의 과학: 과학 탐구에 대한 이해

만약 _한다면 어떤 일이 일어날까?

모둠별로 다음의 질문들에 대해 토론해 보자:

- 만약 접시 위에 쌀벌레가 기어다니고 있을 때, 식초를 떨어뜨리면 어떻게 될까?
- 만약 건전지의 +극과 −극 양극을 연결하면 어떻게 될까?
- 만약 도미노를 약 1 cm 간격으로 곡선형으로 세우고 첫 번째 도미노를 밀면 어떻게 될까?
- 만약 식물을 거꾸로 하여 자라게 하면 어떤 일이 생길까?

미국과학교육기준의 내용 기준 A. 과학적 탐구수행을 위해 필요한 능력들

이러한 질문들은 예상과 관련된 것이다. 예상은 "만약 어떤 일이 벌어진다면 어떻게 될 것이다" 같이 어떤 주어진 상황에서, 일어날 일에 대한 개인의 최상의 추리이다.

"만약 ...한다면 어떻게 될까?"라는 질문은 초등학교 과학 교사로서 가장 중요한 질문이다. 이런 질문에는 답이 필요할 것이다. 이런 "만약 ...하면 어떻게 될까?" 형태의 질문은 관찰과 호기심으로부터 발생하며, 관찰은 탐구하고자 하는 의문을 이끌기 마련이다. 그래서 이런 모든 것이 예상의 과정에 포함된 것이다.

3.17

학교 활동

미국과학교육기준의 내용 기준 D. 지구와 우주 과학: 태양계에서 지구

일출과 일몰 시간 예상하기

2학년 학생들은 10일 동안 일출과 일몰 시간을 측정했다. 학생들은 이 자료를 그래프로 만

(계속)

들고 이 그래프로부터 다음 날의 일출, 일몰 시간을 예상했다. 그들은 그 예상을 그날 신문에 나온 일출, 일몰 시간과 비교했다. 또한 학생들은 다음날의 날씨와 최고 온도와 최소 온도를 예상하고 실제로 일어난 것과 비교했다.

3.18

학교 활동

미국과학교육기준의 내용 기준 A. 과학적 탐구수행을 위해 필요한 능력들

종이의 색바래짐

3학년 교사가 여러 색깔의 도화지에 카드 모양을 붙혀 놓는다. 학생은 어떤 색깔이 태양빛에서 오래 바래지지 않고 남아 있을까를 예상하게 한다. 색깔있는 종이가 밖으로 향하도록 창가에 붙히고 3일 후에 떼어보고 그 예상을 확인한다. 태양빛을 쪼인 부분과 가려진 부분을 비교하여 얼마나 바래졌는지를 비교한다.

어떤 것이 일어날 것인가를 정확하게 예상할 수 있는 것이 있다. 일출과 일몰 시간을 정확하게 예상할 수 있다. 겨울에는 날씨가 추울 것을 예상할 수 있고 여름에는 날씨가 더울 것이라는 것도 예상할 수 있다. 속도와 궤도를 복잡하게 계산하여 핼리혜성이 2061년에 되돌아온다는 것도 예상할 수 있다.[1]

그러나 어떤 예상은 덜 정확하다. 예를 들어 기상학자들은 수집한 정보를 토대로 최선의 날씨를 예상하여 정확한 정보를 사람들에게 제공하지만 예상치 못한 변인들, 예를 들면 기압과 바람, 기온 등의 갑작스런 변화가 날씨의 예상치 못한 변화를 야기할 수도 있다.

예상은 과학을 하는 데 필수적인 것이고 아동이 실험하기 전에 예상을 하도록 격려해야 한다. 예를 들어 아동은 실험 전에 물건이 가라앉을지 뜰지를 예상한다. 그들은 어떤 물건이 자석에 끌릴지, 끌리지 않을지 실험하기 전에 예상한다. 이런 방법으로 아동은 어떤 현상에 대해서 아무 생각 없이 무엇이 일어날 것인가를 단순히 받아들이는 것보다는 무엇이 일어날 것인가를 생각해 보고, 생각했던 대로 일어나는가를 비교하는 것을 배우게 된다. 예상과 실제 일어난 일의 불일치가 바로 더 연구할 가치가 있는 것이다. 예를 들어 아동이 자석이 동전을 끌어당길 것이라고 예상하고 나서 끌어당기지 않는다는 것을 알게 된다면 아동은 왜 이것이 그런지를 탐구해 보고자 할 것이다.

학생들은 그들의 예상에서 실수하는 것을 꺼려하기 때문에 그들이 예상할 때나 그것이 맞다는 것이 분명하지 않을 때 예상하는 것을 주저하게 된다. 어떠한 상황을 만나면, 과학적 탐구를 위한 실제적인 기회는 예상이 정확하지 않을 때 존재한다는 것을 설명하라.

---

[1] 혜성은 사람들이 그것들을 발견하고 명명된다. 핼리혜성은 1600년대 후반에 이것의 괘도를 계산하고 1758년에 돌아올 것이라고 성공적으로 예측한 에드몬드 핼리 Edmund Halley를 기념하기 위해 명명되었다. 이 혜성은 1985년에 마지막으로 지구의 근처에 있었고 76년마다 돌아온다.

신비한 크레용

미국과학교육기준의 수업 기준 E. 지적으로 엄격하고 과학 학습에 적용하는 태도를 개발

가끔 어떤 활동은 예상치 않은 결과를 가져올 수 있기 때문에 전에 아무도 생각하지 못한 탐구 영역이 열리기도 한다. 1학년 수업에서 교사가 아동들에게 '뜨고 가라앉는 것'에 대한 예상 활동하고 있었다. 아동이 예상하는 항목에는 크레용이 포함되어 있다. 이 활동은 나무로 된 물체들, 단추들, 작은 비누, 클립 등을 예상하며 진행된다. 그러나 가장 주목할 만한 것이 발견되었다. 어떤 크레용은 뜨고 어떤 것은 가라앉았다. 새로 발견된 이 현상을 이해하기 위해서 교사는 아동들에게 왜 그렇게 되는지를 물었다. "아마 그것은 종이 때문일 거야" 그래서 그들은 모든 크레용의 종이를 제거했다. 그래도 어떤 것은 뜨고 어떤 것은 가라앉았다. "아마 그것은 길이 때문일 거야" 그래서 종이를 제거한 같은 길이의 몇 개의 크레용을 모았다. 결과는 같았다. "아마 이것은 더 굵어서 일거야" 그래서 아동들은 굵기가 다르고 종이를 제거한 같은 길이의 크레용으로 실험했다. 그러나 결과는 같았다. 몇 번의 시도 후에 누군가가 노란색과 오렌지색은 뜨고 파랑과 자주는 가라앉는다고 말했다. 더 실험을 해도 이것과 동일했다. 같은 상표의 어두운 색깔의 크레파스는 가라앉고 가벼운 색깔은 떴다. 사실 이중에 중간색은 중간쯤에 떠 있었다.

왜 이것이 일어났는가? 나는 모르겠다.

과학수업 활동 3.22~3.25에는 몇 가지의 예상 기능의 과정에 중점을 둔 활동이 소개되어 있다. 이런 모든 활동에서 관찰, 측정, 분류가 필요하다는 점을 주목하라.

학년 수준
K 이전-1

3.22 과학수업 활동

미국과학교육기준의 내용 기준 B. 물상 과학: 물체의 성질과 물질

뜨는가 가라앉는가?

예상 활동

목표

학생들은 주어진 물체가 뜰지 가라앉을지 예상할 수 있다.

학생들에게 물에 뜨거나 가라앉는 물체를 담은 상자를 나눠 준다. 금속 숟가락, 플라스틱 숟가락, 금속 포크, 플라스틱 포크, 나무 조각, 10원 동전, 50원 동전, 100원 동전, 500원 동전, 빈 샴푸통, 액체 비누, 일반 비누, 나무 옷핀, 연필, 나무 숟가락, 클립, 크레용 등을 포함하면 좋다. 또 다음 표와 같이 결과를 기록하도록 용지를 제공하는 것이 좋다:

학생들은 상자 안의 물체를 고르고, 뜰지 가라앉을지를 예상하고 그 예상을 표에 기록한다. 그리고 실험하고 결과를 적는다. 그리고 "그 물체의 모양을 바꾸면 어떻게 될까?"와 같이 탐구적인 질문을 한다. 학생들에게 클립, 크레용의 모양이나 크레용의 길이를 바꾸도록 해라. 알루미늄 포일 조각으로도 실험해 보아라. "그 모양을 배 모양, 컵 모양, 작게 뭉친 공 모양으로 만들었을 때 어떻게 될까?" 실제로 어떻게 되었는가?

(계속)

뜨는가? 가라앉는가?				
물체	예상		결과	
	뜨다	가라앉는다	뜨다	가라앉는다

이 활동의 변형으로 같은 상표의 캔을 따지 않은 보통의 다이어트 소다를 떨어뜨려 보라. 어떤 일이 일어나는가? 왜?

케네소 주립대학교의 학부생인 밴스 Michelle Vance는 학생들이 집에서 세 가지를 가져오도록 제안했다. 하나는 그들이 생각하기에 물에 뜨는 것이고 하나는 가라앉는 것이며 하나는 확실하지 않은 것이었다. 그들은 그들의 예상을 확인하였고 이를 분류하였다. 혹은 두 개의 얼음 조각을 사용해 보라—하나는 보통의 물로 만들었고 다른 하나는 파란색 물로 만들어 졌다. 뜨거운 물을 사용하라. 어떤 것이 뜨는가? 둘 다 뜨는가? 그들이 녹게 하라. 어떤 것이 빨리 녹는가? 파란색 얼음조각이 녹을 때 파란 것에 어떤 변화가 일어나는가? (케네소 대학교의 대학원생인 루이스 Katie Lewis가 개발)

(밀도와 관련한 좀 더 자세한 활동은 과학수업 활동 3.41에서 볼 수 있다.)

과학수업 활동 3.23

미국과학교육기준의 내용 기준 B. 물상 과학: 빛에너지

학년 수준 2-3

투명-반투명-불투명

예상 활동

목표

학생들은 주어진 물체가 투명한지 반투명한지 또는 불투명한지 예상할 수 있다.

우리가 어떤 물체에 빛을 투과시켰을 때 세 가지 중에 하나는 일어날 수 있다. (1) 모든 빛이 물체를 통과한다. 이 물체를 **투명** transparent하다고 한다. (2) 빛의 일부분만 통과한다. 이것을 **반투명** translucent하다고 한다. (3) 빛이 전혀 통과하지 않는다. 이것을 **불투명** opaque하다고 한다(역자 주: 이 정의가 정확하지는 않지만 이 활동 목적 상 적절하다).

유리병, 흰 종이, 투명한 OHP 필름, 카드, 포스터, 알루미늄 포일, 광택 종이, 휴지, 유리잔, 거울, 랩, 안경 렌즈, 스카치® 테이프, 돋보기 등과 같은 투명, 반투명, 불투명한 물질을 준비하여라. 아동들은 어느 물체가 투명한지 반투명한지 또는 불투명한지 예상한다. 그리고 예상이 맞는지 알아 보기 위해 각 물체에 불빛을 비춘다. 실험에서 얻은 자료를 다음 표처럼 정리하거나 그림을 그릴 수 있다.

(계속)

투명-반투명-불투명						
목록	투명		반투명		불투명	
	예상	실제	예상	실제	예상	실제

학년 수준
2-5

3.24 과학수업 활동

미국과학교육기준의 내용 기준 B. 물상 과학: 물체의 성질과 물질

어떤 물질이 물을 흡수할까?

예상 활동

목표

학생들은 주어진 물건이 물을 흡수할지 아닐지 예상할 수 있다.

학생들에게 왁스칠한 종이, 종이 수건, 종이 가방, 냅킨, 종이, 랩, 의류, 합성 의류 같은 각종 물건들을 나눠 주어라. 널판지를 기울이고 그 위에 물질을 놓고, 그 위에다 스포이트나 빨대로 각 물질의 위쪽에서 두 방울 정도 떨어뜨리게 한다. 그리고 아이들에게 물방울의 흡수 정도에 따라 물방울이 굴러가는 속도가 달라진다는 것을 시범으로 설명하라.

아이들에게 어떤 물질이 물방울을 빨리 흘려 보내는지 예상하게 하고 무엇이 물방울의 흐름을 느리게 하는지 예상하게 하라. 예상한 것을 기록하고 확인해 보아라. 학생에게 질문을 변형시켜 탐구하도록 한다. 예를 들면 "만약 물질을 평평한 탁자 위에 두면 어떻게 될까?", "만약 뚜껑 열린 커피 깡통 위에 그 물질을 올려놓는 다면 어떻게 될까?", "만약에 물 대신 기름 방울을 사용하면 어떻게 될까?" 학생들이 많은 다른 물질로 실험하도록 하라.

학년 수준
3-6

3.25 과학수업 활동

미국과학교육기준의 내용 기준 C. 생명 과학: 유기체와 환경

지렁이는 어떻게 움직일까?

예상 활동

목표

학생들이 다양한 조건에서 지렁이의 반응을 예상할 수 있다.

모둠에 한두 마리의 지렁이를 주고 어떻게 행동하는지 알아보게 한다. 당신은 미끼가게, 애완동물가게, 그리고 할인형 대형 마트에서도 지렁이 통을 얻을 수 있을 것이다. 학생들은 지렁이의 몸에는 상처를 주지 않는다는 단서를 가지고 그들이 원하는 답을 얻기 위해 무엇이

(계속)

든 할 것이다. 학생들이 예상하게 하고 그 예상의 확인을 위해 실험하게 하자. 그리고 결과들과 결과들의 이유를 적도록 하라. 학생들에게 밝은 형광등과 같은 빛, 종이 텐트로부터 그림자, 큰 음악과 함성 같은 시끄러운 소리 혹은 부드러운 음악이나 휘파람 같은 조용한 소리 그리고 책상을 두들기는 것과 같은 고체를 통한 소리전달에 어떻게 반응할지에 대하여 예상하도록 제안할 수 있다. 학생들에게 그들의 예상, 시험, 관찰 결과들을 반에서 공유하도록 하라.

교사 활동 3.11

미국과학교육기준의 수업 기준 A. 탐구 기반 프로그램

예상을 위한 실험 활동

학생들의 예상 기능을 기르는 데 효과적인 활동을 적어라. 또한 학년 수준을 명확히 적고 그 활동이 그 학년에게 적합한지 확인하라. 그리고 그 활동을 위한 과정 중심적 목표를 다음과 같이 설정하라. 예를 들면 "학생들은 ______ 을 예상할 수 있다." 그리고 모둠별로 실험을 수행하라.

추리

매우 자주 우리는 추리에 근거하여 결론을 내린다. 그리고 과학에서 추리 · 추론은 광범위하게 쓰인다.

교사 활동 3.12

미국과학교육기준의 내용 기준 A. 탐구로서의 과학: 과학 탐구에 대한 이해

발자국

그림 3.18을 보자. 종이를 하나 가져 와서 전체 그림을 덮어 천천히 왼쪽에서 오른쪽으로 종이를 움직여 보자. 종이를 움직여 갈수록 그림이 많이 보일 것이다. 무슨 일이 일어났는가? 이 그림을 관찰하고 떠오르는 생각을 적거나 그림을 그리거나 몸으로 흉내 내어 보도록 하자. 그리고 자신의 생각을 다른 친구들과 이야기해 보아라.

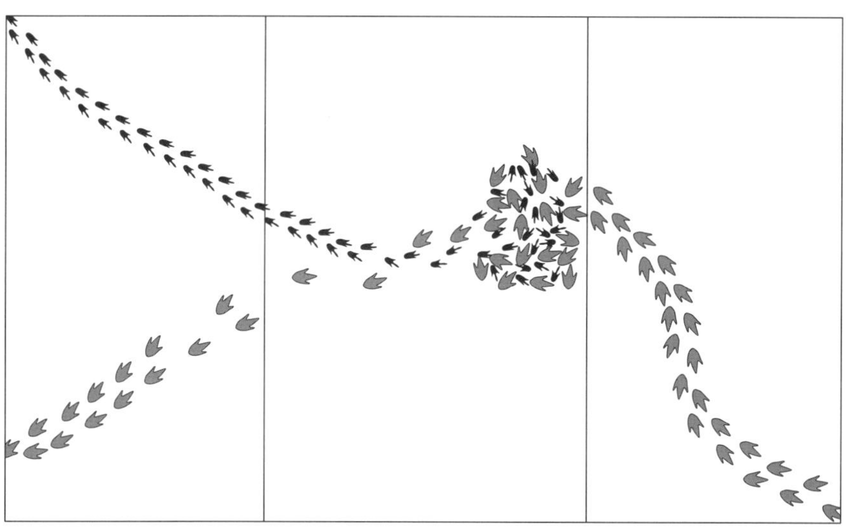

그림 3.18
발자국. *[교사용 지도서: 지구의 탐구* From Investigating the Earth: Teacher's Manual (4th ed.) (p. T-206), 미국지질학회, 1987. Copyright 1984 by Houghton Mifflin Company. Mc-Dougal Littrell, a division of Houghton Mifflin의 허가를 받았음. 저작권이 있음.]

미국과학교육기준의 수업 기준 A. 탐구 기반 프로그램

여기에는 어떤 정답도 없다는 것을 기억하라. 어떤 사람은 아마도 작은 새와 큰 새가 각각 다른 방향에서 와서 큰 새가 작은 새를 발견하고는 공격하고 그리고 목덜미를 물어 죽여서 잡아먹고 자기 갈 길로 갔다고 추리할 것이다. 또 다른 사람은 작은 새가 목이 물렸지만 겨우 날 수 있을 정도는 되어 날아갔다고 추리할 것이다. 여전히 또 다른 사람은 작은 새가 폴짝 뛰어서 큰 동물 등에 올라 타고 갔다고 추리할 것이다. 이러한 추리들이 그림과 일치되는가?

▶ 다음의 추리를 어떻게 생각하는가? 작은 괴물이 유쾌한 걸음으로 자기 자신의 일을 생각하면서 언덕을 내려오고 있었다. 갑자기 그때 반대 방향에서 어슬렁거리며 오는 큰 괴물을 찾아냈다. 바로 그 순간 엄청난 눈덩이가 언덕 꼭대기에서 내려오고 있었다. 두 괴물은 소스라치게 놀랐다. 그때 그 눈덩이는 작은 괴물을 삼켜 버렸으나 큰 괴물은 겨우 빠져 나왔다. 지치고 방향을 잃었으며 방금 전 눈덩이를 피하느라 숨을 헉헉거리면서 큰 괴물은 걸어갔다.

다음은 4, 5학년 어린이가 쓴 실제 추리이다. 각각 읽어 보고 타당성을 점검해 보자.

"두 마리의 동물이 걷고 있었다 그들은 앞을 보지 않고 걸어서 서로 머리를 부딪쳤다 그들은 정신이 몽롱해져서 원을 그리면서 돌았다 그런 후 정신을 좀 차리자 그들은 마구 싸웠다 큰 녀석이 작은 녀석을 잡아먹었다 "

"춤추는 것이다 어느 날 밤 글리프와 그로그가 초원에서 만나 사랑에 빠졌다 그리고 그들은 로맨틱한 춤을 추고 나서 그로그가 글리프를 등에 업고 사라졌다 "

"같은 방향으로 걸어가는 아파토사우르스 공룡과 시조새가 있었다 공룡은 시조새를 보고 성큼성큼 달아나기 시작했다 시조새는 공룡에게 달려들었고 두 마리는 치열하게 싸웠다 시조새가 할퀴고 공룡이 발로 짓밟았다 그리고 싸움은 공룡의 승리로 끝이 났다 그러나 공룡은 시조새의 고기를 먹지 않고 그냥 그 자리를 떠나버렸다 "

"금 항아리 레페르콘이 금 항아리를 향해 걸어가고 있었다 기린도 그랬다 둘은 거의 동시에 거기에 도착하였고 금 항아리를 놓고 다투기 시작하였다 한참을 다투다가 레페르콘이 금 항아리를 들고 달아나기 시작했다 기린이 레페르콘에게 달려갔지만 레페르콘은 금 항아리와 함께 사라져 버렸다 기린은 화가 나서 발을 동동 굴렀다 "

"우주가 공 모양으로 형성된 후에 큰 발 모양의 은하수는 폭발해서 밖으로 약간 퍼져나갔다 그러고 나서는 모든 은하수가 다시 빨려들고 폭발 과정이 다시 시작되었다 "

추리는 어떤 일이 왜 일어났느냐에 대한 개인의 최상의 추측이다. 이것은 어떤 일이 일어날 것을 추측하는 예상과 대조된다. 추리에서 우리는 일어난 일의 원인이 무엇인지 추측해야만 한다. 그 추측은 우리가 발견한 근거를 바탕으로 이루어져야 한다. 범죄 재판은 추리적 사고에 바탕을 둔다. 증거가 제시되고, 증거의 원인은 모든 증거들을 조합해서 추론된다.

추론의 사고 inferential reasoning는 모든 과학적 이해의 기본이다. 많은 경우 우리는 직접 과학 실험을 통해 이것을 관찰할 수 있다. 예를 들면 식초를 석회암 조각에 떨어뜨리면 식초는 부글부글 거품을 낸다. 우리는 그 증거로부터 직접 식초가 석회를 부식시킨다는 것을 알아낼 수 있다. 그러나 또한 많은 경우는 직접적으로 관찰할 수 없는 경우도 있다.

3.19

학교 활동

미국과학교육기준의 내용 기준 B. 물상 과학: 물질의 성질과 변화

어항 속에 양초 태우기

4학년 선생님이 양초를 어항 바닥에 단단히 고정시켰다. 그리고 물을 어항에 붓고 초에 불을 붙였다. 입구가 넓은 길쭉한 병으로 병의 입구가 어항의 물속에 잠기도록 넣었다. 곧 촛불은 꺼졌다(그림 3.19 참조). 학생들은 그 촛불이 꺼지는 것을 관찰했다. 그러나 그들은 왜 그런 일이 일어났는지를 관찰하는 것은 아니다. 그들은 이 두 가지 관찰—촛불이 꺼짐, 병 속으로 물이 빨려 올라간 것을 가지고 다음과 같이 그 이유를 추리했다. 초가 탈 때 공기 속의 산소를 다 써버렸기 때문이다. 이것은 추리이다.

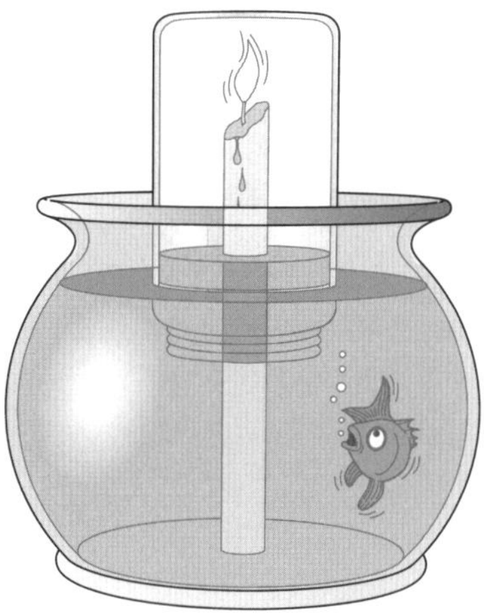

그림 3.19
어항 속의 촛불.

과학수업 활동 3.26~3.30에는 어린이의 추리 능력 향상을 돕는 것이 있다. 여기에도 관찰 기능과 몇 가지 다른 기능들이 필요하다는 것을 주의하라.

과학수업 활동 3.26

미국과학교육기준의 내용 기준 D. 지구와 우주 과학: 지구 역사

학년 수준 2-4

퇴적암에 층리가 생기는 이유는 무엇일까?

추리 활동

목표

학생들은 퇴적암 속의 층리의 기원에 대해 추론할 수 있다.

모둠에서 층리가 있는 퇴적암 조각을 나누어 준다. 그리고 학생들이 주의 깊게 그것을 조사하고 묘사하게 한다(그림 3.20 참조). 그리고 투명

그림 3.20
층리가 있는 퇴적암.

(계속)

한 그릇(마요네즈 통이 좋다)을 주고 절반 정도를 물로 채우게 한다. 또 작은 돌, 모래, 마른 흙을 넣어 주고 막대로 휘저은 뒤 그대로 두게 한다. 이 실험의 결과로 어떻게 퇴적암에 층리가 생기는지 추리하게 한다. 그리고 그 이유를 제시하게 한다. 이 활동에서 학생들은 퇴적암의 모형을 구상한다는 것을 기억하라.

학년 수준
2-4

3.27 과학수업 활동

미국과학교육기준의 내용 기준 D. 지구와 우주 과학: 지구와 대기의 변화

토양의 침식 원인

추리 활동

목표

학생들은 학교 주변 환경에서 토양 침식의 원인을 추리할 수 있다.

밖으로 아이들을 데리고 나가서 토양 침식의 예를 찾아본다. 토양에 대한 관찰, 비탈진 땅에 대한 관찰 등을 통해 추론할 수 있다. 그들이 관찰한 방법에서 무엇이 토양을 침식시키는지 추론해 본다. 또한 그들의 추론에 대한 근거도 제시하게 한다.

이것은 학생들이 허리케인이나 토네이도 특히 허리케인 카트리나에 의해 발생한 피해들에 대해 논의할 수 있는 좋은 장소일 것이다. 학생들이 학교 운동장의 침식과 허리케인의 파괴를 비교해 보게 하고 그들의 원인과 결과들 사이의 비슷한 점과 다른 점을 추리하게 하라.

학년 수준
3-4

3.28 과학수업 활동

미국과학교육기준의 내용 기준 B. 물상 과학: 물체의 성질과 물질

모르는 물질이 무엇일까?

추리 활동

목표

학생들은 모르는 물질이 무엇인지 추리할 수 있다.

모둠별로 소금 한 컵과 설탕 한 컵을 준다. 두 가지의 비슷한 점과 다른 점을 묘사하게 한다. 그 후 물 한 컵, 몇 개의 플라스틱 숟가락, 작은 컵, 돋보기를 주고 이것을 사용하여 구별이 안 된 소금병과 설탕병을 추리하도록 한다. 마지막으로 확인하기 전까지는 절대로 맛을 보아서는 안 된다. 다른 학생에게 그들이 추리한 것과 그 이유를 토론하게 한다.

과학수업 활동 3.29

미국과학교육기준의 내용 기준 C. 생명 과학: 유기체와 환경

학년 수준 3-6

이 나무의 나이는 얼마일까?

추리 활동

목표

학생들은 나이테로부터 나무의 나이를 추리할 수 있다.

나무의 나이테연구는 **식물연대학** dendrochronology으로 알려져 있다. 나무의 나이테는 1년 동안 나무에 의해 만들어지는 층이다. 한 개의 테는 얇은 층(성장기 초기에 만들어지는)과 두꺼운 층(성장기 후반에 만들어지는)을 포함한다(그림 3.21 참조). 나무의 나이테가 나무의 계절에 따른 성장의 결과라는 것을 이야기한 후, 학생들에게 같은 나무에서 채취한 여러 가지의 횡단면 조각을 주어라. 각 가지의 나이테를 세어 보고 어떤 것이 가장 오래된 것인지, 가장 어린지, 나무가 어디에서 온 것인지(나무 주위의 환경) 추리하게 한다. 이 나이테로부터 나무가 자라는 동안의 여름과 겨울의 길이를 추리할 수 있을 것이다. 넓은 테는 성장기에 충분한 강우가 있었음을 암시하고 좁은 테는 성장기에 가뭄이 있었음을 암시한다.

Jim Barber/Shutterstock.com

그림 3.21
나이테를 보여주는 나무 줄기의 단면.

학년 수준
4-8

3.30 과학수업 활동

미국과학교육기준의 내용 기준 B. 물상 과학: 물질의 성질과 변화

종이 크로마토그래피

추리 활동

목표

학생들은 검정색 잉크를 구성하는 색을 추리할 수 있다.

먼저 모둠별로 검정색 수성펜을 준다. 그리고 흰 종이에 점을 찍도록 하고 그들이 무엇을 볼 수 있는지 설명하게 한다. 학생들에게 검정색 잉크가 한 가지 색으로 되었는지 아니면 여러 색이 혼합되었는지 추리하게 하라.

그런 뒤 학생들에게 그 추리를 검증하게 한다. 모둠마다 반쯤 물이 찬 컵과 화장실용 흰색 휴지를 얇게 자른 종이를 주어라. 학생들이 종이의 아래에서 6 cm 위에 검정색 선을 긋게 하고, 그 후 그 휴지 조각의 끝이 겨우 물에 닿도록 들고 있게 한다. 잉크로 그린 선이 물 아래로 내려오지 않도록 주의시켜야 한다. 물이 위로 올라가고 검정색 잉크를 지날 때는 조합되었던 색들로 분리된다.

학생들에게 다른 종류의 검정 잉크나 다른 색깔로도 실험하게 한다.

도전

종이 크로마토그래피는 식물잎의 색소를 확인하는 데 사용될 수 있다. 색상으로부터 학생들은 식물의 잎이 가을에 어떤 색깔로 변할지를 예상할 수 있다. 학생들은 몇 가지 다른 식물들로부터 잎 하나를 모으고 식물이나 나무의 이름을 자료 활동지에 기록한다. 그들은 잎 하나를 떼어 스푼이나 손톱으로 눌러 종이가닥에 색소가 묻어나도록 종이 수건이나 커피 필터 종이 가닥의 끝에 원운동 모양으로 잎의 열려진 끝부분을 비빈다. 그리고 먼저 언급한 것과 같이 종이의 줄무늬 끝을 매달아 물에 담그고 줄무늬를 따라 올라가는 색상을 관찰한다. 다른 자료 활동지에 그들은 이러한 색상들과 가을에 각 잎이 어떤 색상으로 변할지를 관찰한다. 나뭇잎의 색깔이 변하면, 예상과 비교하여 실제 어떻게 색깔이 변하였는지를 확인하라.

(교사 답안: 잎들은 가을에 엽록소가 사라짐에 따라 색상을 바꾼다. 우리는 대부분 내내 있어왔지만 엽록소의 진한 색상으로 덮여있던 다른 색상들을 보게 되는 것이다)

3.13 교사 활동

미국과학교육기준의 수업 기준 A. 탐구 기반 프로그램

추리 활동

학생들의 추리 능력 발달에 도움을 줄 활동을 써 보아라. 그리고 학년 수준을 제시하고 그 학년의 나이에 적합한지 확인하여라. 그 활동을 위한 과정 중심적 목표를 다음과 같이 설정하라. 예를 들면 "학생들은 __________ 에 대한 이유를 추리할 수 있다." 모둠별로 그 활동을 해보자.

통합된 과학적 과정

- 변인 찾기와 통제
- 가설 설정과 검증
- 자료 해석
- 조작적 정의
- 실험 수행
- 모형 구성

기본적인 과학적 과정들의 상호 관계

이 장에서 공부했던 대부분의 활동들은 하나 이상의 과정을 활용한다. 예를 들어 암석 관찰 활동에서는 관찰과 의사소통의 과정을 함께 할 수 있었다. 달 관찰은 측정과 의사소통, 관찰의 과정을 모두 필요로 했다. 분류에서는 의사소통을 사용한다. 발자국을 추리하는 활동에서는 여러 종류의 의사소통을 함께 했었다.

미국과학교육기준의 수업 기준 A. 탐구 기반 프로그램

관찰, 분류, 의사소통, 측정, 예상, 추리의 과정은 초등 과학 프로그램에서 핵심적인 내용이다. 이것들은 상호 보완적이며 어떤 것도 따로 생각할 수 없다. 초등 과학에 적절한 과학적 내용은 이러한 과학과정을 숙달하기 위한 수단으로 이용되는 것이다. 학생들이 이런 기본과정의 능력을 습득한다면, 과학자들이 하는 방법으로 과학적 개념을 탐구할 수 있을 것이다.

통합된 과학적 과정

지금까지 우리가 논의한 과학적 과정들은 기초적인 과정들이다. 그것들은 과학적 탐구의 기반을 형성하고 더 복잡한 통합 과정의 선결조건이다.

미국과학교육기준의 내용 기준 A. 과학적 탐구수행을 위해 필요한 능력들

통합된 과정 기술들이 기초 기술들보다 고차원의 사고 단계가 필요하다는 것에는 의심의 여지가 없다. 초등 과학교육에 대한 일반적인 신념은 학생들이 실험이나 통합 과정들보다 구체물의 분류, 서술 및 조작에 초점을 두어야 한다고 말한다. 그러나 저학년 아동들도 통합된 과정 기술을 활용하는 능력을 갖추고 있다. 연구에 따르면, 초등학생들도 실제로 변인을 조작하고, 실험을 고안하여 실행하며, 근거를 대면서 지식을 주장한다(Metz, 1995; Tytler and Peterson, 2004; Martin et al., 2005). 물론 학생들이 인지적으로 수행할 수 없는 어떤 것, 가령 이번 장에서 인용했던 것을 요구해서는 안 된다. 가령 일반적으로 저학년 아동은 복잡한 분류 체계를 생각해 낼 수 없고, 또한 복잡한 보존 논리를 적용할 수 없다. 우리는 이런 개념을 아동이 이해할 준비가 되어 있는 몇 년 후로 미루어 둔다. 그러나 이것은 모든 저학년 아동이 이런 것들을 학습할 수 없다는 것을 의미하지 않는다. 이것은 이런 것들을 소개하기 전에 적절한 이해를 할 수 있고 준비가 되어 있는지를 살피는 것을 의미한다. 이것은 통합과정에서도 똑같다. 많은 저학년 아동은 변인 찾기와 통제, 가설 설정과 검증, 조작적 정의, 실험 계획과 수행, 자료 해석, 모형 구성과 관련된 사고를 할 수 없다. 그러나 많은 아동들이 이 과정을 할 준비가 되어 있다. 그러므로 아동에게 이 과정을 탐구하게 하고 그들의 결과를 평가하고 서로의 결론을 나누도록 격려하고, 일반적으로 말해서 이런 과정 기능을 적용할 수 있는지를 타당화하는 것이 중요하다.

미국과학교육기준의 내용 기준 B. 물상 과학: 운동과 힘

진자

모든 통합된 과정들의 적용을 묘사하는 활동으로 시작하자.

3.14 교사 활동

미국과학교육기준의 내용 기준 B. 물상 과학: 운동과 힘

진자

여러분이 탐구할 활동이다. 진자의 운동 속도에 영향을 미치는 요인에 대해 탐구하는 활동을 한다. 그림 3.22를 참고로 다음과 같은 준비물을 갖추고 실험장치를 만들어 보자.

연필 한 자루

50 cm 길이의 줄

8~10개의 똑같은 크기의 금속 고리

책상이나 탁자

줄의 한쪽 끝을 연필의 끝에 묶는다. 줄의 다른 쪽 끝에는 금속 고리를 묶자. 한쪽 연필 끝을 책상에 고정하고 자유롭게 진자를 운동시켜라. 줄이 책상을 건드리지 않게 하라. 줄이 너무 길면 연필에 감아서 길이를 조절할 수 있다.

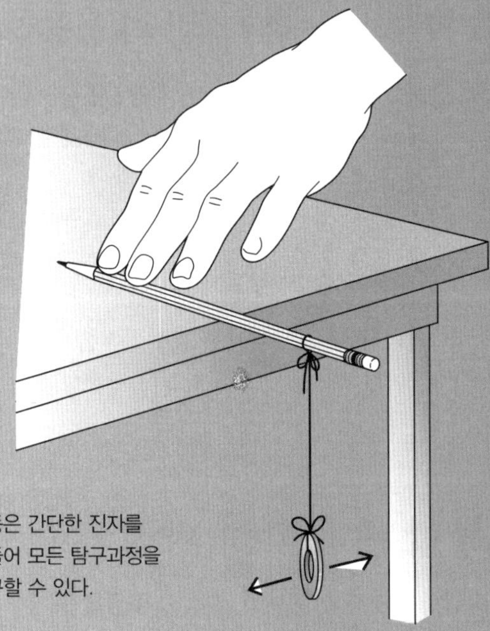

아동은 간단한 진자를 만들어 모든 탐구과정을 탐구할 수 있다.

그림 3.22
진자.

이제 진자를 흔들어 보기로 하자. 진자가 뒤–앞–뒤–앞으로 흔들리는 리듬을 주의 깊게 관찰해 보자. '앞으로, 뒤로, 앞으로, 뒤로'하면서 책상을 두드려서 박자에 익숙해지도록 하자. 앞으로 나오는 데 걸리는 시간과 뒤로 가는 데 걸리는 시간이 같음을 주목해야 한다. 아직까지는 진자로 어떤 것도 하지 말고 다만 관찰만 하도록 한다.

진동 swing을 어떻게 정의할 수 있는가? 어떤 사람은 진동을 앞으로 갔다 뒤로 가는 전체 운동 과정이라고 모두 정의할 수도 있으며, 다른 사람은 앞으로 오거나 뒤로 가는 시간이 동일하므로 앞으로 오는 것이나 뒤로 가는 것 중 하나만을 진동으로 정의할 수도 있을 것이다.

▶ 진자가 운동하는 것을 관찰하는 동안에 다음의 질문을 토론하라. 무엇이 진자의 흔들림을 빠르게 하고 또 느리게 할까? 질문에 대한 응답을 생각나는 대로 적어 보자.

여기 몇 가지 전형적인 응답이 있다:

- 진자 운동을 시작할 때 얼마나 세게 밀었는가
- 추의 무게
- 실의 색깔
- 실의 길이
- 진자 운동을 시작할 때 추를 뒤로 당긴 높이
- 바람이 부는 정도
- 공기의 밀도

이것 외에도 다양한 응답은 많이 있을 것이다.

이런 진자의 운동 속도에 영향을 준다고 생각되는 모든 것들을 **변인** variable이라고 한다. 진자의 속도에 영향을 주는 것을 논의하면서 이미 변인을 찾아냈다. 진자의 운동에 영향을 주는 **모든** 변인을 다 찾을 필요는 없다. 왜냐하면 생각지도 못한 것이 많이 있을 수 있기 때문이다.

어떻게 찾아낸 변인 값을 바꿀 수 있는지 생각하라. 예를 들어 당신은 와셔를 추가해서 추의 무게를 바꿀 수 있다. 당신은 끈을 조금 연필 위로 끌어올려 끈길이를 바꿀 수도 있다. 당신은 직각에서 측정된 다른 각도나 바닥으로부터 측정된 다른 높이에서 추를 떨어뜨려 추를 얼마나 멀리 후퇴시킬지를 변경할 수 있다.

▶ 다음은 한 학급에서 찾은 변인에 대해 진자의 속도에 미치는 효과를 찾는 것이다. 예를 들면 '진자 운동을 시작할 때 추를 뒤로 당긴 정도'에 대해서는 추를 더 뒤로 당기면 더 빨리 진자가 흔들릴 것이라고 추측할 것이다. 각각의 요인에 대하여 어떤 일이 일어날지 적어 보고 만약 어떤 일이 일어날지 모른다면, 혹은 의견을 달리하면, 역시 그대로 적어 보자.

물론 어떤 일이 일어날지 미리 **알고** 있다면, 현상을 조사하는 것에 중점을 많이 두지 않을 것이다. 주어진 변인이 변화할 때 진자의 운동 속도가 어떻게 변할 것이라는 당신 생각을 진술한 것을 **가설** hypothesis이라 부른다. 가설은 다음과 같은 형식을 포함한다. "만약 진자에 **이렇게** 한다면 진자의 속도는 **빨라진다** 혹은 **느려진다.**" 이런 방식으로 쓰든 쓰지 않든 이러한 방법으로 생각할 것이다.

우리는 탐구에 들어가기 전에 한 가지 사항을 더 고려해야 한다. 우리의 질문은 "무엇이 진자를 빠르게 혹은 느리게 움직이게 하는가?"에 중점을 두고 있다. 그것은 우리가 진자의 운동 속도를 조사하고 진자의 속도를 측정해야 한다는 것을 의미한다. 속력은 단위 시간당 거리로서 km/h, m/s의 단위로 측정하기 때문에 그것을 측정하기란 힘든 일이다. 속력을 측정하기 위해서는 진자가 이동한 거리와 또 걸린 시간을 찾아야만 한다. 그러나 우리는 이미 진자가 일정한 박자를 갖고 있는 것을 발견했다. 그렇다면 거리 없이 **시간**을 측정할 수 있을까? 그것은 속도에 비례하는 양을 측정할 수 있다. 진자가 완전히 한 번 흔들리는 시간(앞으로 갔다 뒤로 오기까지)을 **주기** period라고 한다. 어떻게 주기를 측정할 수 있을까? 아마 초시계를 쓸 수 있을 것이다. 진자가 앞으로 감과 동시에 시작해서 뒤로 돌아오는 즉시 멈추어서 주기를 측정할 수 있다. 그러나 이것은 부정확해 보인다. 다른 방법으로 일정한 시간 동안 흔들리는 횟수를 헤아릴 수 있다. 1분 동안 해보면 너무 긴 시간이란 걸 알게 된다. 즉, 진자가 처음 경로에서 벗어날 수도 있다. 15초는 어떨까? 15초면 진자가 흐트러지기 전에 측정할 수 있다.

이번 탐구의 목적을 위해서 15초 동안의 흔들린 횟수를 속도의 지표로 사용하자.[2]

이제 실험을 계획할 준비가 다 되었다. 각 조별로 실험할 변인을 선택하거나 아니면 모두 다 할 수 있다. 어떤 방식을 선택하든지 이 한 가지 변인을 가지고 실험하는 동안에 다른 변인을 통제해야 한다는 것은 매우 중요한 사실이다. 예를 들어 만약 추를 잡아당긴 높이라는 변인을 가지고 실험하고 있다면 반드시 줄의 길이나, 추의 무게 같은 모든 다른 변인을 실험 수행 동안 동일하게 유지하여야 한다.

▶ 만약 다른 변인들을 통제하지 않는다면 어떤 일이 일어날지에 대하여 토의해라.

탐구하는 데 필요한 변인의 값은 얼마나 다르게 해야 하나? 적어도 3~4개는 필요하다. 이 실험의 경우는 3~4개의 다른 높이에서 진자 운동을 실험해야 한다. 동일한 변인값을 몇 번 실험해 봐야 할까? 대부분의 과학자들은 적어도 3번의 시도를 한다. 즉, 각각의 다른 높이에서의 실험을 각각 3번씩 해야 한다는 것이다. 많은 요인들이 모든 실험에서 세는 데 영향을 줄 수 있다. 잘못 셀 수도 있고, 다른 방법으로 (처음 가게했을 때 하나로 세거나 완전한 왕복이 이루어진 후에 하나로 셀 수도 있다) 셀 수도 있으며, 다음 왕복의 전체 수를 한 번 올리고 다른 때는 내릴 수도 있다. 당신은 왕복의 4분의 1을 무시하고 다른 때에는 4분의 1 정도의 왕복을 셀 수도 있는 것이다. 그래서 각 변인에 대해 3번씩 실험한 다음 평균을 내는 것이 바람직하다.

▶ 자, 계속해서 실험하라. 자료를 모으고 처음 형태를 써라. 자료를 모은 후에 평균값을 계산해서 써라. 조사한 자료값은 아래와 유사한 자료표에 기록할 수 있다(진자 탐구의 자료를 기록하기 위해 컴퓨터 소프트웨어를 사용한 예는 11장을 보라).

진자 자료표 변인 : ________	
변인값	15초 동안의 진동수
변인값 1. ________	1차 실험 ________ 2차 실험 ________ 3차 실험 ________ 평균 ________
변인값 2. ________	1차 실험 ________ 2차 실험 ________ 3차 실험 ________ 평균 ________

[2] 실제로는, 진자의 속도가 계속해서 왔다 갔다하기 때문에 진자의 속도를 계산할 수 없다. 이것이 진자 탐구 활동이 진자의 흔들리는 시간(완전히 왕복하는 시간)에 초점을 두는 이유이다. 속도라는 용어는 이 활동에서 문제를 단순화해준다.

진자 자료표	
변인값 3. ______	1차 실험 ______
	2차 실험 ______
	3차 실험 ______
	평균 ______

▶ 모든 모둠의 활동이 끝났을 때, 결과의 평균 자료를 칠판의 변인 옆에 기록하라. 그리고 아래와 같은 요약 자료표를 만들어 보자.

진자 진동수 조사 자료 정리표	
변인 : ______	
변인값 1 ______	평균 진동수 ______
변인값 2 ______	평균 진동수 ______
변인값 3 ______	평균 진동수 ______
변인 : ______	
변인값 1 ______	평균 진동수 ______
변인값 2 ______	평균 진동수 ______
변인값 3 ______	평균 진동수 ______
변인 : ______	
변인값 1 ______	평균 진동수 ______
변인값 2 ______	평균 진동수 ______
변인값 3 ______	평균 진동수 ______

▶ 전체 자료를 보고 어떤 결론을 얻었는가? 추를 놓는 높이의 변화가 15초 동안의 진동수에 어떤 영향을 주었는가? 추의 무게는 어떤 영향을 미쳤는가? 줄의 길이는?

결론을 내릴 수 없는 자료들이 있는가? 여기에 예가 있다.

진자의 추를 놓은 높이에 대한 자료			
변인 :	추를 놓는 높이		
변인값 1	3 cm	평균 진동수	15
변인값 2	4 cm	평균 진동수	14
변인값 3	5 cm	평균 진동수	15

이 경우에는 진동수는 추를 놓은 높이에 따라 달라진다고 할 수 있다. 그러나 자료값의 하나가 **이상한** anomalous 것이 있다. 만약 변인값 3의 평균이 13이었다면, 높이가 커지면 더 느리게 진동한다고 결론을 내릴 수도 있다. 아마도 우리는 다른 변인값을 가지

고 몇 번 더 시도해야 할 것이다. 자료는 우리가 관찰한 효과가 실험의 정확성에 따르는 것을 보여주기 때문에 이 자료만으로 어떤 영향이 있다고 결론내릴 수 없다.

각 모둠별로 다른 변인을 탐구하게 할 수도 있다. 이 경우 다른 모둠의 자료는 서로 연결될 수 없다. 왜냐하면 각 모둠이 그들이 탐구하고 있지 않은 변인을 일정하게 두었기 때문이다. 예를 들면 한 모둠이 20 cm의 줄을 사용한 반면에 다른 모둠들은 줄을 30 cm로 사용할 수도 있기 때문이다. 각 모둠별 자료가 연결되려면, 각 모둠들이 모든 변인에 대한 조사를 하고, 각 변인마다 같은 변인 값을 사용해야 한다. 실제 수업에서는 모든 모둠이 모든 변인들을 조사하는 게 더 좋다. 이 방법은 훨씬 더 많은 데이터를 얻을 수 있어서 데이터를 서로 조합하기에 좋다. 더 많은 자료가 있을수록, 더 쉽게 결과를 해석할 수 있다.

진자에 관련된 이 활동은 우리가 통합적 과정 기능을 공부하는 데 좋은 소재이다. 진자의 탐구 활동에서 모형 구성을 제외한 모든 통합 과학과정을 사용할 수 있었다. 진자의 주기에 영향을 줄 변인을 찾았고, 한 가지 변인을 제외한 다른 변인을 통제했다. 그리고 "만약 추를 놓는 높이가 높아지면, 진자는 더 빨라질 것이다."와 같이 각 변인에 대한 가설을 설정했으며, 변인값을 변화시키면서 가설을 검증했다. 그리고 각 변인값마다 최소한 세 번은 시도하여 데이터를 수집했으며, 진자가 한 번의 진동에 걸리는 시간을 측정하려 할 때 진자의 한 번의 진동보다는 15초간의 진자의 진동횟수를 측정하는 면에서 조작적 정의를 했다. 진자에 대한 탐구를 하기 위해서 어떻게 실험 기구를 설치할지, 어떻게 모든 변인을 조사할지, 어떻게 자료를 모을지의 실험 계획을 했다. 변인이 어떤 영향을 미치는지를 알아보기 위해서 실험 결과를 보고 자료를 해석했다. 그리고 진자 자체는 할아버지 시계처럼 여러 종류의 전후 운동의 한 모형이다.

미국과학교육기준의 내용 기준 A. 과학적 탐구수행을 위해 필요한 능력들

변인 찾기와 통제

어떤 과학적 탐구에서도, 우리가 탐구하는 체계는 많은 변인을 가질 것이다. 우리가 관찰하는 효과에 어떤 변인이 원인이 되는지를 아는 것은 필수적이다.

3.20

학교 활동

미국과학교육기준의 내용 기준 C. 생명 과학: 유기체의 한살이

식물이 자라는 데 무엇이 필요할까?

유치원 수업 시간에 선생님이 어린이들에게 식물이 자라는 데 무엇이 필요할지 물었다. 토의가 있은 후, 식물이 자라는 데는 양분과 햇빛과 물이 필요하다고 결정을 내렸다. "어떻게 그것을 알아 볼 수 있을까?"라고 선생님이 묻자, 한 어린이가 "우리는 두 개의 식물을 구해서, 하나는 햇볕이 많은 창가에서 매일 물을 주고 매 주마다 양분을 주고, 또 다른 하나는 빛과 물과 양분이 없는 옷장 안에서 키우는 것입니다." 선생님이 다시 "그러면 어떤 일이 일어날까요?"라고 질문했다. 어린이는 "옷장 안의 식물은 죽을 거에요." 선생님이 "왜 그것이 죽지요?" 한 학생이 대답하길 "빛이 전혀 없어서요."다른 학생이 대답하길 "물이 없어서요" 또 다른 학생이 대답하길 "양분이 없어서요?"라고 했다. 그래서 그 학급은 각 조건이 식물에 미치는 영향을 알아보기 위해서 각 조건별로 따로 분리해서 실험하기로 했다.

일상 생활 속에서 우리는 변인을 통제하지 않고 일반화하려는 경향이 있다. 어떤 사람이 감기 기운이 있다고 생각해 보자. 어떤 사람은 그녀에게 아스피린을 먹어야 한다고 말한다. 어떤 사람은 닭고기 수프를 권한다. 또 다른 사람은 충분한 휴식을 권한다. 그래서 그 사람은 집으로 가서 아스피린 두 알을 먹고, 닭고기 수프 한 사발을 저녁으로 먹고 일찍 잠자리에 들었다. 그랬더니 다음날 훨씬 좋아졌다. 그녀가 한 것들 중 어떤 것이 그녀의 감기를 치료했을까?

많은 과학적 탐구에서 우리는 무엇이 어떤 일을 일으키는 원인이 되는지 알아본 것이다. 즉 한 변인의 다른 변인에 대한 영향을 찾는 것이다. 정확한 원인을 찾기 위해서 우리는 반드시 실험하고 있는 변인을 제외한 다른 모든 변인을 일정하게 유지해야만 한다.

장난감 트럭이 경사판을 내려오는데 속력이 빠르게 혹은 느리게 되는 데 영향을 끼치는 변인을 알고자 한다고 생각해 보자. 트럭의 속력에 영향을 줄 수 있는 변인을 분리하기 위해서, 다르게 만들 수 있는 것들(판의 높이, 판 표면, 판의 길이)을 떠올릴 것이다. 이것을 탐구할 때는 다른 모든 변인들은 일정하게 통제하면서 변인들 중 단 한 가지만을 변화시키면서 그 영향을 조사해야 한다. 이런 방법으로 우리는 각 개별적 변인이 어떻게 영향을 미치는지 말할 수 있다(교사 활동 3.16 참조).

미국과학교육기준의 내용 기준 B. 물상과학: 운동과 힘

만약 영향을 주는 변인이 하나 이상 있다고 생각해 보자. 예를 들면 우리는 판의 표면과 판의 높이 둘 다 트럭의 속력에 영향을 주는 변인으로 생각할 수 있다. 그래서 한 번에 하나씩 각 변인별로 실험하고 자료를 조사해 본다. 만약 두 변인 모두 영향을 끼쳤다면, 동시 효과를 알아보기 위해서 두 변인을 조작하는 실험을 고안할 수도 있다.

변인을 찾고 변인을 통제하는 뒤에는 무엇이 원인이고 실제 그것이 원인인가를 확인해야 한다. 반드시 두 현상의 인과 관계를 확증할 수 있어야 한다.

어린이들은 직관적으로 탐구에서 변인을 찾고 통제해야 한다는 것을 알지 못한다. 그러기 위해서는 주어진 어떤 현상에 한 가지 이상의 속성이 있다는 것을 알아야 한다. 그리고 그 속성들은 그것의 물리적 특성뿐만 아니라 행동에서도 나타난다. 예를 들면 장난감 트럭 탐구에서, 어린이들은 똑같은 트럭인데도 불구하고 더 빠르게 혹은 더 느리게 움직일 수 있다는 것을 알아야 한다. 또한 두 현상 사이의 상호 작용으로 일어난 일에 대한 지각이 있어야 한다. 가령 판 표면의 거친 정도와 장난감 트럭의 상호 작용으로 트럭의 속력에 차이가 난다는 것을 이해해야 한다. 어린이들이 여러 개의 물리적 속성과 행동적 속성 그리고 다른 사건들 간의 상호 작용을 지각할 수 있는 능력을 획득한다면, 그들은 어떤 특정한 일에 영향을 끼치는 몇 개의 다른 확실한 변인들이 있다는 것을 추론할 수 있다.

미국과학교육기준의 전문성 개발 기준 B. 과학, 학습, 학생, 교수법의 지식 통합

변인을 찾고 통제하는 활동에 초점을 둔 몇 가지의 활동이 과학수업 활동 3.31~3.35에 제시되어 있다.

학년 수준
K 이전-2

3.31 과학수업 활동

미국과학교육기준의 내용 기준 C. 생명 과학: 유기체의 한살이

씨앗들은 싹이 나려면 무엇이 필요할까?

변인 찾기와 통제 활동

목표

학생들은 싹을 발아시키는 활동과 관련하여 변인을 찾고 통제할 것이다.

학생들에게 여섯 개의 리마콩씨를 제공하라. 물론 학생들에게 미리 준비해 둔 싹이 튼 리마콩의 모습을 보여주어라. 그들에게 리마콩 싹이 트려면 무엇이 필요할지를 질문하라. 학생들은 아마도 적당량의 물, 빛, 비료, 흙 등을 제시할 것이다. 그들이 확인한 변인들을 기록하고 학생들에게 리마콩을 얹혀 놓기 위해 바닥에 휴지나 종이 수건을 깔아놓은 종이컵에서 기를 다른 '리마콩'에 각각의 변인을 적용하도록 하라. 어떤 컵은 물로 가득찰 것이다. 어떤 것들은 휴지에 조금 수분을 유지할 것이다. 어떤 것은 거름과 함께 수분을 가질 것이고 다른 것은 거름없이 수분을 가질 것이다. 어떤 것들은 햇빛이 비치는 곳에 놓일 것이고 어떤 것들은 어두운 곳에 놓일 것이다.

학생들은 그들 활동의 결과들을 확인하고 싹이 튼 리마콩의 요인들을 기록할 것이다.

학년 수준
3-5

3.32 과학수업 활동

미국과학교육기준의 내용 기준 C. 생명 과학: 생명계의 구조와 기능

빵 곰팡이

변인 찾기와 통제 활동

목표

학생들은 빵에 곰팡이가 생기게 하는 원인들에 대한 변인을 찾고 통제하는 활동을 한다.

먼저 학생들에게 곰팡이가 핀 빵을 준비하여 보여준다. 그리고 신선한 빵조각과 약간의 물, 플라스틱 랩을 각 모둠에 주어라. 학생들이 빵을 작은 조각들로 나누게 하라. 학생들은 한 조각은 젖도록 하고 한 조각은 마른 상태로 둔다. 학생들에게 어떤 조각이 먼저 곰팡이가 필지에 대하여 질문하고 이틀이나 삼일이 지나 결과를 보도록 하라. 그리고 학생들에게 빨리 빵에 곰팡이가 생기게 하는 여러 가지 요인들을 최대한 많이 찾아 보도록 하라. 변인들은 아마 "빵을 습하게 하거나 건조하게 한다", "랩으로 싸거나 그대로 두어 공기에 노출한다", "빛에 노출하거나 그늘진 곳에 둔다"는 것들을 포함할 것이다. 학생들은 다른 것들도 도출할 것이다.

학생들은 그들이 찾아낸 변인들의 효과를 확인하는 시험을 고안하고 실험을 수행할 것이다.

과학수업 활동 3.33

미국과학교육기준의 내용 기준 B. 물상 과학: 열에너지

학년 수준 4-6

얼마나 오랫동안 얼음을 녹지 않도록 유지시킬 수 있을까?

변인 찾기와 통제 활동

목표

학생들은 얼음을 녹지 않게 하는 변인을 찾고 통제할 수 있다.

아이들은 랩으로 싼 정육면체의 얼음을 녹지 않게 유지시키는 경기를 한다. 이 경기는 얼음을 가장 오랫동안 녹지 않게 한 아이가 승자가 되는 것이다. 무엇이 얼음을 녹게 하는 데 영향을 주는가? 물론 열이다. 압력은 어떤가? 우리는 얼음을 녹지 않게 하기 위해 어떻게 할 수 있는가? 같은 결과를 찾은 아이들은 어떤 변인을 통제하였는가? 얼음이 여전히 얼어 있는지를 검사하기 위해 장치를 열어 보는 것은 어떤가? 아이들이 경기를 위해 규칙을 개발하는 것이 변인을 찾아내는 것이다.

과학수업 활동 3.34

미국과학교육기준의 내용 기준 B. 물상 과학: 열에너지

학년 수준 4-6

푸른 색소 확산에 물의 온도는 어떤 영향을 주는가?

변인 찾기와 통제 활동

목표

학생들은 물속에서 색소의 확산 속도와 열에 관한 활동에서의 변인을 찾고 통제할 수 있다.

학생들은 물속에서 푸른 식용 색소의 확산에 물의 온도가 어떤 영향을 주는지 조사하기 위해 탐구하는 실험을 고안하는 활동이다. 서로 다른 온도의 물이 들어 있는 컵 속에 푸른 식용 색소를 떨어뜨리고 물속에서 색소가 완전히 확산될 때까지의 시간을 기록한다. 이것을 하기 전에 아이들은 이 실험에 영향을 줄 수 있는 변인들을 기록하는 것이 필요할 것이다. 어떤 변인들은 푸른 식물 착색제의 농도와 형태, 어떻게 컵이 쥐어지는지, 물의 온도, 언제 식품 착색제가 첨가되는지 그리고 어떻게 첨가되는지(물 표면에 직접 뿌려지는지 혹은 컵 안쪽에 뿌려지는지)이다.

과학수업 활동 3.35

미국과학교육기준의 내용 기준 D. 지구와 우주 과학: 천체

학년 수준 4-8

구름 만들기

변인 찾기와 통제 활동

목표

학생들은 구름 형성에 영향을 주는 변인을 찾을 수 있다.

기상학자들은 구름이 형성되기 위해서는 습기, 현저한 **기온차** gradient (두 지역 사이의

(계속)

온도차), 응결핵이 되는 작은 먼지 티끌 등이 필요하다고 말한다. 아이들은 간단한 활동을 통하여 이것들을 스스로 발견할 수 있다. 각 조에 투명한 플라스틱 컵과 뜨거운 물, 얼음이 든 플라스틱 주머니, 성냥, 검은 종이 등을 준비시켜라. 뜨거운 물을 1인치 깊이로 병에 부어라. 그리고 성냥불을 켜서 병 안에 떨어뜨려라. 물론 이것은 꺼질 것이다(대신에, 아동들은 칠판지우개 두 개를 문질러 분필가루가 컵 속으로 떨어지게 할 수도 있다). 즉시/ 얼음 주머니를 컵 위에 얹어라. 컵 안에서 무엇이 일어나는지 관찰해라(구름이 형성될 것이다). 이것을 좀 더 잘 보기 위해서 검은 종이를 뒤에 대어라.

다음 질문에 대해 생각해 보라. 컵 안에서의 눈에 보이는 김이 성냥으로부터의 연기가 아니라 구름이라는 것을 어떻게 알 수 있는가? 구름이 형성되기 위해 성냥의 연기가 필요한가? 온도가 바뀌었다면(병의 바닥에 얼음을 두고, 병 위에 뜨거운 물을 두었다면) 어떻게 되었을까? 꼭대기의 온도와 바닥의 온도가 거의 비슷했다면 어떻게 되었을까? 이 조사로부터 아이들은 구름을 형성하기 위해서 필요한 변인들을 구별할 것이다.

3.15 **교사 활동**

미국과학교육기준의 수업 기준 A. 탐구 기반 프로그램

변인 찾기와 통제를 위한 활동

아이들에게 변인 찾기와 변인 통제 기능을 발달시키는 활동을 간단히 적어보게 하라. 학년 수준을 명시하고, 그 나이의 학년에 적당한 활동인가를 확인하라. 수업을 위해서 과정 중심적 목표를 다음과 같이 설정하여라. "학생들은 __________ 에서 변인을 찾아서 기록하고, 통제해야 할 것을 찾을 것이다." 그러고 나서 모둠별로 활동한다.

가설 설정과 검증

우리는 진자의 활동에서 변인을 변화시키면 진자 주기에 어떤 변화가 일어날 것인지 가설을 세웠다. 이것이 가설 설정 기능의 좋은 예이다.

3.16 **교사 활동**

미국과학교육기준의 내용 기준 B. 물상 과학: 운동과 힘

가설 설정과 검증

책을 쌓아 놓고 나무판을 경사면이 생기게 설치하여 장난감 트럭을 굴려 보자. 이 활동을 통해 트럭이 경사면에서 바닥에 도착할 때까지 시간이 얼마나 걸리는지에 주목하라. 만약 경사가 더 낮아지면 시간이 더 오래 걸리겠는가? 또는 짧게 걸리겠는가? 만약 경사면이 높으면 어떻게 되겠는가? 자신의 답을 나름대로 적어 보자.

이 활동에서 우리는 두 개의 변인에 관하여 주목해야 한다. (1) 경사면을 내려가는 데 걸리는 시간, (2) 경사면 끝의 올려진 높이. "만약 경사면이 더 낮으면 시간이 얼마나 더 걸릴까? 혹은 덜 걸릴까?"라는 질문에 대해서 잠정적인 답이 바로 가설을 설정하는 것이다(그림 3.23 참조). 여러분은 다음과 같이 할 수 있을 것이다. "만약 경사를 높인다면 트럭이 굴러가는 데 시간이 덜 걸릴 것이다." 그리고 "경사를 낮춘다면 트럭이 경사를 굴러가는 데 시간이 더 걸릴 것이다." 이것이 가설의 진술이다.

미국과학교육기준의 내용 기준 A. 과학적 탐구수행을 위해 필요한 능력들

가설은 **두 변인들 사이의 관계**에 대해서 자신이 가진 최상의 추측을 진술한 것이다. 장난감 트럭의 경우 경사면의 높이와 걸리는 시간 사이의 관계에 관한 최상의 추측이다. 가설 설정은 예상과는 다르다. 예상의 경우는 단순히 우리가 어떤 일을 했을 때 무엇이 일어날까를 생각한다. "내가 만약 석회석에 식초를 떨어뜨리면 어떻게 될까?" 여기에는 식초라는 하나의 변인이 있다. 가설 설정에서 서로 상호 관련된 변인을 변화시키면 다른 변인은 어떻게 될까? ("만약 식물에게 음악을 들려준다면 식물의 성장률에 어떤 영향을 미칠까?")

다시 장난감 트럭으로 돌아가자. 트럭이 내려가는데 걸리는 시간을 어떻게 측정할 수 있을까? 아마 초시계를 사용할 수 있을 것이다. 트럭이 구르기 시작한 때부터 트럭의 앞바퀴가 마루 바닥에 닿을 때까지의 시간을 여러 번 반복하여 측정한다면 아마도 트럭이 경사면을 구르는 데 걸리는 시간을 비교적 정확한 결과를 얻을 수 있을 것이다. 대신에, 메트로옴의 찰칵 소리의 수나, 일정하거나 율동적인 형태의 박수 소리 같이 몇몇 다른 변인의 측면에서 시간을 정의할 수 있었다. 몇 권의 책으로 판자의 높이를 높이거나 낮추면 경사의 높이에 따른 결과도 측정할 수 있다.

▶ 계속해서 이 활동을 해 보자. 설정한 가설을 적고, 이를 위해 어떤 정보가 필요한지 결정하고 가설을 검증해 보아라. 그런 다음 결과를 적고 자료를 분석하여라. 어떤 결론을 내릴 수 있는가?

미국과학교육기준의 내용 기준 B. 물상과학: 운동과 힘

이 활동을 탐구하기 위해서는 다른 변인들은 통제하기 때문에, 아마도 두 항목의 정보만 필요할 것이다. 즉, 판자의 높이와 트럭이 경사면을 굴러가는 데 걸리는 시간이다. 당신은 판자를 몇 번 정도 다른 높이로 위치시키고 각각의 높이마다 적어도 3번 실험을 하고 결과들을 평균내기를 원할 것이다. 데이터의 기록을 위해 데이터 표를 작성해 보자. 그 표는 다음과 같을 수도 있을 것이다:

그림 3.23
경사면을 내려가는 데 얼마나 걸리는가?

데이터 표	
높이	시간
________	실험 1 ________ 실험 2 ________ 실험 3 ________ 평균 ________
________	실험 1 ________ 실험 2 ________ 실험 3 ________ 평균 ________
________	실험 1 ________ 실험 2 ________ 실험 3 ________ 평균 ________

가설을 검증할 때는 모든 변인을 찾았다는 확신이 있어야 하고, 한 변인을 제외한 나머지 모든 변인을 차례로 통제하여, 가설이 참임을 밝힐 계획을 세우고, 원하는 결론을 얻기 위해 정보를 찾는다. 종종 이런 과정에는 데이터 기록을 포함한다. 많은 경우에 우리는 실험하기 전에 어떤 종류의 데이터가 기록될 것인지에 대해 예상할 수 있다. 그러나 많은 경우 우리는 어떻게 과정을 진행해 갈 것인지 결정하기 전에 어설프게 넘어 갈 때도 있다.

가설 설정과 검증을 포함한 다른 활동에 대해 살펴보자. 우리는 달 표면에 분화구를 볼 수 있다. 이것은 어떻게 생겼을까? 천문학자들은 우주 공간의 **유성체** meteoroids가 달 가까이 왔을 때 달의 중력에 이끌려 충돌한 것이라고 한다. 실험을 통해 이것을 어떻게 알아볼 수 있는가?

3.17 교사 활동

미국과학교육기준의 내용 기준 D. 지구와 우주 과학: 태양계의 지구

달의 분화구

10 cm 깊이의 은박 접시에 밀가루를 담고 여러 크기와 무게의 돌이나 유리구슬을 준비하여라. 한 번에 하나의 돌이나 유리구슬을 밀가루가 담긴 접시에 떨어뜨려 보자. 다른 높이에서도 해보도록 하자. 어떤 것을 발견할 수 있는가? 밀가루의 표면에 계피 가루를 뿌린다면 무엇이 일어나는지 더 잘 볼 수 있을 것이다(그림 3.24 참조). 친구들과 같이 조사 결과에 대해 토론하여라.

어떤 변인들이 달 분화구의 크기에 영향을 주는가? 가설을 세우고 가설 검증을 위한 방법을 계획하여라. 그리고 계획을 실행하고 학급 친구에게 발표하여라.

유리구슬을 밀가루 접시에 낙하

분화구의 깊이 측정

분화구의 직경 측정

그림 3.24
달 분화구 형성 과정.

아이들에게 가설 설정과 검증의 과정 기능을 발전시키는 데 도움을 주는 활동이 과학수업 활동 3.36~3.38에 제시되어 있다.

과학수업 활동 3.36

미국과학교육기준의 내용 기준 A. 과학적 탐구수행을 위해 필요한 능력들

학년 수준
K 이전-6

어떤 거품이 가장 오래 지속될까?

가설 설정과 검증 활동

목표

학생들은 어떻게 거품을 가장 오래 지속시킬수 있는지에 대한 가설을 설정하고 검증할 것이다.

교사는 몇 개의 거품들을 불어보고 학생들에게 "거품의 안쪽에는 무엇이 있을까?", "어떻게 알 수 있는가?", 그리고 "거품은 무엇으로부터 만드는가?"와 같은 질문을 던짐으로서 활동을 시작할 수 있다. 각각의 조에 파이프 청소도구 혹은 철사줄, 플라스틱 접시, 빨대 그리고 1컵의 물, 2티스푼의 액체 세제, 1티스푼의 글리세린(약국에서 쉽게 구할 수 있는), 그리고 1티스푼의 설탕으로 만들어진 '거품 쥬스'를 제공하라. 학생들에게 몇 분 동안 빨대를 이용하여 접시 위에 거품을 만들거나, 파이프 청소도구나 철사를 이용하여 거품을 만들도록 하라. 그들이 거품을 부는 것에 익숙해지면 그들에게 어떤 방법이 가장 오래 가는 거품을 만들 수 있는 방법인지에 대하여 가설을 만들고 그 가설을 검증하는 방법을 고안하도록 하라. 당신이 사용한 거품 해결 공식을 주고 변형된 공식들이 거품을 좀 더 오래가게 하는지 학생들이 도전해 보게 해도 된다. 그 후 그들에게 그들의 가설이 증거들에 의하여 지지받는지를 검증하게 하라.

학년 수준
4-5

3.37 과학수업 활동

미국과학교육기준의 내용 기준 B. 물상 과학: 소리에너지

소리의 높이

가설 설정과 검증 활동

목표

학생들은 병의 위 부분을 불어서 나는 소리의 높이와 공기 기둥의 길이 사이의 관계를 설명하는 가설을 형성하고 검증할 수 있다.

먼저 종을 이용해서 아이들에게 음의 높이가 다른 것을 확실히 인식시키도록 한다. 그러고 나서 각 조에게 물의 양을 각각 다르게 담은 8개의 음료수병을 준다. 아이들에게 병의 꼭대기에 공기를 불어넣었을 때 공기 기둥의 길이와 소리의 높이 사이의 관계에 대한 가설을 세우게 하라. 가설의 검증을 위해 아이들은 각각의 병에 입을 대고 불어본 후 소리의 고저를 관찰한다.

학년 수준
4-6

3.38 과학수업 활동

미국과학교육기준의 내용 기준 B. 물상 과학: 자기

전자석의 세기

가설 설정과 검증 활동

목표

학생들은 못에 감은 코일의 수와 전자석의 세기 사이의 관계를 설명하기 위한 가설을 세우고 검증할 수 있다.

전자석을 만들기 위해 못 주위에 5~6번의 코일을 감고 9볼트 건전지에 전지를 연결하도록 해라(그림 3.25). 전자석을 사용하여 클립을 집어 올리게 한다. "얼마나 많은 클립을 집어 올릴 수 있을까?" 그러고 나서 어린이들에게 못 주위에 더 많은 코일을 감게 하고 그들이 집을 수 있는 클립의 개수를 알아 보게 하라. 학생들에게 못 주위에 감은 코일 수와 전자석의 세기 사이의 관계를 보여 주면서 가설을 세우도록 하자.

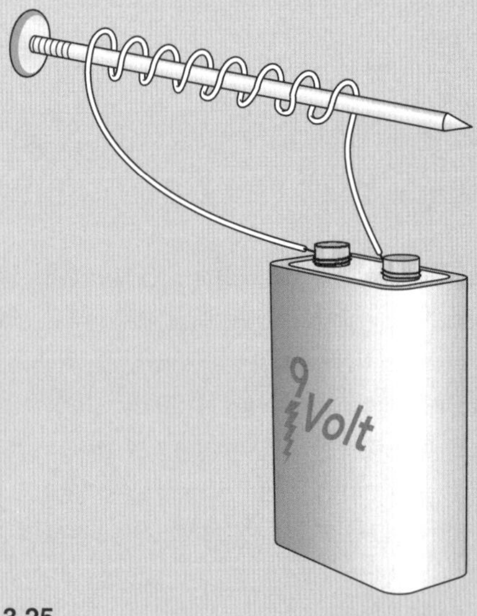

그림 3.25
전자석.

전자석이 집어 올릴 클립의 수는 그들이 못에 철사를 감은 횟수에 의존한다는 것을 관찰한다. 이

(계속)

관찰을 통해서 그들은 전자석의 강도는 못에 철사를 감은 횟수에 의존함을 추론할 수 있다. 이 추론에서 그들은 못에 감은 코일 수를 증가시키면 더 많은 클립을 집을 수 있음을 예상할 수 있다. 어린이들은 그들의 자료를 기록할 데이터 표를 만들 수 있다.

처음의 관찰	
코일의 감은 수	클립의 수

예상		
코일의 감은 수	예상 클립 수	실제 클립수

교사 활동

3.18

미국과학교육기준의 수업 기준 A. 탐구 기반 프로그램

가설 설정과 검증을 위한 활동

어린이들이 가설을 설정하고 검증하는 기능을 발달시킬 수 있는 간단한 활동을 만들어 보자. 학년 수준을 명시하고 그 활동이 그 학년 수준에 적합한지 확인하라. 그 활동을 위한 과정 중심의 수업 목표를 아래와 같이 설정하자. "학생들은 ________ 와 ________ 사이의 관련성에 대하여 가설을 설정하고 검증할 수 있다"(가설은 두 변인 간의 관계에 대한 학생들의 최선의 추측임을 기억하라). 모둠별로 모여서 준비한 활동을 해라.

자료 해석

많은 활동에서 학생들은 자료를 모은다. 자료는 양적, 질적 혹은 많은 경우 이 두 가지가 섞여 있을 수 있다.

3.21

학교 활동

미국과학교육기준의 내용 기준 D. 지구와 우주 과학: 태양계의 지구

수질

초등학교 고학년 교사는 학생들을 학교 뒤의 시내의 수질을 조사하는 탐구로 이끌었다. 학생들은 탐색자, 디지털 카메라, 그리고 이외의 다른 기술들을 물의 **산도** pH, 온도 용존산소량, 그리고 **탁도** turbidity를 조사하기 위하여 사용하였다. 정보들은 양적 또는 질적 자료들이었다. 산도, 온도 그리고 용존산소량의 빈도는 시내의 다른 장소와 깊이에서 측정되었다. 탁도는 미터자의 끝이 보이는 깊이에서 추정되었다.

교사는 데이터를 분석하고 학생들이 시내의 물의 수질에 대한 자료에 기초하여 결론을 산출하는 것을 도왔다.

(Wu & Krajcik, 2006에서 발췌)

미국과학교육기준의 내용 기준 A. 과학적 탐구수행을 위해 필요한 능력들

돌을 밀가루가 담긴 접시에 떨어뜨리는 탐구에서 자료를 수집했었다(교사 활동 3.17). (1) 돌의 무게, (2) 돌의 크기, (3) 떨어뜨린 높이, (4) 분화구의 깊이, (5) 분화구의 지름에 따라 자료를 기록했을 것이다. 또한 분화구에서 가루가 왕관처럼 흩어져 나간다고 질적인 자료를 수집할 수도 있다.

이 모든 자료를 계획했는가? 결과를 기록하기 위해 미리 자료표를 만들었는가?

자료를 해석하는 첫 번째 단계는, 모으고자 하는 자료가 무엇인가를 결정하는 것이다. 이것은 자신이 설정한 가설에서 나온다. 여러분은 일단 마음속으로 무엇이 일어날 것인가를 생각하면서 탐구하게 될 것이고, 그리고 왜 그것이 일어났는지를 말하기 위해 필요한 정보의 종류를 결정하게 된다. 그렇지 않다면 무슨 일이 일어나는가를 보면서 시간을 낭비할 수도 있다.

예를 들면 달의 분화구 조사에서 돌을 떨어뜨리는 높이가 높을수록 분화구가 깊어질 것이라는 가설을 진술할 수 있다. 이 경우는 돌을 떨어뜨리는 높이가 얼마인가와 그 결과 분화구의 깊이가 얼마인가를 측정할 필요가 있을 것이다. 돌을 떨어뜨리는 높이가 높을수록 분화구의 지름이 커진다고 가설을 설정할 수도 있다. 이 경우는 분화구의 지름을 측정할 필요성이 있을 것이다. 여러분은 또한 “돌이 무거울수록 분화구의 깊이와 넓이가 더 깊어지고 더 넓어질 것이다” 라고 가설을 세울 수도 있다. 이 경우에는 암석의 무게와 떨어뜨리는 높이를 두 개로 분리한 변인의 효과를 알아보아야 할 것이다: (1) 낙하의 높이, 그리고 (2) 바위의 무게. 결과를 해석하기 위해 어떻게 여러분의 탐구를 조직할 것인가?

암석이 무거울수록 분화구도 더 깊어지고 더 넓어질 것이라는 가설을 세웠다고 하자. 여러분은 서로 다른 무게를 갖는 암석에 대해서 낙하하는 높이가 다르게 반복하여 실험할 필요가 있다. 그러고 나서 여러분이 모든 자료를 구했을 때 떨어지는 높이가 분화구의 깊이와 넓이에 영향을 미치는지를 보기 위해서는 각 암석에 대한 결과로 알 수 있을 것이고 또한 크기가 어떤 영향을 미치는지를 보기 위해서도 모든 암석에 대한 자료를 비교함으로써 알 수 있다. 여러분은 다음과 같은 자료표를 만들 수도 있다:

달 분화구 탐구의 자료 표				
무게	낙하 높이		깊이	지름
#1 ______	1______	실험 1	______	______
		실험 2	______	______
		실험 3	______	______
		평균	______	______
	2______	실험 1	______	______
		실험 2	______	______
		실험 3	______	______
		평균	______	______
	3______	실험 1	______	______
		실험 2	______	______
		실험 3	______	______
		평균	______	______
#2 ______	1______	실험 1	______	______
		실험 2	______	______
		실험 3	______	______
		평균	______	______
	2______	실험 1	______	______
		실험 2	______	______
		실험 3	______	______
		평균	______	______
	3______	실험 1	______	______
		실험 2	______	______
		실험 3	______	______
		평균	______	______
#3 ______	1______	실험 1	______	______
		실험 2	______	______
		실험 3	______	______
		평균	______	______
	2______	실험 1	______	______
		실험 2	______	______
		실험 3	______	______
		평균	______	______
	3______	실험 1	______	______
		실험 2	______	______
		실험 3	______	______
		평균	______	______

미국과학교육기준의 프로그램 기준 C. 수학 교과와 연계

일단 자료가 읽을 수 있는 형태로 되면, 그것들이 무엇을 말해주는지 알아보기 위해 데이터 숫자들을 살펴볼 수가 있다. 한 개의 암석을 기준으로 하여 분화구의 깊이가 증가 혹은 감소했는지, 낙하 높이가 증가됐을 때는 어떤지 여부를 알 수 있다. 분화구의 넓이에 대해서도 이와 같은 과정으로 할 수 있다. 또한 같은 방법으로 각각 다른 암석들로부터 얻은 자료를 분석할 수 있다. 이렇게 함으로써 분화구의 넓이, 깊이, 낙하 높이 사이의 관계에 대한 결론을 이끌어 낼 수 있다. 그리고 각기 다른 종류의 암석들에 중점을 두고 각 암석에 대한 동일 낙하 높이에 대한 자료를 찾을 수 있다. 동일한 높이에서 낙하된 각기 다른 종류의 암석들로 만들어진 분화구의 깊이와 넓이를 비교하여 분화구에 영향을 주는 암석의 무게의 효과에 대한 결론 도출을 가능하게 해 준다. 이러한 과정들을 끝내고 하나의 일반화를 만들어 내기 위해 두 개의 결론을 조합할 수 있다. 예를 들어 "분화구는 돌멩이의 낙하 고도가 높으면 높을수록 무게가 무거우면 무거울수록 더 깊고 넓어진다."와 같이 일반화할 수 있다.

자료 해석을 위해 자료를 조직하는 가장 좋은 방법 중의 하나는 자료를 그래프나 막대 그래프와 같이 시각적으로 만드는 것이다. 그래프나 달 분화구 탐구 자료를 컴퓨터로 그린 것과 조사 자료표는 그림 3.26과 3.27에서 볼 수 있다. 그래프를 작성하는데 컴퓨터와 계산기는 매우 유용한 보조 기구이다. 이런 과학기술의 이용에 대해서는 11장에서 다룬다.

아이들은 특정 머리 색깔이나 안구 색깔을 가지는 아이들이 숫자나 식물의 크기 등을 그래프로 작성하도록 기회를 주어야 한다. 아이들은 스웨터 색깔이나 몇몇 특성에 따라 줄을 서 보면 '살아 있는 그래프 living graph'를 만들 수도 있다.

자료를 해석하는 것은 적합한 자료를 수집하기 위한 결정이 내려지면 간단하다. 만약 어떤 종류의 자료를 모아야 할지 모른다고 가정해 보아라. 이 경우 여러분은 어떤

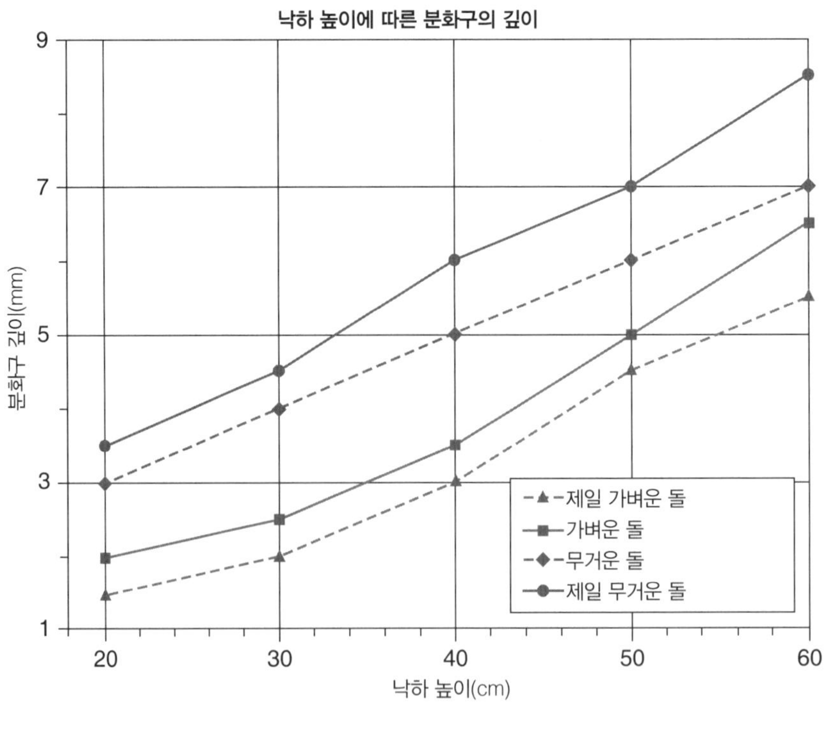

그림 3.26
낙하 높이에 따른 분화구의 깊이에 대한 그래프와 표. (Graphical Analysis 3.2, Vernier Software)

분화구의 깊이(mm)

	낙하높이 (cm)	제일 가벼운 돌 (mm)	가벼운 돌	무거운 돌	제일 무거운 돌
1	20	1.5	2.0	3	3.5
2	30	2.0	2.5	4	4.5
3	40	3.0	3.5	5	6.0
4	50	4.5	5.0	6	7.0
5	60	5.5	6.5	7	8.5

그림 3.26
(계속)

일이 일어날 것이라는 생각을 얻기 위해 서투르고 조잡한 활동을 할 것이고, 그리고 질문에 답하기 위해 당신이 알아내야 하는 것이 무엇인지를 결정한다.

이제까지 우리는 양적 자료 quantitative data에 관해 논의해왔다. 숫자나 측정으로 얻은 자료이다. 그러나 질적 자료 qualitative data도 수집할 수 있다. 밀가루 실험에서 분화구에서 왕관 모양의 퍼짐이 있다는 것은 질적인 자료의 좋은 예이다. 암석의 크기와 낙하

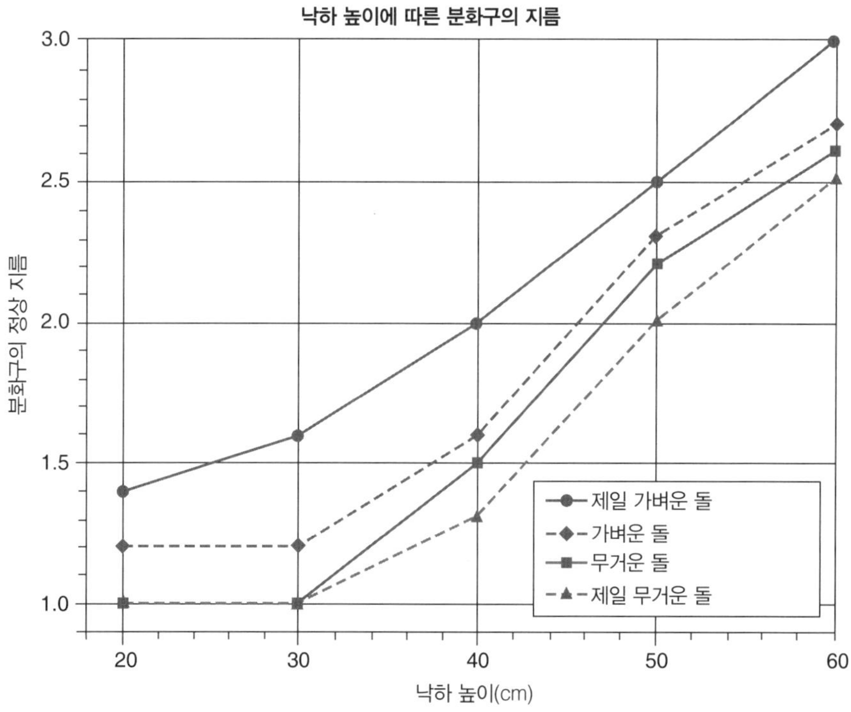

분화구 정상의 지름(mm)

	낙하높이 (cm)	제일 가벼운 돌 (mm)	가벼운 돌	무거운 돌	제일 무거운 돌
1	20	1.4	1.2	1.0	1.0
2	30	1.6	1.2	1.0	1.0
3	40	2.0	1.6	1.5	1.3
4	50	2.5	2.3	2.2	2.0
5	60	3.0	2.7	2.6	2.5

그림 3.27
낙하 높이에 따른 분화구의 지름에 대한 그래프와 표. (Graphical Analysis 3.2, Vernier Software)

높이가 왕관 모양의 퍼짐에 어떤 영향을 주는지 여부를 알 수도 있다. 만약 당신이 모은 정보가 "예, 왕관 모양의 퍼짐이 생겼다"거나 "아니오, 왕관 모양의 퍼짐이 형성되지 않았다"와 같은 것을 생물 활동 중에서는 질적 자료만 얻을 수 있다. 질적인 자료를 수집한 것이다.

많은 생명과학 활동에서, 질적 자료가 유일하게 구할 수 있는 종류이다.

3.22

학교 활동

미국과학교육기준의 내용 기준 C. 생명 과학: 유기체와 환경

쌀벌레

4학년 선생님이 쌀벌레의 자극에 대해 그 자극을 향해 움직이는지 아니면 피하는지 여부를 조사하도록 하였다(쌀벌레, 딱정벌레 유충은 대부분의 애완동물 가게에서 구할 수 있다). 아이들은 쌀벌레가 어떤 자극에 어떻게 행동하는지에 대해 알아보기 위해 빛, 식초, 험한 지형을 제안했다. 아이들은 다양한 자극제를 종이 위에 설치했다. 그리고 쌀벌레가 그러한 것들과 반응하는 것을 지켜보았다. 그들이 모은 자료는 양적이라기보다는 질적이다. 예를 들어 쌀벌레는 식초를 피해 이동했고, 빛을 향해 움직이며, 기울어진 바닥 쪽으로 움직인다는 결과를 관찰했다. 그들은 그들의 관찰로부터 쌀벌레가 똑바로 기어가는가? 1분에 얼마만큼을 기어갈 수 있는지와 같은 다른 질문들을 탐구하도록 결정했다(그림 3.28).

그림 3.28
쌀벌레의 움직임 보기.

자료를 해석하는 능력을 도와주는 탐구 활동이 과학수업 활동 3.39~3.41에 있다. 이 활동에서 아동은 결론에 도달하기 위해 자료를 모으고 도식화한다.

과학수업 활동 3.39

미국과학교육기준의 내용 기준 F. 과학의 개인적, 사회적 측면

학년 수준 2-8

치아 닦기

자료 해석

목표

학생은 칫솔질하는 시간에 따라서 치아의 깨끗함이 달라지는가를 보여주는 자료를 해석할 수 있다.

(**주**: *이 활동은 학부모의 허락을 미리 얻어야 한다.*)

병원이나 치과에서 구할 수 있는 *붉은 지시용 알약* red disclosing tablet을 이용하여 칫솔질을 한 후에 치아가 깨끗한가 아닌가를 탐구하려고 한다. 학생에게 땅콩 버터 과자 같은 끈적한 과자와 칫솔, 적은 양의 치약, 붉은 지시용 알약을 준비하여 제공하라. 그 지역의 치과는 치아 건강에 대한 인식을 높히려고 칫솔, 칫솔 튜브, 알약을 제공하는 경우도 있다. 이 수업 활동에 치과 위생사를 참여시켜도 좋다. 학생에게 과자를 먹게 하고 치아가 깨끗해 졌다고 느껴질 때까지 양치질을 하도록 한다. 짝궁은 칫솔질하는 시간을 기록한다. 모든 학생이 끝내면 이름과 칫솔질한 시간을 기록표에 적도록 한다. 그런 후에 붉은 지시용 알약(나쁜 성분이 없음)을 씹도록 하고 입을 헹구게 한다. 붉은 색을 띠는 치아는 아직 깨끗하지 않은 것이다. 짝궁이 깨끗한(붉은 색이 아닌) 치아를 세고 학생의 이름과 칫솔질 시간 옆에 기록한다.

자료를 살펴보고 결론을 내리게 한다. 혹은 시각적으로 잘 볼 수 있는 그래프를 만들게 할 수도 있다.

자료표		
이름	칫솔질 시간	깨끗한 치아의 개수

과학수업 활동 3.40

미국과학교육기준의 내용 기준 C. 생명 과학: 유기체의 한살이

학년 수준 3-6

하나의 꼬투리 안에 몇 개의 완두콩이 들어있을까?

자료 해석 활동

목표

학생들은 꼬투리에 들어 있는 완두콩의 개수에 관한 자료를 해석할 수 있다.

각 모둠에게 까지 않은 완두콩 꼬투리들을 나누어 주어라. 아이들에게 완두콩 꼬투리의 길이, 넓이, 두께, 색, 그 외 다른 외부적 특성에 대한 자료를 모으도록 하라. 그러고 나서 콩 꼬투리를 까고 그 안에 들어 있는 완두콩 알의 개수를 센다. 아이들은 다른 그룹의 수집된

(계속)

정보와 나란히 그들의 정보를 칠판에 기록한다. 그리고 아이들은 그 자료를 해석할 수 있도록 자료를 그래프로 만들 수 있다. 그림 3.29와 같은 그림이 있다.

그래프는 두 변인 사이의 관계에 있어서 해석될 수 있다(예를 들어 콩깍지가 길수록 더 많은 콩이 있다).

계절의 변화에 따라, 학생들은 호박씨의 개수를 예상하고 호박의 원주에 따라 씨앗의 개수를 그래프로 나타낼 수 있다.

길이	콩의 개수
6 cm	4
6.5 cm	4
7 cm	6
9 cm	9
11 cm	13
11.5 cm	14
12 cm	14
13 cm	15

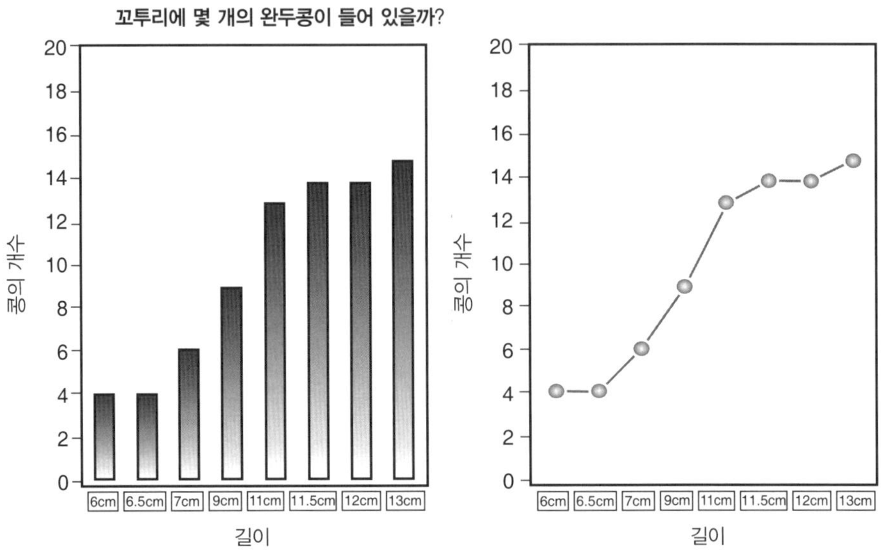

그림 3.29

꼬투리에 있는 콩들의 수의 표, 막대 그래프 그리고 선 그래프. (The Graph Club 2.0, Tom Snyder Productions)

학년 수준
6-8

3.41 과학수업 활동

미국과학교육기준의 내용 기준 B. 물상 과학: 물질의 특성과 변화

왜 어떤 것은 가라앉고 어떤 것은 물에 뜰까?

자료 해석 활동

목표

학생들은 물체들의 질량과 부피를 측정하고 어떤 것은 물에 뜨고 가라앉는지를 설명하는 관계를 찾을 것이다.

학생들에게 물이든 양동이와 물에 뜨고 가라앉는지를 확인할 수 있는 몇 가지 물건들을 제공하라. 학생들에게 이러한 실험을 할 수 있는 물건들을 집에서도 가져와 보도록 하라. 가능하다면 학생들에게 흑단(물에 가라앉는 나무)과 경석(물에 뜨는 돌)을 제공하라. 직사각형 모양의 몇 가지 물체들을 제공하도록 시도하라.

6개에서 8개의 물체들을 선택하고 학생들에게 이런 물체들이 뜨고 가라앉을지에 대하여

(계속)

예상하게 하고 그들의 예상과 시험한 결과를 기록하도록 하라.

학생들에게 각 물체의 질량과 부피를 찾도록 하라. 그들은 물체의 질량을 윗접시 저울로 측정할 수 있다. 또한 학생들은 둘레의 길이, 너비, 높이를 측정하거나 배수량을 측정하여 물체의 부피를 알아낼 수 있다(배수량을 사용하여 물체의 부피를 찾기 위하여 눈금 실린더에 물을 채우고 부피를 측정하라. 물체를 실린더에 완전히 잠근 다음 높아진 물의 높이를 측정하라. 물의 원래 높이와 달라진 물의 높이의 차이가 그 물체의 부피이다).

학생들은 y축에 물체의 질량을 x축에 물체의 부피를 그래프로 나타낸다. 각각의 물체는 그들만의 질량과 부피를 가질 것이다. 그래프를 그릴 때 가라앉고 뜨는 물체에 따라 다른 색깔을 사용하라.

마지막으로 학생들에게 왜 어떤 물체는 가라앉고 어떤 물체는 뜨는지에 대한 그들의 개념을 만들도록 하라. 학생들의 개념은 그들이 얻고 그래프로 그린 정보에 기초하여야 한다.

(교사 답안: 밀도는 질량을 부피로 나눈 것과 같다. 물의 밀도는 1 g/cc이다. 만약 물체의 밀도가 1 g/cc보다 크면 그것은 물에 가라앉을 것이고 1 g/cc보다 작으면 물에 뜰 것이다.)

(Benedis-Grab, 2006에서 발췌)

교사 활동 3.19

미국과학교육기준의 수업 기준 A. 탐구 기반 프로그램

자료 해석을 위한 활동

아이들의 자료 해석 기능을 발달시키기 위한 활동들을 써라. 학년 수준을 명시하고, 그 나이와 학년에 적합한 것인지를 확인하여라. 수업을 위해 과정 중심적 목표를 진술하여라. 이 목표는 "학생들은 ________ 에 대한 ________ 의 효과를 탐구하는 데 얻어진 자료를 해석할 수 있다."와 같이 설정할 수 있다. 그러고 나서 모둠별로 이 활동을 해보아라.

조작적 정의

위에서 언급했듯이, 정확한 의사소통은 과학에서 매우 중요하다. 결과적으로 종종 모두가 이해할 것으로 정의내려주는 것이 필요한 것이다.

교사 활동 3.20

미국과학교육기준의 내용 기준 A. 과학적 탐구수행을 위해 필요한 능력들

자료 해석을 위한 활동

아래 질문에 답을 해 보아라:

(1) 고속도로를 시속 100 km로 운전하고 있는데 같이 탄 사람이 너무 빠르다고 말한다. 얼마의 속도로 운전하겠는가?

(2) 다섯 살짜리 아이한테 손을 깨끗이 닦으라고 한다. "깨끗하다"는 것은 무슨 의미인가?

(계속)

(3) 식물을 잘 자라게 하려고 물과 양분을 주고 있다. 그 식물이 "건강하다"는 것을 어떻게 알 수 있는가?

(4) 교실에서 학생에게 조용히 하라고 한다. '조용한' 것은 얼마나 조용한 것일까?

(5) 뜨거운 물, 미지근한 물, 찬 물을 가지고 활동을 하려고 한다. 이 물의 온도를 뭐라고 말하는가?

미국과학교육기준의 내용 기준 A. 과학적 탐구수행을 위해 필요한 능력들

일상적으로 생활하면서 정의가 필요한 현상을 겪게 된다. "빠르다", "깨끗하다", "조용하다", "미지근하다"는 말은 사람마다 다른 의미를 주고 있다. 같은 한 사람에게도 시간에 따라 다른 의미가 되기도 한다. 과학 탐구에서는 모든 사람이 동일한 것을 동일하게 이해하는 것이 매우 중요하다.

측정할 수 없거나 쉽게 보기 어려운 변인을 모든 사람이 동일한 방식으로 이해하게 하는 것이 바로 **조작적 정의**이다. 조작적 정의는 어떤 것을 직접 측정하는 것이 편리하지 않을 때 간접적으로 측정하는 것과 동등한 방법이다. 진자 활동에서 우리는 한 번 흔들릴 때의 걸리는 시간을 계속적으로 측정할 수 없기 때문에 15초 동안에 진자가 몇 번 흔들리는지를 측정해야 했다. 이것은 변인을 조작적으로 정의하는 하나의 예이다. 이 양을 직접적으로 측정하는 것은 불가능하고, 힘이 들고, 불편하다. 그래서 우리는 간접적으로 그 양을 측정하기 위한 방법을 알아야 한다. 우리가 고안한 측정은 우리가 그것과 대체하고 있는 측정과 동등하되 그와 똑같을 필요는 없다.

이번 장에서는 이미 조작적 정의를 여러 가지 활동에서 봐왔다. '달 관찰 사례'에서 달의 얼굴면의 방향을 원호를 연결하는 가상선의 수직선으로 정의하였다. 조작적 정의는 분류 체계를 고안하면서 널리 활용된다. '식물 성장의 그래프'(학교 활동 3.7)에서 학생은 그래프 용지에 네모의 개수로 식물의 성장을 측정하였다. 전기장의 세기는 전자석으로 붙일 수 있는 종이 클립의 수로 정의한다(과학수업 활동 3.38).

"물에 뜰까 가라앉을까" 활동을 학생들과 해봤는가? 대개 이런 활동을 하면서 어느 물체가 물에 뜰지 아니면 가라앉을 지를 예상하고 그 예상을 확인하도록 한다(가령 과학수업 활동 3.22를 참조하라). 학생들이 예상하려고 할 때 "뜬다"와 "가라앉다"의 조작적 정의를 고안해야 할 필요를 느끼게 된다. 많은 경우에 가라앉는 물체들은 대부분은 수면의 아래로 내려가 있는데, 간혹 어떤 물체는 물의 바닥까지 내려가지는 않는다. 이런 물체는 가라앉은 것인가? 아니면 뜬 것인가? 바로 이런 상황에서 용어를 정의할 필요가 있다. 더욱이, 대부분의 물체는 물표면 아래 물체의 다양한 부분에 따라 그렇게 된다. 어떤 물체가 **일부분**만 수면 위에 남아 있으면 "뜬다"고 말할 수 있는가? 여러분과 학생은 모두 의미있는 조작적 정의를 만들어내는 일을 함께 하는 것이 필수적이다.

앞서 말한 것처럼 조작적 정의는 직접 측정할 수 없는 변인이나 현상을 정의하는 데 사용되는 것이다. 어떤 일을 직접적으로 측정할 수 있다면 조작적 정의가 필요하지 않게 되고 표준적인 측정 단위로 정의하면 된다. 가령 책상의 길이를 조작적으로 정의할 필요는 없다. 자로 측정하거나 종이 클립으로 몇 개인가를 정의하면 되기 때문이다. 이와 유사하게 사람의 몸무게를 조작적으로 정의할 필요도 없다. 체중계에 올라서서 눈금을 읽으면 '실제' 무게가 되기 때문이다. '달의 분화구의 깊이'(교사 활동 3.17)도 자로 측정될 수 있다. 외부 온도도 온도계로 직접 측정할 수 있다(학교 활동 3.11). 운동장을 한 바퀴 도는데 걸리는 시간도 초시계나 분침으로 측정할 수 있다(학교 활동 3.14).

잠시 시간을 갖고서 지금까지 해왔던 활동을 되돌아 보자. 어떤 것이 조작적 정의를 해야 하는 상황일까? 이런 활동 중에는 많은 경우 조작적 정의를 해야 하는 경우를 찾을 확률이 있다. 암석을 관찰하면서 "부드럽다" 혹은 "거칠다"를 의미하는 경우뿐만 아니라 암석의 색이 '회색' 혹은 '갈색'이라는 의미에서도 조작적 정의가 요구된다.

따라서 조작적 정의를 하는 목적은 과학 탐구에서 일관성과 정확성을 가지기 위해서이다.

학생에게 조작적으로 정의하는 과정을 발달시키는 활동은 과학수업 활동 3.42~3.43에 수록되어 있다.

과학수업 활동 3.42

미국과학교육기준의 내용 기준 C. 생명 과학: 유기체의 특성

학년 수준 K-4

식물이 건강하다는 것을 어떻게 알 수 있을까?

조작적 정의 활동

목표

학생은 *식물이 건강하다*는 것을 조작적으로 정의할 수 있다.

과학수업 활동 3.31(씨앗이 싹트기 위해서 필요한 것?)에서 잘 자라난 싹을 이용하거나 근처 꽃가게에서 꽃을 구해 온다. 학생에게 어느 식물이 "건강한가"를 찾아보게 한다. 또한 왜 그 식물이 건강한지 생각하는 이유를 서술하게 한다. 학생 중에 '잎의 색깔', '줄기의 굵기', '잎의 숫자' 등을 응답할 수도 있다. 어느 식물이 가장 건강한지를 말해주는 이런 성질을 어떻게 측정할 지도 학생에게 써보게 한다. 이런 것들이 *건강한 식물*을 조작적인 용어로 정의하는 것이 된다. 식물을 더 자라게 하고 학생에게 어느 식물이 가장 건강한지에 대한 자신의 정의를 활용하여 그 식물을 결정하도록 해라. 그러면 식물의 건강이라는 자신의 정의를 약간 바꾸거나 다듬을 수도 있다.

과학수업 활동 3.43

미국과학교육기준의 내용 기준 C. 물상 과학: 물체의 위치와 운동

학년 수준 1-5

공의 튀어오르기

조작적 정의 활동

목표

학생은 '*공이 튀어 오르는 정도*'를 조작적으로 정의할 수 있다.

학생에게 농구공, 소프트볼, 탁구공, '수퍼볼', '테니스공', '축구공', '배구공' 등 여러 가지 운동용 공들을 보여 주어라. 한 학생은 한 번에 한 개의 공을 선택하여 일정한 높이에서 떨어뜨려 본다. 그 높이는 학생이 정할 수도 있고, 의자나 책상에 올라가서 약간 더 높은 곳에서 떨어 뜨리기도 한다. 여러 가지 공을 떨어뜨린 (던지는 것이 아님) 후에 학생에게 튀어 오르는가를 보도록 하고, 튀어 오르면 얼마나 높이 튀어 올라오는가를 측정하도록 해라(그림 3.30).

학생은 이런 탐구와 관찰을 통하여 '공이 튀어 오르는 정도'를 정의할 수 있다. 다른 공을 다른 상황에서도 그런 정의가 잘 유지되는 지를 검사하도록 해라.

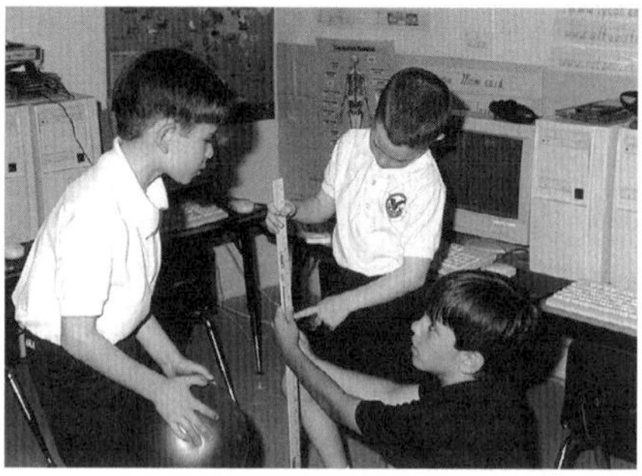

그림 3.30
공이 얼마나 높이 튀어 오르는가?

3.21 **교사 활동**

미국과학교육기준의 수업 기준 A. 탐구 기반 프로그램

조작적 정의에 대한 활동

이제 당신의 차례이다. 학생들이 조작적 정의의 기술을 개발할 수 있도록 도와주는 데 사용될 수 있는 작은 활동을 적어보라. 학년을 수준을 명시하고 그 활동이 그 학년 수준에 적합한지 확인하라. 그 활동을 위한 과정 중심의 수업 목표를 아래와 같이 설정하자. "학생들은 ______을 조작적으로 정의할 수 있다." 모둠별로 모여서 준비한 활동을 하라.

실험 수행

미국과학교육기준의 내용 기준 A. 과학적 탐구수행을 위해 필요한 능력들

실험은 실험자가 한 변수의 변화가 다른, 상호 작용 변수의 변화에 미치는 영향을 탐구하는 과학적 과정들이다. 예를 들어, 실험자는 풍선의 지름 변화에 대한 풍선 속 공기의 온도 변화의 영향을 탐구하는 것을 선택할 수도 있다. 혹은, 실험자는 빵에 넣는 이스트의 양의 변화가 빵을 얼마나 부풀어 오르게 하는지에 대한 영향을 시험하는 것을 원할 수도 있다. 우리는 이 장에서 몇몇 실험들을 제안해 왔다. 하나는 진자 주기의 속도에 영향을 주는 실험과 장난감 트럭이 경사면을 내려가는 속도에 영향을 주는 실험도 다루었다.

실험수행은 가설 설정과 다르다. 가설은 당신이 무엇을 한다면 어떤 일이 일어날지에 대한 추측이다. 한 변인이 확인되고, 다른 상호 변인에 대한 효과가 가설로 세워진다. 다른 변인의 변화 가능성에 하나의 변인 변경의 효과를 조사하기 위한 어떠한 체계적인 시도가 수행되지 않는다. 예를 들어, 가설에서 내가 너무 많이 먹으면, 체중이 늘 것이다라고 제안할 수도 있다. 이에 상응하는 실험은 먹는 양과 늘어나는 체중과의 관계를 조사할 것이다. 실험 수행에서, 실험자는 변화하는 변이의 다른 상호작용하는 변인의 변화에 대한 효과를 탐구하기 위한 신중한 계획을 만든다. 실험자가 변화시키는 변인은 **독립변인** independent variable이라 한다. 왜냐하면 그것은 실험자가 하는 것을 제외한 어느 것에도 의존하지 않기 때문이다. 독립변인에 의존하기 때문에, 독립변인의 변화에 따라 값이 달라지는 변인은 **종속변인** dependent variable이라 한다.

실험 수행에서 연구자들은 자기가 궁금했거나 관찰한 것에 관한 질문을 한다. 그 질문은 일반적으로 "나는 왜 그런지 궁금하다" 또는 "내가 ___ 을 변화시키면 ___ 일이 일어

날지가 궁금하다"와 같은 질문을 한다. 그러나 가끔 이 질문은 가설의 형태로 던져진다. 변인이 확인되고 탐구는 하지 않았으나 실험의 결과에 영향을 미칠 수 있는 것들은 통제된다. 만약 필요하거나 바람직하다면 탐구되어질 변인들은 조작적 용어로서 표현될 수 있다. 실험 절차와 필요한 관찰의 특성과 모아질 자료들을 포함한 실험 계획이 개발된다. 그 후 실험이 수행되고 데이터가 얻어진다. 가끔은 계획을 조정하는 것도 바람직하다. 실험 수행 후에 데이터와 관찰한 사실이 기록되고, 원래의 가설이나 질문에 대한 의미로서 결과들이 분석된다. 탐구의 결과는 급우들이나 혹은 다른 사람들과 그들의 반응을 알기 위해서 의사소통하게 되고 그에 따라서 결론이 나온다. 아동이 과학자가 된 것이다.

과학이 의문을 품는 것임을 기억하라. 이와 같이 아이들이 도출한 결론과 그 결론에 대한 이유를 정당화하는 상호작용은 과학 활동의 본질을 나타낸다. 과학자들은 자신의 이론이 올바르다는 것을 동료들에게 설득하며 그 동료는 그 과정에서 과학자가 생각하지 못했던 다른 핵심적인 질문을 탐구하기도 한다. 처음의 원래 실험을 고안하고 수행하는 것은 블룸 Bloom의 교육 목표 분류(5장 참조)에서 창의 수준에 해당한다. 5학년 학생들은 실험 결과가 타당한 가를 확인하기 위하여 표준화 성취 검사에 제시된 새로운 생각을 이해하기도 하며, 그 생각으로 작업할 수도 있다(Capp, 2009).

미국과학교육기준의 내용 기준 G. 과학의 역사와 본성: 과학의 본성

교사 활동 3.22

미국과학교육기준의 내용 기준 B. 물상 과학: 운동과 힘

낙하산 떨어뜨리기

어떤 요인이 낙하산의 속도에 영향을 미치는가? 낙하산에 관한 탐색적 활동은 학교 활동 2.5에 제시되었다. 이 실험에서는 모든 탐구과정들이 포함될 것이다. 조별로 또는 학급 활동으로써 실험을 계획하고 필요한 자료를 모으고 결론을 도출해 보아라. 결론과 그 결론의 타당성을 서로 토의해 보아라.

초등 학교 학생들에게 적절한 두 개의 실험이 과학수업 활동 3.44~3.46에서 제시되어 있다.

과학수업 활동 3.44

미국과학교육기준의 내용 기준 B. 물상 과학: 자기

자석에 대한 조사

실험 수행

학년 수준
K 이전-3

목표

학생들은 자기장의 여러 가지 물질을 통과하는 능력을 보여 주기 위한 실험을 고안하고 수행할 수 있다.

"자석은 여러 종류의 물질을 통해서 끌어당길 수 있는가?" 라는 질문을 제기한다. 아이들은 이 질문에 답하기 위해서 실험을 계획하고 수행한다. 그들은 자석이 종이 클립과 같은

(계속)

무언가를 끌어당기는지 아닌지를 구별할 계획을 세우고, 어떤 물건(종이, 카드, 플라스틱, 모래, 물 등)을 가지고 실험해야 하는지 결정한다. 그들은 물질을 모으고 실험을 수행한다. 여기서 수집한 자료는 질적 자료이다. 예를 들어 자석은 종이 끼우는 클립을 끌어당기거나 당기지 않는다. 이런 자료에서 결론을 내린다.

이 활동은 물질의 두께를 달리하여 양적 접근을 할 수 있다. 예를 들어, 학생들은 자석이 1장의 종이, 10장의 종이, 20장의 종이 등을 통과해서 몇 개의 클립을 당길 것인지를 탐구할 수 있다. 다음에 그들은 그래프 형태의 자료를 보여주기 위해 막대 그래프를 준비한다.

학년 수준
4-5

3.45 과학수업 활동

미국과학교육기준의 내용 기준 B. 물상 과학: 전기

자석에 대한 조사

실험 수행

목표

학생들은 다양한 물질이 전기 전도에 미치는 영향을 조사하기 위하여 실험을 계획하고 수행할 수 있다.

아이들에게는 건전지, 전선, 전구, 소켓 그리고 종이, 못, 클립, 나무, 레몬 주스, 물, 소금 등 다양한 물질을 준다. 아이들은 전기 전도와 물질의 특성 사이의 관계를 조사하기 위해 실험을 계획하고 수행한다. 실험 장치는 그림 3.31처럼 설치할 수 있다.

그림 3.31
전기 전도 실험을 위한 구성.

a. 전구에 불이 들어 오는지 확인하기 위해 전지의 양 끝단에 전선을 연결하라.

b. 어떤 종류의 물건이 전기를 전도하는지 알기 위해 전지의 한끝과 전선 사이에 물질을 연결시켜라.

c. 전기를 전도하는지 알기 위해 각기 다른 종류의 액체 속에 전선을 담그어라. 액체들은 구리선만큼 전기를 전도하지 않기 때문에, 전구에 불이 들어오게 하기 위해 9 볼트의 전기를 사용하여야만 한다.

과학수업 활동 3.46

미국과학교육기준의 내용 기준 B. 물상 과학: 운동과 힘

학년 수준 4-8

뉴턴의 제 3법칙

실험 수행

목표

학생들은 부푼 풍선에서 나오는 공기의 힘의 효과를 탐구하기 위해 풍선이 얼마나 움직이는지에 대한 실험을 설계하고 수행할 수 있다.

풍선을 불어서 놓아보아라. 학생들에게 어떤 일이 일어나는지 관찰하게 하라.

그 후 풍선을 반 정도 불어라. 풍선의 끝을 바인더 클립으로 집어 막고 음료수의 빨대를 풍선의 끝과 풍선의 중간 정도에 테이프로 고정하라. 빨대를 통과하는 긴 나일론 실을 늘여 놓아라. 실로 풍선의 둘레를 돌려 원주를 측정하라. 학생들에게 실을 꽉 잡아 팽팽하게 늘여 놓아라. 클립을 풀어 풍선이 실 위로 얼마나 움직이는지를 측정하라. 학생들은 이것을 세 번 해야 하고 평균치를 구해야 한다. 학생들은 같은 풍선의 부푼 정도를 달리하여 몇 번 실시하고 아래와 같은 표를 만들어 결과를 기록한다. 그들의 자료를 그래프로 나타내는 것은 결론을 내리는데 도움을 줄 것이다.

풍선 자료표	
원주	거리

학생들은 풍선의 원주에 따라 풍선으로부터 나오는 공기의 힘의 상대적인 크기를 추론한다. 부푼 크기와 힘 사이의 관계는 정확하지는 않지만 거의 비례할 것이다.

학생들은 풍선의 종류, 크기, 모양, 풍선을 부는 정도, 안정감을 높이기 위해 수직안전판을 부착하는 것들과 같은 몇 가지 통제 변인들의 조작을 통하여 이 활동을 해야 한다.

교사 활동 3.23

미국과학교육기준의 수업 기준 A. 탐구 기반 프로그램

실험 활동

학생들의 실험 수행 기능의 발달을 도와주는 활동을 적어라. 학년 수준을 명시하고 그 활동은 그 나이와 학년 수준에 적합한지 확인해라. 그리고 "아이들은 ________ 의 ________에 대한 효과를 탐구하는 실험을 계획하고 수행할 수 있다."와 같은 과정 중심적인 목표를 진술하여라. 그리고 모둠으로 이 활동을 하여라.

모형 구성

미국과학교육기준의 내용 기준 A. 탐구로서의 과학: 과학적 탐구에 필요한 능력들

이미 밀가루가 담긴 접시를 이용하여 달에서 분화구 형성을 탐구할 때 모형을 만들었다. 모형은 우리가 쉽게 볼 수 없는 사물이나 현상의 구체적인 표상이다. 모형의 좋은 예는 원자 모형(그림 2.1)과 지구의 내부 모형(그림 3.32), 음파 모형(그림 3.33) 등이다. 이러한 경우 모형은 우리가 볼 수 없는 사물을 시각화할 수 있게 한다. 누구도 원자의 내부를 보지 못했고, 누구도 지구 내부를 보지 못했고, 누구도 음파를 본 사람은 없다. 그러나 원자와 지구 내부, 음파는 어떤 특정한 방식대로 움직이며, 과학자는 그런 방식으로 움직이려면 어떻게 해야 할 것인가를 나타내도록 복제품을 고안한다.

여러분은 1장에서 신비한 상자 모형(교사 활동 1.6)을 만들었거나 적어도 만드는 것

그림 3.32
지구의 단면.

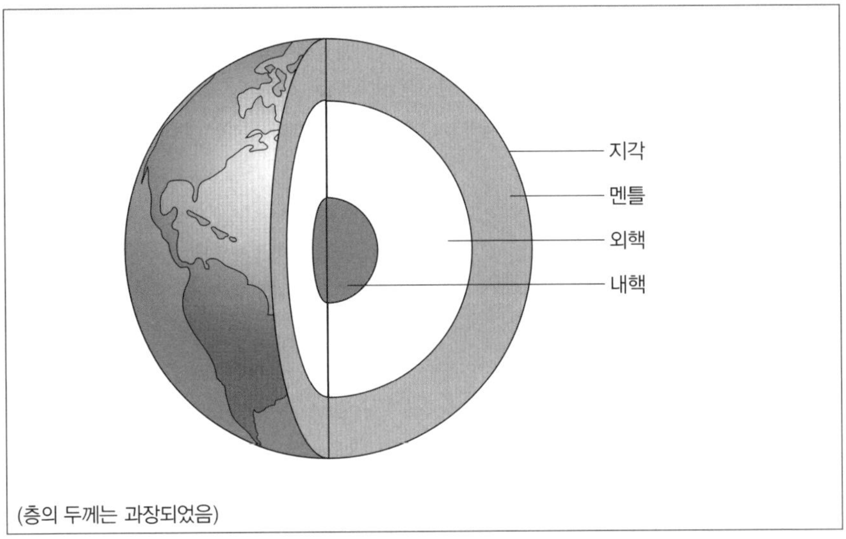

그림 3.33
음파모형.

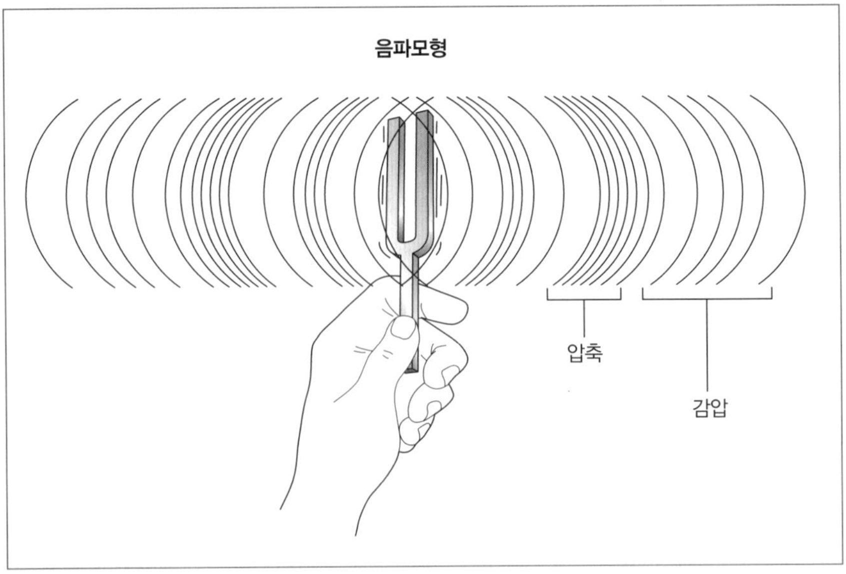

에 대해 생각했다. 이 경우 그 모형이 신비한 상자와 같은 방식으로 되어 있다면 그 속에 들어 있는 물체의 모형은 신비한 상자와 동일한 것이다. 비록 모형이 진짜 신비한 상자는 아니지만, 그 두 개는 동일한 방식이기 때문에, 여러분의 모형은 원래의 것과는 동일하거나 아니면 그것에 매우 가깝다는 확신을 하게 된다.

과학에서 모형 구성은 비행기 모형을 만드는 것이나 패션 잡지에서 볼 수 있는 모델과는 다르다. 모형 배나 모형 비행기는 우리가 이미 알고 있는 것들의 어떤 것의 크기를 축소하는 데 목적이 있다. 패션 잡지의 모델은 여러분이 만약 그 모델을 닮았다면 몇 종류의 옷 또는 화장품과 헤어스타일이 당신에게도 어울리는지를 보여 주는 것이다. 이러한 종류의 모형은 현상을 설명하고자 함이 아니다. 그것은 오히려 모형 비행기인 경우 복제하기 위해 또 패션 모델의 경우 광고하기 위해서이다.

아케르 Acher, 아카 Arcà, 그리고 산마티 Sanmarti(2007)는 7~8세 같은 아동들은 모형을 성공적으로 구성할 수 있다는 것을 보여 주었고 "최대한 빠른 학령기에 모형구성 활동을 권장하는 것이 중요하다."고 결론지었다. 아이들이 과학적 모형 구성을 하게 하는 가장 빠른 방법 중의 하나는 이미 개발된 어떤 것들에 대한 관찰을 하는 것이다. 두 개의 좋은 모형이 태양계에 대한 것이다.

학교 활동 3.23

미국과학교육기준의 내용 기준 D. 지구와 우주 과학: 태양계에서 지구

행성의 온도

초등학교 교사가 다양한 기후를 나타내주는 복장들이 든 9개의 종이 가방을 가지고 왔다. 그 가방 속에는 (1) 검은 선글라스, 부채, 차양판, (2) 검은 선글라스, 부채, (3) 검은 선글라스, (4) 밝은 선글라스, (5) 재킷과 장갑, (6) 재킷, 장갑, 모자, (7) 재킷, 장갑, 모자, 스카프, (8) 재킷, 장갑, 모자, 스카프, 방한용 귀마개가 들어 있다. 그리고 이런 복장들을 아이들에게 착용하도록 나누어주었다. 학생들이 입고 있는 복장에 관해 설명해 주고 그들이 입고 있는 복장에 따라 '태양'이라고 쓰여진 큰 종이 주위를 줄을 지어 돌았다. 전형적인 통의 질문에는 다음과 같은 것을 포함한다. "태양으로부터 멀어질수록 춥겠는가, 덥겠는가?", "서로 다른 위치에서 태양은 얼마나 크게 보이는가?", "만약 네가 행성이라면, 누가 제일 춥지? 혹은 덥지?", "너는 어느 행성에서 살고 싶은가? 그리고 왜?"와 같은 질문을 한다. 그러고 나서 선생님은 행성들의 이름표를 나누어주고 아이들은 그것을 가지고 태양 주위를 돈다. 이 아이들은 태양계 모형을 만들고 있었던 것이다.

태양은 얼마나 클까? 과학수업 활동 3.47을 통해 지구의 크기와 태양 크기를 비교하는 모형을 구성하는 방법을 알 수 있다. 태양의 지름은 지구 지름의 108배이며 그것은 일직선 상으로 볼 때 태양 속에 108개의 지구가 일직선으로 늘어설 수 있다는 뜻이다. 이 모형은 스스로 볼 수 없는 것들에 대한 모형이다.

학년 수준
2-4

3.47 과학수업 활동

미국과학교육기준의 내용 기준 D. 지구와 우주 과학: 태양계에서 지구

태양은 얼마나 클까?

모형 구성 활동

목표

학생들은 지구와 태양의 지름을 비교하는 모형을 구성할 것이다.

이 활동은 태양과 지구의 크기 비교를 알아 보는 것이다. 지구는 대략 지름이 8,000마일이고 태양은 지름이 대략 865,000마일이다. 그래서 태양의 지름은 지구 지름의 약 108배이다. 이것은 만약 태양이 평평하다면 지구가 108개나 그 표면에 한 줄로 늘어설 수 있다는 의미이다.

2피트 3인치의 지름의 얇은 판을 원형 '태양'으로 잘라 내고, 지구를 표시하기 위해 나무 용품을 취급하는 가게에서 1/4인치 되는 둥근 스티커를 구입하라. 아이들에게 그 점을 태양을 중심으로 가르는 직선에 붙이게 하라(그림 3.34). 아이들에게 그 점을 횡단하는 데는 108개의 점이 필요할 것이다.

이 활동은 관찰, 측정 그리고 모형 구성활동과 더불어 추론의 과학적 과정들의 반전을 조성한다.

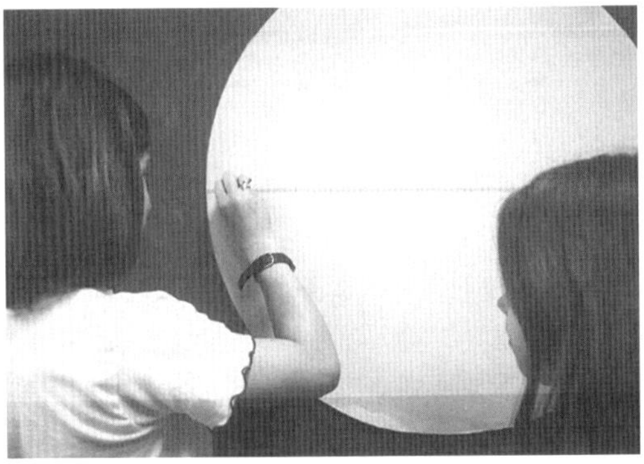

그림 3.34
태양의 지름 모델 구성하기.

태양으로부터 행성들까지의 거리 사이의 관계를 보여 주는 태양계 모형 구성에 대한 활동이 과학수업 활동 3.48에 제시된다.

학년 수준
5-8

3.48 과학수업 활동

미국과학교육기준의 내용 기준 D. 지구와 우주 과학: 태양계에서 지구

태양계 모형

모형 구성 활동

목표

아이들은 태양으로부터 행성 사이의 상대적인 거리를 보여 주는 모형을 구성할 수 있다.

(계속)

재료: 연필, 4인치씩 늘어나는 10미터 자, 연필, 20 cm 정사각형의 노란색 종이

이 활동은 태양으로부터 행성들 사이의 정확한 거리를 보여 줄 것이다.

먼저 도표를 참조하라. 도표는 태양으로부터 행성들 사이의 실제적인 거리를 1,000만 Km의 단위로 나타내고 각 행성과 태양과의 거리를 비례적인 축도로 나타낸 것이다. 그리고 도표는 또한 각 행성들의 실제 지름과 비례적인 축척 지름을 나타내 준다(지름의 축척과 길이 축척이 다르다는 것을 유의하라).

태양을 나타내는 반경 20 cm의 원형을 잘라서 테이프 한 끝에 붙여라. 태양을 상징하는 원의 *바깥 부분 가장자리*로부터, 각 행성들의 위치를 알기 위해 길이를 측정하라. 위 표에서 "태양의 외부 '가장자리'로부터 축적된 거리"를 나타낸 칸에서 거리를 재어 보아라. 주어진 거리는 태양*으로부터의* 거리이지 앞의 행성*으로부터의* 거리가 *아님*을 명심해라.

행성	태양으로부터 실제 거리(천만 km)	태양의 가장자리로부터 축적된 거리	실제 지름(km)	축적 지름 (화성 = 1.0 mm, 태양 = 20 cm)
수성	5.8	12 cm	4,900	0.7 mm
금성	11	22 cm	12,000	1.7 mm
지구	15	30 cm	12,800	1.8 mm
화성	23	46 cm	6,800	1.0 mm
목성	78	156 cm	140,000	20.0 mm
토성	140	280 cm	120,000	17.0 mm
천왕성	290	580 cm	47,000	6.7 mm
해왕성	450	900 cm	50,000	7.1 mm

행성 간의 상대적인 지름으로 원을 사용하여 행성들의 위치에 맞게 그려라. 행성의 지름은 태양으로부터의 거리와는 다른 축적으로 실려 있음에 유의하라.

과학수업 활동 3.49

미국과학교육기준의 내용 기준 D. 물상 과학: 에너지 전달

학년 수준 5-8

차가운 물속에서 고래는 어떻게 체온을 유지하는가?

모형 구성 활동

목표

학생들은 동물이 가지고 있는 지방과 추운 물에서 생존 능력 사이의 관계를 보여 주는 모형을 개발할 수 있다.

준비물: 비닐봉지, 보도 테이프, 쇼트닝 그리고 얼음물병

(계속)

교실에 찬 얼음물과 식용유가 들어 있는 두 개의 양동이를 준비해 놓고 한 학생이 얇은 고무 '장갑'을 끼고 찬 얼음물 속에 손을 담그고 얼마나 견디는지 다른 친구가 시간을 잰다. 이때 손이 얼음물 속에서 더 이상 견디지 못할 만큼 차가워지면 그 시간이 얼마나 걸리는지 측정하는 것이다. 그 다음 아이들은 식용유가 든 양동이에 장갑이 끼워진 손을 넣으며 이때 식용유가 완전히 장갑 전체에 발라질 때까지 충분히 넣어야 한다. 식용유가 발라진 장갑을 낀 손을 다시 얼음물 속에 집어넣는다. 그리고 동료는 견디는 시간을 기록한다. 아이들은 고래가 찬 바닷물 속에서 어떻게 체온을 유지하는지에 대한 모형을 만들고 있다.

학년 수준
5-8

3.50 과학수업 활동

미국과학교육기준의 내용 기준 B. 물상 과학: 에너지 전달

방사능 자연 붕괴 모형

모형 구성 활동

목표

학생들은 방사능 붕괴 과정을 보여주는 모형을 만들 수 있다.

방사능 물질의 **반감기** half-life는 물질의 반이 방사능이 없는 물질로 분해되는 데 걸리는 시간이다. 신발상자와 덮개를 구하고 상자의 내부 귀퉁이에 점을 찍어라. 100개의 콩을 상자에 집어놓고 각 상자를 10초 동안 흔들어라. 콩의 검은 눈이 상자 안의 점을 향하고 있는 모든 콩을 제거하고 개수를 세어라(학생들은 "점을 향한다"는 것에 대하여 조적적 정의를 내려야 할 필요가 있을 것이다). 모든 콩들이 상자에서 제거될 때까지 이를 반복하라. 학생들은 다음에 있는 표와 같이 결과를 기록해야 한다.

흔든 횟수	제거된 콩의 개수	남은 콩의 개수

학생들에게 자료로부터 그래프를 그리도록 하라. 그래프로부터 학생들은 콩의 '반감기'를 추론할 수 있다(콩의 '반감기'는 상자 안 콩의 반이 제거되기 위해 상자가 흔들어 져야 하는 횟수가 될 것이다).

심화

학생들은 **안개상자** cloud chamber를 사용한 방사능을 실제로 볼 수 있다. 안개상자는 과학 교구상을 통해 구할 수도 있고 페트리 접시, 덮게 그리고 검은 압지를 사용하여 자기만의 것을 만들 수도 있다. 또한 당신은 방사능의 재료, 즉 밝은 손전등, 변성 소독용 알코올, 그리고 드라이 아이스 케이크가 필요하다. 안전 유의점: 드라이 아이스는 매우 차갑기 때문에 피부에 손상을 줄 수 있다. 집게나 두꺼운 장갑을 사용하여 교사만 다루고 학생들이 다루지

(계속)

않게 한다. 또 이것의 위험성에 대하여 주의시켜야 한다. 방사능의 재료는 오래된 오렌지 주물 그릇 조각, 렌턴 멘틀 lantern mantle, 혹은 과학 기자재 회사로부터 구입한 것이 될 수 있다. 모두 사용하는 데 안전하다.

검은 압지를 페트리 접시의 바닥에 맞도록 잘라라. 드라이 아이스 케이크 위에 페트리 접시를 놓고 방사능 재료를 압지 위에 놓은 다음 소량의 알코올을 첨가하라. 손전등을 페트리 접시에 수평으로 여러번 비추고 검은 압지를 위에서 내려다보라. 방사능 물질로부터 방출된 입자들이 만들어내는 증기 자국을 볼 수 있다(아마 교실을 어둡게 해야 할 것이다). 대부분 **알파 입자들** alpha particles (짧고 굵은 자국을 남기는)이 관찰되지만 때때로 **베타 입자들** beta particles (전자들이 길고 가는 자국을 남기는 것)과 **감마선** gamma rays (비틀어지고 둥근 자취)도 관찰할 수 있다.

과학수업 활동 3.51

학년 수준 5-8

미국과학교육기준의 내용 기준 F. 과학의 개인적, 사회적 측면: 인구, 자원, 환경

산성비는 무엇인가?

모형 구성 활동

목표

학생들은 산성비의 영향을 탐구하는 데 사용되는 모델을 구성할 것이다.

학생들에게 적색 청색 리트머스 혹은 pH 시험지가 든 유리병과 증류수로 씻은 깨끗한 비커를 주어라. 학생들에게 비커를 개방된 야외에 두어 빗물을 받도록 하라. 학생들은 리트머스 혹은 pH지로 빗물을 검사하여 그것의 산성도를 결정한다.

다음으로 반 컵 정도의 식초와 1갤런의 증류수를 섞어라. 학생들은 이 약한 혼합물의 산성도를 리트머스나 pH지로 검사하고 그것의 산성도를 빗물의 것과 비교한다. 그들은 석회석 조각을 아주 묽은 산성 용액에 밤새 담궈 둔다. 그들은 다음날 석회석 조각이 어떻게 달라 보이는지를 액체에 넣기 전에 보이던 것과 비교한다. 학생들은 새로운 물질을 넣을 때마다 깨끗한 액체 집합으로 다른 암석들과, 다른 종류의 토양 그리고 다른 종류와 다른 산성도의 산성용액으로 같은 활동을 시도해 보아야 한다.

어떻게 이 모형이 산성비의 영향을 나타낼 수 있는가? 어떻게 이것이 산성비의 실제 효과와 가까운가?

모형구성과 관련된 활동이 과학수업 활동 3.46과 3.47에 제시되었다.

모형 구성에서 어려움의 하나는 실제로 존재하는 공간적 관계가 종종 너무나 엄청난 값이기 때문에 적절한 크기로 축소해야 할 필요가 있다는 것이다. 결과적으로 책 한 페이지 공간을 차지하기 위해 종종 왜곡된 모형이 만들어 진다. 과학수업 활동 3.48의 태양계 모형은 비록 정확하지만 한 페이지에 실리지는 못할 것이다. 아마도 학교 체육관에 전시되어야 할 것이다. 왜냐하면 그 길이가 10 m나 되기 때문이다. 이것은 편리하지는 않지만 현실적인 모형인 것이다.

미국과학교육기준의 내용 기준 D. 지구와 우주 과학: 지구계의 구조

다른 모형 중 흔히 잘못된 모습으로 제시되는 것은 대기권 두께의 모형이다. 정확한 모형은 그림 3.35에 제시되어 있다. 대기권의 다양한 층의 두께를 정확히 측정하여 사용하고 그것들을 비례적으로 줄일 때 대기권의 두께는 너무 얇게 나타남을 알 것이다. 이전에 교과서에서 본 모형과 지구 대기의 엄청난 높이 때문에 사람들이 일반적으로 생각하는 두께보다 훨씬 더 얇다는 것을 알 것이다. 이 모형이 제시하는 방식대로 지구의 대기권의 두께를 머리 속에 그려보는 것이 어려운 만큼 이 모형은 비례적으로 정확하다. 이 모습(그림 3.36)을 증명하기 위해 우주에서 찍은 지구의 지표 사진을 볼 필요가 있다.

지구 대기권의 두께

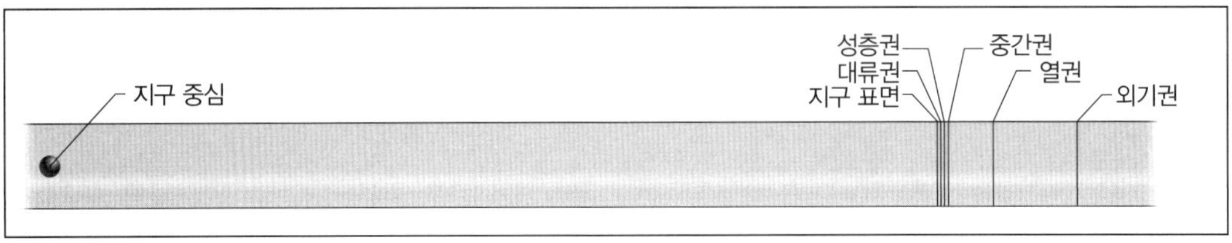

NASA/JPL/UCSD/JSC

대기권은 몇몇 층으로 구성된다고 생각된다. 이러한 층들은 분명한 구분을 가지고 있는 것이 아니라 경계면에서 서로 맞닿아 있다.

지구 대기권 층의 두께	
외기권 행성 간 공간의 시작이다.	400~1,000 km
열권 거의 분자가 희박하다.	80~400 km
중간권 우주선과 공기 분자의 충돌로 인해 만들어진 대전된 입자들을 포함한다. 오존층은 성층권의 상부와 중간권의 하부 사이에서 발견된다.	50~80 km
성층권	25~50 km
대류권 기상 현상이 일어난다.	0~25 km

지구의 직경에 대한 지구 대기권의 두께의 관계를 보여 주기 위하여 다음의 비례식을 사용하여라:

$$\frac{\text{대기의 두께}}{\text{지구의 직경}} = \frac{1{,}000 \text{ km}}{12{,}800 \text{ km}}$$

만약 이것을 미터 단위로 환산한다면, 그 관계는 1,000 m:12,800 m이다. 이것을 약분하면 10 m:128 m 또는 10 cm:128 cm의 관계가 성립된다.

그림 3.35
지구 대기권 모형.

이것은 지구의 직경이 128 cm이면 그 지표 위를 덮고 있는 대기의 두께는 10 cm라는 비례를 보여 준다.
대기권의 층들에 관한 비례는 다음과 같다(만약 지구의 직경이 1.28 m로 주어진다면):

외기권 최상부	10 cm
열권 최상부	4 cm
중간권 최상부	0.8 cm(8 mm)
성층권 최상부	0.5 cm(5 mm)
대류권 최상부	0.25 cm(2.5 mm)

줄자를 2.5 m 길이로 늘려서 가운데를 찾아 거기에 한 점을 찍어라. 이것은 지구의 중심을 의미한다. 두 방향에서 그 중심으로부터 64 cm가 되는 지점을 측정하고 중심에서 64 cm 지점에서 줄을 그어라. 이것은 지구의 직경을 나타낸다. 그리고 위 표에서 주어진 비례적 거리에 따라 *지표면으로부터* 선을 그어라. 그리고 그에 따라서 대기층들에 대한 명칭을 기입하라. 이 결과가 지구 대기의 두께에 관한 정확한 모형이다.

그림 3.35
(계속)

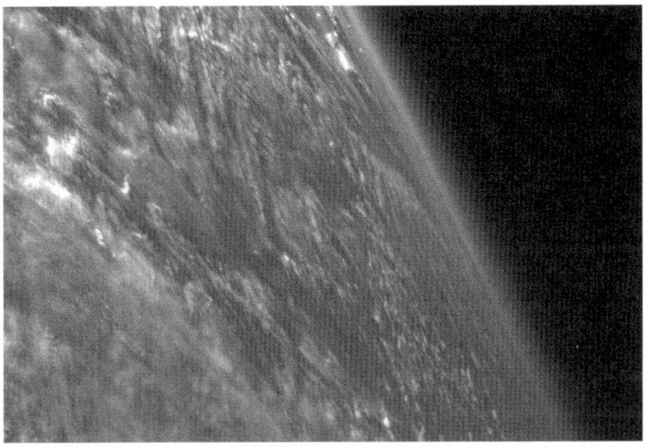

NASA/JPL-Caltech

그림 3.36
우주에서 보이는 대기를 보여주는 지구.

모형은 상당히 강력한 도구로서, 오래도록 인상을 주는 구체적이고 시각적인 표현이다. 모형은 그것들이 묘사하고 있는 것을 정확하게 대변하는 것이어야 함이 아주 중요하다. 처음부터 정확한 모형을 만드는 것이 잘못된 모형을 옳은 것으로 교체하는 것보다 차라리 쉽다. 먼저 설정된 모형을 새로운 것과 교체하는 것이 얼마나 어려운 것인지 확신하기 위해서 제시된 대기권과 태양계 모형에 대한 당신의 생각을 기억해 보아라.

모형 구성의 기능을 기르기 위해서 아이들은 그들이 관찰한 현상을 설명하기 위해 그들 자신 나름의 표상을 형성하도록 격려되어야 한다. 모형은 모든 것에 다 필요한 것은 물론 아니다. 예를 들어 경사면을 굴러가는 장난감 트럭의 모형을 제작하는 것이 아무 의미가 없듯이 모든 것에 모형이 필요한 것은 아니다. 왜냐하면 우리는 실제적인 것을 볼 수 있기 때문이다. 유사한 것으로, 우리가 실제적으로 볼 수 있기 때문에 진자 모형을 만드는 것은 필요하지 않을 것이다. 그러나 달 분화구 활동에 관한 실험은 우리의 조사가 달에서 발견되는 상황과 매우 유사하기 때문에 그것 자체가 모형이다. 암석이 달에서 관찰되는 것과 마찬가지 방법으로 밀가루에 분화구를 형성했기 때문에 밀가루가 들어있는 접시와 암석은 달의 분화구 형성의 좋은 모형임을 대변해 준다.

미국과학교육기준의 내용 기준 D. 지구 우주 과학: 지구계의 구조

이제 지구 표면의 모형 제작과 관련된 활동을 살펴보자. 당신은 지리적 구조를 보여 주는 지구본의 사용을 기억하는가? 히말라야 산맥과 다른 산맥들을 보여 주자. 그리고 지구의 표면으로부터 상승된 기복의 형태로 몇몇의 커다란 고원도 보여 주자. 이런 활동은 아이들에게 지구의 실질적인 지형의 기복이 있음을 보여 줌으로써 아이들에게 아주 흥미 있는 모형이 될 것이다. 그것은 정확한가? 여기에 몇 가지 정보들이 있다.

지구 표면의 기복(고저)에 관한 자료

가장 높은 산의 고도(에베레스트 산): 29,035피트(8,850 m)*
가장 깊은 해구의 깊이(마리아나 해구): 36,201피트(11,033 m)
지구의 최대 기복: 65,236피트(19,583 m)
지구의 직경: 7,926마일 = 41,849,280피트(12,755,600 m)

* 정교한 위성기반 기술 사용으로 1999년 측정된 자료로서 내셔널 지오그래픽과 정부 기관으로부터 받아들여짐

3.24 교사 활동

미국과학교육기준의 내용 기준 D. 지구와 우주 과학: 지구계의 구조

지구는 얼마나 굴곡이 있는가?

위의 정보를 이용하여, 지구의 지표 기복을 보여 주는 모형을 만들어라. 당신은 어떤 결론을 내릴 수 있는가?

3.25 교사 활동

미국과학교육기준의 수업 기준 A. 탐구 기반 프로그램

모형 구성을 위한 활동

학생들의 모형 구성 기능을 발달시키는 데 도움을 줄 수 있는 간단한 활동을 써라. 학년 수준을 명시하고, 그 활동이 그 나이/학년의 수준에 적합한지 확인하여라. 수업을 위해 과정 중심적 목표를 설정하라. 가령 "학생들은 ________ 의 탐구에서 ________ 을 보여 주기 위한 모형을 구성할 수 있다." 와 같이 설정할 수 있다. 모둠으로 나누어서 준비한 활동을 하여라.

과정 지향적인 목표

미국과학교육기준의 수업 기준 A. 탐구 기반 프로그램

메이거 Mager(1984)는 수업 목표 설계 Preparing Instructional Objectives 라는 책에서 해마가 자신의 운명을 모험하는 우화를 예로 들었다. 해마는 자신의 운명을 찾기 위해 느린 걸음으로 나아 가다가 좀 더 빨리 가기 위해 뱀장어의 물갈퀴와 해면의 로켓 추진식 스쿠터

를 샀고 나중에는 상어 입에 들어가는 지름길의 제안을 받아들인다. 그는 상어 뱃속으로 들어갔다. 그리고 다시는 그에 대해서 아무 것도 들을 수가 없었다. 저자는 '이 우화의 교훈'이 "당신이 어디로 가고 있는지 확신하고 있지 못할 때 어떤 다른 곳에서 끝나 버릴 수 있다"는 것이다.

각 과학의 과정에 대해서 여러분은 아이들이 그 과정을 탐구하고 그것의 기능을 습득하는 데 이용될 수 있는 활동을 묘사하라고 요구받았다. 그리고 각 활동에 대해 과정 지향적인 목표를 설정하게 했다. 간단히 말해 일반적으로 과정 지향적인 목표는 동사 자체가 과정적 기능을 포함하는 것이다. 예로서 "아이들은 ________ 을 관찰할 수 있다", "아이들은 ________ 을 분류할 수 있다", "아이들은 ________ 을 예상할 수 있다" 등이다. 과정 지향적인 목표는 메이거가 말하는 교수−학습 목표와 같은 것이다. 다시 말해서 '그것이 당신이 아이들을 학습시키기 전에 학습자가 할 수 있기를 원하는 수행을 기술한 것'이다. 과정 지향적인 목표는 학생들과 교사들에게 수업의 중요한 결과로서 나타나는 내용보다는 하나 이상의 과정적 기능의 발달에 초점을 맞추게 한다.

과정 지향적인 목표는 다음과 같을 수 있다. "아이들은 비가 오는 동안 진흙의 분화구 형성을 설명하기 위한 가설을 설정할 수 있다" 등이다. 여기서의 목표는 가설 설정에 초점을 둔 것이다. 이것을 전통적 목표와 비교하면 "아이들은 비가 오는 동안 왜 분화구가 생기는지 설명한다"와 같다. 이런 전통적 목표에서는 내용에 초점을 두고 강조한 것이다. 과정 지향적인 목표에서는 가설을 세울 수 있는 것이고, 전통적 목표에서는 어떤 사람이 이미 발견한 어떤 것을 배우고 그것을 설명하는 것이다. 아이들이 과학의 과정에 집중할 수 있도록 과정 지향적인 목표는 과학수업 시 반드시 설정하는 것이 아주 바람직하다.

만약 아이들이 과학자가 과학 연구를 하는 방식에 따라 과학을 하는 방법을 배운다면, 그들 자신의 생각을 가지고 과학을 한다면, 그리고 자신의 학습에 책임을 가진다면, 그 때는 가능한 모든 방법을 동원해야 한다. 과학교육에서는 다른 사람들이 이미 발견한 것을 학습하는 것으로부터 학생들이 무엇을 어떻게 탐구해야 하는 과정 지향적인 측면으로 그 강조점이 옮겨지고 있다.

요약

과학의 과정, 즉 기본과정과 통합과정의 기능들은 과학을 하는 데 있어서 핵심이다. 기본적인 기술들은 관찰, 분류, 의사소통, 측정, 예상 그리고 추론의 기본적인 조작들을 포함한다. 이들은 저학년 과학의 기본 중점들이다. 교사들은 교육과정 외의 특별한 과학개념을 탐구하는 동안 하나 또는 둘 이상의 목표에 중점을 둔 활동을 통하여 학생들이 이러한 기술들을 얻을 수 있는 기회를 제공한다.

통합 탐구과정은 변인 확인 및 통제, 가설 설정 및 검증, 자료 해석, 조작적 정의, 실험, 그리고 실험 설계를 포함한다. 이러한 것들은 기본과정들보다 훨씬 포괄적이며 비록 많은 저학년의 활동들이 학생들에게 이러한 기술들을 얻을 기회를 제공하지만 주로 고학년의 활동에서 관찰된다.

학생들은 이러한 과정들을 문제를 이해하고, 질문하며, 질문에 가능한 답들을 탐구하며, 그리고 잠정적인 결론에 도달하는 데 사용한다. 그들은 이러한 결론들을 확인하고 그들을 추가 탐구의 시작점으로 사용한다. 교사들은 교사와 학생 모두가 과정기술들에 집중하도록 돕는 활동들을 위해 과정중심의 목표를 쓰도록 한다. 가능한 영역인 수학과 사회와 같은 다른 과목의 재료들을 포함하는 것도 도움이 된다. 소설과 비소설 아동 문학을 이러한 활동들에 포함하는 것도 매우 유용하다.

과정적 기술을 사용하기 위하여, 어린이들은 어떻게 그리고 학습을 제공하는 다양한 활동을 어떻게 배웠는지를 학습해야 한다. 사용하는 과정적 기술을 통해서 어린이들은 과학자들이 하는 방법으로 과학을 사고 과학적 소양을 얻기 시작한다.

핵심 용어

가설
감마선
기온차
내삽
독립변인
무게
밀도
반감기
반투명
베타 입자
변성암
변인
보존
불투명
산도
식물연대학
안개상자
알파 입자
양적
유목 포함
유성체
이상한
종속변인
주기
질량
질적
치환
탁도
퇴적암
투명
화성암

토의를 위한 질문들

1. 왜 초등 과학에서 내용보다 과정에 더 중심을 두는 것이 더 중요한가?
2. 과학의 기본 탐구과정들의 목록을 만들어 보라. 이러한 각각의 과정들에 능숙해지기 위하여 교사는 어린이들을 어떻게 도와 줄 수 있을까?
3. 과학의 통합 탐구과정들의 목록을 만들어 보라. 이러한 각각의 과정들에 능숙해지기 위하여 교사는 어린이들을 어떻게 도와 줄 수 있을까?
4. 단원의 계획과 수업에서 행동적 목표들의 사용에 반대하는 어떠한 언급(수행평가, 시험조건, 시험기준)이 있다. 행동적 목표와 과정적 목표를 대조하고 초등 과학수업과 단원의 계획에서 과정적 목표 사용의 단점과 장점을 설명하도록 하라.

Chapter 4 초등 과학교육에서 구성주의

학습에 영향을 주는 가장 중요한 한 가지 요인은 학습자들이 이미 알고 있는 선개념이다.

David Ausubel, in Ausubel. D.P., Novak. J.D., and Hanesian, H. (1978). *Educational Psychology: A Cognitive View*, Second Edition. New York: Holt, Rinehart and Winston, p. iv

Jutta Klee/Corbis

앞의 1, 2, 3장에서 여러분들은 많은 활동을 탐구했다. 그래서 여러분들은 각 장에 포함되어 있는 개념에 대해 자신의 이해를 발달시켰다. 예를 들어 진자의 주기에 여러 변인들이 어떤 영향을 주는가에 대해서 여러분 자신의 이해를 발달시켰고, 또 달의 분화구의 기원에 대해서도 스스로의 생각을 형성하였다. 또한 과학의 본질과 과학적으로 소양을 갖춤이 무엇을 의미하는지와 과학자들이 어떻게 과학을 하는가에 대해 자신의 생각을 형성하였다. 초등학교 과학교육 프로그램의 목표와 목적에 대한 자신의 인식이 성장되었을 것이다. 여러분들은 과학의 과정을 탐구하여 과정의 특징과 초등학교 과학교육에 있어서 그것들의 중요성 및 교사에 의해 어떻게 가르쳐지고 아동들이 어떻게 학습하는지에 대한 자기 나름의 이해를 하였을 것이다.

여러분은 자신에게 의미 있는 방식들로 이런 모든 개념에 대해 자신의 이해를 구성하였다.

삐아제 Piaget는 "우리가 안다는 것을 어떻게 알 수 있는가?"라는 영원히 풀리지 않는 철학적 질문에 대한 답을 찾으면서, 지식은 한 사람에게서 다른 사람에게 있는 그대로 intact 전달되지 않는다는 결론을 내렸다. 즉 사람들은 제각기 자기만의 지식과 이해를 구성한다는 것이다. 학습은 교사나 교과서(비디오, 시범 실험)의 정보가 학생들의 머릿속으로 전달됨으로써 일어나는 것이 아니라, 학생들이 자신의 기존 정보를 새로운 정보에 결합시켜 자신의 의미를 구성하여 새로운 지식이 학생에게 개인적인 의미를 제공할 때 일어나는 것이다.

사람들이 그들 자신만의 지식을 구축하고 자신의 경험과 사고로부터 지식을 표상한다는 생각을 소위 **구성주의** constructivism라고 한다. 지금까지 제안된 모든 활동뿐만 아니라 이 책 전체가 구성주의적이다. 구성주의적 관점에서 접

근할 때 과학이 가장 잘 학습된다는 것이 이 책의 기본 전제이다.

사전 질문

이 장을 공부하면 다음 질문에 답을 하면서 논의할 수 있다.

- 구성주의는 무엇을 의미하며 어떻게 학생들이 현재 가지고 있는 이해들이 당신이 가르치기를 원하는 과학에 대한 그들의 학습에 영향을 주는가?
- 어떻게 교사는 학생들의 개념적 변화를 기를 수 있는가?
- 우리는 맞지 않거나 틀린 답은 없다고 말해왔지만 답들은 유효할 수 있다. 자기 구성적 개념화의 효과는 무엇을 의미하는가?
- 지식의 구성과 관련하여 뇌연구에 대한 최근의 이해들은 무엇인가?
- 만약 구성주의적 방법으로 가르치고 있다면 그것을 어떻게 말할 수 있는가?
- 지식의 구성과 관련하여 뇌연구에 대한 최근의 이해들은 무엇인가?
- 인지 발달의 단계는 무엇인가? 이러한 단계들은 어떻게 내용 선택과 교수방법에 영향을 미치는가?

전지와 전기

미국과학교육기준의 내용 기준 B. 물상과학: 전기

최근에 나는 5학년 학급에서 전기에 대한 수업을 해 달라는 요청을 받았다. 1.5 V 전지, 전선, 전구 소켓, 1.5 V의 전구, 스위치, 1.5 V 전기 모터가 들어있는 여러 개의 상자를 준비한다. 그 학급의 아동들은 전기에 대한 경험으로 사전 지식이 풍부했다. 몇몇은 학교에서 이미 전기를 공부했거나 그렇지 않은 학생도 있고, 교재의 전기 부분을 보았지만 실험을 해 보지 않은 학생도 있다. 나는 아이들을 작은 모둠으로 나누어서 여러 가지 준비물이 들어 있는 상자를 나누어 주었다. 사전 경험이 학생들마다 다르기 때문에 실험에 대해서 다음과 같이 간단하게 지시했다. "상자에 든 재료를 이용하여 이전에 알지 못했던 어떤 것을 알아 보아라"는 간단한 과제를 부여했다(그림 4.1).

아이들은 전지의 밑부분과 윗부분을 전선으로 연결했고, 전선이 뜨거워짐을 느꼈다. 이것은 전기로 무엇인가를 시도해 본 첫 기회였다. 다른 아이들은 여러 가지 연결을 시도해 본 뒤 전기가 충격이나 다치게 하지 않는다는 것을 경험한 후 전기에 대한 두려움을 떨칠 수 있게 되었고, 또 다른 아이들은 전구에 불을 켰는데 거기서 전선이 전지에 연결되는 방법은 별로 중요하지 않다는 사실을 알아냈다. 어쨌든지 불이 켜지기 때문이었다. 또 다른 아이들은 직렬 회로와 병렬 회로를 많은 생각 끝에 만들어 냈으며, 회로의 기본 원리를 발견했다. 어떤 모둠은 종이 프로펠러를 만들고 그것을 모터에 연결시켜 선풍기를 만들기도 했다.

아이들은 이전에 알지 못했던 것들을 알게 되었으며 전기에 관한 지식이 좀 더 늘어났다. 아동들은 전기에 대해 기존에 자기가 가지고 있던 지식에 배우게 된 것을 저장하는 과정에서 자신의 개념화 conceptualization를 구성했다. 그 개념화가 기본적인 것이든 좀

그림 4.1
전지와 전구를 사용한 탐구: 전구의 밝기와 전지의 수는 어떤 관계를 가질까?

더 발전된 것이든 간에, 아동들은 탐구 활동을 통하여 그들이 이미 알고 있던 것과 그 수업 시간에 알게 된 것을 연결하였고 이 과정에서 전기에 대한 그들의 이해를 성장시켰다. 그들은 각자의 발견을 서로 공유하였고, 이런 상호작용의 결과로써 자신의 정보를 새롭게 개념화할 수 있게 되었다. 이전에 배운 지식과 새로운 지식을 연결하는 방법은 그들만의 독특하고 의미있는 일이다.

구성주의

구성주의자는 학습자들이 각기 그들 스스로의 의미를 구성한다고 믿는다. 즉 학습은 학습자가 이미 가지고 있는 현재 지식, 경험, 개념화와 의미 있게 연결될 때만 학습이 일어난다는 것이다. 그러므로 학생들이 학습한 것은 그들이 노출되거나 가르쳐진 것에 대한 모방이라기보다 그들만의 생각과 사고과정의 결과이다.

미국과학교육기준의 전문성 개발 기준 B. 과학, 학습, 학생, 교수법에 대한 지식 통합

1장에서 여러분은 같은 사건이라도 각자의 사전 경험에 따라 서로 다르게 해석될 수 있다는 것을 탐구하였다. 어떤 두 사람도 같은 경험을 같은 방법으로 **내면화**할 수 없기 때문에 교사에 의해 '전달되어진' 정보가 반드시 '**학습되는**' 것은 아니다. 그러므로 교사

는 아이들이 어떻게 정보를 구성하는가를 이해해야 하고, 그 아이에게 의미가 있고 설득력 있는 방법으로 새로운 경험을 쌓도록 도와야 한다.

구성주의자들은 우리가 어떤 새로운 것을 경험할 때 지난 경험이나 앞서 구성해놓은 지식기반을 통해 그것들을 내면화한다고 제안한다. 구성주의적 접근에 있어서 교사의 가장 중요한 임무는 아이들이 자신에게 독특한 의미를 타당하게 내면화하여 연결하도록 해야 한다. 이를 위해서 교사는 아이들이 주제와 관련되어 이전에 정보를 어떻게 구성하는지 질문해야 한다. 또한 교사는 탐구 활동을 통해 아이들이 스스로 탐구하고, 자신들의 결론에 도달하도록 이끌어 간다. 교사는 아이들과 서로 상호작용하여 아이들이 새로운 정보를 어떻게 구성하는가를 알아야 하고, 아이들에게 의미 있고 타당한 방식으로 정보를 재구성하게 도움으로써 타당한 결론을 내리는 데 도움을 주어야 한다. 페너 Penner(2001)는 "학습 활동은 학생의 현재 지식이 어떻게 역할하며, 지식이 어떻게 구성되어 있으며, 지식을 구성할 때 활동은 어떤 역할을 고려하면서 이루어져야 한다"(p. 3)고 말한다.

선개념

미국과학교육기준의 수업 기준 B. 학습의 안내와 촉진

아이들은 자연 세계에 대한 선개념을 이미 갖추고 학교 과학 학습을 시작한다. 이 선개념은 일반적인 과학적 지식과 맞는 것도 있지만 그렇지 않은 것도 있다.

예를 들면 아이들은 야구공이 유리구슬보다 더 크고 무겁기 때문에 더 빨리 떨어질 것이라고 생각한다. 비록 이 선개념이 정확한 탐구에 의해 나온 것은 아닐지라도, 아이들에게는 믿을 만한 것이고 그것은 그들에게 의미가 있다. 왜냐하면 아이들은 그 현상에 대해 경험이 제한되어 있기 때문이다. 그런 선개념은 아이들에게 의미가 있기 때문에 단순히 말해주는 것으로 바꾸기는 어렵다. 그러므로 현재 아이들이 가지고 있는 개념에 모순되는 것을 그들 스스로가 경험해 보아야 한다. 야구공과 유리구슬이 같은 속도로 떨어질 것이라는 사실을 듣는 것만으로는 이해할 수 없다. 실제로 많은 교육대학교 예비 교사들도 야구공과 유리구슬이 같은 속도로 떨어지지 않는다고 생각하고 있다. 수업 시간에 탁자 위에 올라서서 같은 높이에서 야구공과 유리구슬을 떨어뜨린다. 학생들은 두 개가 떨어지는 소리가 동시에 난 것을 들었으며, 이것은 같은 속도로 떨어지는 것을 보여주는 것이다. 여러 번의 반복 시범(학생들이 때로는 스스로 함) 후에 대학생들은 그들의 선개념을 성공적으로 재구성하기 시작했다. 그러나 그들은 이 현상을 어디선가 한번 보았을 것이다. 만약 그 현상을 보았다면, 그들은 시험을 위해서 정답을 외우기는 하지만, 자신의 개념과 그 현상이 조화되지 않았기 때문에 교사의 답이 진실인지에 대한 의혹을 계속 가질 것이다.

4.1 교사 활동

미국과학교육기준의 내용 기준 B. 물상 과학: 운동과 힘

공의 낙하

이 활동에서 물체의 무게와 떨어지는 속도와의 관계를 탐구할 것이다.

(계속)

여러분은 여러 개의 다른 크기와 무게의 공이 필요하다. 테니스공과 탁구공, 큰 구슬, 쇠구슬 같은 것이면 좋다.

무게가 다른 공 두 개 혹은(그리고) 크기가 다른 공들을 고른다. 먼저 각각 공의 속도가 어떻게 될지 예측한다. 속도가 빠른 공이 바닥에 빨리 부딪칠 것이다. 두 공을 같은 높이에서 들고 있으면, 공의 아래 부분이 바닥에 이르는 거리가 똑같을 것이다. 두 공을 동시에 떨어뜨리고 바닥에 부딪히는 소리를 들어 보라. 만약 바닥에 카펫이 깔려 있으면 소리가 안들리게 되므로, 카펫이 없는 바닥이나 알루미늄 판을 이용해서 소리를 들어야 한다.

그 공이 바닥에 부딪힌 소리는 공이 바닥에 도달한 근거가 된다. 이것으로 어느 공이 빨리 떨어지는지 추론하게 된다.

이러한 활동을 여러 번 한 후에 결론을 내려 보라.

개념변화

미국과학교육기준의 수업 기준 B. 학습의 안내와 촉진

개념변화를 유발시키기 위해서는, 아이들은 그들이 이미 가지고 있는 선개념에 불만족을 느껴야 한다. 즉 아이들에게 존재하는 표면적으로 믿을 만한 선개념이 새로운 관찰을 설명할 수 없다는 것을 보여 주어야 한다. 예를 들면, 무거운 공이 가벼운 공보다 빨리 떨어진다는 생각은, 이 두 물체를 같은 높이에서 떨어뜨렸을 때 같은 시간에 바닥에 떨어진다는 것을 설명할 수 없다. 사람들은 또한 비슷한 발생을 정확히 예측하는데 실패했을 때 그들이 기존에 가지고 있던 개념에 만족하지 못하게 된다. 진자의 주기가 추의 무게와 관련이 있다는 선개념도 실험적 증거의 지지를 받지 못한다는 것을 보여 주어야 한다. 사람들이 기존의 개념화에 만족하지 못하는 3번째 방법은 그들이 선생님같은 다른 사람이나 다른 원인들로부터 반대되는 정보를 듣거나 배우게 된 경우이다.

실험적 증거가 선개념과 일치하지 않을 때, 사람들은 선개념화의 **정당성** validity에 대해 의문을 품기 시작한다. 그들이 사실이라고 생각했던 것과 직접 실험해 본 것들 사이의 갈등을 인식한다. 마술과 영화에서 특수 효과는 이런 현상의 대표적인 예이다. 우리는 인간의 몸이 공중에 뜨거나 날아다니는 것들에 대해 그런 일들이 일어나는 것은 불가능하다고 생각한다. 그리고는 이런 일들이 일어나면 '거울에 의해' 또는 "컴퓨터로 조작된 것이겠지"라는 식으로 관찰된 것과 사전에 생각한 것과의 모순을 해결하려 한다.

모순된 사건 discrepant event은 구성주의 교사들에 의해 아동의 선개념의 정당성에 대한 호기심을 유발시키기 위해 사용된다. 그림 4.2는 '떠있는 관 floating coffin'으로 모순된 현상의 좋은 예이다. 이것은 특별한 가게에서 구입할 수 있는데, 틀 안에 2개의 둥근 쇠막대가 있다. 그 중 1개는 다른 것 위를 떠다닌다. 어떻게 그것이 가능할까? 경험상으로 쇠막대는 공중에 뜰 수 없다. 우리 경험은 관찰한 것에 대한 논리적인 설명을 해 줄 수 있어야만 한다. 우리가 생각하는 것과 관찰하는 것의 차이점을 재조정하는 과정에서 자기장이 모순된 사건을 설명할 수 있다는 것에 대해 만족할 수 있다.

그림 4.2
떠있는 관. 꼭대기의 철 막대가 바닥의 철막대 위에 떠있다. 어떻게 이렇게 할 수 있는가?

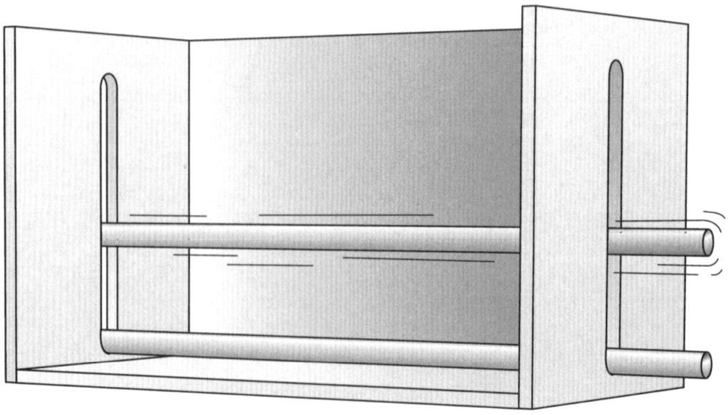

인지적 비평형

미국과학교육기준의 수업 기준 B. 학습의 안내와 촉진

당연히 일어나야 하는 일과는 반대되는 일이 실제로 일어나는 것을 보고 불만족하게 되는 것을 삐아제의 용어로는 **인지적 비평형** 혹은 **인지적 부조화** cognitive dissonance라 한다. 인지적 비평형은 해결을 필요로 한다.

구성주의적 교사는 학생들 자신이 현재 갖고 있는 생각에 대해 의문을 가지게 하고 무엇이 일어날 것인가에 의문을 갖도록 상황을 설정하여 **인지적 비평형** cognitive disequilibration을 유도하도록 한다. 아이들은 그들이 이미 가지고 있는 선개념에 기초하여 상황에 대해 예측하려고 노력한다. 이런 예측들이 들어맞지 않을 때, 아이들은 선개념에 대해 의문을 갖는데, 이것은 선개념을 표면으로 끄집어내어 교사들로 하여금 아이들의 마음속에 무엇이 있는가에 대해 추측할 수 있는 단서를 제공한다. 그래서 새로운 정보를 포함하면서, 자신에게 의미 있고 가치 있는 방법으로 그들의 신념을 재구성할 수 있는 기회를 주는 것이다.

4.1

학교 활동

미국과학교육기준의 내용 기준 A. 탐구로서의 과학: 과학적 탐구를 수행하는 데 필요한 능력

춤추는 건포도

아이들의 선개념에 도전하는 좋은 예시 활동은 춤추는 건포도 만들기이다. 우선 아이들에게 건포도가 물에 가라앉을 것인지 뜰 것인지를 물어 본 다음 유리컵에 물을 얼마 정도 넣고 아이들이 건포도가 가라앉는지 볼 수 있게 하여라. 다음으로 플라스틱 병에 3/4쯤 물을 넣고 식초 1/2컵을 섞은 다음 병 안에 한 움큼의 건포도를 넣어 보자. 그것들은 바닥에 가라앉는다. 그때 베이킹 소다 한 숟가락을 넣고 건포도가 떠올랐다가 가라앉는 것을 관찰하도록 한다. 다음 아이들에게 건포도가 왜 "춤을 춘다"고 생각하는지 물어보자. 대신에, 플라스틱병을 소다수나 다른 탄산음료로 채워라. 똑같은 일이 일어날 것이다(교사 답안: 그 이유는 베이킹 소다와 식초 사이의 반응에 의해 어느 정도의 이산화탄소가 발생되어 건포도 주름 사이에 붙어있기 때문에 표면에 가볍게 뜰 수 있게 된 것이다. 그리고 건포도가 액체 표면에 도달했을 때, 이산화탄소는 날아가고 건포도는 가라앉게 된다).

아이들의 선개념을 재구성하도록 도움을 주기 위해서, 교사는 아이들 스스로가 직접 탐구하도록 격려해야 할 것이고, 과학자 사회가 일반적으로 인정하고 있는 과학적 개념을 최소한 이해하도록 해야 할 것이다. 그 결과로써 아이들은 자기들에게 가장 적절한 방법으로 새로운 현상, 새로운 생각, 새로운 경험을 이미 가지고 있는 기존 지식과 연결하는 것이다.

어떤 현상에 대한 적절한 설명을 찾지 못한다면 학습은 일어나지 않는다는, 인지적 비평형이 학습의 필수 선결 조건이라는 것이 학습에 대한 구성주의적 접근의 기본 원리이다. 만약 현재 우리가 가지고 있는 지식이 모든 것을 설명해 준다면 더 알아야 할 필요는 없는 것이다.

자기 스스로 구성한 개념화의 타당성

만약 아이들이 새로운 개념화 conceptualization를 구성했을 때, 이전에 가지고 있던 선개념보다 더 그럴듯해 보이면, 선개념에 대한 대체물로서 잠정적으로 그것을 수용하게 된다. 아이들이 그것을 영구적으로 받아들이기 위해서는 세 가지 요인이 만족되어야 한다(그림 4.3 참조).

미국과학교육기준의 전문성 개발 기준 B. 과학, 학습, 학생, 교수법에 대한 지식 통합

1. 새로운 개념화는 **설명력**을 가져야 한다. 설명력은 그 현상이 일어나는 것을 그럴듯하게 설명하는 것을 의미한다. 예를 들면 무엇이 자석에 붙고 안 붙는가를 탐구하는 활동에서 학생들은 미국 동전이 자석에 붙을 것이라고 생각한다. 그렇기 때문에 동전이 자석에 붙지 않는다고 재개념화하려면, 1센트 동전, 5센트 동전, 25센트 동전, 50센트 동전뿐만 아니라 1달러 짜리 은색과 금색 동전이 자석에 붙지 않음을 시도할 필요가 있다.
2. 새로운 개념화는 **예측력**을 필요로 한다. 그것은 새롭고 아직 일어나지 않은 현상에서 발생하는 사건들에 대하여 정확하게 예측하는 것이다. 예를 들면 동전은 자석에 붙지 않는다는 새로운 개념화는 외국의 다른 나라 동전들도 자석에 붙지 않을 것이라고 정확하게 예측할 수 있어야 한다.

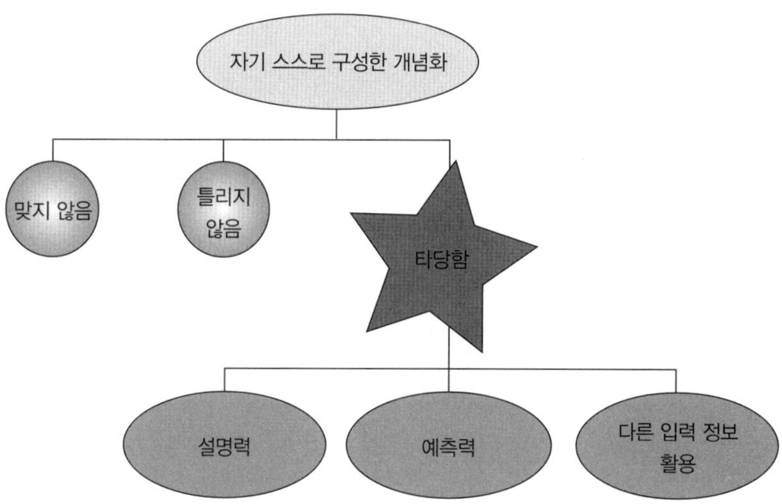

그림 4.3
개념의 구성(프로그램 Inspiration 7.5).

3. 새로운 개념화는 다른 것의 입력에 이용할 수 있어야 한다. 학생들은 자기 아이디어를 형성할 때 같은 모둠의 다른 학생과 토론하면서 자신의 고유한 입력 정보를 다른 친구에 공급하기도 하고 다른 사람의 생각을 듣게 된다. 자기 생각을 다른 사람들(교사를 포함하여)이 비판하고 그 학생이 생각하지 못한 질문을 받고 제안을 듣고, 자신의 사고과정을 직면하게 되면서 자신의 생각을 다듬고 수정하게 된다. 학생들은 부가적인 정보를 동년배나 교사에게서뿐만 아니라 부모, 친구, 다른 사람들 혹은 인터넷, 책, 비디오 영화 같은 근원에서 찾기도 한다. 동전의 사례에서 보면 만약 어떤 모둠이나 학급의 어느 학생이 자석에 붙는 동전을 보았다고 하면 그런 예상하지 못한 일이 생긴 이유를 또 다른 새로운 개념화나 설명 방식으로 그 일을 처리하려고 할 것이다.

우리는 학생들에게 자신들이 내린 결론을 공유하고 그들이 탐구한 결과가 예측력과 설명력을 가지고 있다는 것을 증명해 보이게 해야 한다. 학생을 모둠으로 공부하게 하면 이런 비판적 공유가 증진될 것이다. 개개의 사람들은 같은 질문를 놓고 서로 다른 방법으로 탐구하여 자신의 정보를 공유할 때, 각 개인의 사고에서 강점과 약점이 명확해진다. 한 모둠의 집합적인 사고는 한 개인의 고립된 사고보다 좀 더 타당성을 갖게 된다.

앞서 말한 세 가지 요인들(그럴듯한 설명력, 정확한 예측력, 다른 원천에서 얻은 정보 입력)이 충족된다면, 새로운 개념화는 훨씬 더 타당해질 것이다. 적어도 새로운 경험이 인지적 비평형이 일어나지 않거나 새로운 정보를 조절하기 위해 또 다른 새로운 개념화로 수정되거나 세련되기 전까지는 여전히 타당할 것이다.

이러한 과학교육에 대한 구성주의적 접근은 학습은 학생이 중심인 능동적인 과정이다. 이러한 접근이 가르치는 것의 역할을 학생들에게 예속시키지 않는다는 것을 아는 것은 매우 중요하다. 오히려 교사는 학생들이 정보를 변경하여 그것을 이해하고, 가설을 세우고, 유효한 결론을 내리는 것을 돕는 것이 필요하다. 오히려 보통의 교실보다 구성주의 수업에서 교사가 더 바쁠 것이다.

교사들은 학생들의 구성이 현재 인식되고 있는 과학적 원리와 같은지를 살펴보아야 한다. 제호릭 Zahorik(1997)은 교사들에게 "학생들이 서로 의미를 공유하도록 도와주어야 한다"고 제안했다. "학생들이 자신이 구성한 것을 전문가의 구성과 비교하여 두 가

4.2 교사 활동

미국과학교육기준의 내용 기준 A. 탐구로서의 과학: 과학적 탐구에 대한 이해

자철석의 극 찾기

자철석 lodestone (천연 자석)을 구해서 줄에 매달아 자철석이 자유롭게 움직일 수 있게 한다. 줄을 조금 꼬아서 자석이 돌게 한 후 멈출 때까지 둔다. 여러번 반복하되 끝이 어느 방향으로 향하고 멈추는 지를 기록한다. 한쪽 끝에 점을 찍어 표시해두면 도움이 될 것이다. 자철석은 매번 한쪽 끝이 N극을 가리키고 있으며 반대쪽이 S극을 향하고 있을 것이다(그림 4.4 참조).

북쪽을 가리키고 있는 자철석의 끝을 무엇이라고 부르겠는가? 어떤 학생은 북이라고 부른다(지

(계속)

구의 북극을 향하기 때문일 듯). 다른 학생은 *남*이라고 부른다(서로 반대 극이 끌어당기기 때문일 듯). 누가 옳은가? 더 중요한 것은 학생들의 대답이 중요한가 '정답'이 중요한가이다.

지를 모두 통찰할 수 있어서 전문가의 방향으로 자신의 구성한 것을 재개념화하도록 해야 한다"는 것이다. 요어 Yore, 앤더슨 Anderson과 시멘스키 Shymansky(2005)는 간단히 초등 과학에서 단순히 하는 활동은(구성주의적 방법으로도) 반드시 학생의 학습으로 연결되지 못한다고 주장한다. 교사들은 학생들의 탐구를 안내하도록 과학적 내용을 아는 것이 필요한 것이다. 이런 접근이 가진 장점은 학생들에게 현재 인정된 과학 이론을 인식하게 하고 학생의 활동이 과학자의 탐구와 동등한 것임을 알게 한다는 점이다. 그러나 이러한 접근은 또한 단점도 있다. 즉 학생의 활동을 하찮은 것으로 만들고 자신의 구성한 개념화가 중요하지 않으며 실제 학습의 최종적 목적은 옳은 정답 혹은 교사가 알고 있는 그 대답을 습득하는 것이라는 의심을 확고하게 할 수 있다(5장에서 "지식의 소유" 부분 참조).

여기서 우리는 '전문가'의 과학을 얼마나 많이 수업에 도입해야 하는가라는 질문을 던져보고 고민해야 한다. 그런 의문에서 학생 자신이 타당하고 그럴듯한 개념화를 구성하는 능력이 있다고 자신을 갖게 되는 일이 과학이 현재 인정된 원칙을 학습하는 일보다 얼마나 중요한가를 비교할 수 있게 될 것이다.

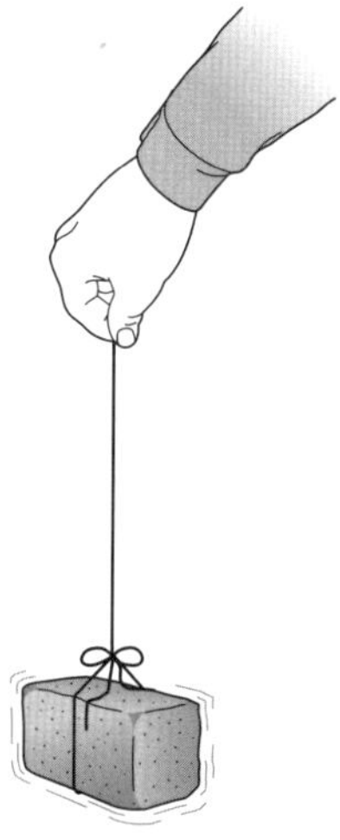

그림 4.4
자철석의 끝을 뭐라고 부를까?

구성주의와 과학 학습

과학 학습은 이미 갖고 있는 개인적 이론을 구성하고 또 재구성해 나가는 과정이다. 그것은 기존의 지식을 계속해서 연마하는 과정이고, 적어도 나중의 관찰이 비평형을 일으킬 때까지는 각 아이들에게 유일하며, 설명력과 예측력을 갖는 복잡하고 조직화된 그물망으로 개념을 구성해 가는 것이다.

학교 활동 4.2

미국과학교육기준의 내용 기준 B. 물상 과학: 물질의 성질과 변화

녹슨 동전 세척

어떻게 녹슨 동전을 씻을 수 있을까? 구성주의적 유치원 교사가 아이들에게 녹슨 동전을 씻을 수 있는 다양한 방법을 생각해 보게 했다. 예를 들어 여러 종류의 비누로 씻거나 비누 없이 씻거나 솔질하거나 물에 담가 두거나 하는 등의 방법이 있을 수 있다. 물론 이 방법들 중 어떤 것도 효과가 없었다. 그래서 교사는 식초에 동전을 담가 두거나 레몬으로 문지르거나 식초와 소금을 섞어서 담가 두거나 하는 예기치 않은 선택들을 소개했다. 교사는 이러한 새로운 방법을 아이들이 시도해 보도록 초대했다. 새로운 방법으로 실험한 결과 동전은 깨끗해졌고 반짝반짝 해졌다(그림 4.5).

그림 4.5
녹슨 동전 세척.

유치원 아이들은 관찰, 의사소통, 예상과정의 경험이 포함되어 있는 이 활동을 통해 무엇을 얻는가? 이 활동에는 기본적인 과학적 개념, 즉 물리적 변화 대 화학적 변화의 개념이 있다. 이런 개념을 인식하지 않은 채 아이들은 그 개념의 바탕을 구성하기 시작하는 것이다. 그들은 어떤 용액으로 녹슨 동전을 씻는 것은 동전의 변화를 일으킬 수 있다는 생각을 하기 시작한다. "어떻게 이런 일이"하며 이상히 여긴다. 그들은 완전히 이해하지는 못하지만 식초에 담겨 있는 녹슨 동전에서도 유사한 변화가 일어나는 것에 대해서도 깨닫기 시작한다. 인지적 비평형이 일어나면 그들은 그것을 해결하려 노력하기 시작한다. 그들은 스스로 그 현상에 대한 지식을 구성하고 있는 것이다.

4.3

학교 활동

미국과학교육기준의 개념 및 과정의 통합. 일정함, 변화, 측정

눈송이 실험

모든 눈송이들이 모두 똑같이 보이는가? 4학년 수업에서 선생님은 10배율의 쌍안 현미경을 설치하고 춥고 눈오는 날에 실외에 검은 종이 몇 장을 펼쳐두었다. 약 15분 후에 종이는 눈송이가 그 위에 쌓여도 녹지 않을 만큼 충분히 차가워져 있었다. 아이들은 검은 종이 위의 눈송이를 가지고 와서 맨눈으로 그것들을 관찰하고 돋보기, 현미경으로 관찰하고 본 것을 그림으로 그렸다. 아이들은 각각의 눈송이들이 적어도 조금씩은 다르다는 생각을 구성하기 시작했다.

[교사 답안: 보통 같은 눈송이는 없다고 생각한다. 그러나 1988년 국립대기연구센터의 나이트 Nancy Knight가 두 개의 동일한 눈송이를 발견하여 그런 생각을 반증하였다(Funk, 2004, p. 62).]

이 활동에서 아이들은 어느 눈송이도 동일하지 않다는 가능성을 알게 되고 자연의 질서에도 무한한 다양함이 숨겨져 있다는 생각을 구성하기 시작한다.

구성주의자 삐아제

> 미국과학교육기준의 **전문성 개발 기준 B.** 과학, 학습, 학생, 교수법에 대한 지식 통합

삐아제(1896~1980)는 구성주의자이다. 아마 삐아제는 '인지 발달 단계'에 따라 학생을 교육해야 한다는 것으로 가장 잘 알려진 사람일 것이다. 그러나 삐아제는 말년에 발달 단계 이론만을 중시했던 것을 애석해 했다. 다시 말해 발달 단계보다 조절 accommodation과 동화 assimilation 및 그에 따른 결과로 일어나는 **인지적 평형화** cognitive equilibration가 더 중요하다고 느낀 것이다.

삐아제는 지식을 하나의 상태 state라기보다는 과정 process이라고 보았다. 즉 지식은 아는 사람과 알게 된 것 사이의 관계이다. 즉 학습자가 알게 된 것들을 자기들만의 표현 방식으로 구성해 나간다는 것이다. "지식은 현실의 복제가 아니다. 대상을 안다는 것, 사건을 안다는 것은 단순히 그 현상을 바라보고 정신적으로 복사하거나 그 사건의 형상을 만드는 게 아니다. 대상을 안다는 것은 그것에 대해 행동하는 것이다"(Piaget, 1964, 2003, p. S-8). 아이들의 지식은 인지 구조가 발달해 감에 따라 또 성숙해 가는 사고 방식과 지식의 표현을 구성하는 방식을 통해 경험을 걸러냄으로써 변화한다.

지식을 구성하는 과정

삐아제는 인지 구조의 집합체를 **도식체계** schemata(단수는 쉐마 schema)로 보았다. 도식체계는 개인의 마음 속에 지식의 '저장통'이다. 도식체계는 사람의 정신에 새로운 정보가 들어오면 반응하기 위해 열려 있고, 확대되며, 나누어지고 연결되기도 한다. 이런 정신적 활동에는 두 가지 기본과정이 있는데 그것은 **동화** assimilation와 **조절** accommodation이다. 우리는 살아가면서 이미 존재하고 있는 도식체계에 새로운 경험을 기록하는 것이고, 그래서 점점 더 확장되는 것이다. 새로운 정보를 얻을 때 기존에 존재하는 도식체계에 맞추는 것을 동화라 한다. 그런데 기존에 존재하고 있는 도식체계가 너무 많은 정보로 꽉 차서 기존의 도식체계를 타당성 있게 확장시킬 수 없거나 혹은 새로운 정보에 적절한 도식체계가 존재하지 않는 경우도 있다. 이런 경우에는 새로운 도식체계가 열린다. 개인에게 새로운 경험과 관찰을 겪게 되어 조절되면 기존의 도식체계는 두 개 혹은 그 이상으로 나누어져 새로운 경험을 동화시키려고 한다. 새로운 도식체계가 열리거나 혹은 기존 도식체계가 새로운 것으로 분화되는 것을 통틀어 조절이라 부른다. 인간의 사고는 새로운 정보를 하나 또는 좀 더 많은 도식체계에 동화와 조절시킴으로써 발달한다.

도식체계는 개인마다 독특한 방식으로 서로 연결되어 있는데, 이는 개인의 독특한 경험을 나타내며, 개인의 그 경험들 간에 독특한 연결 방식을 이루고 있음을 의미한다. 어떤 의미에서 도식 이론 schema theory은 컴퓨터 파일과 유사하다. 각각의 파일은 그것들이 지닌 내용에 적합한 이름이 붙여져 있다. 여러분은 주소, 재정, 개인적 서신 왕래, 사업적 서신 왕래 보고서 등으로 파일을 구분할 것이다. 여러분은 어떤 파일 하나가 꽉 찼다면 새로운 파일을 필요로 할 것이다. 만약 여러분이 강의 계획을 쓰게 된다면, 강의 계획서를 작성하고 '강의 계획'이라는 새로운 파일명을 붙일 것이다. 여러분은 가능한 한 새로운 자료를 동화시키고, 새 파일에 새로운 범주를 조절시킬 것이다. 두 가지 경우에서 여러분은 새 파일을 여는 근거를 알고 있으며 새 파일과 오래된 파일을 연결하는 방법도 알고 있을 것이다. 당신의 방법은 당신에게 매우 특별할 것이다!

삐아제 인지 발달 이론의 핵심은 어떻게 정신적 평형 상태인 **평형화**를 이루느냐이다. 하나의 예가 평형화 개념을 명확히 해 줄 것이다. 인간 **생리학** physiology 공부를 할 때 수백 개의 새로운 용어를 외워야 하고 수십 개의 복잡한 과정을 이해해야 하는데 이전에 인간의 몸에 대해 상세하게 공부한 적이 없다고 하자. 이런 정보가 쏟아지지만 다 이해할 수는 없다. 그러나 어쨌든 시험이 끝나기 전까지는 이 모든 것을 여러분의 머리속에 그러니까 '인간 생리학'이라는 새로운 정신적 파일에 저장해야 한다. 이때 문제는 이전에 우리 머릿속에 이런 파일(혹은 쉐마)과 연결된 것이 없었으므로 정신적으로 저장된 상태로 남아있을 뿐이다. 그 과목이 진행되면서 정보가 늘어나고, 생리학 쉐마를 확장시키고 새로운 쉐마로 쪼개며 여러 자료의 의미를 만들려고 한다. 그러나 경험한 것과 연결될 수 없다. 점차로 정신 속에서 어느 것과도 관련되지 않은 새로운 도식을 만들어야 하기 때문에 당연히 어려움을 느끼고 사전 지식과 연결시키려는 노력을 하게 될 것이다. 이때 평형화를 성취하려는 움직임이 나타난다.

다른 한 예로써, 당신이 초등 과학교육 방법 과정을 공부하고 있다고 하자. 이 과정에서 당신이 만나게 되는 몇 가지 경험들은 즉각적인 이해를 만든다; 이러한 경험들은 같은 생각들을 다루던 기존의 도식체에 동화되고 도식체계를 확장하게 한다. 이것은 어린이들과 실험 활동들을 하는 생각의 경우가 될 수도 있다. 당신은 아마 실험 활동들이 어린이들을 과학과 연관시키는 의미있는 방법임을 이미 이해하고 있을 수 있다. 이 과정에서 새로 만나게 되는 경험들은 당신의 이해를 강화하고 확장할 것이다. 하지만 어떠한 경험들은 당신에게 새로운 것들일 것이고 당신은 역시 그것들을 기존의 도식체계에 동화시키도록 일하거나 이 새로운 것을 이해함에 따라 기존의 도식체계에 연결된 새로운 도식체계를 만들 것이다.

이것은 당신이 유아들의 과학 활동에서 기술을 구현하는 것에 대하여 생각하고 있을 때 일어날 수도 있다. 당신은 아마 알맞은 도식체계에서 기술적 배경을 가지고 있을 수도 있지만, 당신은 유아 과학 활동 프로그램들에서 사용되어질 수 있었던 기술의 방법들에 대하여 생각하지 못하고 있을 수도 있다. 그러나 이러한 도식체계로 동화시키기에 거추장스러워서 너무 불편할 때 여러분은 그 도식체계를 둘로 나누든지 새로운 도식을 만들 것이다. 그리고 이러한 새로운 도식체계는 자기만의 사고방식과 사전 경험에 독특한 방식으로 연결되는 것이다. 그리고 이 과정을 통해 새로운 경험을 이전의 경험과 연결하려는 정도에 따라 '평형화'를 성취하는 것이다.

아이들의 사고도 동일하다. 새로운 어떤 것을 배우기 위해 그들은 이미 알고 있는 어떤 것과 연결시킬 수 있어야만 한다. 그들은 이미 존재하고 있는 도식체계 속에서 그것을 동화시키거나, 혹은 새로운 도식체계를 만들어 이미 존재하고 있는 도식체계와 관련짓는 조절을 통해서 새로운 것에 대한 개인적 의미를 구성해야 한다. 학습에 대한 구성주의적 접근은 어린이들이 이전에 존재하는 정보와 관련지어 의미있게 만들도록 격려하며, 앞에서 예를 든 생리학 공부의 예처럼 도식체계를 고립시키는 상황이 일어나지 않도록 해야 한다. 새로운 경험에 노출시키는 것은 이 장의 앞부분에서 논의했듯이 종종 인지적 비평형 상태를 유발한다. 인지적 비평형 상태는 아이들이 이미 가지고 있는 선개념에 맞지 않는 새로운 경험을 의미한다. 그 새로운 경험은 이미 존재하는 도식체계에 동화될 수 없다. 그러므로 어린이들은 새로운 경험을 동화시키기 위해 기존의 도식체계를 확장시키거나 새로운 도식체계를 열어야만 한다. 이런 방법으로 새로운 정보가 이해되어 구성되는데, 그런 이해는 새로운 경험과 선개념이 맞지 않을 때 발전되고 재조직화된다.

사회적 구성주의자 비고츠키

미국과학교육기준의 전문성 개발 기준 B. 과학, 학습, 학생, 교수법에 대한 지식 통합

삐아제와 반대로, 배우는 것이 학습자의 지적 작용의 발전에 의존하는 개인적이고 내적인 활동이라 믿는 비고츠키 Vygotsky(1896~1934)는 학습은 사회적이고 문화적인 요인에 의존한다고 보았다. 비고츠키에 따르면, 학생들은 사람들과의 사회적 상호작용으로 지식을 구성한다(Santrock, 2004).

비고츠키와 삐아제는 모두 구성주의자이다. 사고에 관한 그들의 가장 큰 차이점은 비고츠키는 사회적 본성을 강조한 반면 비록 평형화는 다른 사람들과의 생각과 접촉할 때 일어난다고 삐아제 역시 말했지만 그는 개인적 본성을 강조했다(DeVries, 2006). 비고츠키는 학습자가 그들의 구성을 공식화하고 의지하는 것처럼 타인의 정보를 이용할 수 있다고 믿은 사회적 구성주의자였다. 비고츠키의 이론에는:

- 학습은 사회적이고 협력적인 활동이다.
- 학습자는 타인의 정보를 이용해야만 한다.
- '타인'은 또래, 부모, 친구와 많은 다른 사람들, 그리고 인터넷, 책, 비디오와 영화같은 정보를 포함한다.
- 교사는 촉진자로서의 역할을 한다.

비고츠키는 학습자가 사람이나 자료로부터 도움을 받아 진행시킬 수 있는 활동의 영역을 **근접 발달 영역** Zone of Proximal Development (ZPD)이라 묘사했다(Vygotsky, 1934, 1986, Ash & Levitt, 2003, p. 26; Vygotsky, 1978). 근접 발달 영역의 하위 한계는 학습자가 홀로 수행해서 도달한 문제해결 능력 수준이다. 상위 한계는 오로지 조력자의 도움을 받아야만 완성될 수 있다. 근접 발달 영역은 스스로 혹은 다른 사람의 도움으로 문제를 해결할 수 있는 학습자의 능력의 차이를 나타낸다(Schütz, 2002)(그림 4.6 참조). 근접 발달 영역은 문화, 경험, 그리고 내적인 활동에 따라 달라진다.

비고츠키에 따르면, **비계** scaffolding 전략에서 교사의 역할은 학생이 문제나 상황을 탐구하는 초기 단계에 도움을 많이 제공하고, 아동이 그들이 책임감을 늘릴 수 있게 되면 도움을 줄인다. 비계에서 교사는 아동의 독립적으로 할 수 있을 때까지 각 아동의 영역에서 어른과의 상호작용을 점진적으로 규제해야 한다(Ash & Levitt, 2003).

그러므로 아동의 지식 구성은 자신의 자원을 다른 사람에게 얻은 입력 정보와 함께 활용할 때 완성된다.

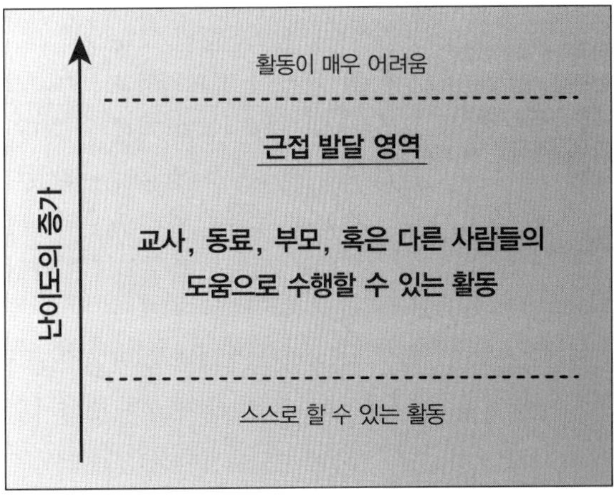

그림 4.6
근접 발달 영역.

구성주의 수업의 특성

미국과학교육기준의 수업 기준 A. 탐구 기반 프로그램

브룩스 Brooks와 브룩스(1999)는 구성주의 수업을 12가지로 서술했다. 이것들은 우리의 생각이 어디로 향하는지를 간단하게 요약해 준다. 구성주의 교사는:

1. 학생들의 자율성과 독창성을 격려하고 인정한다.
2. 원자료와 일차적인 정보는 물리적 자료이며 조작할 수 있고, 상호작용적인 자료와 함께 활용해라.
3. '분류', '분석', '예상', '창안'과 같은 인지적 용어를 사용해라.
4. 학생의 응답을 수업의 방향을 잡는 데 이용하고, 그에 따라 수업 전략과 내용도 바꿀 수 있다.
5. 학생들이 어떤 개념을 이해한 것을 탐구하고 나서 다른 학생과 공유하도록 해라.
6. 학생들이 교사와 혹은 동료 학생들과 서로 대화하는 데 참여하도록 격려해라.
7. 학생들에게 사려깊고 끝이 열린 질문을 하여 탐구하도록 격려하고, 다른 학생들에게도 서로 질문하도록 격려해라.
8. 질문에 대한 학생의 처음 응답을 정교하게 하라.
9. 처음 가설에 모순되는 실험에 학생을 참여시키고 토론하게 하라.
10. 질문을 한 후에는 생각할 여유 시간을 주어라.
11. 학생들이 관계를 구성하고 은유를 만들 수 있는 시간을 충분히 주어라.
12. 자주 학습 주기 모델을 이용해서 학생들에게 자연 그대로의 호기심을 길러주어라.

이러한 기술은 초등학교 구성주의적 과학수업을 포함한 모든 구성주의적 수업에 적절하다. 그것들은 삐아제와 비고츠키의 이론에 기초로 한다. 당신은 이러한 기술들과 당신 자신이 얼마나 관련이 있는지 확인해 보아야 한다. 그것들이 당신을 얼마나 잘 서술해 주고 있는가? 당신이 계획하고 있는 교수방법을 얼마나 잘 설명해 주고 있는가?

뇌연구와 지식의 구성

미국과학교육기준의 전문성 개발 기준 B. 과학, 학습, 학생, 교수법에 대한 지식 통합

21세기 초반부터 교육에서 '열띤 주제'는 뇌연구에 관한 것이었다. 뇌연구에 관해 수많은 논문이 발표되었고, 뇌의 생리학적 연구는 구성주의를 뒷받침하는 것으로 보인다. 사실 "생물, 인지 과학 그리고 교수 학습의 유전적 기반과 뇌를 탐구하기 위한 교육을 모두 아우르는 영역이 나타났다"(Fisher, et al., 2010, p. 68). 이 영역은 교육적 신경과학으로 알려져 있고 교수와 학습을 알리기 위해 과학과 실험을 연결하려 한다. 또한 이 영역은 새로운 학문이며 바라건대 교수와 학습에 있어 많은 생리학적 수수께끼들을 해결할 것이다.*

뇌연구의 결과로 인한 최근 이해들의 몇 가지 예들은 다음과 같다.

구성주의는 학습이 일어나기 위해서는 새로운 정보가 사람의 마음에 이미 존재하던 정보들과 연결되어야 한다고 주장한다. 뇌연구는 "우리는 지금 뇌 그 자체가 경험의 기

* 교육신경과학의 분야에서는 국제 마음, 뇌 교육학회 International mind, Brain and Education Society 같은 고유의 전문적인 조직체가 있어 왔다.

초들과 연결하는 힘을 절대 잃어버리지 않는다는 것... 오늘 당신의 뇌는 어제의 것과 다르다는 것, 이 차이는 지난 24시간 동안 간직한 감정과 생각과 더불어 어제오늘 경험한 뇌의 영향으로부터 기인한 것이라는 것"을 설명한다(Restak, 2003, p. 7-8).

키프 Keefe(2007)는 두 가지 유기체가 같은 것은 없다는 것은 생물학적 진실이라는 것과 이것은 학습자들도 포함한다고 썼다. 학습자들은 경험적 배경, 재능과 개인적 취향, 행동 양식, 목표와 염원, 문제 해결 방법, 동기 그리고 학습에 대한 준비도 등을 포함한 많은 면에서 다르다. 그러므로 "각 개인을 위한 학습은 적어도 어느 정도 독특한 것이다" 학습자 사이의 차이점 때문에 키프는 교사가 "각 학습자에게 가장 적절할 수 있는 프로그램을 제공하는 것이 교육적이나 재정적으로 가능하다"는 개별화 지도법을 추천한다.

또한 뇌연구는 "경험의 결과에 따라 뇌가 생리적으로 변화한다. 개인의 환경은 자신의 뇌가 기능하는 능력의 정도를 결정한다. 뇌는 외부 경험에 반응하여 내부 구조와 기능을 변화시킬 수 있다. 최대한 뇌의 능력을 늘리려면 연결이 성장하도록 해야 하고, 교사는 도전적이면서도 성장에 도움이 되는 환경을 제공해야 한다. **뇌는 배우기를 원한다**"는 것을 밝혀내고 있다(Caulfield, Kidd, & Kocher, 2000, p, 62). 줄 Zull(2004)은 뇌를— 성장에 따라 주조되고 모양을 달리하는, 사라지고, 일생 동안 경험에 대하여 뇌의 뉴런을 재배열하는 플라스틱으로 묘사하였다. 현재의 주장은 사람이 잠을 잘 때 뇌는 어떤 것들을 장기기억 장소로 움직일 수 있고 존재하는 생각들과 연관지을 기회를 가진다고 제안한다(Bodies, The Exhibition, 2006).

신경과학회 보고서에는 "기억은 **뉴런** neurons 사이의 연결 상태가 변하여 지속되는 것이라는 생각을 지지하는 증거가 많이 있으며, 장기기억의 안정성은 뉴런 내부의 **시냅스** synapses의 숫자와 세기가 변하는 구조적인 변화에서 유래한다"고 적혀있다. 2000년에 노벨 의학상을 공동 수상한 캔들 Kandel 박사는 뇌의 신경 세포 사이의 시냅스를 조정함으로써 학습이 행동의 변화를 만들어낸다는 것을 밝혀냈다. 인간의 뇌는 적어도 천억 개의 뉴런과 적어도 백조 개의 시냅스를 갖고 있다. 또한 캔들 박사는 단기 기억은 시냅스의 세기가 변화하는 것과 관련되며, 장기기억은 새로운 시냅스가 만들어지는 것과 연관되어 있음을 보여 주었다(Office of External Affairs, Health Sciences Division, 2002; Wade, 2000).

연구들은 학생들이 새로운 지식을 통합하기 위해 그들의 선지식을 고려할 때 과학 개념에 대한 깊은 이해를 발달시킬 수 있다는 것을 보여준다(Barrow, 2006). 신경학자인 윌리스 Willis(2007)는 뇌 생리학에 대한 현대의 증거들은 의미, 개인적 이해 그리고 매우 도전적이며 학습을 이끌어내고 안전한 교실환경에 주안점을 둔 지도 전략을 지지한다.

뇌 생리학의 연구는 뇌 안에 기억이 만들어지고, 산출되고 재배열될 때 뇌 안에 무슨 일이 일어나는가를 보여주는 일이며 이제 시작되었을 뿐이다(예, Kalat, 2007). 완벽하게 뇌를 이해하는 데는 수십 년이 더 있어야 하겠지만, 학습과 인지에 대한 뇌과학적 기초로 이해하는 일은 교육자에게 중요한 시사점을 준다고 하겠다. 이런 내용은 매우 가치있는 주제이다.

인지 발달 단계

미국과학교육기준의 전문성 개발 기준 B. 과학, 학습, 학생, 교수법에 대한 지식 통합

삐아제는 인지 발달의 단계를 출생에서 시작하여 감각 운동기, 전조작기, 구체적 조작기, 형식적 조작기의 단계로 진행된다고 제안했다(그림 4.7 참조). 비록 그는 그 단계를 수행하는 데 일정한 나이로 제한하는 것에 불만족을 나타내었지만 모든 사람은 4단계의 순서는 변하지 않고 인지가 발달한다고 믿었다.

각 단계는 이전 단계보다 인지 수행에 있어 더 발달된 능력을 보여준다. 각 단계의 특성에 관해 쓰여진 것들이 많으므로 여기서 자세하게 논하지는 않지만, 초등 과학 교사들은 각 단계에서 아이들의 지적 능력과 한계를 이해하는 것이 필수적이다.

감각 운동기

감각 운동기 sensorimotor stage에 있는 아이들의 지적인 노력은 자신의 환경과 상호작용하는 감각으로 이루어진다. 이런 도식체계를 열어주고, 도식을 세우기 위해 가능한 한 무제한적인(그러나 안전한) 방법으로 환경에 반응하는 기회를 제공하는 것이 어린이들의 지적인 발달에 매우 중요하다. 그와 같은 활동들은 도움 없이 계단 오르내리기, 퍼즐 풀기, 장난감 가지고 놀기, 집과 정원 탐험하기, 가족들과 자전거 타기 등과 같은 것으로서 이 같은 활동들은 도식의 풍부한 발달에 공헌한다. 전형적으로 감각 운동기는 어린이들의 일생에서 처음 몇 년 동안 지속된다.

전조작기

인지 발달 중 **전조작기** preoperational stage는 유치원 시절부터 초등학교 1, 2학년 아이들에게서 그 특성이 나타난다. 이때 아이들의 세계는 정신적 표상 영역의 발달에 의해 새로운 형태가 된다. 언어가 발달되고, 아이들은 생각을 전달하기 위해 언어의 추상성을

그림 4.7
삐아제의 인지 발달 단계.

단계	특성	발달 촉진 방법
감각 운동기	생각은 감각적 정보에 기초함	환경에 반응할 수 있는 기회 제공
전조작기	상징과 언어의 사용 증가 제한된 논리 자기 중심적 견해	언어와 상징 사용
구체적 조작기	'알기' 위해 보고, 느끼고, 만지고, 냄새맡고, 들어보려 하는 것 가역적 사고 일부 분류 능력 형성 일부 보존 논리 형성	직접 경험
형식적 조작기	추상적 사고	문제, 가설, 확률, 상관, 비례 형식으로 추상화 형식적 사고 기능

사용하기 시작한다. 이 단계는 "언어가 시작되고 상징적 기능도 시작되어 사고 혹은 표상이 일어나기 시작한다"(Piaget, 1964, 2003, p. S9).

이 시기에 있는 아이들은 대개 **자기 중심적** egocentric이다. 논리적으로 사고할 수 없고 눈에 보이는 대로 믿는다. 그들은 자신과 다른 관점을 가정할 수 없다. 예를 들어 그들은 다른 사람이 다른 위치에서 보는 것에 대해서는 상상할 수가 없다. 그러므로 초등학교 과학 교사는 이 시기의 아이들에게 그들이 직접 보는 것에 대한 질문을 해야지 다른 사람이 볼 수 있는 것들에 대해서 질문하지 말아야 한다. "이 돋보기로 본 것이 무엇이지?"라는 질문을 던질 수는 있지만, "철수가 그 돋보기로 본 것이 무엇이라고 생각하니?"라고 물으면 안 된다. 또 "왜 단추를 그런 방식으로 분류했니?"라고 물어야지, "너는 영희가 어떻게 단추를 분류했다고 생각하니?"라고 물으면 안 된다.

전조작기의 아이들은 가역적 조작을 할 수 없다. 즉 이들은 2 + 4 = 6이라는 것을 할 수 있지만, 6에서 4를 빼면 2가 된다든가, 혹은 6에서 2를 빼면 4가 된다는 가역적 추론은 할 수 없다. 그림 지도를 보고 학교에서 소방서로 가는 길을 찾을 수는 있지만 반대로 소방서에서 학교까지 되돌아오기 위해서 어떤 지시 없이는 길을 찾을 수 없다. 초등학교 과학 교사는 전조작기에 있는 아이들에게 가역적 사고 능력을 기대하지 말아야 한다. 예를 들어 유치원 교사가 아이들에게 얼음에 열을 가하여 녹는 것을 관찰하게 하는 활동을 지도할 수는 있으나, 전조작기의 아이들은 열을 빼앗았을 때(혹은, '차가운 것을 첨가'하는 것처럼) 그 반대의 효과가 나타난다는 것을 이 활동으로부터 추론할 수 없다. 또한 1학년 교사가 아이들에게 운동을 하면 사람의 호흡이 빨라진다는 것을 시범 보이는 활동을 할 때 전조작기 아이들은 휴식을 하면 호흡이 감소한다는 것을 추론하지 못한다. 그것은 그들 스스로 직접 해 봄으로써 알 수가 있다.

전조작기 아이들은 양, 질량, 부피 등에 대한 보존성이 없다. 이 사실은 3장의 측정 부분에서 논의된 것이다.

성인들도 어떤 범위 내에서는 전조작기 방식으로 사고한다는 것을 주목할 필요가 있다. 이것을 실험하기 위해서 수족관을 파는 상점에 가서 10갤런 짜리 수족관을 찾아보아라. 수족관의 모양이 긴 것, 좁고 짧은 것에서 넓은 것, 5각형으로 생긴 것, 원으로 생긴 것이 모두 같은 용량을 가진다는 것을 믿기 위해서는 아주 상당한 상상력이 필요하다. 또한 어른도 남쪽으로 운전해 가는데 지도를 볼 때 지도의 위아래를 바꾸면 혼란을 느끼게 된다.

구체적 조작기

구체적 조작기 concrete operational stage의 주요 특징은 개인이 "알기" 위해서는 감각을 이용해서, 즉 보고, 듣고, 느끼고, 만지고, 냄새맡고, 맛을 보아야만 한다는 것이다. 이 시기는 7살에서 11살 정도의 어린이들에게서 전형적으로 보여진다. 구체적 조작기의 아이들은 추상적으로 생각할 수가 없다. 그래서 추상적 개념들에 대해서는 호기심을 가지지 않는다. "물체로 조작을 하지만 말로 가설을 표현하지는 못한다"(Piaget, 1964, 2003, p. S9). 그들은 그들이 직접 경험할 수 있는 사물을 조작하는 방법과 기능을 배우느라 바쁘다.

구체적 조작기의 어린이들은 가역적 사고가 가능하다: 그래서 거꾸로 생각할 수도 있고 또 원래 상황으로 재구성할 수도 있다. 예를 들어 아이들은 만약 예전에 방식에서 변인을 바꾸지 않으면 무슨 일이 생길지에 대해서도 생각할 수 있다.

4.4

학교 활동

미국과학교육기준의 내용 기준 B. 물상 과학: 물질의 성질과 변화

용해와 결정

아이들에게 가역적 조작에 대해 이해시킬 수 있는 좋은 예가 **용해** solutions와 **결정** crystals에 관한 실험이다. 아이들이 액체인 **용매** solvent에 고체로 된 **용질** solute이 용매에 더 많이 녹을 수 있도록 열을 가한다. 식염과 엡손소금(황산 마그네슘)이 실험에 제안된다. 점점 열을 가하면 더 많은 용질이 녹을 것이다. 구체적 조작기의 아이들은 차가워지면 이 용액에서 어떤 현상이 일어나는지 추론할 수 있다. 열 때문에 녹은 용질은 냉각되면 용액에서 **침전물** precipitate이 된다. 사실 과포화된 용질이 결정의 형태로 석출되고 이런 과정이 천천히 진행될수록 결정이 점점 커진다(결정이 만들어지는 자세한 방법과 결정 형성의 방법을 조사하기 위해서 과학수업 활동 4.1을 참조하라).

4.5

학교 활동

미국과학교육기준의 내용 기준 B. 물상 과학: 운동과 힘

평형

4학년 학급에서 아이들은 저울의 받침으로부터의 거리와 물체의 무게 사이의 관계에 대한 실험을 했다(그림 4.8). 구체적 조작기에 있는 아이들은 거리가 변할 때 발생할 수 있는 일들을 직접 *해보기* 전이라도 추론할 수 있다. 또한 아이들은 실험을 통해 그들의 예측을 확인하게 된다(과학수업 활동 5.2 참조).

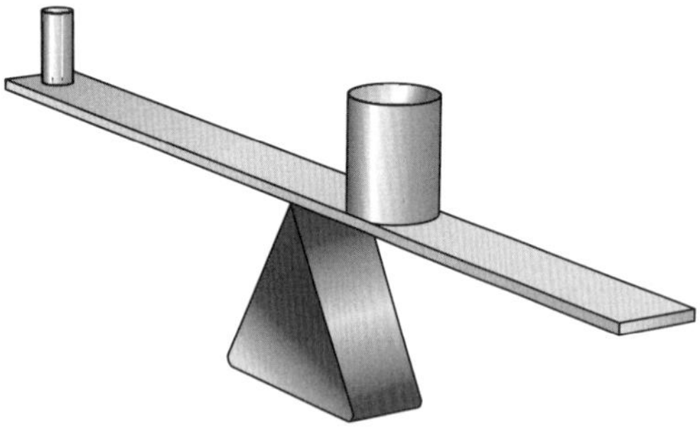

그림 4.8
막대로 균형잡기.

구체적 조작 단계 아이들의 분류 능력은 광범위하다(3장을 참조하라). 그 단계의 아이들은 위계 hierarchy를 만들어 낼 수 있고 한 계급 class—예를 들어 식물들과 동물— 내에서 관계를 이해하거나 계급 간의 관계도 이해할 수 있다. 그러나 복잡한 위계의 상호 관계와 분류 체계까지는 고안해 낼 수가 없다.

구체적 조작 단계의 아이들은 양, 질량, 무게의 보존 등은 이해할 수 있다. 부피의 보존은 구체적 조작기의 말기에 가능하다. 예를 들어 구체적 조작 단계 아이들은 어떤 용액

속에서 용질의 양은 용매에 용질이 녹기 전과 후에 똑같다는 것을 이해한다.

구체적 조작기 아이들은 용어를 정의하는 능력을 포함해서 가설을 설정할 수 있고 두 변인 사이의 관계에 대한 가설을 말로 설명할 수 있다. 그들은 확실한 변인 conspicuous variables을 찾아내고 통제하여 가설의 타당성을 검증하기 위해서 실험조건을 만들 수 있는 능력을 가지고 있다. 그러나 형식적 조작기 아이들과는 대조적으로 구체적 조작기의 아이들은 잘 드러나지 않은 변인을 찾는 데 어려움을 가진다. 예를 들어 그들은 자유 낙하하는 물체에 대한 공기 저항의 효과를 이해하기 어렵다(만약 가벼운 공과 무거운 공을 동시에 같은 높이에서 떨어뜨렸다면 공기 저항은 가벼운 공의 낙하를 느리게 하기 때문에 무거운 공은 가벼운 공보다 먼저 땅에 떨어질 것이다. 구체적 조작기 아이들은 공기의 저항에 대한 추론은 하지 못하고 더 무거운 공이 그 무게 때문에 더 빨리 떨어진다고 생각한다). 그들은 이미 가지고 있는 선개념이 강하게 자리잡고 있으면 그들의 선개념과 대치되는 데이터를 왜곡하거나 무시하는 경향이 나타난다. '가벼운 공과 무거운 공'의 실험에서도 그들의 선개념 때문에 어려움이 나타나는 것이다. 3장에서 제시된 진자 운동이 자료를 왜곡하거나 무시하는 좋은 예이다. 진폭이 진자의 주기에 영향을 준다는 가설을 세웠으면 그것을 증명하기 위해 그들은 선택적으로 데이터를 기록하여 자료를 무시하거나 왜곡할 수도 있다.

많은 연구들은 많은 어린이들이 중등학년까지 구체적으로 생각한다는 것을 보여준다. 사실 심지어 같은 성인도 완전히 이 조작기를 얻을 수는 없다. 인지 단계는 지적 발달수준의 능력을 보여주는 것이지 그 단계를 획득한 것을 나타내지는 않는다.

다음의 활동들은 인지발달에서 구체적 조작기의 아이들의 능력을 활용한다.

학교 활동

4.6

미국과학교육기준의 내용 기준 B. 물상 과학: 열 에너지

물의 가열 시간에 대한 소금의 효과

5학년 수업에서 아이들은 물을 뜨겁게 하는 데 얼마나 시간이 걸리는지 알아보는 실험에서 물에 소금을 녹였을 때 나타나는 효과를 보여 주는 데이터를 모았다. 그들은 열판 위에 두 개의 비커를 올려놓고 측정된 양의 물을 넣고 각각에 서로 다른 양의 소금을 넣었다. 주어진 시간 간격으로 물의 온도를 기록하기 위해 온도계를 이용했다. 만약 누군가가 소금이 일정 온도까지 올라가는 데 시간이 적게 든다고 예상한다면 그는 그 가설을 지지하는 데이터를 기록하고, 그것을 반증하는 데이터를 무시하여 가설 검증에 유리하게 데이터의 일부분만을 해석한다(교사 답안: 물에 소금을 넣으면 물을 뜨겁게 하는 데 걸리는 시간은 증가하고 물의 끓는점은 100도 이상이 될 것이다).

학년 수준
2-8

4.1 과학수업 활동

미국과학교육기준의 내용 기준 B. 물상 과학: 물질의 성질과 변화

황산구리 결정과 설탕 결정의 성장

결정의 성장은 아이들에게 가설을 설정하고 실험할 수 있는 훌륭한 수단이 될 수 있다. 다음과 같은 질문을 할 수 있다:

1. 결정이 얼마나 크게 성장할까?
2. 물질이 서로 다르다면 결정의 크기는 어느 것이 더 클까?
3. 모든 물질이 결정으로 성장할 수 있을가?
4. 열은 결정 성장 속도에 어떤 영향을 미칠까?
5. 증발 비율이 결정의 성장 속도에 끼치는 영향은 어떠할까?

결정을 성장시키기 위해서 물질의 **포화** saturated 용액*을 만들어 액체를 증발시킨다. 액체가 증발하면 녹아 있던 물질이 결정의 상태로 남는다. 결정을 만드는 가장 효과적인 방식은 물질마다 다르다. 아래에는 설탕과 황산구리 결정을 만드는 '방법'이 제시되어 있다(**안전 유의점**: 설탕은 먹을 수 있지만 황산구리는 독성이 강하다. 설탕과 황산구리를 가까이 두지 *말아라*. 황산구리나 설탕도 맛보지 않도록 하고, 만진 후에는 손을 씻게 한다).

설탕의 결정(각설탕)

가정에서 만든 설탕 결정을 각설탕 rock candy이라고 부른다. 설탕을 물에 녹인 후 식혔을 때 완전한 결정으로 되지 않고 사탕처럼 되는 경향이 있기 때문에 정확하게 설탕 결정을 만들기는 어렵다.

방법 1. 끈 위에 결정 만들기

한 컵의 물에 두 컵 반의 설탕을 넣고 설탕이 최대로 녹을 때까지 가열한다. 혼합물을 식힌다. 식힌 후에 시럽을 컵 속에 미리 걸려 있는 줄에 붓는다. 물이 증발되도록 놓아둔다. 하루나 이틀 정도 지나면 끈 위에 각설탕이 생긴다.

방법 2. 끈 없이 만들기

한 컵의 물에 두 컵 반의 설탕을 넣고 설탕이 최대로 녹을 때까지 가열한다. 혼합물을 식힌다. 시럽을 얇고 입이 넓은 컵에 붓는다. 뚜껑을 알루미늄 호일이나 플라스틱 랩으로 꼭 싸두고 연필 끝으로 작은 구멍 3개를 뚫어 놓는다. 약 6주 동안 실험대 위에 그 유리 상자를 가만히 놓아둔다. 결정이 바닥으로부터 생긴다.

---

* *포화*용액은 온도가 변하지 않은 상태에서 용매에 최대한의 용질이 녹아있을 때를 말한다. 온도가 올라가면, 용질이 더 많이 녹을 수 있다.

(계속)

만약 원한다면 그 액체를 쏟아서 결정을 제거한 후 그들을 말리기 위해 따뜻하거나 건조한 곳에 놓아둔다.

(참고: 두 가지 방법에서 색깔 있는 각설탕의 결정을 얻기 위해 식용 색소를 넣을 수 있다)

실험을 위한 탐구적 질문

만약에 뚜껑에 많은 구멍을 뚫거나 혹은 구멍을 크게 하거나, 뚜껑을 없앨 때 결정의 크기와 결정이 생기는 속도에는 어떤 변화가 일어날까?

좀 더 따뜻한(차가운) 곳에 용액을 놓아두면 어떻게 될까?

(교사 답안: 원리는 천천히 증발될수록 결정이 더욱 더 커진다는 것이다)

황산구리 결정의 성장

황산구리의 용액을 다음과 같이 준비한다. 용액이 증발된 후의 황산구리 결정은 평행사변형의 모양을 가진 진청색의 아름다운 결정이 형성된다. 천천히 증발시키면 결정이 점점 커진다.

1. 300 mL의 물을 약 38℃ (100℉)로 가열한다. 이 온도는 아기의 우유병 온도 정도이다.
2. 175 g의 가루로 된 황산구리($CuSO_4 \cdot 5H_2O$)를 넣어 저어 준다. 다 녹지는 않을 것이며 그릇 아래에 녹지 않은 황산구리의 층이 생길 것이다.
3. 되도록 밤새 용액을 차갑게 놓아둔다. 액체가 시원하게 유지될 때 황산구리는 더 이상 그 용액 속에 녹아 있을 수 없다. 상온에서 *포화*용액을 얻게 된다.
4. 냉각시킨 액체를 조심스럽게 깨끗한 유리 상자에 1/3이나 1/4쯤 **기울여 붓다** decant. 용해되지 않은 황산구리가 포함되지 않도록 유의하여 부은 다음 뚜껑을 꼭 닫는다. 이것이 저장 용액이 된다.
5. 종이나 비닐 랩을 두 번째 유리 상자에 씌워 고무줄로 봉한다. 연필로 2, 3개의 구멍을 뚫어 밤새도록 놓아둔다. 물이 증발되면서 바닥으로부터 작은 결정이 형성된다.
6. 두 번째 유리 상자의 용액을 세 번째 용기에 옮겨 담는다. 두 번째 용기에 남아 있는 결정을 살펴보고 잘 만들어진 작은 결정 하나를 선택해서 세 번째 용기의 바닥에 놓는다. 마찬가지로 종이에 구멍을 뚫어 밤새도록 놓아둔다. 남은 용액이나 용질은 저장 용액에 넣는다.
7. 다음날 플라스틱이나 강철 집게로 결정을 꺼내어 깨끗이 닦고 다시 용기로 넣는다.
8. 원하는 만큼 계속 이렇게 한다. 매일 또는 이틀에 한 번씩 결정을 꺼내서 깨끗이 닦고 다시 넣는다. 원하면 저장 용액에서 용액을 더 첨가해도 된다. 원치 않은 결정이 생기면 꺼내서 저장 용액에 넣는다. 그림 4.9가 각 성장에 따른 황산구리 결정의 모양을 보여 주고 있다.

(계속)

그림 4.9
과학수업에서 성장시킨 황산구리의 결정. 왼쪽에서부터 3달, 1달, 2주, 6일, 하루 후의 결정.

실험을 위한 탐구적 질문

증발률이 결정의 성장 속도에 영향을 미치는가? 용액의 온도가 물에 용해되는 황산구리의 양에 어떤 영향을 미치는가?

구체적 조작기의 아이들은 시간과 직선 길이로 나타낸 시간의 관계를 알 수 있기 때문에 시간 직선을 만들 수 있다.

4.7

학교 활동

미국과학교육기준의 내용 기준 D. 지구와 우주 과학: 지구의 역사

지질학적인 시간 길이

지구의 형성 초기부터 현재까지 전체 지질학적인 시간길이를 약 10피트 길이의 테이프에 그릴 수 있다. 인류의 등장을 나타내는 연대는 1 mm 이하이다. 구체적 조작 단계의 아이들은 그런 시간직선을 만들 수 있고 지구에서 인류 출현(뿐만 아니라 지구의 역사에서 중요한 사건의 상대적인 긴 시간)이 상대적으로 짧은 시간임을 내면화한다(지질 연대 척도는 그림 4.10을 살펴 보라).

구체적 조작기 아이들은 기초적인 확률, 비율, 비례, 변화를 이해하는 능력을 가지고 있고 계산할 수도 있다. 예를 들어 교실에서 남학생과 여학생 수의 비율, 주어진 기간을 선의 길이로 나타낸 것, 지구와 태양계의 모형(과학수업 활동 3.47~3.48 참조)을 만들 수 있다. 과학 교사는 구체적 조작기 아동에게 실제적인 재료를 가지고 조작하도록 권장해야 한다. 구체적 조작기 아이들의 머릿속에 정신적 조작은 가능하지만 가능한 한 구체적으로 생각을 다시 해 보도록 해야 한다.

따라서 탐구를 위한 문제들은 매일의 일상적인 관찰로부터 얻을 수 있다.

그림 4.10

지질학적 시간척도. (미국 지질학회 Geological Society of America, 2009)

이언	연대	기간		시작(년 전)	생활양식	지형
현생대	신생대	제 4기	최근 (완신세)	1천만 년	현대인	
			홍적세 (빙하기)	2백18만 년	*오스트랄로피테쿠스*의 출현	
		제 3기	선신세	5백90만 년	호미니드의 출현	
			중신세	2천3백만 년		히말라야 산맥
			점신세	3천4백만 년		인도와 아시아
			시신세	5천6백만 년	말들의 출현	
			팔레오세	6천6백만 년	영장류의 출현	
	중생대	백악기		1억4천6백만 년	공룡 멸종 꽃식물의 출현	알프스와 로키산맥
		쥬라기		2억2백만 년	조류의 출현	팡게아 조각들이 표류 시작
		트라이아스기		2억5천1백만 년	포유류의 출현 공룡의 출현	팡게아 해체; 대서양
	고생대	페름기		2억9천9백만 년	파충류의 출현	팡게아 전체; 애팔래치아 산맥
		석탄기	펜실베니아	3억1천8백만 년		
			미시시피	3억5천9백만 년		
		데본기		4억1천6백만 년	양서류, 곤충류, 종자 식물, 나무의 출현	
		실루리아기		4억4천4백만 년	육상식물의 출현	
		오르도비스기		4억8천8백만 년	어류와 척추동물의 출현	
		캄브리아기		5억4천2백만 년	삼엽충 갑각류 연체동물 완족류 극피동물	
선캄브리아대		원생대		25억 년	다세포 연조직 유기체 조류 '해파리' '서관충'	판운동이 최근 시작
		시생대		38억 년	무핵세균	지각 발달
		지구의 기원		46억 년		

4.8

학교 활동

미국과학교육기준의 내용 기준 A: 탐구로서의 과학: 과학적 탐구에 대한 이해

세탁물 탐구

7학년 학급의 선생님이 왜 속옷은 세탁기 안에서 뒤집혀지는 것인가라는 문제를 탐구하게 하였다. 그 문제는 일상적인 관찰에서 나타났고 일 년 동안 연구의 초점이 되었다. 아이들은 그들이 제안한 가설을 검증하기 위해 실험적 절차를 계획하고 각각 다른 종류의 실험 처치를 한 후 속옷의 안팎이 뒤집어지는 횟수를 헤아렸다. 그들은 확률을 계산했고, 예상된 확률로부터의 편차도 계산했다. 그들은 심지어 대륙마다 차이가 있는지를 알기 위해 유럽의 친척들에게 같은 실험을 요청하는 편지도 썼다. 이것은 구체적 조작기의 아이들의 지적 잠재력을 충분히 이용하는 과정 중심적, 구성주의적 프로젝트이다.

형식적 조작기

미국과학교육기준의 전문성 개발 기준 B. 과학, 학습, 학생, 교수법에 대한 지식 통합

형식적 조작기와 구체적 조작기 사이의 가장 중요한 차이점은 **형식적 조작기** formal operational stage의 사람들은 구체적 예시 없이도 추상적으로 추론하고 사고하는 능력을 가지고 있다는 것이다. 그들은 현재와 구체성에 대해 얽매이지 않는다. "아이들은 물체에 대해서가 아니라 가설에 대해서 사고할 수 있다"(Piaget, 1964, 2003, p. S9). 삐아제의 이론에 의하면 형식적 조작의 사고는 대략 11세에 시작한다. 그러나 초등학교의 많은 아이들은 어느 정도 형식적 조작의 사고를 할 수 있는 정도의 능력을 가진다.

삐아제 이론에 의하면 형식적 조작이 인간의 지적인 발달에서 궁극적인 성취라고 한다. 내적이며 추상적인 사고가 가능한 발달 단계, 즉 형식적 조작 단계에 도달하기 위해서는 반드시 그 전의 세 단계를 거쳐야만 한다. 그러나 형식적 조작 단계의 단순한 도달이 모든 개인이 형식적 조작 사고를 할 수 있는 것을 뜻하지는 않는다. 이런 사고력은 개발되는 것이다. 구체적 사고로부터 추상적 사고로의 인지발달은 단순히 교사가 어린이들이 다음 단계로 '준비'되길 기다리는 '발현'이 아니다. 대신 어린 학생들의 교사는 추상적 사고의 개발을 장려해야 한다. 발달의 타당성은 나이나 학년의 단순한 기능이 아니라 오히려 학습에 대한 사전기회에 대부분 관련된다(Duschl, Schweingruben & Shouse, 2007, p. 8). 교사는 학생들이 이해 가능한 추상적 개념을 만드는 것을 돕도록 모형, 모의실험, 도표 그리고 비유를 제공해야 한다. 또한 교사는 학생들이 그들만의 사고를 분석하는 것을 북돋아 주도록 문제들과 현재 질문들 그리고 모순되는 상황을 제시해야 하고 학생들이 새로운 정보를 오래된 정보에 관련시키는 것을 돕는 탐구중심 교수전략들을 사용해야 한다(Tekkaya and Yenilmez, 2006).

로슨 Lawson(1978)은 형식적 조작(추상적인 사고)의 다섯 가지 특징으로, 즉 비례 논리, 변인 추출 및 변인 통제 논리, 확률 논리, 상관 관계, 조합 논리를 제시했다.

비례 논리 proportional reasoning는 예를 들어 지렛대에서 균형을 이루는 데 추의 질량과 거리와의 관련성을 비교하거나(학교 활동 4.5 참조), M&M® 초콜릿 색깔 활동(학교 활동 4.9 참조)에서 사용된다.

4.9

학교 활동

미국과학교육기준의 프로그램 기준 C. 수학 교과와 연계

초콜릿 M&M®의 색깔 비율

교사는 5학년들에게 초콜릿 M&M 봉지를 주면서 각각의 색깔을 헤아리고 그 비율을 계산해 보라고 한다. 각 색깔의 비율을 비교하고 학급 전체의 평균 비율을 계산한다. 이 비율로 미개봉된 봉지 속의 각 색깔 비율을 예상할 수 있다.

교사 답안: 평균적으로 초콜릿 M&M 한 봉지는 다음과 같은 비율로 있다.
13%-갈색, 14%-노란색, 13%-붉은색, 20%-오렌지색, 16%-녹색, 24%-파란색

변인 찾기 및 변인 통제 논리 control of variables는 주어진 가설과 관련된 변인들이 무엇인가를 찾아내는 능력, 그 변인들 중에서 통제해야 하는 것과 조작되어야 하는 것들은 구별하며 실험의 결과가 조작된 변인에 의한 것임을 확실하게 보여주도록 실험 방법을 고안하는 능력과 관계 있다. 3장에서 언급된 진자의 주기 탐구는 변인 찾기와 변인 통제 능력을 요구하는 활동의 좋은 예이다. 사실 3장은 전체가 변인 찾기와 통제의 과학적 과정을 포함한다.

4.10

학교 활동

미국과학교육기준의 내용 기준 C. 생명 과학: 유기체와 환경

식물을 건강하게 유지시키는 것은 무엇인가?

쿤과 브랜낙(Kuhn and Brannock, 1977)은 변인 찾기와 변인 통제가 필요한 식물 문제를 보여주었다. 4개의 식물이 있는데 2개는 건강하고 2개는 허약해 보인다. 각각의 식물에 물, 영양분, 잎 세정액을 아래처럼 주었다:

건강한 식물 1: 큰 컵의 물, 연한 색의 영양분

건강한 식물 2: 작은 컵의 물, 연한 색의 영양분, 잎 세정액

허약한 식물 1: 큰 컵의 물, 진한 영양분, 잎 세정액

허약한 식물 2: 작은 컵의 물, 진한 영양분

교사는 각 식물에 매주 위의 물질을 주었다고 설명한 다음 학생들이 식물이 건강하게 성장하는 데 필요한 것이 무엇인지를 찾아내도록 했다.

아이들은 네 가지 변인들(식물의 건강 상태, 물의 양, 영양분의 색깔, 잎 세정액)을 찾아야 한다. 그리고 어느 것들을 조작해야 하는지 추론한다(교사 답안: 이 경우는 식물 영양분의 색깔이 식물의 건강에 영향을 주는 것으로 보였다). 변인 찾기를 확장하면 아이들은 스스로 실험 절차를 개발할 수 있다.

확률 논리 Probabilistic reasoning는 동전 던지기, 복권 당첨의 기회 등과 같은 현상을 포함한다. 멘델의 유전 법칙의 해석은 확률 논리를 필요로 한다. 환경 과목에서는 예를 들어 위장한 벌레가 발견될 확률이 주어지고 그 벌레가 나타날 확률을 계산한다.

4.11 학교 활동

미국과학교육기준의 내용 기준 C. 생명 과학: 인구와 생태계

위장

확률 논리를 개발시켜 주는 자연적인 위장 활동이 있다. 이 활동은 제한된 시간에 지정된 구역의 풀밭에서 색칠된 이쑤시개의 양을 찾아내는 것이다. 선생님은 학교 운동장 풀밭에 인접한 사방 1 m^2의 구역을 몇 개 측정하여 설정하고 끈으로 경계선을 표시한다. 그리고 각 모둠별로 구역에 들어가 모둠 활동을 하게 한다. 한 아이가 '여기'라고 지정하면 다른 아이는 그 주변에 다양한 색깔의 이쑤시개를 뿌려 놓는다. 예를 들면 이쑤시개를 흰색, 빨강, 파랑, 노랑 등 모두 10개씩 뿌려둔다. 신호에 따라 1분 안에 가능하면 많은 양의 이쑤시개를 모아야 한다. 그 때 각 모둠의 구성원은 '여기'를 지칭할 기회를 가지며 마지막에 학급 전체의 데이터를 합친다. 그 결과는 이쑤시개 색깔이 선택될 확률을 나타낸다. 이 원리는 곤충의 위장과 자연적인 자기 보호 현상을 알 수 있도록 도와준다.

상관 관계 Correlational reasoning는 한 변인이 변함에 따라 다른 변인이 관련되어 변하는 정도로 정의한다. 상관 관계가 인과 관계를 의미하는 것은 아니다. 상관 관계는 단순히 변화의 관련성을 말한다. 예를 들어 대학에서 공부하는 양과 학점과의 관계는 매우 깊은 상관 관계가 있고, 사람들의 어휘력은 그 사람의 기말보고서의 수준과 관계가 있다. 두 가지 변인이 동시에 같이 증가하거나 감소하면 **정적** 상관 관계라 하고 반대로 하나의 변인이 감소하면 다른 변인이 증가하는 것을 **부적** 상관 관계라고 한다. 예를 들면 운동과 스트레스의 관계가 부적 상관 관계에 속한다. 즉, 운동의 양이 많으면 많을수록 스트레스는 더 적게 느껴진다. 만약 두 변인 사이에 아무 관계가 없다면 상관은 0이다. 예를 들어 그 사람의 주머니에 들어 있는 돈의 양과 키의 관계는 상관도가 0이다.

많은 과학적 실험은 두 변인 사이의 상관의 존재와 그 정도를 찾으려고 하는 것이다. 비록 상관 관계만으로는 인과 관계를 알아낼 수 없지만 두 변인 사이의 강한 정적인 상관 관계나 부적인 상관 관계는 인과 관계를 알아낼 수 있는 증거가 된다. 만약 학교 활동 4.8에서 세탁물의 속과 겉이 바뀌는 실험이 북반구에서보다는 남반구에서 그렇게 나올 가능성이 더 컸다면 사람들은 이러한 현상의 원인과 결과를 탐구하려 할 것이다.

세 가지 종류의 상관 관계 그래프는 그림 4.11에 보여진다. 그림 4.11(a)는 일일 평균 학습시간과 학생의 시험 성적 간의 정적 상관 관계를 보여준다. 그림 4.11(b)는 시험 전날 밤 마신 맥주의 양과 학생의 시험성적 간의 부적상관관계를 보여준다. 그림 4.11(c)는 학생들의 키와 시험 성적 간의 0의 상관관계를 보여준다.

조합 논리 Combinatorial reasoning는 순열과 조합(주어진 항목을 정해진 조합으로 배열하는 방식)의 통계를 말한다. 조합 논리는 하나 이상의 변인의 상호작용에서 서로 다른 가능한 인과적 효과의 개수를 세는 데 이용된다.

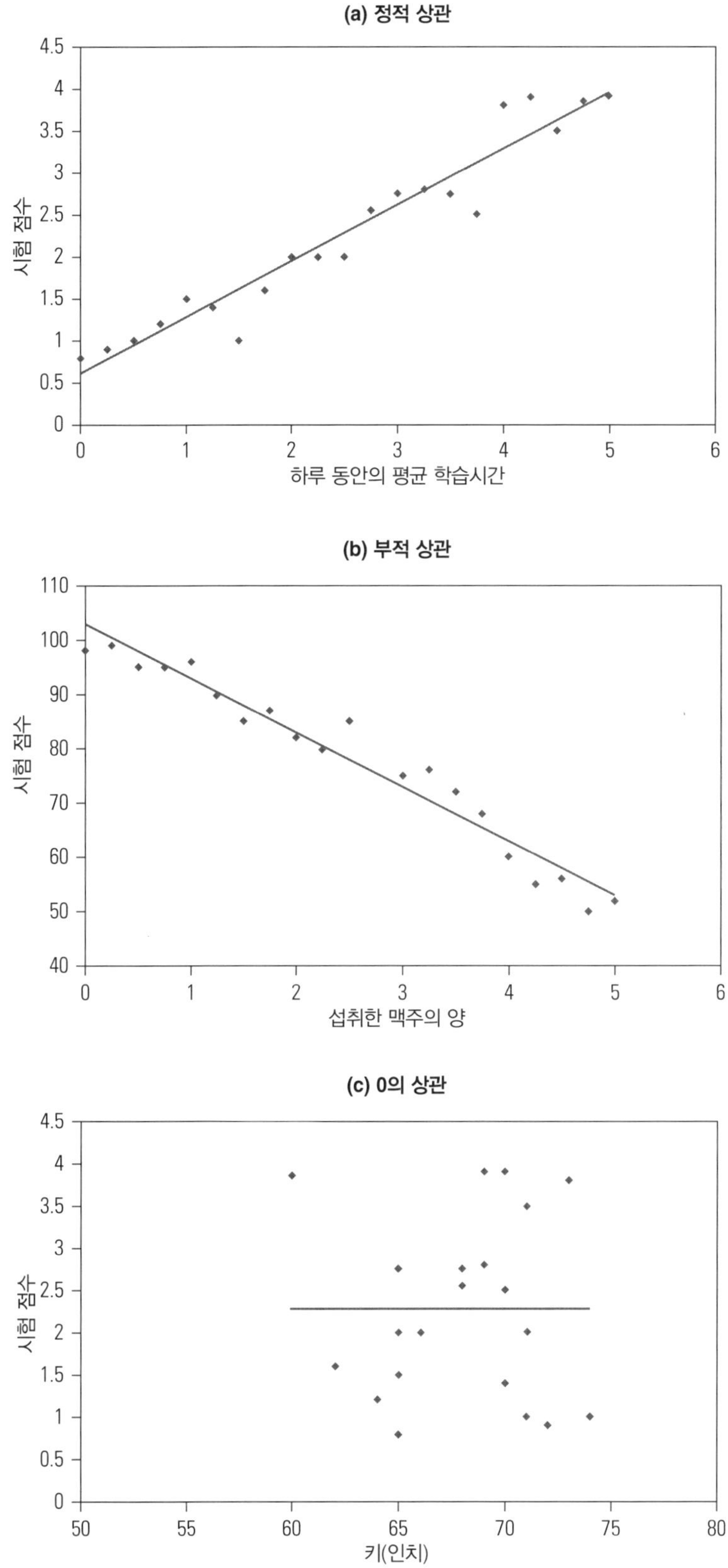

그림 4.11
상관 관계 그래프.

인지 발달 단계의 중복

삐아제의 발달 이론에 의하면 개인은 모든 인지적인 발달 단계를 순서대로 거치게 된다. 그러나 모든 발달 단계에서 어느 정도 현재 단계에는 앞선 단계가 포함된다. 예를 들면 구체적 조작기에 있는 아이는 어느 정도 감각 운동기와 전조작기에서의 기능을 포함한다. 삐아제가 원래 제안한 발달 단계는 나이와 학년이 융통성이 있어서 전조작기의 아이는 어느 정도 구체적 조작기의 인지적 능력을 가지고 있음을 주의해야 한다. 구체적 조작기의 많은 아이들은 어느 정도 형식적 조작기의 사고를 할 수 있다. 이런 아이들은 복잡한 형태의 생각과 추상적인 생각을 사용하는 도전적인 상황을 통해서 격려된다. 거꾸로 많은 형식적 조작 단계의 대학생들도 구체적 조작기의 사고를 한다. 과학교육의 목적 중의 하나는 좀 더 높은 단계의 사고 기능의 개발이며 교사는 아동 스스로 높은 단계의 사고에 도전하도록 도와주는 것이다.

구성주의 공룡과 태양계

많은 학교에서 공룡과 태양계에 대한 학습을 인지 발달 단계에서 전조작기 단계에 있는 유치원과 1학년 아이들에게 가르치기를 권장한다. 전조작기 아이들이 이 개념들을 이해할 수 있을까? 아이들은 공룡에 대한 이야기를 집으로 갖고 온다. 그리고 엄마가 "공룡들이 얼마나 크지?"하고 물으면 "이만큼?" 하고 대답하면서 엄지손가락과 집게손가락을 가능한 한 크게 벌리며 그 크기를 나타내어 본다. 그 아이는 학교에서 본 공룡 장남감의 크기를 나타내고 있는 것이다.

전조작기 아이들은 비율적인 용어로 모형으로부터 실제 크기를 추상화할 수 있는 능력이 없다. 즉 자기가 본 공룡 장난감을 백 배나 천 배쯤 큰 진짜 크기로 시각화할 수 없다는 말이다. 그래서 전조작 단계의 아이들은 공룡들이 진짜 크기로 만들어진 복제품들을 경험해야만 한다. 이런 것을 제공하는 것은 그리 어렵지 않다.

4.12

학교 활동

미국과학교육기준의 내용 기준 D. 지구와 우주 과학: 지구의 역사

공룡 크기

공룡은 얼마나 컸을까? 다양한 공룡의 크기를 조사해라. 그것들을 큰 종이에 그려서 오려내라. 여러분은 아마도 충분한 공간을 확보하기 위해 체육관이나 구내 식당을 사용해야만 할 것이다. 그리고 여러분은 작업 후 그것들을 체육관이나 구내 식당의 벽에 걸어 둔다.

학교 활동

4.13

미국과학교육기준의 내용 기준 D. 지구와 우주 과학: 지구의 역사

공룡 길이

공룡은 얼마나 긴가? 아동은 그들이 선택한 공룡에 대한 기본적인 정보를 찾아서 소책자에 기록한다. 공룡의 전체 모습을 알기 위해 작은 공룡 모형을 자를 것이다. 교사는 복도에서 긴 테이프를 펴놓고 한 발 크기로 표시해 놓는다. 아동은 차례로 공룡이 얼마나 긴가를 긴 테이프 위에 표시한다. 혹은 공룡의 전체 길이가 될 때까지 테이프 위에 아동이 차례로 눕도록 한다. 그리고 나서 하나의 공룡을 만들기 위해 얼마나 많은 사람이 필요했는지 세어 본다.

이러한 활동에서 어린이들은 공룡의 실제 크기를 알아 볼 수 있다. 이와 동시에 구체적인 조작 기능은 실제 공룡의 관찰과 비교를 통해 향상된다. 아마도 학생들에게 얼마나 공룡이 큰지를 보여주는 가장 좋은 방법은 그들을 재조립된 공룡뼈를 전시하고 있는 박물관으로 데려가는 것일 것이다(9장 참조).

미국과학교육기준의 내용 기준 D. 지구와 우주 과학: 천체

초등학교 저학년 학생들이 지구, 행성, 행성 간의 공간을 공부하는 것이 과연 얼마나 바람직하다고 생각하는가? 전조작기의 아동은 거리와 크기를 비교할 수 있지만 일정한 비율로 만들어진 태양계 모델과 실제 태양계를 비교하지는 못한다. 학교 활동 3.23의 '행성의 온도'는 이런 현상의 대표적인 예이다. 이 활동에서 아이들은 어떤 것이 얼마나 뜨거운가와 그것이 열원으로부터 얼마나 멀리 떨어져 있는가 하는 것 사이에 관련이 있음을 발견하는 것이 요구된다. 또한 이러한 선상에서 그들의 사고를 태양계로 확장할 것을 요구받는다. 대부분의 전조작기의 아동은 그 관계를 이해하고 태양계로 그들의 사고를 확장할 수 있을 것이다. 그러나 태양계와 관련된 거리를 마음에 시각화할 수는 없을 것이다. 행성계를 묘사할 수 있는 유일한 방법은 모형을 이용하는 것이기 때문에 전조작기의 아동이 볼 수 없는 모형과 실제 사이의 관계를 마음속으로 생생하게 그려 볼 수 없다. 그림이나 망원경으로 볼 수 있는 달의 모양, 별자리, 별, 행성, 혜성, 다른 천체들과 같은 전조작기의 아동들에 의해 탐구될 수 있는 적당한 주제가 얼마든지 있다. 연구는 만약 1학년과 2학년 학생들이 별자리 투영기로 개념을 체험해 보았다면 분명한 천체모형(지구 주변의 별들과 행성들의 분명한 운동)을 이해할 수 있다는 것을 보여주고 있다(Plummer, 2009, and Plummer & Krajack, 2010). 야간 별찾기 활동은 유사한 대체활동일 것이다. 전조작기 학생들에게 소개되어져서는 안 되는 것은 모형표현에서 비례와 같은 그들이 아직 가지고 있지 않은 지적 능력을 필요로 하는 자료이다. 태양계를 공부하는 것은 아마도 전조작기의 아동이 상상의 세계에서 지적인 발달을 이룰 수 있게 한다. 다음에 나오는 활동은 상상력을 자극하고 창의성을 발달시키기 위해 달과 행성, 우주를 이용한다.

4.14

학교 활동

미국과학교육기준의 내용 기준 D. 지구와 우주 과학: 천체

별자리 만들기

아이들에게 금별, 은별, 검은색 종이를 제공하고 별을 선으로 연결하지 말고 별자리 모양으로 나열해 보라고 한다. 그러고 나서 다른 아이들에게 어떤 별자리인지 생각해 보게 한다. 결국 별자리를 만든 아이는 나타내려고 했던 것을 드러내 보여 줄 수 있다. 그리고 만약 원한다면 별들을 연결할 수도 있다.

아이들이 실제의 별자리를 이해하는 것을 돕기 위해 별자리를 흰 종이 위에 그려라. 그리고 핀으로 희미한 별은 작은 구멍으로, 밝은 별은 큰 구멍으로 뚫고 OHP로 스크린에 비추어 보자. 그림 4.12는 아이들이 별자리를 찾는 다른 방법을 보여준다.

그림 4.12
케네디 우주센터에서 떠있는 천구의 별자리 탐구.

© dov makabaw/Alamy

학년 수준
K 이전-8

4.2 과학수업 활동

미국과학교육기준의 내용 기준 D. 지구와 우주 과학: 천체

별 관찰 수업의 방법

관찰 시기

계절: 늦가을이나 초겨울이 관찰하기에 가장 좋은 시기이다.

시간: 어두워진 후, 일몰 후 약 1시간 정도 기다린 다음 눈이 어둠에 익숙해질 때까지 약 20분 정도를 기다린다. 보름달이 하늘 높이 있을 때는 피하도록 한다. 하늘이 흐린 경우에는 날짜를 재조정하고 관찰 시간은 1시간 정도로 한다.

(계속)

관찰 장소

건물과 키 큰 나무로부터 떨어진 곳, 가로등으로부터 멀리 떨어진 어두운 장소, 불빛이 없는 탁 트인 공원이나 학교 운동장이 이상적인 장소이다. 그러나 반드시 나무와 건물 벽이 하늘의 낮은 부분을 보는 데 방해가 되지 않게 해야 한다. 먼저 시야가 트인 곳을 찾는다.

준비물

쌍안 망원경, 단안 망원경, 망원경

별자리표와 성도

손전등—손전등은 빨간 셀로판으로 덮여 있어야 한다. 이때 셀로판은 어느 정도 두꺼운 것이 좋다. 빛에 의해 눈이 부시는 것을 막아야 한다.

따뜻한 옷(밤에 밖은 춥다)

관찰해야 할 것

달: 달이 나타나면 여러분은 쌍안경을 통해 분화구와 그 밖의 다른 특성을 매우 잘 볼 수 있다. 또한 아이들은 달의 현재 모습에 대한 이유를 추측할 수도 있고 태양이 진 자리를 떠올릴 수도 있다.

행성: 행성 중에 볼 수 있는 행성을 찾기 위해 과학 정기 간행물이나 지역 신문을 조사하라. 아이들에게 그들 스스로 이 정보를 찾는 방법을 알려 주어라. 주로 화성, 목성, 토성을 볼 수 있다(새벽에는 금성도 볼 수 있다). 여러분은 쌍안경으로 목성 주위를 도는 위성들을 볼 수 있다. 거기에는 두서너 개의 위성들이 주위를 맴돌고 있을 것이다. 토성의 고리는 저배율의 망원경으로 볼 수 있다. 여러분은 별로부터 행성을 말할 수 있는가? (1) 행성은 그 주위의 별보다 밝다. (2) 행성은 '반짝'이기보다 '새빨갛게' 타는 것처럼 보인다. (3) 행성은 태양이 진 위치와 달을 연결하는 가상의 선(**황도** ecliptic) 위에 있다.

별: 별의 밝기와 색깔(흰색, 흐린색, 파란색, 노란색, 초록색 그리고 빨간색)의 차이를 관찰하라.

북쪽 하늘에 있는 별자리들

큰곰자리—이것은 다섯 개의 별들의 산개 성단 무리이다. 미자 Mizar(손잡이에서 두 번째 별)는 두 개가 겹친 쌍성이다. 여러분은 그 별에서 떨어져 슬쩍 보게 되면 두 개의 별을 볼 수 있다. *큰곰자리*의 국자 속에 있는 두 별을 연결하면 *북극성* 쪽을 가리킨다.

- *작은곰자리*—손잡이 부분에서 가장 마지막 별은 *북극성*이다.
- *카시오페이아*—에티오피아 여왕 이름으로 'W'와 같은 형태이다.
- *케페우스*—에티오피아 왕의 이름으로 '모자' 형태이다.

눈에 띄는 늦은 가을과 이른 겨울의 별자리:

- *오리온*—사냥꾼으로 눈에 잘 띄는 별이다. 지평선에 경사지게 한 줄로 늘어선 세 개의 밝은 별이 보인다. 이것들은 *오리온의 '벨트'*이다. 어깨의 한쪽은 *베텔규스*라 불리는 붉은 별이고 이것은 적색 거성이다. 오리온은 *큰 오리온 성운*을 포함하는데 이것은 새로운 별을 형성하기 위해 하나로 되어 가는 과정에 있는 기체의 구름이다. 이것은 *오리온의 칼*에서 중간 '별'이다. 그러나 이 중간 별은 모두가 별이 아니고 성운이다. 망원경이나 쌍안경으로 그것을 보는 것은 멋진 일이다.

(계속)

- *큰개자리*—하늘을 빙빙 돌며 오리온을 따라가는 것으로 하늘에서 가장 밝은 별인 *시리우스*를 포함한다.

각 계절에 볼 수 있는 다른 별자리들:

가을	*안드로메다자리*, 카페우스의 딸	*화살자리*, 화살
	페가수스자리, 날개달린 말	*백조자리*, 백조
		물고기자리, 물고기
겨울	*양자리*, 양	*마차꾼자리*, 마차
	페르세우스자리, 제우스의 아들	*황소자리*, 황소
	삼각형자리, 삼각형	
봄	*게자리*, 게	*사자별자리*, 사자
	처녀자리, 처녀	
여름	*목동자리*, 목자	*북쪽왕관자리*, 북쪽왕관
	헤라클레스자리, 힘센사람	*거문고자리*, 하프
	뱀주인자리, 땅꾼	*전갈자리*, 전갈
	뱀머리자리, 뱀의 머리	*뱀꼬리자리*, 뱀의 꼬리

요약

심리학자, 과학교육자, 과학철학자 등의 사람들 사이에서 나타나는 공통적인 일치된 관점이 있는데 그것은 학습자(과학자를 포함하여)는 세상이 어떻게 작동하는가에 대해 자신의 의미를 구성하고 또 재구성해야만 한다는 것이다. 이 교수 학습의 방법은 구성주의로 불린다. 학습자가 이미 가지고 있는 믿음과 반대되는 새로운 정보를 경험하게 되었을 때, 인지적 비평형 상태가 된다. 이 불균형은 새로운 정보를 설명하는 새로운 개념을 구성함으로서 해결되어야만 한다. 이러한 개념들은 맞지도 틀리지도 않다; 하지만 이들은 설명력, 예상력 그리고 다른 것에 대해 적용해 보는 것으로 타당성을 가지게 된다. 그에 맞추어, 초등 과학 교사들은 학생들이 그들만의 과학적 개념을 구성하도록, 과정의 특성과 사용에 대한 그들만의 이해를 개발하도록, 그리고 그들에게 의미 있는 방법으로 그들, 어린이들의 삶에 과학을 적용하도록 격려해야 한다.

삐아제의 스키마 이론은 구성주의를 설명하고 비고츠키의 사회적 구성주의 이론은 구성주의를 다른 사람들과의 상호작용을 포함하도록 확장했다. 삐아제의 인지 발달 이론은 교사들에게 학생들이 다른 학년에서 정신적 능력을 이해하도록 돕는다. 이러한 이해들에 기반하여, 교사들은 그들의 학생들의 능력에 알맞은 수업을 선택하고 계획하고 그리고 적용할 수 있다. 더욱이 뇌 생리학과 관련된 현재 연구들은 구성주의의 아이디어를 지원하는 것으로 보인다.

학생들이 그들의 인지적 기능을 확장하도록 돕기 위해서, 교사들은 인지적 발달의 후기 단계의 발달을 조성하는 점점 더 도전적인 경험을 제공해야 한다. 지적 능력과 개인적 구성을 연결하는 것은 과학교육의 목표와 목적과 만날 수 있는 의미 있는 과학 프로그램을 보증할 것이다.

미시간 주립 대학교 학장인 라니에 Judith Lanier가

홈즈 그룹 Holmes Group 에서 한 연설이 있다.

> 유능한 교사는 아이들이 정보를 어떻게 구성하는가를 알아보기 위해 아동의 머릿속으로 들어간다. 유능한 교사는 자신의 교과 내용 지식을 융통성 있고, 창의적인 방식으로 결합시켜서 아이들을 가르칠 때 아주 다양한 방법으로 교과를 구성하고 재구성한다. 그들은 학생의 해석과 학생이 의미를 부여하는 방법에 관심을 기울인다(Lanier, 1987).

이것이 구성주의의 본질이다.

핵심 용어

감각 운동기	논리
결정	비계
구성주의	비례 논리
구체적 조작기	상관 관계
근접 발달 영역	생리학
기울여 붓다	시냅스
뉴런	용매
도식체계	용질
동화	용해
모순된 사건	인지적 비평형
변인 찾기 및 변인 통제	인지적 평형화
자기 중심적	침전율
자철석	포화
전조작기	형식적 조작기
정당성	확률 논리
조절	황도
조합 논리	

토의를 위한 질문들

1. 이 장에서 안내된 인용구 "학습에 영향을 주는 가장 중요한 한 가지 요인은 학습자들이 이미 알고 있는 선개념이다"의 중요성에 대하여 논의하라.
2. 선개념이 이미 알고 있거나 배울 수 없었던 것에 대해 영향을 주는 방법들에 대해 논의하라.
3. 구성주의의 의미는 무엇인가?
4. 학생들이 현재 가지고 있는 이해는 당신이 그들이 배우기를 원하는 과학학습에 어떤 영향을 주는가?
5. 당신이 구성주의의 방법으로 교수하고 있다면 어떻게 말할 수 있는가?
6. 삐아제의 인지 발달 단계가 과학을 가르치는 방법에 어떻게 영향을 주는가?

Chapter 5

탐구

"어린이들은 스스로 탐구하고 자신의 추론을 이끌어내야 한다. 그들에게 최소한으로 지시되어야 한다."

Herbert Spencer, *Education: Intellectual, Moral, and Physical*. New York: D. Appleton, 1862.

© Fancy/Alamy

앞의 네 개의 장에서, 초등 과학교육에 관련된 많은 개념들을 알아보았으며 초등 과학교육의 가장 중요한 목적인 과학적 결과 scientific products와 과정 processes에 관련된 개념들을 고찰했다. 그리고 초등학생이 알아야 하는 과학적 사실, 개념, 일반화, 이론 및 법칙들이 아주 조금이라는 제안도 생각해 보았다. 어린이가 좋아하고 또 어린이와 관련성 있는 과학적 결과의 과정을 가르치는 매개 수단으로 활용하는 것도 생각했다. 다른 사람이 해 놓은 결과를 알게 하는 것보다 과학이 어떻게 이루어지는가를 아이들에게 가르치는 것이 훨씬 더 중요하다는 것을 알았다.

또 어린이는 나름대로의 개념을 구성하여 학습한다는 구성주의적 학습관도 검토했다. 즉 아동은 이미 알고 있는 지식과 새로운 정보를 의미 있게 연결 지어야만 한다는 것이다. 이와 함께 교사는 정보 제공자라기보다는 학습의 촉진자로서의 책임이 있다는 생각도 살펴 보았다. 이제 이런 목적들을 달성할 것인가에 대한 질문이 제기된다.

이 장에서는 **과학수업에 있어서의 '과정 중심의 안내된 탐구 방법** process-oriented guided inquiry'에 대해 알아보고자 한다. 학생과 교사 중 어느 쪽 중심인가로 수업 방법의 연속선에서 어느 위치인가를 가늠해보고, 과학 수업에 과정 중심 탐구와 여러 가지 다른 방법을 공부한다. 학생들에게 과학에 **관하여** 학습하기보다는 과학을 **행하도록** 학습하게 한다. 그리고 과정 중심의 탐구 수업의 학습 지도안 형태를 탐색할 것이다. 또한 학습이 이루어졌는가를 말하기 위한 방법들을 탐구한다. 그리고 마지막으로 고차원 사고를 기르는 발문의 역할에 대해 탐구할 것이다.

사전 질문

이 장을 공부하면 다음 질문에 답을 하면서 논의할 수 있다.

- 설명식, 자유 발견식 그

리고 안내된 탐구의 3개의 주요한 과학 교수방법의 장점과 단점은 무엇인가?
- 어떻게 과정 중심 탐구와 구성주의가 비슷한가?
- 어떻게 교수 학습 전략으로서 탐구가 효과가 있는지 알 수 있는가?
- 학생들이 주제 학습에서 많은 다른 방향을 선택하게 될 때 왜 교사는 탐구 학습을 위하여 수업지도안을 작성하는가?
- 어떻게 블룸의 인지 분류가 교사들이 탐구 과학수업을 계획하고 보완하는 것을 도와주는가?

설명식-발견식 교수방법의 연속선

미국과학교육기준의 수업 기준 B. 학습의 안내 및 촉진

이제까지 다양한 교수방법이 많은 교육자들에 의해 제시되어 왔다. 유능한 교사라면 이처럼 다양하게 늘어나는 수업방법에 대하여 알아야 하는 동시에 현재의 상황에 가장 적합한 교수방법을 결정할 수 있어야 한다. 이러한 방법론적인 결정은 학습시켜야 할 내용의 성질, 교사의 개성, 아동의 연령, 지적 정도, 흥미, 이전 경험 등의 요소에 근거하여 이루어진다. 그러나 모든 어린이들의 요구에 맞는 단 하나의 방법은 없다.

교수방법은 학습 상황에 대한 교사와 학습자의 상대적인 기여 정도에 따라 정해질 수 있다. 그림 5.1을 참조해 보자.

이 연속선은 왼쪽에 가상적이고 전적으로 교사 중심의 **설명식** expository 방법과 오른쪽에 완전히 학생 중심의 **자유 발견식** free discovery 방법 즉 완전 학생 중심의 지도방법의 연속을 가상으로 나타낸다. 어떤 수업이라도 수업에 포함된 설명식 혹은 발견식 활동의 상대적인 정도에 따라 이 연속선의 어떤 부분에 위치할 수 있다.

이 연속선에서 왼쪽 끝은 설명식 수업이다. 설명식 수업에서 교사는 지식의 전달자이자 수업의 통제자로서, 수업은 교사를 중심으로 이루어지며 학생이 그 수업에 열중하고 있다고 가정하고 학생이 수업을 듣던지, 듣지 않던지 와는 무관하게 정보를 제공하고 학습자는 그 정보를 흡수하게끔 되어 있는 수업 방식이다. 설명식 수업의 가장 일반적인 형태가 강의 lecture이다.

오른쪽 끝은 자유 발견식 수업인데 자유 발견식 수업의 가장 큰 특징은 어린이 스스로가 가장 흥미 있는 주제를 탐구하는 것이다. 교사는 보조자일 뿐이다. 학생은 실험, 읽기, 쓰기, 토의 그리고 다른 다양한 탐구방법에 열중한다. 이러한 접근은 프로젝트 기반의 과학전략을 포함한다.

연속선의 중간 부분은 설명식과 발견식의 중간으로 **안내된 탐구** guided inquiry 방법을 나타내는 넓은 영역이다. 안내된 탐구 수업에서 교사는 어린이에게 가장 좋은 방법으로 교사가 설정한 주제를 탐구하도록 돕고 부가적인 질문을 하여 탐구 내용에 관해 자극을 주기도 한다. 그것은 문제중심학습, 수준별 수업, 개별학습과 같은 추가적인 전략을 포함한다.

그림 5.1
설명식-발견식 교수방법의 연속선.

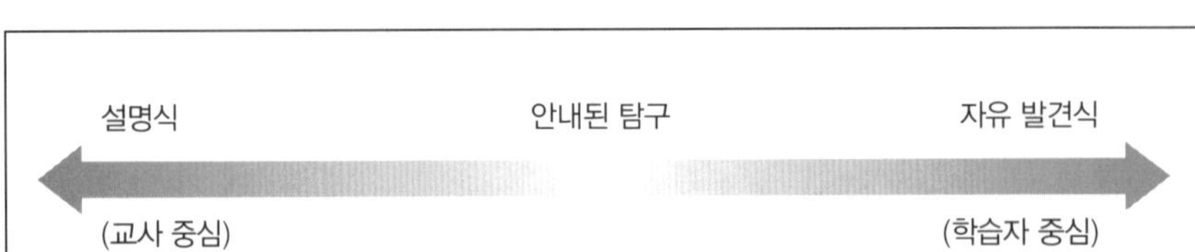

설명식 방법

설명식 수업은 교사 중심이다. 교사는 무엇을 배워야 할지 결정하고 강의하며 실험을 직접 해 보이고 예제도 풀이하고, 필기를 제공하며, 비디오로 보여준다. 또한 도표로 설명하고, 예시문제를 풀며, 인터넷 자료와 파워포인트 발표를 제공한다. 그리고 실검활동을 예시해주며, 이야기를 읽는 등의 활동을 한다. 이런 모든 행동들은 교사에게 초점이 맞춰져 있다. 교사가 말하는 것이 '배워야만 되는 것'들이고, 교사가 지식의 소유자이고 원천이다. 학생들의 이해 정도는 교사가 수업을 멈추고 물어 보지 않으면 파악할 길이 없다. 그렇다고 하더라도, 어린이들에 의해 내면화된 이해는 명확하지 않다.

미국과학교육기준의 수업 기준 B. 학습의 안내 및 촉진

설명식 수업은 과학교육에서 나름대로의 위치를 차지하고 있는데 특히 다음 단계의 공부를 위한 배경 지식으로 새로운 정보를 전체 학생들에게 보여줄 때 적절하다. 종종 어린이들이 스스로 하기 이전에 실례를 들어 보여 주는 것은 바람직하다. 수업 방향을 제시할 때 교사가 어린이들의 주의를 모으는 것은 아주 중요하다. 핵 에너지, 원자 이론, 세포 구조 등과 같은 어떤 특별한 과학적 개념들을 설명하는 것은 전체 학생들에게 설명식 수업을 전개하기에 가장 좋은 것들이다. 값비싼 도구를 이용한다거나 화학 실험을 하는 경우에도 실례로 먼저 해 보이는 것은 아주 좋은 방법이다. 학습 내용을 요약할 때도 설명식 수업은 아주 효과적이다. 설명식 수업의 또 다른 장점들은 주제의 명확한 전개, 일률적 제시, 정보의 효율적 전파 등이다.

그러나 설명식 수업은 단점도 있다. 어린이의 산만한 주의력, 개개 어린이에게 필요한 내용의 수업을 할 수 없다는 점, 수업 내용에 보조를 맞출 수 없는 어린이들의 능력의 부족함, 그리고 어린이의 삶에 적절한 내용이 부족하다는 점 등이다. 당신은 아마 설명식 교수의 가장 큰 단점으로 학생들이 주의를 기울이지 않는다는 것을 생각할 것이다. 이것은 문제가 아니다. 더 큰 문제는 당신은 학생들이 주의를 기울이는지 그렇지 않은지를 모른다는 것이다.

브루너 Bruner는 설명식 수업에 대한 "두 가지 단점으로 (1) 학습자를 수동적으로 만들고, (2) 죽어 있는 지식을 배운다"고 지적했다(Eggen & Kauchak, 1994, p. 411). 브루너는 단점으로:

1. 설명식 수업은 교사에게 지나치게 의존하는 경향이 있다.
2. 어린이는 교사가 제공하는 것만 학습하게 된다.
3. 설명식 수업은 교실 바깥에서의 사고과정, 사물을 이용하는 능력 등을 경감시키는 결과를 초래한다.

자유 발견식 수업방법

자유 발견식 수업방법은 연속선의 오른쪽 끝에 위치한다. 4장 초반부에서 묘사된 "건전지와 전기" 활동은 자유 발견식 활동이다. 아래의 활동은 "자유 발견식 수업이란 어떤 것인가"하는 생각을 정립시키는 데 도움을 줄 것이다.

미국과학교육기준의 수업 기준 A. 탐구 기반 프로그램

모래

미국과학교육기준의 내용 기준 D. 지구와 우주과학: 지구계의 구조

나는 사우디 아라비아에서 중학교 과학을 가르치면서 나의 가족과 얼마간 일시적으로 살았다. 미국으로 돌아 왔을 때, 우리는 사우디 아라비아 사막의 여러 지역으로부터 여러 종류의 모래를 가져왔다(그림 5.2의 지도 참조). 한 종류의 모래는 루발 칼리의 구역으로부터 가져왔다. 루발 칼리는 아라비아 반도의 남쪽 중심 부분을 차지하며 크기는 텍사스 주 정도로 세계에서 가장 모래가 많은 사막이다(Lebkicher, Rentz, & Steineke, 1960, p. 275). 루발 칼리의 모래산은 수백 m 높이이며 해수면 가까이 뻗어있다. 루발 칼리는 기온이 급변하는 곳으로 낮의 온도는 140℉ 이상이고 밤에는 25℉ 정도까지 낮아진다(Nawwab, Speers, & Hoye, 1980, pp. 114, 240). 루발 칼리로부터 가져온 모래는 모래시계 안의 모래만큼 매우 곱다. 그리고 색깔은 녹슨 것처럼 불그스레한 오렌지색이다. 이 모래의 입자는 매우 균일하다.

두 번째 모래는 아라비아만 해변의 모래 언덕에서 가져온 보통의 해변 모래이다. 그 모래 언덕은 바람에 실려 온 모래의 축적물에 의해 형성되었다. 색깔은 약간의 이물질을 포함한 노란색이 감도는 흰색이다. 그리고 루발 칼리의 모래보다 2~3배 더 굵다.

세 번째 모래는 알 우케르라 불리는 아라비아 근처의 지역으로부터 가져왔다. 이 지역

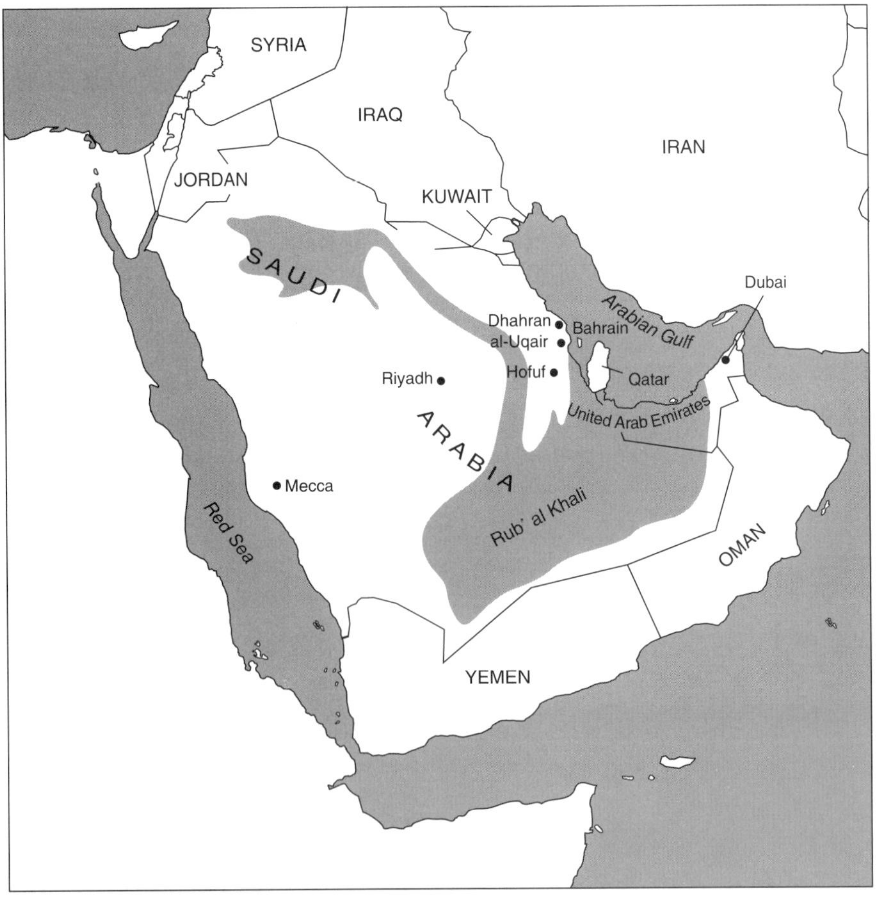

그림 5.2
아라비아 반도. (*National Geographic Atlas of the World*, 8th Edition, 2007에서 발췌)

은 스트라보 Strabo와 다른 고대 그리스인이 게라 Gerrah라고 고대상업의 중심지인 고대도시의 유적이 남아있는 지역으로 "문, 벽, 지붕이 무늬가 있는 상아색, 금색, 은색, 그리고 화려한 돌로 치장된 건물이 있다"(Bibby, 1970, p. 318). 덴마크의 고고학자인 비비 Bibby는 고대 도시의 위치를 찾기 위해서 여러 계절 동안 탐험한 결과, 증거를 바탕으로 알 우케르가 정말로 고대도시의 폐허일지도 모른다는 결론을 내렸다. 그러나 질그릇 조각과 고대관개 수로를 제외하고는 유적에 잔재가 없다. 이 지역으로부터 가져온 모래는 해변의 모래보다 약간 더 진한 노란색이고 매우 곱고 어두운 회색 알갱이가 있는데, 모래를 휘저어도 맨 위에 남아있다. 입자의 크기는 균일하고, 해변의 모래와 크기가 거의 같다.

초등 과학교육 강의를 듣는 학생들에게 자유 발견식 수업 활동을 하도록 학생들이 원하는 대로 모둠을 지어 세 종류의 모래 중 하나를 탐구하도록 한다. 15~20분 후 모둠을 순회하면서 탐구 문제에 초점을 맞추도록 질문하면서 모둠이 찾아낸 것을 공유하도록 한다. 우선 색깔, 촉감, 알갱이의 크기, 불순물 등 이차적 발견 활동에서 모래의 특성을 기술한 것을 서로 공유한다. 다음으로는 "왜 빨간 모래는 빨간가?", "검은 알갱이는 무엇일까?", "해변의 모래는 왜 희게 되었나?"의 심층적 질문을 하게 된다.

마지막으로 나는 만약 충분한 자금, 시간, 도구 등이 있다면 "다음 단계에서 무엇을 탐구하겠습니까?"라는 질문을 한다. 학생들은 "색깔이 다른 이유와 근원을 알기 위해 화학적 분석을 하겠다"라고 말하거나 "각 모래 위를 직접 걸어 보고 싶고 또 어떻게 낙타가 모래 위를 그렇게 쉽게 걷는가"를 알고 싶어 할 것이다. 또는 모래를 가져온 고대도시의 역사를 연구해 보고 싶어할 것이다. 이런 학생들에게 모래의 개념은 중동과 그 사회에 대한 공부와 통합하여 학습하는 흥미를 불러 일으킨다. 어떤 학생들은 그 지역의 지질과 모래의 근원을 서로 관련시켜 계속 공부해 보고 싶어한다. 한 모둠이 일단 말할 용기를 갖게 되면 다음 단계는 모래를 제외한 어느 것이라도 가능하다.

이것은 자유 발견 수업 활동의 한 예이다. 완전한 자유 발견식 수업과 다른 점은 교사가 주제(모래)를 제공하는 역할밖에 없다.

교사 활동 5.1

미국과학교육기준의 수업 기준 A. 탐구 기반 프로그램

자유 발견식 수업을 통한 탐구

그리 복잡하지 않고 흥미를 가질 수 있는 것으로 여러분이 탐구할 수 있는 것을 찾아보자. 여러분은 아마 여러분이 사는 지역이나 그 지역의 여러 곳에서 모은 흙, 낚시도구상점의 벌레들, 공사현장에 사용되는 크레인 혹은 이외 어느 것이든 사용할 수 있다. 주제에 대해 약 30분간 생각해 보고 반 친구들에게 이야기하자. (1) 무엇을 탐구했고 (2) 무엇을 발견했고 (3) 돈, 시간, 도구가 충분히 있다면 다음 단계로 무엇을 할 것인가에 관해 말해 보자. 주제로는 건전지, 조개껍질, 구름, 화석, 암석, 물, 바다, 개구리, 꽃 등 모든 것이 가능하다. 해야 되는 것은 무언가 탐구할 가치가 있는 것을 찾아내고 그것을 행하는 것이다.

자유 발견식 수업에 대한 반응

이러한 활동에 대해 어떻게 느꼈는가를 반추해 보라. 이러한 활동이 흥분, 흥미, 무관심, 혼란을 주었는가?

위 활동에 대한 느낌을 전체 학생과 함께 토론해라.

자유 발견식 수업에서 어린이들은 자신이 배울 중요한 것이 무엇인가를 결정하고, 선택한 탐구 주제에 대해 개별적이고 독특한 학습 활동을 설정한다. 그들은 나름대로의 탐구 상황을 고안하며 전에 배운 것을 참고하기도 한다. 교사는 자료를 제공하며 공동 탐구자로 행동한다. 학생은 인지적으로 깊게 관여된다.

브루너(1965)는 학생들이 그들이 배울 내용에 대해 능동적인 탐구자가 되어야 한다고 주장했다. 발견 학습 방법에서 어린이는 과학적 현상에 대해 탐구하고 스스로 이해한다. 브루너에 의하면 이것이 바로 유의미 학습 meaningful learning으로 향하는 길이다. "어떤 한 분야의 기본적인 생각에 숙달된다는 것은 일반적인 법칙을 이해할 뿐만 아니라 학습과 탐구에 대한 태도, 이리 저리 추측하는 태도, 스스로 문제를 해결할 수 있다는 태도를 발전시키는 것도 포함하는 것이다".

자유 발견 수업의 가장 중요한 장점은 구성주의적 패러다임을 촉진시킨다는 것과 모든 아동이 인지적으로 참여하고, 탐구과정 능력의 발달, 학습한 자료의 유의미성 등이다.

물론 자유 발견 학습의 단점도 있다. 제일 많은 비판이 발견 수업이 충분한 구조화를 제공하지 못하기 때문에 어린이는 그 자신보다 교사에게 더 많이 의지하게 되어 초기에 실망감을 가질 수도 있으며 교사의 수업 내용에 대한 조절이 어렵다는 점 등이다. 또한 어린이들이 같은 시간에 다른 문제를 공부할 수도 있으므로 관리상의 문제가 있다.

안내된 탐구 방법

미국과학교육기준의 수업 기준 A. 탐구 중심 프로그램
미국과학교육기준의 수업 기준 B. 학습의 안내 및 촉진

이것은 연속선의 중앙부에 위치하며 교사 중심의 설명식 수업, 학생 중심의 자유 발견 수업을 결합한 것이다. 안내된 탐구 방법에서 교사는 방향을 제시하고 어린이는 방향을 설정하여 질문한다. 이때 교사는 끝이 열린 open-ended 활동을 제안한다. 즉 어린이들이 찾아낼 수 있는 것을 찾고, 이해하지 못하는 것을 탐구하고, 자신의 개념을 구성하며 자신의 발견을 내리도록 하는 활동이다. 좀 더 나아가 아동은 그 결론이 타당한가를 후속 탐구로 검사하고 그 결론을 친구 및 교사와 토의하여 타당성을 확인하거나 혹은 결론을 수정하고 개념을 재구성하기 위해 후속 탐구를 시작하기도 한다. 그렇다면, 그들은 그들 서로와 그리고 교사들과 타당성을 확인하기 위해 논의한다. 아이들의 탐구는 조작적 탐구뿐만 아니라 참고 서적, 교과서, 인쇄 자료, 비디오, CD 롬, 인터넷, 전문가 등 탐구를 도와줄 수 있는 자원을 모두 포함한다. 이 교재에 제안된 활동은 모든 구성주의적인 안내된 탐구 방법 constructivist guided inquiry methodology 하에서 개발되었다.

안내된 탐구 방법은 행함에 의한 학습 learning by doing 을 포함한다. 교사는 지시자가 아닌 안내자, 자원 제공자, 공동 탐구자로서 행동한다. 교사는 주제를 선정하고, 단원과 학습을 도입하며, 탐구를 위한 구조를 제공한다. 교사는 초기 활동을 개발하고 후속 활

동을 다양하게 준비한다. 교사는 질문하고, 학생 스스로가 노력할 수 있도록 돕는다. 교사는 학생이 말한 것을 이해하기 위해 귀를 기울여 듣는다. 교사는 학생이 말한 것을 이해하기 위해서 질문한다. 그 질문들 중 유도 질문도 있고 또 어떤 것은 학생의 사고를 찾고자 하는 질문도 있다. 수업은 조작적 활동과 실험이 주가 되며, 전형적으로 소집단 활동으로 특징지어진다. 학생들은 의미를 구성하고 그들에게 새로운 개념들을 발견한다.

수업의 도입부에서는 교사는 안내를 하지만 수업이 진행될수록 교사 중심에서 학생 중심으로 이동하도록 한다. 교사는 기회와 흥미를 함께 제공한다. 교사는 공동 탐구자로서의 열정을 발휘해야 한다.

안내된 탐구 방법에서는 아이들에게 단계에 맞는 내용을 제시하는 동시에 그들 나름대로의 개념을 구성하도록 돕는다. 이런 것이 아이들에게 주어진 주제를 심도 있게 추구하게 하며 또한 나름대로의 의문에 대해 탐구하게 한다. 안내된 탐구 방법은 자유발견식 수업에서 아이들이 느낄 수 있는 '혼란스러움'을 제거할 수 있는 충분한 구성 체계를 제공해 준다. 아이들은 그들이 탐구를 시작할 매개 변수를 제공받고, 시간, 집단의 크기, 내용 등과 같은 기본적인 제한사항 constraint이 주어진다. 수업은 통제와 관리가 가능해지는 것이고 교육과정의 내용들을 충실히 공부할 수 있다. 안내된 탐구방법은 과학의 내용이 과정숙달의 차량처럼 사용되는 탐구의 구성주의적 접근을 이용한다(구성주의 탐구과학에서 교육과정의 내용의 역할에 대한 논의를 위해 13장을 참조하라).

탐구 수업방법은 모든 장점에도 불구하고 몇 가지 단점도 갖고 있다. 피어스(Pierce, 2001)는:

- 탐구는 주어진 과학 시간보다 더 오래 걸릴 수 있다.
- 아동이 자신의 질문을 발전시킬 때 그 질문이 교육과정에서 요구하는 것과 필연적으로 연결되지 않을 수 있다.
- 교사가 아동의 어려운 질문에도 처리할 만큼 충분한 배경 지식을 갖지 못한 경우에는 준비되지 않을 수 있다.
- 교사가 끝열린 탐구의 자유로움보다 대규모의 수업이 편안할 수 있다.

교육대학교 학생들(그리고 다소는 모든 대학생들)은 설명식 교수에 익숙해져 있다. 많은 학생들은 구성주의 탐구 중심 수업에 참여해보지 못했고 더욱 이러한 모형을 본 적도 없다. 그래서 그들은 그들이 가르쳐 졌던 방법으로 가르치는 것이다(Alesandrini & Larson, 2002; Pringle, 2006). 그러므로 교육대학교 학생들은 그들의 설명식 수업에 대한 장점의 믿음에서 조금씩 안내된 탐구의 장점을 이해하고 개발하는 쪽으로 옮겨가야 한다. 이것은 과학 지도에 대한 선 개념을 재구성하는 시간을 허용하도록 천천히 이루어져야만 한다. 검사하고 안전한지를 확인하는 것이 학생들에게 과학 교수 학습에 구성주의적 접근이 필수적인 것이라는 믿음을 형성하게 할 것이다.

초등학교와 중학교에서도 마찬가지이다. 그들은 아마 구성주의적 접근으로 일하고 학습하는데 익숙하지 않을 것이고 또한 그들도 설명식 활동에서 탐구형태의 활동으로 옮겨와야 할 것이다. 학생들과 설명식 그리고 안내된 탐구식 사이의 몇 가지 활동들로 시작하는 것은 학생들에게 탐구 접근에서 성공하는 것이 필요한 실험을 제공하고 그들의 믿음을 얻게 하는 것을 도울 것이다. 교사는 먼저 환경과 문제들을 설정한다. 그후 학생들은 그들만의 문제 환경을 설정한다. 시작에서 교사는 학생들에게 높은 단계의 안내를 제공하지만 수업이 진행됨에 따라 교사는 활동에서 안내를 줄일 것이다. 궁극적으로 교사는 문제 혹은 질문을 제시하고 그 후 탐구를 시작하라. 그리고 기술들에 대하여 질문하고, 학생들에게 탐구의 방향을 정하도록 한다. 이 책에서 제시된 많은 활동들은 당신과 학생들에게 연속선상에서 안내된 탐구 쪽으로 안전하게 이동하는 기회를 제공할 것이다.

문제해결 학습

문제해결 학습 problem-based learning은 문제의 해결에 중점을 두고 있는 안내된 탐구의 한 형태이다. 문제해결 학습에서 교사는 교육과정에 기반을 둔 문제를 설정한다. 그리고 교사는 문제에 대한 해결 가능한 해법을 한 개 이상 개발하도록 학생들을 참여시킨다. 이것은 필수적인 질문을 제시하고, 학생들이 그들의 이해와 해결을 만들고 탐구할 수 있는 구성주의적 탐구를 제공하고 적절한 수준의 학생 자율성을 격려함으로서 이루어 질 수 있다. 과제들은 실제적이고 그것들은 사실들이다(학교에서 부여되는 전형적인 과제와는 반대로) (Fallik, Eylon, & Rosenfeld, 2008). 학습 경험들은 학생들에게 그들의 탐구의 방향과 기본을 형성하는 실제 생활문제를 제공한다. 전형적인 문제들의 예들은 지구 온난화, 강물의 주인의식, 대체 에너지, 안전한 음식 생산 그리고 미국 녹화운동을 포함한다. 학생들을 위한 목적은 그들이 보다 나은 문제 해결자가 되는 것이며 그러한 문제들에 대한 정의적인 해결책을 반드시 찾게 하는 것이 아니다.

프로젝트 과학 수업

프로젝트 과학 수업 project-based science은(간혹 프로젝트 기반 학습이라고도 불린다) 초점이 보다 큰 범위의 문제들에 맞추어 지기보다는 지역적으로 실제 시행될 수 있는 프로젝트에 맞추어 진다는 것을 제외하고는 문제해결 학습과 유사하다. 이것은 학생들이 그들만의 삶과 공동체와 관련된 연구 문제들을 제시하고 답하는 자유 발견에 경계를 접하는 학생 중심 접근이다(Colley, 2008). 프로젝트 과학 수업에서 개인 학생들은 선생님의 안내로 탐구할 프로젝트를 선택하지만 정해진 교육과정을 필수적으로 고려하지는 않는다. 프로젝트는 어떻게 학교 식당이 좀 더 좋은 식사를 지원할 수 있는가를 연구하고 제안하는 것, 운동장에서 사고를 줄이기 위한 절차들을 제안하기 위해 몸의 체계를 연구하는 것, 지역사회에서 재활용을 활성화하는 방법을 연구하고 제안하는 것 그리고 학교에서 사용가능한 것을 정하기 위하여 여러 가지 물병을 탐구하는 것들이 될 수 있다. 개별이나 모둠별로 학생들은 그들의 발견을 반이나 적당한 기관에 발표한다. 그리고 그들의 성과는 실제적으로 평가된다.[1]

수준별 수업

톰린슨 Carol Ann Tomlinson의 리더십으로 **수준별 수업** differentiated instruction의 개념이 잘 알려지게 되었다. 수준별 수업은 개별 학생의 요구를 파악하고 있는 교사에 기반을 둔 안내된 탐구 교수방법이다. 이것은 교사에게 '내용 기준에 기반을 두었지만 학생들의 참여

---

[1] 2008년 11월호 *The Science Teacher*는 프로젝트 과학 수업에 대한 자세한 정보를 담고 있다.

와 이해를 확인하도록 다듬어진 분명한 학습목표'를 요구한다(Tomlinson, 2008, p 26). 교수 계획은 준비도, 흥미도, 그리고 개별학생들의 선호하는 학습의 형태에 적합화되었다. 수준별 지도는 교사들에게 각각의 개별학생을 위한 분리된 지도계획을 작성하도록 하지 않는다. 오히려 이것은 교사들에게 필요 형태를 찾도록 하고 비슷한 필요나 흥미를 가지는 모둠의 학생들을 찾아 교사들이 이러한 개별 모둠들과 활동하도록 요구한다.

개별화 교수법

우리는 4장에서 같은 어떤 학생도 똑같을 수는 없다는 것을 보았다. 이런 사실은 각 개인의 마음이나 사고 과정에도 확장된다. **개별화 교수법** personalized instruction은 학생들의 성격, 능력, 학습 양식, 그리고 무엇을 어떻게 학습하는지에 영향을 주는 다른 여러 요인을 고려하여, 개별 학생을 위한 학습 경험을 만드는 것이다. 톰린슨 Tomlinson (2010)은 개별화 교수법을 분화된 교수법의 부분 집합임을 확인하였다. 그녀는 개별 수업은 학생이 특별한 선호도를 나타내고 교사가 필수 교육과정의 내용 안에서 학생이 그 흥미를 추구하는 것을 도와줄 때 이루어진다고 하였다. 예를 들어 흥미와 재능이 만화에 맞추어진 학생이 있다면, 교사와 학생 모두 만화의 관점에 초점을 두고 모든 주제를 만화로 수업을 개발하였다. 어떤 면에서 모든 탐구와 구성주의 활동은 개별화된 것으로 볼 수도 있다.

과정 중심 탐구

안내된 탐구방법은 과학의 과정을 숙달하는 수단으로 과학 내용을 이용하는 탐구적이며 구성주의적 접근을 취한다. 따라서 이런 방법을 **과정 중심 탐구** process-oriented inquiry 방법이라고 부를 수 있다. 탐구 지향 탐구에서 학생이 안내된 탐구를 경험하면서 과학 개념을 이용하여 과학의 과정 중에 한 가지 기능을 숙달하는 것을 도와주는 것이 교사의 주요 역할이다. 이런 방법은 "새로운 과학 지식을 개발하기 위하여 과학과정을 과학 내용 지식과 함께 결합시키려는 것이다"(Misiti, 2001, p. 38). 그러나 (2장에서 살펴본 것처럼) "가설을 검증하는 가장 큰 가치는 기대하는 결과가 일어나지 않았을 때 요인을 찾을 수 있는 가능성이 있다"는 점을 알고 있다(Misiti, 2001, p. 39).

미국과학교육기준의 수업 기준 A. 탐구 기반 프로그램

과학 교사의 궁극적인 목표는 '아동에게 과학 과정을 경험시키고 발견의 기쁨을 느끼게 하는 것'이다(Bollman, Rodgers, & Mauller, 2001, p. 686). 이런 탐구 지향 탐구 방법은 교사에게 목표를 달성하도록 도와줄 것이다.

교사 활동 5.2

미국과학교육기준의 수업 기준 A. 탐구 기반 프로그램

설명식, 안내된 탐구식, 자유 발견식 수업의 전개

여러분의 학급을 세 개의 집단으로 나누고, 적정 수준에서 배울 수 있는 과학적 주제를 선택하고 (1) 설명식 수업, (2) 자유 발견식 수업, (3) 과정 중심적 안내된 탐구 수업 중 한 가지를 각각 선

(계속)

택하여 약 10분간의 수업을 전개하라. 수업하는 것을 반 친구들에게 공개하고 장단점을 비평하게 하고 각각의 수업 방식에 대한 느낌을 이야기하게 하자. 다음 질문을 중심으로 비판을 해본다:

- 교사가 '말해주는' 시간은 상대적으로 얼마 정도인가?
- 학생이 탐구하는 상대적인 양은 얼마인가?
- 학생이 질문을 하는가?
- 학생이 자료를 조작하는가?
- 학생 자신이 찾아내도록 격려하는가?
- 교사는 학생에게 학생의 관점이나 생각을 표현하도록 허용하는가?
- 교사는 학생으로 하여금 수업시간에 제시된 자료를 탐구하여 교사가 제시한 영역을 넘어서는가?
- 학생이 수업에서 제시된 자료를 완전하게 이해하는가?

설명식–발견식 교수방법의 연속선에 대한 재고찰

미국과학교육기준의 수업 기준 A. 탐구 기반 프로그램
미국과학교육기준의 수업 기준 B. 학습의 안내 및 촉진

지금까지 어떤 수업이 설명–발견 연속선 위의 위치에 쉽게 맞지 않는다는 것을 알았다. 모든 수업에는 일정한 정도 설명적 방법이 필요하고, 방향이 주어져야 하고, 소개와 선행 조직자가 제공되어야 하며, 그룹 토의가 포함되어 결론을 짓는 것이 필요하다. 또한 아이들이 스스로 문제를 발상하고 그 문제에 대한 결론을 도출하기 위해서, 타당한 절차를 찾기 위해서 자유 발견식 수업이 필요하다. 그러나 그 수업에서 사용된 설명식, 안내된 탐구, 자유 발견식 방법의 상대적인 양을 평가하는 것은 어려운 일이 아니고 이런 숙고와 평가로부터 그 수업을 연속선상의 어디에 위치시키는 것도 어려운 일이 아니다. 초등학교에서 경력이 얼마 되지 않는 초보 과학 교사들은 중심에서 왼쪽으로 치우친 수업을 많이 할 것이고, 대부분의 경험 많은 교사는 경험과 자신감을 얻음에 따라 안내된 탐구 영역 중심에 오도록 맞춰질 때까지 수업은 오른쪽 방향을 향해 천천히 이동될 것으로 예상한다.

미국의 연구위원회(NRC, 2000)는 교실 탐구의 다섯 가지 핵심적 특징을 나열하였다:

1. 학습자는 과학적으로 중점을 둔 문제들에 종사한다.
2. 학습자는 문제에 답하는 증거들에 우선을 둔다.
3. 학습자는 증거로부터 만들어 낸다.
4. 학습자는 설명을 과학적 지식과 연관 짓는다.
5. 학습자는 설명과 대화하고 정당화한다.

탐구의 특징들을 개선하여 윈드쉬틀 Windschitl(2009)은 다음처럼 제시했다:

1. 탐구는 "콩은 클래식 분위기나 혹은 락음악의 분위기 중 어디에서 빨리 자랄 것인가?"와 같은 상대적인 질문보다 근본적인 요인을 탐구해야 한다.
2. 탐구는 교육과정의 개념에 중점을 두고 있어야 하며(예를 들어 "학생들은 점심으로 피자를 좋아하는가? 혹은 국수를 좋아하는가?"와 같이), 학습 프로그램과 관련되지 않은 것을 질문하지 않아야 한다.
3. 탐구는 자연의 '요리책'이 아니다.

4. 탐구는 한 가지 과정만을 사용하는 것이 아니라 조정된 과정들의 집합을 사용한다.
5. 탐구는 증거들을 나타낸다.

이러한 특성들은 학생들의 결론과 설명이 증거에 기초를 두어야 한다는 것을 제안한다; 이것은 과학의 본성의 한 부분과 구획이다(2장 참조). 증거는 말하기, 쓰기, 활동 반복하기 그리고 그림그리기 등 여러 가지 형태로 제시되어야 한다. 또한 초등학교 저학년까지도 그들의 설명을 받침하는 증거를 제공할 수 있다(Folsom et al., 2007).

울크 Wolk(2008)는 탐구 중심 교수법을 '사실들의 단기 기억으로부터 학교의 목적을 다듬어진 질문과 탐구로 전이하는 것'으로 기록하였고, 탐구 교수법은 만약 학생이 질문들과 이를 탐구하려는 강한 욕구를 가지지 않고 학교를 떠나면 실패라는 것을 추가하였다. 그는 탐구가 무엇이 아닌지를 교사들이 인식하기를 주장하였다:

- 탐구는 오직 '실험 학습'이 아니다.
- 탐구는 모두에게 공짜가 아니다.
- 탐구는 학생들이 원하는 무엇인가를 하도록 하는 것은 아니다.

교사 활동 5.3

미국과학교육기준의 수업 기준 A. 탐구 기반 프로그램

증거와 타당도

4장에서는 결론의 타당도가 세 가지 조건을 만족해야만 한다는 것을 제안한다. 그것은 설명력이 있어야 한다. 이것은 예측력이 있어야 한다. 그리고 그것은 다른 입력을 사용해야만 한다. 어떻게 과학교수에 대한 과정 중심 탐구 접근이 학생들이 타당한 결론을 얻는 능력을 길러 주는가?

그림 5.3은 구성주의적 교수와 탐구의 특징을 정리한 것이다. 이것은 안내된 탐구방법을 사용한 구성주의적 지도법의 설명을 제공한다. 당신의 수업준비의 이른 단계나 이를 전달할 때, 특히 자신의 현장체험에서 당신은 자신의 교수를 확인하기 위해 아래 리스트를 쓸 수 있다.

그림 5.3
구성주의적 안내된 탐구 교수방법.

수행을 나타내는 지표
1. 계획이 적절하다. 과정 중심의 목표를 설정한다.
2. 수업을 결과보다는 과정에 연결시킨다.
3. 과정과 개념이 논리적으로 발달하도록 계획한다.
4. 구체적 조작 학습을 제공한다. 학생이 자료를 조작한다.
5. 끝이 열린, 탐구 중심의 질문을 한다.
6. 아이들이 질문하도록 격려한다.
7. 아이들이 아이디어를 발상하도록 격려한다.
8. 아이들이 자신의 의문점과 생각을 탐구하도록 격려한다.
9. 주제를 전개시키기 위해 아이들의 질문과 반응을 이용한다.
10. 인쇄 자료와 멀티미디어, 사람을 포함하여 여러 가지 정보 자료를 사용하도록 격려한다.

(계속)

그림 5.3
(계속)

수행을 나타내는 지표
11. 대답이나 설명을 해 주는 것을 회피한다.
12. *증거*에 기초하여 학생들이 결론을 내도록 주장한다.
13. 아이들에게 그들이 관찰한 것에 대한 원인을 제안하도록 격려한다.
14. 아이들에게 다른 사람의 개념화에 대해 토론하고 도전하도록 격려한다.
15. 아이들의 반성적 사고를 격려한다.
16. 개개인의 필요에 응한다.
17. 주제를 어린이들의 생활과 관련시킨다.
설명식–자유 발견식 교수방법의 연속선에서 수업의 위치:
X——X——X——X——X——X——X——X——X——X——X
설명식 안내된 탐구 자유 발견식

탐구 활동들

미국과학교육기준의 수업 기준 A. 탐구 기반 프로그램

탐구 활동들(Bransford, Brown, & Cocking, 1999). 미국과학교사협회(2004)는 유치원에서부터 고등학교의 모든 교사들이 탐구를 '과학수업의 가장 주목해야할 중요한 존재'처럼 포괄하고 사용할 것을 주장했다. 미국에서 실시된 61개의 연구와 평가의 메타 분석은 탐구가 알맞게 강한 효과를 보여준다는 것을 제시했다(Schroeder, Scott, Tolson, Huyang, & Lee, 2007). 분석은 연구자들이 "만약 학생들이 지도를 그들의 흥미와 현재 이해로 적극적으로 연결할 수 있고 효과적인 교사의 안내 아래 협동적인 과학적 탐구를 경험할 수 있는 환경에 있다면 성과는 가속될 것이다"라는 결론을 내리도록 자극할 것이다. 1982년과 2004년 사이에 탐구 기반 교수의 효과를 다루는 연구의 종합은 "학생들의 학습과정(다른 말로 **탐구**)과 적극적으로 연결된 교수전략들은 학생들과 연관되지 않은 지도보다 개념적 이해를 좀 더 높일 수 있었다"는 것을 보여주였다(Minner, Levy, & Century, 2010). 딘 Dean과 쿤 Kuhn(2007)은 직접 교수법은 높은 수준의 성과를 만들어 내는 것이 가능한 반면 습득된 결과는 12주 이상 지속되지 않으며 발견학습교수법은 오래 지속되는 결과를 만들어 낸다는 것을 찾아내었다.

연구자들은 탐구형태로 유치원 학생들이 과학을 공부할 때, 소년과 소녀 모두 같이 과학을 좋아하는 것을 보여주었고, 이 때문에 아마 지난 시간 동안 맞딱뜨렸던 정확한 남녀 구분을 방지하는 것을 찾아 내었다(Patrick, Mantzicopoulos, & Samarapungavan, 2009). 제주 왕나비와 관련된 다른 프로젝트에서, 이러한 연구들은 어린 유치원생들에게도 탐구 효과가 있고, 학생들은 어린 나이에도 증거들을 함께 모아 결론을 낼 수 있으며, 또한 탐구적 연구를 통해 제주 왕나비를 탐구한 그룹은 관련된 생명과학 개념들에 대해 교사의 더 많은 안내를 통해 나비를 탐구한 집단보다 더 풍부한 이해를 보여주었다. 밴후크 VanHook Huziak-Clark(2009)는 유치원 학생들은 에너지에 대해 어떻게 축적되고 사용될 수 있는지에 대한 개념을 훌륭하게 얻을 수 있다는 것을 보여주었다. 그들의 2007년 조사는 초등 교사들은 평균 41%의 과학 수학 시간을 탐구 중심 수업으로

사용하고 있고 그들의 이상적인 비율이 60% 정도로 높아져야 한다고 생각한다고 보고하였다. 연구들은 초등학교 동안 실험과 탐구 중심의 방법으로 과학을 배운 학생들이 독립적 사고, 비평적 사고 그리고 문제 해결 같은 일생의 과학적 소양 기술들을 개발한다고 생각한다(Colburn, 2004; Science Emphasized, 2004).

하지만 교사들은 이렇게 증명된 접근을 실천하는 것을 꺼리는 것으로 보인다. 이는 부분적으로 교사들이 학생들에게 많은 탐구의 자유를 주는 것이 그들이 권위적 위치를 양도하는 것으로 느끼거나 탐구적 접근이 새롭고 걱정스럽기 때문이다. 더욱이 최근의 표준화 시험의 분위기가 교사들에게 자신이 최고로 생각하고 있는 가르치는 방식을 위축시킬 수도 있다. 하지만 맨리 Manley(2008)가 말했듯이 우리는 탐구 형태로 가르쳐야 한다.

교사 활동 5.4

미국과학교육기준의 수업 기준 A. 탐구 기반 프로그램

어떤 종류의 탐구?

이 장에서는 몇 가지 탐구의 종류들이 논의되었다. 그들은 모두 교실에서의 구성주의적 교수방법들이다. 지금은 그들을 골라 낼 시간이다. 여러 가지 종류의 탐구를 목록화하고 그것들의 중요한 특징을 언급해보라(교사의 역할과 책임, 학생들의 역할과 책임, 교실에서 일어나는 것들).

- 어떻게 탐구 종류들이 비슷한가?
- 어떻게 그들이 다른가?
- 과학을 가르칠 때 어떤 탐구를 사용하고 싶은가? 왜?

교사 활동 5.5

미국과학교육기준의 전문성 개발 기준 C. 생애 학습

철학과 은유의 재고

지금 과학 교수에 대하여 가지고 있는 생각을 1장에서 적었던 철학이나 선택한 은유들과 비교해 보라. 어떤 것이 비슷한 점이고 어떤 것들이 다른 점인가?

연구자들은 예비 교사들의 수업에서 탐구 모델 형성은 학생들이 익숙했던 권위적인 교수방법에서 탐구적 접근으로 이동을 돕는다는 것을 발견했다(Schwartz and Guekwerere, 2006). 이 책과 당신이 사용하고 있는 방향은 과학을 구성주의적으로, 조사와 탐구 중심 방법으로 가르치는 것에 자신감을 줄 것이다. 당신은 이러한 방법으로 학습하고 있으며 이러한 방법들을 가르치는데 잘 준비되어야 한다.

학교 현장 교사의 경험

교사의 성취도 검사가 강화되고 과학교육 표준도 빡빡해지며 과학 핵심 교육과정이 강조되는 지금에 구성주의를 실행하는 것이 가능한 것인가? 교육자로서 가장 의미 있는 학습은 학생이 특정한 주제에 관심을 가지고 그 주제를 탐구하거나 학습 경험을 학생이 주도하는 경우라는 것을 알고는 있다. 경제적으로 낙후되고 점심에 무료 급식을 하고 학부모 참여도 낮으며 학생에게 숙제를 부과하기 어려운 1급지 학교에서 5학년을 지도하고 있다. 구성주의 학습을 시도하려면 학생들이 모두 과학에 대하여 개별적으로 의미 있는 학습 경험을 가져야 한다는 행동을 일단 취했다. 학생 중심의 과학 경연 대회를 우리 학급에서 개최했다. 학생들이 제기한 질문을 과학 경연으로 다루었는데, 학부모는 원하지 않는 바였다. 우리 학급에 국한해야 했다. 과학의 결과가 아니라 과학의 과정에 초점을 맞춘 것이다.

이것을 학교 수업 시간에 실행하기에는 요구된 내용을 모두 가르치는 데도 시간이 모자라기 때문에 어려웠고, 학생들의 학습 조절에 맡기는 수밖에 없었다. 나는 학생을 운전수 위치에 두고 교사는 최소한 안내만 하여 학생이 프로젝트를 수행하게 했다. 학생이 탐구하고 탐색하는 것은 본질적으로 학생 스스로 하였다. 왜냐하면 그들이 집에서 거의 또는 전혀 도움을 기대할 수 없었기 때문에 이는 특별히 두드러졌다.

학생들이 자신의 프로젝트를 시작하는 데만 4~5차시가 소요되었다. 이 시간 동안 나는 학생 중심의 과학 활동을 이용하여 과학의 과정을 지도했다. 그런 다음 학생들에게 더 배우고 싶어하는 질문을 형식화하게 했다. 이 과정에서 시간이 더 걸렸는데 학생들이 전에는 진정으로 자신이 배우고 싶어하는 것을 결정하는 기회가 없었기 때문이었다. 매우 다양하게 질문이 제기되었지만, 각 학생들을 만나서 진정으로 탐구하고 싶어하는 질문을 만들었는지를 확인하였다. 학생들과 개별적으로 만날 때 우리 학급의 다른 학생은 모둠으로 모여서 브레인스토밍방법으로 자기에게 흥미로운 질문을 논의하게 하였다. 모든 학생이 자신의 질문을 만든 후에, 자신이 만든 질문에 답하기 위하여 과학 활동을 계획할 때 어떤 과정을 겪게 되는가를 알려 주는데 2차시의 시간을 사용하였다. 실제 프로젝트 작업은 숙제로 끝내게 했다. 더 도움이 필요한 학생은 아침 시간이나 쉬는 시간에 안내를 해 주었다.

그 학생들은 질문을 하는데 매우 창의적이었다. 예를 들면 다음과 같은 질문을 하였다:

- 쥐는 치즈 조각의 냄새를 맡은 후에 움직일까? 아니면 눈으로 보고 움직일까?
- 미각이나 후각 중 어느 감각이 더 강할까?
- 공기 압력은 농구공이 튀어 올라오는데 영향을 주는가?

학생들이 자신의 작업을 하는 동안 많은 사람들이 그 프로젝트에 대하여 질문하려고 왔다. 그들에게 그 프로젝트를 계속 작업하라고 알려주지는 않았다. 학생들은 자기가 할 일을 알고 있었으며 그렇게 했다. 매일 최소한 한 명의 학생씩 과학 프로젝트를 학급에 가져와서 "지난 저녁에 무슨 일이 있었는지를 생각하게 하거나 누구한테 들었던 것을 어떻게 시도했는지를 생각해보라"는 조언을 들었다. 나는 우리 학생들이 이런 형태의 진술을 하는 걸 보면 매우 즐거웠다. 내가 꿈꾸고 있는 것 이상으로 '가르칠만한 순간'을 허용하고 있었다. 학생들의 헌신과 탐구는 정말로 놀라운 것이며 교사로서 나에게 동기를 부여하는 데 충분했다.

그 프로젝트가 끝난 후에 우리 학생들은 학교 전체에 자신이 수행한 것을 발표하려고 매우 흥분되어 있었다. 그래서 수업 중 과학 발표회를 조직하여 2학년에서 5학년 학생들을 학급에 방문하도록 초청했다. 이것은 또 하나의 가르칠만한 순간이라는 걸 알게 된다. 우리 학생들에게 모두 자신이 스스로 한 것이며 원해서 한 것이라는 것을 알려 두었다. 학생들은 나를 안내하는 역할로 이용하였으며 궁극적으로 그들은 어떤 질문을 탐구하는 과학자가 된 것이다.

가장 어려웠던 순간은 학생들에게 통제를 풀어준 것이었다. 나는 학생들이 자신의 프로젝트를 스스로 행하는 것에 의존할 수밖에 없었다. 물론 학생들은 자기가 선택한 주제를 갖고 자신의 프로젝트를 작업하기 때문에 나는 더 쉽게 느꼈어야 했다. 교실에서 과학 발표회 프로젝트를 수행하는 데 학생들이 발휘한 창의성과 천재성에 감동을 받았다.

피터 맨슨 Peter Manson
브라운 초등학교
5학년 교사
미국 조지아주의 마리에타

안내된 탐구 수업의 계획

미국과학교육기준의 수업 기준 A. 탐구 기반 프로그램

잘 짜여진 모든 수업에는 예외 없이 계획이 필요하고, 과정 중심적인 탐구 방법론이 필수적이다. 수업 계획은 교사로 하여금 수업을 소개하고 전개하도록 안내하며, 수업 동안의 질문과 초기의 방향을 제공하는 역할을 한다. 훌륭한 수업 계획은 수업의 의도하는 결과와 목표에 초점을 맞출 수 있도록 교사를 돕는다. 사실, 안내된 탐구수업은 확장된 계획을 필요로 하는데, 왜냐하면 교사는 아직 알려지지 않은 질문들, 만일의 상황들 그리고 개별학생들이 그들만의 고유한 개념체계를 개발하기 위해 활동하는 것처럼 나타날 수 있는 탐구계획들을 예상해야 하기 때문이다.

그림 5.4는 과정 중심 탐구 수업 계획의 좋은 예를 보여 준다.

수업을 계획할 때 그림 5.4에 있는 수업 계획 형식을 사용할 것을 강력하게 권장한다. 어떤 사람은 과정 중심 탐구 방법론이 아이들에게 그들 자신의 흥미에 의해 제안된 교수 지침을 따르도록 한다는 것과, 또 생각해 본 적도 없는 것뿐 아니라 생각할 수 있는 모든 탐구에 대한 계획을 쓴다는 것은 불가능하다고 반박할지 모른다. "모든 길은 로마로 통한다"는 말이 떠오른다. 안내된 탐구 학습에서 아이들은 공통의 출발점에서 시작하고, 또 공통의 개념을 자기 구조화된 이해로 전개시킨다. 안내된 탐구 수업에서 개인들은 다른 경로를 택할지도 모르지만, 같은 곳에서 출발하고 같은 곳에 도착한다.

그림 5.4
초등학교 과학수업에서 과정 중심 안내된 탐구 수업 계획 형식.

1. 학년 수준	1. 학년이나 나이
2. 과학 탐구 과정	2. 수업에서 초점 역할을 하는 과학의 과정 한두 가지
3. 과학 주제	3. 수업의 초점이 되는 과정을 탐구하는 수단이 될 주제(국가 과학교육표준이나 그 지역 교육청에서 정한 목표에서 택한 내용 표준을 적는다)
4. 과정 중심 목표	4. 3장에서 안내한 과정 중심의 목표
5. 아이들이 발견해야 할 것	5. 아이들이 수업의 결과로 알 수 있는 과학적 정보
6. 도입 활동과 토론 설명	6. 그 수업을 어떻게 도입할 것인가에 대한 세부적인 것. 이것은 선행 조직자뿐만 아니라 시범 실험 혹은 다른 흥미를 일으킬 수 있는 활동, 토론, 지시 사항, 안전, 안전 등 그 수업을 위한 제반 고려 사항 포함
7. 준비물	7. 그것은 매 시간마다 필요한 모든 자료를 정리할 수 있게 함. 실험 기구, 재료, 인쇄물, 멀티미디어, 전자통신, 인적 자원 등이 포함되며, 학생이 탐구하려는 활동의 변형이나 연계에 필요함. 자료 목록은 수업 계획에서 꼭 필요한 부분임
8. 활동 설명	8. 아이들이 개념을 탐구하기 위해 해야 할 것과 교사가 아이들의 탐구를 돕기 위해 해야 할 것에 대한 상세한 설명
9. 대표적인 토론 문제들	9. 교육 목표에 대한 아이들의 생각을 자극하기 위해 조별로 교사가 물어 볼 대표적 질문
10. 교실에서 아이들이 스스로 탐구하도록 하는 방안	10. 아이들이 좀 더 심도 있는 탐구를 계속할 수 있는 것, 부가적인 변화를 탐구하고, 계속되는 탐구는 현재 수업의 일부가 될 수 있고, 다음 과학수업으로 연기될 수도 있고, 또는 과학 학습코너에서 이루어질 수도 있음
11. 기대되는 결론	11. 아이들이 성취하기를 원하는 목적과 목표 및 탐구의 결과로 얻어질 결론
12. 평가	12. 학생이 수업에서 학습한 것을 찾아내는 방법
13. 실생활에 적용	13. "그래서 어떻지?"라는 질문에 대한 대답. 때때로 좋은 의도를 가진 교사들도 아이들에게 그들의 일상 생활에 적용하는 활동을 거의 하지 않음. 만약 어떤 활동이나 수업이 아이들의 일상 생활에 적용되지 못한다면 그 수업은 의미가 없게 됨. 그러므로 수업 계획에서 이 부분은 아이들에게 수업에서 큰 의미를 줌

그림 5.4의 수업 계획 중 12번은 평가와 관련되어 8장에서 평가 방법을 자세하게 논의할 것이다.

교육청마다 초등학교 과학 프로그램에 대한 특정한 교육과정과 내용 목표를 밝혀 놓고 있다. 탐구 활동의 매개체로 사용할 내용을 결정할 때는 여러분 자신이 속한 교육청이나 지역의 안내를 활용해야 한다. 교육청에서 요구한 내용을 한 가지 이상의 과정과 연결시켜 과정 중심 목표를 만들어 낼 수 있다. 예를 들어 3학년 교육과정에 간단한 도구를 공부하도록 되어 있다면, 지렛대를 공부할 때 가설 형성과 검증이라는 과정을 통하여 접근하도록 할 수 있다. 이럴 경우 탐구과정 목표는 "학생은 여러 가지 지렛대에서 받침대의 위치와 힘을 주는 위치 사이의 관계에 대하여 가설을 세우고 검증할 수 있다"로 설정할 수 있다.

수업을 주의 깊게 계획하면 아이들의 다양한 탐구 경로와 사고과정을 따라갈 수 있도록 하면서 동시에 교육 목표에 초점을 맞출 수 있다. 위의 지침에 따라 개발된 수업계획은 과학수업 활동 5.1과 5.2에서 볼 수 있다.

과학수업 활동 5.1

미국과학교육기준의 내용 기준 F. 과학의 개인적/사회적 측면: 지역에 맞춘 과학과 기술

학년 수준 K-2

우주 과자먹기

과정 중심의 안내된 탐구과학수업계획

1. *학년 수준*: 유치원~2학년(7~8세)
2. *과학 탐구 과정*: 관찰, 측정, 추론
3. *과학 주제*: 과학과 기술(국가과학교육기준 F)
4. *과정 중심 목표*: 학생들은 먹고있는 과자에서 생기는 부스러기를 관찰하고 측정할 수 있고 우주에서 먹기에 가장 적합한 음식의 특성을 추론할 수 있다.
5. *아이들이 발견해야할 것*: 아이들은 다른 것보다 더 많은 부스러기가 생기는 과자가 있다는 것과 우주에서 먹기에 가장 적합한 음식은 부스러기가 가장 적고 쓰레기도 가장 적은 것이라는 것을 발견해야 한다.
6. *도입 활동과 토론 설명*:
   a. 우주선의 무중력 상태의 환경을 비디오로 짧게 보여준다.
   b. "우주에서 우주비행사는 무엇을 먹을까?"를 질문한다.
   c. 우주 비행사들이 쿠키를 먹을까? 왜 그렇게 생각하는가? 과자, 사과, 바나나, 감자칩에 대해서도 똑같은 질문을 반복한다. 학생들의 대답을 사용하여 대화를 더 넓게 이끈다.
   d. "만일 우주비행사들이 과자를 먹는다면 부스러기에 무슨 일이 생길까?"를 질문한다.
7. *준비물*:

   과자(쿠키, 크래커, 감자 칩, 마시멜로우, 초콜릿 M&M®)

   하얀 종이 냅킨
8. *활동 설명*: 먼저 학생들 중에 준비한 과자 중에 알레르기 반응이 있는지를 알아본다. 만일 누군가 알레르기 반응이 있다면, 활동을 생략하고 그 대신 다른 사람이 발견한 것을 관찰하도록 한다. 한 학생에게 과자를 종류별로 하나씩만 나누어 준다. 학생들은 하얀 냅킨 위에 과자 하나를 조금 떼어 놓는다. 과자마다 각각 다른 냅킨을 사용하고 냅킨 위

(계속)

에는 남은 과자 조각을 올려놓고 하나의 과자를 먹어보는 동안에 다른 것은 한쪽에 놓아둔다. 학생들은 각 냅킨을 조사하여 부서진 양을 판단한다. 학생들이 남겨진 부스러기의 양 측정을 위한 시스템을 개발하기를 원한다면, 각 과자별로 가장 큰 부스러기를 하나씩 순서대로 그 부스러기의 수를 어림하거나 세어보고, 그것들의 크기를 비교해보거나 냅킨을 정리해봄으로써 '각 과자의 부스러기'를 확인할 수 있다. 아이들이 사용한 그 특별한 방법은 수업에서 드러날 것이다. 마지막으로, 여러 과자에 대한 학생들의 추론은 어느 과자가 우주 여행에 있어서 가장 적합한 지를 추론하고 그 이유도 함께 말한다.

9. *대표적인 토론 문제들:*
    - 가장 많은 부스러기를 만드는 과자는 무엇인가?
    - 가장 적은 부스러기를 만드는 과자는 무엇인가?
    - 우주비행사들이 과자를 먹는다면 어떤 과자를 추천할 것인가?
    - 우주비행사들이 먹을 수 있는 다른 음식에는 무엇이 있는가?
    - 우주비행사들이 먹을 수 *없는* 음식에는 무엇이 있는가? 왜 그런가?
    - 침대에서 음식을 먹는다면, 먹기 불편한 음식에는 무엇이 있는가?

10. 교실에서 아이들이 스스로 탐구하도록 하는 방안

냅킨을 제공해주고 학생들이 학교에서 먹는 종류의 '과자 부스러기'에 대해서도 평가해 볼 수 있도록 격려할 것이다.

11. *기대되는 결론:* 감자 칩이 가장 많은 부스러기를 만들 것이다. 그 다음으로 크래커, 쿠키, 초콜릿 M&M®, 마시멜로우 순으로 부스러기가 많이 생길 것이다.

12. *평가:* 이 수업에서 학생들의 활동을 평가할 때, 그들이 각 '과자의 부스러기'를 측정할 때 관찰 방법과 그들이 추론에 사용한 근거에 대해 들어보고 평가할 것이다.

13. *실생활에 적용:* 몇 가지 음식은 다른 것들보다 더 많은 부스러기를 만들 것이다. 지구에서는 공기 중에 부스러기들이 떠다니는 것에 대해서는 걱정하지 않아도 되기 때문에 우리가 활동할 때, 주위가 어지럽혀지지 않도록 주의하여야 한다.

(이 수업은 1996년 미국과학교사협회 남동부 학회에서 케네소 교육대학의 대학원생 줄리 스테이시 Ms. Julie Stacy가 발표한 것을 변형한 것이다)

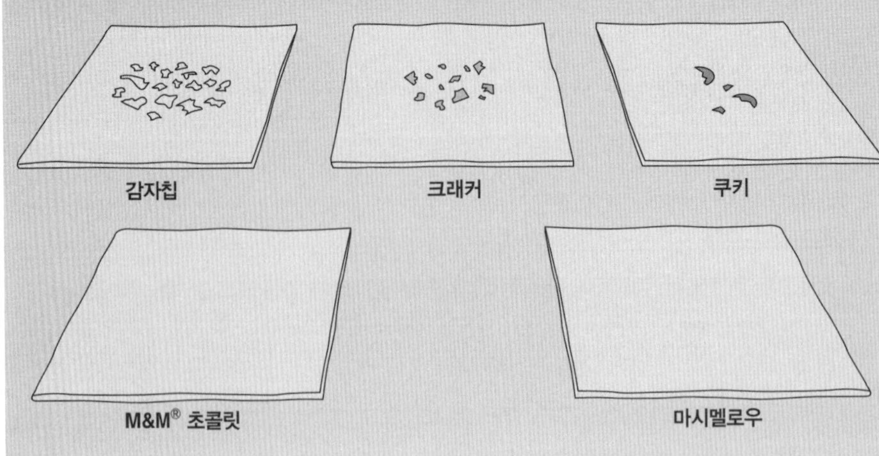

과학수업 활동 5.2

미국과학교육기준의 내용 기준 B. 물상 과학: 운동과 힘

학년 수준 3-5

지렛대

과정 중심 안내된 탐구과학수업계획

1. *학년 수준:* 3~5학년
2. *과학 탐구 과정:* 변인통제, 실험, 자료해석
3. *과학 주제:* 지렛대들
4. *과정 중심 목표:* 학생들은 지렛대가 균형을 맞추는 데 영향을 주는 요인들을 탐구하기 위해 실험을 설계하고 수행할 수 있다.
5. *아이들이 발견해야 할 것:* 학생들은 지렛대 위에 있는 물체의 무게와 지렛대의 균형에 영향을 주는 받침점으로부터 물체들의 거리를 발견해야만 한다. 그들은 무거운 물체일수록 받침점으로부터 필요한 거리가 짧아진다는 것과 무게가 가벼울수록 균형을 맞추기 위한 받침점으로부터 거리가 커진다는 것을 발견할 수 있어야 한다.
6. *도입 활동과 토론 설명:*
   a. 나는 어린이들에게 간단한 기계의 개념과 4개 간단한 기계의 이름을 소개할 것이다(사면, 바퀴와 차축, 지렛대, 도르레와 쐐기). 우리는 한 반에서 우리가 어떻게 이러한 기계들을 일상생활에서 쓰는지를 논의할 것이다.
   b. 나는 학생들에게 지렛대의 개념을 소개하고 어린이들이 이런 개념을 탐구하도록 하는 활동들을 제시하는 러쉬 Caroline Rush의 *지렛대* Lever라는 책을 통해 이러한 논의를 강화할 것이다(Raintree Steck-Vaughn, 1996). 나는 또한 학생들이 탐구의 재료로 사용할 수 있는 워커 Sally Walker와 펠더만 Roseann Feldman의 *지렛대*(Lerner, 2001)를 보여줄 것이다.
   c. 우리는 어린이들이 어떻게 시소에서 균형을 맞출 수 있는지를 논의할 것이다. 만약 비가 오지 않는다면 운동장에 나가서 학생들이 서로 시소에서 균형을 맞추도록 할 것이다.
   d. 마지막으로 나는 교실에서 할 수 있는 지렛대 활동의 설명을 제공할 것이다. 학생들에게 또한 받침점이라는 용어를 소개할 것이다.
7. *준비물:*
   a. 씨리얼 상자들
   b. 모둠별로 10~20개의 10원 동전
   c. 스카치® 테이프
   d. 12인치 플라스틱 자
   e. 기록표(이 수업의 마지막 부분에 있는 "지렛대 실험을 위한 기록표" 참조)
   f. 쐐기 모양의 나무 벽돌(시리얼 상자로 대체가능)
   g. 책: 러쉬의 *지렛대* (Raintree Steck-Vaughn, 1996), 워커와 펠더만의 *지렛대* (Lerner, 2001)
8. *활동 설명:*
   a. 시리얼 박스의 접힌 모서리를 자르고 쐐기 모양을 만들기 위하여 그것을 삼각형 모

(계속)

양으로 구부려라. 이것을 책상에 테이프로 고정하라(쐐기 모양의 나무를 대체하여 사용할 수 있음).

b. 자를 균형이 잡힐 때까지 쐐기 받침점 위에 두어라.
c. 자가 균형을 잡는 곳에 표시를 하라.
d. 받침대의 한쪽 자 위에 10원 동전을 놓아라. 다른 쪽에 두 번째 동전을 놓고 자가 평평해 질 때까지 앞뒤로 움직여라. 받침점으로부터 두 동전의 거리들을 자료표에 기록하라(동전의 중심으로부터 측정하라).
e. 받침대로부터 다른 거리를 시도하고, 기록표에 동전의 숫자와 그것들의 거리들을 기록하라.
f. 다른 개수의 동전으로 시도하고, 양쪽에 쌓은 동전의 수와 거리들을 기록하라.
g. 받침대의 위치를 다르게 하여 시도하라.
h. 연필이나 돌과 같은 다른 것들로 수평을 맞추는 것을 시도하라.

9. *대표적인 토론 문제들:*
   a. 양쪽에 동전 1개만 있을 때 동전은 받침점으로부터 얼마나 떨어져 있는가?
   b. 한쪽에 동전이 더 많을 때 양쪽의 동전은 받침점으로부터 얼마나 떨어져 있는가?
   c. 지렛대를 이용하여 돌의 무게를 잴 수 있는가?
   d. 어떻게 지렛대가 물건을 옮기는 것을 도와주는가?
10. *교실에서 아이들이 스스로 탐구하도록 하는 방안:* 학생들이 그들의 탐구를 계속하도록 학생들에게 자, 쐐기, 동전, 돌 그리고 다른 것들을 과학시간에 줄 것이다.
11. *기대되는 결론:* 지렛대가 수평을 이룰 때 무게와 거리 사이에 관계가 있음을 학생들은 발견해야 한다.
12. *평가:* 실험과정을 관찰하라; 기록표의 완성도와 자료 해석의 타당도를 평가하라.
13. *실생활에 적용:* 수평잡기는 시소와 다른 많은 보통의 물건에서 볼 수 있다. 지렛대는 우리가 일하는 것을 도와주고 이를 적용한 것들은 가정이나 건설현장 등 많은 곳에서 찾아볼 수 있다.

지렛대 실험의 위한 기록표

어디에 동전이 있는지 기록하고 동전의 *중심*(혹은 동전 더미)과 받침대 사이의 측정된 거리(D)를 표시하라.

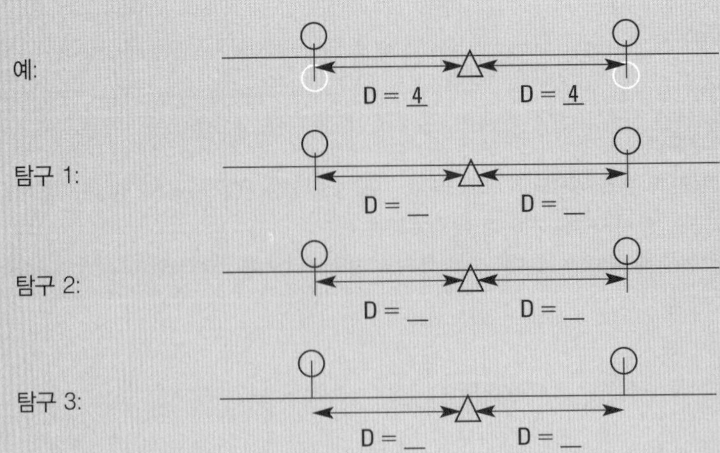

학습은 일어나고 있는가?

모든 교육의 기본적인 목적은 어린이들이 학습하도록 하는 데 있다. 그러나 좋은 의도로 만들어진 많은 학습 활동이 반드시 이와 같은 결과를 낳는 것은 아니다. 이 장에서는 학습이 발생하는지의 문제 여부에 대해서 공부해 본다.

미국과학교육기준의 전문성 개발 기준 B. 과학, 학습, 학생, 교수법의 지식을 통합

조작적 활동은 사고 활동인가?

우리는 종종 '조작적 활동 hands-on이 곧 사고 활동 minds-on'이라는 말을 듣는다. 조작적 활동이 사고 활동을 하도록 하고 즉, 조작적 활동이 학습을 일으키도록 보장한다는 것이 사실인가? 미국과학교사협회(2007)는 유치원, 초등학교 그리고 중학교 학생들은 조작적 과학탐구활동에 참여하는 다수의 기회들을 매주 가져야 한다고 제안한다.

'조작적 활동–사고 활동' 표를 만들어 보자(그림 5.5 참조). **조작적 활동**은 재료와 기구를 조작하는 정도이고 **사고 활동**은 인지적인 참여의 정도이다. 이 표에서 목적을 위해 **조작적 활동**은 조작의 높고 낮은 두 단계로 나누고, **사고 활동**은 인지적인 참여의 높고 낮은 두 단계로 나누어서 네 개의 방으로 만들어진다.

'조작적 활동–사고 활동' 표에서 볼 수 있듯이 **조작적 활동**은 **사고적 활동** minds-on 또는 **비사고적 활동** minds-off과 연결될 수 있다. 즉 높은 조작의 단계가 필연적으로 인지적인 참여 수준도 높게 하는 것은 아니다. 예를 들면 학교로 차를 몰고 가는 것 또는 '요리책'식 실험 활동과 같은 활동은 학생들이 어떤 사람들이 이미 발견해 놓은 것을 증명하도록 하고 학생들이 다양한 사고를 할 필요없이 지시하는 방향대로 따라가기만 하면 쉽게 증명할 수 있다. 예를 들면 1장에서 다루었던 요오드 반응으로 녹말을 찾는 실험 같은 것이다.

반면에 **사고 활동**은 **조작적 활동** 또는 **비조작적 활동**과 연결될 수 있다. 조작 수준이 높다고 필연적으로 인지적인 참여 수준도 높게 되는 것은 아니라는 것이다. **비조작적 활동**이 **사고 활동**을 낳을 수도 있다. 마치 아이들이 멋진 이야기나 비디오 또는 선생님의 놀라운 설명에 몰입할 때가 좋은 예이다.

교육의 목적은 학습이 일어나도록 하는 데 있으므로 우리는 학생들이 인지적인 참여의 가장 높은 잠재력을 가지고 있다는 데 확신을 가져야 한다. 학습이 일어나도록 하기 위해서 조작적 활동은 반드시 '사고적 활동'을 산출해야 한다. 과학교육에서 안내된 탐구 방법론이 '조작적 활동'을 통한 '사고적 활동'을 산출하는 좋은 방법이다.

인지적 참여 정도		높음	낮음
조작 수준	높음	조작적 활동 사고적 활동	조작적 활동 비사고 활동
	낮음	비조작적 활동 사고 활동	비조작적 활동 비사고 활동

그림 5.5
조작적 활동과 사고 활동표.

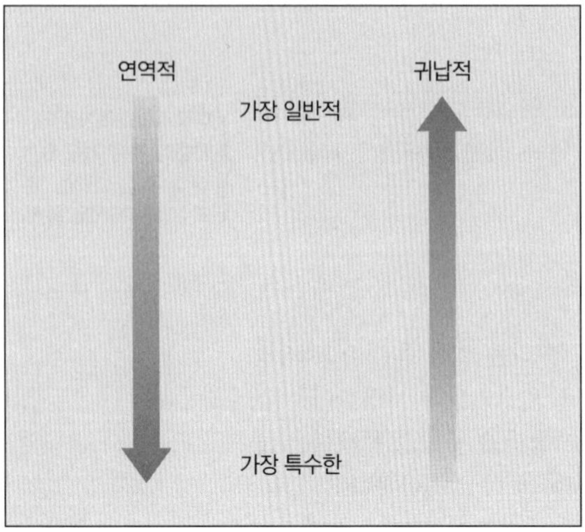

그림 5.6
연역적과 귀납적 수업방법.

연역적인 교수방법과 귀납적인 교수방법

교수방법은 연역적이거나 귀납적일 수 있다(그림 5.6 참조). **귀납적 교수방법** inductive teaching은 가장 특수한 것에서 가장 일반적인 것으로 진행하는 것이다. 예를 들면 곤충의 서식지를 발견하려고 할 때 부딪치게 될 어려움들을 발견하는 것은, 학생들이 곤충들의 위장에 대한 일반화를 형성하도록 이끈다. **연역적 교수방법** deductive teaching은 그 반대의 방법으로 일반적인 것에서 특수한 것으로 진행하는 것이다. 예를 들면 연역적인 교수방법에서 교사는 살아 있는 것의 일반적인 개념에서부터 특수한 종류의 동물을 설명할 수 있다.

이 책은 대부분 귀납적인 방법으로 쓰여져 있다. 즉 각각의 상황이나 현상을 위해서 특수한 세부 항목이 제시되고 여러분이 자신의 결론을 내리기 전에 다양한 세부 항목을 탐구하도록 유도하였다. 이 책에 제안된 모든 결론은 특수한 여러 가지 예가 검증된 후에 쓰여진 것이다.

덧붙여 이 책에 제안된 활동들은 모두 귀납적이다. 활동들은 학습자가 처음에는 개인적으로 탐구하고 그다음 일반화를 만들도록 고안되었다. 예를 들면 어린이가 차가운 검은색 종이에 눈송이를 떨어뜨려 돋보기와 현미경으로 관찰하는 활동(학교 활동 4.3)에서 어린이는 그들이 다양한 눈송이의 모습에 관하여 결론을 내리기 전에 여러 가지 눈송이를 관찰하도록 했다. 또 3장(교사 활동 3.14)의 진자 활동에서도 여러분에게 결론을 내리기 전에 변인을 적어보고 탐구하도록 했었다.

누가 지식의 주인인가?

카미 Constance Kamii는 “교사는 어린이가 자율적으로 생각하도록 격려하지 않는다. 대신에 어린이가 옳은 대답을 하는 것에 자주 칭찬을 한다. 저학년 때부터 많은 어린이는 자신의 사고를 믿지 못하도록 배워왔다. 자율적 생각을 방해받은 어린이는 정신적으로 능동적이고 자신 있는 어린이보다 지식을 잘 구성하지 못할 것이다”(1984. p. 413)라고 진술했다.

우리가 학생들의 사고를 육성하고 그들이 지식에 대한 주인의식을 가지도록 하는 것은 명백하다. 당신은 1장에서 어린이들의 지식에 대한 주인의식에 대하여 탐구했다. 학교 활동 5.1은 학생들의 지식이 주인이 되도록 하는 방법을 보여주는 활동이다.

5.1

학교 활동

미국과학교육기준의 내용 기준 B. 물상 과학: 빛 에너지

각도에 따라 빛이 얼마나 많은 영역을 비추는가?

5학년 수업에서, 어린이들은 전등과 각도기를 사용하여 전등 빛에 의해 한 장의 모눈종이에 비춰지는 면적을 알아내는 실험을 하였다. 플래시는 각도기에 적힌 각이 90°, 60°, 45°, 30°, 23.5°가 되도록 유지한다. 어린이들은 각각의 빛이 비춰지는 면적은 서로 다른 색깔의 펜으로 선을 긋는다. 그리고 정사각형의 수를 세어 본다. 그들은 수직으로부터 비스듬할수록 더 넓은 공간을 비춘다는 것을 알게 된다(그림 5.7). 빛이 비춰지는 공간이 커질수록 그 공간을 비춘 빛의 강도는 약해진다. 태양에 대한 지구 공전에 비교하면 이 현상은 계절의 원인을 설명한다. 공전면에 대한 지구의 축의 각도가 변함에 따라 위도별로 태양으로부터 다양한 태양에너지를 받는다.

그림 5.7
서로 다른 각도로 빛을 비추었을 때 빛을 받는 면적의 차이.

블룸의 분류

블룸 Benjamin Bloom은 모든 교육 대학생과 사범 대학생이 공부하는 인지적 영역에 대한 목표분류 체계를 개발했다(Bloom et al., 1956). 2001년에 앤더슨 Lorin Anderson(블룸의 제자)이 이끄는 인지 심리학자들의 모임은 21세기에 더 적합하도록 분류를 갱신했다. 몇 가지 수정이 만들어 졌다:

미국과학교육기준의 수업 기준 E. 지적으로 엄격하고 과학 학습에 적용하는 태도를 개발

1. 6가지 인지적 영역을 명사 형태에서 동사 형태로 바꾸었다.
2. 지식 영역의 이름이 기억 remembering으로 재명명되었다.
3. 이해 영역이 이해 understanding로 바뀌었다.
4. 종합 영역이 창의성 creating으로 바뀌었다.
5. 평가 evaluating가 창의성 creating보다 앞서게 마지막 2개 영역의 위계 순서가 바뀌었다.

인지적 영역의 블룸의 목표 분류에 대한 두 가지 형태가 그림 5.8이다(Forehand, 2005; Cruz, n.d.; Schultz, n.d.).

그림 5.8
블룸의 인지적 영역의 분류 체계.

블룸의 인지적 영역의 분류 체계
1. **지식** knowledge (구)—**기억** remembering (신)
사실과 특별한 정보의 재생(회상)
특징: 인지하고 기억하고 회상
2. **이해** comprehension (구)—**이해** understanding (신)
정보의 변환: 정보록은 개념 설명
특징: 자신의 언어로 해석, 번역, 설명
3. **적용** application (구)—**적용** applying (신)
정보를 새로운 문제 해결에 사용
특징: 문제 해결
4. **분석** analysis (구)—**분석** analyzing (신)
사고에 대한 성분으로 분리
특징: 사고와 문제를 나누고 분석
5. **평가** evaluation (구)—**평가** evaluating (신)
개념이나 생각 옹호
논쟁 중인 주제에 대해, 논리적인 판단 제시
특징: 의견의 다양성을 설명
6. **종합** synthesis (구)—**창의성** creating (신)
각 요소를 새롭고 독특한 것으로 결합
특징: 개인에게 새로운 무엇을 창조

5.6 교사 활동

미국과학교육기준의 수업 기준 E. 학습자를 지적으로 엄격하고 과학 학습에도 적용시키려는 태도를 개발

블룸의 분류

블룸의 인지 체계의 이전 분류와 새로운 분류를 공부하라. 어떻게 새로운 형태가 오래된 형태보다 21세기에 더 적합한가? 마지막 두 가지 영역이 교체되어 창의가 가장 높은 수준의 인지 사고이며 평가를 포함한 모든 영역을 포괄하는 것에 대한 자신의 생각은 어떠한가?

어떻게 블룸의 인지적 영역의 목표 분류 체계와 그 적용이 구성주의, 탐구, 문제중심, 프로젝트 수업 그리고 학생들이 공부하는 것의 주인의식에 맞는지 살펴보자. 구성주의 교수 학습의 가장 중요한 목표는 학생들이 공부하는 주제에 대한 그들만의 유용한 개념화를 구성하도록 하는 것이다. 이는 낮은 인지 수준인 기억과 이해로부터 학생들이 자신의 개념을 구성함에 따라 고차원의 수준으로 이동하여 활용하는 것을 의미한다. 대략 95%의 질문들이 '예 혹은 아니오'라고 답하는 낮은 수준이라고 보고되었다 (Williams, Alley, & Henson, 1999).

어떻게 하면 고차원의 사고를 촉진할 수 있게 할 수 있을까? 구성주의적 지도법 접근에서, 교사가 말하기보단 질문을 많이 한다는 것을 기억하라. 1장에서 질문하는 접근을 살펴보았다. 발문은 학생의 사고력을 자극하고, 학생들이 사고하는 것을 이해하고, 어떤 것에 대한 명료성을 제공하는 등이 포함된 중요한 교수 전략이다. 교사에 의해 제시된 발문은 학생의 사고 수준에 대한 교사의 기대를 반영하기도 한다. 즉 발문의 성격이 회상을 포함한다면 학생들은 그들의 학습의 가장 중요한 부분이 회상이라고 생각할 것이다. 반면에 발문이 분석, 종합 그리고 평가와 직결된다면 학생들은 그들의 사고 수준이 그 단계에 이르러야 한다고 생각할 것이다. 개방적 발문은 가능한 대답의 수가 제한된 수렴적 질문보다 더 다양한 반응과 사고의 깊이를 얻어 낼 수 있다.

발문으로 과학교육에서 종종 아이들이 더 높은 수준의 학습이 가능한지 아닌지를 알아 볼 수도 있다. 아래의 발문이 식물 성장에 관한 어린이들에게 물을 수 있는 발문의 예이다. 이 발문들은 블룸의 인지적 영역의 분류 체계를 모두 포함하는 것들이다.

1. 식물의 각 부분 명칭을 말해 보아라(기억).
2. (교사가 줄기를 가리키며) 이것은 식물의 어떤 부분인가? 어떻게 그것을 아는가(이해)?
3. (교사가 학생들에게 아직 배우지 않은 상록수를 가리키며) 이 식물에서 무엇이 잎인가(적용)?
4. 만약 식물의 뿌리가 없어진다면 살 수 있을까(분석)?
5. 실험을 통해 식물은 생존을 위해 영양분, 빛과 물이 필요하다는 것을 증명했는가(평가)?
6a. 자신이 멀리 떨어진 행성에 살고 있다고 가정해 보고 그 행성에 사는 식물을 그려 보라(창의성).
6b. 식물은 살기 위해 무엇이 필요한가? 그것을 어떻게 증명할 수 있는가(창의성)?

만약 우리가 아동들에게 더 높은 수준에서 사고하기를 원한다면 발문을 하고 나서 기다리는 시간을 가져야 한다. 1장의 교사 활동 1.8에서도 지식 수준의 질문 게임을 했다. 학생들이 고수준의 대답을 할 때는 저수준에서보다 더 많은 시간이 필요하다. 기다리는 시간은 어린이들이 그들의 사고를 조직하기 위해서 제공되어야 한다. 낮은 단계의 질문에 대답하는 것보다 높은 단계에서 대답하는 데 5배나 시간이 더 필요하다고 추산된다. 이것은 선생님이 발문하려고 했던 것의 오직 1/5만 할 수 있다는 것을 의미한다. 초등 과학교육 세미나에서 로우 Rowe(1974, 2003)는 기다리는 시간에 관한 논문을 발표하면서, "교사가 학생들에게 사고하도록 허락한 시간은 질문 후에 대답하기 시작할 때까지 겨우 1초에 불과하고 1초 안에 아무 반응이 없으면, 교사는 질문을 반복하거나 다른 학생에게 말해 보게 했다"고 지적하였다. 그 연구에서 (교사 교육 후에는) 기다리는 시간이 평균 3~5초로 증가되었고 다음과 같은 학생들의 변인은 더 향상되었다:

1. 학생들의 반응 길이가 길어졌다.
2. 도움이 필요하지 않은 적절한 반응의 개수도 증가되었다.
3. 반응에 실패는 줄어들었다.
4. 자신감이 증가되었다.
5. 숙고하는 반응 수가 늘어났다.
6. 학생끼리 정보를 비교하는 일이 늘어났다.

7. 증거에 기초한 반응이 늘어났다.
8. 학생이 만든 질문이 늘어났다.

또한 "침묵 보고서를 이용하는 것을 배워서 평소에 말을 많이 하지 않는 학생이 말을 하기 시작하였으며, 재미난 생각을 하게 되었다"(Rowe, 1996, p. 36)

교사들은 수업에서 대화로서 침묵을 메우기를 원한다. 침묵은 흔히 초등학교 수업에서는 불필요한 것으로 여겨져 왔다. 그러나 반대로 침묵은 아동이 질문에 대한 반응을 하고 그들의 사고를 형성하기 위한 기회를 제공한다. 아동이 질문에 반응할 시간을 기다리는 연습을 해야 한다. 질문한 다음 아무 말도 하지 않고 최소한 5초를 세어 보라.

더욱이 잘 다듬어진 발문과 늘어난 기다림의 시간에 더해, 만약 우리가 학생들이 위 수준의 회상, 지식, 그리고 이해의 사고 기술을 개발하고자 한다면, 우리는 우리의 기대를 그들에게 말해야 할 것이다. 우리는 몇 가지 방법—목표에 블룸의 분류표에서 상위 수준에 집중된 동사를 사용하는 언어로서 또한 지식의 기억보다는 과학의 과정들로 우리의 기대를 말해 주어야 한다. 예를 들어 아래의 목표들은 고등 수준의 사고에 대한 기대들을 제안한다. "학생들은 식물의 자람에서 햇빛의 영향에 대해 탐구하기 위해 실험을 설계하고 수행할 수 있다" 다른 한편으로 다음 목표는 낮은 수준의 사고를 기대한다. "학생들은 식물이 자라는데 필요한 세 가지 요인을 명명할 수 있다."

교실에서 높은 수준의 사고를 촉진하기 위한 또 다른 제안으로는 교사가 모든 학생의 반응을 가치있게 여기는 것을 보여주며, 아동들 사이와 아동과 교사 간의 상호작용에 아동을 참가하도록 하는 것이다. 당신과 당신의 학생들은 더 많은 방법들을 생각할 수 있다.

교육적 인지 수준

슐만 Lee Shulman(1989)은 교사에게 요구되는 7단계의 분류 체계를 제안했다. 이 단계를 이해하기 위해 블룸의 분류 체계가 각 개인에 대한 것을 다루는 점을 알아야 한다. (1) 지식을 회상, (2) 지식을 설명, (3) 지식을 새로운 상황에 적용, (4) 지식이 포함된 상황을 분석, (5) 새로운 자료를 그 지식으로 분석, (6) 지식을 사용하여 새로운 상황을 다른 사람에 의해 제시된 기준으로 평가할 수 있어야 한다. 그러나 교사는 학습 내용을 준비하고 가르치면서 스스로 위와 같은 작업을 할 수 있어야 할 뿐 아니라, 학생들이 정보에 대해서 그들 자신만의 독특한 지식, 이해, 적용, 종합, 분석 그리고 평가를 어떻게 구성하는지를 알아야 한다. 그 분류 체계는 개인에게만 국한된 것이 아니다. 교사에게는 교사뿐만 아니라 학생까지 다 포함하고 있다. 다시 말하면 교사는 가르치는 정보에 대해 아는 것뿐만 아니라 학생들이 그것을 어떻게 구성하는지를 알아야 한다. 교사는 각각의 학생이 수업에서 6단계의 처리 수준을 완전하게 이해해야 한다. 이것은 확실히 개인적인 지적 발달에서 가장 높은 단계에 있는 것이다. 슐만은 이러한 중요한 개념을 수업 수준에 덧붙인 것이다.

어떤 한 개인이 더 높은 단계에서 사고할 수 있도록 하기 위해서는 사고할 때 필요한 기본적인 정보를 가지고 있어야 한다. 그는 사실들을 알아야 하고 그것을 이해해야 하며 그는 그것을 또 다른 독특한 상황에 적용할 수 있어야 한다. 사실의 수집과 관련된 능력을 가지면 그것을 분석하고 종합하고 평가하는 단계로 나아갈 수 있다. 이러한 사고는 교사가 여러 가지 활동을 하도록 촉진하고, 높은 수준의 질문을 하고, 학생들이 정보를 사고하고 구성하는 방법을 이해하기 위해 귀를 기울일 때만 초등 과학수업에서 촉진될 것이다.

요약

이 장에서는 과정 중심적인 안내된 탐구방법과 구성주의적 과학 교수방법이 초등학교 어린이들의 과학수업에 가장 적절한 방법이라는 것을 다루었다. 여러분은 또한 설명적인 방법과 자유 발견적인 방법을 대비시키고, 연역적인 방법과 귀납적인 방법 대조시키고, 인지적 영역의 분류 체계를 고려하고, 지식의 주인의식에 초점을 맞춰 여러 가지 수업방법에 대해 공부했다.

설명식 교수법은 교사가 중심이고 교사가 거의 모든 '활동'을 한다. 학생들은 방관자이고 교사가 제시한 내용을 배우는 것이 기대된다. 자유 발견식은 학생이 중심이며 학생들이 자신이 학습할 내용을 선택하고 그들이 선택한 방향으로 그들의 학습을 추구한다. 교사는 탐구적인 방향, 재료 그리고 다른 것들을 투입하고 학생들의 사고과정에서 그리고 그들이 증거에 기반한 결론을 형성하는 것을 지치지 않고 도와주는 매우 중요한 자원이다.

과정 중심 탐구는 교사와 학생 중심이다. 교사는 초기 탐구의 방향설립을 위한 주제를 선택하고 학생들은 그들의 선택으로 추가적인 탐구의 방향을 추구한다.

특별한 탐구 전략은 과정 중심 탐구, 안내된 탐구, 교사가 큰 문제를 선택하고 학생들이 이를 통해 활동하도록 돕는 문제해결 학습, 학생들이 그들의 삶과 공동체에 즉각적으로 적용 가능한 프로젝트를 선택하고 이를 통해 활동하는 프로젝트 과학 수업, 학생들의 학업수준, 흥미, 필요도 그리고 태도를 기본으로 설정한 모둠별로 학습하는 수준별 수업, 학생의 흥미, 필요 그리고 능력에 기본하여 학생과 교사가 교수 학습 계획을 개발하는 개별화 지도 학습을 포함한다.

안내된 탐구 수업 계획은 교사가 그들이 탐구 수업을 수행할 때 준비해야 하는 정보들을 제공한다. 그 수업 계획은 수업들이 인지적으로 연결되어야 한다는 것을 보장해야 한다. '조작적 활동'은 좋은 접근법이지만 학생들의 사고기술과 반드시 연결되는 것은 아니다. '비조작적 활동'의 접근 또한 학생들을 인지적으로 연관시킨다. 학생들이 그들이 탐구하고 구성한 지식을 '가지는 것'은 중요하고 교사들은 학생들에게 지식의 주인의식이 반듯이 자리 잡도록 해야 한다.

블룸의 인지적 영역의 분류에서 기억하기와 이해하기는 최소의 사고가 필요한 인지적 약속의 수준이며 더 높은 수준인 적용, 분석, 평가 그리고 창조는 고차 사고와 문제 해결 기술을 대표한다. 이러한 고차원적인 사고기술들은 탐구 활동과 교사들이 사용하는 질문들을 통해 길러질 수 있다.

핵심 용어

개별화 교수법	수준별 수업
과정 중심 탐구	안내된 탐구
귀납적 교수방법	연역적 교수방법
문제해결 학습	자유 발견식
설명식	프로젝트 과학 수업

토의를 위한 질문들

1. 초등학교 과학수업을 설명식, 안내된 탐구 그리고 자유 발견식으로 할 때 학습의 양과 학습하도록 설정된 과학내용의 양의 측면에서 대조해 보라.
2. 어떻게 안내된 탐구 수업이 과학적 과정의 발달을 촉진하고 아동의 개념화를 구성하고 타당화하는 데 도움을 주는지 설명하라.
3. 어떻게 탐구가 구성주의적인 특성을 갖는가?
4. 어떤 수업을 탐구적이라고 말할 수 있는 이유는

무엇인가?

5. 만약 당신이 가르치고 있는 동안 학습이 일어날지를 어떻게 알 수 있는가?

6. 블룸의 인지적 영역 분류와 과정 중심 탐구 수업 사이에 존재할지 모르는 관계를 설명해 보라.

Chapter 6 다양한 관점의 과학교육

> 우리는 예와 직접적 경험으로 학습한다. 왜냐하면 구두 지도의 적절성에는 실제 제한점들이 있기 때문이다.
>
> Malcolm Gladwell, *Blink: The Power of Thinking without Thinking* (New York: Back Bay Books, 2007)

Copyright © Eric Fowke/Photo Edit

어린이들은 다양한 각양각색의 배경과 유전적인 요소들, 그들의 독특한 능력, 소질, 강점과 취약점, 좋은 것과 싫은 것, 문화적 환경 그리고 경험적 배경들을 갖고 학교에 온다. 일반적인 교육의 목적과 과학교육의 목적은 모든 어린이들에게 학문적이나 문화적 차이와는 관계없이 학습을 시키는 것이다. 앞 장에서 어떤 두 사람도 결코 같지 않다는 개념을 보았으며 어떤 두 사람도 정보를 구성하고, 인식하고, 내면화하고, 문제를 해결하는 방식이 서로 같지 않다는 것을 알게 되었다. 또한 우리는 학습이 오래 지속되고, 의미 있는 결과를 낳고, 모든 학생들이 탐구과정과 산물과 그리고 과학에 대한 태도를 구성할 수 있는 유일하고 타당한 방법이 탐구 수업이라는 것을 제시했다.

어린이들은 여러 가지 면에 있어서 서로 다르다. 그중에서 어떤 것들은 정확하게 정의하여 묘사할 수 있고, 어떤 것들은 그럴 수 없다. 이러한 개인차들 중에서 어떤 것들은 과학의 성취도와 이해에 뚜렷한 영향을 주고 있는 것으로 밝혀졌다.

이 장에서는 학생마다 학습하는 방식이 어떻게 다르며, 이런 차이가 과학 성취도에 영향을 끼치게 되므로 어떻게 차이를 조절하여 **모든** 학생의 학습을 최대화하는 방법에 대해서 공부할 것이다. 여러분은 이와 같은 특별한 요구에 부응하기 위해서 탐구 방법론을 재음미할 것이며 어떻게 성공적으로 **모든** 어린이들에게 과학을 가르칠 것인가에 대한 문제를 해결하는 과정 지향적인 탐구 방법론에 대한 개념을 다루게 될 것이다.

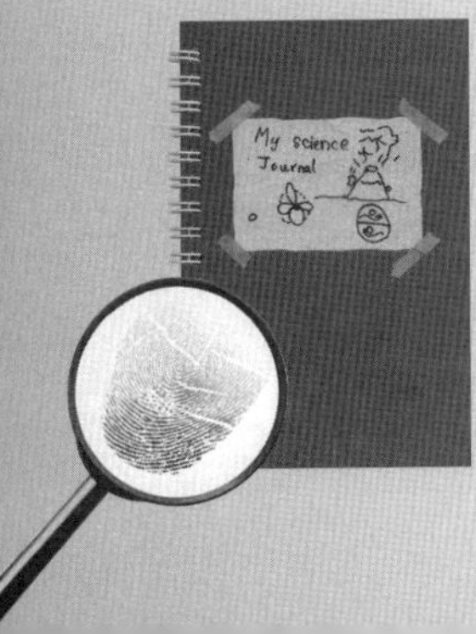

사전 질문

이 장을 공부하면 다음 질문에 답을 하면서 논의할 수 있다.

- 학습 양식의 세 가지가 무엇이며, 사람들이 정보를 처리하는 방식과 교사가 학습 양식을 활용해서 학생의 성취도를 높이는 방식은 무엇인가?
- '통제의 소재'가 무엇인가? 교사가 내적 통제 소재를 발달시키는 방식은 무엇인가? 학생의 내적 통제 소재를 개발시키는 것이 왜 필요한가?

- 장독립과 장의존의 차이가 무엇인가? 장독립과 장의존이 과학 학습에 어떤 영향을 끼치는가? 수업에서 어떻게 개발시킬 것인가?
- 다중 지능 이론에서 8가지 지능은 무엇인가? 각 지능의 특징은 무엇이며, 교사가 지능 발달에 도움을 주는 방식은 무엇인가? 왜 이것이 유용할까?
- 교사가 자신의 학습 유형을 인식하는 것이 왜 중요한가?

아동의 학습 방법의 차이

6.1 교사 활동

미국과학교육기준의 프로그램 기준 E. 모든 학생들에게 동등한 기회를 제공

개인차의 고려

1분 안에 학습자의 개인적인 특성에서 생각할 수 있는 모든 개인차를 기록하여 목록을 만들어 보고 이것을 하나로 요약하여 보자.

얼마나 많은 차이점을 발견하였는가? 아동들의 학습 방식을 비롯한 개인의 학습자로서의 차이점은 그들의 사회 경제적 지위와 문화적 배경, 언어 구사 능력, 영역별 지능, 신체적 특성과 한계, 정서, 사전 경험, 가정 환경 등 많은 요소에 따라 다르게 나타난다. 사실 다른 사람과 결정적으로 차이나지 않는 사람은 어디에도 없다.

모든 학생들에게 공통으로 나타나는 특성을 고려하더라도 사람마다 정도 차이를 보이며 과학 성취도에 직접 영향을 주기도 한다.

미국과학교육기준의 전문성 개발 기준 B. 과학, 학습, 학생, 교수법의 지식 통합

미국과학교육기준의 프로그램 기준 E. 모든 학생들에게 동등한 기회를 제공

학습 양식

사람들은 심리적으로 그들에게 편안하고 안정된 방법으로 학습될 때 좀 더 쉽게 배우고 그것을 오래 파지할 수 있다. 그러나 어떤 한 개인에게 심리적으로 편안한 학습 형태가 다른 사람에게는 편안하지 않을 수도 있다. 즉, 사람마다 차이를 보인다. 이를 알아보기 위해서 다음의 활동을 해 보자.

6.2 교사 활동

미국과학교육기준의 전문성 개발 기준 B. 과학, 학습, 학생, 교수법의 지식 통합

손에 깍지를 어떻게 끼나요?

긴장을 풀고 앉아서 무릎 위나 책상 위에서 손에 깍지를 끼워 보자. 이제 손을 풀었다가 다른 엄지손가락이 위에 오게 다시 깍지 끼워 보자.

한 가지 방식이 다른 것보다 훨씬 편안하다. 손의 깍지를 끼는 활동에서 학급에서 약 1/2이 두 가지 방법 중 어느 한 가지가 더 편안하다는 것을 경험할 것이다. 비슷한 것으로 다리 꼬기, 팔짱 끼기, 전화를 어느 귀로 받을 것인지 선택하는 것 등이 있다. 이런 것들은 개인적 경향이다. 이와 유사하게 사람들은 학습하는 방법에서도 강한 개인적 경향을 가지고 있다.

시각, 청각, 운동 감각의 학습 양식

사람은 **시각** visual, **청각** auditory, 그리고 **촉감** tactile/**운동 감각** kinesthetic의 세 가지 기본적인 **양식** modalities들로 불리는 방법들로 정보를 받아들이고 처리한다. 시각적 학습자는 보는 것으로써 가장 잘 학습하고, 청각적 학습자는 들음으로써, 운동 감각적 학습자는 만지거나 느낌으로써 학습한다. 각 개인에게 있어서, 비록 다른 양식도 작용한다 하더라도 이러한 학습 양식 중의 하나가 다른 두 개보다 더 강하다.

개인의 학습 양식은 오른손잡이나 왼손잡이처럼 그 개인에게 있어서는 그 학습 양식이 편안하다는 것이다. 사람들은 학습할 때 세 가지의 주요 양식 중의 하나에 기초를 두고 학습한다는 것이 알려져 왔다. 어린 나이의 학생일수록 감각적 혹은 운동적 방식으로 학습할 때 더 효과적이다. 초등학생의 12% 이하가 청각적 학습자이며, 40% 이하가 시각적 학습자이다(Dunn, 2001). 나이가 들수록 청각적 학습과 시각적 학습 양식이 발달한다. 따라서 어린 학생일수록 교사가 실제 자료를 조작하는 기회를 가능한 많이 주어야 한다. 또한 학업 성취도는 학습 양식에 맞게 가르칠 때 높아진다고 한다(Dunn, 1988; Ebeling, 2000). 따라서 교사는 각 학습 양식으로 생각하는 것을 이해해야만 유의미한 과학을 경험시킬 수 있다. 또한 어떤 학습 유형이 특정한 문화에 연관되어 있다고 편견을 갖지 않아야 한다. 모든 문화마다 수천 년 동안 이어진 학습 유형에 맞춰져 있다(McKinley, 2007).

학생들은 서로 다른 학습 양식을 가지고 있지만 학급의 학생들이 가장 강하게 가지고 있는 학습 양식이 무엇인지 말할 수 없는 경우도 있기 때문에 교사는 세 가지 양식을 모두 조절하는 방법으로 수업을 해야 한다. 이것은 어렵지 않다.

시각적 학습자

시각적 학습자는 시각을 이용하여 배우는 방법이 최선이므로 그림, 그래프, 도표, 괘도, 삽화 같은 것을 보고 학습내용을 기억한다. 또한 몇 쪽에 어떤 내용이 있는지 어떤 사건의 그림이 있는지도 기억한다. 교실에서의 학습 활동에서 본 것을 기억하고 수행과정에서 위치, 장소, 눈으로 관찰한 것을 기억한다. 시각적 학습자의 장점을 활용하는 활동은 다른 계절을 나타낸 그림, 음파를 도표로 나타낸 것, 직렬과 병렬 **회로도** schematics 그림, 바위나 광물의 특성을 묘사한 것, 식물 실험의 결과를 전시하거나 게시판에 만드는 것들이 있다. 다음 활동은 주로 시각적 학습자를 지원하는 것을 목적으로 하고 있다(이 장에서 보여주는 수업은 5장에서 추천하는 수업지도안의 형식을 사용하였다). 다른 학습 양식들도 물론 포함되었다. 어디에 있는지 말할 수 있는가?

학년 수준 3-5

6.1 과학수업 활동

미국과학교육기준의 내용 기준 C. 생물 과학: 인구와 생태계

자연 수집자

시각적 학습자를 위한 활동

1. *학년 수준:* 3~5학년
2. *과학 탐구 과정:* 관찰
3. *과학 주제:* 생태학(과학교육 내용 기준 C와 프로그램 기준 B)
4. *과정 중심 목표:* 학생들은 자연에서 발견된 사물을 관찰할 수 있다.
5. *아이들이 발견해야 할 것:* 학생들은 지역의 자연에서 많은 다른 사물들을 발견해야 한다.
6. *도입 활동과 토론 설명:* 자연 서식지 사진과 포스터를 방 주변에 붙혀 두어라. 학생들에게 그것들을 묘사하도록 요청하라. 학생들에게 자연 사물을 관찰하기 위해 학교 주변에 하이킹가게 될 것이라고 말하라. 학생들은 꽃, 열매, 새 보금자리, 다양한 종류의 잎들, 동물, 곤충, 그리고 그 외 많은 것들을 보아야 한다. 자연 환경을 혼란시키지 않는 것의 중요성을 토의시켜라. 안전 유의점: 곤충을 만지지 않도록 주의를 주어라. 독이 있는 담쟁이, 독이 있는 떡갈나무, 그리고 다른 독이 있는 식물들에 대하여 묘사하거나 사진을 보여줘라. 그리고 학생들이 그것들을 만지지 않도록 가르쳐라.

   스테와트 Melissa Stewart가 쓴 '새들을 위한 장소'는 북중미의 여러 가지 새들과 그들이 살아가는 자연생태계에 대한 여러가지 모습을 제공한다. 젠킨스 Steve Jenkins와 페이지 Robin Page의 '몇 개의 방법으로 파리를 잡을 수 있을까?'는 사냥감을 잡기 위한 방법들, 주거지를 만들기 위한 방법들, 그리고 여러 다른 동물들의 새끼를 보호하는 방법들을 묘사한다. '엑시엄 Max Axiom과 생태계 탐구, 슈퍼과학자'는 2008년 교사들이 뽑은 어린이책으로 비스콥 Agniesezka Biskop이 쓴 책이다. 이 책은 생태계 배후의 과학을 만화 형식으로 설명한다.
7. *준비물:*

   책: '새들을 위한 장소' (Melissa Stewart 저)(Peachtree Publishers, 2009)

   책: '몇 개의 방법으로 파리를 잡을 수 있을까?' (Steve Jenkins와 Robin Page 저)(Houghton Mifflin Harcourt, 2008)

   책: 'Max Axiom과 생태계 탐구, 슈퍼 과학자' (Agniesezka Biskop 저)(Capstone Press, 2007).

   자연적인 서식처에 관련된 포스터와 사진들

   독이 있는 담쟁이, 독이 있는 떡갈나무, 다른 독이 있는 식물에 대한 그림들

   종이, 연필, 공책이나 클립보드
8. *활동 설명:* 학생들을 자연으로 데리고 가라. 학생들은 자신이 본 것들을 기록하고 그림을 그린다. 교사는 소풍을 다음과 같은 방법으로 쉽게 한다: 학생들이 잘 보지 못하는 것을 가리키거나 학생들이 보아 왔던 것들을 모으는 등 학생들이 필요로 하는 도움을 제공한다.
9. *대표적인 토론 문제들:*

(계속)

이름을 붙일 수 있는가?

어디에 그것이 존재하는가?

그밖에 어떤 것이 그것의 주변에 있는가?

왜 그것들이 같이 있는지 말할 수 있는가?

보이는 유사점은 무엇인가?

무엇이 다른가?(곤충, 잎과 같은 유사한 것들로 묶인 그룹 사이의)

10. *교실에서 아이들이 스스로 탐구하도록 하는 방안:* 아마도 학생들이 야외에서 관찰 활동을 지속하는 것은 가능하지 않을 것이다. 그러나 그들은 다른 시간에 운동장이나 다른 장소에서 관찰을 계속할 수 있을 것이다. 학생들은 집이나 공원 또 다른 장소에서 관찰하면서 현재 한 활동의 결과물과 비교해 볼 수 있다.

11. *기대되는 결론:* 학생들은 야외에는 다양한 식물과 동물들이 있고 그들은 모두 지역의 건강에 공헌한다는 결론에 이르러야 한다.

12. *평가:* 평가는 학생들이 도달한 완벽하고 정확한 논리에 기초된다.

13. *실생활에 적용:* **생태계** ecosystem는 동물과 식물이 어느 한 지역에 어우러져 있는 것이다. 생태계 안의 것은 모두 생존을 위해 필요한 것들이다. 생태계가 교란되면 생존을 위해서 돌봐 주어야 한다. 생태계가 교란되는 경우는 우리가 자연 상태에 어떤 행동을 할 때, 가령 정원을 만들거나 나무를 없애거나 길을 새로 포장하는 일이 모두 포함된다.

청각적 학습자

청각적 학습자는 음향적 자극을 활용함으로써 가장 잘 학습한다. 그들은 학습해야 할 것을 들음으로써 어떤 것을 설명한 사람의 목소리를 기억한다. 그들은 교사나 모둠의 다른 학생의 목소리 높이를 기억한다. 활동에 참여한 소리를 기억하고 그것에 동반된 토론을 기억한다. 그 활동 동안 들은 것을 기억한다. 청각적 학습자의 장점을 활용하는 활동은 소리를 이용한 실험, 학급에서 소년과 소녀 그룹의 분류, 날씨의 소리에 관한 창조적인 글쓰기 활동, 동물의 소리가 환경에 적응하는 데 어떻게 도움을 주는지 조사하기 등으로 흥미를 끌도록 하는 것을 포함한다.

다음은 청각적 학습자를 위한 활동이다. 다른 학습 양식을 배려한 활동 또한 포함되어 있다. 무엇인지 찾을 수 있겠는가?

과학수업 활동 6.2

미국과학교육기준의 내용 기준 B. 물리: 소리에너지

학년 수준 2-4

신발상자로 만든 기타

청각적 학습자를 위한 활동

1. *학년 수준:* 2~4학년

2. *과학 탐구 과정:* 예상과 추론

(계속)

3. *과학 주제:* 팽팽한 줄의 음조
4. *과정 중심 목표:* 학생들은 고무줄의 팽팽한 정도와 두께에 따라 생기는 음조의 변화를 예상할 수 있다. 그리고 그 이유를 추리할 수 있다.
5. *아이들이 발견해야 할 것:* 고무줄은 더 단단하게 잡아당겨질수록 더 높은 음조를 낸다. 고무줄이 더 얇을수록 더 높은 음조를 낸다.
6. *도입 활동과 토론 설명:* 학생 모둠에게 고무 밴드를 나누어준다. 그 다음 안전규칙과 해야 할 행동에 관해 말하라. 학생들에게 고무 밴드 중 하나를 잡아당기게 하고 그것의 소리를 듣기 위해 뜯어보게 하라. 학생들에게 미리 만들어놓은 신발상자로 만든 기타를 보여줘라. 잡아 당겨진 고무 밴드의 소리를 확대하는데 신발상자 기타를 사용할 수 있다고 말해줘라. 학생들은 긴장도와 두께의 다름이 음조에 미치는 영향을 조사하게 될 것이다. 마지막으로 그들은 곡을 연주하기 위해 신발상자 기타를 조정할 것이다.
7. *준비물:*

   여러가지 굵기의 고무줄 긴 것

   뚜껑이 있는 신발상자

   '다리' 역할을 하게 될 판지(과자 상자)

   접착제
8. *활동 설명:* 먼저 교사가 만든 것과 같은 신발상자 기타를 학생들이 만든다. 학생들은 신발상자 뚜껑 끝 가까이에 구멍을 낸다. 학생들은 빈 상자의 패널을 신발상자 가로 길이 정도로 쐐기 모양을 만들어 접는다. 이 '다리'는 신발상자 뚜껑의 구멍의 긴 방향으로 구멍 약간 앞쪽에 접착제를 이용해 붙여진다. 그리고 학생들은 굵거나 가는 3~4개의 고무줄을 신발상자의 세로방향으로 설치한다(그림 6.1 참조). 학생들은 고무줄을 뜯으면서 고무줄이 만드는 음조를 비교한다. 그들은 다른 장소의 다른 고무 밴드들의 긴장을 변화시키고 뜯어 음조를 비교한다.
9. *대표적인 토론 문제들:*

   얇은 고무 밴드를 걸어서 당겼을 때 무슨 소리가 나는가?

   두꺼운 고무 밴드를 걸어서 당겼을 때 무슨 소리가 나는가?

   긴 부분에서 긴장도를 증가시킬 때 음조에 어떤 일이 일어났는가? 짧은 부분에서는?

   부분 위 어디에서 그것을 뜯는가? 부분 위 어디에서 그것을 뜯지 않는가?

   연주를 위해 고무 밴드들을 조정할 수 있는가?
10. *교실에서 아이들이 스스로 탐구하도록 하는 방안:* 학생들은 다른 종류의 고무줄로 시도하거나 신발상자 기타에 고무줄을 보태는 것을 시도할 수 있다. 또 뜯었을 때 진동시킬 수 있는 철사, 실, 다른 것들을 사용할 수도 있다. 학생들은 더 크거나 작은 신발상자나 다른 디자인의 신발 상자를 사용할 수 있다. 게다가 그들은 손으로 떨리는 부분을 정지시킴으로써 고무 밴드의 길이를 변경하여 길이가 음조에 미치는 영향을 조사할 수도 있다.
11. *기대되는 결론:*

    고무 밴드가 더 단단하게 잡아당겨질수록 더 높은 음조를 낸다.

    고무 밴드가 더 얇을수록 더 높은 음조를 낸다.

(계속)

몇몇의 학생들은 고무 밴드가 더 길수록 더 낮은 소리를 낸다는 것을 발견한다.

12. *평가:* 평가는 음조와 실의 길이, 음조와 실의 두께와의 관계의 예상의 정당함, 추리 이유의 적절함에 기초된다.
13. *실생활에 적용:* 이와 같은 원리를 기타, 바이올린, 또는 다른 기구들, 피아노에 적용 시킬 수 있다.

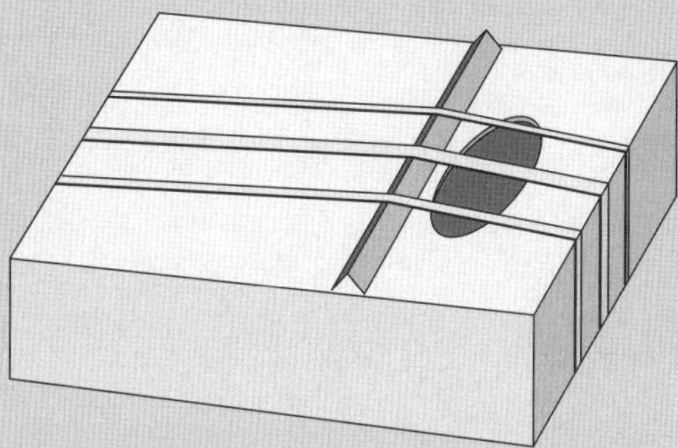

그림 6.1 신발상자.

촉각적/운동 감각적 학습자

촉각적/운동 감각적 학습자는 느낌이나 사물의 조종을 포함한 활동으로 가장 잘 배운다. 촉각적 학습자는 사물의 촉감에 집중하고 운동 감각적 학습자는 움직임에 집중한다. 손에 사물을 들어 올렸을 때의 무게를 기억한다. 바위의 거침, 다듬어진 나무의 부드러움을 기억한다. 그들은 발견의 스릴을 기억한다. 촉각적/운동 감각적 학습자의 장점을 이용하는 활동은 힘, 운동, 균형, 분류하기, 태양계의 행성에 관한 무언극, 젤리®로 세포의 모형 구성하기가 있다.

다음은 촉각적 학습자를 위한 활동이다. 다른 학습 양식을 배려한 활동 또한 포함되어 있다. 무엇인지 찾을 수 있겠는가?

과학수업 활동 6.3

미국과학교육기준의 내용 기준 A. 탐구로서 과학: 과학적 탐구를 하기 위해 필요한 능력들

학년 수준
K 이전-1

옷감은 얼마나 부드러운가?

촉각적 학습자를 위한 활동

1. *학년 수준:* 취학 전~1학년
2. *과학 탐구 과정:* 관찰과 추론
3. *과학 주제:* 사물의 특성
4. *과정 중심 목표:* 학생들은 다양한 섬유로 만든 직물의 질감을 관찰할 수 있고 보이지 않는 섬유가 어느 직물에서 나온 것인가를 추리할 수 있다.
5. *아이들이 발견해야 할 것:* 옷감과 다른 것들은 촉각으로 관찰되는 질감을 가지고 있다.

(계속)

6. *도입 활동과 토론 설명:* 먼저 *'곤충 느낌'–만짐과 느낌*(David A. Carter 지음)과 *'만지다'*(Rachel Isadora 지음)를 읽게 하라. 두 책 모두 다른 결의 느낌에 대한 친근감을 갖게끔 학생들에게 상호작용하도록 만지고 느낌으로써 구현된 책이다. 사포, 주름 잡힌 종이, 색지, 일반적인 종이 등 다양한 종이를 주어라. 느끼게 하고 느낌을 비교하도록 요청하라.
7. *준비물:*

   책: *'곤충 느낌–만짐과 느낌'* (David A. Cater 지음)(Simon & Shuster Children's, 1995)

   책: *'만지다'*(Rachel Isadora 지음)(Greenwillow Books, 1991)

   가로 세로 5센티 크기의 몇 가지 다른 옷감 짝들, 예를 들어 비단, 면, 펠트, 레이스, 코르덴, 삼베, 인조 모피, 모조 가죽, 방수포 등
8. *활동 설명:* 작은 종이 가방에 정사각형 모양의 옷감 세트를 넣어라. 학생들이 느낄 수 있도록 다른 세트를 주어라. 학생들이 옷감의 질감에 대하여 잘 알게 된 후 학생에게 하나의 옷감을 선택하고 그와 같은 것을 느낌으로 종이 가방에서 찾게 하라. 찾은 것을 가방에 다시 넣고 다른 학생들에게 같은 활동을 하게 한다.
9. *대표적인 토론 문제들:*

   각각의 옷감 조각의 느낌은 어떠한가?

   같은 느낌의 두 개 또는 세 개의 옷감 조각을 발견할 수 있나?

   만약 눈을 감는다면 눈을 떴을 때와 같은 느낌을 느낄 수 있나?

   가방에서 관련된 옷감을 선택한다. 왜 그것을 선택하였나?
10. *교실에서 아이들이 스스로 탐구하도록 하는 방안:* '느껴지는' 책이나 옷감조각, 그 밖의 과학 센터의 다른 재질의 것들을 두어라. 학생들은 그들의 탐구을 계속할 수 있다. 교실에서 반복 활동을 함으로써 그들 주변에서 접촉하게 되는 사물을 느끼는 것을 격려할 수 있다. 재질을 묘사할 때 거친, 부드러운, 고르지 않은 같은 단어를 표현하도록 격려하라.
11. *기대되는 결론:* 학생들은 다른 재질의 것들을 식별할 수 있을 것이다. 그들은 비슷한 질감을 매치시킬 수 있다. 또한 몇몇은 적절한 단어로 질감을 정의할 수 있을 것이다.
12. *평가:* 평가는 학생들이 연결시킨 같은 종류의 직물의 수에 기초하여 평가한다.
13. *실생활에 적용:* 어두운 장소에서 재질을 느낌으로써 알 수 있다. 목재를 부드럽게 하기 위해 모래를 뿌린다. 미끄럼을 방지하기 위해 도로를 거칠게 만든다.

다음은 운동 감각적 학습자를 위한 활동이다. 다른 학습 양식을 배려한 활동 또한 포함되어 있다. 무엇인지 찾을 수 있겠는가?

학년 수준 2-6

6.4 과학수업 활동

미국과학교육기준의 내용 기준 B. 물리: 위치와 운동

간단한 기계

운동 감각적 학습자를 위한 활동

1. *학년 수준:* 2~6학년

(계속)

2. *과학 탐구 과정:* 관찰과 추론
3. *과학 주제:* 간단한 기계
4. *과정 중심 목표:* 학생들은 몇 가지 종류의 간단한 기계들을 관찰할 수 있고 이들이 모여 복잡한 기계를 구성함을 추론할 수 있다.
5. *아이들이 발견해야 할 것:*

   단순한 기계 6종(지레, 경사면, 쐐기, 나사, 도르래, 바퀴와 축)

   복잡한 기계들은 보통 몇 개의 간단한 기계들을 포함하고 있다.

   단순 기계들은 힘의 방향을 변화시키거나 힘을 확대시킨다.
6. *도입활동과 토론 설명:* '*번스타인 곰 과학 잔치*'(Jan and Stan Berenstain 저)를 읽어라. 책에 있는 지레, 쐐기, 바퀴와 축을 지적하라. 경사면을 설치하고 장난감 자동차가 경사면을 달리도록 하라. 볼트와 거기에 맞는 너트, 도르래를 보여줘라. 아이들에게 각각의 기계들의 사용의 예를 생각하도록 요청하라. '자동차 과학'이라는 책은 흥미있어 하는 학생들에게 제공하라.
7. *준비물*

   책: '*번스타인 곰 과학 잔치*'(Jan and Stan Berenstain 저)(Random House, 1977)

   책: '자동차 과학'(Richard Hammond 저)(DK Publishing, 2008)은 자동차의 모든 체계의 분석과 그것들이 바탕이 된 과학적 원리들을 제공한다.

   경사로를 만들 작은 종이, 장난감 자동차, 볼트와 너트, 도르래

   나무와 금속 재질의 쐐기들

   자동차와 휠 세트(부서진 장난감 등에서 나온)

   쇠지레, 망치, 병따개

   크레인, 프로펠러, 스쿠터, 자전거, 간단한 기계로 만들어진 다른 복잡한 기계의 포스터, 사진, 그림들
8. *활동 설명:*

   대표적 샘플이 들어있는 가방이나 상자에 간단한 기계들을 나누어 넣어라. 학생들에게 각각의 간단한 기계를 관찰하고 그것의 종류가 무엇일지 추론하게끔 요청하라. 하나의 종류의 세트가 완료되면 아이들은 다른 상자의 간단한 기계들을 확인하기 위해서 상자를 교환할 수도 있다.

   복잡한 기계 그림을 제공하고 학생들에게 복잡한 기계 안에 간단한 기계가 있는지 확인하게끔 요청하라.
9. *대표적인 토론 문제들:*

   간단한 기계를 왜 그렇게 구별하였나?

   간단한 기계들은 우리를 위해 무엇을 하는가?

   간단하게 어떻게 작동하는지 시험해 봐라.

   그것들은 일을 쉽게 만들어주는가?

(계속)

당기기 대신 밀기로 방향을 바꾸는 것이 가능한가?

밀기나 당기기 중 어느 것이 쉬운가?

우리 주변 어디에서 이런 간단한 기계들을 볼 수 있는가?

복잡한 기계들 속의 간단한 기계에는 무엇이 있는가?

어떻게 모든 간단한 기계들이 함께 작동되는가?

10. *교실에서 아이들이 스스로 탐구하도록 하는 방안:* 완결 그리고 활동을 확장할 때 학생그룹에 '뭔가 할 수 있는 기계를 만들기'를 요청한다. 스크랩에서 벗어나 집주변이나 학교에서 발견하기를 요청한다. 기구는 학생들이 지적할 수 있는 단순한 기계를 포함해야 한다.

11. *기대되는 결론:* 학생들은 복잡한 기계에서 각각의 6가지의 간단한 기계들을 개별적으로 확인할 수 있어야 한다. 학생들은 간단한 기계들이 물건을 쉽게 옮길 수 있도록 힘을 변화하고 우리가 쉽게 일을 할 수 있도록 힘의 방향을 변화시킨다는 것을 이해할 수 있어야 한다.

12. *평가:* 평가는 각 간단한 기계들이 복잡한 기계를 구성하는 것과 각 기계들의 이점에 관한 학생들의 정당한 추론에 기초된다.

13. *실생활에 적용:* 수업시간에 탐구된 많은 기계적 기구들은 간단한 기계들로 구성된다.

세 가지의 학습 양식은 적절한 자극이 있는 활동에 의해 가능한 수업과 결합되어야만 한다. 예를 들면 암석과 광물의 탐구 수업에서 관찰하기(시각적 자극), 듣기(운동 감각적 자극), 발견한 것 듣기 listening, 토론과 설명(청각적 자극)을 포함한다. 1장에서 언급된 '신비한 상자'에서 어떤 학생은 이 상자를 열지 않고 그 안에 무엇이 있는가에 관심을 갖고, 어떤 학생들은 흔들어서 소리를 듣는 활동에 관심을 갖고, 어떤 학생들은 자석으로 손의 감각을 이용해서 상자 안에 무엇이 있는가에 관심을 둔다.

사람들은 모든 세 가지 학습양식을 가지고 있지만 한 가지가 나머지 다른 두 가지보다 우선적으로 강하다는 것을 기억하는 것이 중요하다. 각 양식에 맞는 활동들을 포함함으로써, 당신은 어린이들에게 그들에게 가장 편하고 효과적인 방법으로 학습할 기회와 그들이 아직 성숙하지 못한 학습 양식을 더 완벽하게 개발할 기회를 준다.

과정 지향적인 탐구 방법이 세 가지 모든 학습 양식을 조절하고 아이들이 가장 편안한 학습 방법으로 탐구를 추구할 수 있게 하는 가장 적당한 수단이다. 전통적인 방법에서는 아이들에게 보고, 듣고 하는 것을 강조하였다. 따라서 탐구 활동 시 아이들도 이에 따라 행동하였다.

6.3 교사 활동

미국과학교육기준의 수업 기준 A. 탐구수업 프로그램

세 가지 학습 양식을 포괄하는 활동

이제 여러분의 차례이다. 과정 지향적인 탐구 활동을 선택하라. 그리고 시각적, 청각적, 운동 감각적 학습자를 위해 특별히 포함시킬 수 있는 활동을 써 보아라.

통제의 소재

미국과학교육기준의 전문성 개발 기준 B. 과학, 학습, 학생, 교수법의 지식 통합

미국과학교육기준의 프로그램 기준 E. 모든 학생들에게 동등한 기회를 제공

통제의 소재 locus of control는 '사람이 자신의 성공이나 실패에 대한 책임을 내적 요인이나 외적 요인의 탓으로 돌리는 것'과 관계된 특징이다(Slavin, 1994 p. 355). 개개인은 현저하게 내적 통제의 소재 또는 외적 통제의 소재 중 하나를 가진다(그림 6.2 참조). 내적 통제의 소재를 가진 사람은 자신의 성공이나 실패가 행동, 지속력, 탐구심, 지능 등과 같이 자신의 능력이나 노력에 영향을 받기 때문이라고 믿는다. 외적 통제의 소재를 가진 사람은 자신의 성공이나 실패가 운이나 다른 사람의 행동, 상황의 어려움 등에 의해 야기된다고 믿으며 이들은 종종 '학습된 무력함'을 나타낸다.

강한 내적 통제의 소재를 가진 사람은 그들의 삶에서 성공적이고 행복한 경향이 있는 반면, 강한 외적 통제의 사람들은 잘하지 못하고 만성적으로 불행한 경향이 있다(Meyerhoff, 2004). 통제의 소재는 역시 동기와 관련이 있다. 강한 내적 통제의 사람은 내재적으로 동기화되는 반면, 강한 외재적 통제의 소재를 가진 사람들은 그들의 동기화에 있어 외적 자극에 의지한다.

교육에 있어서 다른 많은 요인들처럼 통제의 소재도 한쪽 끝에는 외적 통제의 소재를 그리고 다른 끝에는 내적 통제의 소재를 가진 연속선으로서 생각될 수 있다. 위에서 논의한 속성들은 연속선의 극단을 나타난 것이다. 연속선에서 개인의 통제의 소재는 환경에 따라 변화된다. 대부분 개인은 외부적, 내부적 요인의 양극단 중 어딘가에 있다. 그럼에도 불구하고 한쪽이 지배적인 요인이 되는 경향이 있다.

내적 통제의 소재의 존재는 학업 성취를 잘 예언해 주는 변인이고(Brookover et. al., 1979.), 아이들이 자발적으로 탐구하는 의지 사이에 긍정적인 관계를 가진다는 것을 보여 왔다(Rowe, 1978). 내적 통제의 소재를 가진 아동은 그들이 연구의 결과에 영향을 미칠 수 있다고 믿기 때문에 동기가 유발되며 실험을 통해 그것을 검증해 보이려고 한다. 내적 통제의 소재를 가진 아동은 외적 통제의 소재를 가진 아동보다 의미 있게 더 높은 성취를 한다는 것을 증명한다. 그 이유는 성공이나 실패가 자신의 노력에 달려 있다고 믿는 아동이 적당히 동기 부여가 되었을 때 성공하기 위해 열심히 공부하기 때문이다.

그러나 외적 통제의 소재를 가진 아동은 성취나 수행에 있어서 거의 혹은 전혀 통제를 하지 않는다고 믿는다. 그래서 자신의 성공이나 실패는 무엇이든지 외부의 요인에 의한 것이라고 여기며 노력하면서 무언가를 찾아내는 데는 실패한다. 그들은 정확한

그림 6.2
통제의 소재 연속선.

예언을 하는 데 있어 실패의 위험을 감수하기 위해 자신을 노출하는 것을 꺼린다. 그리고 스스로 탐구를 하기 위해 필요한 내적 동기 부여가 부족하다. 그들은 거의 "나는 어쨌든지 간에 어떤 것이든 아무 것도 할 수 없다!"라고 생각한다.

외적 통제의 소재를 가진 아이들이 내적 통제의 소재를 갖도록 하기 위해 노력해야 한다. 내적 통제의 소재를 길러 주기 위한 것으로서 그들의 행동의 직접적인 결과로서 나타나는 다양한 상황이나 결과들에 작용하는 영향을 학생들이 알도록 격려하는 것을 포함한다. 아이들의 노력이 행동의 결과에 영향을 미친다는 것을 발견하도록 하는 것이며 이는 아이들이 좀 더 내적인 통제의 소재를 발전하는 데 도움을 줄 수 있다. 이런 것을 조장하기 위해서, 교사는 아이들에게 구체적으로 조작 활동을 제공해야 하고 그들이 대화를 통해서 그들의 역할을 스스로 알 수 있게 해주어야 한다. 교사들은 학생들의 모든 응답이 똑같이 타당하도록 '위험성이 적은' 질문을 할 수 있다. 예를 들면 모든 아이들이 대답할 수 있는 "식물에 대해서 무엇을 알고 있나요" 같은 것이다. 이런 방법에서 아이들은 이미 수업에 이용할 수 있는 적절한 정보를 소유하고 있으며 그러한 지식을 개념화하기 시작한다. 교사는 또한 그들의 탐구 결과에 대해 말하거나 쓰거나 그림으로 그리기를 주저하는 학생들에게 용기를 주어야 한다(Rowe, 1978; Tomlinson, 2001).

이 책에 제시된 활동들은 교사가 아동들의 탐구에서 나타나는 영향을 아이들에게 명백하게 보여 줄 때 더 강한 내적 통제의 소재를 발달시킬 수 있다. 그림 6.3에서 아이들의 내적 통제의 소재를 발달시키는 데 사용할 수 있는 교수 전략을 제시하였다.

과정 지향적인 탐구 방법론에서 아이들은 그들이 행한 관찰의 결과에서 발생하는 문제에 답하기 위해 그들 스스로 탐구한다. 그래서 아이들은 스스로의 탐구와 학습에 책임감을 갖게 된다. 우리는 1장과 5장에서 '지식의 주인의식'에 대해 언급했다. 자신의 지식에 대해 주인 의식을 가진 아동들은 좀 더 강한 내적 통제의 소재를 발달시킨다.

그림 6.3
내적 통제의 소재 발달을 위한 수업 전략.

내적 통제의 소재 발달을 위한 수업 전략

1. 탐구의 결과를 평가하는 데 있어 아동을 격려해 주어라.
2. 변인의 변화 방법을 제시하도록 아동을 격려해 주어라.
3. 주어진 현상을 탐구하는 부수적인 방법을 더 제안하도록 격려하라.
4. 아동이 탐구의 주제를 제시하고 목표를 세울 수 있도록 격려하라.
5. '위험이 적은' 질문을 하라.
6. 의문을 가지고 숙고하도록 격려하라.
7. 아동에게 질문하는 방법을 가르쳐라.
8. 아동들이 심사숙고하여 체계적으로 대답하도록 질문하고 적절한 시간 동안 기다려라.
9. 아동이 자신의 진행 과정을 평가하도록 격려한다.
10. 아동이 탐구 결과를 발표할 때 그림과 같은 대안적 방식을 사용하도록 격려하라.
11. 협동적 탐구가 이루어지도록 격려하라.
12. 가능하다면, 고학년 아동, 부모, 다른 교사, 그리고 전문가가 탐구를 돕도록 한다.
13. 어린이들에게 그들의 활동을 다시 논의하고 수정할 기회를 제공하라.

교사 활동

6.4

미국과학교육기준의 수업 기준 A. 탐구수업 프로그램

내적 통제의 소재 조사

내적 통제 소재가 강한 학생과 외적 통제 소재가 강한 학생이 있다고 생각하자. 각 학생들의 특성을 통제하는 방식을 목록으로 만들어라.

수업시간에 학생들에게 어떤 과제를 각각 제시할 것인가?

장독립/장의존

장독립 field independence이란 위장된 정보를 쉽게 알아 내는 능력을 말한다.

당신은 아마도 어린이들을 위한 하이라이트 Highlights for children 같은 "숨은 그림 찾기" 책에서 집 그림에 몇 가지 물건이 숨겨진 그림을 본 적이 있을 것이다. 굴뚝, 문, 창, 지붕을 보는 장의존적인 아동과는 극히 대조적으로 장독립적인 아동은 사진 안에서 그 물건들을 재빠르게 지적할 수 있다. 장독립적인 아동은 위장된 배경을 무시할 수 있는 능력이 있는 반면, 장의존적인 아동은 그런 능력이 떨어진다.

미국과학교육기준의 전문성 개발 기준 B. 과학, 학습, 학생, 교수법의 지식 통합

미국과학교육기준의 프로그램 기준 E. 모든 학생들에게 동등한 기회를 제공

그림 6.4에 숨은 그림 찾기가 있다.

또 다른 예로 제퍼디 Jeopardy라는 퀴즈 프로그램을 들 수 있다. 많은 질문들이 연관은 있지만 꼭 중요하지는 않은 정보들을 포함하고 있다. 장독립적인 사람은 중요한 정보와 그렇지 않은 것을 구별하여 문제의 핵심을 찌를 수 있다. 예를 들어 이 질문에서 무엇이 필요 없는 것인가?

고대의 대 불가사의 중 두 번째로 유명한, 아프리카의 북쪽에서 남쪽으로 흐르는 세계에서 가장 긴 강의 이름은

장의존적 field dependent인 사람은 복잡한 상황에서 본질적인 정보를 가려내는 데 어려움을 느끼고 문제를 해결하기 위해 외부적인 요인에 의존하려는 경향이 있다. 그러나 장독립적인 사람은 자신의 기준계에 의존하려는 경향이 있다.

연구에 의하면 장의존적인 사람이 장독립적인 사람보다 형식적 사고 기능이 떨어지고, 과학 문제 해결력 수준이 낮다(Lawson, 1985; Hall, 2000). 그래서 장의존적인 사람은 좀 더 장독립적인 방법으로 사고하도록 조장하는 것이 바람직하다.

장독립적인 사고 방식을 촉진시키기 위해 사용되는 방법은 아동이 주요 유형 key patterns과 이슈 issues에 집중할 수 있도록 도와주는 것이다. 과정 중심 탐구방식이 도움이 된다. 장의존적인 아이들에게는 주의 깊게 관찰하도록 하면 지나치기 쉬운 배경과 관련된 특성을 집어낼 수 있게 된다. 예를 들어 장의존적인 아동은 암석 표본의 '전체'를 검사하는 데 너무 몰두되어서 암석의 조직이나 색깔, 층은 보지 못한다. 교사들은 이런 아이들이 간과하고 있는 특징을 발견할 수 있도록 유도적인 질문을 하여 그들의 관찰을 도울 수 있어야 한다. 그림 3.1에 제시된 관찰표가 암석이나 광물의 관찰에서 장의존적인 아동을 적절히 도울 수 있는 자료이다. 또한 분류는 지나치기 쉬운 성질을 찾게 해준다. 교사는 그들이 대안적인 분류표를 개발하도록 격려하여 장의존적인 아동을 도울 수 있다.

그림 6.4
숨은 그림 찾기.
(www.hiddenpic-turepuzzles.com
의 리즈 볼에서 인용)

장독립의 촉진전략
• 과정적 기능의 개발을 강조한다. 특히 관찰, 분류, 변인 찾기, 조작적 정의와 같은 과정 기능의 발달을 강조한다. • 과정 지향적인 탐구 교수 방법을 사용한다. • 구성주의적인 교수법을 이용한다. • '스무고개'와 추가된 단서를 포함하는 게임을 한다. • '스무고개'로 마음 읽기라는 전자 퀴즈 게임을 한다. • 퍼즐을 한다. • 도전판 challenging board 게임을 한다. • 수업의 개관을 제공한다. • 컴퓨터로 하는 활동을 격려한다. • 개념도를 제공하여 아동이 단원의 각 부분들이 전체와 어떻게 조화되어 있는지를 볼 수 있도록 한다(개념도는 12장 참조).

그림 6.5
장독립의 촉진전략.

아동이 과정 지향적인 탐구를 할 때 변인을 분리해야 한다. 변인은 종종 다른 요인들에 의해 가려져 있어서 장의존적인 아동은 식별하는 데 어려움을 겪을 수도 있다. 변인을 찾고 얻으려는 장의존적 어린이들을 돕는 것은 그들을 좀 더 장독립적 방법으로 활동하도록 돕는다. 예를 들어 날씨가 기분에 미치는 영향을 조사한다고 가정하자. 날씨의 유형, 온도, 햇빛의 양, 기압, 강수량 등등 많은 변인이 있다. 또한 사람들의 기분에 영향을 주는 변인이 대단히 많다. 아동들이 특정한 변인을 구별해내고 찾을 수 있어야 한다.

조작적 정의는 변인들을 어떻게 측정하는가도 포함한다. 교사들은 장의존적인 아동들이 측정하기 어렵거나(예를 들어 식물 성장률) 직접적으로 측정할 수 없는(예를 들어 식물의 건강 상태) 변인들을 측정하기 위한 방법을 찾도록 장의존적인 아동을 도와야 한다.

아동들에게 장독립적인 방법으로 사고하는 능력을 발전시키면 형식적 조작 기능이 발달한다. 이것은 가능한 일찍 초등학교 과학수업에서 행해져야 한다. 이를 위해 그림 6.5에 특별한 제안이 있다.

다중 지능 Multiple Intelligences

지능은 '배우고 이해하는 능력 또는 새롭거나 견딜 수 없는 상황에 대처하는 능력'으로 정의된다(Merriam-Webster, 2003). 인간의 지능은 일반적으로 증명된 아이큐 검사를 통해서 개인의 언어적, 수학적, 그리고 좁은 의미로 공간적 능력이 측정되는 것이다.

미국과학교육기준의 전문성 개발 기준 B. 과학, 학습, 학생, 교수법의 지식 통합

미국과학교육기준의 프로그램 기준 E. 모든 학생들에게 동등한 기회를 제공

가드너 Gardner(1983, 1995)는 지능에 대한 이런 전통적인 개념과는 반대로 인간은 적어도 8개의 지능(공간적, 신체-운동적, 음악적, 언어적, 논리-수학적, 대인관계, 자기 이해, 자연 지능)을 독립적으로 가지고 있다고 주장한다(그림 6.6). 그는 또한 정신적 또는 존재에 관한 지능이 그의 개인 지능에 관한 기준을 만족시킬지에 관해서 조사하고 있다(Gardner, 2003).

가드너 이론의 8가지 지능은 아래와 같이 묘사된다:

그림 6.6
가드너의 8가지 기본 지능.

1. **공간적** spatial 지능: 시각–공간적 세계를 정확히 인식할 수 있고 누군가의 정신에 이 세계를 내면적으로 묘사할 수 있는 능력. 건축가, 예술가, 조각가, 지도 제작자, 내탐자, 해부학자들에게 잘 발달되어 있다.
2. **신체–운동적** bodily-kinesthetic 지능: 문제를 해결하고 생각을 표현하는 데 신체 또는 손이나 손가락과 같은 신체 부위를 사용하는 능력. 운동선수, 무용가, 배우들에게 잘 발달되어 있다.
3. **음악적** musical 지능: 음악을 생각하고, 음악을 계속해서 듣고, 음악적 패턴을 깨닫고, 그것들을 기억해서 변형시키는 능력. 가수, 음악악기를 연주하고나 노래하는 것을 좋아하는 사람, 음악 감상을 즐기는 사람들에게 잘 발달되어 있다.
4. **언어적** linguistic 지능: 다른 사람에게 생각을 표현할 때 말하거나 쓰는 것 중 하나라도 언어를 효과적으로 사용하는 능력. 작가, 시인, 만담가, 변호사, 편집자, 저널리스트, 그리고 대학 교재 저자들에게 잘 발달되어 있다.
5. **논리–수학적** logical-mathematical 지능: 숫자와 연산을 수학적으로 사용하고 논리적으로 추론하는 능력. 수학자, 회계원, 통계학자, 과학자, 그리고 컴퓨터 프로그래머들에게 잘 발달되어 있다.
6. **대인관계** interpersonal 지능: 다른 사람을 이해하고 그들의 말과 비언어적인 행동을 정확히 해석하고 그들의 감정과 느낌에 민감하게 반응하는 능력. 선생님, 성직자, 세일즈맨, 그리고 정치가들에게 잘 발달되어 있다.
7. **자기이해** intrapersonal 지능: 자기 자신을 이해하고, 스스로가 누구인지 알고, 자신의 장점과 한계를 알고, 이런 자기인식과 일치하게 행동하는 능력. 철학가들, 심리학자들, 신학자들, 정신적 지도자들, 저술가들 그리고 개인적 신뢰와 절제를 보여주는 사람들에게 잘 발달되어 있다.
8. **자연** naturalistic 지능: 살아있는 것들을 분간해 내고 자연적 환경에 민감하게 반응하는 능력. 식물학자, 동물학자, 탐험가, 농부, 그리고 사냥꾼들에게 잘 발달되어 있다.

가드너는 서로 다른 지능들을 찾아내고 **다중 지능 이론** theory of multiple intelligences을 발표했다(Multiple Intelligences, 2005). 특히 학습장애의 학생을 포함해서 성취도 향상과 연결되어 있다(Multiple Intelligences Theory, 2003). 가드너는 모든 사람들이 이런 지능을 가지고 있다고 믿는다. 그러나 각각의 지능 영역의 발달은 사람에 따라 다양하다. 교사의 목표는 8가지 지능을 이용하는 학습 활동과 접근의 목록을 개발하고 학생들의 성취를 최대로 얻기 위해 지능을 결합하도록 돕는 것이다.

다중 지능 이론의 핵심은 학습에는 8가지의 방법이 있으며, 교사들은 각각의 지능과 연관된 접근을 학생들이 구사하도록 해야 한다는 주장이다(Armstrong, 2009). 이런 8가지 지능의 발달은 사람마다 다르며 각자에게 독특한 방식으로 복잡하게 얽혀서 함께 작동한다. 예를 들어서 가족을 위해서 요리하는 사람을 들어보자(Armstrong, 2009). 사람들은 요리책을 읽고(언어적 지능), 두 배로 하고(논리-수학적 지능), 모든 가족이 만족할 메뉴를 개발하여(대인관계 지능), 자신도 그 음식에 만족한다(자기 이해 지능). 또한 각 지능들은 다양한 요인을 갖고 있어서 읽지는 못해도 이야기로 말할 수 있다(언어적 지능).

다중 지능 아이디어는 모든 과목을 8가지의 다른 방법으로 가르쳐야 한다는 뜻이 아니다. 또 모든 학생들이 모든 지능을 개발하도록 해야 한다는 뜻도 아니다. 가드너의 다중 지능 이론을 잘 이해하는 교사들은 학생들의 요구를 찾아내고 그에 반응하는 것이다.

다중 지능 이론은 학습 양식과는 다르다. **지능**은 학습의 능력인 반면에 **학습 양식**은 학습과제에 접근하는 성향이다. 가령 음악 지능이 매우 높은 학생이 청각적 학습 양식을 선호할 수도 있지만, 시각적 혹은 운동 감각적으로 더 효과적으로 학습할 수도 있다.

그림 6.7은 학생들이 과학을 하는 방법을 배우는 8가지 지능을 강화하는 전략을 열거하고 있다.

8가지 지능을 사용하는 과학적 탐구를 강화하기 위한 전략	
공간적 지능	• 지도 그리기 • 모델 만들기 • 그림 그리기
신체-운동적 지능	• 춤추기 • 몸짓(판토마임)하기 • 현상을 연기해보기(시계 바늘의 움직임, 행성과 달의 궤도, 태양으로부터 행성의 순서 등)
음악적 지능	• 노래 부르기 • 곡조 배우기 • 곡조를 짓고 노래를 흥얼거리기 • 고전음악을 배경으로 연주해 보기

(계속)

그림 6.7
8가지 지능을 사용하는 과학적 탐구를 강화하기 위한 전략.

그림 6.7 (계속)

언어적 지능	• 읽기 • 쓰기 • 이야기 말하기 • 구두로 보고하기 • 이메일 보내기 • 인터넷 검색하기 • 시, 뉴스, 소설 쓰기 • 학급 신문이나 학교 신문 작성하기
논리-수학적 지능	• 인터넷 검색하기 • 핵심을 성공적으로 주장하기 • 개념도를 그리거나 해석하기 • 그래프 그리기 • 그래프 해석하기 • 수학적 형식으로 결론을 표현하기
대인관계 지능	• 토론 이끌기 • 토론에 참가하기 • 질문을 하기 • 협동적 모둠에 참여하기
자기 이해 지능	• 토론 이끌기 • 게임 조직하기 • 활동 지도하기 • 자기 반성하기
자연 지능	• 자연적 환경에 따라 분류하기 • 기원 찾기 • 자연의 물체 수집하기 • 자연계의 종에 이름을 붙이기

학교 현장 교사의 경험

나는 학생들을 믿는다. 첫째 날 우리 반 학생들에게 이런 말을 해준다. 어떤 학생은 빨리 배우고 또 쉽게 배우는 경우가 있지만, 모든 학생은 배울 수 있다고 믿는다. 학생들이 어떻게 배우는지에 상관없이, 그들이 배울 수 있다는 것을 믿게 하려고 노력했다. 그들은 같은 모둠의 다른 사람과 같은 방법으로 배울 수는 없지만 배울 수 있다고 아이들에게 자신의 학습에 대하여 책임을 질 수 있는 방법을 생각해 보도록 했다. 학생들은 일반적으로 어려운 문제를 포기하지 않는 것에서부터 시험을 위해 공부하는 것까지 매우 다양한 종류의 목록을 생각해 낸다. 그러면 나는 질문을 던진다. "어떻게 하면 네가 가장 잘 학습하겠니?" 몇몇 학생들은 그들의 장점을 쉽게 정의한다. 반면에 다른 학생들은 그들이 어떻게 하면 가장 잘 학습할 수 있는지를 묘사하는 데 더 어려움을 겪는다. 이것을 더 조사하기 위해서, 나는 가드너 Howard Gardner의 다중 지능 이론인 '8가지 스마트 Eight Smarts'를 소개한다. 학생들은 그들의 '지성'을 알기 위해서 그들의 장점과 단점의 영역이 무엇인지 생각하는 것으로부터 시작한다.

학생들의 지능이 정의되고 나면, 다음 단계는 학생들이 학교에서 할 수 있는 지능과 관련된 활동의 브레인스토밍 목록을 포함한다. 이 활동은 매우 도전적인 것이어야 하는데, 왜냐하면 학생들은 그들이 이전에 보지 못한 명백한 활동에 주의집중하기 때문이다. 예를 들어 신체-운동적 지능이 발달한 학생은 즉시 운동에 대해 생각할 것이다. 하지만 그들은 종종 모델 만들기나 촌극을 연출하는 것과 같은 신체-운동적 활동은 잊고 지나친다. 학생들 사고의 마지막 결과는 그들이 산출해낸 각각의 장점과 관련된 활동과 사고를 목록화한 8가지 '스마트 포스터 Smart Posters'이다.

학생들의 다른 학습 양식은 한 해 동안 상당한 주의를 받는다. 나의 목표는 학생들이 그들의 유일무이한 학습 양식을 긍정적인 방법으로 고찰하도록 돕는 것이다. 우리는 다중 지능의 언어를 사용하여 학생들이 결정할 수 있고 그들 스스로의 학습 양식을 설명할 수 있다고 하는 가드너의 개념을 종종 재인식한다.

나의 교실의 일상에서, 당신은 학생들이 동시에 여러 가지 다양한 활동을 하고 있고, 모든 활동은 동일한 주요 개념의 이해와 관련되어 있다는 것을 발견하게 될 것이다. 몇몇 학생들은 책을 읽거나 조사를 하면서 책상에 앉아 있을 것이며 또 다른 학생들은 벽보를 붙이고 있을지도 모른다. 소그룹 학생들은 그들의 진행 상황에 대해 토론하고 질문을 하기 위해 나와 이야기하고 있을지도 모른다. 그 밖의 시간에, 학생들은 교사의 역할을 맡아보고 쉬는 시간에 그들의 생각을 나누고 있을 것이다. 분주한 공간이지만, 그 이득은 매우 값진 것이다. 학생들에게 그들의 지식을 형성할 수 있는 역할과 결단을 내릴 수 있는 능력이 주어질 때, 깊이 있는 학습이 일어날 것이다!

리사 존슨 Lisa Johnson

위스콘신 주 치피와 교육청의 상급 학교 교사

교사의 학습 유형

미국과학교육기준의 수업 기준 B. 학습의 안내와 촉진

아동들에게 그들 나름의 독특한 학습 방법이 있듯이 교사 역시 개인적 학습 유형이 있다. 교사는 어른으로서, 아동보다 더 완전하게 자신의 학습 유형을 발달시켜 왔고 취약하다고 생각되는 부분을 강화할 수 있는 기회를 가지기도 했다. 예를 들어 많은 시각적 학습 유형의 어른들은 청각의 기능을 강화시킬 수 있었다. 장독립적인 사람들이 덜 도전적이라고 생각되는 활동이나 과제에서 어려움을 경험한 많은 사람들은 비록 그것을 의식하지 못할지라도 퍼즐 게임이나 컴퓨터 프로그램의 이해, 도전판 게임 등을 하면서 장독립적인 사고 기능을 강화시켜 왔다.

교사들도 그들 자신이 선호하는 학습 유형으로 가르치는 경향이 있다. 교사가 편안하게 느끼는 학습 유형이 자신이 편하게 느끼는 수업 유형이 된다. 던 Dunn(1990)은 학생의 성취를 강화하기 위해서 교사들은 학생들과 양립할 수 있는 방법으로 가르쳐야 한다고 주장한다. 그녀는 "학생들은 그들의 학습 양식의 장점에 반응하는 방법과 접근으로 가르칠 때 모든 과목을 많이 배울 수 있다. 그 학생들에게 그들의 장점에 거슬리는 교수 방법으로 가르치면 실패한다"고 말한다. 그래서 가장 알맞은 학습 형태를 아는 것은 교사의 책무이며, (1) 수업에서 학습 유형과 관련된 장점을 이용하고, (2) 덜 우세적인 유형으로 가르치도록 노력하여 모든 학생이 동등한 이점을 가질 수 있도록 해야 한다.

많은 요소가 아동의 학습 능력과 관계가 있다. 이번 장에서 논의한 사례에서 학습 방식을 살펴보았다. 유능한 교사란 아동에게 학습이 발생하게 하고, 모든 아동이 최대로 학습하는 방법을 지속적으로 연구해야 한다.

요약

학생들은 여러 가지 측면에서 서로 다르다. 앞 장에서 인지적으로 어떻게 다른 지를 공부했다.

학습 양식은 학생들이 인지적으로 '편안한 영역 comfort zone'이다. 시각적 양식은 보는 것으로 학습하는 것에 편안하게 느끼며, 청각적 양식은 듣는 것, 운동 감각적 양식은 움직이거나 느낌으로 편안하게 학습한다. 과학 성취를 높이기 위해서는 교사가 각 학습 양식을 고려한 경험을 제공해야 한다.

통제의 소재는 학생들이 통제가 자신에게 혹은 타인에게 있다고 느끼는 정도를 나타낸다. 내적 통제의 소재를 가진 학생은 과학을 탐구하는 상황에서 어떤 일이 발생하는데 자신이 통제한다고 느끼는 것이다. 외적 통제의 소재는 결과에 대하여 아무런 통제를 하지 못한다고 느낄 때이다. 교사는 내적 통제의 소재가 증진되도록 과학 탐구 상황에서 학생들의 통제를 보도록 도와주어야 한다.

장의존성과 장독립성은 사람들이 숨어있는 정보를 얼마나 잘 찾는가를 보여준다. 장독립성은 높은 사고 수준과 과학 성취와 연관되어 있으며 수수께끼를 풀거나 컴퓨터 작업을 하고 과학 탐구를 세세하게 찾을 때 촉진될 수 있다.

다중 지능 이론은 사람들이 정보를 처리하는 데 8가지 방식(지능)이 있다고 제안한다. 공간 지능, 신체 운동 지능, 음악적 지능, 언어 지능, 논리 수학적 지능, 대인 관계 지능, 자기 이해 지능, 자연 지능이

있다. 모든 학생은 이런 8가지 지능을 모두 갖고 있으며 어느 지능이 다른 지능보다 더 많이 발달하게 된다. 교사가 8개 지능을 모두 발휘하여 최대의 성취를 얻는 활동을 제공할 필요가 있다.

훌륭한 교사는 학생들의 다양한 요구를 조절할 수 있는 전략을 제공해야 한다. 수업 전략을 제한하게 되면 학생들은 편안하게 느끼지 못한다. 구성주의적 과정 중심의 탐구는 이런 학습자의 개인차를 적응하는 데 유용한 방식이다.

핵심 용어

다중 지능 이론	장의존적
생태계	청각
시각	촉감
양식	통제의 소재
운동 감각	회로도
장독립	

토의를 위한 질문들

1. 네 가지 학습 양식의 특징은 무엇인가? 개발시키는 방법을 설명하라. 이런 학습 양식에 맞추면서도 과정 중심 탐구와 연관될 수 있는 수업 전략은 무엇인가?
2. 내적 통제의 소재를 가지는 것이 외적 통제의 소재보다 바람직한가? 교사가 과정 중심 탐구 방법에서 어떻게 내적 통제의 소재를 개발하도록 촉진할 수 있는가?
3. 장의존성과 장독립성은 무슨 차이가 있는가? 교사가 과정 중심 탐구에서 장독립성을 촉진할 수 있는 방법은?
4. 교사가 8가지 지능에 맞추어 과학수업을 조정하려면 어떻게 해야 하는가?
5. 수업에서 매우 많은 다양한 학습의 측면이 있다면 과학 교사가 이 모든 측면을 어떻게 맞출 수 있는가?

Chapter **7**

개인차를 극복하기 위한 과학교육

"호기심은 학습이 일어나게 하며 의연함은 학습의 장애를 극복하게 한다. 지능 지수인 IQ보다 호기심 지수 Quest Quotient가 더 중요하다."

암허스트 대학교 입학처장, 유진 윌슨 E. Wilson (1905–1981), 멘토로서의 경영자 Managers as Mentors (Chip R. Bell, 1996)

Will & Deni McIntyre/Corbis

모든 학생은 독특한 관점, 학습방식, 능력을 갖고 있다. 각각의 학생은 개인적 차이에도 불구하고 학습을 할 수 있다. 구성주의 탐구 수업과 학습이 모든 학생에게 과학 학습에서 성공하도록 돕는 수단이 된다.

미국과학교육기준을 발간한 국립 연구위원회는 모든 학생들이 과학을 배울 수 있고, 배워야 한다는 전제를 기본으로 삼았다. "모든 학생들은 나이, 성, 문화적, 윤리적 배경, 장애, 과학에 대한 흥미, 동기 등에 무관하게 높은 차원의 과학적 소양을 획득할 기회가 부여되어야 한다"는 것이 이 위원회의 원칙이다(National Research Council, 1996, p. 20).

구성주의에서는 모든 어린이들이 서로 다른 고유한 방식으로 학습한다고 말한다. 탐구가 구성주의 학습에 대한 방법들을 제공한다.

이 장에서는 다양한 학습자의 특별한 요구를 고려하는 과학교육을 공부한다. 남녀 학생에게, 장애를 가진 아이에게, 영재 학생에게, 외국인 아이에게, 다문화 아동에게도 **모두** 과학 학습을 최대한으로 제공하는 과학 교수 학습 방식을 공부할 것이다.

사전 질문

이 장을 공부하면 다음 질문에 답을 하면서 논의할 수 있다.

- 여학생도 과학 시간에 빛나게 하는 방식은 무엇인가?
- 장애 아동에게 과학을 가르칠 때 기본 방식은 무엇인가?
- 과학 분야의 영재 학생을 가르치는 기본 방법은 무엇인가?
- 영어학습자를 위한 과학 수업 방식은 무엇인가?
- 교사의 문화권과 다른 다문화 아동에게 과학을 가르치는 방식은 무엇인가?

성

7.1 교사 활동

과학자의 특징 말하기

해 보기:

5명의 과학자 이름 쓰기

과학자가 행한 것을 5가지 쓰기

과학분야의 노벨상 수상자 이름 2명 쓰기

미국과학교육기준의 프로그램 기준 E. 모든 학생에게 동등한 기회 제공

과학자 이름에 남자가 많은가? 혹은 여자가 많은가? 아니면 비슷한가? 만약 남자 혹은 여자 중 한쪽이 많다면 과학과 성에 대한 자신의 신념을 알고 싶을 것이다.

여자들은 과학분야에서 계속해서 미약한 지위를 가지고 있다. 미국의 대학교에서 교육받은 인력의 48%가 여성임에도 불구하고 과학기술인력의 단 25%만 여성이다(Buck, et al., 2008). 지난 수십년 동안, 여성에 대한 과학교육의 수많은 노력들은 다음과 같은 긍정적인 영향을 만들어냈다.

- 여성교육학은 여성에게 더 매력적인 과학교육을 하는 것을 목적으로 한다(Kahle, 1985, 1990). 여성교육학의 중심은 교사가 여학생의 경험, 목소리, 그리고 과학에 대한 학습방법뿐만 아니라 흥미, 관심에 더 가치를 두고 그것에 의해 그들이 과학을 배울 수 있게 돕는다(Capobiance, 2007).
- '과학 속의 여성'은 샌디에고 동물원의 프로그램이다. 이것은 여성 과학자가 동물원에서 역할모델의 기능을 하고 자신의 일을 여학생들에게 설명하는 것이다(McLaughlin, 2005).
- 샐리 라이드 Sally Ride 과학은 여학생들이 과학에 관심을 가지도록 하기 위해 창립되었다. 이것은 미국의 최초 우주비행사 라이드 Sally. K. Ride에 의해 시작되었다(Ride, 2005).
- 중학교에서 여자 과학 선생님이 늘고 있다는 사실은 미래에는 여성의 시각이 과학에 더 유용할 수 있다는 가능성을 보여주므로 교육청은 여성 과학 교사를 고용하려는 노력을 강화해야한다고 주장한다(Gorman, 2006).
- 2006년에는 미국정부가 30년간 유지된 성별차별법안을 완화해서 교육청이 단일성별 학교 학생을 (자발적 동의하에) 만들 수 있도록 허가했다. 이후로 많은 교육청들은 남학생과 여학생의 특수성을 수용하여 성별 간의 과학 성취도 차이를 줄이기 위한 단일성별 학급을 만들었다.
- 단일성별교육을 위한 국가협회 NASSPE의 연구에 따르면 남학생과 여학생 모두 남녀공학과 비교했을 때 단일 학급에서의 성취도가 평균보다 더 높은 것으로 드러났다.
- 여학생들은 과학 분야에서 전형적인 남자 과학자가 아니라 실제 존재하는 여성 과학자의 역할 모델을 원했다. 그러므로 교사는 가능하다면 지역의 여성 과학자나 여성기술자(그들이 동일시할 수 있고 개인적으로 관계를 맺을 수 있는)를 교실로 초대해야 한다.

성별 균형은 여학생을 남학생보다 우위로 만드는 것이 아니라 남녀에서 오는 성별의 제한을 없애 두 성별 다 발전할 수 있게 하는 것이다(Zittleman & Sadker, 2009-2010; King, Gurian, & Stevens, 2010). 미국 여성기술자협회에 따르면 미국 여학생들의 75%는 과학 분야에서 일하는 데 관심이 없다고 한다. 왜냐하면 그들은 과학분야의 진로가 차갑고, 비인격적이고, 자신의 삶과 사회에 별로 적용되지 못한다고 느끼기 때문이다(Zittleman & Sadker, 2009-2010).

과학은 어렵고 남자들만의 영역이라고 생각하는 교사는 지속적으로 과학은 남학생 혹은 남성이 할 때 가장 잘 수행된다는 암시를 보내게 된다. 만약 여학생들에게 남학생과 같은 과학교육의 기회가 주어진다면 교사들은 과학은 남자들을 위한 것이라는 개념을 쫓아버리기 위해 모든 것을 해야만 한다. 이것은 실험교수를 돕거나 실험실 도우미로 남학생만큼이나 여학생을 자주 참여시키라는 것을 의미한다. 이것은 교육과정의 안팎에서 남학생만큼 여학생도 과학성취도가 높다는 것에 대한 인식을 의미한다. 이것은 남자 과학자만큼 여자 과학자도 관심을 끌 수 있다는 의미이다. 그리고 무엇보다도 여러분이 가진 과학에 대한 성별의 편향성을 시험해 볼 수 있다는 것을 의미한다. 자신의 편향성을 인식해야만 자신의 행동 방식을 변화시킬 수 있고, 궁극적으로 신념까지 변화할 수 있다.

과학을 구성주의 시각에서 가르칠 때, 교사는 학생들이 이전에 알고 있던 경험에 새로운 자료를 결합해 그들의 삶에 적절하게 쓰일 수 있게 도와주는 방법을 찾아주는데 이것은 여학생을 포함한 모든 학생들이 과학학습을 촉진한다. 성별 편견이 없는 수업에 대한 구체적인 방안은 그림 7.1에 제시해 놓았다.

그림 7.1

초등 과학교육에서 성별 편견을 없애는 전략

1. 여학생을 남학생만큼 자주 부른다.
2. 남학생과 여학생에게 기다리는 시간을 (최소 3~4초) 똑같이 준다.
3. 자발적으로 참여하는 학생 대신에 *모든* 학생의 이름을 불러 토론에 참여할 기회를 균등하게 준다.
4. 여학생들이 그룹에서 기록자 같은 전형적인 역할만 맡지 않고, 남학생 같이 능동적인 조사자의 역할을 맡을 수 있도록 하라.
5. 여학생들이 팀 리더를 할 수 있는 기회를 가질 수 있도록 그룹 역할을 교대시켜라.
6. 단일성별 그룹에서 여학생들이 모든 역할을 능동적으로 할 수 있게 고려하라.
7. 교실에서 하는 실제 조작활동에 있어 남학생만큼 여학생을 참여시켜라.
8. 모든 학생들의 과학적 탐구에서의 고유한 시각을 존중하라.
9. 여학생과 남학생 모두에게 의미 있게 실생활과 과학적 개념을 접목시켜라.
10. 교사가 가진 성별 편향성이 교사의 지도에 영향을 주는 것은 아닌지 확인하라.
11. 과학에서 여성 피실험자에 관심을 두라.
12. 가능한 많은 여성 과학자가 포함된 유명 과학자의 명단을 제공하라.
13. 과학자를 '그 혹은 그녀'로 언급하라.
14. 남자뿐만 아니라 여성의 미래에 대한 전시, 시범, 사진, 게시판 활용 등을 하라.
15. 여성과학 교사보다 높은 단계에 있는 여성 과학자나 기술자를 교실에 초대해 그들의 경험에 대한 이야기를 들을 수 있게 하라.

장애 아동을 위한 과학교육

미국과학교육기준의 프로그램 기준 E. 모든 학생에게 동등한 기회 제공

과학교육의 기본 목표 중 하나는 모든 학생들이 높은 과학적 소양의 과학교육을 받을 수 있는 기회를 제공하는 것에 있다. 그래서 장애가 있거나 특별한 요구가 필요한 학생을 포함한 모든 학생들에게 적절하면서도 동등한 과학교육의 기회를 제공하는 것은 교사에게 필수이다.

2007~2008학년도의 조사 결과, 미국에서 3~21세까지 학교교육을 받는 660만 학생 중 13%가 특수교육을 받고 있다. 이 중 95%는 일반 학교에 등록되어 있다(National Center for Education Statistics, 2010).

교사용 비디오
비디오 지도 자료인 "통합 학급을 위한 그룹과 전략"과 "바비: 통합학급에서 특수학생 돕기"를 보라.

장애를 가진 개인을 교육하기 위한 법안 the Individuals with Disabilities Education Act (IDEA)은 1990년에 통과되고 1997년과 2004년에 개정된 법률로서, 모든 장애 아동들은 자유롭고 적합한 공교육을 제약없는 환경에서 받아야 한다고 명기하고 있다. 이 법은 장애유형에 신체적, 인지적, 사회적/개인적 유형의 장애까지도 확장시켰다. 새롭게 공표된 IDEA 법을 실현하기 위해서는 장애를 가진 아동들도 가능한 일반 교실에서 교육을 받아야 한다. 이것을 **통합 교실** inclusive classrooms에 편성한다고 하며, 장애 학생을 하루 종일 정규 교실에 머물게 한다.

초등학교에서 통합 교실을 운영하는 경우는 보통 학교 교사와 특수 학교 교사를 배치한다. 두 명의 교사는 각자의 지적 영역을 지켜내기 위해 긴장을 받기도 하지만, 서로 존중하고 신뢰하는 관계가 만들어지면 모든 학생들에게 이익이다. 어느 교사도 교실의 지배자가 되지 않기 때문이다(Partnering for Science, 2009).

많은 교사가 통합 교실을 불안해하는데, 과학을 장애 학생과 나머지 학생 모두에게 함께 어떻게 가르칠 것인가를 걱정하기 때문이며, 특수 교사가 그런 역할을 하기를 기대하게 된다. 이런 상황을 이해한다면, 보통 교사는 특수 교사에게 과학을 가르치게 하기보다는 자신이 모든 학생들에게 과학을 가르쳐야 한다고 지적한다(McGinnis & Stefanich, 2007). 왜냐하면 특수 교사는 일반 교사가 과학을 가르치는 데 필요한 전문지식이나 경험이 없기 때문이다. 여기서 주의할 점은 많은 학생들은 '장애 학생'이라고 부를 수 있는데, 과학 분야는 뛰어난 수행을 보이지만, 과학 이외의 분야에서는 제한된 수행을 보인다는 점이다. 교사가 이런 현상을 인식하고 모두에게 공통으로 장애를 가지며 특수한 요구가 필요하다는 이분화된 면을 알려줄 필요가 있다. 교사는 그 명칭에도 불구하고 각각의 학생들의 과학 학습에서의 독특한 요구에 맞추어 주어야 한다.

통합은 장애를 판정받은 학생에게 적용되지만, 그 이상의 의미도 있다. 즉 통합은 장애 학생에게만 국한되는 것이 아니라 교실의 모든 학생, 즉 뛰어난 학생, 평균인 학생, 장애를 가진 학생들에게도 적용되어 그들이 한 교실에 완전히 통합되어야 하는 이유를 따져봐야 한다. 따라서 통합은 '특수 교육' 아동만을 대상으로 하는 것이 아니라 모든 학생을 대상으로 교육하는 것에 중점을 둔다.

장애 학생을 위한 수업 전략

미국과학교육기준의 수업 기준 B. 학습을 안내하고 촉진

학생들의 다른 특별한 특성들과 마찬가지로, 몇 가지 기본 원칙들은 교사들이 장애학생들에게 과학을 지도하는 것을 도울 수 있다. 장애 아동에게 과학을 가르치는 기본 원

그림 7.2

장애 아동을 위해서 과학 수업을 조정하는 방식
1. 자료를 명시적이고, 구체적이며, 작게 나누어서 준비한다.
2. 학생들이 이전의 기능과 이해를 갖추었는지 확인한다.
3. 지시하면서 절차를 보여준다.
4. 글, 그림으로 지시사항을 적은 카드를 만들어 적절한 순서로 보여준다.
5. 읽기 수준을 학생의 수준에 맞도록 바꾼다.
6. 크게 인쇄한 걸 이용한다.
7. 그림 조직자를 활용한다.
8. 단어를 구별하여 정의해 준다.
9. 일관되게 피드백을 제공한다.
10. 학생에 과제를 더 좋게 만들어서 제출하게 한다.
11. 학생들이 다양한 수단을 통해 자기 능력을 보이도록 격려한다.
12. 장애 학생이 자신의 이해와 성취를 보이도록 평가를 수정한다.
13. 모든 학생이 이용하도록 자료와 장비를 바꾸어라.
14. 보조 기술의 자원을 제공한다.
15. 복도와 교실 공간을 넓게 하여 모든 학생이 움직일 수 있게 한다.

칙의 첫째가 과정 중심적 탐구 방법이다. 이 방법은 장애 아동을 포함해서 모든 아동을 가르치는데 필요한 요인들을 담고 있다. 이런 요인에는 (1) 구체적이고 체험적인 학습 경험, (2) 읽기와 쓰기 기능에 대한 적은 요구, (3) 모둠 활동에 참여하고 상호작용하는 것, (4) 개인차 고려, (5) 흥미와 호기심 유발에 대한 요인이 포함된다(Caseau & Norman, 1997).

탐구가 장애 아동에게 과학을 지도하는데 성공적인 방법임을 최근의 연구들은 증명하고 있다. 사실 초등학교 과학은 탐구를 초점으로 맞추기 때문에 보통 학생과 특별한 요구가 필요한 학생 모두에게 과학 성취도가 높아지는 것이 밝혀졌다(Brown, 2006).

장애 아동을 포함해서 모든 아동에게 과학 학습을 증진시키면서 조화시키는 특정한 전략들이 그림 7.2에 제시되어 있다(McGinnis & Stefanich, 2007; Science for Students, 2007; Special Education, 2005).

장애 아동을 위한 기구와 자료

보조적 기술 assistive technology은 장애 아동들의 학습효과를 높이는데 도움을 주는 것을 말한다. 29,000개 이상의 보조 기구들이 있고, 이것들 대부분은 학습용이다(Simpson, et al., 2009). 연필을 쉽게 잡기 위해 고무를 붙인 것, 개념 이해를 위해 그림을 그리거나 그것을 다양하게 변형하는 것, 시야가 가리는 학생들을 위해 글을 쓰는 것, 기울어진 책상 같은 클립보드를 제공하는 것, '감각적인' 이야기를 해주는 것 등은 저렴하거나 돈이 들지 않는 것이다. 인체 공학적 컴퓨터, 휠체어, 각도조절이 가능한 받침대, 자동책장 넘기기, 컴퓨터 화면 읽기, 터치 스크린, 음성 인식기능, 오디오북, 전자책 등은 비싸다(그림 7.3).

미국과학교육기준의 프로그램 기준 D. 충분한 자원을 적절하게 제공

시력이 나쁜 학생(시각 장애 아동 포함)은 몇 가지 특별히 요구되는 것이 있다. 그림 7.2에서 말한 방법과 더불어 교사는 조작할 수 있는 모델, 점자책, 오디오북, 측정 눈금

Enablemart

비디오 돋보기

The Assistive Technology Training Online Project, University of Buffalo School of Public Health and Health Professionals

페이지 터너

The Assistive Technology Training Online Project, University of Buffalo School of Public Health and Health Professionals

대체 키보드

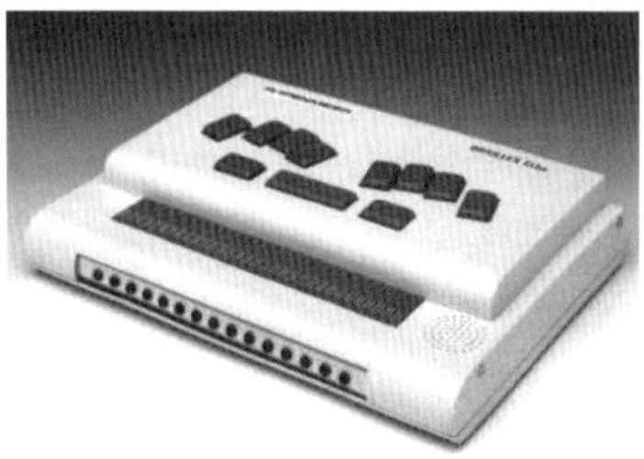

Sighted Electronics, Inc.

점자 대필기계

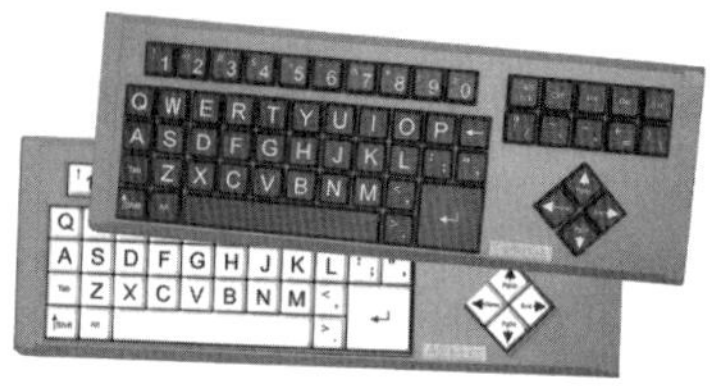

Enablemart

큰 버튼

그림 7.3
적응 및 보조 기술 장치.

읽어주는 '측정도구' 등을 제공해야 한다.

청각 장애 학생이나 듣는데 어려움이 있는 학생들도 독특한 문제를 겪는다. 많이 사람들이 듣지 못하는 사람도 입모양을 보고 알아들을 수 있을 것이라고 예상하는데 그렇지 않다. 그 이유는 말의 30~40%만 입모양으로 볼 수 있기 때문이다.

이러한 청각 장애 학생들을 위한 과학수업 방법이 그림 7.4에 있다.

그림 7.4

청각 또는 듣기 장애가 있는 아동을 위한 수업 전략
1. 시각적인 보조 자료를 사용하되, 시각적인 혼란은 줄여라.
2. 한 번에 한 가지 정보만을 제공하라.
3. 명확하고, 자연스럽고 보통의 빠르기로 말하라.
4. 논의하는 정보만 남기고 칠판을 지워라.
5. 자막이 있는 영화나 DVD자료 등을 사용하라.
6. 수업 시간 전에 새로운 어휘를 칠판에 적어놓아라.
7. OHP나 파워포인트 등을 사용해 단계적으로 보여주어라.
8. 칠판을 보는 동안 말하지 마라.
9. 수업에 대한 이야기를 하기 전 학생들의 주의를 끌어라.
10. 학생들이 이해하지 못한다면, 다른 단어나 어순으로 다시 설명하라.
11. 질문을 받으면 반 전체에게 반복해서 들려주어라.
12. 수업 전에 학생들에게 필기나 요점정리를 제공하라.
13. 숙제나 교실에서 지켜야할 규칙, 중요정보 등을 칠판에 적어라.
14. 학생의 자리 배치도를 눈에 띄는데 두어라.
15. 학생용 의자가 교사의 시야에 있게 하여라.

(케너소 대학교 대학원의 초등교육 전공의 린다 맥카나 Linda Mackana, 2010년에서 발췌)

그림 7.5

자폐 아동을 위한 과학 수업 전략
1. 지도하거나 상기시킬 때 시각적인 것을 자유롭게 사용해서 수업하고 기억을 도와준다.
2. *말하지* 말고, 학생들에게 모델을 이용하여 *보여줘라*.
3. '강의'대신 구체적 조작 활동을 하라.
4. 언어 수업과 다르게 신체 언어를 사용하라.
5. 과제를 융통성있게 제시하라.
6. 수업을 명확하게 구조화하라.
7. 개념지도나 시각적인 인지전략을 사용하라.
8. 급격히 변화하는 것은 더욱 명확히 말해라.
9. 과학을 학생들의 흥미와 연계시켜라.
10. 자폐학생들에게 사실을 기억할 수 있는 기회를 제공하라.
11. 컴퓨터를 가능한 많이 사용하라.
12. 휴식을 가져라.
13. 적절한 보상을 제공하라.
14. 사회적 기능의 모범을 보여라.
15. 소음, 혼란의 원인을 인식하라.
16. 가능성을 제시하고, 성공적인 결과를 만들어라.
17. 바꿀 수 없는 작은 것들은 무시하고, 교수, 학습에 초점을 두어라.

(제이 Jay와 제이, 2008에서 발췌)

자폐 아동이 늘어남에 따라 한 학급에 1명 이상의 자폐아가 있을 수 있다. 자폐증 아동을 지도하는 방안은 그림 7.5에 있다.

일반적으로 장애 아동에게 과학을 수업하는 방식으로 개방적이고, 탐구 중심적이면서 문제 해결 방식을 권장한다. 그럼으로써 학생의 지적 참여와 도전 의식을 느끼게 한다. 학습 경험은 각자의 요구를 충족할 수 있어야 한다. 이것이 과정 중심 탐구 수업의 핵심이다. 구성주의 관점에서 장애 학생은 모든 학생에 수업하는 특별한 사례일 뿐, 특정한 방법이 요구되는 특별한 문제를 가진 것은 아니다.

영재를 위한 과학교육

미국과학교육기준의 프로그램 기준 E.
모든 학생에게 동등한 기회 제공

영재를 위한 프로그램에서 고려할 두 가지 요인은, 첫째 어떻게 영재아인가를 판별하는 요인과 둘째 영재를 위한 교육으로 어떻게 촉진시킬 방법에 대한 요인이다.

지난 수십년 동안 미국 정부는 영재성에 대하여 여러 가지로 정의를 내려왔다(U.S. Department of Education, 1993, p. 8). 미국 교육성이 발간한 보고서 '국가적 수월성: 미국의 영재 개발 사례'에 오늘날 우리가 생각하는 것이 실려있다.

- 뛰어난 능력을 가진 아동과 청소년은 같은 나이나 경험 혹은 환경이 같은 다른 학생에 비해 매우 높은 성취 수준을 수행할 잠재성을 보이거나 실제 수행한다.
- 이런 아동과 청소년은 지적, 창의적 영역뿐만 아니라 예술 영역에서 수행 능력이 매우 뛰어나며, 비상한 지도력을 갖거나 특정한 학업 분야에서 매우 뛰어나다. 이들에게는 학교에서 일반적으로 제공되는 서비스나 활동으로는 부족하다.

• 뛰어난 재능을 가진 아동과 청소년이 모든 문화적 집단이나 다양한 경제적 지위와 인종에서 나타날 수 있다.

'영재'라는 범주에 속하는 아동을 판별하는 가장 공통적 방법이 검사를 통하는 것이다. 그러나 과학 분야의 영재성은 특정 활동에서 수행한 걸 관찰하는 것이 더 좋으며(McGinnis & Stefanich, 2007), 아동의 검사 결과만으로 판단하기보다는 그 관찰을 활용해야 한다(5장의 탐구 지표와 8장의 참평가 방법을 참조하라).

주 정부와 지역의 정책에 따라 영재 학생으로 판별하고 그에 따라 특별 프로그램을 제공할 수 있다. 이런 프로그램은 특별한 날에, 특별한 시간에, 특별한 교실에서 이루어질 수도 있다. 아니면 영재 학생을 일반 교실에서 통합 교육을 진행한다면, 교사는 과학 분야의 영재를 한 모둠으로 묶어서 특별히 고려할 수도 있다. 특별한 장애아를 일반 교실에서 함께 통합시킨 교육 형태와 동일하게 일반 교실에서 통합 모형으로 프로그램을 운영할 수도 있다.

이 교재는 모든 아동이 과학을 배울 수 있으며 구성주의적 탐구 중심 탐구 접근으로 과학을 충분하게 학습할 수 있다는 것을 전제하고 있다. 아동은 어떤 주어진 탐구를 할 때 이전의 개념과 이해를 바탕으로 시작하지만 가능한 넓고 깊게 발전된다. 이런 면에서 영재 아동은 모든 학생을 위한 과학 수업에서 특수한 사례이며, 특수한 방법을 요구하는 특수한 문제를 가진 아동 집단이 아니다. 영재 학생의 수업이 똑같은 과제를 많이 주는 것보다는 공부하는 주제(혹은 다른 주제)를 깊게 탐구하게 격려하는 것이 되어야 한다. 과정 중심 탐구 방법의 과학 수업은 과학분야에서 영재인 아동에게 가장 적절하며 도전적인 방식이다.

그럼에도 교사가 과학영재 아동에게 과학을 지도하는 기법이 있다. 이런 방법은 그림 7.6에 실려있다.

미국과학교육기준의 프로그램 기준 E. 모든 학생에게 동등한 기회 제공

영어학습자를 위한 과학교육

영어학습자 English language learners (ELLs)는 모국어가 영어가 아닌 학생으로, 영어 구사 능

그림 7.6

초등학교 과학 영재 아동을 위한 수업 전략
1. 학생들에게 이미 숙달한 개념을 보이게 허용하고 점수를 주어라.
2. 새로운 자료를 빠른 진도로 나간다.
3. 학생들의 흥미를 개별 연구에 연결시키고 관심사항에 바탕을 두고 탐구 수업을 설계한다.
4. 정교한 연구적 탐구를 촉진시켜라.
5. 심층 탐구가 일어나도록 단서를 허용하라.
6. 탐구의 다른 교과 혹은 학문간 측면을 격려하라.
7. 실제 생활의 문제에 초점을 맞추도록 격려하라.
8. 생소하고 알지 못하는 탐구 영역도 독자적으로 진행하도록 격려하라.
9. 아동에게 탐구를 학교 밖에서도 계속 확장시키는 방식을 알게 해라.
10. 아동에게 독립적 활동뿐만 아니라 유사한 영역을 탐구하는 친구와 함께 작업하는 것을 허용하고 탐구에 집중하도록 연차시를 허락하라.

(Winebrenner & Devlin, 2001에서 발췌)

력이 없거나 초보 단계를 보인다. 미국에서 K-12학년에서 2007~2008년 사이에 영어 학습자는 약 470만 명으로, 전체 학생의 10%에 해당한다. 1989~1990년도보다 150% 이상 증가된 수치이다. 이들은 400가지 언어를 구사하며, 90%가 스페인어를 사용한다(Ramsey & O'Day, 2010). 미국 정부에 따르면, 2025년도에 이르면 미국 학생의 25%가 모국어가 영어가 아닌 학생일 것으로 예측된다(Coleman & Goldenberg, 2009).

영어학습자가 급증하는 상황에서 교사가 이런 학생을 위해 과학을 가르치는 방식을 찾는 일에 관심을 갖는 것은 필수적이다. 미국과학교사협회 NSTA(2009)는 "영어학습자로 확인된 학생을 포함해서 모든 학생은 과학을 배울 기회를 갖고 과학에 성공해야 한다"는 입장을 발표했다. 영어학습자도 정규 교실에 배치되어 과학을 공부할 수 있어야 한다. 실제로는 많은 경우에 그 학생의 모국어로 교육을 받는데, 영어가 능숙하지 못하다는 점이 다를 뿐이다. 많은 교사들은 영어학습자가 교과를 학습하기 전에 영어를 능숙하게 구사해야 한다고 생각하는데, 이런 접근은 영어를 구사하는 동료의 뒤에 영어학습자를 놓게 만든다(Lee, 2005). 따라서 교사는 영어학습자에게 현재 가르치려는 과목을 적당한 방식으로 영어학습자용으로 조정할 필요가 있다. 교사가 영어학습자를 위해서 과학을 가르치는 일을 실행하면, 영어학습자는 과학을 배울 뿐만 아니라 영어도 상당히 많이 배우게 된다(Fathman & Crowther, 2006; Lee & Avalos, 2003).

미국과학교육기준의 전문성 개발 기준 B. 과학, 학습, 학생, 교수법에 대한 지식 통합

영어가 외국어인 아동에게 과학을 가르치는 일은 복잡하다. 교사가 과학적 과정과 탐구 방법을 가르쳐야 하는 동시에 영어에 전혀 익숙하지 않은 경우부터 어느 정도 영어를 구사하는 아동까지 다양하기 때문이다. 또한 의사소통이 어렵기 때문에 과학 성취가 낮은지 아니면 영어 능력이 부족해서 인지를 판단하는 데 어려운 문제가 생긴다. 많은 교사들이 지능, 경험, 기능이 매우 뛰어남에도 불구하고 언어 장벽 때문에 그런 능력을 발휘하지 못하는 걸 보고 당황하기도 한다.

이런 장벽 때문에 교사들은 소수 언어를 사용하는 아동이 성취도도 낮을 것이라고 보고 이런 아동을 위하여 과학 프로그램을 '묽어지게 하는 water down' 경향으로 조정한다. 버플렛 Verplaestse(1998)은 교사들이 높은 성취 수준의 질문을 하지 않으며, 그 대신 당황하지 않도록 '자선 목적 benevolent conspiracy'으로 참여시키며 결국엔 가치있는 학습 경험을 제공하지 않게 된다고 했다(Rice et al., 2004, p. 121). 또한 교사가 초등 과학을 가르칠 때 영어학습자와 상호작용하는 걸 기피하는 경향을 보이며 과학 수업을 영어학습자의 요구를 맞추지 못하게 된다(Brown and Bentley, 2004). 과학교육과정을 '묽어지게' 수업해서는 안 되며, 영어학습자에게 학습 어휘를 제한하거나 주요 개념을 제한해서는 안 된다. 또한 영어학습자에게 낮은 사고 수준을 요구하는 수업을 해서는 안 된다(Rice et al., 2004). 그러나 이런 일이 자주 발생한다. 간단히 말해서 "영어학습자를 위한 과학 학습은 의미 있고 적합하지 않게 진행되었다(Lee, 2005, p. 504)." '교육과정과 수업을 묽게 하고, 영어학습자를 무시하는 일이 불가피한 단순한 해결책'이긴 하지만, 영어학습자가 "질높은 수업과 학업기회를 받지 못하게 된다"(writes Gersten, et. al., 1998, p. 70).

연구에 따르면 과학과 언어 기능을 통합시킨 방식으로 가르치게 되면 영어학습자들이 과학 탐구를 수단으로 영어도 배우게 된다고 한다(Pray & Monhardt, 2009). 동기를 부여하고 상호작용하면서 직접 손으로 조작하는 탐구의 성격상 과학 과목은 영어학습자에게 언어 장벽의 문제에도 불구하고 과학에 성공할 수 있다(Hansen-Thomas,

2008). 과학 시간에 모둠으로 탐구하도록 하면 흥미를 갖고 유의미하면서도 끝이 열린 탐구를 수행할 수 있다. 이런 방식은 앞에서 논의한 구성주의 탐구 원리와 유사하다.

교육의 다른 측면들이 있는 것처럼 교사가 영어학습자를 가르치기 위하여 전문성 개발에 몰두하는 것은 매우 가치롭다. 그럼으로써 얻을 수 있는 이익은 다음과 같은 것들이 있다:

- 연구에 따르면 초등학교 교사는 일반적으로 교과(과학을 포함해서)를 가르치는데 편안하게 느끼는 반면에 영어학습자를 가르치는 일은 불편해 한다.
- 대규모 연구에 따르면, 3학년 담당 교사들 중에 영어학습자 전문성 개발 연수를 받은 교사가 가르친 집단의 학생은 연수 받지 않은 교사의 학생들보다 과학 성취도에서 유의한 증가를 보였다(Lee et al., 2008).
- 예비 교사와 현직 교사가 정규 교실에서 함께 영어학습자를 관찰하고 영어학습자의 관점에서 사고하는 걸 배우는 것이 바람직하다는 제안이 있다(새로운 언어를 배운다는 점을 기억하라. 새로운 언어를 배우는 것과 우리가 영어학습자를 이해하는 일은 서로 유사하다). 영어학습자를 관찰하게 되면 영어학습자를 가르치는 일을 준비할 수 있게 된다.

미국은 정부 수준에서 교육성이 발행한 **개혁의 청사진** Blueprint for Reform(2010)을 보면 영어학습자의 교육과 영어학습자의 요구를 역설하고 있다.

영어학습자를 위한 수업 전략

미국과학교육기준의 수업 기준 B. 학습을 안내하고 촉진

영어학습자는, 앞에서 논의한 것처럼, 과학 성취를 충분히 수행할 능력이 있으며, 기본적으로 언어 문제로 어려움을 겪을 뿐이다. 그로 인하여 과학 수업에서 영어학습자가 언어로 인한 문제를 보상해주는 수업 전략을 활용할 필요가 생겼다. 영어학습자가 과학을 학습하는데 도움이 되는 것으로 판정된 전략들이 그림 7.7에 소개되어 있다.

영어학습자를 위한 자료

미국과학교육기준의 프로그램 기준 D. 충분한 자원을 적절하게 제공

과학을 영어학습자에게 지도할 때 언어적으로 그리고 문화적으로 적절한 자료를 제공하는 일은 중요하다. 상업적 과학 프로그램 중에는 스페인어로 함께 제공되는 경우도 있다. **포스** Full Option Science Series라는 프로그램은 학생용 노트, 평가지, 과학 이야기 등을 스페인어로 제공하여 스페인계 초등학생이 공부하는 데 도움을 준다. 다른 프로그램과 함께 자료도 준비해야 하지만 동시에 새로운 자료는 미리 검증할 필요가 있다. 이런 분야는 지금도 계속 작업되고 발전될 필요가 있다.[1]

이런 자료들뿐만 아니라 영어학습자가 참여할 수 있게 만든 활동들도 준비되어야 한다. 영어학습자를 위하여 수정된 세 가지 활동이 아래에 제시되어 있다. 어떤 점에서 수정되었는지 찾을 수 있어야 한다.

---

[1] 미국과학교사협회는 유치원에서 고등학교까지 과학을 영어학습자에게 수업하기 위한 실제 지침서를 출판했다. 팻맨 A.K. Fathman과 크로더 D.T. Crowther가 편집한 영어학습자를 위한 과학: *K-12*학년용 수업 전략 Science for English Language Learners: K-12 Classroom Strategies이라는 제목의 이 책은 영어학습자를 염두에 두고 여러 가지 전략과 활동을 개발하여 싣고 있다.

그림 7.7

영어학습자를 위한 수업 전략
1. 학급에 모든 언어 종류를 사용할 수 있다는 환영의 표시를 하고 알려준다.
2. 조작하며 탐구하는 과학 수업을 활용한다.
3. 인터넷을 활용하여 새로운 과학 단원마다 필요한 어휘를 두 가지 언어로 목록을 만들고 영어학습자만이 아닌 *모든* 학생들에게 공유한다.
4. 새로운 어휘는 수업 전에 소개한다.
5. 핵심 용어를 번역한 용어 포스터를 만들어 교실에 게시한다.
6. 단어와 정의를 문맥에 맞게 사용한다.
7. 영어학습자가 영어로 말할 기회를 충분히 제공한다.
8. 수업의 앞부분은 구조화시키지만 뒷부분으로 갈수록 개방적으로 실시한다.
9. 모둠 학습 기법을 활용한다.
10. 다양한 언어 활동을 활용한다.
11. 수업 목표를 모든 학생이 이해하는 지를 확인한다.
12. 도입 활동을 수행하는지를 시범으로 보여준다.
13. 학생들이 이전 지식을 활성화하고 새로운 자료에 그 이전 지식을 연결하도록 돕는다.
14. 학생들에게 탐구하려는 주제에 대해 개인적 의미를 찾게 한다.
15. 학생들이 개념도, 그래프, 도표와 같은 시각적 장치를 활용하도록 한다.
16. 불안이 낮은 환경을 조성한다.
17. 영어학습자가 탐구하는 자료와 관련되어 모국에서 경험한 것을 공유하도록 격려한다.

(Coleman & Goldenberg, 2009; Doug, 2009; Gersten, 1998; Hansen, 2006; Lee, 2005; Lee et al., 2007; Lee & Luyks, 2007; Lee & Buxton, 2010; Pray & Monhardt, 2009; Rice, Pappamihiel, & Lake, 2004; Zehr, 2009에서 발췌)

학교 활동

7.1

미국과학교육기준의 내용 기준 F. 과학의 개인적/사회적 측면: 지역에서의 과학과 기술

기름 유출의 제거

4학년 학급에서 멕시코만에서 기름이 유출된 사건을 논의하고 있다. 교사는 학생들에게 유출된 기름을 제거하는 방법을 탐구시키고 있다. 교사는 각 모둠에게 자료를 나눠준다:

알루미늄 접시　물

모터 기름　숟가락

스포이트　액체 세제

나일론 그물 조각나이론 스타킹 조각

스티로폼 조각　골판지 조각

끈　파이프 청소기

신발끈 빨대

면봉

학생들이 접시 위에 물을 붓고 기름을 몇 방울 (방울 수를 세면서) 떨어 뜨린다. 한 명씩 재료들 중에서 기름을 깨끗하게 하면서 다른 손에 시계를 들고 얼마의 시간이 걸리는지를 측정한다.

(계속)

'깨끗한 물'에 대한 조작적 정의가 필요하다는 걸 찾아낼 것이고 새로 물을 붓고 같은 수의 기름 방울을 떨어 뜨린 후에 다시 실험을 하게 될 것이다.

각 재료들이 기름을 제거하는데 걸린 시간을 막대 그래프로 그린다. 학습에서 각 모둠이 결과를 발표하고 자기 모둠별로 결론을 내린다.

7.2

학교 활동

미국과학교육기준의 내용 기준 C. 생명과학: 생물체의 구조와 기능

식물 세포

초등학교 상급 학년에서 교사가 학생들에게 식물 세포를 관찰시키고 있다. 수족관 재료를 파는 가게에서 엘로디아 수초(혹은 잎이 얇은 바다 해초도 가능)를 준비한다. 학생들은 수초 엘로디아 가지에 새로 난 연두색 잎의 끝을 잘라서 슬라이드에 놓고 얇은 커버를 덮는다. 스포이트를 이용해서 아이오딘을 커버 글라스 옆에 한 방울 떨어 뜨려 '흘러들어가게' 하면 잎이 염색된다.

또 교사는 양파를 나누어 준다. 학생들은 양파의 바깥 껍질을 조심스럽게 벗겨내고 그 안의 아주 얇은 막을 벗겨낸다. 양파 껍질을 작게 잘라서 슬라이드에 펴놓고 커버를 덮는다. 아이오딘 용액으로 또 염색시킨다.

현미경을 이용해서 학생들은 그 슬라이드를 관찰하고 식물 세포의 그림과 비교하면서 세포벽, 핵, 염색체, 세포질이 표시되어 있다. 또한 현미경으로 관찰하면서 유사 분열하는 그림과 비교할 수도 있다.

학생들은 현미경에서 본 세포를 그림으로 그리고 주요 부분의 이름을 표시한다.

7.3

학교 활동

미국과학교육기준의 내용 기준 C. 생명과학: 생물체의 구조와 기능

동물 세포

교사는 학생들에게 살아있는 동물 세포를 관찰시키려고 한다. 그는 학생들에게 단세포 동물인 **원생 동물** **protozoan**을 관찰시키려고 결정했다. **건조 침전물** **hay infusion**을 만들기 위해 그는 항아리에 축축한 늪에서 냄새가 나는 물을 모아 넣고 몇 가지 잎과 다른 식물 파편을 넣었다. 병 뚜껑을 닫은 채로 어둡고 따뜻한 곳에 며칠 동안 놓아 두었다.

교사가 뿌연 상태의 병을 학생들에게 보여주면, 학생들은 스포이트를 살짝 눌러서 공기를 뺀 채로 그 병의 아래 부분에 있는 채소 찌꺼기 근처의 물을 조금 빨아 들이게 한다. 슬라이드에 한 두 방울 떨어뜨리고 커버 유리로 덮는다. 그 슬라이드를 현미경으로 관찰하면서 움직이는 걸 찾을 때 까지 살짝 밀어본다. 움직이는 생물체를 찾기 위해서 슬라이드를 움직이는데 보이는 상과 반대로 움직이는 것에 주의한다.

학생들은 원생 동물의 그림과 자신이 관찰한 것의 그림을 스케치한다.

영어학습자를 위한 평가 전략

영어학습자에게 과학에서 성취한 것을 평가할 때는 과학 지식과 영어 숙달을 서로 구별하는 것이 중요하다. 과학의 능숙함을 언어적 간섭이 일어나지 않은 채로 평가하는 가장 좋은 방법이 수행 평가이며 그래프, 계산 과정, 자료표, 공식, 전체의 요약 질문을 활용한 평가이다(Shaw, 1997). 영어학습자의 과학에 대한 능숙함을 평가할 때 고려할 사항은 아래에 정리해 놓았다(Lee, 2005; Rice, Pappamihiel, & Lake, 2004; Shaw, 1997).

미국과학교육기준의 평가 기준 D. 공정한 평가

1. 언어적 혹은 문화적 편견이 없도록 한다.
2. 영어 목표가 아닌 과학 목표를 평가하는 지 확인한다.
3. 영어 기반을 둔 평가가 아니어야 한다.
4. 수행 평가를 활용한다.
5. 서술된 시나리오보다는 그래프, 숫자, 기호 등을 활용한다.

학부모

아동의 교육에서 학부모나 가족에게 참여할 기회를 제공하는 것은 필수적이다. 9장에서 몇 가지 방법을 제안했는데, 가족이 영어를 거의 못하는 경우에는 그 가족의 언어로 쓴 자료를 준비해야 한다. 필요하면 번역자를 활용하거나 학부모 회의에 통역자를 참여시킨다. 영어를 사용하지 않는 가족들에게 방과후의 교육 프로그램을 진행할 때는 특별한 주의가 필요하다.

학교 현장 교사의 경험

20년의 수업 경력을 가진 나는 수업에서 가장 중요한 요인은 교사의 태도와 신념이라고 생각한다. 교사 경력을 도시의 빈곤층 학교에서 보냈는데 그 당시 아동들은 대부분 언어를 외국어로 사용하면서 공부하였다. 그 학생들을 보면 동기를 높이는 활동을 하고 그들의 배경을 가치롭게 생각하고 학생 자신의 학습에 책임을 지도록 할 때는 학습이 성장하는 걸 볼 수 있었다. 이런 아동들은 다른 모든 아동들처럼 매우 열심히 하는 학습자이고 다양한 재능을 갖고 있다. 특히 과학 탐구를 하는 동안에는 학생들의 생각, 문화, 다양한 배경은 수업에 더 풍요로움을 가져왔다. 교사로서 내 일은 학생들을 격려하고 자연적 호기심이 생기게 하는 것이었다.

지난 몇 년 동안 4학년을 가르치는데 우리 반 학생들에게 동물, 서식지, 적응을 공부하고 있었다. 수단과 멕시코에서 온 학생들은 동물과 서식지를 직접 본 적이 있지만 다른 학생들과 나는 책이나 텔레비전으로만 보았다. 탐구할 때 이런 학생들은 자기의 배경 지식 때문에 풍부하고 수준 높은 질문을 많이 했다. 새로운 도전 과제는 생각, 가설, 알아낸 것을 서로 의사소통할 때 발생했다. 학생들에게 영어를 사용하는 게 편안해지기 전까지는 자신의 모국어로 적고 의사 교환하게 했다. 영어로 쓸 수 있기 시작하면서 영어 습득을 목표로 하는, 주의 깊게 선정한 피드백을 제공하기 시작했다. 영어로 그 학생들과 의사소통하고 그들이 이해한 것을 탐구하고 실험하는 상황을 지켜

(계속)

보면서 평가하였다. 과학 용어를 영어로 적어서 게시판에 붙여놓고 여러번 그 용어를 활용했다. 과학 내용과 용어가 나오는 책을 매일 소리내어 읽었다. 특히 나는 '큰 책 Big Books'을 좋아했는데 그림도 크고 적절한 글자 크기 때문이었다. 내가 선택한 책들은 학생들의 대화와 질문을 자극하여 탐구로 발전될 수 있었다. 영어를 어려워하는 학생들에게는 시각적 도움을 주며 용어, 개념, 생각들을 이해하도록 도움을 주었다.

올해 학년 초에 우리 학생들과 나는 모든 학생들이 편안하고 차이를 인정하는 학급 환경을 만들려고 했다. 아동은 교사의 모델이 된다. 내가 모든 학생들을 존중하는 것을 보게 되면 학생들도 서로를 존중할 것이다. 또한 내가 영어를 거의 못하는 아동에게도 편안하게 느끼는 걸 보여주면 그들도 편하게 느낄 것이다. 제 2언어를 사용하는 학습자를 이해하려고 노력하며 의사소통한다면 그들도 듣고 이해하려고 한다. 탐구 방법이나 학생 중심적 방식을 이용하는 과학 수업은 아동들에게 상호작용하고 의사소통하는 다양한 기회를 준다는 면에서 아름답다. 위협적이지 않고 학생끼리의 분위기가 만들어지면 어휘 발달이 자연스럽게 이루어진다. 나는 모든 학생들의 반응을 수용하고 필요에 따라 명확히 하는 것이 중요하다고 생각한다. 학생들의 반응에 판단하지 않으면 아동은 자유롭게 질문하는 대화를 하면서도 서로의 학습을 지지하게 된다. 서로 말하는 것에 귀를 기울이면서 대안 개념을 찾을 수 있었고, 탐구를 설계하고 책을 선정하고 학생들의 요구가 들어있는 활동을 제공할 수 있었다.

영어학습자는 다른 학생들처럼 한 단원의 시작 단계에서 실생활 혹은 현장 경험을 갖게 하는 것이 유용하였다. 아동은 자신의 배경을 갖고 있으며 주어진 개념을 이해할 때 연결시킨다. 몇 년 전에 습지 단원을 공부할 학생들을 물떼새 동물원에 데려 갔다. 미국에서 1년을 지낸 아동이 새로 전학와서 함께 갔다. 매우 조용한 성격이어서 말하기는 하지만 글로 쓰는 일이 거의 없어 성장하는 걸 찾기가 어려웠다. 버스에 내리자마자 그 학생은 나를 부르더니 영어로 '뱀 snake'이라고 외쳤고 "뱀이 물 속으로 들어가요. 누룩 뱀이에요"라고 하는 것이었다. 이때의 경험은 그가 학습하고 있음을 확신시켜 주는 것이었다. 나는 그가 너무 자랑스러웠다. 나는 흥분을 감출 수 없었다. 그 순간 이후에 그 학생은 자신감을 얻고 자신의 학습을 보여주는 능력이 점점 높아졌다. 또한 교사로서의 나의 자신감도 더욱 커졌고 구성주의적 수업 방식이 영어학습자에게 효과적임을 확신시켜 주었다.

마셸 달 Machelle Dall

미국 유타주의 솔트 레이크

에스칼란트 초등학교 4학년 교사

다문화적 요소

미국과학교육기준의 프로그램 기준 E. 모든 학생에게 동등한 기회를 제공

이 책은 구성주의 접근을 취하면서도 모든 아동들이 각자의 독특한 방식으로 과학교육을 받도록 과정 중심 탐구 방법을 강조하고 있다. 인종, 민족, 문화에 따라 차이가 있는 학생들에게 과학교육을 하기 때문에 구성주의 입장에서 보면 다문화주의 multiculturalism 는 학습자 개인의 학습 요구 중의 특별한 사례라고 볼 수 있다.

미국에서 백인이 아닌 인구가 급격하게 증가하며 그에 따라 미국 학교도 다문화적으로 빠르게 변하고 있다. 2007년에 미국 공립학교에 다니는 학생 중 55.8%가 백인이고, 17%는 흑인, 21.1%는 스페인계, 4.8%는 아시아 태평양계이고 나머지 1.2%는 미국 인디언과 알래스카 원주민이다(National Center for Education Statistics, 2009). 그림 7.8은 1997년과 2007년도의 미국 학교의 인종별 비율이다.

학교에는 소수를 차지하는 학생 집단을 무시하는 일이 결코 용납되지 않지만, 작은 부분이 급속히 팽창하여 크게 되었다. 이같은 인구 통계학에서 나타난 문화적 또는 민족적 분포의 급속한 변화는 교사와 학생 사이의 잠재된 심각한 문화적 양분 현상을 이해하고 새로운 다문화 과학 프로그램을 요구한다.

학생들이 학습하는 방법은 민족적, 문화적 요소들의 영향을 많이 받는다. 문화가 다른 아동은 문화에 바탕을 둔 정보를 다르게 구성하도록 하여 다른 관점으로 이해하고 교실에 들어오게 된다. 구성주의적 관점에서 아동들의 상이한 문화적 배경이 사전 경험을 차이나게 한다는 것은 분명하다. 초등학교 과학 교사는 학생들이 학교에 올 때 과학 탐구에 대한 어떤 생각이 있다고 가정한다. 그러나 과학 탐구에 대한 이해는 모두 문화에서 동일하지 않을 것이며 학교에서 과학을 가르친 방식과 반드시 동일하지 않을 것이다. 가령 교사는 권위적인 지식의 원천이라고 문화적 바탕에서 강조된다면, 그 학생들은 서구의 과학 탐구 전통처럼 교사의 지식에 질문을 던지지 않을 것이다(Lee, 2005).

더 나아가서 문화와 언어는 떨어질 수 없기 때문에 영어학습자가 수업에서 갖고 있는 문화적 가치를 교사가 인식하고 있어야 한다.

다른 문화권의 학생들에게도 과학 성취도를 높이기 위한 다양한 기법이 제안되어 있다. 다양한 배경을 가진 학생들에게 과학에 대한 흥미를 불러일으킬 수 있는 세 가지 요인은 (1) 과학적 경험이 학생들의 미래의 비전과 관련되어야 하고, (2) 학습 환경은 학생들이 가치 있다고 느끼는 사회적 관계를 지지하면서, (3) 과학 활동은 학생들이 과

그림 7.8

1997년과 2007년도 미국 공립학교의 인종별 비율

	1997	2007
백인	63.5	55.8
흑인	17.0	17.0
스페인계	14.4	21.1
아시아태평양계	3.9	4.8
미국, 알래스카원주민	1.2	1.2

(미국 교육성의 교육통계, 2009. 표 41에서 발췌)

학의 목적을 보는 시각과 연결되어야 한다고 했다(Basu & Barton, 2007). 미국과학교사협회 NSTA(2000)는 다양한 문화를 가진 학생들에게 과학교육을 할 때 사용할 6개의 정책 강령을 발표했다:

- 학교는 모든 학생들에게 학업적, 물질적으로 긍정적인 자아개념의 발전을 기를 수 있는 과학교육 프로그램을 제공해야 한다.
- 모든 문화의 아이들은 성공을 향상하고 지식과 그들이 민주사회에 성공적인 참여자가 되도록 하는 기회를 제공하는 질높은 과학교육을 경험하는 것에 접근할 수 있는 동등한 기회를 가진다.
- 교육과정의 내용들은 과학의 지식들과 많은 문화와 접목시킬 수 있어야 한다.
- 과학 교사는 충분한 지식이 있어야하고, 교육적인 활용과 학습방법에 문화적으로 연계시킬 수 있어야 한다.
- 과학 교사는 문화적으로 다양한 학생들에게 과학, 기술, 공학의 진로에 참여할 기회를 제공할 책무가 있다.
- 교수방법은 모든 학생들이 이해할 수 있어야 하고, 학생들이 가지고 있는 그들의 문화가 모두 다름을 존중할 수 있어야 한다.

다문화적인 면을 (1) 태도, (2) 수업 방법, (3) 교육과정의 측면에서 논의해 보자.

다문화적 태도

미국과학교육기준의 전문성 개발 기준 B. 과학, 학습, 학생, 교수법에 대한 지식 통합

다양성에 대한 교사의 태도는 교육과정이나 수업, 방법, 교사와 학생의 상호작용, 동료간 상호작용, 학부모, 지역 사회에 막대한 영향을 끼친다. 교사가 먼저 일반적인 문화적 감수성을 배워야 한다. 이를 위해서 가장 좋은 방법은 자신의 문화적, 민족적, 인종적 신념이나 편견을 알아보는 것이다. 이 정보에 따라서 자신의 행동 방식과 신념 체계를 변화시킬 수 있을 것이다. 다문화적 학습 환경에 대한 자신의 걱정을 해결함으로써 모든 학생들을 위해서 따뜻하고 수용적인 환경의 수업을 만들 수 있다.

메이어 Meyer와 로도스 Rhodes(2006)는 교사들이 다문화 교육에 대한 그들의 태도를 바꿀 수 있는 몇 가지 방법들을 제시하였다. 그것들은 다음의 것들을 포함한다.

- 다른 문화의 구성원들과 '안전한' 것으로 인식되지 않는 문화적 주제로 토론에 참여하라.
- 다른 문화의 사람들과 가치와 신념을 교환하라.
- 다른 문화 사람의 위인전을 읽어라.
- 문화가 다른 펜팔 친구와 편지를 주고 받아라.
- 여행, 개인 교사, 방문 그리고 선호함을 통해 문화적 몰입 경험을 하라.

교사 활동 7.2

편견 찾아내기

사람이 많은 시장이나 광장에 가서 실제로 해보라. 한 가운데 지점에 앉아서 사람들을 관찰해라. 한 명에게 초점을 맞추고 그 사람에 대한 느낌을 솔직하게 기록하라. 종이에 기록해도 된다. 그리고 나서 동료 모둠과 안전하게 둘러 앉아서 여러분이 가진 느낌을 논의해 보라. 이런 연습으로 어떤 편견이 드러났는가? 무슨 편견이 드러났는가? 자신이 편견을 찾았다면 없애는데 집중할 필요가 있다.

다문화적 교수 방법

미국과학교육기준의 프로그램 기준 E. 모든 학생에게 동등한 기회 제공

학습의 다문화적 접근에서, 교사는 그들의 학급에 있는 문화적, 민족적 학습 유형과 일치하는 다양한 교수법을 이용한다. 이 원리는 이 장의 첫 부분에서 말한 학습 유형의 다양성을 수용한다는 원리와 다르지 않다. 서로 다른 인종, 민족, 문화 집단은 상이한 학습 유형을 가지기 때문에, 다문화적 환경에 유능한 교사는 특별한 학습 조건과 마찬가지로 이러한 학습 유형에도 대비한다.

다문화 교실에서 구성주의적 과학 수업이 타당함을 밝힌 연구들이 많이 있다. 탐구과학으로 수업한 다문화 초등학생들이 탐구 수행 능력과 과학의 과정기능에서 유의한 증가를 보였다(Cuevas et. al, 2005). 이런 증진은 학년, 이전의 성취도 수준, 성별, 사회경제적 지위, 모국어, 영어 능숙함에 무관하게 나타났다. 도시의 다문화 집단을 대상으로 초등학교 과학 수업을 조사했던 연구(Upadhyay, 2006)는 초등 과학 교사가 다문화 학생을 가르친 경험을 가질수록 언어적으로, 문화적으로 다양한 학습자에게 과학을 유의미하게 지도함을 밝혀냈다.

모든 문화 집단은 모든 학습 유형을 갖고 있는데, 어떤 학습 유형은 특정 문화 집단에서만 연관됨이 밝혀졌다. 다음은 몇 가지 예이다(Cushner, McClelland, & Safford, 1992; Deyhle & Swisher, 1997; Franklin, 2001a; Gándara, 2010; National Council for the Social Studies, 1992; Padilla, 2005; Starnes, 2006; Willis, 1993).

- 아프리카계 미국인 학생들은 협동수업과 손으로 조작하는 협력학습에 가장 잘 학습한다. 장의존적 학습 유형을 보인다(6장 참조).
- 스페인계 학생들은 교사와 개인적 관계를 가지고, 소규모 모둠 단위로 동료들과 상호작용을 한다. 또한 협동, 협력, 모둠 작업을 칭찬한다. 개인 작업보다는 모둠 작업이 더 중요하며, 가족이 중요하다. 그 학생들은 자신의 성취를 높이는 데 초점을 맞춘 '지원망'을 끊임없이 요구한다. 문제 분야를 잠시, 중간에 관여하는 것을 원하지 않는다.
- 아시아 문화에서 학습은 '직선적'이기보다는 '순환적'이다. 학생들은 활발한 토의를 통해서 배운다. 또 교사를 지식 원천으로 의존하며 교사의 권위나 지식에 질문하는 걸 주저한다.
- 미국 원어민 아동은 관찰하고 생각이 깊은 학습자이며 언어 정보보다는 시각 정보를 더 잘 처리한다. 다른 사람들(부모, 형제, 선배)의 행동을 모방하면서 학습한다.

또 암송 같은 '개별적인 대중적 수행'을 불편해하며 교사가 제시한 질문에 반응한다. 미국 문화에선 세세한 걸 다루기 전에 전체 개념을 보는 연연적 수업 방법일 때 학습이 많이 일어난다.

효과적인 다문화 교수의 일반적 특성들은 구성주의적 탐구 교수(그림 5.3 참조)의 일반적 특성과 근본적으로 동일하다. 그것은 다음과 같다:

- 학생들에게 각자의 경험을 공유하도록 격려
- 개개 학생들의 요구를 만족시키는 활동을 제공
- 수업 단원이 학생들의 실생활과 관계
- 손의 조작 활동을 이용
- 학생들이 사고 과정을 말로 표현
- 학생들에게 질문하는 방법을 안내
- 구체적 비유를 제공
- 학생들이 이미 가지고 있는 정보와 새로운 정보를 관련

다문화 교육과정

다문화적 학습의 접근에 있어서, 교사들은 학생들의 학습 유형과 일치하는 교수 전략을 이용해야 될 뿐만 아니라 상이한 문화와 민족 집단에 대표되는 학습 내용을 포함시켜야 한다. 다문화주의가 흑인역사의 2월 Black History Month처럼 소수 민족이나 인종 집단의 유명한 인물이나 의미 있는 사건들을 가끔씩만 학습 제재로 채택한다는 것은 아니다. 오히려 다문화주의는 다른 문화와 관련된 학습 제재를 계속적으로 통합 inclusion 하는 것을 의미한다.

여러 문화에 대한 시각을 확대시키는 또 다른 방법은 **민족 중심적 교육과정** ethnocentric curriculum 을 이용하는 것이다. 즉 민족의 중요한 사실, 문제, 사건들을 중심으로 하는 수업이나 단원을 이용하는 것이다.

예를 들어 "누가 실제로 미국을 발견했느냐?"는 문제를 풀기 위해 여러 가지 방식을 중점적으로 다룰 수도 있다. 여러 가지 증거들은 콜롬버스 Columbus 이전에 아프리카인이 신대륙에 도착했음을 보여준다. 콜롬버스가 도착했을 때, 아프리카 사람의 모습을 가진 사람들이 존재함을 보고했다. 고고학자들은 중앙 아메리카와 남부 아메리카에서 기원전 800~700년경의 아프리카인의 화석을 발굴했다. 아프리카인의 민간 이야기에는 말리의 아프리카 왕인 아부바카레 Abubakari가 1311년에 대서양을 출발해서 항해했으며, 강한 아프리카 대서양 해류를 타고 신대륙에 도착했다고 하는 이야기가 전해진다(그림 7.9 참조). 여러 가지 고고학적 자료, 아프리카와 미국 중부 남부 사이의 역사적 상관 자료, 민족지적인 자료들은 콜롬버스 이전에 아프리카인이 신세계에 정착했다는 주장을 뒷받침한다(Van Sertima, 1976). 이 주제를 중심으로 탐구할 수 있는 과학 분야는 아주 많으며 해양학, 고고학, 지리학, 문화인류학, 기상학이 여기에 포함된다. 학문의 기본인 과학과정과 논리적 사고 기술의 습득을 이 사건을 이용해서 지도할 수 있다.

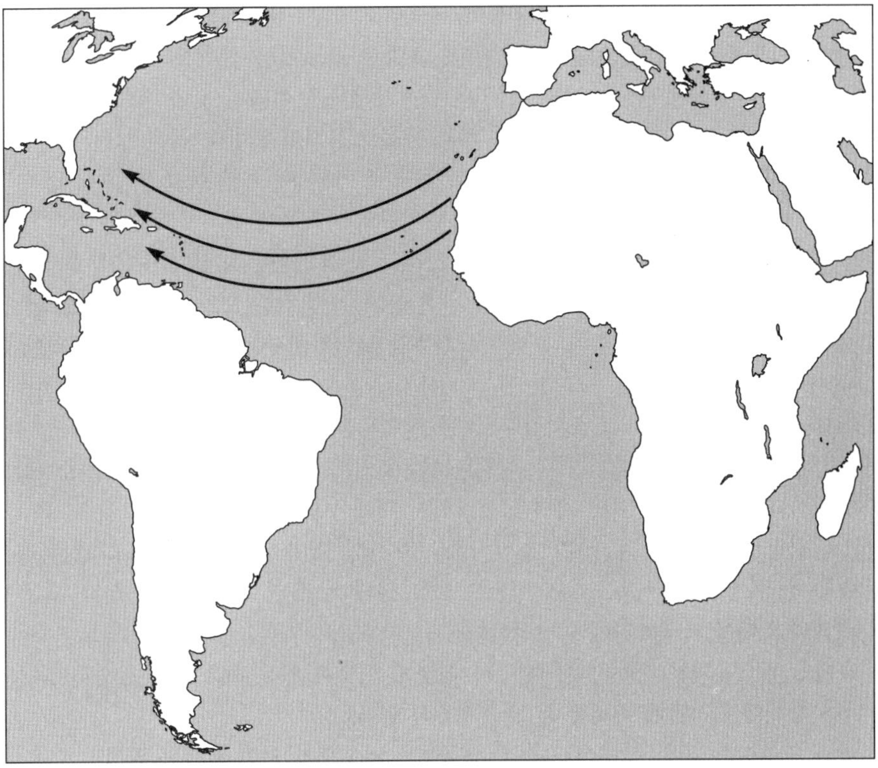

그림 7.9
북적도 해류가 아프리카와 중앙 아메리카를 흐른다.

아프리카에만 있던 목화가 미국의 중부와 남부 지방에서 재배되고 있다. 대서양을 떠다니던 씨들에 의해서 신대륙으로 목화가 도입되었다거나 해류에 의해서 운반되었다는 가설을 검증하기 위해서 매우 흥미 있는 실험들이 현대식 실험으로 실시되고 있다. 유사한 실험이 해류의 효과를 시간의 변화, 씨의 발아에 미치는 시간을 달리 하면서 이루어지고 있다. 목화씨의 실험을 본뜬 유사한 실험들을 각 지역에서 구할 수 있는 씨를 사용해서 설계할 수 있다(학교 활동 7.4 참조).

미국과학교육기준의 내용 기준 C. 생물: 번식과 유전

학교 활동

7.4

미국과학교육기준의 내용 기준 C. 생명과학: 유기체와 환경

씨의 발아

5학년 교사가 바닷물에 담가둔 씨앗이 싹이 트는 지를 학생들과 탐구한다. 다윈도 이런 질문을 했다. 얼룩무늬 강낭콩, 해바라기 씨, 호박씨를 준비한다. 각 씨앗을 25개 플라스틱 봉지에 담고 모두 잠길 때까지 바닷물을 부어 놓는다(만약 바닷물을 구하기 어려우면, 1리터의 물에 35 g의 소금을 넣어서 만든다).

며칠 후에 각 봉지에서 5개 씨앗을 꺼내어 심고 이름표를 붙인다. 마지막 5개 씨앗은 처음 심기 시작한지 한 달 정도 후에 심는다. 학생들은 심은 씨앗을 관찰하고 싹 트는가를 관찰한다. 물에 뜬 씨앗, 마른 씨앗과 젖은 씨앗, 과일에서 얻은 씨앗 등 변형도 가능하다.

미국과학교육기준의 내용 기준 G. 과학의 본성과 역사: 과학의 본성

고대 이집트 이야기는 우주의 중심이 지구라고 하는 잘 알고 있는 개념들을 인간이 어떻게 도출해 내었는가를 보여 준다. 고대 이집트에서 신성시되었고, 투탕카멘 Tutankhamun 왕의 묘지에서 출토된 보물 속에서 상세하게 설명된 것에 따르면 왕쇠똥구리(그림 7.10 참조)는 낮 동안에 태양을 하늘 둘레로 움직이게 한다. 물론 모든 사람들은 밤에 태양이 지구의 한쪽에서 다른 쪽으로 어떻게 이동하는가를 알고 있었다. 해가 졌을 때, 신들은 태양을 거대한 배에 집어넣고, 지구의 아래쪽에 위치하고 있는 거대한 호수를 가로질러 반대편으로 노를 저어간다. 그러나 낮 동안에는 어떻게 태양이 움직이는가? 사막에 사는 왕쇠똥구리가 낙타의 동글한 똥과 거의 같은 모양의 알을 낳고, 낮 동안 내내 사막의 모래 바닥의 이리 저리로 쇠똥을 굴린다(Berger, 2006). 만약 이러한 현상이 지구에서 일어난다면, 그러한 현상이 하늘에서 일어나지 못할 까닭이 있을까? 그래서 다음과 같은 설명이 도출되었다. 쇠똥구리가 쇠똥 굴리는 것과 똑같이 하늘에서 태양을 굴리는 거대한 갑충이 있다. 이러한 이유로 갑충은 신성하게 묘사되었다. 이집트 이야기는 과학의 본성과 사전 개념을 설명하기 위해 우리들이 어디까지 고려하는지, 그리고 이성적으로 설명할 수 없을 때 신비화되고 신성시된다는 것에 관한 토의를 촉진시키기에 이상적이다. 왕쇠똥구리의 행동은 또한 생태학, 적응, 특수화, 재생산과 종의 보존에 대한 토의를 자극하기에 이상적이다.

그리고, 물론, 기자 Giza의 피라미드가 어떻게 만들어 졌는지에 대한 오래된 질문과 간단한 기계의 원리들에 초점을 둔 해결책들이 있다.

미국과학교육기준의 내용 기준 F. 과학의 개인적/사회적 측면: 지역에서의 과학과 기술

미국 원주민은 '자연 상태에서 직접 실험하는 과정으로 자연 세계를 관찰한 것을 바탕으로' 과학적 조망을 발전시켰다(Kawagley et al., 1998, p. 140). 미국 원주민 아동을 가르치는 가장 효과적인 방식은 그런 문화에 바탕을 둔 지식과 과학적 조망을 교육과정에 융합시키는 것이다. 가령 미국야생동물협회의 도움을 얻어서 미국 원주민 아동에게 문화와 환경 과학을 연결시켜주는 부락을 학교에 만들어서 문화를 가르칠 수도 있다(Cubie, 2010).

수업을 계획할 때 교사는 문화적, 민족적 차이점을 고려해야 한다. 교수 프로그램은 학급의 상이한 문화적, 민족적 집단 문화와 학습 유형을 반영하여 구성되어야 한다. 가장 중요한 것은 "문화적 차이를 발달의 장애로서 보는 관념을 고치고, 많은 다른 방법으로 표현하는 능력을 수용해야 한다는 점이다. 소수 아동의 교육은 결핍에서 유래한 것이 아니라 문화적 역량을 인식하는 것에서 출발해서 교육을 생각해야 한다"(Bowman, 1994, p. 221).

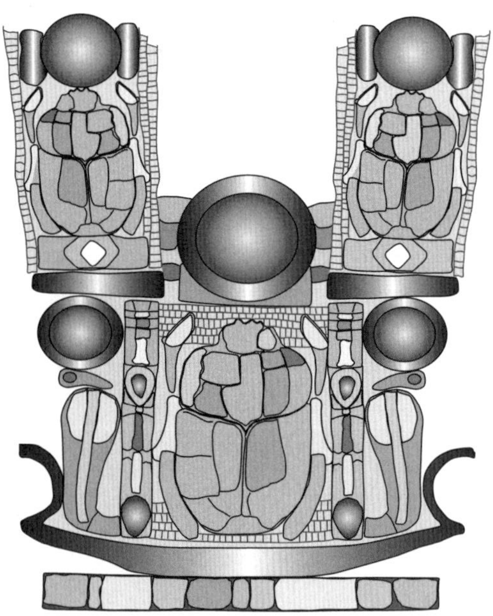

그림 7.10

투탕카멘의 보석에 있는 왕쇠똥구리 부적.

요약

이번 장에서는 수업과 교육과정을 다양한 학습자의 요구에 맞추어 수정하는 방식을 공부했다. 여학생과 여성은 과학과 공학 분야에서 뒤처지고 있다. 초등학교 수준에서도 여학생이 과학에 관심과 성취를 증진하는 수업 전략을 찾아 보았다. 이런 수업 전략은 과학 시간에 여학생도 남학생만큼 교육적으로 대우받는 것이 핵심이다.

장애를 가진 아동은 통합 교실에 배치하여 최소한의 제약을 받는 환경에서 교육한다. 때로 다양한 장애를 적응하도록 조절될 필요가 있다. 휠체어를 둘 공간을 만드는 것에서 보조적 기술과 수업 방법을 실행하여 장애 아동뿐만 아니라 모든 학생의 요구를 직접적이고 느린 진도로 지원하는 것이 필요하다. 청각 장애, 시각 장애, 운동 장애를 가진 **주류** mainstreamed 아동을 위한 특수 수업 전략도 제안했다.

영어를 이해하지 못하는 영어학습자 ELL에게 과학을 가르쳐야 하는 특별한 도전 과제가 있었다. 그러나 영어학습자라도 학생 자신의 재능과 흥미를 극대화할 수 있는 방식으로 과학 과목을 제시하고 언어 사용을 구조화하고 이해를 최대화시켜주면 과학에서 성공할 수 있음이 연구로 밝혀졌다.

미국 공립학교에 입학하는 학생들 중에 백인 학생의 비율이 감소하는 반면에 스페인계 학생의 비율이 늘어나고 있다. 교사는 다문화적 성격을 갖도록 학급을 만들어야 하며 수업과 교육과정을 각 문화의 기대와 요구를 (주정부의 과학교육 기준 안에서) 수용하도록 해야 한다. 아동은 여러 문화가 가진 다양한 학습 유형과 능력을 보이며 교실에 있을 때 문화마다의 이전 경험을 유산으로 갖고 있다. 초등 과학 교사는 학생들의 문화적 소양과 편견을 조사하여 부정적이거나 인내하기 어려운 편견을 제거하도록 작업해야 한다. 또한 아동의 학습 유형, 능력, 문화적 요인에 가능한 일치되어 최대한의 성취를 이루도록 수업을 진행해야 한다. 이런 방식만이 모든 아동이 의미를 구성하는 일에 성공할 수 있다.

핵심 용어

건조 침전물	원생 동물
민족 중심적 교육과정	주류
보조적 기술	통합 교실
영어학습자	

토의를 위한 질문들

1. 초등학교의 혼성학급에서 여학생에게 과학에 대한 흥미를 개발시키는 방법을 설명하라.
2. 학습 장애를 가진 한 명의 아동을 학급에서 주류에 참가시키려면 어떻게 그 학생의 요구를 조절할 것인가?
3. 영어에 능숙하지 못한 학생이 '벙어리'가 되지 않고 과학을 학습하도록 도울 수 있을까?
4. "교육자가 다양성을 인식하지 못하거나 부정적인 표시를 하거나 자연적인 다양성을 긍정적으로 표현할 기회를 보이지 않으면 교수 학습에 가짜의 실체를 만들 수 있다"(Hilliard, 1994)는 말이 있는데 이 말이 초등학교 과학 수업에 주는 의미를 논의하라.
5. 어떻게 탐구 중심의 구성주의 수업 방식이 모든 아동들이 차이를 보임에도 불구하고 최적의 학습을 촉진할 수 있는가?

Chapter

8 평가

완전히 끝나기 전에는 끝난 것이 아니다.

Yogi Berra, The Yogi Book: *"I Really Didn't Say Everything I Said"* (New York: Workman Publishing, 1998), p. 121

평가의 기본적 목표는 첫 번째 학생들이 성취한 것, 즉 아이들이 알고 있는 것과 그들이 할 수 있는 것에 관한 정보를 얻고 해석하는 것이다. 두 번째의 중요한 목표는 교사의 교수 활동 평가와 프로그램 자체를 평가하는 것이다.

평가는 아이들에게 수업에서 무엇이 평가되어야 하는지 분명한 정보를 전달하는 것과, 좋은 성적을 받기 위해서 어떻게 해야 하는가에 대한 메시지도 전달한다. 초등 과학교육에서 아이들은 학습의 성과가 과학의 과정과 탐구에서 숙달과 발전이라는 메시지를 알려주어야 한다. 과학은 과정이지 단순히 사실의 집합이 아니다. 때로 교사들은 가르친 것을 평가하기보다 평가될 것을 가르친다는 생각에 굴복한다. 사실적인 정보의 습득은 비교적 평가하기 쉽기 때문에, 사실적 정보의 평가가 지배적이며, 교사들은 사실만을 가르치면 학생들은 사실적 평가에 잘 적응하는 것처럼 보인다. 그러나 이런 경향은 평가할 것을 가르치는 것이며, 가르치는 것을 평가해야 한다는 생각으로 바뀌어야 한다.

이 장에서는 과정 중심적인 탐구의 과학 교사가 학생들의 학습을 평가하는 방법에 대해 다루게 될 것이다. 그리고 몇 가지의 참평가 모델을 제공한다. 다양한 평가를 계획할 때 과정과 내용의 문제를 고려하며, 초등 과학에서 표준화 검사의 역할을 살펴본다. 그럼으로써 학생과 교육적 고객의 요구를 충족시키도록 평가 프로그램을 구성할 수 있게 된다.

우수한 초등 과학 프로그램을 위해서는 교사의 수행 능력과 과학 프로그램 자체도 반드시 평가해야 한다. 이것을 위해서는 교사 자신이 행한 수업과 개발한 프로그램이 성공적이었는지를 반성해야 한다.

이 교재 전체에서처럼 특별한 공식을 여러분들에게 제공하지는 않고, 오히려 그보다는 구성주의와 과정 중심의 탐구 과학수업과 일치하는 평가 체계를 개발하면서 학생의 진보와 성취를 평가하는 데 대한 타당한 개념을 구성하도록 격려할 것이다.

사전 질문

이 장을 공부하면 다음 질문에 답을 하면서 논의할 수 있다.

- 참평가는 무엇인가?
- 형성 평가와 총괄 평

가가 초등 과학에서 어떻게 활용되는가? 교사는 이런 두 가지 평가 방법에서 무엇을 알아내는가?
- 구성주의 초등 과학 교사가 (a) 학생의 과학적 기능의 습득, (b) 학생의 탐구의 숙달, (c) 학생의 과학에 대한 태도, (d) 과학 내용을 어떻게 평가할 것인가?
- 초등학교의 구성주의적 과학수업에서 참평가를 시행하는 방식은 어떤 것이 있는가?
- 평가 기법 중에서 학습자의 개인차를 고려하는 방법은 무엇인가?
- 구성주의적 초등 과학 교사가 학생의 성적표에 기재하는 정보는 무엇인가?
- 초등학교 과학 시험에서 표준화 검사의 장점과 단점은 무엇인가?
- 여러분의 수업과 과학 프로그램이 뛰어난지를 어떻게 알 수 있는가?

참평가

미국과학교육기준의 평가 기준 A. 의사 결정을 하는 데 필요한 정보와 일관성

미국과학교육기준의 수업 기준 C. 교수학습의 평가

교육에는 세 가지 측면이 있다. 이것은 무엇을 가르칠 것인가, 어떻게 가르칠 것인가, 그리고 그 결과를 어떻게 평가할 것인가이다. 그런데 과학교육에서는 대부분 무엇을 가르칠 것인가(교육과정), 어떻게 가르칠 것인가(교육방법)에만 관심이 있었고 평가의 측면은 크게 관심이 없었다.

교사들이 평가 체제를 개발하는데 거의 교육을 받지 못했기 때문에 많은 교사들이 교과서의 문제와 초등 과학 평가 프로그램을 위해 표준화 검사에 의존해 왔다. 이런 이용하기 쉬운 자료들이 교육과정을 이끌어 왔고 교사들은 평가되는 것만을 가르치고, 시험 위주의 교육과정이 강화되어 왔다. 게다가 교사들은 그들이 배웠던 방식으로 가르치는 경향이 있고, 교사는 지필 평가라는 그들이 평가받았던 방식으로 평가한다.

8.1 교사 활동

미국과학교육기준의 평가 기준 A. 의사 결정하는 데 필요한 정보와 일관성

무엇이 평가되어야 하는가?

초등 과학에서 평가되어야 한다고 생각되는 것에 대한 목록을 만들어 보고 각각에 대해서, 그것을 평가하는 방법을 한 가지 이상 적어 보자. 전체 학급에서 자신의 결과를 가지고 토의하라.

모든 평가의 기초가 되는 한 가지 원리가 있는데, 교사들은 학생들이 배웠다고 생각되는 것을 평가해야 한다는 것이 바로 그것이다. 과학에서 평가는 과학교육의 목표에 적합해야 한다. 그러나 종종 목표와 평가 사이에서 불일치가 생긴다. 예를 들어 복잡한 서술식 문제를 제시하고 학생들의 덧셈과 뺄셈 능력을 평가하는 교사가 있다. 학생이 그 시험에 실패했을 때, 교사는 그 이유를 학생들이 덧셈과 뺄셈 그 자체를 모르기 때

문으로 돌렸다. 그리고 학생들에게 다양한 환경 하에서 벌레의 행동을 탐구, 조사하게 하고 벌레의 외부 모습을 검사한 교사도 있다.

아동들이 어떤 목표를 성취했다면, 아동들이 그 목표에 대해 성취한 것을 평가해야만 하는 것이지, 그 밖의 다른 것을 평가해서는 안 된다. 예를 들어 학생들이 분류에 대해 학습하기를 원한다면, 그들의 분류 능력에 대한 평가를 해야 하는 것이지 누군가에 의해 고안된 분류 체계를 따라하는 능력을 평가해서는 안 된다. 초등 과학교육의 목표는 과정과 탐구 지향적이어야 한다. 그러므로 초등 과학 평가의 초점은 아동들의 과정과 탐구에서의 성취에 두어야만 하지만 지필 평가를 사용하여 평가하기 어렵다.

평가는 아동들이 무엇을 알고, 어떻게 생각하는지에 관해 잘 말해 준다. 전통적인 지필 평가는 아동들이 성취한 것에 관한 명확한 척도를 주지는 못한다. 전형적인 선다형과 단답형 테스트는 내용의 습득을 평가하는 데 알맞지만 내용이 초등 과학 프로그램의 초점이 아니다. 이 딜레마는 과학교육의 목적과 일치하고, 교사들로 하여금 아동들이 진정으로 알고 있는 것을 알아내려는 다른 형태의 평가로 바꾸는 데 기동력을 제공해 왔다.

아동들이 배우고 있는 프로그램의 영역에서 그들이 진정으로 무엇을 알고 있는가를 평가하는 것을 **참평가** authentic assessment라고 부른다.

미국과학교사협회 NSTA는 참평가로의 변화를 지지하고 있다. 미국과학교사협회는 과학교육자들이 과학교육 평가를 아래 교육과정 영역으로 평가하도록 요구한다 (NATA, 2001):

- 과학 내용과 과정 지식 및 기능을 이해
- 비판적 사고력과 문제풀이 능력
- 과학 실험의 설계, 자료 분석 및 결론 도출 능력
- 과학적 개념과 일상 생활의 관련성을 파악하는 능력
- 과학 학습의 도구로 수학 활용 능력

국가 과학교육 표준 National Science Education Standards에서 평가는 교육적 자료의 수집과 해석을 포함하는 일련의 전략이라고 묘사되어 있다(National Research Council, 1996, p. 76). 또한 과학교육에서 탐구에 대해 "탐구 수업에서 학생이 알고 있고 이해한 것을 물어 보아야 하며, 모호하게 놓친 것을 구별하여 알고 있는 것으로 무엇을 할 수 있는가를 요구해야 한다". 지난 십 년간의 과학교육 문헌을 살펴보면, "평가 과제가 참된 것이려면 학생의 실제 세계와 연관되어야 한다"(Appleton, 2007, p. 508)는 것을 쉽게 찾아볼 수 있다. "판단보다는 정보를 알아내는 것으로 평가 문화를 발달시켜야 한다"고 그 필요성을 지적한 사람도 있다(Peters, 2008, p. 27).

참평가에서 정확한 자료를 얻기 위해서는 **다중 측정** multiple measure의 개념을 도입해야 한다. 다중 측정은 진보를 확인하기 위해서 한 가지 이상의 평가 점수를 활용하는 것이다. 그 때 평가 방법을 선택할 때는 **구인 타당도** construct validity와 **결정 타당도** decision validity를 확인해야 한다(Brookhart, 2009). 구인 타당도는 '어떤 점수가 측정하려는 속성을 얼마나 의미있게 담고 있는 가에 대한 정도'이다. 결정 타당도는 몇 가지 상이한 측정 형태를 모두 뭉쳤을 때 학생의 (혹은 교사, 학교나 프로그램의) 전체 모습을 충분하게 보여주여 신뢰로운 의사 결정을 할 수 있게 해 준다. 다중 측정이 정확하려면 다음과 같은 특성을 갖고 있어야 한다(Chappuis, Chappuis, & Stiggins, 2009):

1. 명확한 목적(평가하는 이유는 무엇이며, 평가 결과를 누가 이용할 것인가?)
2. 교사가 측정하려는 것에 대한 분명한 모습
3. 타당한 평가 설계
4. 평가 결과의 효과적인 의사교환
5. 학생의 참여

어떤 사람은 평가를 학생들의 학습 성과를 증명하기 위한 것으로 바라본다. 반면에 다른 사람은 자료에 근거하여 수업을 개선하기 위한 것으로 평가를 바라본다. 평가는 학생들이 '알게 된' 것을 증명하기보다는 교수 학습을 개선하는 데 초점을 맞추는 것이 생산적이다(Duel, Nelson, Slavit, & Kennedy, 2009).

형성 평가와 총괄 평가

미국과학교육기준의 평가 기준 A. 의사 결정을 하는데 필요한 정보와 일관성

다른 교육학 과목에서 평가는 기본적으로 두 가지 종류로서 구별되는데, 형성 평가와 총괄 평가이다. **형성 평가** formative assessment는 수업 중간이나 과목을 배우는 중에 이루어지는 평가이다. 그 목적은 교사와 학생에게 모두 학생이 진전된 것을 평가하기 위함이다. **총괄 평가** Summative assessment는 학습 단원의 끝부분에 이루어지며, 그 목적은 학생이 학습 단원을 완수했을 때 도달한 성취도와 수행을 평가하는 것이기 때문에, 수업과 학생의 탐구가 일어난 직후에 이루어지며 학습이 유지되고 있는가를 결정한다. 전통적으로 총괄 평가는 학생에게 등급(또는 학교에서 연간 진보된 정도)을 매기는 데 사용된다. 형성 평가는 학생들에게 자신이 얼마나 개념을 형성했는지를 알려준다. 총괄 평가는 학습에 대한 총합을 검사한 것이다.

많은 연구들에 따르면 형성 평가는 수업 활동에서 필수적인 성분이며 성취를 높여준다고 한다. 여러 국가의 학년, 교과목별로 250개 이상의 연구를 메타 분석한 바에 따르면, 형성 평가과정을 강조할수록 유의하고 상당한 학습 성과를 일관되게 보여주었다(Black and William, 1998). 계속된 평가 연구에서 '교사와 학생 혹은 학생 간의 상호작용적 대화가 형성 평가의 핵심이며', 이런 일을 실행하는 것이 교사의 중심 활동이 되어야 한다고 결론을 짓고 있다(Black and William, 2010, p. 47). 교사가 형성 평가의 결과를 반성하고 자신의 수업을 그 결과에 맞추어 조정하여 학생들의 성취가 증진되었음을 보고한 연구(Kennedy, Long, & Camins, 2009)도 있다.

형성 평가는 수업으로 진행되고 있음을 알려주거나 수업을 다시 시작하거나 학생들의 구성을 도와줄 때 신속한 확인 정보를 제공한다. 형성 평가는 교사가 학생에게(학생들에게 어디를 향하고 있으며 그곳에 도착하기 위하여 해야 할 일을 교사가 알려주는 정보를); 학생에게 교사가(학생이 이해한 것을 교사에게 보여주는 정보를); 학생이 학생에게 (학생들 자신의 사고가 타당하게 보이는지 혹은 동료 학생에게 유용한 도움을 얻기 위한 정보를) 공유하는 것이다. 형성 평가는 학생들에게 힘을 실어 주며 학습의 소유 의식을 심어주며(Brookhart, Moss, & Long, 2008), 교사들에게는 어떻게 해야 하는지를 알려주는 기회가 된다. 형성 평가의 목적은 학습을 증진시키기 위한 것이지 등급을 부여하기 위한 것이 아니기 때문에, 형성 평가로 점수를 매길 수는 있지만 등급을 부여해서는 안 된다. "형성 평가가 요리사가 주방에서 맛을 보기 위한 것이라면 총괄

평가는 맛있는 음식을 손님에게 대접하는 것이다"(Ms. Mentor, 2008, p. 11).

기본적으로 학생들은 과학을 행하면서 성취하는 것에 관심이 있기 때문에, 그리고 형성 평가의 중요성과 영향 때문에 이번 장에서는 형성 평가에 초점을 맞추고 논의를 진행할 것이다.

초등 과학교육에서 평가하는 것은?

이 장에서 아이들이 초등 과학교육의 목표들을 달성했는지를 보이려면 아이들이 무엇을 할 수 있는지의 질문을 던져본다.

미국과학교육기준의 평가 기준 A. 의사 결정을 하는 데 필요한 정보와 일관성

교사 활동 8.2

목표 진술에 대한 평가와 개선

더 나아가기 전에 2장(교사 활동 2.7)에서 초등 과학교육의 목적을 다시 살펴보자. 당신의 목표는 아마도 과정, 탐구, 태도 그리고 적은 양의 내용과 관련이 있을 것이다. 이것이 평가 프로그램의 초점이 될 것이다. 자신이 생각해 왔던 정보에 비추어 이 목표들을 비판해 보고, 필요하다면 이것을 바꾸어 보자.

탐구 기능의 평가

초등 과학의 첫 번째 목표는 아동들의 탐구 기능 process skills을 능숙하게 습득시키는 것이다. 탐구 기능의 평가는 아동들이 얼마나 그것들을 숙달했는지 결정한다. 교사는 아동이 탐구과정에 숙달했는지를 어떻게 말해야 할까? 아동이 그 탐구과정을 충분히 이해했다면, 기대되는 행동을 찾아낼 수 있다면 참평가를 설계하는 데 도움이 된다. 가령 2학년 교사가 아동이 어떤 물체를 두 가지 혹은 그 이상의 서로 배타적인 모둠으로 나누거나 하위 모둠이 포함된다는 것을 보여준다면 분류 기능을 습득했다고 타당하게 추론할 수 있다. 나뭇잎을 갖고 활동할 때 길쭉한 잎과 손가락 모양의 잎으로 구별할 수도 있다. 그러고 나서 각 그룹을 몇 개의 하위 그룹으로 나누고 명칭을 붙이고 각 그룹에 속한 나뭇잎의 특징이 다른 그룹과 어떻게 다른지를 보일 수 있다.

지표

아동이 현재 활동하고 있는 탐구과정을 이해하고 있음을 보여주는 행동을 **지표** indicator라고 부른다. 지표는 교사가 탐구과정의 숙달을 측정하는 아동의 수행을 말한다.

그림 8.1에 아동의 탐구과정 기능의 발달을 보여주는 지표가 실려있다. 이 지표는 초등학교 학생이 각각의 탐구과정에서 발휘해야 하는 능력을 표시한 것이다. 그 안에 어떤 기능은 위계를 가지고 있으며 기초에서 고급 기능이 있다. 실제로 그런 기능을 아동이 얼마나 능숙하게 보여주는가는 다른 많은 요인들에 의해 결정된다. 그런 요인 중에 학년, 나이, 개인차뿐만 아니라 탐구 기능이 평가되는 상황도 있다. 가령 저학년 학생은 고학년 학생보다 고급 기능에서 덜 숙달되어 있을 것이다.

그림 8.1

탐구 기능의 숙달을 나타내는 지표

관찰

대상을 식별한다.

하나 이상의 감각을 이용한다.

적절한 모든 감각을 이용한다.

사용한 감각을 식별한다.

(돋보기 같은) 기구를 올바르게 이용하여 관찰한다.

특성들을 정확히 묘사한다.

정성적인 관찰을 말이나 그림으로 제시한다.

정량적인 관찰을 한다.

대상들의 변화를 묘사한다.

분류

대상을 분류할 수 있는 주요한 특성들을 찾아낸다.

한 묶음 안에 있는 모든 대상들의 공통의 특성을 찾아낸다.

두 묶음으로 정확하게 분류한다.

다중적인 방식으로 정확하게 분류한다.

하위 그룹을 구성한다.

자신의 분류 기준을 세운다.

타당한 분류의 근거를 제시한다.

복잡한 분류 체계를 개발한다.

의사소통

대상과 사건을 정확히 찾아낸다.

대상과 사건을 정확히 묘사한다.

알려지지 않은 대상을 다른 사람들이 찾아 내도록 묘사한다.

합리적이고 논리적인 주장을 통해 설명과 결론을 정당화한다.

정보를 말과 글로 정확히 타인에게 전달한다.

생각을 말로 표현한다.

측정

적절한 측정 형태(길이, 부피, 무게 등)를 선택한다.

적절한 측정 단위를 선택한다.

측정 기구를 적절히 사용한다.

측정 방법을 적절히 적용한다.

표준 단위와 비표준 단위를 사용한다.

측정을 증거로서 활용한다.

측정을 활용하여 결론을 설명한다.

예상

규칙성을 구성한다.

규칙성을 확장한다.

간단한 예상을 한다.

상황에 적절한 예상과정을 적용한다.

내삽 interpolation으로 예상한다.

예상의 정확성을 검증할 수 있는 검사를 제안한다.

외삽 extrapolation으로 예상한다.

예상에 대한 이유를 논리적으로 말로 쓴다.

추론

관찰된 대상과 사실들 사이의 관계에 대해 기술한다.

비핵심적인 정보들을 적절히 분리한다.

추론할 때 증거를 인용한다.

(계속)

그림 8.1 *(계속)*

- 추론하기 위한 정보를 적절하게 사용한다.
- 증거에 바탕을 두고 추론한다.
- 존재하지 않는 정보를 사용하지 않는다.
- 타당한 추론을 언어적 추론으로 보여준다.
- 상황에 적절하게 추론과정을 적용한다.
- 그래프, 표, 실험 자료들을 해석한다.

변인 찾기와 통제

- 실험의 결과에 영향을 미치는 요인을 식별한다.
- 실험의 결과에 영향을 미치지 않는 요인들을 식별한다.
- 조작 변인과 통제 변인을 식별한다.
- 통제 변인을 일정하게 유지할 수 있는 방안을 제시한다.
- 유용한 자료를 얻도록 조작 변인을 변화시키는 방법을 제시한다.

가설 설정

- 문제나 질문이 주어졌을 때 가설을 구성한다.
- 자신의 문제로부터 자신의 가설을 세운다.
- 관찰한 상황을 설명할 수 있는 그럴듯한 가설을 제안한다.
- 가설을 검증하는 방법을 개발한다.
- 관찰한 상황과 관련된 모든 가설을 자료 수집과 증거분석으로 체계적으로 검증한다.
- 가설 검증과정에서 증거에 기초를 두고 잠정적 결론을 세운다.

자료 해석

- 필요한 자료와 그 자료를 측정할 방법을 식별한다.
- 정량적 자료와 정성적 자료를 수집할 계획을 세운다.
- 증거로서 유용한 자료를 모은다.
- 자료를 표로 구성한다.
- 그래프를 구성하고 해석한다.
- 자료를 타당하게 해석한다.

조작적 정의

- 변인이 편리하게 측정될 수 있는지 아닌지를 말한다.
- 조작적 정의의 필요성을 주어진 상황에서 인식한다.
- 변인을 어떻게 측정할 것인가를 조작적인 용어로 기술한다.
- 조작적 정의와 측정하려는 변인이 일치됨을 말할 수 있다.

실험 수행

- 실험을 위한 지시를 따른다.
- 문제를 조사하기 위한 다른 대안의 방법들을 개발한다.
- 실험 재료들을 다룬다.
- 시행착오의 탐구를 수행한다.
- 검증할 수 있는 문제를 찾는다.
- 자신의 탐구 절차를 설계한다.
- 증거에 바탕을 두고 타당한 결론을 내린다.

모형 구성

- 모형과 실물을 구별한다.
- 모형이 필요한 이유를 찾는다.
- 실물로 모형을 해석한다.
- 추상으로 모형을 해석한다.
- 정확하고 적절한 자신의 모형을 개발한다.

8.3 교사 활동

미국과학교육기준의 수업 기준 C. 교수 학습의 평가

탐구과정 지표

탐구과정 중 한 가지 과정을 선택하고, 그 과정을 이해한 학생이 수행할 수 있는 행동을 4~5가지로 목록을 만들어라. 지금 작업하는 상황을 나타내도록 활동의 해당 학년과 활동 주제를 반드시 표시하여라. 그 목록은 학년 수준에서 탐구과정의 지표가 될 것이다. 다른 사람들에게 지표를 보여 주고 논의하여라.

교사들은 그 학년에서 배우고 있는 탐구과정들에 대한 숙달을 보여 주는 척도의 점검표를 준비할 수 있고, 아이들은 실제 숙달도와 비교할 수 있다. 한 차시 수업에서 다루는 탐구과정에 대한 학생의 능력을 평가하는 지표가 될 수도 있고 한 단원 혹은 한 학기나 특정 시기에 걸쳐서 배우게 된 여러 탐구과정의 능력을 지표로 설정할 수도 있다. 교사들이 구성한 목록은 교사들의 상황과 학생의 요구를 반영한다. 그림 8.1에 있는 지표가 출발점이 될 수 있다.

관찰법

관찰법은 아이들의 탐구 능력의 평가를 위한 훌륭한 기법이다. 구조화되거나 혹은 반구조화된 면담이 결합되어 관찰하면 아동들의 탐구 능력 성취와 진보에 관한 많은 정보를 얻을 수 있다.

관찰은 비형식이거나 구조화될 수 있다. 비형식적인 관찰법은 교사들이 모둠을 순회하는 동안에 아이들이 행동하는 것을 주의 깊게 살펴봄으로써 일어난다. 이런 비형식적인 관찰법은 아이들이 무엇을 하는가, 올바른 길로 가고 있는가의 여부와 논리적으로 적절한 방법으로 그들이 수행을 하는지에 대한 일반적인 생각을 교사가 알게 제공한다.

구조적인 관찰은 몇 가지 방법으로 수행될 수 있다. 가장 흔히, 그림 8.1 같이 교사는 목표 달성을 나타내는 특정한 행동 점검표를 준비할 수 있다. 그리고 반을 순회할 때 아이들의 행동들을 점검할 수 있다.

질적 평가 qualitative assessment를 위해, 교사는 아이들이 나타내는 행동의 지침에 체크 표시를 하여 기록한다. 모든 척도가 표시되었을 때, 아동은 그 나이와 학년에서 요구되는 탐구과정을 완수했다고 생각된다.

양적 평가 quantitative assessment를 위해서 각각의 척도에 대해 1~4의 숫자로 된 등급을 매기고, 총합 또는 평균을 계산한다. 그 평균들의 평균이 그 아동의 전체 탐구과정 점수이다.

평가의 점검표 방식은 교사들이 각 과정의 숙달에 관한 개인적 판단을 하였기에 주관적이기 쉽다. 그러나 각 탐구과정을 몇 개의 지침으로 나누어서 각 지침을 평가하고 양적으로 평가했기 때문에 객관적이다. 이것은 진전을 규명하기 위한 의도로 사용될 수 있다.

실험 평가

구조화된 면담 중에 한 학기말의 총괄 평가와 유사한 것이 '실기 검사'를 실시하는 것이다. 과학 시간에 '실기 실험 검사'와 유사하다. 아동의 탐구 기능이 능숙한가를 수행시켜

평가하는 방식이다. 그림 8.2처럼 몇 개의 평가대를 만들어 놓고 각 평가대에서 한 가지 탐구 기능을 보이도록 한 두 가지 행동을 수행한다. 아이들은 개인적 혹은 모둠별로 각 평가대를 순환하면서 요구된 활동을 수행한다. 그림 8.3은 초등학교 저학년을 위한 탐구 기능 평가 지표인 그림 8.1에 기반을 둔다. 물론 교사들은 아이들에 대한 기대와 교실에서 행한 활동들을 반영하도록 조작적 실험 평가 과제를 고안해야 한다.

저학년 아동을 평가할 때 교사는 각각의 과제에 대한 아이의 대답을 기록한다. 고학년일 경우 아이

Rob Marmion/Shutterstock.com

그림 8.2
관찰 기능의 숙달을 평가하는 평가대.

그림 8.3

저학년을 위한 탐구 기능 평가의 예	*평가하려는 탐구 기능*
평가대1: 3~4가지의 다양한 야채들	
활동: 각 야채의 특성을 서술하라. 어떤 감각을 사용했는가.	〈관찰〉
평가대2: 10~15가지의 씨앗들	
활동: 씨앗을 두 묶음으로 나누고, 각각에 이름을 붙여라.	〈분류〉
평가대3: 종이 가방 안의 물체	
활동: 동료가 그 물체를 정확하게 알 수 있도록 그 물체를 묘사하라.	〈의사소통〉
평가대4: 나무토막과 자	
활동: 나무토막의 길이를 측정하라.	〈측정〉
평가대5: 물이 든 통과 몇 가지 물체	
활동: 각각의 물체가 가라앉을지 뜰지를 예상한다.	〈예상〉
평가대6: 다양한 종류의 물체가 들어있는 세 가지의 불투명한 깡통	
활동: 깡통 안에 무엇이 있나 말해 보자.	〈추론〉
평가대7: 다른 높이로 채워져 있는 2개의 소다수병, 나무 막대	
활동: 나무 막대로 때렸을 때 더 높은 소리가 나는 것을 말해 보자.	〈예상〉
평가대8: 3종류의 암석	
활동: 각 암석의 특성 말하기. 그들 간의 유사점과 차이점 말하기.	〈관찰〉
평가대9: 10~12개의 조개 껍질 수집	
활동: 조개 껍질을 두 개의 그룹으로 나누고, 각각에 이름 붙이기.	〈분류〉
평가대10: 2개의 나무 토막과 양팔저울의 균형	
활동: 어느 것이 더 무거운가를 어떻게 알 수 있나 말해 보자.	〈측정〉
평가대11: 긴 그림자가 있는 창 밖의 풍경 사진	
활동: 태양은 어디 있는지 말해 보자.	〈추론〉

들에게 답을 기록하도록 학습지를 제공할 수도 있다. 과제에 대한 아이들의 수행을 1~4의 점수로 매길 수 있다. '1'은 기능을 수행하지 않음을 의미하고, '2'는 어느 정도 수행한 것을 의미하고, '3'은 잘 수행한 것을 의미하며, '4'는 탁월하고 진보된 방법으로 수행한 것을 의미한다(그림 8.4 참조). 평균은 진전의 수치적 표시이다. 각 점수에 대한 이유를 포함하는 한 예가 그림 8.5에 제시되어 있다.

실험 평가를 변형시켜서 '모르는 것'을 이용할 수 있다. 학생들에게 자료와 기구를 제시하되 모르는 어떤 것의 정체나 특성을 알아내게 하는 것이다. 가령 지시약 화합물을 이용하여 '수조 안'의 물이 산성인지 염기성인지를 알아보게 하는 평가 과제를 제시한다(Townsend & Bunton, 2006).

평가 방법 중 실제 조작 활동을 통해서 평가하면 몇 가지 장점이 있다. 먼저 어린이들이 비교적 통제된 일정한 조건에서 조작 활동을 할 수 있다. 그리고 학급의 모든 아동을 비교할 수 있는 양적인 자료를 얻을 수 있을 것이다. 그 활동에 대한 아동의 수행은 탐구 기능에 대한 숙달을 대표한다. 탐구 방법에 섞여 있는 문화적 편견과 언어 기능의 강조가 줄어들게 되며, 다양한 학습 양식과 지능을 모두 수용할 수 있다. 단점이라면 '시험 같은' 분위기가 되어 아동이 시험 불안과 공포를 겪을 지도 모른다는 점이다.

그림 8.4

탐구 기능 평가를 위한 채점 체계		
점수	**기준**	
1	수행하지 못함	
2	어느 정도 수행	
3	잘 수행함	
4	탁월하게 수행	
평가대	**탐구과정**	**점수**
1	관찰	______
2	분류	______
3	의사소통	______
4	측정	______
5	예상	______
6	추론	______
7	예상	______
8	관찰	______
9	분류	______
10	측정	______
11	추론	______
	총점	______
	백분율(= 총점 44로 나눈 값)	______

그림 8.5

탐구 기능(그림 8.3) 평가의 실제적인 예			
평가대	과정	점수	이유
1	관찰	2	후각을 사용하지 않음
2	분류	4	두 가지 배타적인 묶음으로 분류
3	의사소통	1	물체를 확인은 했으나 서술은 못함
4	측정	3	점수까지는 측정하였지만 반올림은 하지 못하였음
5	예상	4	정확하게 예상하고 각각을 확인하였음
6	추론	2	제한된 탐구를 사용하였음
7	예상	4	정확하게 예상하고 각각을 실험하였음
8	관찰	3	특징을 설명했으나 유사성과 차이점이 없음
9	분류	3	두 묶음으로 나누었으나 서로 배타적이지 않음
10	측정	4	적절하게 저울을 다룸
11	추론	2	아이는 "태양이 하늘에 있다"라고 말했지만 위치를 지적하지는 않았음
	총점	32	
	백분율	32 ÷ 44 =	73%

탐구의 평가

초등 과학교육에서 두 번째 목표는 탐구의 숙달이다(5장 참조). 탐구 능력을 나타내는 몇 가지 지표를 그림 8.6에 실어놓았다. 교사가 실제로 평가할 때는 학년, 나이, 아동 간의 개인차, 탐구의 상황, 맥락, 깊이 등에 따라 달라질 수 있다. 교사 또는 단체, 학교는 그들의 특별한 프로그램, 특별한 아동들에 대한 기대 목표가 반영된 자신의 지표를 개발해야 한다. 앞에서 제공된 그림 8.6의 지표는 평가를 시작할 때 도움이 된다.

앞에서 사용한 탐구과정 점검표를 비형식적 관찰과 구조화된 관찰에서도 그대로 사용가능하다. 질적인 평가를 한다면 그 탐구 능력 지표가 아이들의 탐구를 종합적이고 주관적인 평가 안내로 사용될 수 있다. 양적 평가를 할 때는 각각의 지침에 1~4의 점수(1 = 수행하지 않는다; 2 = 어느 정도 수행한다; 3 = 잘 수행한다; 4 = 탁월하게 수행한다)로 평가하고 탐구 등급에 평균을 구한다.

학생의 탐구능력을 구체적으로 점검하기 위한 그림 8.6의 탐구 점검 목록을 사용한 예가 그림 8.7에 있다.

탐구 점검표와 이것으로부터 얻은 점수를 다른 평가 방법과 함께 활용한다면 교사가 아이들이 과학에서 성취한 것과 성장을 진실하게 평가할 수 있다. 덧붙여 이것을 다른 교사와 함께 한다면 담당 학급 어린이들의 필요를 충족시킬 수 있는 독자적인 지침을 개발할 수 있다. 그 지침을 확인하기 위해 아동의 반응과 수행을 분석하고 아동이 평가활동에 대한 생각과 지각을 공유하게 물어본다.

그림 8.6

학생의 탐구에 대한 지침

- 탐구 과정을 적절히 선택하고 적용하라.
- 탐구 중에 나타난 현상에 대해 적절한 질문을 하라.
- 탐구에 대한 자신의 생각을 시작하라.
- 자신의 질문들과 생각들을 탐구하라.
- 인쇄자료, 멀티미디어, 인적 자원을 포함한 다양한 정보 자원을 활용하라.
- 탐구를 이전 경험과 연관시켜라.
- 증거로서 유용한 양적 자료와 질적 자료를 수집하라.
- 관찰된 것을 증거로서 원인을 제안하라.
- 합리적이고 논리적인 방법으로 사고과정을 설명하라.
- 다른 학생에게 생각과 개념을 소개하라.
- 다른 학생의 생각과 개념을 토론하고 도전하라.
- 새로운 증거와 새로운 경험 및 다른 학생의 생각에 비추어 결론을 분석하고 재구성하라.
- 설명력과 예언력을 시험할 수 있는 결론을 구하라.
- 결론을 정당화하도록 증거에 근거하여 합리적이고 논리적으로 주장하라.
- 계속적인 탐구의 기회를 찾아라.
- 실제적인 자기 평가를 하라.
- 학습한 것을 학교 밖 상황과 관련시켜라.

그림 8.7

탐구 기능 평가를 위한 채점 체계

점수	기준
1	거의 수행하지 않는다.
2	어느 정도 수행한다.
3	아주 잘 수행한다.
4	탁월하게 수행한다.

1. 탐구 과정을 적절히 선택하고 적용하라. ______
2. 탐구 중에 나타난 현상에 대해 적절한 질문을 하라. ______
3. 탐구에 대한 자신의 생각을 시작하라. ______
4. 자신의 질문들과 생각들을 탐구하라. ______
5. 인쇄자료, 멀티미디어, 인적 자원을 포함한 다양한 정보 자원을 활용하라. ______
6. 탐구를 이전 경험과 연관시켜라. ______
7. 증거로서 유용한 양적 자료와 질적 자료를 수집하라. ______
8. 관찰된 것을 증거로서 원인을 제안하라. ______
9. 합리적이고 논리적인 방법으로 사고과정을 설명하라. ______
10. 다른 학생에게 생각과 개념을 소개하라. ______
11. 다른 학생의 생각과 개념을 토론하고 도전하라. ______
12. 새로운 증거와 새로운 경험 및 다른 학생의 생각에 비추어 결론을 분석하고 재구성하라. ______
13. 설명력과 예언력을 시험할 수 있는 결론을 구하라. ______
14. 결론을 정당화하도록 증거에 근거하여 합리적이고 논리적으로 주장하라. ______
15. 계속적인 탐구의 기회를 찾아라. ______
16. 실제적인 자기 평가를 하라. ______
17. 학습한 것을 학교 밖 상황과 관련시켜라. ______

총점 ______

백분율(총점 ÷ 68) ______

태도 평가

초등 과학교육의 세 번째 주요한 목표는 과학과 과학자에 대한 긍정적 태도를 기르는 것이다. 긍정적 태도는 과학적 사고, 과학성취, 과학과 기술의 발전으로 인한 사회적 이익을 가치 있게 생각할수록 길러질 수 있다. 어떤 면에서 태도에 관련된 요소 중에는 탐구 지침의 목록에 포함되는 것도 있다. 즉 협동심, 반성적 사고, 호기심, 증거를 찾으려는 의도, 증거 활용, 학교 밖 상황에 연결하기 같은 것들은 과학에 대한 긍정적인 태도를 나타내는 탐구 지침에 함께 포함된다. 그림 8.8에서는 과학에 대한 태도를 반영하는 몇 가지 지표를 보여 주고 있다. 물론 그 지표의 정확한 특징은 학생의 독특한 상황, 그 학급 사회에서의 과학적인 자원들, 학급의 특색, 학생의 필요와 사전 경험 등에 달려 있다. 따라서 긍정적인 과학 태도에 추가될 필요가 있다면 지표를 더 첨가함으로써 태도 지표를 완벽하게 만들 수도 있다.

그림 8.8

과학에 대한 긍정적인 태도 지표
• 과학 탐구를 위해 여가 시간을 이용한다.
• 과학이 재미있고 흥미있다고 느낀다.
• 호기심을 언어로 표현한다.
• 과학을 학교 밖 상황으로 확장시킨다.
• 학교 밖 과학 활동에 자발적으로 참여한다.
• 박물관, 천문대, 식물원 및 다른 과학 공공 장소를 방문한다.
• 과학적인 직업과 진로에 대해 조사한다.
• 추가적인 과학 활동을 찾아본다.
• 과학 활동을 준비하고 정리하는 보조원에 자원한다.
• 과학 센터 등에서 능동적인 역할을 하고 교실에 식물과 동물을 기른다.
• 과학과 관련된 TV 프로그램을 본다.
• 인터넷에서 과학 정보 웹사이트를 찾아본다.
• 과학에 관련 컴퓨터 기반 매체를 선택한다.
• 과학 올림피아드, 발명 전시회, 과학 경진대회에 참가한다.

내용 평가

이 책은 아이들이 스스로 개념을 구성하는 과정 중심의 탐구를 강조한다. 아이들은 과정 중심의 탐구를 통해 탐구와 탐구 기능 발달의 수단으로 활용하여 과학적 사실, 개념, 이론, 법칙들을 구성한다.

과학에 대해 배우는 것보다 과학을 하는 것에 더 강조를 두기 때문에 평가는 아이들이 배우는 과학 내용보다는 과학을 어떻게 배우는가에 관련이 있다는 것은 명백하다. 그럼에도 불구하고 과학 내용의 습득을 선호하는 경향이 있다. 교육자들은 대중에게 책임이 있기 때문에 과정과 탐구뿐만 아니라 과학적 내용의 성취를 평가할 필요가 있다.

초등 과학교육에서 과정 중심의 접근에 대한 기본적인 전제 중의 하나는, 아이들은 과정을 숙달하는 수단으로 내용을 배울 것이고, 철저하게 그 내용을 배우게 되면 다른 방식으로 배운 것보다 오래도록 기억된다는 것이다. 그 이유는 아이들은 자신이 의미를 스스로 구성하였기 때문이다. "교사가 학생들에게 탐구하는 자유를 준다면 결국 목표로 정한 지식에 부딪힐 수밖에 없다"(Roberts, 2006/2007). 그렇다면 학생들의 내용 습득은 큰 관심을 받지는 않을 것이다. 만일 내용 평가가 필요하다면, 아이들이 습득해야 하는 내용 목록이 일반적으로 있다. 이런 내용은 과정 성취를 위한 수단이며 탐구조사의 기초로 활용하라. 명심할 점은 탐구에서 아이들이 스스로의 사고 방향대로 탐구하게 놓아 두는 것이 바람직하다. 왜냐하면 과정과 탐구의 수단으로 이용되게 내용을 제한하면 아이들의 탐구를 제한하기 때문이다.

지역 교육청에서 요구하는 내용을 과정과 탐구 활동의 기초로 활용하는 것은 내용과 과정을 모두 배울 수 있게 해 준다. 예를 들어 어떤 지역 교육청에서 유치원 아이들에게 자석을 배우게 요구한다면 아이들이 자석과 자성을 사용하여 관찰하고, 분류하고, 의사소통하고, 측정하고, 예상하고, 추론할 수 있게 한다. 교사는 자석과 자기를 사용하게 탐구 활동을 개발할 수 있다. 만약 필요하거나 바람직하다면, 내용 성취를 나타내기 위해 비정기적인 내용 중심 평가를 선택한다. 교과서 출판자들이 제공하는 시험은 보통 내용 중심 평가를 담고 있다.

내용 평가에서 성취도는 그 자체가 초점이 되기보다는 프로그램 평가의 한 가지 측면으로만 간주되어야 한다. 더 중요한 초점은 과정과 탐구에 맞춰야 하고 아이들이 과학을 행하는 것을 얼마나 학습했는가이다.

다른 참평가의 기법

미국과학교육기준의 평가 기준 D. 공정한 평가

구성주의 방법론에 따르면 아이들은 자신에게 타당한 의미를 구성한다. 아이들이 배운 것과 어떻게 생각하는가를 평가하려면 아이들이 구성한 의미를 발견하는 것이 필요하다. 지필 검사는 이런 목적을 달성하는 데 부적당하다.

우리는 이미 탐구과정과 탐구 능력에 대한 참평가를 몇 가지 제안했다. 추가적인 대안 평가 방법은 전통적 평가방식보다 아이들의 사고를 더 깊이 조사할 수 있다.

면담

구성주의적인 관점에서 아이들이 얼마나 학습했고, 배운 것을 어느 정도 이해하는지를 아는데 가장 좋은 방법 중 하나는 그것에 대해 아이들에게 물어 보는 것이다. 끝이 열려있는 부분적으로 구조화된 면담은 이러한 목표를 달성하고 아이들의 성취와 생각에 대한 정보를 획득하는 데 믿을 만한 방법이다.

끝이 열린 면담은 교사가 학습 목표와 관련된 질문을 하고 학생의 대답을 추적하는 교사와 학생 간의 자유로운 대화이다. 교사는 추가 질문을 하고, 아이들은 그 대답이 어떻게 만들어졌는지를 발견한다. 덕워드 Duckworth는 교사들이 아이들의 생각을 이해하도록 도와 주는 질문의 종류들을 기술했다(1986, p. 97):

"무슨 뜻이니?"
"어떻게 했니?"

"그녀가 방금 말한 것이 적합하니?"
"예를 들어 주겠니?"
"그것을 어떻게 알았니?"

끝열린 면담은 라니어 Lanier(1987)가 말한 것처럼, 아이들이 어떻게 정보를 구성하는지를 보기 위해 아이들의 머릿속으로 뛰어 들어가는 가장 이상적 방법이다. 끝열린 면담 방식에서 중요한 점은 시간이 충분히 주어지고, 교사가 결국 아이들이 생각하고 있는 것을 깊이 이해할 수 있다는 것이다. 그렇지만 그것은 시간이 걸려 시간의 제한을 받는다. 더구나 교사의 이해는 주관적일 수밖에 없고 점수로 바꾸기가 쉽지 않다.

부분적으로 구조화된 면담에서 교사는 모든 아이들에게 반드시 비슷한 질문을 하도록 질문과 지침들을 준비한다. 질문의 지침은 수업 계획이 준비된 것처럼 미리 정해야 한다(이 책 그림 5.5의 수업 계획안의 항목 9 '토론식 질문'에서 제안했다). 교사는 질문하여 아동의 토론에 참여하고, 아동의 반응을 살펴서 그들이 생각하고 있는 것을 이해하게 된다. 아동들의 생각은 상호 교환으로 인해 명료화되고, 한 걸음 더 발전된다.

이 방법은 아동에게는 말할 수 있는 기회를 주는 동시에 교사에게는 들을 수 있는 기회를 제공한다. 그러나 질문들이 미리 정해져 있기 때문에 개방적 면담만큼 아동들의 깊이 있는 생각까지 미칠 수 없다. 질문의 항목에 없는 것을 아동이 설명하게 되는 기회는 제한되기 때문이다.

훌륭한 교사는 탐구에 대한 아동의 활동에 따라 끝이 열리고 부분적으로 구조화된 면담을 계속적으로 사용한다. 아동들이 관찰한 것, 결론내린 것, 왜 그렇게 결론을 내렸는지에 관해 분명한 질문들을 하면서 학생 모둠 사이로 옮겨 다닌다. 면담은 초등 과학 교육에서의 평가 프로그램의 대표적인 방법이 되어야 한다. 아동에게 질문하고 아동이 이해하는 대답으로 들어서 교사가 이해하게 될 때까지 관찰에 의해서만 유일하게, 아동이 아는 것과 그들이 어떻게 생각하게 되는지를 교사가 알 수 있을 것이다.

이 교재는 교사가 아동의 머릿속으로 뛰어 들어 가서 아동이 지식을 어떻게 구성하고 있는지를 볼 수 있는 유일한 방법으로써 '질문'을 제시하고 있다. 다른 질문 기법이 **소리내어 사고하기** think-aloud인데, 비형식적 평가에서 교사를 돕는 질문 기술이다. 아동이 활동할 때, 실험에서 결정할 때 또는 문제들을 통해 활동할 때 자기 생각을 묘사하도록 요구한다. 이 방법으로 교사는 아동이 어떻게 의미를 구성하고 있는지에 관한 정보를 획득할 수 있다. 우리는 체스 게임에서 다음 수를 두려고 할 때 또는 모둠원과 함께 단원 계획을 의논할 때 소리내어 사고하기를 한다.

소리내어 사고하기 기술을 적용하는 방법은 간단하다. 교사는 아이들에게 그 상황 가운데서 자신의 방식을 이야기하도록 하고, 그렇게 한 이유에 대해 필요한 만큼 자유로운 질문을 하여 마무리한다. 아이들에게 정답을 요구하지 않기 위해 간접적인 질문들을 사용한다. 그런 질문의 예는 다음과 같다:

"네가 생각하고 있는 것을 말해 보아라."
"이것에 대해 말해 보아라."
"좀 더 말해 볼 수 있겠니?"
"왜?"
"그리고, 그래서…?"(아이에게 결론 짓게 함)

구두 평가 기술의 기본 목적이 아동이 생각하고 있는 것을 알기 위해 아동의 말을 듣는 것이란 점을 주의해야 하는데 정답과 오답을 말해 주려는 것은 아니다. "잘못된 답은 없다"라는 개념을 기억하라. 간혹 아동들은 타당하지 않은 방법으로 정보를 수집하므로 구두 평가를 통해 교사가 그 문제를 고쳐줄 수 있다. 아동들의 생각은 타당하며 교사가 전혀 생각해 보지 않은 것들을 발견할 수도 있다. 구두 평가는 교사에게 아동이 지식의 주인의식을 가지도록 도울 수 있는 기회를 준다.

과학 일지와 과학 공책

많은 교사들이 그들의 학생들에게 배정되고(날씨, 특별한 행사나 일에 대한 정보) 배정되지 않은(즉흥적인 반응들) 다양한 정보를 기록하여 일지나 공책(이 두 단어는 상호교환해서 사용될 수 있고 같은 것을 나타낸다)을 적도록 한다. 아동들의 과학 일지는 활동, 실험, 질문, 알게된 대답, 느낌 그리고 그들의 반응 등 많은 정보를 담고 있다. 그것들은 그들의 활동, 실험, 그들이 던진 질문, 그들이 찾게 된 대답, 그들의 느낌, 그리고 그들의 심사숙고에 대한 과도한 정보를 포함하고 있다. 학생들이 과학 일지에 다음과 같은 항목을 포함시키게 하라:

- 관찰
- 실험 절차의 묘사
- 탐구에서 얻은 증거
- 비공식적 실험 보고서
- 공식적 실험 보고서
- 이야기
- 소설이야기
- 그림
- 삽화
- 다른 그림 조직자
- 표
- 개념도
- 자료표

모든 학년의 학생은 과학 공책을 쓰게 해야 한다. 그 안에 포함시킬 항목은 가령 물에 뜰지 가라앉을지를 예상하는 활동에서부터 그 결과를 교사가 준비한 자료표에 표시하여 일지에 부착하도록 한다. 또는 유치원이라면 아동에게 관찰한 것을 자세하게 그리게 할 수 있으며, 과학을 한 것을 기록하며, 제목을 붙일 수도 있다(Novakowski, 2010). "우리가 학습하는 주제는 _____이다"와 같이 열린 형태를 글을 쓰게 하거나 탐구 활동을 기술하게 하여 아동이 수행할 것이 무엇이고 어떻게 조사했으며, 어떤 증거를 얻었고 결론을 어떻게 내렸는지 그 이유 등을 적어 보게 하는 방식으로 매우 포괄적일 수도 있다. 학생들은 전형적으로 그들의 발견, 결론 그리고 추리를 기록하기 위해 과학 공책을 사용한다.

과학 공책은 아이들의 과학 탐구와 과학 현상에 대한 이해를 형성하게 도와준다. 교사에게는 아동의 이전 경험이 어떻게 새로운 정보를 구성하는지에 영향을 미치고 있는지를 인식하도록 도움을 준다. 또한 일 년간의 학생의 사고 진전과 변화를 기록한 것이다(Harr & Lee, 2010). 이것은 기록된 자료의 원천으로 작용한다. 과학 공책은 학생이 생각한 바를 생생하게 보여주며, 교사에게 실험 활동의 절차, 과정, 증거, 결과 및 결론을 재고하게 해준다(Joyner, 2010). 학생의 이해를 직접 측정하는 것이기도 하며 형성 평가의 다중적 측정의 중요한 성분이 된다. 과학과 언어의 참다운 통합이기도 하다

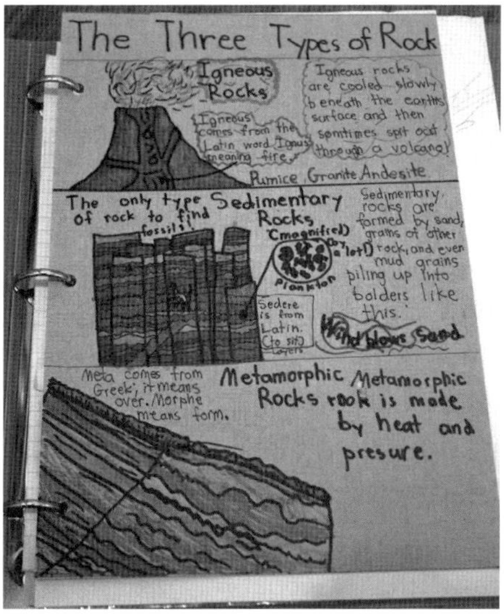

Jimmie Lanley

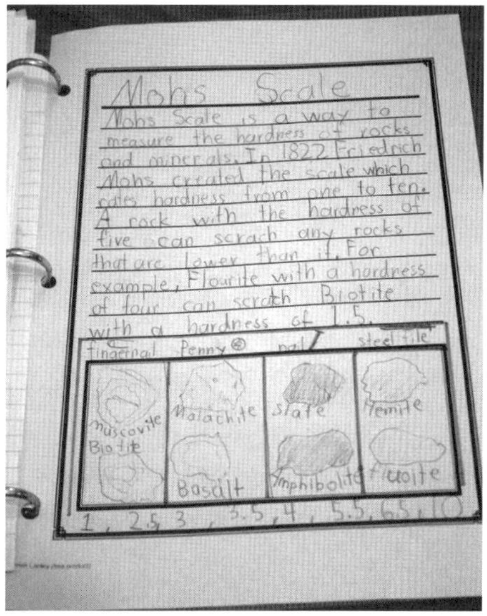

Jimmie Lanley

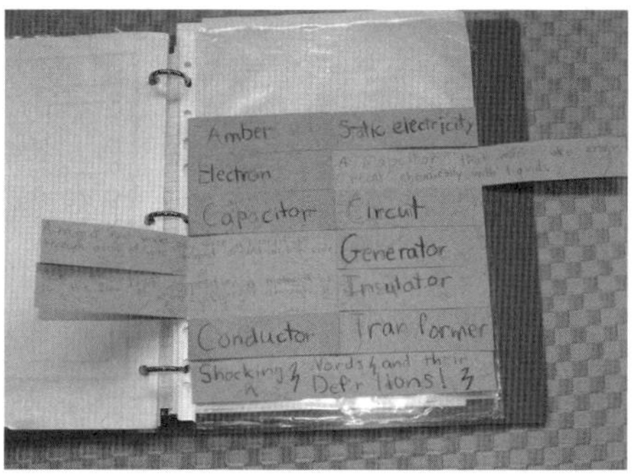

Jimmie Lanley

그림 8.9
과학 공책과 과학 일지.

(Klentschy, 2008). 또한 과학 공책을 통하여 아동과 교사가 대화하도록 역할을 한다. 과학 공책 안의 항목들을 읽고 소감을 적어서 아동에 되돌려 준다. 아동의 관심 사항에 맞추어 행동하고 아동의 사고과정에서 겪는 모순을 도와주며 아동의 과학 일지 안에 들어있는 정보를 의미있게 구성하도록 도와주어야 한다.

그림 8.9에 과학 일지와 과학 공책의 예시가 실려 있다.

포트폴리오

포트폴리오 portfolios는 '공통 주제나 목적을 가진 학생의 작품 모음집'이다(Damiani, 2004). 포트폴리오의 목적이 그 안의 내용을 유도한다. 그 목적은 최상의 결과를 담고 있으며 학생이 성취한 것을 보여주거나, 학생이 어떻게 배우고 있는 가를 학부모에게 의사소통하는 것이다(Niguidula, 2005).

포트폴리오 평가는 진정한 참평가 중 하나이다. 포트폴리오 평가의 장점은 다음과 같다.

1. 교사가 아이들의 시험 성적만이 아닌 모든 면을 평가할 수 있도록 한다.
2. 아이들이 그들 수행의 개인적 견해에 대해 단지 시험 성적에 의존하기보다는 자기 평가에 참여하고 자신의 성과를 가져오도록 격려한다.

3. 아이들의 성취, 발달, 성장에 관계 있는 교사와 학생, 교사와 학부모, 그리고 교사와 학교의 다른 전문가들 사이에 의사소통을 증진시켜 촉진한다.
4. 교사가 교육 프로그램을 평가하도록 해준다.

포트폴리오는 시험에 비해서 장점이 많다. 특정한 시점에서 성취를 측정하는 시험과 달리 포트폴리오는 전 학교 기간 동안 아이들의 진전에 대한 증거를 제공한다. 교육 목표의 낮은 수준인 사실적 지식과 정보를 주로 평가하는 시험과 달리 포트폴리오는 아이들의 종합적인 이해의 증거를 제공한다. 시험은 교사가 아이들이 알기 원하는 것을 선택한 항목이지만 그런 시험과 달리 포트폴리오는 아이들이 성취한 것에 대한 증거를 제공한다. 시험은 대화를 제한하지만 포트폴리오는 교사와 아이 간의 상호 협력적인 의사소통을 가능하게 한다.

포트폴리오를 통한 성취의 평가는 아이들의 진보와 성장의 모든 양상을 고려할 수 있다. 포트폴리오를 통해서 아이들의 모든 상황이 나타나는데 아이들의 태도, 흥미, 생각, 학습 양식, 인지 발달, 탐구과정과 기능, 탐구의 숙달, 내용의 습득을 포함한다.

포트폴리오의 최종 결과물이 운영 가능하고 필요한 정보를 제공하도록 하기 위해서는 포트폴리오를 실행하기 전에 주의 깊게 계획되어야 한다. 계획할 때 고려할 요소들은 포트폴리오의 목적과 유용성, 평가될 방법, 교과 과목 점수를 결정하는 방법, 얼마나 자주 검토되어야 하는지, 그리고 포트폴리오에 들어갈 증거들의 성질, 포함될 증거들의 결정자, 포함된 항목의 기능, 포트폴리오의 물리적 성질, 그리고 그것이 어디에 보관될 것인가 등이다(Popham, 2005).

초등 과학교육의 포트폴리오에 적합한 성취 증거로는 다음 항목을 포함할 수 있다:

- 활동들의 요약
- 학급 과제와 숙제
- 가설, 방법, 데이터, 증거 및 결론을 포함한 실험 보고서
- 활동 중에 조사된 데이터와 측정치
- 학생용 실험내용
- 활동에서 관찰한 결과의 목록
- 개발한 분류 체계
- 그림과 그래프
- 개인과 모둠의 보고서
- 시험
- 일상 생활에 과학을 찾거나 적용한 증거
- 학교 밖 과학 활동의 증거(스카웃 활동, 박물관이나 천문대, 수족관 방문 등)
- 일화적 기록
- 점검표
- 관찰과 실제 검사 결과

포트폴리오의 증거는 다음의 형태로 제시될 수 있다:

- 기록한 자료
- 녹화 테이프
- 파워포인트® 발표물
- 녹음 테이프
- 사진
- 개념도
- 컴퓨터 응용 프로그램 파일
- 컴퓨터 출력물
- 그림 조직자
- 그림, 도표, 작품
- 웹화면
- 기타 학생의 성취를 보여주려는 모든 형태 결과물

초등학교 저학년 아이들은 이러한 결정을 내리는 데 교사의 도움이 필요하다. 교사는 아동이 왜, 어떤 것을 포함시키려는가를 질문해야 하며, 아이들이 특별히 중요한 생

각을 포함하도록 격려할 수 있다. 초등학교 고학년 아동은 자신의 선택에 더 많은 자유를 부여한다. 부모들은 아이들에게 무엇이 가장 유익하고 의미가 있는지 결정하는 데 도움을 줄 수 있다. 이러한 활동은 포트폴리오가 가정으로 발송되었을 때 부모들이 평가의 관점을 알고 칭찬할 수 있는 이점이 있다.

교사들은 아동의 성취도와 과정을 나타내거나 공평하고 효과적으로 등급을 결정하는 생각을 요구할 수 있다. 교사들은 왜 그러한 생각들을 선택하였는지 설명하여야 한다.

포트폴리오에는 가장 최상의 결과만 포함되어야 하는가? 이것은 포트폴리오의 목적에 따라 다르다. 성장을 나타내려면 덜 훌륭한 것도 포함하는 것이 바람직할 수도 있다. 사고의 발달을 보여 주기 위해 실험 활동과 조사의 초안을 포함시키거나, 기술을 적용하는 과정에서 늘어난 자료를 포함하는 것도 바람직할 수 있다. 시간이 지남에 따른 진전을 볼 수 있게 각 항목에 날짜를 기입하고 모든 작품집은 연대순으로 정리되어야 한다.

포트폴리오는 어떤 형태인가? 그 결과는 주의 깊게 계획해야 한다. 그렇게 하지 않으면 끝날 때까지 의미를 찾지 못하는 엄청난 양의 잡탕이 될 수도 있다. 포트폴리오에는 '작업용 working 포트폴리오'와 '영구적인 permanent 포트폴리오'가 있다고 말한다. 작업용 포트폴리오는 아이들이 쉽게 접근할 수 있는 아코디언 형태의 폴더이며 영구적인 포트폴리오에 최종적으로 선택될 것만을 남겨둔다. 많은 자료 중에서, 영구적인 포트폴리오에서 그들의 노력과 생각들을 가장 대표하는 것을 선택하면서 어떤 것은 버려지거나 다른 곳에 보관된다.

영구적인 포트폴리오 또한 아코디언 형태의 폴더이지만 다른 색깔로 표시하여 안전한 장소에 보관한다. 아이와 부모, 교사가 함께 동의해서 포트폴리오에 포함시킨 특별한 항목이 들어있다. 포트폴리오에서 포함시킨 각 항목은 이름을 붙여야 하고, 포함한 이유를 교사가 알 수 있도록 기록해야 한다.

평가 도구로서 포트폴리오가 효과적이기 위해 교사는 포트폴리오에 계속적인 관심을 기울여야 하고 아이들에게 유용해야 한다. 각 아이들의 과학 수행에 대한 타당한 증거를 포함하는 포트폴리오는 매우 중요하다. 점수를 매길 때까지 기다리지 말고 창조적이고 독특한 포트폴리오를 작성해야 한다. 아이들이 매일 성장하고 개선되며 목표를 달성할 수 있도록 격려해야 한다.

영구적인 포트폴리오에 얼마나 많은 항목을 포함해야 하는가? 그것은 많은 요인에 의존한다. 포트폴리오의 사용자 대부분은 완전한 모습을 얻는 데 필요한 최소한 항목의 제한된 수를 강조한다. 즉 한 학기 동안 아이의 진보를 평가하는 데 주의 깊게 선택된 5~6개의 항목이면 충분하다고 말한다(물론 여기에는 교사가 선택한 항목을 부가한다).

포트폴리오 평가체제는 아이의 개별 능력과 이해를 가장 잘 나타내는 정보를 얻는 기회이다. 따라서 초등 과학에서 다중적 평가 측정에서 중요한 성분이 되어야 한다.

지금까지는 물리적 포트폴리오를 논의했다. 그러나 컴퓨터 포트폴리오가 지필식 포트폴리오를 대체하기 시작했기 때문에 미래에는 그런 방향으로 생각해야 할 것이다.

개인차에 따른 평가 기법

6장과 7장에서는 아이들의 과학 수행에 영향을 미치는 개인차를 탐구했다. 학생들은 개인마다 학습 방식이 다르다. 각 개인들의 장점에 따라 가르치는 것이 성취에 중요

미국과학교육기준의 평가 기준 D. 공정한 평가

하며, 따라서 성취를 평가할 때 그들의 장점에 따라 평가하는 것도 마찬가지로 중요하다. 그러므로 서로 다른 개인들은 서로 다른 방법으로 평가되어져야만 한다. 왜냐하면 그들은 자신이 좋아하는 방식에서 최대의 능력을 발휘할 수 있기 때문이다. 예를 들어 청각적 학습 양식의 청각적인 방법으로 배운 후에 필기 시험으로 성취를 보이게 되면 올바르지 못한 평가 자료를 얻는 것이다. 또한 평가를 선택할 때 모든 학생들이 자신이 이해한 바를 공평하게 나타낼 수 있도록 교사는 주의를 기울여야 한다. 가령 학생 중에 자기가 이해한 바를 글쓰기를 통해 나타내는데 어려움을 보인다면 글쓰기를 잘하는 학생과 이해한 것이 비슷하더라도 쓰기 평가 과제에서 낮은 수행을 보일 수 있다(Appleton, 2007). 결론적으로 평가는 학습 유형에 맞춰져야 한다.

영어학습자 ELL는 시험을, 특히 표준화 검사를 치를 때 언어 장벽을 극복하게 돕기 위해서 다른 방식으로 조절할 필요가 있다. 공통적으로 다음과 같은 조절이 포함되어야 한다:

- 영어 사전이나 용어집
- 이중 언어 사전이나 용어집
- 간단한 영어
- 스페인어 번역본
- 이중 언어 검사
- 이중 언어로 쓴 질문과 스페인어로 읽어주기
- 충분한 시간

그러나 11개 연구의 메타 분석은 24,000개의 초등학교 학생들 중에서 6,500명이 영어 학습자였는데, 영어 사전과 용어집을 제공하는 것 말고는 위의 권고 사항들이 효과적이지 않았다고 한다(Kieffer, Lesaux, Rivera and Francis, 2009). 그들의 연구는 영어 학습자들을 위한 특별한 조절이 필요하다면 학업을 하는데 필요한 언어 기능의 개발에 관심을 기울여야 한다는 것으로, 교과서와 수업(탐구 조사를 포함하여)에서 사용되는 언어를 과목별로 발달시켜줄 필요가 있다. 사실 교실의 **모든 학생들**을 위한다는 것은 좋은 생각이다.

영어학습자는 과학을 이해했지만 불충분한 어휘 때문에 자신이 이해한 것을 말로 나타내지 못한 것뿐이다. 참평가 기법을 활용한다면 언어적 문제를 극복하여 아이들이 진정으로 이해한 것을 교사가 알게 해준다.

다중 지능 이론과 참평가의 원리를 따른다면 학생들은 자신이 학습한 것을 가장 좋은 방식으로 보여줄 수 있어야 하기 때문에 8가지 지능 중에서 강점을 가진 분야를 평가해야 하며, 학생들에게 평가 문제를 가장 잘 반응할 수 있는 선택 기회를 주어야 한다(Armstrong, 2009).

이런 학습 유형에 맞춘 평가 기법이 그림 8.10에 제안되어 있다.

과학을 평가할 때 문화적 차이를 고려하는 것은 매우 새로운 도전 과제이다. 앞으로 살펴 본 바에 따르면 아동의 문화적 배경은 이전 경험과 지식에 영향을 미치고 아동이 새로운 이해를 구성하고 혹은 재구성할 때 이전에 이해한 것에 토대를 둔다. 아동의 문화적 배경은 평가 자료를 해석하는 방식이나 반응하는 방식에 영향을 주기 때문에 평가과정에서 이런 문화적 영향을 고려해야 한다(Solano-Flores & Nelson-Barber, 2001).

그림 8.10

학습 유형에 따른 평가 기법
• 주된 생각을 보여주는 콜라주, 포스터, 슬라이드, OHP 필름, 파워포인트® 파일과 같은 '시각적 수필'을 고안하라. (*시각적 학습자*)
• 반응을 녹음하라. (*청각적 학습자*)
• 주된 생각을 묘사하는 글을 스크랩하거나 사진 혹은 기타 인공물을 준비하라. (*운동감각적 학습자*)
• 개념을 도표나 개념도로 표현하라. (*공간 지능이 뛰어난 학생*)
• 이해한 것을 판토마임 형식으로 연극화하라. (*신체 지능이 높은 학생*)
• 개념을 다루는 뮤지컬이나 노래를 만들어라. (*음악적 지능이 높은 학생*)
• 극본을 써라. (*언어적 지능이 높은 학생*)
• 주된 생각을 요약하는 간단한 원리를 개발하라. (*논리 수학적 지능이 높은 학생*)
• 주된 생각을 토론으로 이끌어라. (*대인간 지능이 높은 학생*)
• 개념이 한 개인의 삶에 어떻게 활용되는지를 보여라. (*개인적 지능이 높은 학생*)
• 개념이 자연 환경의 질서에 맞는지를 보여라. (*자연 지능이 높은 학생*)
• 다른 학생의 생각에 도전할 수 있는 게임을 고안하여 그 사람의 이해를 드러나게 하라. (*장의존적 학습자*)
• 남 · 여학생이 모두 편안한 방식으로 자신이 이해한 것을 보여주도록 격려하라. (*성별차*)
• 탐구를 개념도 형태로 그리거나 표현하라. (*비영어권 학습자*)
• 교사와 동료에게 자신의 탐구를 설명하라. (*학습 장애를 가진 학생*)
• 개념과 결론을 보여주도록 모형을 구성하라. (*영재 학생*)

따라서 평가를 아동의 문화적, 사회적 이해의 측면에서 해석될 수 있는 모든 문화적 편견에 민감하도록 구성해야 한다. 참평가 방식은 아동의 과학 성취를 문화적 배경에 무관하게 교사가 최대한으로 이해하는 것으로 허용한다.

성적표

미국과학교육기준의 평가 기준 C. 자료가 의사 결정과 행동에 연계

평가과정의 기능 중의 하나가 학부모나 다른 학교 전문가와 성적표와 활동 기록부를 공유하거나 소통의 수단으로 이용하는 것이다. 가장 신뢰로운 성적표 체계는 이야기식으로 구성하여 부모와 회의하는 것이다. 이 경우에 데이터는 점검표, 관찰 일지, 면담, 포트폴리오로부터 수집되며, 이것들은 성장과정에서 필요한 정보를 제공하며 기록이나 자료를 복사하여 보관한다.

점수 체계는 인위적이며 아동이 획득한 것을 전체로 나타낼 수는 없다. 게다가 그것들은 지역 전체, 한 학교 혹은 같은 교사의 여러 과목에서 조차도 언제나 똑같은 준거를 나타내지도 않는다. 양적인 점수를 매기는 방법을 이야기식으로 성장을 보고하는 방법으로 대체하는 것이 바람직하지만, 점수를 내는 것이 교육의 책무이다.

그러므로 평가의 자료를 어떻게 점수로 환산하는가 하는 문제가 발생된다. 실제로

선택된 평가의 자료는 평가 방법에 직접적인 영향을 미치며, 그 자료들은 성적표를 작성하는 데 쓰여진다. 만약 점수 체계를 세 단계(E는 '**탁월한 수준**', S는 '**보통**', N은 '**개선이 필요한 수준**')로 잡으면 양적인 점수 체계(수–우–미–양–가 혹은 백분율)로 나타낼 때보다 양적인 자료가 적게 필요할 것이다.

양적인 점수 체계에서 첫 번째 할 일은 점수에 맞는 요인과 각 요인의 백분율과 가중치를 설정하는 것이다. 과학 성적을 결정하는 데 적용되는 모든 요인들은 과학 프로그램에 있어서 중요한 역할을 하는 과학의 성취도를 다루어야 한다. 읽기, 쓰기, 철자법, 수학의 영역에서의 행동과 수행은 아니다.

과학 성적을 계산하는 데 있어서 아래와 같은 요인들이 고려된다:

- 면담(필요하다면, 면담과 실제적인 수행에 의하여 과제나 활동, 탐구의 영역에 대한 점수를 받을 수 있다)
- 탐구과정 점검표나 실험 시험의 점수
- 탐구 능력 점검표의 점수
- 내용 시험의 점수
- 과학에 대한 긍정적인 태도나 태도의 증진을 나타내는 여가 활동
- 퀴즈, 종합적 시험, 중간 시험, 학기말 시험
- 숙제
- 수업 활동
- 프로젝트, 보고서, 발표(보고서나 발표와 같은 주요한 활동들의 등급을 매길 때 성적의 절반은 활동의 계획, 준비, 실행 그리고 완성에 할당하며 나머지 절반은 면담을 통하여 드러난 아동의 이해에 할당한다)
- 참여

만약 과학 일지에 교사와 아동 사이의 사적인 기록이 있다면, 성적의 등급을 매기는 데 사용해서는 안 된다.

최종 성적은 미리 마련된 가중치에 의하여 계산하며, 특히 초등학교 고학년의 경우는 미리 정한 가중치를 아동과 공유해야 한다. 숫자 표시나, 백분율로 보여줄 수 있다.

점수를 계산하는 대표적인 방식은 아래와 같다:

- ▶ 과정 기능 성취 30%
- ▶ 탐구 능력 성취 30%
- ▶ 포트폴리오 20%
- ▶ 기타 활동 20%

위의 방식 중에 내용 성취에 대한 가중치 부분이 없다는 데 주목해야 한다. 내용 성취의 요인을 포함하더라도 매우 작은 비율일 것이다. 그러나 최근에 표준화 검사와 과도하게 요구되는 책무성으로 내용 성취를 어느 정도 반영할 필요가 있다.

탐구과정 중심의 과학에 있어서 점수 매기기는 어렵다. 왜냐하면 모든 아동에게 균일하게 적용할 수 있는 측정 가능한 표준을 설정하는 것이 어렵게 때문이다. 그러나 이 장에서 제공된 평가 방법과 미리 계획한 채점 방법이 있다면 학생들을 공평하고 모순없이 점수를 매기는 데 도움이 될 것이다. 결국에 성적표가 긍적적이어야 하며, 개별 아동의 발달을 반영하고 아동과 학부모에게 개인별 성공을 의사소통할 수 있어야 한다.

궁극적으로 성적표는 '개별 성장을 최대화하려는 교사의 수업 철학'을 나타낸다 (Tomlinson, 2001, p. 15).

교사 활동

8.4

미국과학교육기준의 수업 기준 C. 교수학습의 평가

자신의 평가 체계 구성?

여러분이 가르치고자 하는 학년의 과학에서 성적을 결정하는 체계를 구성해 보자. 먼저 짧은 문장으로 성적 체계에 대한 원리와 등급을 나누는 철학에 대해 요약한 다음, 숫자로 성적을 처리할지, 백분율로 성적을 처리할 것인지를 결정하라. 마지막 성적을 매기는 데 있어서 자신이 포함시키고자 계획하고 가중치를 두었던 모든 범주의 요인을 나타내어 주고 필요한 자료는 어떻게 얻을 것인가를 서술하고 알지 못하는 요소들을 수용할 수 있는 유연성을 포함해야 한다. 또한 신뢰와 노력, 행동 등을 어떻게 다룰 것인가에 대해서도 나타내어라.

과도한 시험과 표준화 성취도 검사

교육청들은 종종 표준화 성취 검사를 위한 특정한 내용을 요구하고 표준화 검사의 결과를 학습의 진단이나 장단점을 파악하는 데 사용한다. 그러나 표준화된 백분율 점수나 그와 동등한 등급을 매기는 일은 평가의 독특한 잠재적 가능성을 축소시키며, 개인이나 학급, 학교, 지역별 학생들을 서로 혹은 전체의 평균과 비교하는 데 이용한다.

미국과학교육기준의 평가 기준 A. 의사 결정하는 데 필요한 정보와 일관성

국내외의 과학성취도 표준화 검사

미국 학생들의 과학적 지식의 상태를 평가하거나 국가 전체 학생의 과학에 대한 진전 상황을 평가하거나, 미국 어린이와 다른 나라의 어린이를 비교하는 데 표준화 검사를 이용한다(2장에서 살펴보았듯이 2000년의 목표라는 보고서에 따르면 미국 학생이 수학과 과학 성취에서 최고인가를 알아야 한다). 국가별 성적을 검사하여 미국 아동의 과학 성취도를 측정하며, 3차 국제 과학 및 수학 비교 연구 TIMSS에서 전 세계 학생들의 과학과 수학의 성취도를 측정한다.

평가가 교수방법을 좌우하기 때문에 교수방법을 영구적으로 바꾸려면 평가를 바꿔야 한다는 지적은 너무나 많았다. 이런 생각은 과학교육에도 그대로 적용된다. 왜냐하면 과학교육에서도 탐구과정과 탐구 기능에 초점을 맞춘 검사를 개발해야 하며 내용에 대한 평가와는 다르며 객관적으로 평가하기도 매우 어렵고 국가 수준에서 평균을 맞추기는 훨씬 어렵기 때문이다. 따라서 아동이 과학 내용을 이해한 것이 질문을 만든 사람이 기대하고 가정한 이해와 매우 다르다는 구성주의적 생각은 학생들의 이해를 기계적으로 점수 매기는 표준화 검사로 알아내기는 불가능할 것이다. 플릿 Plitt(2004)은 "학생들의 성취는 표준화 검사 점수로 볼 수 있지만 교사가 수업에서 학생들이 작업한 내용이나 정보를 통해서도 가능하다. 종종 우리는 시험 점수에만 의존함으로써 후자의 정보를 무시한다"(pp. 745~746)고 지적하였다. 어떤 표준화 검사에 처음에는 끝열린 문항이나 반응을 쓰게 하

는 문항을 포함시켜 아동이 이미 정해진 선택지를 택하지 않고 자신의 해답을 적어 보게 할 수 있다. 전문가의 평가 점수를 표준화틀에 따른 아동의 점수와 비교하여 아동이 그 표준틀의 요구에 얼마나 맞는 가로 점수를 매길 수 있다. 그러나 이런 문항은 전통적인 선다형 문항보다 과학 성취를 더 참되게 평가할 수 있지만, 선다형 문항에 비해서 준비하고 표준화하고 점수를 매기는데 80배 이상의 노력이 요구된다(Lawrenz et al., 2000).

과도한 시험

표준화된 검사의 초점은 2001년의 '뒤처지는 아동 방지법'의 평가 필수 항목에 드러나 있다. 이 법안의 기본 입장은 2장에서 설명하였다. 그중에는 주별로 기준을 정한 요구 사항과 모든 학생을 대상으로 연간 시험을 시행하는데, 성격상 대부분의 시험은 표준화된 객관식 평가이다. 아동의 표준화 검사 점수 중에서 주별로 요구하는 범위와 연방 정부에서 요구하는 범위가 있는데 학생의 성취도를 측정할 뿐만 아니라 교장, 교사, 교육과정 심지어 학교까지도 평가하려고 한다. 교사의 월급은 아동의 시험 점수와 연계되어 있으며 교장의 월급 및 학교 재정과도 연계되어 시행된다. 어떤 경우 교사를 다음 해에도 고용할지 여부를 학생의 표준화 시험 점수에 따라서 판단한다. 더 심한 경우는 어떤 학년의 학생이 표준화 시험에서 최하 점수를 받게 되면 그 다음 해는 더 높은 점수를 받아야 한다. 2년 내에 '적절한 진전'을 이루지 못한 학교는 '재배치되어' 학생을 다른 학교로 보낼 선택권을 주어야 한다. 그래서 이런 시험 프로그램을 **과도한 시험** high-stakes testing이라고 말할 수 있다.

8.5 교사 활동

미국과학교육기준의 평가 기준 C. 의사 결정과 행동에 맞는 자료

표준화 검사의 요구 사항

여러분의 지역에서 요구되는 시험을 인터넷이나 다른 자원을 활용하여 찾아보아라. 특히 과학에 대한 시험은 자세하게 찾아라.

최근에 교육 연구문헌에는 이런 위태로운 시험에 대해 비판하거나 걱정하는 논문이 많이 발견된다. "학교 교육청과 교사들은 자신의 학생들이 평가되는 자료만 주로 가르칠 뿐이며 평가에 나오지 않는 내용은 교육과정에서 빼버리는 경향이 있다. 뒤처지는 아동 방지법 No Child Left Behind은 예견되었지만, 많은 교육과정을 뒤처지게 Much Curriculum Left Behind (MCLB) 만들었다"고 지적한다(Berliner, 2009). "한 번의 시험에서 좋은 점수를 받아야 한다는 압력이 너무 강해서 시험에서 부정 행위를 하거나 자료를 조작하는 등의 현실적 문제를 야기하며 교육을 왜곡하여 교육과정을 축소하거나 시험만을 가르치며 교육자를 붕괴시키고 있다"고 비판을 제기하기도 한다(Nichols and Berliner, 2008, p. 672). "교육자들이 느끼는 압력은 아동들에게 시험을 과도하게 준비하도록 몰아간다. 물론 이런 노력 중에 좋은 점도 있지만 법률을 위반하는 나쁜 면도 있으며 추악하고 윤리적으로 바람직하지 않을 수도 있다"고 말하기도 한다(Wright, 2009, p. 117). 그러나 교사와 함께 학교 공동체를 만들고, 주정부에서 규정한 교육과정을 모두 다룰 수 있는 방법을 찾아서

수업의 소유 의식을 만든다면 나쁜 점과 추악한 면은 줄이고 좋은 점은 극대화될 거라고 주장한다. 그뿐만 아니라 2005년~2006년 사이에 장애를 가진 학생의 평가 점수가 향상되었는데, 뒤처지는 아동 방지법에서 장애 학생을 강조했기 때문이었다(Aarons, 2009).

연구에 따르면 표준화된 검사가 모두 학생들의 성취를 신뢰롭게 측정한 것이 아닐 수도 있으며 문화, 민족, 가정 환경, 경제 수준, 장애, 영어 구사능력 등과 같은 학교 밖의 요인을 설명하지 못한다(Lederman & Burnstein, 2006). 그러나 뒤처지는 아동 방지법에 의하여 매년 말에 치러지는 한 번의 시험이 학교 상태와 학생의 성취를 측정하는 주된 방법일 수밖에 없다. 그러나 보다 과도한 시험 수업 안에서 이루어지는 형성 평가를 총괄 평가와 함께 이용하면 학생들이 어느 정도 알고 있는지와 학교의 상태를 판단할 수 있다.

당연하게 과도한 시험에 대한 과중한 요구 때문에 교사는 학생들이 표준화 검사에서 성취한 것에 매우 많은 관심을 둘 수밖에 없다. 최근에 대규모로 초등학교 교사를 대상으로 체르토 Certo(2006)가 연구한 바에 따르면, 새로운 교사들이 표준화 검사에 대한 압력에만 관심을 기울이게 되어 그로 인하여 다른 예측 가능한 관심 사항은 잊혀지게 된다. 표준화 검사에 대한 요구가 매우 높기 때문에 초등 과학교사는 시험에 나올 가능성이 높은 과학적 사실을 가르치는 데 중점을 두게 되며, 과학을 행하는 방법, 탐구과정, 학생이 제기한 질문과 문제에 대한 타당한 결론을 도출하는 과정 등은 등한시하게 된다.

과도한 시험 문제를 해결하는 방안을 여러 문헌이 제안하는데, 예를 들면:

- 시험에서 다루는 개념들을 정규 교육과정에 포함시킨다.
- 여러 과목의 경계를 교차하는 시험 내용을 찾아내어 학교에서 모두 다룬다.
- 시험을 치기 전에 필요한 내용을 모두 공부하도록 교육과정의 시간표를 조정한다.
- 시험에 나오는 개념을 찾아내서 탐구에 연결되도록 하고 과정 중심 탐구 수업의 기초로 활용한다.
- 시험에 나오는 사실 내용을 다루는데 시간은 최소화한다.
- 아동들이 시험보는 기술을 개발시키도록 도와준다.

주의할 점이 있다. 표준화 시험이 가진 난관을 해결하는 방안이 제시됐지만 과정 중심 탐구 방법이 성취도 시험의 준비를 위한 이차적인 역할에 머물러야 한다는 의미는 아니다. 가르쳐진 것을 측정하는 평가와 내용 중심으로 표준화된 평가를 교체하는 작업과 동시에 효과적이라고 알려진 양식과 방법으로 가르치고 지금은 아마 연방 교부금 수여와 구현되어야 할 결과를 기다리는 것이 훨씬 나을 것이다.

뒤처지는 아동 방지법의 재인준

뒤처지는 아동 방지법 *2001*년도 법안이 2007년에 의회에서 인준받았다. 그러나 새로운 행정부가 선출되어 대통령과 교육부 장관이 뒤처지는 아동 방지법과 다소 다른 견해를 보이고 있다. 2장에서 논의한 '개혁의 청사진'이라는 보고서에 요약되어 있다.

이 교재가 출간되기 전까지 '개혁의 청사진'이나 초중등 교육법 ESEA의 국회 인준이 아직 진행되지 않았다. 1965년 존슨 Lyndon Johnson 대통령이 제정한 교육법을 5년마다 재인준하며, 뒤처지는 아동 방지법이 가장 최근에 인준된 것이다. 우리는 나중에 재인준된 법률을 알게 되면 책무성과 평가를 논의할 때 활용할 수 있을 것이다.

초등 과학 교사와 프로그램에 대한 평가

미국과학교육기준의 수업 기준 C. 교수 학습의 평가

슐만 Shulman(1987)은 지식과 교수법에 관한 논문에서 교수를 위한 사고 pedagogical reasoning의 여섯 가지의 측면을 제시하였다:

1. 가르쳐야 할 자료에 대한 이해
2. 아동의 필요성을 충족하게 자료를 변형
3. 학급에서의 교재 지도
4. 아동의 이해와 교사의 수행에 대한 평가
5. 교사의 수행과 교실 수업에서의 수행에 대한 반성
6. 아동, 교사 및 자료에 대한 새로운 이해

이것은 순환적인 모델로서 6단계의 새로운 이해의 결과는 1단계의 새로운 이해가 되어 다시 시작된다.

유능한 교사는 수업 중에 끊임없이 이해, 수행, 수업의 효과를 평가한다. 또한 유능한 교사는 혼자서 혹은 다른 전문가들과 함께 반성하며, 이전의 수행에서의 장점을 찾아내고 개선이 필요한 부분을 명확히 하기 위하여 반추하며, 교육과정이 교실의 아동들에게 적절한지 아닌지 그리고 과학과 과학교수에 대한 태도의 변화가 있는지 없는지를 반성해 보아야 한다.

내적 반성은 교사로 하여금 아동들에게 의미 있고 개인적인 차이점을 잘 반성하게 하며 수업에서 아동들이 다양하게 구성하도록 과학수업을 재창조할 수 있게 하는 강력한 도구이다. 반성적 사고는 또한 교사로 하여금 아동들이 탐구하도록 격려하는 기술을 점검하도록 할 수 있으며 아동의 생각을 따라잡을 수 있도록 하고 아동의 생각을 탐구하는 계획을 발전할 수 있게 한다.

교사도 자신의 수행을 반성하는 일지를 기록해야 한다. 일지, 포트폴리오, 동일 수업 집단의 학습, 그리고 출석률 등은 자기 반성에 도움을 준다. 교사가 자신의 모의 수업을 비판할 때 자기 반성을 실행한다. 자신이 가르치는 과정에서 반성의 과정을 계속하여 자신의 믿음과 자신의 행동을 조정하며, 배운 것과 실제로 가르친 것을 조절하며, 자신의 의도와 가르친 결과의 산물을 조정하도록 고무되어진다. 그림 5.4에 제시된 구성주의자들의 접근 방식과 탐구 수업의 척도는 자기 반성을 통하여 자기 평가를 하는 데 도움을 주기 위한 제안들이다. 그리고 교사의 월급이 평가에 근거하는 현재의 흐름에서 지역 학교에서 칭찬하는 수업 방식이 어떤 것인지를 조언해주어 수업을 그에 맞추게 해준다. 물론 탐구적 구성주의 교수 학습방법이 칭찬할만하다고 생각한다.

초등 과학 교사가 '탐구의 필수적인 특징(미국 연구협회에서 지정한)을 교실 수업에서 실행하고 있는지를 알려고' 할 때 활용될 수 있는 탐구틀을 개발하였다(Bodzin & Beerer, 2003). 이 틀은 그림 8.11에 제시되어 있는데 수업에 대한 교사의 반성을 도와줄 것이다(그림 5.1의 연속선과는 좌우가 뒤바뀌어 있음에 유의하라).

교사로서 자신의 의무를 어느 정도 효과적으로 수행하였는지에 대한 정확한 반성과 학급의 반응을 살펴 보기 전까지는 어떤 수업, 어떤 단원, 어떤 학기도 끝난 것이 아니다.

과학 교사의 탐구 틀(Science Teacher Inquiry Rubric)					
학생 중심 ←				→	교사 중심
학생들은 과학적 의문을 갖고 참여한다.					
교사는 학생들에게 과학적 의문에 참여할 기회를 제공한다.	학생이 자신의 의문이나 가설을 검증 가능하게 형성한다.	교사는 학생이 의문이나 가설들을 세우도록 돕기 위해 주제나 예시를 제안한다.	교사가 선택한 의문이나 가설을 학생에게 제공한다.	교사는 학생들에게 탐구할 명확한(혹은 함축된) 의문이나 가설들을 제공한다.	관찰 증거가 없다.
학생들은 증거를 우선하면서 과학적 의문에 대한 설명을 개발하고 평가한다.					
교사는 학생에게 의문에 대한 증거를 모으기 위해 탐구 계획에 참여시킨다.	학생들은 독립적으로 계획하는 절차와 실험 계획안을 개발하고 탐구를 완전히 수행한다.	교사는 학생이 탐구를 계획하고 완전하게 수행하도록 격려하되, 지원과 비계를 제공한다.	교사가 탐구의 일부를 계획하고 수행하며 학생은 일부 선택한다.	교사는 학생에게 절차와 방식을 모두 제공한다.	관찰 증거가 없다.
교사는 학생들이 과학적 의문에 대한 설명을 개발시키고 평가하도록 증거를 우선하게 돕는다.	학생들은 무슨 증거를 수집할지와 적절한 자료를 수집 및 분석하여 초안을 결정한다.	교사는 학생에게 특정한 자료를 수집하도록 지도하거나 필요한 자료를 제공한다. 가끔 자료 수집 초안을 제공한다.	교사가 학생들에게 자료를 모두 제공하고 분석시킨다.	교사가 학생들에게 자료를 제공하고 어떤 방식으로 분석하는지 구체적인 방향을 알려준다.	관찰 증거가 없다.
학생들은 과학적 의문에 대한 설명과 결론을 증거를 갖고 형식화한다.					
학생들은 과학적 의문에 대한 설명과 결론을 증거를 갖고 말한다.	학생들은(자료의 형태로 된) 증거를 분석하고 자신의 결론/설명을 형식화한다.	교사는 학생들에게 분석한 증거로부터 어떻게 결론과 설명을 이끌어내는지에 대해 생각하게 한다. 단, 특정한 증거를 알려주지 않는다.	교사는 학생이 결론을 내리거나 설명을 형식화하는데 분석된 증거(자료 형태의)에 관심을 기울이게 (종종 질문을 통해) 안내한다.	교사는 이미 결정된 옳은 결론과 설명으로 학생을 유도하기 위해 (검증) 분석된 증거(자료 형태의)에 관심을 기울이게 (종종 질문을 통해) 안내한다.	관찰 증거가 없다.
학생들은 과학적 이해를 반영하는 여러 가지 대안적 설명들을 설명한다.					
학생들은 자신의 결론을 평가하고 혹은 과학적 이해를 반영하는 여러 가지 대안적 설명이나 결론을 평가한다.	학생은 독자적으로 다른 자원들을 검토하여 연결과 설명을 만들어 내도록 격려받는다.	교사가 적절한 과학 지식에 대한 자원을 제공하여 결론이나 설명을 찾게 도와준다. 그러나 교사가 이런 관련 자원들을 살펴보게 학생을 안내하거나 안내하지 않을 수도 있다.	교사가 다른 대안적 결론과 설명을 형식화하도록 학생에게 자원들을 제시하지 않는다. 대신 교사는 그러한 다른 대안을 이끌어낼 수 있도록 관계된 과학적 지식을 확인시켜주거나, 가능한 연계를 제안한다.	교사는 다른 대안적 결론과 설명이 연결되어 있음을 분명하게 진술한다. 단 그런 자원들은 제시하지 않는다.	관찰 증거가 없다.
학생들은 자신이 제시한 설명을 소통하고 정당화한다.					
학생들은 자신이 제시한 설명을 소통하고 정당화 한다.	학생들은 자신의 결론과 설명들을 소통하고 정당화하기 위해 특정 내용과 배열을 규정한다.	교사는 소통을 증진시킬 방법을 말해주지만, 내용이나 배열을 제안하지 않는다.	교사는 가능한 내용과 사용될 배열을 제공한다.	교사는 사용할 수 있는 내용이나 배열을 규정한다.	관찰 증거가 없다.

그림 8.11

학교 현장 교사의 경험

평가는 과학교육에서 가장 어려운 부분이다. 이 장에서 보았듯이, 평가는 교실에서 여러 형태를 가지며 그래야 한다. 불행히도 경험이 많은 교사들도 과학적 사실을 배우고 시험을 보는데 익숙하며 우리 세계를 탐구하는 과정을 경험하지 못했다. 새로운 교사로서 표준화된 지필 시험으로 학생의 성취를 평가할 수밖에 없다고 생각하는 함정에 빠지지 않는 게 중요하다. 물론 표준화된 검사가 시간을 효율적으로 사용하는 건 틀림없지만 학생들이나 여러분 자신에게 학습의 기회를 잃게 하는 것은 엄청난 것을 잃게 되는 것이다.

아마 평가에서 가장 중요한 점은 평가가 과학수업에서 항시 일상적 활동이라는 점이다. 학생의 사고 방식을 알기 위해 질문을 던지든지 아니면 공식적인 실험 문제를 제시하든지 간에 평가는 교사에게 두 번째 성격을 보여준다. 내가 생각하는 가장 가치있는 평가 형태는 매일 질문을 던지고 학생들이 공부하는 주제를 이해하는가를 살피는 것이다. 그 질문에 대해 학생들이 반응하면 내 수업이 그들의 요구에 맞는지를 알 수 있다. 또 그들의 응답을 통해 학생의 사고 방향을 잡아줄 수도 있다. 이러한 모든 정보는 내 수업이 과학적 지식을 튼실하게 설계하고 구성하는 데 도움을 준다.

교실에서 참평가를 수행하기 위해서는 세 가지 중요한 고려 사항이 있다: 시간, 재료와 공간, 평가의 질이다. 과학을 잘 가르치고 평가하는 데는 시간이 든다. 학생이 과학적 개념을 잘 이해하는 것이 목표라면 선생님으로서 타이밍의 유연성이 필요하다. 내가 신규교사였을 때 학생들을 완벽히 평가하는 데 시간이 많이 걸려 곤혹스러웠던 적이 있었다. 그러나 나는 곧 아이들은 우리가 가르치는 속도보다 늦게 깨닫는다는 것을 알았다. 내가 인식한 다른 한 가지는 잘 설계된 평가 활동은 학습의 많은 영역을 평가할 수 있다는 것이다. 일단 실험활동을 해체하고 완수된 모든 활동들을 확인하는 것을 배우고, 나는 몇 과지 과정 기술들을 한 가지 활동에서 쉽게 평가할 수 있다는 것을 깨닫게 되었다.

두 번째 고려할 점은 학생을 평가할 때 재료와 공간이 아주 큰 영향을 미친다는 점이다. 학생들을 참평가에 참여시키는 것은 연필과 종이보다 더 많은 것을 필요로 한다. 그것은 공금을 필요로 한다. 다행스럽게도, 비싸지 않은 재료와 장비를 사용하는 과학 탐구활동들이 많이 있다. 하지만, 학교가 필요한 재료를 구입하는 데 예산 지원이 가능하도록 설득해야 할 것이다. 공간도 또한 문제이다. 어떤 활동들과 평가들은 체육관이나 간이식당처럼 넓은 공간을 필요로 할 것이다. 담임 교사이거나 하루 종일 과학을 가르치는 전담 교사이든 아마 진행 중인 탐구활동을 진행할 때 자료들을 모아 놓기에 공간이 부족할 것이다. 교실을 어지럽히지 않도록 관리를 잘 해야 한다. 교실에서 경험이 쌓이면 이러한 문제를 해결하는 방법을 배우게 될 것이다.

세 번째 고려 사항은 효율적인 평가 도구의 목록을 만드는 것이다. 교실에 과학 교과서가 준비되어 있다면, 그 교과서 안에는 학생들이 지금 배우는 주제와 관련되어 많은 실험 활동이 있다. 이런 교과서도 향상에 상당한 도움을 주지만, 학생에게 고차원적 사고보다는 간단한 활동을 소개하는 경향이 있다.

그러나 하늘이 무너져도 솟아날 구멍이 있다. 내가 선호하는 자원은 다른 선생님들이고 '과학과 아이들'이라는 미국 과학 교사 모임에서 발행된 책자이다. 우선 경험이 많은 교사를 과학 멘토로 활용할 수 있다면 초임 교사로서 가장 중요한 것을 달성할 수 있다. 어떤 개념을 설명하고 평가하는 데 어려움을 겪을 때 그런 멘토를 만날 수 있다는 건 행운이다. 전문 잡지를 보면 훌륭한 평가 활동을 발견할 수 있다. 그런 활동은 현장에서 검증된 것이며, 미국 과학교육기준을 충족시키는 것이다.

과학을 잘 가르치는 데는 많은 어려움이 있다. 그러나 교사가 가르치는 학생들이 배우고 있는 개념을 정말로 '습득'했다는 걸 보는 것은 매우 가치있는 보상이다.

리즈 워드 Liz ward

4학년 과학 및 5학년 수학 과학 담당 교사

텍사스 주, 베드포드, 성 빈센트 학교

요약

이번 장에서 평가와 관련된 다양한 질문을 받았고 과정 중심의 탐구 과학수업에 일치하는 참평가 프로그램을 설계하였다. 학습 단원의 중간에 진전된 정도를 평가하는 형성 평가의 장점과 단점을 탐색하였고, 학습 단원의 마지막에 학습이 유지된 것을 평가하는 총괄 평가를 탐색하였다. 특정한 정보들을 기억하는 것보다 학생들의 개념 구성에 관심이 많기 때문에 초등 과학 교사는 총괄 평가보다는 형성 평가를 더 가치로워 한다.

과정 기능과 탐구의 평가는 아이들이 실험 활동에서 어떻게 구사하고 있는지를 점검 지표에서 찾아낼 수 있을 정도로 정확해야 한다. 그러나 점검표의 결과는 다른 참된 측정과 합쳐져야만 각 학생들의 이해를 진정으로 잴 수 있다. 점검표 이외에 다른 참평가 기법에는 형식적 또는 비형식적 면담, 과학 일지와 과학 공책, 포트폴리오 등이 자주 활용된다. 내용에 대한 이해와 태도의 평가도 필요하고 바람직하다.

평가는 개별 학습자의 요구에 맞춰져야 한다. 학생의 요구 중에는 시각적, 청각적, 운동감감적 학습 선호 유형이나 특정한 지능이 포함된다. 또한 학생의 문화, 영어 숙달 정도 등의 다른 개인차도 포함된다. 이런 개인차들이 표준화 검사로는 적절하게 드러나지 않기 때문에 개인적 요구에 맞춰진 참된 형태를 선택해야 한다.

성적표는 주기적으로 만들어야 하며, 구성주의 교사는 학교의 성적표 양식을 지킬 뿐만 아니라 가능한 참평가의 정보를 많이 담도록 해야 한다.

학부모, 교육자, 학교 관계자들은 모두 과도한 시험에 반대한다. 그러나 과학의 진정한 진보를 나타내며 모두에게 의미있는 다른 평가 수단이 고안되기 전까지는 표준화 검사를 받아들일 수밖에 없다. 뒤처지는 아동 방지법이 오바마 Barack Obama 미국 대통령의 행정부의 재인준을 남겨 놓고 있고, 개혁의 청사진 보고서도 약간 수정되어 재인준될 가능성이 높지만, 이 교재의 출판까지는 아직 모른다.

학생을 평가하는 것은 교사가 자신의 수업과 과학 프로그램이 성공했는지를 평가하는 데 매우 중요하다.

이번 장에서는 다양한 평가 방법의 특성 및 장점,

단점을 탐색하였다. 아동이 과학교육에서 얻은 것을 진정으로 나타낼 수 있는 더 나은 평가 방식에 대한 아이디어와 구체적인 방법을 끊임없이 찾아야 한다.

핵심 용어

결정 타당도	외삽
과도한 시험	지표
구인 타당도	질적 평가
내삽	참평가
다중 측정	총괄 평가
소리내어 사고하기	포트폴리오
양적 평가	형성 평가

토의를 위한 질문들

1. 형성 평가와 총괄 평가의 기본적인 차이는 무엇인가?
2. 전통적인 평가 방법과 참평가 방법의 장단점을 비교하라.
3. 구성주의적 과학 교사가 학생들이 과학의 과정과 탐구의 기능에서 진전된 것을 어떻게 형성 평가를 이용하여 측정할 수 있는가?
4. 교사가 참평가와 구성주의적 교수 학습 방법을 이용하여 학급 안에서 등급을 매긴 것을 어떻게 정당화할 수 있는가?
5. 교사가 현재 과도한 시험의 요구를 만족하면서도 탐구 중심의 발견적 구성주의 수업 전략을 활용할 수 있는가?
6. 모든 사람들이 과도한 표준화 검사의 단점을 무수히 많게 찾아낼 수 있다. 표준화 시험의 장점과 이득은 무엇인가?
7. 여러분의 수업과 과학 프로그램이 개선되었는가를 어떻게 평가할 것인가?

Chapter 9

초등 과학 교실

> 정규 교육(형식적 교육)이 당신의 학습을 저해하도록 허용하지 마라.
>
> Attributed to Mark Twain

Image Source/Getty Images

이 장은 수업에 적용할 수 있는 효과적인 과학 교수법에 관해 다양한 주제들을 다룬다. 또한 아동들이 기존의 수동적인 학습양식에서 벗어나, 스스로 탐구하여 자기 자신의 견해를 갖도록 하는 능동적인 탐구 방식으로 유도할 수 있는 방법을 제시한다. 과학 활동 중에 지켜야 할 매우 중요한 안전규칙에 대해서도 탐구하며, 과학수업을 위해 교실에 비치해 두어야 할 교구들의 항목, 비치 방법, 시간 활용 방법, 그리고 행동양식을 다루는 방법을 배운다. 교실에서 동식물을 보살피기에 가장 적합한 방법들을 논할 것이다.

학습에 있어 가족의 역할은 매우 중요한 부분으로, 여러분들은 가족 구성원이 그들 아동의 과학 학습에 참여할 수 있는 방법을 배우게 될 것이다. 협동 학습은 학생의 학습을 장려한다고 증명된 바 있으며, 여러분들은 구성주의적 과학 학습 환경에 협동학습을 활용할 수 있는 방안을 탐구할 것이다. 야외 수업 활동 및 비관습적인 학습 환경(박물관, 수족관, 식물원, 현장 견학 학습 등과 같이)은 학생의 과학 학습 성취도와 과학에 대한 관심 모두를 향상시킨다고 증명되었다. 여러분들은 비관습적인 환경을 활용한 과학 학습의 조성방안을 탐구할 것이다.

이 장은 초등학교 교실에서 구성주의적인 과정 중심의 탐구 과학 프로그램을 수행하는 데 대한 실제적인 방법들을 제안할 것이다.

사전 질문

이 장을 공부하면 다음 질문들에 대하여 논의할 수 있다.

- 어떻게 교사가 구성주의 탐구 접근 방식을 전혀 경험하지 못한 아동들에게 '안전한' 강의 토론/낭독의 접근 방식을 버리고 더 위험한 탐구 방식으로 접근하도록 도울 수 있는가?
- 직접 해보는 모든 활동에서 어떤 안전 예방 조치들을 취해야 하는가?
- 교실 내의 식물과 동

물들을 돌보는데 대하여 어떤 일반적인 규칙들을 정하겠는가?
- 해당 교사는 어떻게 자녀들의 과학 학습에 학부모들을 참여시킬 수 있는가?
- 초등학교 과학 교사는 교실 안에서의 문제 행동들을 어떻게 최소화할 수 있는가?
- 교사가 과학수업을 위해 교실을 준비하는 방식에 어떤 요인들이 영향을 주는가?
- 교사는 정해진 교육과정 안에서 과학을 가르치기 위한 비전통적인 환경을 어떻게 사용할 수 있는가?

신뢰

미국과학교육기준의 수업 기준 E.
지적으로 엄격하고 과학 학습에 적용하는 태도를 개발

많은 연구에 따르면 학생들이 그들의 선생님에 대해 가지고 있는 신뢰는 저학년 때 형성된다고 한다. 교사와 학생 간의 관계는 종종 선생님이 지식의 보고라는 믿음에 기초하여 형성된다. 아동은 교사가 전달해 주는 지식을 받아들이고, 교사는 그것을 한두 가지 형태의 시험을 통해 확인한다. 선생님은 '옳은 답'을 가지고 있고, 아동은 그것이 무엇인지 이해해야 한다. 선생님이 정답을 가지고 있지 않을 때조차도 옳은 답은 존재한다고 가정한다. 이런 인상이 학생들에게 각인되어 토론, 활동, 다른 모든 과학 활동 속에서도 아동의 목적은 '옳은' 답, '옳은' 결론에 도달하는 것이 된다. 저학년 이래로 이러한 경향은 지속되고, 아동은 옳은 결론을 구하고 이해하는 데 숙달되게 된다. 게다가 성적이 가장 중요하여, 아무도 나쁜 성적을 받기를 원하지 않는다. 그래서 아동들은 종종 선생님이 맞는 답이라고 생각하는 것을 찾아내는 게임을 한다.

선생님이 아동들로 하여금 그들 자신의 결론을 이끌고, 그들에게 자신에게 유일한 정보를 구성하도록 격려할 때, 아동들이 의심스러워하는 것은 놀랄 일이 아니다. 신뢰라는 요소가 상실되었기 때문이다.

구성주의적 교사는 이런 상황에서 무엇을 할 수 있을까? 첫째, 교사는 아이들이 신뢰할 수 있는 행동을 해야만 한다. 1장에서 "정답도 오답도 없다"라는 개념을 살펴보며 개개인의 인식체계가 자신들의 대답에 영향을 미치는 방식, 그리고 아동들의 지식에 대한 (주체권)소유권을 조성시킬 수 있는 방안에 대해 살펴보았던 경험을 떠올려 보아라. 교실 안에서 진정한 인간이 되고, 좋고 나쁜 날, 정보가 옳거나 틀리거나 빠뜨릴 수 있고, 강함과 약함을 전부 갖출 필요가 있다. 정말로 아동의 생각이 중요하다는 것을 믿는가? 정말로 아동이 그들에게 의미 있는 것을 배우는 데 흥미를 가지고 있다고 믿는가? 정말로 아동이 사회적으로나 학문적으로 고결한 존재라고 믿는가? 만약 그렇다면 자신의 믿음을 보여 줄 필요가 있다.

또한 친숙하지 않은 분야를 탐구하는 데 필요한 취미를 가지고 있는가? 만약 그렇다면 아동들과 함께 그 탐구에 적극적으로 참여함으로써, 그들이 그들 자신의 의문을 공식화하고, 그들 자신의 결론에 이르는 것을 도움으로써 그것을 보여 줄 필요가 있다. 아동들은 교사가 여전히 배우고 있는 중이고, 발견하고 있는 중이고 그래서 지금도, 그리고 앞으로도 계속 학생일 것이라는 것을 알 필요가 있다.

정말로 아동이 그들 스스로 어떤 상황을 탐구할 수 있다고 믿는가? 만약 그렇다면 아동들이 우리가 그것을 믿고 있다는 것을 보여 줄 필요가 있다.

교사는 단순히 **말함**으로써가 아닌 **행동**으로써 아동에 대한 신뢰를 보여 주어야 한다. 교사는 공동의 탐구자로서, 정직하고 성실하며 믿을만한 개인으로서, 아동을 염려하는 조력자로서 존재한다. 교사는 **모든** 언어적인 혹은 비언어적 행동을 통해서 인지적 존재인 아동에게 진정한 관심을 보여 주어야 한다. 우리는 아동들을 항상 성인으로서 대해야 한다. 버크 Buck와 트라우스-나래 Trauth-Nare(2009)는 훌륭한 교사들은 학생들이 정답을 모름으로써 스스로를 바보처럼 느껴, 결국에는 스스로를 '닫아버리는' 일이 발생하지 않도록, 제약을 두지 않은 열린 형식의 질문을 많이 던져 그들의 학생들로부터 신뢰를 받음을 발견하였다. 간단히 말해서 교사는 항상 아동이 중요하며 개인으로서나 사회적 존재, 탐구자로서 존재한다는 것을 증명해 보여야 한다.

둘째, 아동을 구성주의적 방법으로 탐구하도록 격려하고, 어떤 변화는 천천히 나타나고, 실패할 수도 있다는 것을 기억하며 천천히 시작해야만 한다. 아동은 설명적인 방법에 익숙해져 있기 때문에 그들이 구성주의적 학습으로 조금씩 나아가고, 탐구하도록 안내할 필요가 있다. 오직 아동이 과학을 하는데 탐구 방법이 안전하다는 것을 알 때, 신뢰는 과학을 가르치고 배우는 데 성공적인 구성주의적 접근으로 형성될 것이다.

교사는 안내된 탐구와 설명 사이의 어디에서든 두세 가지 활동을 아동과 함께 시작할 수 있어야 한다. 아동이 그들 스스로 생각해 보게 하고, 우리가 그들 자신의 인지 구조가 우리의 것만큼 가치 있다고 진정으로 생각한다는 것을 보여 주는 것은 중요하다. 과학수업 활동 9.1~9.4는 구조화된 과학 탐구의 예로서 아동이 자신의 사고과정에 자신감을 발달시키고, 그들의 사고가 교사의 사고만큼 가치 있다는 신뢰를 구축하는 데 도움이 된다.

과학수업 활동 9.1

미국과학교육기준의 내용 기준 B. 물상 과학: 대상과 재료의 속성

물이 다양한 물질에 어떻게 영향을 미치는가?

학년 수준
1-5

목표

학생들은 다양한 물질에 물이 어떤 영향을 미치는가를 예상할 수 있다.

준비물

물 컵, 설탕, 소금, 베이킹 소다, 후추, 밀가루, 쌀, 기름, 식초, 종이 클립, 마분지, 과자, 국수, 마카로니 등. 이때 아이들이 여러 가지 물질을 물속에 넣었을 때 어떤 일이 일어나는지를 예상하고 기록하는 데 자료표를 이용하면 많은 도움이 될 것이다.

각각의 경우에 대해 아이들은 물이 채워질 때 무슨 일이 생길 것인지 예상한다. 그리고 물을 채우고 무슨 일이 일어나는지 관찰한다. 그들이 관찰한 것을 기록한다. 학급 전체로 예상과정에서 토론하고 관찰하고 분류한다.

학년 수준
2-6

9.2 과학수업 활동

미국과학교육기준의 내용 기준 B. 물상 과학: 대상과 재료의 속성

공기가 공간을 채우고 있다는 것을 어떻게 설명할 수 있는가?

목표

학생들은 물을 담은 양동이에 컵을 거꾸로 넣을 때 투명한 컵의 바닥에 있는 종이가 젖지 않는 이유를 추론할 수 있다.

준비물

투명한 플라스틱 컵, 종이, 물이 채워진 양동이

아이들은 투명한 플라스틱 컵의 바닥에 종이 타월을 뭉쳐서 채워 넣는다. 그들은 컵을 뒤집어서 물이 든 양동이 안으로 넣는다.

아이들이 관찰한 것을 설명하도록 하여라. 어떻게 종이가 젖지 않는 현상이 공기가 그 공간을 채우고 있다는 결론으로 연결되는지 물어 본다.

양동이 대신 항아리를 사용한다든지, 다른 준비물로 한다든지, 다른 온도의 물을 사용한다든지 등등의 방법으로 실험에 변화를 줄 수 있다. 이것을 하는 중요한 이유는 아이들에게 자신의 생각을 실행하도록 용기를 주는 데 있다.

학년 수준
2-6

9.3 과학수업 활동

미국과학교육기준의 내용 기준 B. 물상 과학: 열에너지

증발

목표

학생들은 물이 표면에 묻은 후 얼마의 시간이 흐른 뒤 무슨 일이 생기는가와 증발에 있어서 공기의 움직임의 효과를 예상할 수 있다.

준비물

소형 칠판이나 표면이 부드러운 판, 물, 물 분무기

아이들에게 물이 칠판에 뿌려지면 무슨 일이 생기는지를 예상하도록 하여라. "물은 어디로 가버렸는가?" 아이들에게 돌아가면서 칠판에 적은 양의 물을 분무기로 뿌리게 하여라. 아이들은 무엇이 일어나는지를 관찰하고 그들이 발견한 것을 기록할 것이다. 전체 토론에서 이러한 증발 현상의 원인, 이유를 토론하도록 하여라.

다음에는 어떻게 하면 물이 좀 더 빨리 마르는지를 예상한다. 어떤 것은 그대로 두고 어떤 것은 공기 속에서 흔들어 보는 실험을 통해 그들의 예상과 결론을 비교한다. 학급 전체로 결과와 추론한 것을 토론한다.

과학수업 활동 9.4

미국과학교육기준의 내용 기준 D. 지구와 우주 과학: 지상과 하늘에서의 변화들

학년 수준
2-8

날씨 자료 모으기

목표

아동이 매일 날씨 자료를 관찰하고 기록한다.

그 중에는 (1) 온도, (2) 기압, (3) 풍속과 풍향, (4) 강우량, (5) 구름의 형태가 포함된다. 자료 모음표를 사용하여 아동이 매일 날씨 정보를 기록하고, 그래프를 그리고, 자료를 해석한다.

온도는 그늘진 곳에서 매일 같은 시간에 재어야 한다. 기압은 기압계를 읽어야만 한다. 풍속을 기록하기 위해서는 **풍력계** anemometer를 집에서 만들거나 과학 공급 업체로부터 구입한다. 우량계도 집에서 만들거나 과학공급업체로부터 구입한다. 구름의 형태는 구름의 이름과 구름의 형태와 관련되는 날씨를 알 수 있는 그림이 필요하다. 신문의 날씨 그림을 읽을 수 있는 방법을 아동에게 보여 주고서 공식적으로 기록된 것과 그들의 자료를 비교할 수 있게 한다. 지역 텔레비전의 기상학자들이 초등학생에게 날씨 예측에 관해 논의해 줄 것이다. 이런 기상학자 같은 자원 인사들과 만나는 일은 훌륭한 생각이다.

기후 채널The Weather Channel에 접속하면 기후에 대한 사실상 모든 측면의 수많은 자료들을 얻을 수 있다. http://theweatherchannelkids.com을 방문하라.

집에서 만든 풍력계(그림 9.1)

1. 얇은 나무 판자 두 개를 16인치 크기로 자른다. 그리고 각각의 오른쪽에서 그것의 중심에서 엇갈리게 하여라. 두 개의 나무판의 중앙에 충분히 큰 유리나 플라스틱 약품 스포이트를 쉽게 끼울 수 있을 만큼의 구멍을 뚫어라.
2. 컵의 방향을 동일하게 하여 4개의 나무 풍향계의 각각의 끝에 작은 종이컵을 붙여라. 하나의 컵을 다른 색으로 칠해라.
3. 나무 두 조각으로 기초를 만들어라. 전기용 테이프를 사용하여 받침대에 긴 못(막대)을 붙여라.

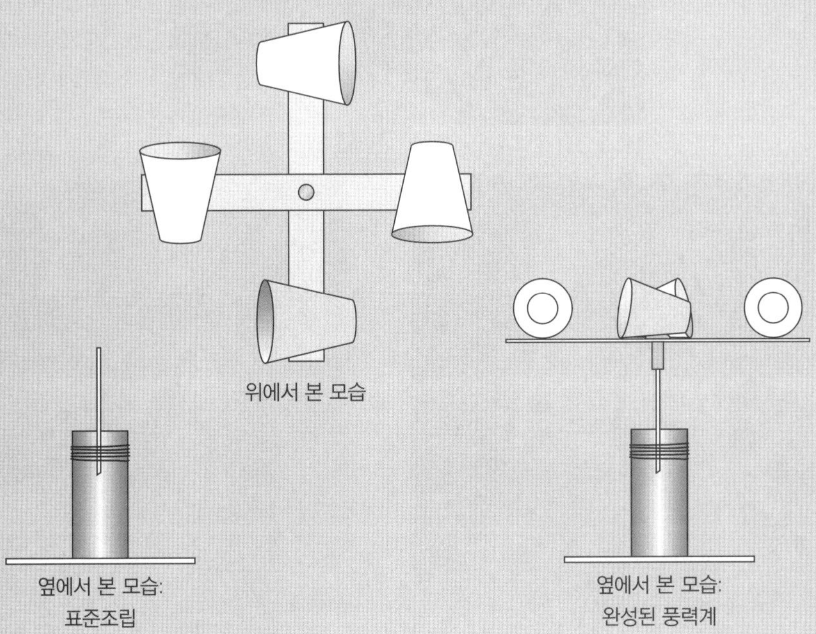

그림 9.1
집에서 만든 풍력계.

(계속)

그림 9.2는 초등학생들의 풍속, 강우량, 기온의 관찰을 보여준다.

4. 못의 위쪽에 나무로 만든 풍향계에 스포이트를 설치해라. 그리고 기구가 잘 돌아가도록 조절해라.
5. 바람의 속도를 측정하기 위해서 1분간 회전한 횟수를 센다. 색깔이 다른 컵이 이것을 쉽게 할 것이다. 바람의 속도를 분당 회전수로 바꾸어라. 지역 기상대에 의해 보고된 바람의 속도에서 각각의 분마다 이것의 회전수를 헤아려라. 풍력계의 회전수가 바람의 속력을 산출한다는 것을 발견하기 위해서 이것을 바람의 속도로 나누어라.

일일 기상 관측 표					
날짜와 시간	기온	기압	풍속	강우량	구름형

집에서 만든 우량계

우량계는 내린 빗물을 모으는 용기이다. 비가 온 후에 용기 안의 물의 깊이는 전체적인 비의 양과 같다. 커피 캔이나 그 밖의 표면이 매끄러운 통을 사용하면 되는데 이것을 옥외에 두면 비가 올 때 비를 모을 수 있다. 물의 깊이를 측정하기 위해서는 자를 이용한다. 그 깊이가 비의 양과 동일하다.

그림 9.2
날씨 자료 모으기.

1분 동안의 풍력계의 회전수가 바람의 속력이 된다.

우량계 읽기.

백엽상에서 기온 읽기.

성공적인 과학 활동을 위한 전략

미국과학교육기준의 수업 기준 B. 학습의 안내와 촉진

초등학교 교실에서 구성주의적 과학 활동은 학생들이 관찰 활동을 통해 가지게 된 의문에 답하기 위하여 스스로 탐구를 고안하고 실행하는 것이다. 또한 교사가 최소한의 간섭을 하면서도 왜 그런 활동이 최대의 효과를 얻는지를 측정하는 일은 반드시 필요하다. 다음은 교사가 기억해야 할 몇 가지 요소들이다:

학생들이 기억해야 할 것

1. '안 되는 일'은 없다.
2. 어리석은 질문이란 없다.
3. 틀린 답은 없다.
4. 모든 것에 대하여 질문하라.

교사들이 기억해야 할 것

1. 교사 자신이 먼저 시도해 보아라.
2. 학생들이 탐구 활동을 시작하기 전에 활동에 관해 토론하라.
3. 이전 수업과의 연계성을 보여 주어라.
4. 필요하다면 먼저 시범을 보일 수도 있다.
5. 필요하다면 매우 상세하게 구조화시켜라.
6. 지도가 명확하고 완전한지 확인하여라. 지도 사항이 무엇이든 잊어버릴 염려가 있다면 3″× 5″ 카드장에 메모를 해두거나, 학생들이 활동 중에 참조할 수 있도록 켜 두는 오버헤드 프로젝터용 슬라이드나 파워포인트 슬라이드에 지시 사항을 적어두어라.
7. 모든 모둠에게 필요한 자료를 준비하고, 수량을 파악하고 세어서 포장해 둔다.
8. 활동을 소개하고 지시가 끝나기 전까지는 활동 재료들을 나누어 주지 않는다. 아이들은 교사가 만지지 않도록 지시해도 자료를 받자마자 만지작거리기 시작할 것이기 때문이다.

초등 과학수업에서 안전

미국과학교육기준의 프로그램 기준 D. 충분한 자료를 적절하게 제공

초등 과학 교사들은 과학 활동에서 학생들에게 안전에 대한 적절한 주의를 주어야 한다. 교사는 학생이 배우려는 역할의 대상으로서 항상 안전에 대한 바람직한 습관을 보여 주고, 아이들을 위해 올바른 안전 대책을 세워야 한다. 아이들에게 과제를 제시하기 전에, 먼저 안전에 대해 주의를 주고 그것을 이해했는지 확인하는 것은 매우 중요한 일이다. 지켜야 할 안전예방책들을 수업계획에 포함시켜야 하며, 학생들이 실험하는 동안

에도 위험한 행동이나 실행방식에 대해 주의하며 지켜보아야 할 것이다(본문에서 설명된 실험 활동 시 지켜야 할 안전 예방책들은 안전표시 아이콘과 함께 하이라이트되어 표시되었다).

학년 초에 아이들에게 과학 활동 시 주의해야 할 안전 지침에 대하여 말하는 것은 꼭 필요하며 아래와 같은 사항에 초점을 맞춰야 한다:

1. 교사와 아동 간의 혹은 아동끼리 서로 협동하는 것이 안전하게 활동하는 데 도움을 준다.
2. 질서 있는 행동은 사고 날 가능성을 줄일 것이다.
3. 아이들이 활동할 때 교사의 목소리를 들을 수 있다면 아이들은 교사의 추가적인 지시를 들을 수 있다.
4. 과학 활동을 할 때는 항상 상식에 따라야 한다.

초등학교 고학년 아동들이 안전에 대한 논의를 도입시키기 위한 재미있는 선다형 과학 활동 목록이 학교 활동 9.1에 있다. 이 목록은 다양한 실험실 상황에 대한 '올바른' 선택을 알려 주는 것뿐만 아니라 자주 부딪치는 안전과 관련된 행동 문제를 강조함으로써 안전에 대한 논의를 촉진시킨다. 이런 논의에는 싱크대, 수도, 소화기의 위치, 쓰레기통의 위치 등과 같은 교실에서 이용 가능한 모든 안전물들에 대한 철저한 설명이 있어야 한다.

과학 활동 안전 서약서가 학교 활동 9.2에 나온다. 과학교사협회의 자료에서 발췌한 서약서는 아이들에게 과학 활동을 위한 지시를 따르는 것이 중요함을 강조한다. 경험에 따르면 이러한 것에 서명하도록 아이들에게 요구하는 것은 안전성과 행동 규칙의 중요성을 인식하는 데 많은 도움을 준다. 또한 그것은 교사가 안전성을 강조해 왔다는 것을 보여 주고 법적인 보호를 받는 데도 도움이 된다. 교사는 이 기록을 복사하여 나누어주고, 아이들은 자신의 포트폴리오나 과학 공책에 그것을 보관해야 한다.

9.1

학교 활동

미국과학교육기준의 프로그램 기준 D. 충분한 자료를 적절하게 제공

과학 활동 안전 목록

1. 선생님이 과학 활동에 관한 지도를 할 때, 나는 __________ ?
   a. 주의 깊게 듣는다.
   b. 선생님을 무시한다.
   c. 잠을 잔다.
   d. 그 지도가 다른 사람에게 적용될 뿐이지 나에게는 불필요하다.

2. 만약 과학 활동을 하는 동안 위험한 것을 본다면, 어떻게 행동하겠는가?
   a. 시간이 있으면 선생님에게 말한다.
   b. 즉시 선생님에게 말한다.
   c. 정돈 시간에 선생님에게 말한다.
   d. 방과후에 선생님에게 말한다.

(계속)

3. 얇은 파편, 점화용 심지, 불쏘시개 등은 다치거나 사고의 원인이 될 수 있다. 그것을 언제 치워야 하는가?
   a. 즉시 치운다.
   b. 정리 정돈 시간에 치운다.
   c. 시간이 있을 때 치운다.
   d. 과학 시간이 끝날 때 치운다.
4. 화학 약품 또는 뜨거운 판을 가지고서 작업할 때, 긴 머리를 어떻게 하겠는가?
   a. 자른다.
   b. 양손으로 붙잡는다.
   c. 밴드, 머리핀 등으로 묶거나 말꼬리처럼 모아서 방해되지 않도록 한다.
   d. 멋지게 빗질한다.
5. 과학 활동을 할 때, 긴 목걸이나 팔찌, 반지 등을 어떻게 하겠는가?
   a. 그대로 둔다.
   b. 풀어서 실험대 위에 놓는다.
   c. 풀어서 주머니나 지갑에 넣는다.
   d. 책상에 놔둔다.
6. 만약 상처를 입었으면 어떻게 하겠는가?
   a. 즉시 조장에게 말한다.
   b. 즉시 선생님에게 말한다.
   c. 학급 학생 모두에게 말한다.
   d. 방과후에 의사를 찾는다.
7. 만약 사용하고 있는 기구 중에 잘못된 것이 있다면, 활동을 멈춰야 하고(필요하다면 끈 후에) __________.
   a. 가장 친한 친구에게 말한다.
   b. 선생님에게 말한다.
   c. 다른 학생에게 말한다.
   d. 수위에게 말한다.
8. 만약 기구를 깨뜨렸다면, __________.
   a. 선생님에게 즉시 말한다.
   b. 직접 마무리 한다.
   c. 다른 누군가가 발견하지 못하도록 숨긴다.
   d. 누군가에게 책임지도록 할 것이다.
9. 과학 시간에 실험실을 어떻게 다닐 것인가?
   a. 달려서
   b. 가볍게 뛰면서
   c. 깡충깡충 뛰면서
   d. 걸어서

(계속)

10. 과학 활동 후 정리를 돕는 것은 __________ 의 일이다.
    a. 새로 온 학생들
    b. 나이 많은 학생들
    c. 각 개인
    d. 선생님

11. 과학 기구와 화학 약품을 사용할 때, 나는 __________ (을)를 그 활동에 기울여야 한다.
    a. 흥미
    b. 주의력
    c. 노력
    d. 흥미, 주의력, 노력

12. 화학 약품, 작은 부품, 유리 제품은 __________ 안 된다.
    a. 세심하고 주의력을 가지고 다루어서는
    b. 입 안에 넣어서는
    c. 올바르게 사용해서는
    d. 올바르게 보관하면

13. 기구와 화학 약품들을 사용할 때 갑작스런 사고를 막기 위해서는 __________ 한다.
    a. 손쉬운 방법을 사용
    b. 선생님의 지도를 따라야
    c. 다른 학생들보다 먼저 서둘러야
    d. 다른 사람에게 대신 해달라고 부탁

14. 과학 시간에 다른 사람을 방해하거나 노는 것은 __________.
    a. 항상 규칙을 어기는 것이다.
    b. 모두 괜찮다.
    c. 위험하지 않다.
    d. 활동을 끝낸 후에는 괜찮다.

15. 만약 과학 활동 중에 사용한 장치의 한 부분에서 불이 났다면 어떻게 해야 하는가?
    a. 물을 붓는다.
    b. 물건들을 챙겨서 도망간다.
    c. 즉시 선생님에게 말한다.
    d. 창문을 연다.

16. 과학 활동을 하는데 불이 났다면 즉시 선생님에게 알리고, __________.
    a. 선생님의 지시를 따른다.
    b. 창문을 연다.
    c. 고함을 지른다.
    d. 달린다.

17. 전기 스위치, 플러그나 콘센트를 만지기 전에, __________.
    a. 손이 젖어 있지 않은지 알아본다.
    b. 손이 깨끗한지 알아본다.
    c. 관리인에게 물어 보고 만져본다.
    d. 간호원과 함께 점검을 해야 한다.

(계속)

18. 당신은 콘센트에서 전기 플러그를 뽑을 때, 어떻게 해야 하는가?
    a. 플러그를 당긴다.
    b. 전기 코드를 당긴다.
    c. 전기 코드가 연결된 기구를 당긴다.
    d. 선생님이 하도록 한다.
19. 과학 활동을 하면서 왜 보안경을 착용해야 하는가?
    a. 눈을 보호하기 위해서
    b. 근시가 되는 것을 막기 위해서
    c. 원시가 되는 것을 막기 위해서
    d. 냉정하고 지적으로 보이기 위해서
20. 안경이나 콘택트 렌즈를 착용하더라도 보안경을 착용해야만 하는가?
    a. 그렇다.
    b. 그렇지 않다.
21. 실험대 서랍이나 문을 열어 놓은채로 그냥 두면 사고의 원인이 된다. 그러므로 ______.
    a. 그 주위를 걸어가야 한다.
    b. 문을 닫아야 한다.
    c. 그대로 놔둔다.
    d. 선생님이 닫을 때까지 기다린다.
22. 만약 화학 약품이 피부나 옷에 묻는다면, 어떻게 해야 하는가?
    a. 식초를 가지고 즉시 씻는다.
    b. 우유를 옷과 피부에 붓는다.
    c. 비누로 씻는다.
    d. 물이 많이 있는 곳으로 달려간다.
23. 과학 활동을 하는 동안에 다른 학생들을 방해하는 것은 ___일이다.
    a. 도움을 주는
    b. 선생님께서 좋아하실
    c. 위험스러운
    d. 일을 하는 가장 빠른
24. 당신이 왔을 때, 과학 활동을 위해 준비된 재료와 장비는 그들이 있어야 할 자리에 있어야 하는가?
    a. 그렇다.
    b. 그렇지 않다.
25. 과학 활동을 위한 재료나 장비는 누가 꺼내는가?
    a. 선생님
    b. 실험실 보조
    c. 선생님과 실험 보조 중에서 아무나
    d. 교장

(계속)

과학 활동 안전 목록 '정답'

1. a	2. b	3. a	4. c	5. c	6. b	
7. b	8. a	9. d	10. c	11. d	12. b	
13. b	14. a	15. c	16. a	17. a	18. a	
19. a	20. a	21. b	22. d	23. c	24. a	25. c

(미국과학교사협회의 자료에서 발췌)

9.2 학교 활동

미국과학교육기준의 프로그램 기준 D. 충분한 자료를 적절하게 제공

과학 활동 서약서

나는:

선생님의 모든 지시를 따를 것이다.

과학 활동을 하는 동안에 안전한 보안경과 실험실 작업복을 착용함으로써 나의 눈과 몸을 보호할 것이다.

안전할 수 있도록 집에서 연습할 것이다.

어디에서 도움을 받아야 할지 알아 둘 것이다.

항상 책임 있는 자세로 행동할 것이다.

나, ________는 위의 다섯 가지 과학 활동 규칙을 읽어 보고 이를 지키는 데 동의한다. 나는 또 선생님이나 학교에 의해 제공되는 어떤 부가적인 지시도 지킬 것이다. 그리고 수업에서 주어진 모든 지시에도 따를 것이다.

날짜: ____________________

서명: ____________________

보안경은 눈에 들어가면 위험한 액체나 고체를 사용하는 모든 과학 활동에서 착용해야 한다. 이것은 물, 화학 물질, 암석, 광물을 수반하는 모든 활동의 경우이다. 모든 과학 활동에서 보안경을 아동에게 착용시키는 것은 좋은 생각이다(그림 9.3 참조).

아동들이 실험복으로 사용하도록 오래되고 긴 소매가 있는 셔츠를 가져오게 한다. 모든 과학 활동에서 보안경을 사용하면서 아동에게 실험복을 입히는 것이 바람직하다.

일반적으로 유리 대신에 플라스틱을 사용할 것을 권고한다. 깨끗한 플라스틱 용기는 부서지지 않고 유리가 할 수 있는 모든 것을 할 수 있어 편리하다.

또한 활동 시 어떤 것도 함부로 맛을 보아서는 **안 된다**는 점을 꼭 주지시켜야 한다.

화학 물질은 주의해서 다루어야 한다. 특히 초등 과학에서는 위험한 화학 물질은 사용하지 말아야 한다. 모든 활동은 아동이 다루기에 안전하고 특별한 주의 없이 보관할 수 있는 물질을 사용하도록 제안한다. 그렇더라도 사용할 수 있는 물질은 다루어져야 하고 안전하게 보관되어야 한다. 다음을 주의 깊게 살펴보고 참고하도록 한다:

그림 9.3
정동석 geodes을 부수는 동안 아동들의 보안경 착용.

1. 실험에 사용하는 가장 강한 산은 희석한 초산인 식초이다. 초등 수준에서 식초보다 강한 산은 사용하지 말아야 한다.
2. 노동 안전 위생국 OSHA은 화학 물질을 보관하는 가장 좋은 방법을 소비자에게 알리기 위해 모든 화학 물질의 위험 정도를 제정했다. 화학 물질이 안전한지 아닌지에 대해 생각할 때 노동 안전 위생국 평가 같은 목록을 보아라. 만약 화학 물질이 '일반 물질'이라 평가되었다면 초등학교 교실에서 사용해도 안전하다. 그리고 그것은 어떤 장소에도 보관될 수 있다. 화학물질을 다른 어떠한 안전등급으로도 사용해서는 안 된다. 의심스러우면 과학 지도 주임 또는 우수한 과학 교사와 검사하는 것도 좋은 생각이다.
3. 대부분의 암석과 광물들은 안전하지만 그 중 몇몇은 **유독성** poisonous으로 분류된다. 방연석(황화납), 진사(수은 황화물), 석면, 황비철석, 계관석, 석황(모든 비소포함 광물) 등이 이 분류에 해당된다. 위 광물들은 광물 채집 목록에 추가시켜서는 안 된다. 만약 이미 가지고 있다면 당장 버려야 한다. 이 광물 표본들을 종이로 싸거나 플라스틱 용기에 밀봉한 후 관리인에게 처치 필요성을 통지해야 한다. 암석광물표본 채취에 대해서 또는 독성이 있거나 해로운 광물들에 대한 조언이 필요할 경우 각 대학별 지질학과나 국가 지질학 관련단체를 방문하면 적절한 지원을 받을 수 있다.
4. **드라이아이스를 사용하면 안 된다.** 고체 이산화탄소인 드라이아이스는 화씨 −100도에 가까운 온도를 가지고 있으며 피부와 접촉할 시 심각한 동상을 유발할 수 있다.

로이 마르코프 Roy, Markow와 코프먼 Kaufman (Laboratory Safety Institute, 2001)의 공동저서인 **안전은 필수이다: 초등 과학 교실에서 안전을 위한 새로운 기준**은 초등학교 과학 교실에서의 완벽한 안전 조치법에 대해서 잘 기술하고 있다. 이 책은 안전관련 주제, 안전수칙, 교실 내 동물 관리법; 식료품점, 약국, 철물점에서 구입 가능한 화학약품 목록, 유독성 식물 설명, 기타 초등 과학교육에 적합한 안전관련 주제들을 다루고 있다. 미국 과학교사협회 The National Science Teachers Association는 **초등학교 교실 내의 안전성**(과학교사협회, 2004)이라는 제목의 플립카드를 출판하였다. 이 플립카드는 초등학생들에게 적합한 대부분의 안전문제들을 소개하며, 아동들이 함께 사용할 수 있도록 만들어졌다. 과학 지도교수 주 협의회 Council of State Science Supervisors 웹사이트에서 초등학교 과학수업에 필요한 매우 포괄적이고 유용한 안전 지시사항들을 무료로 다운로드 받을 수 있다.

기구와 자료

미국과학교육기준의 수업 기준 D. 시간, 공간, 자료의 제공

가능하다면 약국, 철물 가게, 식료품 가게와 같이 흔히 있는 곳에서 구할 수 있는 기구와 장비를 사용하는 것이 바람직하다. 이런 재료들은 안전하고, 저렴하며, 구하기 쉽다. 또한 다른 활동을 위해 따로 보관할 수 있게 자료를 여러 개 준비할 수도 있다. 그리고 가정에서도 과학 활동에 흥미를 가진 아동들에게 쉽게 제공해 줄 수 있다. 약간의 홍보를 조건으로 필요한 것(조원/원예 도구, 물병, 사무용품 등)을 판매하는 회사로부터 기부를 요청해 보아라. 특정한 활동에 필요한 물품들, 특히 한 번 이상 사용하지 않게 될 재료들을 학부모들로부터 기부 받을 수 있는지 문의해 보아라. 과학 기구와 자료를 별도의 장소에 보관하는 것이 좋다. 많은 교사들은 하나의 활동을 위한 기구들을 하나의 단위로 모아서 고유한 이름표를 붙여 작은 상자에 담아 놓으면 좋다. 이것은 여러 상자에 여러 개의 기구를 담아서 준비해 활동을 할 때마다 용구를 찾고, 모아서 정리하고, 제자리에 놓는 시간을 절약한다. 여러 가게에서 구할 수 있는 용기와 값싼 플라스틱 박스에 담거나, 구두 상자에 개인 활동용 용구를 보관하는 것도 좋은 방법이다. 아동들이 이용할 수 있는 용구 상자에 이름표를 확실하게 붙이고 그들이 쉽게 찾을 수 있도록 용구들이 어디에 있는지 보여 준다.

과학 자료를 과학 용품 전문점에 주문할 수도 있는데 그럴 경우 여러 가지 품목이 있기 때문에, 구입하기 전에 과학 용구와 자료에 관한 식견을 가진 사람에게 의뢰하는 것이 좋다. 예를 들면 그곳에는 수십 종의 온도계, 플라스틱 과학 기구, 현미경이 있다. 쓸모 없는 것을 구입하는 것보다 주문할 것에 대한 식견을 가진 사람과 의논하여 구입하는 것이 바람직하다.

미국과학교육기준의 수업 기준 D. 시간, 공간, 자료의 제공

교실의 동식물

생명체들은 과학수업에 매우 소중한 자원이다. 미국과학교사협회는 학생 및 생물유기체간의 상호작용 조성을 통한 과학적 성과발전을 위한 목적으로 미국 유치원~고3까지의 과학 교과과정에 동물 포함을 골자로 하는 성명을 2005년 발표했다(National Science Teachers Association, 2008). 동물들은 "실생활 경험의 시금석이며 호기심을 자극하고 학생들에게 동기부여를 주고 학습을 조장한다"(Roy, 2004, p. 10). 아이들은 수업 시간에 동물들에 대해 배우면서 관찰능력, 관리능력을 기를 수 있고 관계성과 생명의 복잡성에 대해 인식할 수 있다(Beck, Hooks, Harris, & McArthur, 2007).

Elizabeth Crews

그림 9.4
교실 안의 토끼.

다음으로 교실에 한두 마리의 애완동물을 기르는 것에 대해 생각해 보아야 한다(그림 9.4 참조). 교실에 있는 애완동물들은 아이들에게 동물을 인도적 humanely 으로 돌보는 방법을 가르치는 것뿐 아니라 책임감을 길러 준다. 교실에서 기를 수 있는 애완동물들은 일반적으로 다음과 같다:

금붕어 도마뱀
새 카멜레온
게르벌루스 쥐 이구아나
햄스터 열대어
기니피그 토끼
도롱뇽(타이거도롱뇽은 손 위에서 먹이를 줄 수 있다.)
귀뚜라미

그림 9.5a

교실 테라리움에 파리지옥에 곤충을 줌.

모든 생명체들은 적절하게 관리되어야 하며 인도적이고 윤리적이며 책임감 있는 대우를 받아야 한다. 애완동물 가게나 도서관, 교실에서 동물들을 돌보는 방법에 관한 자료를 얻을 수 있다. 아이들에게 동물의 나이에 따라 동물에게 먹이주는 것, 동물 집을 청소하는 것, 또 그들이 해야 하는 다른 허드렛일에 대한 일정량의 책임감이 있다는 것을 확신시켜 주어야 한다. 동물들이 사는 공간은 가능한 자연 상태에서의 환경과 비슷하면서 충분히 넓어야 한다. 방학이나 주말에도 동물을 돌보는 방안을 적절하게 대비해야 한다.

연방법규에 의거, 척추동물을 대상으로 실험을 하는 것은 금지되어 있다. 모든 실험들은 지렁이, 곤충, 벌레와 같이 무척추동물들을 대상으로 실시되어야 한다. 즉 생선, 햄스터, 도마뱀 등은 실험 대상에 포함되서는 안 된다는 의미이다. 일례로 연방법규는 금붕어의 반응을 관찰하기 위해 어항에 얼음덩어리를 집어넣는 활동을 허용하지 않고 있다.

아이들은 식물도 교실에서 기를 수 있고, 그것들의 특성을 관찰하거나 성장률을 측정할 수도 있다. 아이들이 흙과 자갈, 음지에서 자라는 이끼류, 작은 식물, 양치류를 담아 놓은 테라리움으로 시작할 수 있고 한 학년 동안 키울 수 있다(그림 9.5a, b).

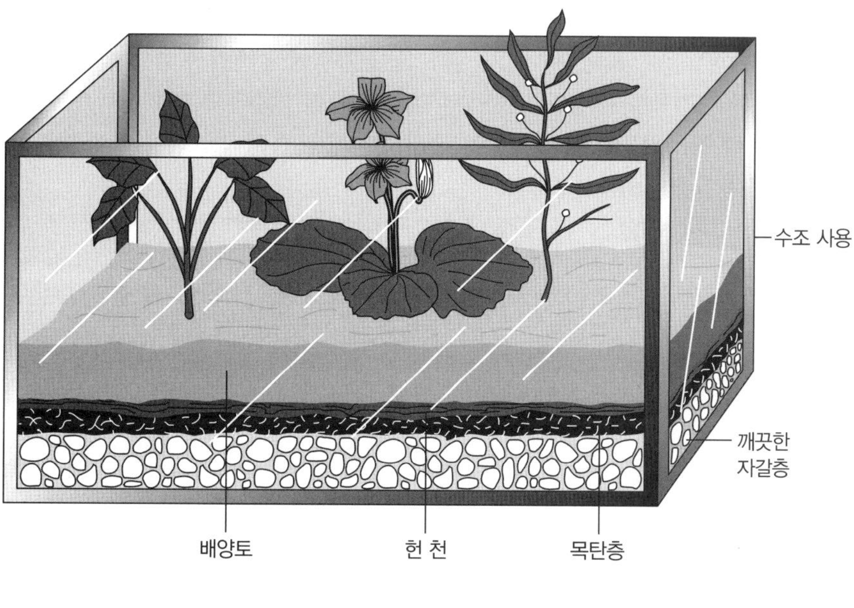

그림 9.5b

테라리움.

가족의 참여

미국과학교육기준의 프로그램 기준 D. 충분한 자료를 적절하게 제공

아이들의 교육에 부모들이 참여하는 것은 학생 성취도를 증진시키는 것으로 밝혀졌다(Allen, 2005). 과학교육에 가족을 참여시키기 위해서 의사소통, 자원봉사, 가정 탐구, 아이들의 의사결정 지원, 과학의 밤 참가, 워크숍, 재료 기부, 현장 견학을 동반하거나 다양한 창의적 아이디어들이 가능하다.

가족 참여의 중요성이 강조되면서 부모, 후견인, 관리인들이 학교와 공통된 목적을 위해 협조해나가는 것이 점차 수월해져가고 있다. 많은 부모들은 본인들의 바쁜 업무 일정에도 불구하고 매주 혹은 격주로 1~2시간씩 학교 활동에 동참할 수 있게 되었다. 부모와 가족들은 과학 시간에 실험 보조원 역할을 수행하고 과학교육을 위한 교실 준비를 지원할 수 있다. 현재 과학계의 흐름이 '이번주의 실험'과 같은 가정 과학 활동을 제안하는 과학 뉴스레터를 매주 작성하는 것도 가족 참여를 장려할 수 있는 방법 중 하나이다. 과학 활동에 필요한 재료들을 기부해줄 것을 가족들에게 요청할 수도 있다. 가족들은 포트폴리오 기준이나 아이들의 성과 및 진전에 대한 참평가 보고서를 작성하는 것을 자진해서 지원할 수도 있다. 가족들이 업무 일정 때문에 주간에 학교를 방문할 수 없다면 대신 '가족 과학 페스티벌'에 참여할 수도 있다.

티어 Thier(2003)는 가족들에게 '읽기 쓰기가 포함된 과학 활동에 동참하기'를 장려하라고 제안하고 있다. 이러한 활동들에는 목초지, 삼림지대, 해변 등 자연서식지 탐구활동 조직이나 아이들이 자신들이 한 활동들을 기록하고, 관찰한 것들을 반영하고, 질문들을 작성하고 이야기들을 쓸 수도 있는 가정 과학저널 역시 포함된다.

많은 인터넷 사이트들은 아이들과 부모들이 가정에서 함께 할 수 있는 과학 탐구 과정들을 게재하고 있다. 미국과학진흥회 AAAS에서 개발, 유지하고 있는 과학 활동 웹링크들이 대표적인 일례다. 미국과학진흥회는 과학교육 분야에서 주요한 영향력을 끼치고 있다(2장 참조). 샌프란시스코과학관은 아이들과 부모들 대상의 많은 온라인 과학 활동들을 제공하고 있다. 샌프란시스코과학관은 맨해튼 프로젝트로 유명한 핵물리학자인 프랭크 오펜하이머가 구상한 것이다.

과학 활동에 가족이 참여할 수 있는 또 다른 방법은 아이가 집으로 들고 갈 수 있고 며칠 안에 학교에 돌려 줄 수 있는 가족 과학 활동 모듈을 마련하는 것이다. 이 모듈들은 비싸지 않은 재료들이나 책, 아이들과 부모들이 가정에서 손쉽게 함께 할 수 있는 명백하고 단순한 지침들로 구성된다. 가정용 과학 모듈은 제한적인 영어실력 등 여러 가지 이유로 가족 구성원들이 학교 방문을 주저하는 경우 특히 성공적이다. 가정용 과학 모듈의 표본은 그림 9.6을 참고하라.

미국과학교사협회(2009)는 과학 학습에 학부모 참여 Parent Involvement in Science Learning를 출간해 "학교에서의 학생들의 성공에는 부모들의 역할이 필수불가결하다. 과학개념과 과학적 사고를 일상에도 사용하도록 장려하는 부모의 역할은 아이가 성공을 위해 필수적인 기술을 배우는데 매우 중요하다"고 언급하고 있다. 이런 입장을 사용하여 학부모 참여 계획을 실행할 수 있도록 하여라.[1]

---

[1] 미국과학교사협회는 그들의 웹사이트에 '과학 탐구기능/기술을 가정에서 실천하기'라는 제목의 책자를 게재해 놓았다. 이 책자는 가정에서 이루어지는 일상적인 활동들에 과학 탐구의 자세가 녹아들도록 하는 몇 가지 실용적인 아이디어들을 제시하고 있다. http://www.nsta.org/SC0712에 가면 킨더 과학전 "A Kinder-Science Fair"에 있는 자료 "handout"을 클릭하여라.

과학 프로그램에 가족들의 관심을 유발시키게 하는 데는 다양한 방법이 존재한다. 가족 구성원들을 '가족 과학 페스티벌'에 초대하는 것도 좋은 방법이다. 가족 과학 페스티벌이란 가족들을 교실로 초청하여 과학 프로그램에 대해 설명하고 아이들과 함께 공동연구자로 과학 탐구 과정들에 참여하도록 하는 취지의 행사이다. 이를 통해 가족들은 아이들이 교실에서 과학수업을 받는 방식대로 교육받을 수 있고 가정에서 아이들이 과학 관련 활동들을 수행할 때도 보다 잘 지원할 수 있게 된다. 로덴 Lundeen(2005)은 교사들이 변칙사례 discrepant events들을 활용하여 아이들과 그 가족들의 과학 탐구 활동을 지원할 것을 제안하고 있다. 각 학생들은 특정한 변칙사례들의 시범을 보이고 가족들이 탐구에 참여하도록 유도한다. 학생들은 참석한 모든 가족들에게 활동 결과를 발표한다. 가족들은 학생들의 안내 하에 각각의 변칙사례 코너들을 돌아본다. 살리나스 Salinas(2005)는 그녀의 1학년 학생들과 '과학자의 날'이라는 프로그램을 실행해 보았다. 아이들은 가족들과 집에서 과학 활동들을 실시했고 자기 가정의 '과학자의 날' 순서가 돌아왔을 때 발표 준비를 하도록 했다. 학생들은 수업시간에 자신이 했던 과학 활동들에 대해 설명, 묘사하고 어떻게 해서 예측했던 결과들이 발생 또는 발생할 수 없었는지 설명했다.

그림 9.6

얼음 만들기

가정용 과학 모듈

목표 기술: 측정, 구성, 가설 증명

이 활동에서 아이들은 물이 얼음이 되는 과정에 관련된 요인들을 탐구할 수 있다.

모듈키트 재료들: 플라스틱 컵 6개, 매직펜, 마가렛 Margaret 및 레이 H.A. Rey (Houghton Mifflin, 1989)의 책 *조지 아이스크림 가게에 가다*

가정 준비물: 물, 소금, 설탕, 설탕 함유 콜라, 다이어트 음료, 기타 액체들

지도: 컵의 3분의 2 정도 물을 채운다. 매직펜으로 물의 높이를 컵에 표시한다. 컵을 평평하게 유지한 상태로 냉동고에 넣어둔다. 물이 완벽히 얼 때까지 20분마다 컵의 물의 상태를 확인한다. 물에 어떤 일이 발생했는가? 처음 물의 높이와 얼음이 된 이후의 높이를 비교해보라. 완전히 어는데 걸린 시간은?

아래에 적힌 것처럼 탐구를 조금 변형해 시도해 보자. 매번 물의 양을 처음 실험했던 양과 일치시켜 항상 동일한 실험 조건을 만들어야 한다는 점을 염두에 두자.

- 컵의 물에 약간의 소금을 넣은 후 물이 얼음이 되기까지 얼마나 걸리는지 측정해보자.
- 소금의 양을 각각 다르게 하여 물에 넣은 후 얼음이 되는 시간을 측정해보자.
- 설탕을 가지고 위의 실험을 해보자.
- 설탕을 넣은 일반 소다 캔을 열어 컵에 부은 뒤에 얼음이 되기까지의 시간을 측정해 보자.
- 다이어트 소다를 가지고 똑같은 실험을 진행한다.

(계속)

그림 9.6 *(계속)*

- 과일주스 혹은 분말주스를 가지고 같은 실험을 해보자. 내용물을 컵에 3분의 2가량 채운 뒤, 팝시클®(아이스캔디)을 넣고 얼려보자(실험물들은 모두 먹을 수 있다).
- 생각해낼 수 있는 다른 방법들을 시도해보자.

어느 정도 실험을 거듭한 후, *조지 아이스크림 가게에 가다*를 아이와 함께 읽는다.

성인들을 위한 설명: 물이 얼음이 되면 작은 얼음 결정들이 생성된다. 얼음 결정들은 복잡한 패턴으로 정렬되며 각각의 결정 입자들은 서로 그 끝이 달라붙는다. 이러한 과정은 물 분자보다 더욱 많은 공간을 소비하고 이 때문에 물이 얼음이 되면 부피가 팽창하게 되는 것이다.

선택적 자료 목록

서로 다른 액체들을 얼리는데 걸리는 시간

액체	얼음이 되는데 걸리는 시간
물	
______스푼의 소금이 첨가된 물	
______스푼의 소금이 첨가된 물	
______스푼의 설탕이 첨가된 물	
______스푼의 설탕이 첨가된 물	
일반 소다	
다이어트 소다	
(기타)	

가족들의 평가

언제 이 활동을 아이와 함께 실시했는가?

이 실험이 아이와 당신에게 의미가 있었다고 생각하는가?

지시와 지침들은 따라 하기 쉬웠는가?

이 활동을 개선할만한 제안이나 아이디어를 가지고 있는가?

이 가정용 과학탐구 세트로 당신과 아이는 무엇을 배웠는가?

가정용 과학탐구 세트에 추가했으면 좋을 것 같은 다른 과학 주제들을 제안해라.

교실 조직

미국과학교육기준의 수업 기준 D. 시간, 공간, 자료의 제공

최근 초등학교 교실은 다양한 교실 환경을 수용하기 위해 기본적으로 움직일 수 있는 책상들을 비치하고 있다. 대부분의 교사들은 4명에서 6명의 학생들이 서로 마주 볼 수 있는 구성으로 책상들을 배열한다. 구성주의 과학은 아이들의 그룹 활동을 권장하고 있기 때문에 이러한 무리식 배열이 이상적이라 볼 수 있다. 때때로 교사들은 전체적인

지도를 위해 모든 아이들이 정면을 향하도록 책상 재배열의 필요성을 느끼고는 한다. 또한 때로는 개별 작업 혹은 넓은 공간 확보를 위해 책상들을 재배열하는 것이 바람직할 수 있다. 교실에 과학 코너를 두는 것은 좋은 생각이다.

이는 특히 과학이 더 이상 교육과정에서 주요한 과목이 아니며, 교사들이 시간이 될 때마다 어떠한 과학 분야이든 가르칠 수 있는 것을 수업해야 하는 오늘날의 환경에 있어 특히나 더 유용하다. 과학 코너는 교육과정이 규정한 주제들, 또는 아동들이 스스로 선택한 주제들에 대한 탐구를 시작하고 지속시킬 수 있는 중심점이 될 것이다. 당신은 아동들에게 자유시간을 그 과학 코너에서 보내도록 제안할 수 있다.

Copyright © Felicia Martinez/Photo Edit

그림 9.7
과학 코너에서 소라 껍질을 귀에 대어보기.

과학 코너는 여러 가지 형태를 가지고 있다. 아이들과 가족들이 탐구 과정에 용이하도록 진행 중인 프로젝트를 진열해 놓는, 단순히 교실 한구석에 놓인 책상일 수도 있다. 또는 과학 코너는 많은 과학 활동들이 수행되는, 작업대와 저장 공간으로 이루어진 캐비닛일 수도 있다(그러나 캐비닛은 한 번에 아이들의 과학 활동을 수용할 수 있는 능력이 제한적이다). 흥미 있는 "도전! try this" 활동들을 위해 교실 구석에 책상을 한 개 정도 마련해둘 수도 있다. 비록 초등학교 교실에서는 연구시설에서나 사용될 가스나 물이 필요하지는 않지만, 일부 교사들은 과학 탐구 목적의 수도 시설이 갖추어진 배수 공간을 재량껏 설치하기도 한다. 초등학교 아이들에게 적합한 휴대용 실험 책상을 교육용 과학용품 공급 업체로부터 구입하여 여러 교실들 간에 공유도 가능하다. 중요한 점은 과학 코너가 어느 곳에 위치해있던지 모든 아이들이 쉽게 접근할 수 있어야 한다는 것이다. 과학 코너는 아이들이 수업시간에 시작한 탐구 활동들을 계속 이어갈 수 있고 본인들이 개발한 과학탐구들을 추진할 수 있도록 관련 장비들과 재료들을 갖추고 있어야 한다(그림 9.7 참조).

더 넓은 통로, 수업 중 움직일 수 있는 자유, 특수 책상 및 테이블, 장비 재료 접근 허가, 기술 접근, 기타 다양한 필요 등 핸디캡을 가진 아이들의 특수한 필요를 꼭 고려해야 한다(7장 참조).

협동적 교수와 협동학습

미국과학교육기준의 전문가 개발 기준 B. 과학, 학생, 학습, 교수법에 대한 지식 통합

협동학습은 아이들이 집단으로 작업하여 서로 학습하는 것을 도울 수 있는 교수학습 전략이다. 가장 이상적인 방안으로, 각 학생들은 보다 큰 단위의 문제의 부분을 학습한다. 그런 후, 그 부분을 집단 내의 다른 학생들에게 가르친다. 학생들은 서로에게 가르침을 주고받을 때 보다 더 깊이 학습하는 경향이 있다. 협동학습에 대한 수많은 연구와 매우 성공적인 접근법들이 문헌자료 상으로 소개되어 왔다(예를 들면, Johnson, Johnson & Stanne, 2000을 참조하여라). 그리고 실제로, 많은 성공적인 접근법이 교사들에 의해 추가적으로 고안되었다. 모든 접근법들은 학생들의 학습을 향상시키는 목적을 지닌다.

그림 9.8
초등 과학교실에서의 협동학습.

전통적인 협동 학습의 체계는 한 아이는 그 활동을 수행할 책임이 있고 다른 아이들은 재료 관리자, 기록자, 의사 소통자로서의 역할을 분담한다. 우리는 이 모형에 대해 신중하게 고려해보기를 제안한다. 왜냐하면 구성주의 학습 이론에 대한 강조는 즉 모든 아이들이 전 활동에 참여하고 자신들의 아이디어들을 구상해야 한다는 것을 의미하기 때문이다. 모든 아이들은 과학 활동에 참여해야 하고 관찰한 것들을 기록해야 한다. 그리고 모든 아이들은 교사들과의 상호 교류에 거리낌이 없어야 한다. 아이들은 과학 활동의 전 과정에 전적으로 몰두했을 때만이 적합한 개념화를 추구하는 데 필요한 탐구 능력을 개발할 수 있다.

지금까지 협동 학습이 성취도를 증가시키는 것으로 나타났으며 과학에서도 마찬가지로 성취도를 증가시키는 것으로 알려졌다. 구성주의적 접근에서는 아이들이 자신의 결론과 생각에 대해 토론하여 타당하고 논리적인 추론을 해야 한다(4장 참조). 아이들 상호 간의 토론을 통해 의미를 깊게 하고 개념을 구성하는 새로운 방법에 대한 통찰력이 생긴다(그림 9.8 참조).

협동적 학습이란 학생들이 그룹을 지어 함께 도와가며 배우는 교수전략을 의미한다. 협동적 교수와 관련된 몇 가지 교수 모형 중에서 초등 과학수업에 적절한 것이 세 가지 있다. 첫째 모형은 과학에 대하여 특별한 흥미와 전문 지식이 있는 한두 명의 교사가 그 팀에 있는 아이들의 모든 과학수업을 책임지는 것이다. 두 번째 모형은 과목별로 같은 학년 수준에 있는 모든 어린이들에게 자신의 과목을 가르치는 것을 책임지는 것이다. 이러한 모형들은 과학에 대해 특별한 지식과 전문성을 가진 교사에 의해 가르쳐질 수 있지만, 교육 과정 통합 측면이 성취되기 어렵다.

셋째 모형은 한 학년에 있는 모든 교사들이 공동으로 단원별로 계획하여 각 단원을 나누어 책임짐으로써 과학수업을 진행한다. 교사별로 한 부분에 책임이 있고, 그에 필요한 모든 자료를 준비한다. 각 학급은 그날 그들의 과학수업에 맞도록 선생님을 찾아간다. 다른 선생님이 다음 단원을 가르치고, 또 다른 선생님이 그 다음 단원을 가르칠 것이다. 단원을 달리 할당하여 교대함으로써, 한 학년의 모든 부분에 있는 교육 과정을 교차하여 수업을 협동적으로 진행할 수 있고, 교사들이 모든 것을 할 필요가 없으므로 더 깊이 있고 폭넓은 내용을 전할 수 있고, 아이들의 생각을 자극할 수 있는 여러 관점들을 제공할 수 있다. 또한 교사들이 모든 것을 준비해야 하는 것에서 벗어나 일정한 수업만을 준비하면 되기 때문에 준비 시간을 절약할 수 있게 한다.

시간 운영

미국과학교육기준의 수업 기준 D. 시간, 공간, 자료의 제공

초등학교 과학수업 시간은 여러 가지 방법으로 편성할 수 있다. 한 가지는 매일 짧은 시간으로 진행하는 것이다. 매일 수업하는 것은 아이들이 과학과 매일 접할 수 있다는 장점이 있지만 짧은 시간 때문에 아이가 과학 탐구에 깊게 몰두할 수 있는 기회를 얻을 수 없다는 심각한 단점 역시 존재한다. 또 다른 선택은 일주일에 2~3회, 보다 긴 시간

으로 편성하는 방법이다. 이 방법은 아이들에게 과학 탐구를 완료할 수 있는 충분한 시간을 제공한다는 장점이 있다. 세 번째 방법은 과학수업에 필요한 시간만큼 주마다 수업 시간표를 조정하는 것이다. 통합 학문 간 접근법을 시도하는 교사들에게는 또 다른 방법이 존재한다. 학문 간 접근법은 그 성격상 아이들이 중요한 주제들과 더불어 과학 탐구와 연구를 위해 필요한 시간이 할당될 것을 요구한다.

과학수업 시간표 편성에 교사들이 준수해야 할 규칙 같은 것은 존재하지 않는다. 중요한 고려사항은 스케줄을 짜는 데 있어서 유연성이 필요하다는 점이다. 초등학교의 일일 시간표는 교육부에서 미리 결정될 수 있고 초등학교 과학 시간은 아이들의 과학 탐구에 필요한 권장 시간보다 부족하게 편성되는 경우가 종종 있다. 오늘날의 환경 속에서 많은 초등학교들은 과학을 학교 시간표에 전혀 포함시키지 않는 대신, 아이들이 표준화 검사시험을 통과하는데 필수적인 과목들에 초점을 둔다. 교사들은 유연성을 발휘해 아이들의 필요와 학습 목표가 충족될 수 있도록 일일 시간표를 조정해야 한다. 그들은 다음과 같은 방법을 도입한다:

- 비정규 시간 사용
- 과학 코너에서 각각 15분~20분 동안 집단 작업 실행
- 종합 학문단위에서 과학에 대한 강조
- 방과 후 과학 프로그램에 학생들의 능동적인 참여 지원
- 연간 교실 기반의 과학전람회 후원하기(5장의 "학교 현장 교사의 경험" 참조)
- 지역 과학 올림피아드/경기대회 Science Olympiad에 대한 학생들의 능동적인 참여 지원
- 박물관, 수족관, 식물원 등과 같은 과학기반 시설을 견학하는 학생들에 대한 가산 점수 부여
- 가족 구성원과의 긴밀한 의사소통 확보

교사들은 아동들과 프로그램의 목표를 모두 충족시키는 유동적인 일과표에 맞추어 일을 하도록 노력하여야 한다.

과학교육에서 시간관리란 준비 시간 역시 포함한다. 준비 시간은 과정 지향적 탐구 수업에서 특히 중요한 역할을 한다. 수업 자체뿐만 아니라 실험 재료나 장비 등도 알맞은 시기에 아이들에게 쉽게 분배될 수 있도록 미리 준비, 조직되야 한다. 또한 다수의 과학 코너나 탐구 후속 코너가 설치되야 할 수도 있다. 교실을 세팅하는데 부모 자원봉사자들의 지원을 받을 수도 있다. 초등 고학년 반의 교사들은 학생들을 보조하는 실험 보조원을 지명하는 것도 과학 활동 준비시간을 확보해줄 수 있는 좋은 방법이다. 아동의 흥미, 성취도 혹은 다른 적절한 기준을 기초로 하여 실험실 보조원을 선택한다. 실험 보조 학생은 과학 활동 전에 미리 준비하고, 활동 중에 필요한 재료를 가져오고, 활동 후 정리하는 데 돕는 역할을 한다. 그들에게 무엇을 해야 하는지를 보여 주고 어디에 무엇이 있는지를 가르쳐야 한다. 실험 보조 학생이 결석할 것에 대비해 실험 보조 학생을 여러 명 뽑아도 된다. 또한 한 학년 동안 모든 사람이 적어도 한 번은 실험 보조원이 될 수 있도록 보조원 역할을 교대시키기도 한다. 실험 보조원으로 상급 학년의 아동을 선택할 수도 있다. 실험 보조를 통한 이런 봉사는 모든 참여자를 돕는 협력적인 학습 형태이면서 과학에 대한 그들의 이해를 증진시키고, 미숙한 학생들에게 많은 도움이 된다.

교실 관리

미국과학교육기준의 수업 기준 D. 시간, 공간, 자료의 제공

위스콘신 Wisconsin 대학의 클리바드 Herbert Kliebard 교수는 잘 가르친다는 것은 교실 수업의 질서가 잘 유지되는 것으로 이해되고 있다는 것을 찾아내었다. 그래서 선생님들은 질서를 유지하기 위한 방법으로 따라 읽기, 질문과 대답, 연습 문제, 큰 소리로 읽기 등으로 가르친다. 발견식과 탐구식으로 가르치면 무질서가 야기될 수도 있다. 그래서 단지 가장 용기 있는 선생님만이 그 위험을 받아들인다.

구성주의자들에게 과학교실에서 질서를 유지하는 것과는 다른 유형이다. 아이들은 서로 이야기하고 다른 것들을 찾고 토론한다. 그들은 자신의 관점을 추구한다. 때로 과제에서 벗어난 off-task 것을 나타내기도 한다. 나는 과제에 집중한 on-task 것이라는 말을 들었을 때 당황했다. 왜냐하면 구성주의적 과학교육의 접근은 모든 아이들이 확신을 가지고 주어진 문제나 다른 각도로부터의 상황을 탐구할 필요가 있기 때문이다. 따라서 아이들이 필수적으로 같은 시간에 같은 일을 해야 한다고 믿고 있는 경우에는 과제에서 벗어난 것으로 보여질지도 모른다. 구성주의자들의 과학수업에서 과제에 집중하는 것은 아이들이 그것을 공부하는데 의미가 있는 방법으로 탐구하는 것을 의미한다. 이러한 방법에서는 주요 과제가 다를 수도 있고 처음 활동부터 근본적으로 달리 출발할 수도 있다. 아이가 자신의 상황의 의미를 구성하는 데 도움이 되는 것을 탐구하면서, 그들이 하고 있는 것에 흥미를 가지는 것이 과제에 맞는 것이다. 따라서 교실 관리는 규칙을 정하고 복종을 요구하는 데 그 차이점이 있다.

구성주의 교실의 근본적인 규칙은 모든 아이들이 배울 권리를 갖고 있으며 교사는 학습을 촉진시킬 권리가 있다는 것이다. 이것은 확실히 열린 규칙이다. 왜냐하면 이것은 규칙을 미리 정해 놓고 규칙을 위반하면 벌칙을 주는 것에 반대하기 때문이다. 하지만 아이들은 곧 규칙을 따르는 것에 익숙해진다. 우리는 아동에게 너무 많은 자유를 줄 때 그들이 그 상황을 이용해 혼란을 일으킬 것을 걱정한다. 나는 구성주의적 과학수업에서 성공적인 교실 관리를 위해서 몇 가지 제안하고자 한다.

구성주의적 과학 교실에서의 운영전략

1. 아무리 구성주의적 학습과 수업을 받아들이더라도 우리는 수입에서 어느 정도 설명식 수업을 한다. 설명식 수업에 적절한 행동 규칙이 정해져야만 한다.
2. 교사는 설명식 수업 방식에서 안내된 탐구 방식으로의 전환에 익숙해지도록 천천히 수업 방식을 바꾸어 가야 한다.
3. 아이들에게 점점 탐구 활동 방식을 도입하게 됨에 따라 교사는 아이들에게 탐구 활동을 시키기 전에 미리 그 활동을 제시해 주어야 한다. 그 활동을 보여 주면서 교사는 아이들이 스스로 탐구하는 방법을 설명해야 한다. 이러한 과정 동안 선생님은 기대되는 행동에 관하여 토론하고 안전에 대한 주의를 주어야 한다.
4. 아이들이 그들의 활동에 열중하는 동안 교사와 학생 개인 간의 상호작용 및 소집단 사이의 상호작용이 많이 일어나게 된다(이것은 매우 세세하고도 많은 것을 요구한다). 학생들이 적당한 행동을 하도록 용기를 주고 잘못된 행동을 개인적으로 고치

도록 하기 위해서 많은 기회를 계속 주어야 한다.

5. 학교 행정가에게 교사가 무엇을 하는지, 교수 목적이 무엇인지, 교사가 수업에서 무엇을 하는지를 알리도록 한다. 계속 알림으로써 그들이 교사를 도와 줄 것이다. 교사가 활동을 할 때 학교 책임자를 초청한다.

구성주의적 교실에서 행동 관리의 문제는 적다. 왜냐하면 (1) 아이들이 싫증을 내지 않으며, (2) 아이들을 존엄성을 가진 존재로 취급하며, (3) 아이들의 탐색과 구성은 가치가 있고, (4) 아이들은 과학수업에서 자신이 하는 것을 말하고, (5) 아이들은 활동을 수행하는 동안 긍정적인 자아 개념을 형성하고, (6) 아이들은 자기에게 가장 적절한 방식으로 활동을 수행할 능력을 가지고 있기 때문이다.

아이들이 활동하는 대신에 '놀려고만' 한다면, 교사는 학생과 동등한 공헌자라는 일종의 준계약적 접근을 사용해야 할 것이다. 학습 계획은 아이들이 할 수 있는 범위만으로 할 것을 서로 동의하고, 매일 진전된 것을 기록지 같은 것으로 보고하고, 평가하는 방법 및 진도표를 만드는 것까지 동의하도록 계약을 맺는다. 아이들과 동의한 학습 계획에 포함된 것이라면 모든 관심을 과학에 전념하지 않더라도 걱정할 필요는 없다.

교사도 "나는 오늘 일을 훌륭하게 하고 있고, 어제보다 훨씬 덜 어리석다"와 같은 자기 암시적 행동 운영 원칙을 사용하면 이익을 얻는다. 이것은 규칙에 따른 행동 운영 원리와 상반된 것이다. 즉 "여러분은 이런 규칙을 어겼고 그래서 그 값을 치러야 한다"는 원리에 반대되는 것이다. 구성주의적 교사는 교실 관리에서 상벌체계를 없애버린다.

교사들은 학생이 바르지 않은 행동을 할 경우 다음의 방법을 차례대로 적용하여 해결할 수 있다. (1) 학생 개인의 이름을 부른다. (2) 하지 말아야 하는 행동을 구체적으로 지적한다. (3) 이유를 설명한다(가령 "영진아, 순서에 맞지 않게 말하는 것을 그만해라. 다른 사람이 말하는 것을 듣지 못하잖니?"). 화가 난 아이에게 다가가 조용히 말해서 그 문제에 대하여 전체 아이들에게 알리지 않도록 한다. 이것은 자기 스스로 행동하는 원리를 격려하는 것이다. 그럼으로써 혼란과 애매함을 제거하고 아동 개인에게 존엄성을 갖게 한다. 존엄성을 가지고 아이들을 다루는 것은 성공적인 교실 관리의 열쇠이다.

구성주의적인 방식으로 가르치려면 우리 스스로가 자신의 경험에서 정보를 구성한다는 것을 깨달아야 한다. 교사가 수업의 원칙을 바꾸기 위한 하나의 방법은 다른 접근 방식을 시도해 보는 것이고 학생과 교사의 상호작용을 다르게 개발하여 그 결과를 평가해 보는 것이다. 이러한 새로운 상호작용이 성공하면 구성주의적 교실 수업을 인지적으로 뿐만 아니라 물리적으로 구성하게 될 것이다. 아이들이 규칙에 복종하기를 우리가 기대하는 것을 바꾸어야 하며 아이들이 어떻게 문제를 해결하고 정보를 구성하는가에 대한 우리의 개념을 바꾸는 것이 첫 번째 단계이다. 더 중요한 것은 효과적인 수업이 곧 질서 잡힌 교실과 같은 뜻이라고 믿는 우리의 견해를 바꾸어야 한다.

▶ "당신은 규율을 잘 유지할 수 있습니까?" 교감은 물었다. "당연히 할 수 있습니다. 저는 수업을 흥미롭게 만들 것이고 그러면 규율은 자연히 해결될 것입니다" 스튜어트는 대답했다. E. B. White, *Stuart Little* (New York: Harper Trophy, 1945), Cp. XII "The Schoolroom"

야외 학습

미국과학교육기준의 수업 기준 E. 지적으로 엄격하고 과학 학습에 적용하는 태도를 개발

야외 교실은 과학 공부를 학교 담장 너머로 확장시킬 수 있는 최고의 방법이다(Dillon et al., 2006). 야외 교실이 꼭 거창한 것을 뜻하지는 않는다. 비록 어떤 학교가 좋은 야외 활동환경을 가지고 있더라도 단순히 학교 캠퍼스의 지정된 구역에 가서 아이들이 시멘트 사이로 자라나는 풀들을 관찰하고 측정 활동을 하는 것 역시 야외 교실 학습의 한 종류가 될 수 있다. 야외 활동의 예들은 과학수업 활동 9.5를 보면 잘 소개되어 있다.

학년 수준
K 이전-3

9.5 과학수업 활동

미국과학교육기준의 내용 기준 C. 생명 과학: 조직과 환경

옆길 생태계

야외 학습 센터 활동

목표

학생들은 옆길 환경에서 서식하는 생명체들에 대해 관찰할 것이다.

아이들을 야외로 데리고 나와 옆길 부근의 지역에서 무엇을 관찰할 수 있는지 물어보라(그림 9.9 참조). 아이들은 보도 블록 사이로 삐져나온 풀들과 식물들을 볼 수 있을 것이다. 식물들이 왜 이렇게 자라고 어떻게 자라며 자라기 위해서 무엇이 필요한지 물어보라. 또 아이들은 개미를 발견할 수도 있다. 개미들을 유심히 관찰해보라고 아이들에게 주문하자. 개미들이 모두 똑같은 길을 따라 이동하는가? 개미들은 어떻게 어떤 길을 따라가야 할지 아는 것일까? 무언가를 들고 있는 개미들은 없는가? 무엇인가? 왜 들고 있는가? 물건을 운반하기 위해서 개미들은 무엇을 사용하는가? 주위에 서로 도와 물건을 옮기고 있는 개미떼들은 없는가? 왜 물건을 옮기는데 개미 한 마리 이상이 필요한가? 주변에 개미집이 있는가? 개미들이 어떻게 개미집으로 출입하고 있는가?

다른 곤충들이나 생명체들과 관련해 위와 유사한 질문들을 아이들에게 물어보라.

아이들이 옆길의 가장자리를 볼 수 있는가? 만약 그렇다면 아이들은 옆길이 무엇으로 이루어져 있는지 파악할 수 있을 것이다. 옆길 주변이 부식된 흔적은 없는가? 만약 있다면, 아이들에게 무엇이 옆길을 부식시켰는지에 대해 질문해보자.

교실로 돌아와서 아이들에게 야외 활동을 통해 관찰한 동식물들의 사진이 들어있는 책들을 보여주면서 탐구하도록 돕는다.

안전 유의점:

아이들이 곤충들을 만지거나 너무 가까이 근접해서 곤충들이 아이들의 몸에 기어오르는 일이 없도록 주의해야 한다. 아이들은 곤충이나 개미 알레르기가 있을 수 있고 특히 불개미는 물기도 하니 더욱 신경을 써야 한다. 또한 벌, 말벌, 호박벌 등을 조심해야 한다. 만약 벌을 발견했다면, 아이들을 그 장소에서 *조용히* 이동시켜야 한다.

많은 학교들은 교육적 목적으로 정원을 보유하고 있다(그림 9.10). 연구 결과들은 학교 정원 프로그램이 과학 성취도를 향상시키고 남자와 여자 모두에게 동등하게 효과적

그림 9.9
아이들의 학교 도보 관찰.

임을 입증했다(Shapiro, 2006). 야외 조원활동이 과학에 대한 성취도와 관심을 향상시킬 뿐 아니라, 구성주의적 탐구 접근법을 조성시킨다는 것이 실험에 의해 증명되었다(National Science Teachers Association, 2008). 당신은 가족 구성원들, 현지 사업가 또는 당신이 정원 구축하는 것을 지원하는데 흥미를 보이는 사람들의 도움을 요청할 수도 있다. 정원을 만드는 모든 과정에 학생들이 참여해야 한다는 것과 방과 후 정원의 관리책임을 할당해주는 것을 명심하라. 그리고 자연 속 여름캠프는 학생들에게 매우 의미있는 활동이다.

야외 교실 학습은 간단할 수도 있지만 자연 탐사 산책로, 나비와 벌새 정원, 야채 정원, 원형 극장 등이 완비된 야외 학습 시설들처럼 정교하고 복잡할 수도 있다. 오언스 Owens와 마리노 Marino(2010)는 깍지완두가 빠르게 싹을 틔우며 그 식물이 척박한 환경에도 강하기 때문에 보다 선호된다고 말하였다. 야외 학습 센터 조성을 계획할 때는 모든 관련 행정부서의 참여를 유도해야 한다는 점을 명심하라. 가족 구성원, 부모–교사 단체, 현지 기업들은 당신의 정원 조성 계획 또는 더 나아가 자금 지원까지 해줄 수 있을지도 모른다.

전문직 보조인, 가족 구성원, 현지 사업인, 예비교사들은 다양한 방식으로 당신을 지원할 의지를 갖고 있을 수 있다. 그 지원이란 것이 아이들의 정원 활동을 보조하는 역할이거나 특별 시설 계획에 필요한 물자들을 준비하는 것일 수도 있으며 특별 프레젠테이션, 재정적 지원일 수도 있다.

그림 9.10
야외 학습 센터 정원 가꾸기.

Elizabeth Crews

교실 밖의 과학교육

미국과학교육기준의 수업 기준 E. 지적으로 엄격하고 과학 학습에 적용하는 태도를 개발

교실은 단지 아이들이 과학을 배울 수 있는 많은 장소들 중 하나일 뿐이다. 위에서 지적한 바와 같이 야외 학습은 아이들에게 자연 현상을 직접 관측, 연구할 수 있는 기회를 부여한다. 또한 박물관, 수족관, 천문관, 과학기술센터와 같이 과학 지식을 강화할 수 있는 많은 비전통적 장소들이 존재한다. 게다가 학교라는 장소를 벗어난 현장학습은 기존의 방식으로는 불가능했던 새로운 학습 경로를 열어줄 수 있다.

현장학습

학교 이외에도 아이들이 과학을 관찰하고 탐구할 수 있는 공간들은 많이 있다. 연못, 농장, 묘목장, 식료품점, 철물점, 은행, 동물원, 수족관, 식물원, 박물관 등등 과학들을 곳곳에서 찾을 수 있다(그림 9.11 참조). 지역사회를 탐방하고 자연 현장학습을 통해 교사와 아이들은 진정한 교육의 혜택을 거둘 수 있고 아이들은 자신들이 살고 있는 세상과의 상호교류를 통해 스스로 학습하는 법을 깨달아간다.

현장학습은 사전 계획을 필요로 하고, 구성주의 교육에서는 계획할 때 대부분 아이들과 함께 이루어진다. 첫째 단계는 물론 어디로 갈지를 결정하는 것이다(계획의 요소들과 현장학습에 대한 요약본은 그림 9.12 참조). 현장학습은 학습 중인 주제를 뒷받침하기 위한 수단으로 교사가 제안할 수도 있고, 아이들이 과학 탐구를 하면서 자신들의 의견으로 희망하는 경우도 있다. 무엇보다도 현장학습은 교과과정의 연장선상에서 실시되어야 한다. 일단 현장학습을 하기로 결정했다면, 실행 계획을 짜기 위해서 직접 현장을 방문한다. 견학 장소로부터 현장학습 허가를 승인받은 뒤 입장료를 계산하고, 아이들이 견학 장소에서 할 수 있는 특정 활동들을 명단으로 작성한다. 현장학습의 총 소요 시간을 결정하고 점심 장소, 화장실 시설 등을 확인하고 아이들이 어떤 종류의 옷을 입어야 할지 계획한다. 또한 현장학습 도중 아이들의 관심과 주목을 끌 수 있을만한 현장의 특징들을 체크한다.

그 이후 학교에 돌아와서 견학 날짜, 자금 조달 방안, 교통 수단, 인솔자 수 등을 결정한다(초등학교 현장학습에서 대략적인 인솔자의 수는 학생 4~5명당 1명으로 권고하고 있다).

그림 9.11
현장학습에서 곤충 채집하기.

Elizabeth Crews

위의 항목들이 모두 완료됐다면, 아이들에게 견학 계획과 특징들을 설명해주고 견학 학습을 통해 무엇을 얻고 배울 수 있는지에 대해 아이들끼리 서로 논의하도록 유도한다. 아이들과 상의를 통해 계획의 세부사항들을 조율한다. 아이들이 제안한 현장학습의 목적들을 목록으로 만들어 아이들이 현장학습 동안 학습 목적에 지속적으로 집중할 수 있도록 하고 현장학습 이후의 토의에서도 활용한다. 아이들이 각자의 부모님들에게 견학의 목적과 앞으로의 계획 등 견학에 대해 설명하는 편지를 쓰도록 유도한다. 편지에 학

현장학습 계획 시 참고 요소

무엇을 할 것인가?	관련된 사람
1. 현장학습 장소 결정	교사, 학생
2. 현장학습 장소 사전 방문 교사	교사
• 노선/경로 설정	교사
• 탐방 장소 허가 획득	현장 대표
• 입장료 확인	현장 대표
• 가능한 활동 목록 작성	현장 대표, 교사
• 현장학습 소요 시간 계산	교사
• 점심 시설 조사	교사
• 화장실 시설 조사	교사
• 현장학습 의상 결정	교사
3. 현장학습 날짜 설정	교사, 학교 행정가
4. 교통수단 조율	교사, 학교 행정가
5. 현장학습 비용 결정	교사
6. 자금 조달 수단 확립	교사, 학교 행정가
7. 인솔자 준비	교사, 부모
8. 아이들과 현장학습 논의	교사, 학생
• 배우려는 점을 논의하고 학생들의 응답 기록	교사, 학생
• 현장학습 중 하고 싶은 것을 논의하고 응답 기록	교사, 학생
9. 부모님께 현장학습 편지 쓰기	교사, 학생
10. 부모님들의 승인 획득	교사, 부모
11. 현장학습 불참 인원을 위한 활동 계획	교사
12. 비용 모금	교사
13. 의료사고 대비	교사
14. 응급처치 상자 준비	교사
15. 행동요령 작성	교사, 인솔자
16. 그룹별 인솔자 확정	교사, 인솔자
17. 현장학습 장소 재확인	교사, 현장 대표
18. 현장학습 실시	교사, 학생, 인솔자
• 탐구 활동 보조	교사, 인솔자
• 흥미로운 특색 지적	교사, 인솔자
• 견학 목적에 대해 아이들의 집중 유발	교사, 인솔자
19. 현장학습 후 토의 학습	교사, 학생
• 가장 중요했던 점 질문	교사, 학생
• 적절한 후속 활동 구성	교사, 학생

그림 9.12

교 허가란을 첨부한다.

언제나 어떤 이유로든 현장학습에 참여할 수 없는 아이들이 존재하기 때문에 현장학습을 진행하는 동안 그 아이들을 위해 똑같이 흥미로운 교실 내 활동들을 준비해 놓는다.

현장학습 당일에는 사전에 논의했던 견학의 목적들을 아이들에게 잘 주지시킨다. 행동요령들과 안전수칙들을 설명한다. 현장학습 중에는 마치 교실 내에서 과학 탐구 활동을 진행하는 것처럼 아이들과 소통한다. 아이들이 분명하게 자신들의 생각과 질문들을 정립할 수 있도록 돕는다. 아이들이 자신의 질문들에 대한 탐구적인 방식의 답변을 생각해 낼 수 있도록 지원한다. 견학 중 아이들이 놓칠 수 있는 흥미로운 특징들을 지목한다. 전반적으로 아이들이 새로운 아이디어를 구상하는 과정을 조력하는 보조 역할을 수행한다.

현장학습이 종료된 이후에는 아이들에게 현장학습을 하면서 배운 가장 중요하거나 의미 있는 것들에 대해서 찾아보도록 유도한다. 아이들의 흥미, 풀리지 않은 질문들, 설명되지 않은 개념들에 기반을 두어 적합하다고 사료되는 후속 활동들을 제안한다.

그림 9.13은 다양한 현장학습 장소들과 해당 장소들에서 배울 수 있는 내용들에 대해서 보여주고 있다. 이 목록들은 다양한 영감들을 주기 위해서 작성되었다. 이를 참고로 자신의 지역에 해당하는 시설들의 목록을 작성해 보는 것도 한 방법이다. 현장의 학습 기회들은 과학과 연관성이 있고 성취하고 싶어 하는 것들에 대한 아이들의 논의를 용이하게 해준다. 물론 교사들은 현지 상황에 맞고 아이들의 필요에 따라서 현장학습의 계획들을 조정해야 할 것이다.

과학 현장학습 장소 및 학습 요소들	
목적지	**학습 기회**
연못	동식물, 동식물 주거지, 생태계 등 관찰. 곤충, 낙엽 수집
호숫가	동식물, 동식물 주거지, 호숫가 특징, 모래, 돌 관찰. 수상스포츠 관람
해변	동식물, 동식물 주거지, 해변가 특징 관찰. 조간대, 밀물과 썰물 효과, 파도, 파동 관찰, 모래 언덕과 그 형태 관찰, 꽃게 관찰, 조개 수집
사막	동식물, 사막 생태학, 모래 종류, 모래 언덕 및 형태 관찰, 동식물들의 사막 환경 적응 관찰, 모래 언덕 움직임 예측, 바람에 날리는 모래 관측
슈퍼마켓	상품 구성 연구, 냉장 방법 관찰, 식품 준비과정 관찰, 식품 안전 보장 방법 확인, 기술 활용 확인, 직원들의 업무 관찰
철물점	상품 구성 연구, 많은 종류의 철물 사용법 확인, 철물점에서 발견할 수 있는 재료 및 물자 관찰, 기술 활용 확인, 직원들의 업무 관찰(몇몇 철물점은 아이들을 위한 빌딩 건축 이벤트도 실시하고 있음)
은행	보안 시스템 관찰, 화폐 다루는 기술과 지폐 세는 기법 관찰, 기술 활용 확인, 직원들의 업무 관찰
동물원	많은 활동들 가능, 교육 코디네이터와 논의, 동물 과학자들이 하는 일도 관찰 가능
수족관	많은 활동들 가능, 교육 코디네이터와 논의, 해양생물학자들이 하는 일도 관찰 가능

그림 9.13

(계속)

과학 현장학습 장소 및 학습 요소들	
목적지	학습 기회
식물원	갖가지 품종의 식물들, 외국 식물들 관찰, 식물 관리 관찰, 다양한 식물들이 자라는 과정 관찰, 식물 과학자들의 업무 관찰
플라네타륨	별자리, 태양, 달, 별, 행성, 혜성, 일식, 월식 관찰, 밤하늘의 움직임 관찰, 낮 하늘의 움직임 관찰, 기술 활용 관찰, 과학자들과 대화 가능
낙농장	암소, 젖소 관찰, 소 먹이 확인, 착유기와 착유시설 관찰, 소 먹이공급에서 저유 탱크, 수송으로 이어지는 유제품 생산 공정 추적, 위생 시설, 청결, 위생 청결 검사 관찰
상업용 낙농장	유제품 가공, 생산, 포장 과정 관찰, 저온살균법 관찰, 식품 안전 및 위생 보장 방법 확인, 근로자들의 업무 관찰
아이스크림 공장	아이스크림 재료 및 재료들의 출처 확인, 향료 확인, 제조 공정 및 준비 기술 관찰
묘목장	다품종 식물들 관찰, 야채, 채소들의 성장과정 관찰, 식물 심기, 재배, 관리, 수확 과정 관찰
채소밭	식물 관찰, 벌레 먹은 식물의 부분이 있는지 확인, 채소가 어떻게 자라나는지 관찰, 식물을 심고 재배하고 수확하는 것을 관찰
꽃밭	식물 및 꽃 관찰, 다양한 꽃들의 재배 과정 관찰, 재배, 수확, 관리 과정 확인
농장	동식물, 동물 관리 관찰, 식물 성장, 재배, 관리, 수확, 판매 과정 관찰. 농장 기계, 장비 관찰, 기술 활용 관찰
TV 방송국	장비 관찰, 유명인들과 대화, 방송국 부스 관찰. 방송국장, 카메라맨, 프로듀서 등등 관찰, 컴퓨터 사용 관찰, 파란 배경화면을 겹쳐놓는 컴퓨터 이미지 기법 확인, 다양한 전문가들과 대화
라디오 방송국	장비 관찰, 유명인들과 대화, 방송국 부스 관찰, 방송국장, 카메라맨, 프로듀서 관찰, 컴퓨터 사용 관찰, 다양한 전문가들과 대화
기상청	기구장비를 관찰하고 그들이 나타내는 것들을 파악, 기상학자들의 책임 확인, 기술 활용 확인, 기상 예보 기술 확인, 일기도 제작 과정 관찰. 미국 기상청의 역할 및 심각 기상경보 관찰
국립공원	많은 활동 가능, 교육 코디네이터와 논의, 아이들은 다양한 분야의 전문가들과 대화 가능
교향악단, 밴드 리허설, 콘서트	오케스트라의 악기들 확인, 밴드의 악기들과 악기 소리들 확인, 소리의 특징 확인(음의 높이, 음량, 음의 특징)
선창가, 부두	다양한 종류의 생선 관찰. 생선 냄새 감지, 해산물 보존법 및 해산물의 시장 분배 과정 확인

그림 9.13 *(계속)*

비전통적 과학 환경

비형식적인 환경에서의 과학수업에 대한 면밀한 연구 조사를 시행한 후, 미국 국립 연구 위원회 the National Research Council의 비공식적 환경에서 과학학습 위원회 The Committee on Learning Science in Informal Environments (2009)는 비형식적인 환경에서의 학습 경험이 과학 학습의 결과를 유의미하게 향상시킬 수 있으며, 여성 및 소수집단과 같이 과학 분야에 있

미국과학교육기준의 프로그램 기준 B. 적절하며, 탐구에 기반을 두었으며 다른 과목들과 연계되어 있음

그림 9.14
박물관에서 공룡 체험하기.

어 역사적으로 잘 드러나지 않았던 집단에게 특히 효과적이라고 결론지었다. 과학 학습은 몇 가지 비형식적인 방식으로 이루어질 수 있는데, 박물관 및 수족관을 방문하거나 방과 후 프로그램에 참여하기, 과학전람회 프로젝트나 과학 올림피아드 팀에 참가하기, TV 다큐멘터리 시청, 그리고 공동묘지 견학하기나 눈더미 관찰하기와 같은 행위도 포함된다(Froschauer, 2008). 박물관 견학하기는 보다 일반적인 비형식적 과학 학습 환경 중의 하나이다(그림 9.14 참조). 많은 박물관들이 과학교육자들을 고용하고 있으며 이들은 아이들을 박물관 곳곳으로 안내하고 아이들의 탐구 활동을 보조하는데도 능숙한 실력을 보유하고 있다(Tran, 2006). 박물관에서 찾아 볼 수 있는 의미 있고 상호교류적인 전시물은 발견 학습에 풍부한 기회를 제공해준다. 좋은 일례는 이전에 언급한 샌프란시스코 박물관이다. 박물관의 웹사이트에 들어가면 전시품들에 대한 많은 정보들을 확인할 수 있다.

박물관이나 다른 비공식적 과학 장소를 방문하는 것은 과학에 대한 긍정적 태도를 조성시키는 데 도움을 준다. 교사들은 아이들이 이러한 시설들을 견학할 때 자신만의 관심분야를 만들고 탐구하도록 유도하는 것이 좋다. 이것이 박물관 방문에 대한 구성주의적 접근법이다. 박물관에는 배울 것들이 많고, 경험할 것들 또한 많다. 이러한 자원들을 잘 활용하는 것은 양질의 초등학교 과학수업을 위해 '**필수적** must'이다. 디위틀 De Wittl과 호헨스타인 Hohenstein(2010)은 학생들이 공식적인 교실 환경 내에서보다 박물관을 견학하는 동안 그들 자신의 생각과 견해를 나눌 때에 더 적극적임을 발견하였다. 벤쉰델 Van Schijndel 등(2010)은 박물관의 상호작용적 전시에서 아이들의 부모가 아동들을 지도하고 질문을 던지는 방법에 대해 교육을 받은 경우 유치원 학생들의 탐구 열중도가 높아짐을 발견하였다.

반드시 박물관이 일반적 개념처럼 특별한 건물과 시설을 갖출 필요는 없다. 운동장, 아이들의 뒷마당, 동네 공원들 역시 살아있는 박물관이다(그림 9.15 참조). 이러한 곳에서도 아이들은 얼마든지 동식물들을 관찰하고, 동물들의 습관에 대해 묘사하며, 생태계 환경들에 대해 추론할 수 있다. 동물들은 무엇을 먹는가? 어떻게 음식들을 구하는가? 어떻게 몸을 따뜻하게 유지하는가? 왜 다른 곳이 아닌 하필 이곳에 있는가? 아이들은 매일 혹은 주마다 동일한 장소를 방문함으로써 변화들을 관찰하고 기록할 수 있다. 학교 건물은 그 자체로도 파이프, 수압, 난방, 통풍시스템 등 관찰과 연구 가치가 있는 현상들로 가득 차있다.

그림 9.15
뒤뜰(뒷마당) 과학.

교사 활동 9.1

현지 과학 명소들

본인이 거주하고 있는 지역 내의 과학 중심적 명소들의 목록을 작성해보자. 여기에는 박물관, 아쿠아리움, 과학박람회장 등이 포함된다. 각각의 명소들을 방문해보고 본인이 가르치는 학생들의 과학교육과 이 명소들 간의 적합성에 대해 자신만의 의견을 개진해보자.

비유의 재논의

1장에서 초등학교 과학교육을 위한 비유를 만들어 보았다. 그때 만든 비유가 초등 과학 교육에 대한 본인의 신념을 정확하게 나타내고 있는지를 확인할 수 있는 기회다.

교사 활동 9.2

비유의 재논의

교사 활동 1.10에서 본인이 결정했던 비유들은 초등학교 과학 교사로서의 역할을 잘 표현해준다. 비유를 선택한 이유에 대해 생각해보자. 아직도 그 비유는 적절한가? 아니면 바꾸기를 희망하는가?

만약 바꾸고 싶다면, 새로운 비유를 적어보고 자주 참고할 수 있는 장소에 두도록 하자.

첫 단원을 마치면서 다음의 몇 가지 인용구들이 매우 중요한 의미를 가진다:

- "발견은 모든 사람이 보는 것을 보지만 아무도 생각하지 못하는 것을 생각하는 것이다."
  Albert Szent-Grorgi von Nagyrapott, from J. I. Good (Ed.), *The Scientist*

Speculates: An Anthology of Partly-Baked Ideas (London: Heinemann, 1962).

▶ "과학에 있어 모든 위대한 진보는 상상의 새로운 모험으로부터 쟁점화된다."
John Dewey, *The Quest for Certainty* (Carbondale, IL: Southern Illinois University Press, 1929).

▶ "과학 전체는 일상 사고의 정교화 이상이 아니다."
Albert Einstein, *Out of My Later Years* (New York: Philosophical Library, 1950).

요약

이 단원의 목적은 수업환경이 학교 건물 내에 있든, 학교 운동장이나 현장학습 장소 또는 박물관과 같은 비형식적인 시설에 있든, 학생들이 과학을 학습할 수 있도록 이끄는 수업 환경을 조성하고자 하는 당신의 개별적인 연구를 격려하는 데에 있다. 아마도 당신은 구성주의적 탐구 모형을 사용한 학습법을 경험하지 못한 아동들을 대하게 될 가능성이 높다. 그 경우 당신은 아동들이 안정감을 가지고 그들 스스로 탐구할 수 있도록 신뢰를 형성하여야 하며, 당신이 그들의 생각과 견해를 가치 있게 받아들임을 보여주어야 한다. 그리고 당신의 학생들이 구성주의적 환경에서 학습한 경험이 있든 없든, 철저한 준비는 어떠한 활동도 순조롭게 진행될 수 있도록 도울 것이다.

안정성은 초등 과학수업에 있어 다른 무엇보다도 중요하다. 당신은 아동들에게 재료물질들을 다루는 모든 활동에 있어 안전 예방책을 주지시켜야 하며, 해당 물질들이 사용하기에 안전한지 확인하여야 한다.

동식물은 교실에 활기를 복돋워줄 뿐 아니라, 아동들에게 경험을 통해 학습하고 (생명에 대한) 책임을 질 수 있는 기회를 제공해준다.

가족의 참여는 초등 과학교육에 있어 필수적이다. 가족 구성원들은 아동들이 가정 내에서 탐구 활동을 하고 학교에서 과학 중심의 행사에 참여하도록 도우며, 수업 자료들을 준비하고 수업에서 교사가 과학 활동을 진행할 수 있도록 원조해 줄 수 있다.

과학 코너는 초등 과학 수업교실에 있어 큰 보탬이 되며 과학 활동에서 중심점으로 작용하는데, 시간 관계상 깊이 있는 탐구가 불가능할 경우 특히 그러하다. 협동학습은 모든 학생들이 탐구과정에 관여하도록 이끌며, 협동적인 교수방법은 교사들로 하여금 자신이 전문적인 지식을 가장 많이 습득한 분야, 즉 가장 자신 있는 분야에 초점을 맞출 수 있도록 한다.

교실 야외 환경 및 현장학습을 포함한 몇몇 장소에서 이루어지는 교실 외부에서 구성주의적 경험을 통해 매우 유용한 과학 교수법이 도입될 수 있다.

훌륭한 초등 과학 교사는 과학을 가르치는 것만큼이나 아이들이 과정 탐구 기술을 익히고 그들이 과학을 유용하게 활용할 수 있다는 굳은 믿음을 형성할 수 있도록 아동들을 교육시키는 것에 집중한다. 훌륭한 초등 과학 교사는 교실 내 모든 아동들의 필요를 충족시킬 수 있도록 수업 방법과 교육과정에 변화를 준다. 그는 아동들이 그들 자신의 개념을 구성하도록 유도하며, 지식에 대한 주체적인 권리와 사고를 아동들에게 심어준다. 훌륭한 초등 과학 교사는 유용하고 적절한, 직접적인 학습경험을 제공하기 위해 비형식적인 과학 학습환경 및 현장학습을 포함시킨다. 훌륭한 초등 과학 교사는 아동에 귀를 기울인다.

핵심 용어

정동석(晶洞石) 풍력계

토의를 위한 질문들

1. 구성주의적 과정 중심 탐구 과학 프로그램을 위해 지역과 사회 및 학교로부터 지지를 얻기 위한 방법을 찾아보아라.
2. 구성주의적 교사가 이전에 탐구에 대한 경험이 없는 아이들에게 과정 중심 탐구 과학 프로그램을 시작할 방법을 묘사해보아라.
3. 아동들이 어떠한 활동을 하기 전에 교사는 어떤 구체적인 준비를 미리 해야 하는가?
4. 만약 당신이 교실 내의 살아있는 동식물과 관련하여 아동들이 준수해야 할 규정 목록을 만들고자 한다면, 그 규정들에는 어떠한 것이 있는가?
5. 아동들의 과학 프로그램에 대해 그들의 가족 구성원의 참여를 이끌어내기 위해 당신은 어떤 전략을 사용할 수 있겠는가?
6. 규정된 교육과정 내에서 구성주의적 방식으로 과학을 가르치기 위해 당신은 비형식적인 환경을 어떻게 활용할 수 있겠는가?

Part 2

초등 과학수업의 확장

Chapter 10 읽기, 쓰기 및 간학문적 측면

> 우리가 살아가는 수단은 우리의 삶의 목적을 훨씬 앞선다. 우리의 과학적 힘은 우리의 정신적 힘을 앞질러왔다. 그리고 과학은 인간을 올바르게도 그렇지 않게도 인도해왔다.
>
> Martin Luther King, Jr. *The Strength to Love*(Cleveland, OH: Fount Books, 1963), p. 73

Laurie J. Sullivan, Ph.D

지금까지 초등 과학교육에 있어서 가장 효과적인 방법론에 대해 개념을 탄탄하게 구성하였다면 초등 과학 프로그램의 수월성을 위한 다른 주제에 대해 공부할 준비가 된 것이다.

어떤 분야도 고립적으로 연구할 수는 없다. 이것은 과학도 마찬가지이다. 과학은 과학 기술과 사회적 문제가 복잡하게 뒤얽힌 학문 간의 연구이다. 자료 해석을 위해 수학이 필요하고, 발견한 것을 알리기 위한 언어가 필요하다.

과학을 전통적으로 생물학, 물리학, 화학, 지구 과학으로 구분하는 것도 이제는 상호의존성으로 인하여 달라지고 있다. 예를 들어 생물학에서 생명의 본질을 연구할 때 생명체의 화학적 구성 성분에 대한 화학 분야 없이는 연구할 수 없고, 생명체와 환경의 관계도 지구 과학을 모르고는 불가능하다. 땅의 풍화나 침식 작용에 대한 지구 과학의 주제를 논의할 때 생물체가 침식 과정에 영향을 주는 생물학 없이는 논의할 수 없다. 물론 운동의 법칙, 관성의 법칙, 바위같이 단단한 물체가 파괴되는 마찰과 같은 물리학 주제를 모른 채로 토양의 침식 작용을 논의할 수 없다. 최소한 과학은 읽기와 쓰기를 필요로 한다.

이 단원에서 읽기, 쓰기, 그리고 문헌 자료의 역할, 그리고 연계된 학문간 연구 모델에 대한 고려를 통해 탐구 중심의 탐구 과학교수법에 대한 당신의 개념을 확장시킬 수 있을 것이다. 이런 측면에서 질 높은 초등 과학 프로그램에 대한 견해를 심화시키면서 각각에 대한 장점과 단점, 찬성과 반대의 논쟁을 검토해 볼 것이다.

사전 질문

이 장을 공부하면 다음 질문에 답을 하면서 논의할 수 있다.

- 어떤 교사는 왜 과학수업에 아동 문학 작품을 사용하길 원하는가?
- 읽기와 쓰기가 과학에서 공헌할 수 있는 기능들이 있다면 무엇인가?

- 구성주의적 과학 교사가 구성주의적 방식으로 과학 교과서를 어떻게 이용할 수 있는가?
- 몇몇 아동들의 인지력이 글쓰기에는 못 미치는데도 왜 어떤 교사는 초등 과학에서 쓰기 숙제를 내주는가?
- 왜 초등학교의 어떤 교사는 과학을 가르칠 때 통합교과적 접근 방식을 사용하는가?
- 당신이 거주하는 지역에서 어떤 논점과 문제들이 통합교과적 접근 방식이 필요한가?

읽기, 쓰기 그리고 문학

미국과학교육기준의 프로그램 기준 B. 적절하며, 탐구에 기반을 두었으며 다른 과목들과 연계됨

언어가 없는 과학은 나침반 없는 배와 같다. 읽기는 다른 사람들이 습득한 지식을 발견하는 데 매우 중요하고, 쓰기는 어린이들이 그들이 발견했던 것을 의사소통하기 위해서 중요하다.

문학은 다방면에 있어서 과학 학습을 향상시킨다. 이 책 안에서 제시하는 많은 활동들은 하나 이상의 '문학 작품과의 관련'을 지적하였다. 어떤 것은 소설이고 어떤 것은 소설이 아니다. 이런 자료들을 이용할 가장 좋은 방법은 무엇일까? 이것은 능동성, 문학 작품의 성격, 활동의 목표 및 초등 과학교육의 질에 대해 개인적으로 구성한 관점에 달려있다. 출판이 시작된 1988년부터 2004년까지 과학 분야의 '교사가 선별한 도서목록 Teachers' Choices'에 대한 분석에서 리어든 Rearden과 브로멀 Broemmel(2010)은 정보를 전달하는 책, 특히 생명과학 주제를 다루는 책들은 증가가 명확하게 보이는 반면, 소설식의 제목 수는 감소했음을 발견하였다. 이는 명백하게도, 내용에 대한 현대 교육과정상의 주안점에 대한 반응이다. 그리고 글을 읽고 쓸 줄 아는 능력에 대한 오늘날의 강조와 함께, 읽기와 쓰기를 초등 과학에 통합시키는 것은 점차 더 중요해지고 있다(Howes, Lim & Campos, 2009; Gomez & Gomez, 2007). 더 중요한 것은 문학이 실제 탐구를 대체하기 위해 사용되는 것이 아니라, 아동들의 탐구자세를 강화시키고 그들 자신의 생각을 형성하는 데에 사용된다는 것이다.

10.1 교사 활동

미국과학교육기준의 프로그램 기준 B. 적절하며, 탐구에 기반을 두었으며 다른 과목들과 연계됨

두 마리의 나쁜 개미

앨스버그 Chris Van Allsburg의 *두 마리의 나쁜 개미*(Houghton Mifflin, 1988)를 복사해서 수업시간에 한 학생에게 그것을 큰 소리로 읽도록 시켜라.

20배의 현미경을 통한 관찰에서 작은 비디오 카메라를 사용해 TV화면에 투영시킨 설탕 결정

한 개의 설탕 결정

The Sugar Association, Inc., 1300 L Street, NW, Suite 1001, Washington, DC 20005

그림 10.1
설탕 결정.

두 마리의 나쁜 개미라는 책을 통해 어떤 과학 과정이 길러졌다고 생각하는가? 다음 질문으로 아이들이 추론하는 기회를 많이 줄 수 있다:

- 결정 crystal이란 무엇인가? 왜 결정이라는 말을 생각하는가? 어떻게 확신하는가?
- '끓는 갈색 호수 boiling brown lake'는 무엇인가? 왜 그런 생각을 하는가? 어떻게 확신하는가?

또한 다음 질문으로 아이들이 예상할 수 있는 기회도 있다:

- 결정 속에서 개미들이 잠들어 버린 후에 어떤 일이 일어날 것이라고 생각하는가? 왜 그렇게 생각하는가?
- '끓는 갈색 호수' 안에서 개미들이 잠들어 버렸다면 어떤 일이 일어날 것이라고 생각되는가? 왜 그렇게 생각하는가?
- 개미가 그들의 집으로 돌아갈 것이라고 생각되는가? 그들이 집으로 돌아가고 싶어 한다고 생각하는가? 왜 그렇게 생각하는가?

삽화를 주의 깊게 관찰해야 위의 추론과 예상을 할 수 있다.

"결정이 무엇인가"라는 질문을 살펴 보자. 추가적 정보를 얻기 위해, 아이들은 일상적인 설탕 결정의 모양을 돋보기나 현미경으로 주의 깊게 관찰하고 책에 나온 결정의 모양과 진짜 결정의 모양을 비교해서 실험할 수 있다(그림 10.1 참조). 책에 나오는 결정은 복잡한 데 비해 실제 설탕의 결정은 상자 모양이라는 것을 아이들이 알아낼 것이다. 이것은 위의 이야기에서 그 결정이 설탕이라는 생각과 모순되는 것처럼 보인다. 증거 목록을 만들어 아이들이 그 결정이 설탕이라는 걸 믿는 몇 가지 이유를 알아 본다. (1) 맛이 달다, (2) 여왕은 그것을 좋아한다, (3) '…탕'이라는 상표가 붙어 있다. 책에는 결정이 설탕이라는 증거들이 더 많이 제시되어 있다. 그러나 한 가지 틀린 것은 바로 결정의 모양이다(이 활동에서 우리는 '과학의 본성 nature of science'에서 분명히 한 것과 같이, 식별할 수 있는 확실한 증거를 찾고자 함을 참고하여라). 이것은 "모든 설탕 결정은 똑같을까?"라는 의문을 가지게 한다.

10.1

학교 활동

미국과학교육기준의 내용 기준 B. 물상 과학: 속성과 물질 안에서의 속성 변화

설탕 결정 키우기

*두 마리의 나쁜 개미*에서 결정이 무엇인가라는 질문을 조사하기 위해 아이들은 단단한 사탕 모양의 설탕 결정을 얻을 수 있다(과학수업 활동 4.1에서 결정만드는 활동을 참조). 아이들은 집에서 만든 결정과 알갱이 설탕 결정의 모양을 비교해서 설탕 결정은 항상 상자 모양이라는 것을 실험을 통해 일반화할 수 있다.

그런데 왜 그것들은 이야기 속에서 다른 모양으로 묘사되는가? 만약 결정의 모양이 상자 같았다면 그 그림은 무엇일까? 아이들은 상자 모양의 결정 수를 세고, 결과를 보기 위해 책의 그림 위에 자신들의 그림을 겹쳐서 그릴 수 있다. 이것은 그림이 어떻게 독자의 관심을 사로잡는지에 대해 무엇을 말해 주는가?

이 책은 결정 만들기 활동(학교 활동 4.4와 과학수업 활동 4.1 참조)에서 제안한 것처럼 결정의 용해와 결정 형성에 관한 탐구를 소개하고 있다. 아래와 같은 문제를 탐구할 수 있다:

- 어떤 물질의 결정은 모두 같은 모양인가?
- 어떻게 하면 커다란 결정을 만들 수 있는가?
- 물에 녹는 용질의 양과 온도 사이에는 어떤 관계가 있는가?
- 용매(액체에 물질을 녹여 용액을 만들 때 그 액체를 말함)의 증발률과 결정체의 크기 간의 상관관계는 무엇인가?

문학 작품과 과학의 통합

미국과학교육기준의 프로그램 기준 B. 적절하며, 탐구에 기반을 두었으며 다른 과목들과 연계됨

두 마리의 나쁜 개미 활동은 문학 작품에서 탐구과정을 발달시키는 것과 관련되는지와 과학 탐구 활동을 소개하는 자료로 사용될 수 있는지를 보여 준다. 아동을 위한 문학 작품은 다양한 방법으로 과학에 통합될 수 있다. 다음은 실제 수업과 단원의 구성에 대한 제안이다. 그러나 여기에 이런 것들은 사례에 불과하므로 자기 것을 스스로 고안하기 바란다.

학습 도입

문학 작품은 학습의 도입 자료로 사용될 수 있는데 흥미를 유발하고, 질문을 고취시키고, 탐구의 영역을 제시하고, 사전 정보를 제공하기도 한다. **두 마리의 나쁜 개미**는 결정의 특성과 결정 형성에 대한 탐구를 이끌어낼 수 있도록 질문을 촉발하는 데 사용된다. 콜리 L. B. Cauley의 **잭과 콩나무**는 식물이 자라는 데 필요한 것, 그리고 콩나무가 가장 빨리, 그리고 크게 자랄 수 있는 조건 등 식물에 대해 소개하는 탐구를 하는 데 유용하다. 이 책은 동화 장르이며, 단순히 책에 서술되어 있다고 해서 그것이 항상 옳은 것은 아니라는 생각을 확고히 뒷받침하기 위해 사용되어야 한다.

일레인 란다우 Elaine Landau (Charlesbridge, 2003)가 저술한 **팝콘** popcorn!은 세계에서 가장 유명하고 건강에 좋은 스낵들에 대한 사실들과 놀라운 일화들을 담은 논픽션이다. 이 책은 아래에서 설명하는 것과 같은 다양한 과정 지향적 process-oriented 활동들을 소개하고 있다:

- 첫 팝콘알이 튀기까지 경과한 시간을 측정하라. 다양한 팝콘 브랜드 간의 시간 차이가 있는가?
  과정: 의사소통, 측정, 예측, 자료 해석
- 팝콘을 튀기기 전과 후의 팝콘의 생김새, 느낌, 냄새, 맛, 소리 등에 대해 설명하라.
  과정: 관찰, 의사소통
- 튀기기 전과 후의 팝콘의 부피를 비교해보라.
  과정: 측정, 예측, 자료해석
- 튀긴 팝콘과 튀기지 않은 팝콘이 물에 뜨거나 혹은 가라앉는지 실험해보라.
  과정: 측정, 의사소통, 관찰
- 뚜껑을 덮지 않은 냄비에 팝콘을 튀겨보고 팝콘알이 튀어나오는 거리를 예상해보고 측정해보라.
  과정: 예측, 측정
- 튀기기 전과 후의 팝콘의 무게를 비교해보라.
  과정: 측정, 예측, 자료 해석

도로시 힌쇼 페이던트 Dorothy Hinshaw Patent가 쓴 **늑대들이 돌아왔을 때: 옐로스톤 강의 자연 균형 복원하기** When the Wolves Returned: Restoring Nature's Balance in Yellowstone (Walker Books for Young Readers, 2008)는 늑대의 개체수를 늘림으로써 옐로스톤 국립공원에 자연의 균형이 어떻게 복원되었는지 면밀한 설명을 제시한다.

게이스베르트 Gijsbert와 로빈 스미스 Robbyn Smith (Sleeping Bear Press, 2001)의 저서 **부엉이의 입양: 부엉이 잭슨의 실화** Adopted by an Owl는 잭슨이라는 이름의 한 수리부엉이가 야생에서 살고자 하는 자연적 본능보다 자신을 키운 인간 가족들을 선택했다는 실화를 기반으로 하고 있으며 생태계와 야생 동물들에 대한 좋은 소개서이다.

수잔 제프스 Susan Jeffers (NAL/Dutton, 1993)의 저서 *Brother Eagle, Sister Sky: A Message from Chief Seattle*은 백인들에게 부족의 영토 판매를 강요받은 인디언 추장의 이야기와 추장이 어떻게 사람이 공기와 바람을 팔 수 있는지 고민하는 이야기를 담고 있다. 이 책은 자연의 변화가 생물종들의 멸종을 유발하는 과정에 대해서 소개하고 있다. 선생님은 아이들에게 새와 벌레의 둥지들을 보여주면서 아이들이 둥지를 짓는데 필요한 재료들을 발견할 수 있도록 해준다. 선생님은 "왜 동물들은 자신들만의 둥지를 짓는 방법이 있을까요?"라든가 "둥지의 재료들은 어디에서 올까요?", "만약 이러한 재료들이 파괴되어버린다면 어떻게 될까요?", "동물들이 집을 짓지 못하도록 만드는 사람들의 행동들에는 무엇이 있을까요?", "동물들이 멸종하는 것을 막기 위해 사람들이 할 수 있는 일에는 무엇이 있을까요?" 등을 아이들에게 질문한다.

피터스 Peters의 **태양, 바람 그리고 비**(H. Holt, 1988)는 한 소녀가 해변에 모래산을 만들고 먼 곳에 있는 산과 비교하는 이야기이다. 그 이야기는 모래산이 비와 바람에 의해 빠르게 모양이 변하고, 그와 같은 힘은 아주 오랜 시간 동안 진짜 산의 모양도 바꾼다는 것을 말해 준다. 그 이야기는 물과 바람에 의한 지표 구조의 풍화 작용에 대해 아이들이 문제를 인식하도록 하는 데 사용될 수 있다. 이 이야기를 도입으로 사용하는 학습은 과학수업 활동 10.1에서 볼 수 있다.

학년 수준
4-8

10.1 과학수업 활동

미국과학교육기준의 내용 기준 D. 지구와 우주 과학: 지상과 하늘에서의 변화

물에 의한 풍화 작용이 어떻게 산을 변화시키는가?

1. *학년 수준*: 4~8학년
2. *과학 탐구 과정*: 관찰, 가설 설정, 실험 수행
3. *과학 주제*: **풍화** weathering와 **침식 작용** erosion
4. *과정 중심 목표*
   a. 학생은 물로 인해 모래산이 변하는 것을 관찰할 것이다.
   b. 학생은 물의 양과 물의 흐르는 속도, 그리고 모래산의 풍화 간의 관계에 대한 가설을 세울 것이다.
   c. 학생은 물의 양과 물이 흐르는 속도, 그리고 모래산의 풍화 정도 사이의 관계를 알기 위해 실험할 것이다.
5. *아이들이 발견해야 할 것*: 지표의 산은 물에 의해 끊임없이 변하고 있다.
6. *도입 활동과 토론 설명*: 피터스의 *태양, 바람 그리고 비*를 읽고 다음과 같은 질문을 한다. "모래산이 왜 밑으로 내려 갔나요?", "왜 진짜 산이 아래로 내려가나요?", "여러분은 두 가지가 똑같은 힘이 원인이 될 것이라고 생각하나요?"
7. *준비물*: 피터스가 쓴 *태양, 바람 그리고 비*, 도표 종이, 측정 도구, 모래, 크고 단단한 플라스틱통, 막대기, 조약돌, 물통, 부삽, 물을 담은 양철통(작은 구멍과 큰 구멍이 하나씩 뚫려 있는 것), 물
8. *활동 설명*: 작은 모둠이나 짝으로 나누어 공부하고, 아이들은 그들의 플라스틱통에 모래산을 만든다. 그리고 이야기 속에서 엘리자벳이 했던 것처럼 막대기로 나무와 조약돌, 동물을 완전히 나타낸 다음 아이들은 비를 뿌릴 사람과 기록할 사람을 결정한다. 비를 뿌리는 사람은 조금씩 점차적으로 내리는 비를 나타내기 위해 두 컵의 물을 양철통의 작의 구멍을 통해 천천히 산의 한쪽 옆에서부터 붓는다. 기록자는 결과를 기록한다. 아이들은 자신들의 결과를 책에서 본 것과 비교한다. 그 다음에 비를 내리는 사람은 많이 내리는 비를 나타내기 위해, 두 컵의 물을 양철통의 큰 구멍을 통해 산의 한쪽 측면에 붓는다. 기록자들은 결과를 다시 기록하고 책에서 본 것과 자기들의 결과를 비교한다. 각각의 모둠은 중심 도표 위에 결과를 기록하고 모든 학급은 산에 물이 부어지는 쪽에서 물의 힘과 풍화의 양 사이에 나타나는 일관성에 대해 토의한다(그림 10.2 참조). 다음 단계는 물의 *양*에 변화를 준다.

(계속)

9. *대표적인 토론 문제들*
   - 모래산에 물을 조금 부었을 때 어떻게 되었나? 모래산에 물을 더 많이 부었을 때 어떻게 되었는가? 왜 그런 차이가 생기는가?
   - 돌로 만들어진 산에도 같은 일이 일어날 거라고 생각하는가? 왜인가?
   - 물의 양은 모래산이 얼마나 빨리 없어지는가와 상관이 있는가? 물의 힘은 어떤가?
10. *교실에서 아이들이 스스로 탐구하도록 하는 방안*: 아이들에게 물의 양, 물의 힘, 모래산의 구조 등 모래산의 풍화에 영향을 주는 것을 달리하면 모래산이 얼마나 빨리 풍화하는가를 물어 볼 수 있다.
11. *기대되는 결론*: 아이들은 모래산의 풍화율은 물의 힘과 물을 얼마나 붓는가 하는 양에 의존한다는 결론을 낼 것이다. 그들은 모래산과 진짜 산 사이에 관계가 있다 혹은 없다고 볼 수도 있다. 그것은 진짜 산은 너무 천천히 풍화 작용이 진행되어서 아이들이 판별할 수 없기 때문이다.
12. *평가*: 위의 질문들에 대하여 실험에서 얻은 증거들에 기반한 아이들의 답변의 유효성을 평가하라.
13. *실생활에 적용*: 풍화 작용은 정원의 흙, 잔디밭, 해변, 바위의 돌출 부분 등 우리 주변의 모든 곳에서 일어난다. 강한 폭우와 폭풍은 흙을 깎아 내는 등의 피해를 끼친다. 아이들은 신문과 잡지 기사와 태풍을 다룬 사진, 심한 뇌우, 산사태, 또 다른 풍화의 원인이 되는 심한 날씨 사건에서 자료를 얻을 수 있다.

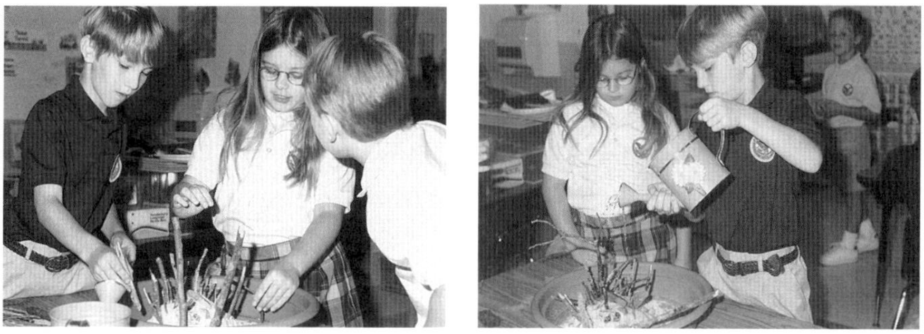

그림 10.2
침식 작용의 원인 탐구.

결론 분석

아동의 문학 작품은 아이들의 책에 나오는 과학과 실험을 통해 만들어낸 결론들을 서로 비교해 보는 토대로 사용할 수 있다. 서적에 있는 과학은 때때로 과장되고 부정확할 수도 있다(두 마리 나쁜 개미에서 결정의 모양 조사 참조). 책에 나오는 비슷한 현상의 결과를 비교하는 것은 아이들에게 책에 나오는 것의 결과가 얼마나 단정적이고 설명적인가를 비교해서 누가 옳은지 물어 보는 활동이 활발하게 이루어지게 한다. 많은 아이들은 사실적으로 기록된 것들과 결과를 비교하는 것을 통해 기록된 말의 정확도를 질문한다. 한편 책으로부터 토론을 통해 끌어낸 것과 같은 결과를 찾는 것은 아이들이 자신들의 지식과 생각하는 과정을 가지게 하는 것을 돕는다.

10.2

학교 활동

미국과학교육기준의 내용 기준 B. 물상 과학: 빛에너지

섞인 색깔 조사하기

유치원 교실에서 교사는 빨강, 노랑, 파랑의 색소로 된 물이 담긴 컵을 아이들에게 준다. 아이들은 컵들의 물을 서로 섞는다. 그리고 색깔의 변화를 관찰하고, 기록장에 적어 둔다. 그리고 나서 교사는 왈시 Ellen Stoll Walsh의 *쥐돌이 물감*(Harcourt Brace, 1989)을 읽어 주는데, 그것은 빨강, 노랑, 파랑 페인트 안으로 들어간 쥐들에 대한 이야기이다. 쥐들이 색깔에서 색깔로 옮겨다님으로써, 그 페인트들은 서로 섞이고, 새로운 색을 만든다. 이 이야기는 아이들이 자신의 실험을 실행한 후에 사용되며, 이것은 아이들의 결과가 책에 나오는 것과 같다면 자신의 결과를 정당화하거나 조사를 더욱 활발히 수행하게 할 수 있다.

기븐스 Gibbons의 씨에서 식물까지(Holiday, 1991)는 어떻게 씨가 식물로 자라나는지 설명하고, 씨와 식물의 구조들을 보여 준다. 그것은 아이들이 발견을 입증하기 위해, 씨의 속성을 탐구하고 난 후에 사용될 수 있다(과학수업 활동 3.2 참조). 아이들은 리마콩 씨의 겉모양을 관찰하고 어떻게 보고 느꼈는지 토의한다. 그리고 나서 아이들은 씨의 속 모양을 추측하고 실제로 씨를 갈라서 자신의 생각과 비교한다. 아이들은 책에 나오는 것들과 자신들의 관찰을 비교할 수도 있다. 그리고 나서 아이들은 씨를 심는다. 아이들은 씨를 전부 다 심거나 혹은 반으로 나누어 심을 수 있고, 씨의 일부가 없어도 자랄 수 있는지 알아보기 위해 씨의 일부분을 자를 수도 있다. 씨의 성장은 아이들의 결과를 검증할 수 있도록 책에서 제공한 기록과 자신들이 조사한 것들을 서로 비교한다.

사실적 정보를 제공

아동 문학 작품들은 많은 주제들에 관해 사실적 정보를 제공한다.

앨리키 Aliki의 **공룡 발굴** Digging Up Dinosaurs (Crowell, 1988)이라는 책은 과학자들이 어떻게 그것들을 발굴하고 보존했으며 공룡 뼈에 관해 연구하는지 설명하고 있다. 이 책은 박물관에서 본 공룡의 골격 구조를 이해하는 데 도움을 준다.

10.3

학교 활동

미국과학교육기준의 내용 기준 C. 생명과학: 유기물의 생명 주기

유충의 변태 조사하기

칼 Eric Carle의 *몹시 배고픈 유충*(Philomel, 1987)은 유충이 아름다운 나비가 되기 위해 변태를 준비하는 것을 묘사한다. 아이들은 유충을 모으고 잘 볼 수 있는 유리병이나 유리 그릇에 담아 둘 수 있다. 이 책은 아이들이 유충의 먹이로 유리병 안에 무엇을 넣을 것인지를 결정하는 데 도움을 주고, 유충에게 일어날 일을 예견할 수 있도록 도와 줄 것이다. 아이들은 그들

(계속)

의 예견을 기록하고, 매일 관찰하고, 무슨 일이 일어났는지 기록한다. 이 책은 아이들이 그들의 발견을 서로 비교할 수 있는 실제 제재를 제공한다. 교실 내에서의 제주왕나비 관찰과 방생을 통한 실제 예시를 살펴보기 위해 이 장의 *학교 현장 교사의 경험*을 참조하여라.

팔로타 Pallotta의 해양 알파벳북 The Ocean Alphabet Book (Charlesbridge Publishers, 1986)에는 많은 종류의 바다 생물에 대한 사실적인 정보가 수록되어 있다. 팔로타의 새 알파벳북 The Bird Alphabet Book (Charlesbridge Publishers, 1989) 역시 새들에 대한 사실적인 정보가 풍부하게 수록되어 있다. 로빈 브릭만 Robin Brickman (Charlesbridge, 2002)의 저서 부리 Beaks!는 다양한 새들의 부리와 그 쓰임새에 대한 논픽션이다.

데이빗 해리슨 David L. Harrison (Boyds Mills, 2003)의 저서 해양: 거대한 신비로운 해저 Oceans: The Vast, Mysterious Deep는 바다의 생성과정, 물의 순환과정, 해저 밑바닥의 생김새에 대해서 설명하고 있는 논픽션이다. 칼 Carle의 매우 바쁜 거미 The Very Busy Spider (Philomel, 1985)는 거미의 특성을 매우 어린 아이들에게 소개하거나 아이들이 관찰한 특징들을 검증할 수 있도록 도와 줄 수 있다. 셀샘 Selsam의 처음 보는 거미 First Look at Spiders (Walker, 1983)는 거미들을 눈, 다리 모양, 거미 집, 털의 크기, 서식지 등 다양한 특징에 따라 분류한다. 그 책은 거미의 현장 연구를 위한 훌륭한 안내서이다. 지방의 야생 생물 탐험가는 종종 교사들과 아이들이 야생 생물을 알아내고 서식지를 토의하는 데 도움이 된다.

안전 유의점: 모든 거미들은 물 수 있고, 사람에 따라 거미에게 물렸을 때의 반응 정도가 다르다. 검은 과부거미나 갈색의 은둔자거미와 같은 특정 종류는 독이 매우 많으므로, 아이들이 만지지 못하게 혹은 거미를 다루지 못하게 주의해야 한다.

존스톤 Johnston의 당신과 함께 하는 힘들 The Forces Be with You! (Gareth Stevens, 1988)은 관성, 마찰의 영향에 대한 정보를 다루는 내용이 있다. 그리고 중력의 원리에 대해 아이들에게 보여 주고 이야기해 주는 만화가 있다.

경고의 말이 마땅히 언급되어야 한다. 많은 아동 대상 교재들이 과학적인 사실을 설명하는 데 있어 정확하지만, 또 다른 많은 교재들은 그러하지 못하다. 예를 들면 트런들 Trundle, 트로랜드 Troland와 프리처드 Pritchard(2008)는 달에 관한 80개의 아동교재들을 검토하여 그 중 다수가 달에 대한 정보를 잘못 전달하거나, 달의 위상변화의 원리에 대해 잘못된 이해를 주입시킴을 발견하였다. 따라서 아동들의 교재에 나타나는 과학적인 내용이 정확한 것인지 보증하는 것 또한 교사의 의무로 지워진다.

보충 자료 제공

초등 교사들은 자신들의 과학수업계획을 단일한 교재 하나에 의존하는 경향이 있다. 하지만 교재의 특성상 많은 내용들이 다소 깊이 없이 다루어질 수밖에 없다. 결과적으로 초등 과학 교사들은 논픽션의 **일반서** trade books를 사용하여 그 공백을 메운다. 예를 들어 나탈리 로신스키 Natalie Rosinsky가 쓴 서로 당기고 밀어내는 자석들 Magnets Pulling Together, Pushing Apart (Window Books, 2003)은 허구적인 이야기, 논픽션의 '흥미로운 사실들', 그리고 아동들이 자석을 가지고 할 수 있는 활동들을 내포한다. 하지만 이 일반서는 항상 설명글을 명쾌하게 제시하지 않기 때문에, 교사들은 보충자료에 대해 보충 설명을 할 수 있도록 항상 준비되어 있어야 한다(Smolkin et al., 2009).

그럼에도 불구하고 노리스 Norris외는 몇몇 통상적으로 구입할 수 있는 독서교육 프로그램들이 일반적으로 정확한 과학적인 내용을 내포하고 있음을 발견하여, 보충자료로서의 독서물의 사용을 지지하였다.

연습 사례 제공

서적은 조사하려는 아이들이 자료를 찾아서 잘 조사해 나갈 수 있도록 연습용 예들을 제공한다. 폴라코 Polacco의 **천둥 케이크** Thunder Cake (Philomel, 1990)는 천둥소리를 두려워하는 한 작은 소녀의 이야기이다. 그녀의 할머니는 번개와 천둥 사이에 시간을 헤아려서 폭풍의 거리를 알 수 있는 방법을 알려 주었다. 그리고 천둥소리가 만들어내는 그녀의 공포를 진정시키는 방법을 알려 주었다. 천둥에 대한 사실적인 자료와 측정하는 과정이 그 책에 포함되어 있다. 그 이야기는 빛의 속력과 소리의 속력 사이의 차이를 조사해서 관련시키는 것이다(이 이야기를 사용한 학습 방법은 과학수업 활동 10.2에 있다). 안전 유의점: 뇌우가 극심할 경우 안전수칙을 확실히 검토하여라.

학년 수준 5-8

10.2 과학수업 활동

미국과학교육기준의 내용 기준 B. 물상 과학: 소리에너지와 빛에너지

소리 속도는 빛 속도와 어떻게 비교되는가?

1. *학년 수준*: 5~8학년
2. *과학 탐구 과정*: 관찰, 자료 해석
3. *과학 주제*: 소리와 속력
4. *과정 중심 목표*: 학생은 물체를 치는 것을 보고 그것의 소리를 듣는 사이의 시간의 차이를 관찰할 것이다.
5. *아이들이 발견해야 할 것*: 아이들은 빛보다 소리가 더 느리게 이동한다는 것을 발견할 것이다.
6. *도입 활동과 토론 설명*: 만약 폭풍우 속에서 천둥이 치는 소리를 듣고 빛을 보는 사이의 시간이 늦어지는 경우를 관찰한 적이 있는지 아이들에게 물어 본다. 토의를 통해 이것에 대한 경험이 있는 아이들은 빛이 얼마나 멀리 가는지에 대해 말하고 빛의 속력과 비교해서 소리의 이동이 얼마나 빠른지에 대해 이야기한다.
7. *준비물*: 쓰레기통이나 쓰레기 캔 뚜껑과 같은 빈 들통, 목재 망치 또는 방망이, 페트리샤 폴라코 Patricia Polacco의 *천둥 케이크* Thunder Cake (Philomel, 1990)
8. *활동 설명*: 아이들을 문밖의 운동장이나 다른 아주 넓은 곳으로 나가게 한 다음 두 모둠으로 나누고 각각 들판의 끝에 한 모둠씩 위치하게 한다. 한 아이에게 망치나 방망이로 쓰

(계속)

레기통을 치게 하거나 그 들판의 다른 쪽 끝의 아이들이 보고들을 수 있도록 크게 소리치게 한다. 아이들은 빛보다 소리가 더 느리게 이동한다는 것을 관찰한다. 폴라코의 *천둥 케이크*(Philomel, 1990)는 폭풍우 지역이 사람들과 얼마나 멀리 떨어져 있는가를 계산할 수 있게 하는 방법을 보여 준다.

9. *대표적인 토론 문제들*:
   - 소리의 크기에 따라 소리의 속력이 달라지는가?
   - 소리의 속력은 상온에서 대략 초당 1,088피트(혹은 시간당 740마일)이다. 왜 소리의 속력에 '상온에서'라고 말하는가? 공기가 따뜻하고 추울 때 소리의 속력은 어떻게 될까? 기압이 높고 낮을 때는 소리의 속력이 어떨까? 어떻게 알 수 있는가?
   - 소리의 속력을 사용해서 거리를 측정할 수 있는가?
10. *교실에서 아이들이 스스로 탐구하도록 하는 방안*: 아이들에게 동일한 과제를 공기가 따뜻할 때와 차가울 때, 기압이 높을 때와 낮을 때 똑같이 행하도록 하여라. 그들에게 뇌우에 대한 신문과 잡지 자료 및 그림들을 모으도록 지시하여라.
11. *기대되는 결론*: 아이들은 소리가 빛보다 느리게 이동한다고 결론 내린다.
12. *평가*: 아이들이 망치가 못을 때리는 것을 본 시점과 그 소리를 듣는 시점과의 차이를 계산하고 소리가 측정된 시간을 확인하라. 실험 자료에 기반한 해석의 유효성을 검증하라.
13. *실생활에 적용*: 뇌우의 거리는 번개가 보이는 시점과 천둥이 들리는 시점 사이의 시간차에서 계산되어진다. 그 차이가 작을수록 뇌우는 가까운 곳에 있다(교사 참고사항: 뇌우는 번개와 천둥 사이의 지연 시간 5초마다 1마일 떨어져 있다. 따라서 만약 15초의 지연시간이 있다면 뇌우는 3마일 떨어진 곳에서 발생한 것이다).

또한 문학 작품은 아동이 화학적 반응을 이해하는 데도 도움을 준다.

학교 활동

10.4

미국과학교육기준의 내용 기준 B. 물상 과학: 속성과 물질 안에서의 속성 변화

식초와 물질의 반응 조사하기

4학년 교실에서 각 모둠에 석회암, 대리석, 사암, 세일, 약간의 베이킹 소다, 베이킹 파우더, 설탕, 소금, 플라스틱 접시, 약간의 식초를 제공한다. 아이들이 식초를 여러 물체에 떨어뜨렸을 때 거품이 나는 물체가 무엇인지 가설을 정하게 한다. 그리고 각 시간별로 물체 하나 하나의 결과를 기록하게 한다(석회암, 대리석, 베이킹 소다, 베이킹 파우더 모두 식초와 반응했을 때 거품이 난다). 교사는 TV 시리즈에서 삽화를 기초로 한 부엌의 화학 작용에 관한 *매직 스쿨 버스: 케이크 만들기* Magic School Bus Gets Baked in a Cake (Scholastic, 1995): *주방 화학에 관한 책* A Book About Kitchen Chemistry을 읽고, 이러한 현상의 실제적인 예를 보여 준다. 아이들이 베이킹 소다에 포함된 화학적 성질을 탐색하도록 하며, 특히 식초와 혼합된 베이킹 소다로부터 나온 기체를 그리게 한다.

10.5

학교 활동

미국과학교육기준의 내용 기준 D. 지구와 우주 과학: 하늘에서의 대상들

낮에 하늘 관찰하기

관찰을 통한 수업에서 어린이들은 밖으로 나가서 하늘을 관찰하고 그들이 본 것을 가능한 한 세부적으로 기록한다. 밖에 있는 동안 선생님은 듀이 Dewey (Green Tiger Press, 1993)의 *하늘* The Sky을 읽는다. 잠시 멈추어 각 페이지에 있는 것을 어린이들에게 질문한 후 어린이들이 관찰한 것과 책에 기술된 것을 비교한다. 이 수업에서는 하이쿠 Haiku나 다른 시처럼 창조적인 글쓰기가 극에 달하게 된다. 즉 하늘에서 볼 수도 있고 볼 수도 없는 것을 서로 다른 문화에서는 어떤 상징으로 무슨 의미를 주고 설명하는가를 논의함으로써 다문화적인 차원으로 이끌 수도 있다.

(주: 밤하늘 조망하기 시간을 위한 참고사항으로 과학수업 활동 4.2 단원을 참조하여라.)

과학적 탐구 기능의 발달

아동용 문학 작품은 아동의 과학적 탐구 기능을 발달시키는 데 도움되도록 과학수업의 핵심적 구성 요소가 될 수 있다.

안전 유의점: 절대 어린이들이 태양을 똑바로 바라보게 해서는 안 된다. 인간 눈의 렌즈는 돋보기와 같은 작용을 하는데, 태양 광선을 망막의 한 점으로 모아서 마치 돋보기에 초점을 맞추어 잎을 태울 수 있는 것처럼 망막이 타게 된다. 그러나 망막은 고통에 민감한 신경을 가지고 있지 못하기 때문에 타는 것을 느끼지 못한다. 아이들이 태양 관찰을 원하기 때문에 직접 바라보는 것에 대한 대안을 제공해야 한다. 바늘 구멍 카메라 장치를 사용할 수 있는데, **가장 좋은 방법은 태양을 쌍안 망원경을 통해 한 장의 종이 위로 초점을 맞추는 것이다.** 대물렌즈를 태양에 맞대고 접안 렌즈를 흰 종이 위로 겨눈다. **접안렌즈를 통해 태양을 바라보지 마라!** 태양의 이미지를 종이에 맞출 때까지 계속해서 움직여라. 접안렌즈부터 대물렌즈에 이르는 거울들 또는 프리즘을 통해 모든 태양에너지가 반사되기 때문에 쌍안 망원경은 뜨거워지지 않는다(그림 10.3 참조).

수수께끼 Mysteries를 제공하면 관찰, 예상, 분류, 추리, 의사소통, 측정, 가설설정과 같은 각각의 탐구 요소를 실행하는 데 매우 좋다. *4분짜리 작은 범죄과학 수사 불가사의: 의혹의 그림자* Four-Minute Forensic Mysteries: Shadow of Coubt(범죄기록 Crime Files) (Scholastic, 2006)는 과학 원리와 과정을 활용한 범죄수사를 통해 해결될 수 있는 짧은 불가사의 단편들이 수록되어 있다. 에릭 요더 Eric Yoder가 쓴 *1분짜리 불가사의: 과학으로 풀 수 있는 65개의 불가사의* (Science, Naturally, 2008) 단편에서는 각 1분짜리 불가사의들을 통해 비판적 사고법 능력을 쓰도록 하며 지구 과학, 우주 과학, 생명 과학, 물리학, 화학 그리고 일반 과학을 다룬다.

일상의 과학적 불가사의: 탐구 기반의 과학 교수를 위한 이야기들(National Science Teachers Association, 2008)과 *더 많은 일상 속 과학 불가사의 이야기: 탐구 기반 과학 교수를 위한 단편들*(National Science Teachers Association, 2009)이 과학 교사들을 위해 출판되었다. 두 책 모두 학생들이 그들의 탐구능력을 사용해 불가사의에 대한 답을 도출할 수 있는 과학적 불가사의를 수록하고 있다.

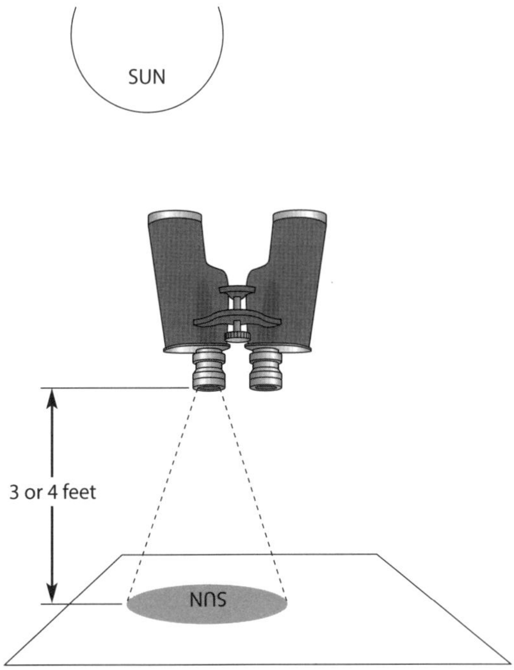

그림 10.3a
태양을 관찰하기 위해 쌍안 망원경 사용.

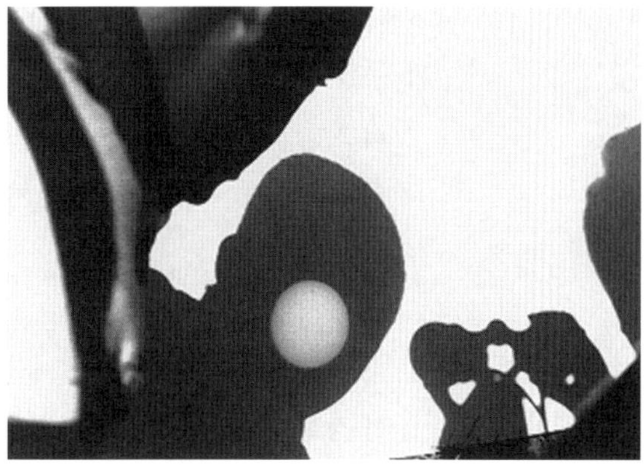

그림 10.3b
포스터 보드 위의 태양 상을 투영하기 위해 쌍안 망원경 사용.

다양한 경험 제공

문학 작품은 아동들의 필요에 의해 할 수 있는 것과는 다른 다양한 경험을 제공할 수 있다. 예를 들어 어떤 아동 문학 작품은 유치원 어린이들이 비를 탐구하는 데 정신적인 경험을 제공할 수도 있다. 아르데미 Aardema의 카피티 평원에 비 불러오기 Bringing the Rain to Kapiti Plain (Dial, 1981)에서 어린이들은 비의 근원이 구름이라는 것을 볼 수 있다. 마틴 Martin과 아켄볼트 Archenbault의 비를 들으려면 Listen to the Rain (H. Holt, 1988)이라는 시에서 어린이는 시의 두운 법칙 alliteration을 통해 비의 다른 소리들을 '듣게' 된다.

타 학문과의 상호 관련성 제공

아동문학은 과학 활동에 다른 영역을 결합시킬 수 있도록 한다. 예를 들어 셜리 휴즈 Shirley Hughes의 활기차게 돌아다니다 Out and About(1988)는 다양한 날씨의 발생에 관한 시들의 모음집이다(Lothrop, Lee & Shepard, 1988). 이 시는 어린이들이 무지개와 바람 등의 현상을 탐구하는 데 이해를 도울 수 있고 어린이들이 자신의 시를 짓고 다른 창의적인 작품 또는 예술적인 표현을 하는 데 영감을 제공할 수 있다.

아이들의 과학에 대한 인식 형성

아동문학들은 과학과 과학자들에 대한 아동들의 인식 변화를 가져올 수 있다. 파랜드 Farland (2006)는 과학자들의 업적에 대한 문서 자료와 논픽션을 읽은 초등학교 학생들이 과학 및 과학자들이 하는 활동들에 대해 광범위한 이해력을 보인 바 있다는 점을 연구했다. 핀곤 Fingon과 핀곤(2009)은 과학자들의 전기문이 학생들에게 동기를 부여하고 그들의 과학에 대한 자세를 형성하며, 그들 자신의 탐구에서 읽게 되는 자료에 대해 탐구적인 사고를 하도록 돕는다고 제안한다.

아동문학 선정

요즈음 아동문학은 픽션이나 논픽션을 망라해 선택할 수 있는 아주 많은 책들이 존재한다. 우리는 이들 중 훌륭하고 믿을 수 있는 아동문학 목록들만을 다음과 같이 선정했다:

- 미국도서관협회 American Library Association에서 출간하는 **북링크** Book Links는 서적, 도서관, 교실을 서로 연결하는 목적을 가진 잡지이며 양질의 아동서적들을 잘 소개하고 있다.
- 아동서적위원회 Children's Book Council는 아동서적을 읽고 즐기는 것을 장려하는 단체이며 매주 웹사이트에 새로운 아동문학에 대한 비평, 목록 등을 갱신하고 있다.
- 미국과학교사협회 National Science Teachers Association는 매년 뛰어난 아동과학서적(과학 정보를 다루는 논픽션)들의 목록을 출판하고 있다. 이 목록의 책들은 유치원부터 8학년까지를 대상으로 하고 있다. 아동도서협회 Children's Book Council와 함께 편찬한 이 도서 목록은 모든 과학 분야를 망라하고 있다. 모든 책들은 관련된 전국과학교육기준 National Science Education Standards을 참조하고 있으며 스페인어 아동서적 역시 포함되어 있다.
- 역시 미국과학교사협회에서 출간하는 *Science and Children*과 *Science Scope*는 새롭게 출판된 아동픽션, 논픽션 과학 서적들의 목록들을 담고 있다. *Science and Children*의 도서 목록들은 초등학생 대상이며 *Science Scope*의 목록들은 중학생 대상이다.
- 국제어린이교육협회 Association for Childhood Education International가 발간하는 *Childhood Education*은 초등학생 대상의 아동서적 목록들을 담고 있는 잡지이다.

교실에서 어떠한 서적을 사용할지 결정하는 데 있어 그림 10.4에 나열된 기준들의 적용을 권장한다. 해당 서적들은 단순히 사실적 소재들에만 집중하는 것이 아닌 과학적 탐구 역시 포함하고 있는 경우가 많으니 주의하라.

10.2 **교사 활동**

미국과학교육기준의 프로그램 기준 B. 적절하며, 탐구에 기반을 두었으며 다른 과목들과 연계됨

초등 과학에서 문학 이용하기

문학 작품을 초등 과학교육에 통합할 수 있는 방법을 간단하게 기술해 보자. 예를 들면 탐구 과정 중심의 과학 활동을 대략적으로 계획하고 특별한 문학 작품을 여기에 첨가하고, 어떻게 이것을 이용할 것인지 적어 보자.

그림 10.4

과학수업에서 이용할 아동문학 선택 준거
1. 이 책은 탐구 과정을 발달시켜 주는가?
2. 이 책은 어린이들의 의문에 묻고 대답할 기회를 제공하는가?
3. 이 책은 어린이들이 스스로 사고하도록 장려하는가?
4. 수업에 필요한 과학적인 주제가 있는가?
5. 내용에 확실한 과학적인 원리가 바탕되어 있으며 적당한가?
6. 해당 책은 사실과 허구를 명확히 구분하고 있는가?
7. 삽화가 명확하고 정확한가? 그것들을 의도대로 사용할 수 있는가?
8. 이 책은 어린이들의 수준에 맞게 쓰여져 있는가?
9. 다문화적인 요소로 되어 있는가? 연판 인쇄가 자유로운가?
10. 남녀의 성차가 없는가?
11. 이 책은 과학과 다른 과목과의 면밀한 연합을 보여 주는가?
12. 해당 책은 과학 기술에 대해 긍정적 입장을 표명하고 있는가?
우수한 논픽션 과학 교재 선별법 다섯 'A' (Morrison & Young, 2008):
1. 저자의 권위
2. 내용의 정확성
3. 독자에 대한 교재의 적합성
4. 문학적 예술성
5. 교재의 겉모습

과학 교과서

미국과학교육기준의 수업 기준 F. 프로그램 기획에 참여하기

많은 출판사에서 과학 공부를 위해 초등학교 교과서를 계속 출판한다. 과학 프로그램을 결정하는 데에 교과서는 유인책이 된다. 여기에는 몇 가지 이유가 있다. 학교가 특정한 과학 교재 시리즈를 사용하도록 교사들에게 요구할 수도 있다. 초등학교 교사들은 과학을 가르치기에 준비가 안됐다고 느낄 수 있으며, 교재가 그에 대해 안내해 주기를 바랄 수 있다. 교사들은 교재가 제공하는 프로그램이 체계적이기를 선호할 것이다. 교사들은 정보자료와 시범설명 및 과제활동에 대한 내용을 본문에서 찾고자 할 것이다.

극단적으로 어떤 교사는 그들의 과학 프로그램을 교과서에 제한시킬지도 모른다. 이들의 수업은 아이들이 교재를 읽는 것에서 시작한다. 그리고 나서 비디오를 보여 주거나 아이들을 열중하게 하고 의미를 증가시키기 위한 노력으로 묻고 답하는 토의를 하여 실제 수업을 할 것이다. 때로 아이들은 활동에 참여한다. 수업이 끝날 때 교과서를 이용하여 단원 끝의 질문을 학습 과제나 숙제로 부과한다.

이렇게 교과서를 활용하는 것은 지식 획득과 검증을 탐구하는 것을 대신한다. 이 때 아이들은 과학을 하는 대신에 과학에 대해 읽는다. 아이들은 추측하고 그것을 테스트해 볼 기회가 없다. 아이들을 과학 과정 기술을 발달시킬 기회를 갖지 못한다. 교과서가

필요한 모든 정보를 제공하고, 어린이들은 이미 가지고 있던 의미와 관련짓는 것을 격려받지 못한다. 이것은 구성주의와 상반된 것이다.

원래 교과서는 학생들의 개인적 요구를 무시하고, 모든 어린이들이 같은 이전 지식을 갖는다고 가정한다. 과학 교과서의 이러한 특징 때문에 교과서를 내던져버리는 경향이 나타난다. 그러나 교과서는 몇 가지 장점이 있다(Olson & Mokhtari, 2010):

1. 교과서는 아동들에게 있어서 정보의 훌륭한 공급원이다.
2. 교사용 지도서는 교사들에게 있어서 훌륭한 교수 수단이다.
3. 교과서는 학년별 일관성과 연계성을 갖는다.
4. 교과서의 주제들은 연령과 학년 수준에 적당하다.
5. 교과서의 주제들은 충분히 검토된 것이며, 필요한 내용이 적당한 위치에 있다.
6. 과학 교과서는 아동들의 읽기 능력 향상에 도움을 준다.

구성주의자들의 초등 과학 교과서 이용

구성주의자가 초등 과학교육에서 교과서를 없애자고 함에도 불구하고, 교과서를 어떤 방법으로 이용해야 되는가 하는 의무가 남아 있다. 구성주의적 학습은 아동이 스스로 새로운 개념을 발견하고 그것을 그들의 사전 지식에 따라 적합한 방법으로 연결시켜 내면화한다는 것이다. 수업에 필요한 여러 종류의 교과서를 복사하여 아동들 각자의 탐구에 이용하는 것은 바람직할 것이다.

교과서는 타당하게 만드는 데 좋은 역할을 한다. 초등 과학 교과서는 일반적으로 과학적 개념을 설명하고 논의한 후에 본문의 내용을 확인하는 활동에 뒤따르도록 되어 있다. 구성주의적 접근에 의하면 교사는 교재를 역으로 이용할 수 있다. 예를 들어 아이들에게 먼저 활동을 해 보게 하고 교과서를 이용하여 타당하게 하는 것이다(Barnam 1992). 펠로 Fello, 파켓 Paquette, 자롱고 Jalongo(2006/2007)는 먼저 학생들이 열대우림의 층 layer과 같은 과학적 개념의 지문을 읽기 전에 이를 묘사하는 그림을 그리고 설명하게 할 것을 제안하고 있다. 예를 들어 최근의 3학년 교재에는 마찰에 관한 내용이 있다. 마찰에 관한 정의가 있고, 몇 가지 예를 들어 놓았고, 마찰을 줄이는 방법을 나타내었다. 구성주의 교사는 아동들이 마찰에 관한 탐구 활동으로 시작하기를 기대한다. 이러한 활동은 과학수업 활동 10.3에 있다. 아동들이 활동을 한 후 그들이 이미 발견했던 것을 책을 읽음으로 해서 다시 한번 확인하게 된다. 더구나 교과서는 아동들에게 더 많은 질문이 생겨나도록 하여 스스로 탐구하고자 할 것이다.

교과서를 활용하는 다른 방법은 교육과정에서 요구하지만 탐구하는 데는 적합하지 않은 것을 찾아내는 데 활용하는 것이다. 만약 학교에서 교과서 진도가 문제가 된다면 탐구를 통하여 숙달해야 할 주제와 탐구적 방법을 거치지 않아도 되는 주제로 나눌 수 있다(13장 참조). 교과서는 아이들이 직접적으로 탐구할 수 없는 주제를 탐구하는 데 매우 요긴한 자원이다. 그 예시로는 행성의 이름 학습하기, 구름형의 이름 학습하기, 원자로가 작동하는 원리 학습하기 그리고 판 지질 구조 및 DNA 학습하기 등이 있다.

교과서는 또한 진로 탐색에 도움을 준다. 많은 교과서에는 과학의 다양한 전문 분야와 그 분야의 과학자들이 무엇을 하는지를 기술하고 있다. 교재는 또한 유명한 과학자들의 전기도 담고 있다.

과학수업 활동 10.3

미국과학교육기준의 내용 기준 B. 물상 과학: 운동과 힘

학년 수준 3-5

마찰에 대한 탐구

1. *학년 수준*: 3~5학년
2. *과학 탐구 과정*: 관찰, 측정, 예상, 결론 도출
3. *과학 주제*: 마찰
4. *과정 중심 목표*
   a. 학생들은 여러 가지 표면에서 고체 물질을 움직이기 위해 필요한 힘의 영향을 관찰하게 될 것이다.
   b. 학생들은 다른 표면을 지나서 고체 물체를 움직이기 위해 요구되는 상대적인 힘을 예측할 것이다.
   c. 학생들은 여러 가지 표면을 지나서 고체 물체가 움직이는 데 요구되는 힘이 다른 이유를 추측할 것이다.
   d. 학생들은 각각 다른 표면을 지나 여러 가지 표면에서 고체 물체를 움직이기 위해 필요한 힘의 영향을 관찰하게 될 것이다.
5. *아이들이 발견해야 할 것*: 아이들은 마찰의 개념과 여러 가지 표면들이 마찰에 미치는 영향을 발견할 것이다.
6. *도입 활동과 토론 설명*: 타일 바닥이나 부드러운 탁자 위와 같은 매끄러운 표면에 책을 놓고 힘을 주어 민다. 얼마나 멀리 가는지 관찰한 다음, 카펫에 책을 놓고 똑같은 힘을 주고 다시 얼마나 멀리 가는지 관찰한다. “왜 책은 매끄러운 표면에서 더 멀리 가는가?”, “책이 얼마나 멀리 움직이는가에 대해 표면의 상태는 어떤 작용을 하는가?”, “어떻게 알 수 있었나?”
7. *준비물*: 책, 끝에 고리가 있는 나무토막, 매끄러운 종이, 거친 사포, 부드러운 사포, 카펫 조각, 합판 조각, 나무 못이나 둥근 연필, 용수철 저울*
8. *활동 설명*: 각 모둠에 재료를 준비하고, 나무토막이 각각의 표면을 지나서 움직이기 위해 필요한 힘의 양에 대해 예측하도록 요구한다. 아이들은 나무토막을 갈고리에 걸고, 이용할 수 있는 여러 가지 표면에 따라 나무토막을 잡아당긴다. 그들은 나무토막을 움직이기 위한 힘의 양을 느끼고, 눈금을 보고 기록한다(나무토막이 가볍다면 아이들이 책으로 무겁게 누를 수 있다. 다만 그 무게가 실험 내내 동일해야 함을 명심하여라). 그런 후 결과를 자신들의 그림과 비교한다.
9. *대표적인 토론 문제들*
   - 어떤 재료가 나무토막을 움직이는 데 많은 힘이 드는가?
   - 왜 각각 다른 종류의 재료들마다 나무토막이 지나는 데 다른 양의 힘이 드는가?

* 고무줄 저울을 용수철 저울로 대신할 수 있다(그림 10.5 참조).

(계속)

- 나무토막을 움직이기 위해 요구되는 힘을 어떻게 줄일 수 있는가?
- 실험해 보고 싶은 다른 재료는 무엇인가?

10. *교실에서 아이들이 스스로 탐구하도록 하는 방안*: 아이들은 다른 표면에서 똑같은 활동을 재연할 수 있다. 그들은 가끔 왁스, 비누를 사용할 수도 있다. 그들은 나무토막의 바닥을 바꿀 수도 있다. 그리고 나무못 또는 회전 마찰과 미끄러지는 마찰을 비교해서 롤러를 사용할 수 있다. 아이들은 움직이고 있는 것보다 움직이기 시작한 나무토막이 더 많은 힘이 필요하다는 것을 관찰할 것이다(이는 뉴턴 Newton의 첫 번째 운동의 법칙에서 설명된 관성 때문이다).
11. *기대되는 결론*: 아이들이 매끄러운 표면에서 나무토막을 움직이는 데 더 작은 힘이 든다는 것으로 결론을 맺을 것이라 예상된다. 아이들은 정확한 전문 용어는 사용하지 못하더라도 마찰에 대한 개념을 이해할 것이다.
12. *평가*: 각기 다른 표면들에 필요한 힘들의 실제와 예상치를 서로 비교하라. 아이들의 추론이 수집한 실험 자료들과 관련해 유효한지 확인하라.
13. *실생활에 적용*: 마찰은 두 개의 표면이 서로 접촉하고 있는 것이다. 어떤 물체가 움직이기 위한 힘을 줄이기 위해서는 마찰을 줄여야 한다. 바위, 롤러, 기름칠된 표면, 매끄러운 표면 등은 에너지 절약의 보조물들이다.

고무줄 저울

고무 밴드를 자의 0점에 붙인 다음 고리처럼 움직이도록 고무줄의 다른 쪽에 클립을 붙인다. 고리에 작은 물체를 걸고, 고무줄이 얼마나 늘어났는지 관찰한다. 늘어난 양은 물체의 상대적인 무게의 표시이다.

그림 10.5
고무줄 저울.

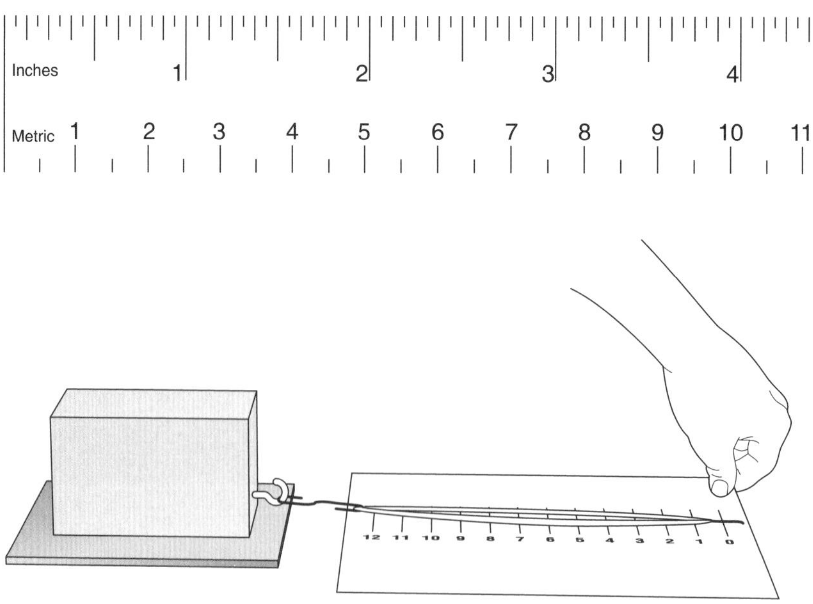

©Idea Factory, Inc, 1988. Reprinted with permission.

상업용 탐구 실험 자료

실제 손으로 하는 과학 프로그램을 실행하고 싶은 교사들의 바람으로 많은 출판사들이 탐구 실험 키트와 프로젝트용 단원을 개발하여 공급한다. 이러한 자료들을 교사가 선택해야 한다. 교사들은 이러한 자료들을 이해하고 사용하는 데 걸리는 시간과 자원을 준비해야 하는데 그런 자료들은 교과서에 대한 대안으로 훌륭한 것이다. 몇 가지 손으로 직접하는 탐구 과학 프로그램들은 그림 10.6에 있다.

과학교육과정 자료에 대한 검토

교사들이 자신의 수업에 사용할 자료들을 선별하는 데에 관여하는 것은 매우 중요하다. 많은 교사들이 채택 위원회의 일원으로서 역할을 한다. 교재와 과학 부품 재검토과정의 총체적인 도움이 되도록 그림 10.7에 도표가 제시되었다. 물론 각 학구는 그들의 특수한 필요를 충족하는 개별적인 교재 검토 형식을 갖는다. 그림 10.7의 형식은 과학에 대한 구성주의적 접근법을 뒷받침하는 중요한 요소들을 제시한다. 도입하기로 선별된 교육과정 내용 및 교재자료들을 미국과학교육기준 National Science Education Standards에 맞추어 조정하는 것은 특히나 더 중요하다.

그림 10.6

구성주의적 접근법을 사용하는 초등학교 과학 선정 교재자료

수학과 과학을 통합시키기 위한 활동 Activities for Integrating Mathematics and Science (AIMS)은 직접 경험에 의한 탐구 중심의 접근법을 사용하며 수학, 과학, 그리고 다른 학제 과목을 통합한다. AIMS 교재는 유치원에서부터 9학년까지(K-9) 각 학년 수준별로 배우는 세 주요 과학 분야에 대해 각각 20에서 30가지의 직접 탐구 기반 과제들을 포함한다. AIMS는 완전한 실험 용품세트, 조작 지시설명서, 장비, 자료 분류표 및 도표, 회보/소식지, 그리고 새로운 활동 및 평가의 결과를 나타내는 잡지를 이용할 수 있도록 한다. 과제활동들은 본질적으로 탐구 중심적이며, 구성주의적이다. 몇몇 교재자료들은 스페인어로도 제공된다. AIMS 활동은 아마도 최근 몇 년간 과학교육을 위해 만들어진 프로그램들 중 최고의 탐구 중심 구성주의적 과제활동들일 것이다.

수학과 과학에 대한 위대한 탐구 Great Explorations in Math and Science (GEMS)는 탐구 중심의 초등 과학 프로그램을 위한 주요 자료이다. 이 프로그램은 캘리포니아 버클리 대학의 로렌스 과학관 Lawrence Hall of Science에서 만들어졌다. GEMS는 천문학에서부터 거품, 코끼리와 코끼리 새끼들까지 광범위한 내용을 다루며, 직접 경험하는 과학 탐구 주제에 대해 70개 이상의 교사 가이드와 안내서를 출판해왔다. 대부분의 책은 수학과 과학의 통합에 주안점을 두며, 전국기준과 주 표준에 맞추어 제작되었다. 다수의 과제에 대해 완전하게 갖춰진 용품 세트가 제공되며, 프로그램은 교사 워크숍, 회보, 그리고 지속적인 정보의 갱신을 제공한다. 다수의 자료들에 대해 스페인어로 된 번역서가 존재한다.

국립과학재단 NSF의 보조금으로 로렌스 과학관에서 만든 풀 옵션 과학 시스템 Full Option Science System (FOSS)은 유치원에서 8학년까지의 학생들을 대상으로 하는 과학 프로그램으로, 과정 중심적이고 본질적으로 탐구를 유도한다. 과제활동들은 아동들의 발달단계마다 다른 인지능력에 각각 적합하게 설계되었다. 교사 안내서, 장비세트 그리고 비디오자료들이 세트에 들어있다. 다수의 자료들은 스페인어로도 구할 수 있다.

그림 10.7

과학 교과서 평가 검토 형식

책이름 ______________________

저 자 ______________________

출판사 ______________________

출판일 __________ 수준 __________

※ 아래의 각 문항을 1(최저 점수)에서 10(최고 점수)점으로 평가하여라.

__________ 과정 중심

__________ 탐구력 기르기

__________ 탐구 활동을 제안

__________ 귀납적인 설명

__________ 아이들이 스스로 탐구하도록 격려

__________ 확장된 활동을 제안

__________ 개선하는 활동을 제안

__________ 적절한 내용을 포함

__________ 내용이 정확

__________ 분명하고 정확하게 기술

__________ 읽기 수준의 적절

__________ 과학에서 남녀를 평등하게 대우

__________ 편향되지 않고 다양한 문화 요소 포함

__________ 학문 간 문제들이 적절하고 문제 중심

__________ 참고 문헌 지적

__________ 특별한 도움이 필요한 아이를 위한 고려

__________ 과학적 진로에 대한 정보를 포함

__________ 기술을 포함

__________ 매력적

__________ 자료들의 조직

__________ 가능한 보조 자료

__________ 과학 교과서의 물리적 특성

__________ 교사용 지도서에 활동과 자원이 포함, 보조 자료 제공

__________ 전체 점수

특이한 점 ______________________

____

____

전반적 결과: 매우 권장할만함 __________, 권장할만함 __________

의문스러움 __________, 추천으로 부적절함 __________

검토자의 이름 __________ 날짜 __________

위에서 보았듯이, 초등 과학수업에 교재를 사용하는 것에는 장점과 단점이 있다. 교재는 다양한 기능을 할 수 있다. 항상 그렇듯 당신이 스스로 결정하여야 한다.

초등 과학교육에서 읽기와 쓰기 역할

초등학교의 과학교육의 읽기와 쓰기 과정의 통합에 대해 상반되는 견해들이 존재한다. 많은 연구들이 효과적인 과학교육을 위해 언어는 중요하다는 점, 비언어적 의사소통 방식은 불충분하다는 점을 증명하고 있다(Douglas et al., 2006; Miller, 2006, Teale et al., 2007). 한 연구는 직접적 경험에 초점을 맞추고 학생들이 참여할 수 있는 기회를 제공하는 읽기 자료들이 독해와 이해력 개선에 도움을 주었다고 증명하고 있다.

미국과학교육기준의 프로그램 기준 B. 적절하며, 탐구에 기반을 두었고 다른 과목들과 연계됨

반면 읽기와 쓰기가 실제로 과학을 하는 것을 대체하지는 않도록 주의해야 하며, 말이나 글, 또는 시각자료 등, 아동들에게 지식 정보를 보여주기 위해 다양한 방식을 고려하여야 한다(Crawford, 2005).

틀림없이, 읽기와 쓰기 능력은 학생들에게 개발이 필요한 핵심적인 분야이다. 하지만 과학은 읽기와 쓰기와는 별도로 과정 지향적 탐구를 통해 성공적으로 연구가 가능한 분야 중 하나이다. 이러한 사실은 읽기, 쓰기, 문학의 과학교육 내에서의 역할에 대해서, 그리고 읽기와 쓰기의 과학교육 내로 통합이 어느 정도 수준까지 이루어져야 하는지에 대한 의문을 불러일으킨다.

읽기와 쓰기가 초등학교 과학 분야에서 제한적인 역할을 수행해야 한다고 제안하는 주장도 있다. 몇몇 아이들은 다른 아이들보다 읽기와 쓰기 학습 속도가 빠르고 몇몇 학생들은 재능이 더 뛰어나고, 또 어떤 아이들은 읽기와 쓰기를 다른 학생들보다 즐기기도 한다. 과학은 읽거나 쓸 필요 없이 탐구할 수 있는 학문이다. 언어에서 어려움을 겪고 있는 학생들의 경우에는 활동, 실험, 논리 이해, 다른 학생들과의 논의 토론을 통해 과학을 배울 수 있다. 예를 들면 학생들은 조가비들의 특징이나 특성을 읽지 않고도 아무 문제없이 그들을 분류할 수 있다. 학생들의 이해도는 글로 표현하지 않고도 분류법에 대해 이야기를 나누면서 얼마든지 평가할 수 있다. 마찰의 개념 혹은 연구서적을 읽지 않더라도 나무토막을 움직이는데 필요한 각각의 표층들의 힘의 영향에 대한 성공적인 실험이 가능하다.

그러나 아이들의 과학 공부에서의 성공은 보다 많은 성공적인 언어 경험들에 필요한 자신감 개발을 촉진하는 촉매제의 역할을 수행할 수 있다. 교사들이 적용할 수 있는 가장 강력한 읽기 전략은 아이들에게 의미 있는 읽기의 목적을 가지도록 유도하는 것이다. 아이들은 흥미 있는 과학 분야의 심화 탐구를 추구하면서 읽기와 쓰기를 개발하고픈 목적의식을 가질 수 있다. 아이들은 배경지식 및 해설을 위해, 이미 발견된 사실들을 알아보기 위해, 새로운 관점에서 기존 견해들을 반박하기 위해, 자신들의 결론을 확인하고 입증하기 위해 읽기 능력을 향상시키고 싶은 바람을 가질 것이다.

과학에서의 읽기와 쓰기의 중요성을 강조하는 사람들은 읽기와 쓰기는 과학을 포함해 모든 초등학교 교과과정에 한 부분으로 통합돼야 한다고 주장한다. 모든 아이들은 자신들의 관찰 결과들을 사진 또는 서면으로 기록할 수 있는 능력을 가지고 있으며 어휘 향상, 청지각 및 시지각 발달 그리고 창의력 발달을 통해 아동 문학 및 쓰기 활동이 과학 학습을 강화시킬 수 있다. 읽기/독서와 과학 학습하기 또한 관찰하기, 가설 세우기, 추론 및 예측하기 그리고 자료 해석하기 등의 과정기술의 발달을 가져온다.

미국과학교사협회는 *K-8 학급에서 과학과 소양의 연결* Linking Science & Literacy in the K-8 Classroom(Rowena Douglas, Michael P. Klentschy, Karen Worth) (NSTA Press, 2006)을 출판했다. 이 책은 이론적 논의, 사례 연구, 과학교육의 읽기 및 쓰기 교육 통합 등 다양한 실용적 제안들을 담고 있다. 과학에 있어 읽기와 쓰기의 필요성에 대해 당신이 어떻게 생각하든, 그것은 아이들이 글을 읽고 쓸 줄 아는 능력을 갖추기 위해 필수적이다. 읽기와 쓰기를 과학 프로그램에 포함시키기 위한 몇 가지 전략들이 그림 10.8에 나타나 있다.

위에서 본 것과 같이, 과학교육의 읽기와 쓰기는 양측의 강력한 주장에서 기인한 상반되고 모순적인 입장이 존재한다. 당신의 과학수업에 읽기와 쓰기 교육을 어느 정도 통합할 것인지 스스로 결정해야 할 것이다. 우리는 이 문제에 관해 어느 한쪽의 편도 들지 않는다. 그러나 우리는 아이들이 과학을 함으로서 배워야지 읽기를 통해 과학을 배우지 않아야 한다는 사실을 재차 강조한다.

그림 10.8

초등 과학교육에서 읽기와 쓰기를 위한 전략

과학에 적합한 읽기 자료

- 과학 주제를 다룬 아동 문학 작품
- 주제가 다양한 아동들의 탐험책
- 다른 교과서들
- 생물학자, 특별히 전통적으로 과학에 잘 표현되지 못한 것
- 과학소설 예를 들어, 아이작 아시모프 Isaac Asimov와 클라크 Arthur C. Clarke의 작품들
- *어린이를 위한 하이라이트* Highlights for Children, *무당벌레* Ladybug, *박새* Chickadee, *너의 큰 뒷마당* Your Big Backyard, *내셔널지오그래픽 탐험가* National Geographic Explorer, *올빼미* Owl, *키즈 디스커버리* Kids Discover, *레인저 릭* Ranger Rick, *주북스* Zoobooks, *오디세이* Odyssey, *파퓰러 사이언스* Popular Science, *사이언스 뉴스* Science News 등과 같이 과학과 과학 관련 내용을 담은 잡지들
- 과학과 기계의 새로운 개발에 관한 신문 기사
- 인터넷 사이트들

과학에 적합한 쓰기 활동

- 관찰과 실험 자료 기록하기
- 아동이 과학 활동에 참여한 것과 경험을 반영한 것을 기술한 과학 일지
- 아동이 관찰, 가설, 방법, 발견, 해석, (특히) 실수를 기록한 실험 일지
- 과학 기사 수업책 개발하기
- 과학 기사의 개인책 준비하기
- 신문에서 오늘의 과학 사건을 날마다 정리하기
- 그림과 그래프를 수치화하기
- 탐구/탐사에 대한 질문
- 탐구과정에 대한 설명/묘사
- 아동의 관찰과 반응을 기록한 야외 답사 노트
- 활동 및 활동의 전개 준비방식에 대한 기록
- 파워포인트® 발표
- 웹페이지
- 과학자들에게 보내는 이메일

간학문적 측면

초등학교 교육과정의 일반적인 접근법은 분리된 교과를 개별적인 학습, 독립된 교과들을 연계시키거나 각 교과들 간의 시간 배정과 내부 항목과 각 교과 학습 프로그램을 연계시키는 것이다. 이러한 '분리된' 학습의 접근법은 개별적인 교과는 각기 그들의 영역을 가지며 서로 독립되어 있다는 강한 메시지를 준다.

미국과학교육기준의 프로그램 기준 B. 적절하며, 탐구에 기반을 두었으며 다른 과목들과 연계됨

최근에 패러다임의 변화로 학습에 대한 구획적 접근에서부터 통합적이고 전일적인 접근으로 옮아가고 있다. 아동들에게 다양하고 서로 중복되는 해결책을 찾도록 문제에 직면할 기회를 주고 실생활 상황에 그 지식을 적용하는 기회를 주는 방향이다. 이런 패러다임은 통합 교육과정 혹은 **간학문주의** interdisciplinarianism로 알려져 있다. 앞에서 과학적 프로그램에서 읽기와 쓰기의 통합에 대한 것이 이런 보기이다. 연구결과들은 간학문 통합 학습의 결과로 학생들에게서 과학에 대한 긍정적 태도 증가, 보다 의욕적, 문제해결능력 향상 등을 보이고 있다(Czerniak, 2007).

간학문주의란 의미는 1개 이상의 여러 전문분야에 걸친 학문상의 영역이 관련된 연구를 말한다. 즉 '1개 이상의 학문에서의 언어와 방법론들을 중심 주제, 문제, 테마, 경험 등에 의도적으로 적용하는' 접근법을 의미한다(Jacobs, 1989, p. 8). 간학문 연구는 최소한 두 가지 이상의 방법으로 접근할 수 있다. **다학문적 접근** multidisciplinarianism과 통합적 접근이다. 다학문간 접근은 중심 주제를 파악하고 각각의 독립적 주제들이 중심 주제에 무엇을 기여할 수 있는지 설정하는 접근법이다(Beane, 1997). 예를 들면 중심 주제는 공룡(혹은 사과, 환경, 교통, 기타 다양한 주제들)이 될 수 있다. 교사들은 각각의 주제들을 중심 테마에 연결되도록 정렬하면서도 주제들을 개별적으로 가르친다. 이는 아래서 논의된 '데이지 모델 daisy model'과 아주 유사하다

간학문 연구의 또 다른 접근법은 **통합교과** integrated curriculum이다. 통합 접근법은 '중대한 문제들을 위주로 주제 간의 경계선 없이' 교과과정을 구성한다(Beane, 1997, p. xi). 주제는 실생활 경험을 참고해서 구성되며 이 과정에는 교사와 학생들 모두 참여한다. 통합접근법에서는 학생들은 탐구하고 있는 주제의 이해를 위해 배워야 할 사항들을 공부한다. 이는 개별적인 학문과는 관계없이 행해진다. 예를 들면 **태양에너지** solar energy를 탐구하기 위해 학생들은 **화석 연료** fossil fuels에서 태양에너지로의 전환에 대한 과학, 경제학, 사회학 그리고 심리학적 내용들을 공부해야 할 것이다. 이것은 아래서 논의된 '장미 모델 rose model'과 유사하다.

지금까지 살펴본 바와 같이 어떠한 주제도 단독적으로 연구될 수 없다. 시도하는 것 자체가 무익한 일이며 간단히 말하자면 불가능한 일이다. 일례로 어느 정도의 언어를 사용하지 않고서는 과학을 가르치는 것이 불가능하다. 수학은 측정치를 구하고, 자료의 경향을 계산하며, 그래프를 그리고, 실험결과 해석을 위해 필수불가결하다(과학수업 활동 3.48 참조). 사회학 연구들은 과학의 이상과 사회에의 효용 가치 간의 필수적인 연결 고리들을 제공한다. 실제로 많은 부분의 과학의 의미는 사회적인 맥락에서 얻을 수 있다.

간학문적 학습은 인간의 학습에서 자연스러운 방법이다. 인간은 끊임없이 교차적으로 학습한다. 예를 들어 사무실을 운영할 때 많은 쟁점들(사회 과학, 자연 과학, 경제학, 정치학)에 대한 입장을 가져야 하며, 캠페인 자금을 운영하며(수학), 유권자 수를 세고(수학), 연설과 표어를 만들고(커뮤니케이션, 언어학), 캠페인의 프로그램을 연출하고

(연극, 체육 교육), 주제 음악과 배경 음악을 선택하며(음악), 선거구의 대표자를 알게(사회학) 해야 한다. 경찰관들은 자신들의 업무 속에서 많은 규율과 법칙들을 사용한다. 그들은 탈출한 범인의 보고서를 읽고, 위반 딱지를 끊고, 사건 보고서를 작성하고, 풀리지 않는 사건에 대한 단서와 해결책 추정을 위해 과학적 절차를 사용하며, 과속 위반한 차량이 속도 제한을 어느 정도 넘어섰는지 계산한다. 경찰관들은 건강 유지를 위해 체력 훈련을 실시하고 사고 경위를 도표로 설명할 때 미술 기술을 사용한다. 경찰관들은 법, 사회학, 비상 구급약 기타 많은 분야에서 숙달한 전문가일 것이다. 교사들은 본연의 학생들을 가르치는 책임 이외에도 심리학, 사회학, 수학, 경제, 영양, 안전, 의사소통, 드라마, 음악, 과학적 발견법 등을 일상생활로 통합하여 사용한다.

아래는 간학문 교육 및 학습의 단적인 몇 가지 예이다.

- 교사는 3학년과 4학년 수업에서 새소리(음악)들을 관찰 묘사하고, 분류하고, 새소리에서 어떤 상황(불화, 싸움, 구애, 힘의 과시 등등)들을 추론할 수 있는지 과학적 과정들을 진행한다(Silverman, Coffman, & Younker, 2007).
- 6학년 학생들은 렌즈, 거울 그리고 광속을 가지고 실험하며, 그 결과를 분석하기 위해 기하학을 사용한다(LaConte, 2007).
- 초등학교과정의 **생물군계** biomes에는 생명 과학, 지구 과학, 지리, 미술 등이 포함되어 있다(Gooden, 2005).
- 초등학교 학생들은 학교의 자연탐사관에서 찾을 수 있는 양치류들에 대한 그림 안내서 등을 작성하고 발표한다. 이 프로젝트는 세심한 관찰, 유형 분류, 정밀하게 묘사한 양치류 그림, 읽기 및 쓰기 등의 요소들이 포함되고, 과학, 예술, 언어과목 등의 통합이 이루어진다(Siry & Buchinski, 2005).
- 초등학교 저학년 학생들은 간학문 현장 학습을 통해 식료품점의 생산 코너를 방문한다. 거기서 학생들은 다양한 종류의 생산품들이 제각기 분류된 모습들을 관찰하고 친숙하지 않은 품목들을 그려보고 다양한 종류의 품목들이 전 세계 어느 지역에서 생산되는지 조사한다(Wolfinger, 2005).

2개의 간학문적 모델

간학문적 학습에 대한 한 가지 접근은 데이지 모델 daisy model로 나타난다. 이 연구의 중심은 꽃의 중앙 부분인데, 데이지의 꽃잎과 다른 부분은 덧붙여질 뿐이다(그림 10.9 참조). 각 연구 과제는 자신만의 특징을 간직하고 있고, 각 과제는 교사와 아동이 찾아낸다. 예를 들어 마찰을 주제로 공부한다면 마찰을 공부의 중요 초점으로 사용한다. 수학은 시간과 거리로부터 속도를 계산한다. 읽기는 마찰을 설명한 책으로 통합된다. 쓰기는 아동이 "마찰이 없는 세계는 어떨까"를 그들의 관점으로 직접 쓰는 것을 통해 통합된다. 음악은 폭주 자전거에 대한 노래를 배우는 것이며, 체육 교육은 아동이 미끄러지는 것이 다양한 표면에서 달리도록 하는 것이다. 이런 접근에서 중요 주제와 관련이 있지만 각 과제는 독립 관계에 있다는 것이다. 수학은 여전히 수학으로 교육되고, 읽기도 읽기 자체로, 쓰기도 여전히 쓰기 자체로 가르쳐진다. 이런 접근 방법과 각 과목별 접근의 가장 큰 차이는 자료가 가진 주제적 성격에 있다. 수학 수업은 마찰 문제를 풀고 읽기와 쓰기 수업은 마찰에 대한 주제로 집중한다.

데이지 모델은 교육과정 통합법과는 접근방식이 다르다. 데이지 모델에서 교사들은 독립적 학과목들에 집중하는 반면 교육과정 통합법에서는 과목 간의 경계선이 사라진다. 그럼에도 불구하고, 간학문 교육 발달에 있어서 좋은 시작이라고 할 수 있다. 당신은 과학에 문학을 접목시키는 방법을 탐구했을 때처럼 다른 과목들을 과학과 결합하는 것으로 시작할 수 있다. 예를 들면 한 6학년 교사가 생명 주기, 동식물 간의 상호의존성, 그리고 생태계의 작용을 포함하여 학제 간 연계된 수업을 가르치기 위해 아동문학의 고전으로, 앨빈 트레셀트 Alvin Tresselt가 쓴 **나무의 선물** The Gift of the Tree (Lothrup, Lee & Shepard, 1992)을 사용하였다(Jones, 2009).

경험을 지침으로 당신은 진정한 교육과정 통합법을 해결할 수 있다. 교육과정 통합 접근법은 **장미 모델**로 설명될 수 있다. 이 모델에서 주제의 범위는 뚜렷한 주제의 특징과 설명을 상실한다(그림 10.9 참조). 장미의 모든 꽃잎은 서로 밀접히 연결되어 있다. 반면 데이지는 각각의 꽃잎들이 분리되어 있고 눈에 띄게 두드러졌다. 우리는 장미를 개별적인 꽃잎들이 아닌 전체로서 보지만 데이지를 볼 때는 각각의 꽃잎들에 주목하게 된다. 장미 모델의 학습은 의미 있거나 아이들에게 흥미를 끄는 특정한 문제 또는 상황에 초점을 맞추며 아이들은 개인적 이해를 불러일으키는 데 필요한 것들을 공부하게 된다.

예를 들어 학생들이 2010년 멕시코만에서 발생한 석유 유출 사건의 파장을 공부할 경우, 그것을 위해 그들은 멕시코만과 주변 해안의 지형과 멕시코만 주변에 거주하는 주민들의 경제적인 영향, 유출된 기름의 수거 방법(학교 활동 7.1 단원 참조), 석유 유출로 인한 야생동물의 피해, 주식 시장에의 영향, 그리고 사회, 정치, 과학, 금융 문제들을 수반하는 다른 많은 요인들을 포함해 다양한 개념들을 고려하여야 할 것이다. 이런 탐구는 아동들이 일반적으로 교육과정에 포함되는 주제 영역을 각각 공부해서 함께 모아지는 방법으로 이루어지는데 이때 각각의 분야를 고립해서 공부하는 것은 피해야 한다.

아래의 설명은 간학문적인 장미 모델의 예로서 2학년 과정에서 비디오를 제작하는 활동을 보여 준다.

그림 10.9
간문학적 학습에 대한 모델.

비디오

나는 한때 2학년을 맡고 있던 교생을 지도한 적이 있었다. 이 교사는 정보통신 분야를 학습했으며, 다큐멘터리 비디오 제작 기술을 습득한 상태였다. 교장 선생님이 이것을 알고 그 교생에게 처음 학교에 오는 부모, 교사, 직원 등이 학교에 친숙해지도록 10분 짜리 비디오를 제작하도록 했다. 교생은 그 반 학생과 함께 비디오의 내용을 결정하였다. 그는 아동을 몇 개의 모둠으로 나누고, 비디오의 하나 이상의 부분에 책임을 주었다. 학생들은 모둠별로 이야기를 구성하고 각 부분의 대본을 썼다. 교생은 아동들에게 비디오 카메라를 어떻게 다루며 테이프 길이를 정하게 했다. 그런 후에 아동은 대본을 다시 다듬고 테이프에 녹음한다. 교생이 하는 일은 대본의 녹음과 비디오 녹화 장면을 결합하는 일이다.

이 계획에서 몇 주 동안 교생은 학생들이 참여하도록 하는 데 완벽했고, 또한 학생이 재미있어 함에도 불구하고 '더 이상 수업을 진행할 수 없게' 시간이 많이 소요되면서 점점 당황하게 되었다는 것을 안타깝고 애석하게 생각하였다. 그는 이 과정 동안 규정된 교육과정을 무시했다는 느낌을 받았으며 필수적인 주제 내용을 다루지 않았기 때문에 교사로서 책무를 다하지 못하는 것 같았다. 나는 그가 다루어야 한다고 생각하는 주제를 적어보도록 했고 아동들이 비디오 제작을 통해서 그런 주제를 학습하도록 해보라고 제안했다. 그는 그렇게 했고 그런 주제 목록을 내게 가져왔다. 아동들이 그가 생각하기에 전통적인 방법으로 가르쳐야 한다고 생각했던 교육과정 내용을 거의 다룰 수 있다는 것에 의아해했다. 이렇게 비디오 제작은 아동들이 다른 방식보다 더 많은 것을 학습하도록 했다.

이 교생은 전체적으로 통합된 장미 모델 접근법을 사용하였다. 다시 말해 아동들이 블룸 Bloom의 인지적 목표에 있는 모든 측면, 즉 사실적 자료에서부터 비디오에 포함될 경향의 분석 및 비디오로 종합하고 비디오를 각 성분별로 평가하는 것에 이르기까지를 달성하도록 한 것이다.

학교 현장 교사의 경험

28살의 베테랑 교사인 나를 매년 가을마다 흥분과 열정으로 매사추세츠 펠햄에 있는 1학년 교실로 돌아가게 하는 그것은 과연 무엇일까? 바로 모나크나비이다! 약 20년 전 학기 초 작은 소녀가 '학생 의견 발표회 Show and Tell'를 위해 모나크나비의 번데기를 학교에 가져왔다. 번데기는 마치 장식된 보석처럼 금빛으로 가득하고, 왕관에 어울려보였다. 소녀는 번데기가 나비로 바뀔 거라고 나에게 말해주었고, 나는 웃으면서 소녀에게 놀리지 말라고 말했다. 그녀는 나비를 교실 안에 두자고 주장했고 놀랍게도 2주 뒤 우리는 번데기가 모나크나비로 변태하는 과정을 지켜볼 수 있었다.

교실의 아이들과 나는 모두 이 장면에 사로잡혔고 향후 20년간 나는 모나크나비에 대해서 알 수 있을 만큼 배웠고 모나크나비를 가을 교과과정에 포함시키려고 열심히 노력했다. 하지만 나는 읽기, 쓰기, '셈하기 Three R's'를 가르쳐야 하지 않는가? 지역, 주, 연방 정부의 기준에 맞추고 있는가? 모나크나비를 관찰하는데 사용되는 이렇게 많은 시간을 어떻게 합리화시킬 것인가? 이에 대한 해답은 교과과정의 간학문 접근법을 사용하는 것이었다.

내 학생들은 나비에 관해 읽고, 쓰고, 셈을 했다. 매년 가을 나는 학교 도서관의 모든 곤충도감들을 교실로 가져왔다. 왜냐하면 이제 모나크나비는 우리 지역의 과학 교과서의 한 단원으로 자리 잡았고 사서는 매년 학교 소장품에 이를 추가했기 때문이다. 수년간 나는 읽기 교육 안내서와 함께 다양한 수준의 나비, 곤충도감들을 교실에 쌓아놓았다. 나는 간단한 설명들과 함께 제목들을 신중히 붙였으며 수준 있는 독자들을 위해 보다 어려운 해석도 곁들였다. 우리는 곤충도감들을 이용해 단어 공격(단어 파악 혹은 해석) 기술과 읽기 전략들을 연마했고 이 책들에서 사용 빈도가 높은 1학년 단어들을 우리만의 '단어벽(단어를 걸어놓는 벽이나 게시판)'에 지속적으로 추가해갔다. 매주 금요일 오후 우리는 6학년 학생들을 교실로 초청해 1학년 아이들이 책을 읽는 것을 선보였고 6학년생들에게 더 어려운 책들을 읽어달라고 요청했다. 전교생이 125명인 작은 시골학교에서 이를 관리하는 것은 별로 어려운 일은 아니었다. '읽기 짝꿍 Reading Buddy'은 이야기 쓰기를 위한 '쓰기 짝꿍 Writing Buddy'을 포함할 정도로 커졌고, 같이 현장 답사를 가기도 했다.

우리가 좋아하는 '짝꿍 Buddy' 여행은 현지 나비 박물관이 목적지였다. 또한 나는 부모님들과 노인 분들이 교실에 와서 아이들의 읽기 발표를 들어주는 이른바 '읽기 짝꿍'의 더 큰 차원의 네트워크를 구축했다.

아이들이 모나크나비 관찰에 흥미를 갖도록 유도하는 가장 훌륭한 방법 중 하나는 상세한 그림과 일기를 작성해 이를 함께 나누는 것이었다. 훌륭한 과학자들은 결과물들을 발표한다. 우리 역시 그렇게 했다. 나는 아이들의 그림과 일기, 나비에 관련된 간단한 이야기, 곤충 팁, 곤충 색칠자료, 나비 수학 종이 등을 포함하는 '나비 저널 Butterfly Journal'이라는 것을 만들기도 했다. 나는 아이들이 함께 만들어나가는 '빅 북 Big Books'을 만들어 항상 진열해놓고 스스로 읽어나가도록 했다. 아이들은 자기들의 빅 북의 극적 읽기 학습을 위해 젓가락 인형을 만들어 사용하기도 했다.

숫자 계산은 숫자 감각을 익히는데 매우 중요하기 때문에 우리는 실제 애벌레와 나비 저널 안의 애벌레 등 애벌레의 숫자를 계산했다. 우리는 애벌레가 번데기가 되기까지 소요되는 날짜와 나비로의 변태가 완료될 때까지 걸리는 날짜를 각각 계산, 기록했다. 매일 아침 교실회의에서는 큰 교실달력의 숫자를 세는데 나는 앞에서 말한 날짜 계산 업무 역시 이 시간에 진행했다. 나비, 나방과 기타 곤충들 간의 차이점을 구별, 분류하는 학습을 통해 과학과 수학을 동시에 잡고 나비 날개의 대칭과 균형에 대한 공부도 할 수 있었다. 아이들은 한쪽 면의 종이 날개에 페인트를 칠한 후 접어서 다른 편에도 똑같은 모양을 남기는 놀이를 매우 즐거워했다.

번데기가 열리면 우리는 '해방 release' 파티를 열고 퍼레이드를 벌렸다. 이 이벤트에서 우리는 파티용 호루라기를 불고, 대칭형 가면을 쓰고, 나비 모양 스낵을 먹고, 주둥이 모양 빨대로 과일즙을 마셨다. "우리의 모나크나비를 보내주어야 할 시간이야. 그들은 멕시코를 향해 남쪽으로 날아갈거야"라는 가사로 끝나는 노래를 불렀다. 부모님과 현지 언론들 역시 파티에 초청돼 참가한다. 언론들은 이러한 자연적 경이의 중요성을 우리 지역 공동체에 알리는 것을 돕는다. 나비들의 몸에는 캔자스대학교에서 나눠준 식별용 스티커가 부착된다. 캔자스대학교는 중앙멕시코 시에라마드레 산맥의 월동지역까지 2,000마일가량 날아갈 수 있는 올림픽 전단지의 이동 경로를 연구하고 있다. 멕시코인들은 '죽음의 날 The Day of the Dead'이라고 부르는 공휴일에 이들의 도착을 환영하고 축하한다. 또한 어떤 사람들은 나비들이 조상들의 영혼이 돌아오는 것을 상징한다고 믿는다. 1학년들은 멕시코의 다른 문화적 관습과 함께 이러한 멕시코 공휴일들을 배운다. 우리 교실의 아침 회의에서는 날짜를 암기하는 법을 배우고 스페인어로 출석 확인을 한다. 스페인어는 1년 내내 사용된다. 모나크나비는 다음 해 봄 미국 남부로 돌아와 알을 낳은 뒤 결국 죽는다. 그 나비들의 후손들은 북쪽의 신선한 아스클레피아스(여러해살이풀의 한 종류)가 무성한 들판으로 돌아가 새로운 애벌레를 키우고 다시 나의 1학년 학생들은 그 애벌레들을 수집하게 될 것이다.

폴 립만 Paul Lipman
1학년 교사
펠함 학교
펠함, 매사추세츠

간학문적 추세

미국과학교육기준의 프로그램 기준 B. 적절하며, 탐구에 기반을 두었으며 다른 과목들과 연계됨

점차 늘어가는 학문간 연계연구의 중요성과 필요성 때문에 다수의 통합 프로그램이 형성되었다. 그것들은 모두 학생들이 과학에 보다 쉽게 접근할 수 있도록 하며, 그들의 생활과 더 결부시켜 과학의 기본원칙과 다른 관련 학문을 가르치고 시간활용을 극대화시키기 위해 각 학문연구를 결합시킨다는 공통된 목적을 가지고 있다.

과학–기술–사회

1970년대에 시작된 연계분야인 **과학–기술–사회** Science-Technology-Society (STS)는 과학 활동이 실제로 어떤 형태이며, 사회와 어떤 영향을 주고받는지에 초점을 둔다(Feinstein, 2009). STS 접근법은 아동들이 문제, 질문과 모르는 것을 찾아 내고 그들이 답을 찾아서 설명하려고 할 때 할 것과 알려고 하는 것을 결정하는 데 직접 참여하는 데 있다. STS 프로젝트는 어떤 문제를 아동이 면밀하게 탐구할 수 있게 한다. 문제가 되는 사안은 세계적/전 지구적인 문제일 수도(동력 자원, 바이오/생물 연료, 대체 자원, 지구 온난화, 급격한 인구증가, 빈곤), 국가 차원의 문제일 수도(의료 보선, 유아비만, 토지 이용도, 멸종 위기에 놓인 종), 지역적(폐기물 처리, 재활용, 교통 유동 패턴)이거나 개인적(공상과학, 막혀버린 변기, 산악용 자전거, 거주 주택의 정전)인 차원의 문제일 수도 있다.

STS는 구성주의적 학습 모형에 기초한다. 연구 결과들은 과학-기술-사회 접근법이 전통적 교육 방식의 그것과 비슷한 성취도 결과를 가져왔지만 그와 별개로 과학에 대한 태도 개선과 과학 선호에 대한 성별차이를 줄여준다는 사실을 증명했다(Bennett, Lubben, & Hogarth, 2007). 아동들은 그들의 일상 생활에 유용하기 때문에 과정과 개념을 이해할 수 있고 자신의 삶에 적용하고 생활을 접하게 된다. 아동들은 실제 생활 문제와 쟁점에 관여하면서 학습하게 된다.

과학, 기술, 공학 그리고 수학

과학, 기술, 공학 그리고 수학 STEM은 주제에 대해 끊임없이 이어지는 탐구관찰에서 기술, 공학 그리고 수학의 개념을 과학에 추가적으로 포함시키고자 하는 간학문적 움직임이다. STEM의 목적은 학생들이 기술적인 학문분야를 보다 쉽게 받아들이고 관심을 갖도록 하여 그들이 중등 과정 후의 교육과 기술분야의 직업 활동에 준비가 되도록 하는 것에 있다. 연방정부가 경쟁보조금을 통해 STEM 교사 준비 프로그램의 재원을 제공하고 있다. STEM 프로그램은 유치원에서 고등학교까지 제공되고 있다.

간학문적 연계 프로그램

최근의 연계연구에 대한 추세에 대응하기 위해 연계 프로그램들이 새로 나타나거나 재현하고 있다. 몇몇 대표적인 예시들이 아래에 주어졌다. 물론 당신의 수업과 교육과정의 필요를 충족시키는 프로그램들을 포함하여 이보다 더 많은 것들을 찾을 수 있을 것이다.

- 사회과학적 주제 Socioscientific Issues (SSI)는 과학 기반의 문제가 갖는 사회적, 과학적 요소에 주된 초점을 두는 연계적 접근법이다(Dolan, Nichols & Zeidler, 2009). 과학 탐구는 몇 가지 과학 분야를 아우를 수 있으며, 사회적 상호작용의 맥락에서 연구된다. 그 예시로는 풍화 및 침식 작용에 관계된 문제들(과학수업 활동 10.1 참조)이나 식량과 에너지의 상호 의존성, 그리고 사회에 의한 생태계와의 충돌에 관한 사안들을 다룰 수 있다.
- 예술적 해양 프로그램 Artistic Oceanographic Program (AOP)는 우즈홀 해양연구소에서 학생들이 회화와 선화를 통해 그들 자신의 개념을 그릴 수 있도록 해양 생물(특히 플랑크톤)과 미술 수업을 결합시키기 위해 만들어졌다(Haley & Dyhrman, 2009).
- 환경 인식(흔히 "친환경적으로 살기"로 불려지는)은 차량 제조부터 학교 건축, 공원 설립부터 놀이터 개발, 식품에서 세탁용 세제까지, 사실상 인간 활동의 모든 방면에 스며들었다. 다수의 환경 인식 프로그램들이 존재한다. 그들 중에서 대표적인 것이 야생프로젝트 Project WILD이다. 야생프로젝트는 1990년대 후반에 지금은 환경교육협의회 Council for Environmental Education라고 알려진 단체에 의해 만들어졌다. 이것은 자연 보존, 생태계, 동식물 그리고 환경에 초점을 두는 연계 프로그램이다. 야생프로젝트는 유치원에서부터 고등학교까지의 학생에게 적합한 내용을 담고 있다. 이 프로그램은 학제 연계적이며, 교사들이 그들의 학생들에게 실제 환경 탐구/탐사를 통해 환경문제에 대해 공부하도록 가르칠 수 있는 기회를 준다.

STS 프로젝트의 개인적 편향

교실에서 한 프로젝트 과제를 수행할 때 교사는 자신의 개인적 성향을 어느 정도까지 도입해야 하는가? 아이들이 갖고 오는 STS 주제에 대해 우리는 어떤 개인적인 느낌이 있다. 예를 들어 인구 폭발에서부터 위험에 처해 있는 종의 보존을 주제로 택할 수 있다. 교육의 중요한 목적은 아이들이 스스로 생각하는 것을 배우게 하는 것이다. 이것은 아이들이 그들 자신의 평가의 준거와 유용성에 기초를 두고 현명한 결론을 내려야만 한다는 것을 의미한다.

교사는 아이들의 결론을 격려해야 하는 데 그 이유가 있다. 자신의 생각에 대해 소유 의식을 증진시키는 것도 그 이유이다. 교사가 학생들에게 탐구하는 방향을 정해주면 아이들은 스스로 생각할 기회를 잃어버리는 것이 된다. 예를 들어 교사가 지지되는 증거를 유추하기 위해 재활용의 개념을 가르치는 쪽으로 기울었다고 하자. 개방된 탐구에서 아동들은 재활용의 긍정적 면과 부정적인 면을 생각할 수 있고 재활용이 유용한지에 대해 자신의 결론을 내릴 수 있다. 2학년 학생들에게 재활용의 원리를 알게 하기 위해 노력한 교사의 이야기가 있다. 교사는 아동에게 부모님들이 어떻게 물건을 재활용하는지에 대해 조사하도록 했다. 많은 부모님들이 재활용을 하지 않았고 실제로 재활용은 시간 낭비라고 생각했다. 이것은 아이들을 부모님과 교사 사이에서 어느 누구도 지지할 수 없는 입장에 놓이게 만든다.

아이들이 특정 입장을 지지하기 위해 편향된 정보를 제시할 수 있는 가능성이 존재한다. 교사들의 의무는 아이들에게 정보와 자료를 객관적으로 해석할 것을 요구하고 숨겨진 변수들을 찾도록 장려해야 한다. 예를 들면 재활용이 좋다는 개념은 에너지 자원 보존에 부분적으로 기반한 것이다. 재활용 노력은 종종 부차적인 수집 트럭들을 필요로 하는 폐기물 관리 프로그램을 수반하고 이는 더 많은 연료 소모와 대기오염 증가를 의미한다. 몇몇 재활용 프로그램들은 단순히 폐기물들을 재활용 공장에 운송하는 것만으로 상당한 양의 자원이 소모된다. 이러한 요인들 역시 전반적인 상황의 일부분이며 아동들이 재활용에 대해 공부할 때 고려되어야 하는 요소들이다.

STS는 구성주의와 과학 그리고 간학문에 관련되는 탐구를 궁극적으로 결합한 것이다. 그것은 모든 초등 과학 교사가 자신의 수업에서 STS 탐구의 가능성을 찾아야 할 것을 의미한다.

요약

과학적 소양이 있다는 것은 과학하는 방법을 안다는 것이다. 그리고 과학을 어떻게 하는지 알고 다른 분야와 서로 연결되어 있다는 것도 알아야 한다. 따로 떨어진 채로 과학을 연구하는 일은 불가능하다. 과학을 떨어진 지적 노력으로 보게 되면 과학은 엘리트에만 해당되며 어렵고 난해한 것으로 보는 인상을 심어 준다.

과학교육과정을 다른 교육과정과 통합하는 방법은 매우 다양하다. 과학을 문학(소설과 비소설)과 통합하는 것은 아이들의 삶에 공부의 관련성을 알려주고, 다른 사람의 사고를 포함한 탐구의 길을 열어준다. 다른 학문 분야를 주변으로 포함시켜 과학 프로그램과 연관되었음을 보일 수 있다.

아동문학은 과학 교수법을 강화시키기 위해 쓰이는 것이지, 그것을 대체하기 위해 쓰이는 것이 아니다. 가르침의 내용을 소개하고 탐구 및 조사의 방향과 방안을 제시하며, 호기심을 자극하고 결과를 분석하고 사실을 담은 정보와 보충자료, 실제 예시를 제공하며, 과정 및 탐구 기술을 발달시키고 간접경험을 제공하고 학생들의 과학에 대한 인식을 형성시키기 위해 적절한 문학이 활용된다. 아동문학은 작품의 매력, 과학적 정확성 그리고 적절성을 기준으로 선별되어야 한다. 다수의 전문기관들은 아동들의 최근 출판물에 대한 비판과 추천목록을 제공한다.

과학 교재의 사용은 사실의 나열이 아닌, 학생의 탐구에 초점을 두어야 한다. 이를 위하여 교사들은 학생들에게 본문을 읽도록 지시하기 전에 교재를 기반으로 한 과제로 수업을 시작하는 것을 고려해 볼 수 있다.

읽기와 쓰기는 과학 프로그램에 있어 핵심적이며, 과학은 아동들의 읽기와 쓰기에 대한 능숙/숙련도를 높일 수 있는 훌륭한 수단이다.

연계 프로그램은 몇 가지 이유에서 필수적이다: 아동들이 학교 공부와 실제 생활 사이의 연결성을 인식한다. 어떠한 과목도 별개로 분리시켜 배울 수 없음을 인식한다. 그들이 공부하는 과목들 사이의 상호연결성을 인식한다. 각 주제들에 대해 철저하게 탐구할 수 있다. 교사들은 시간활용을 최대화할 수 있다. 연계수업에서 각 과목은 따로 학습되지만, 중심 테마로 이어진다. 이는 때로 주제중심 통합적 구성단원 또는 수업으로 불린다. 제대로 통합된 수업에서라면, 학생들은 수업을 구성하는 각 학문과목을 분리시키지 않고 주제를 탐구한다. 많은 연계 및 통합 프로그램, 특히 오늘날 우리가 직면하는 가장 큰 사안 중 하나인 환경 교육에 관계된 프로그램들이 존재한다.

학습이 최대로 이루어지기 위해서 과학은 모든 분야와 통합되어야 하고 인간과 자연 세계의 복잡함을 이해하는 많은 측면들 중의 하나가 과학이라는 것으로 접근되어야 한다.

핵심 용어

간학문주의	침식 작용
과학-기술-사회	태양에너지
다학문적 접근	통합교과
생물군계	풍화
일반서	화석 연료

토의를 위한 질문들

1. 아동문학을 당신의 초등 과학 프로그램에 활용할 수 있는 방법에는 무엇이 있는가?
2. 초등학년에게 가르칠 만한 과학 주제를 선정하고, 가르침의 효과를 강화하기 위해 아동문학을 어떻게 활용할 것인지 묘사해 보아라.
3. 과학을 문학 중심 접근을 통해서 적절하게 가르칠 수 있다고 주장하는 사람들에게 무슨 충고를 하겠는가?
4. 학교가 교사로 하여금 교재를 정확히 따를 것을 요구할 경우, 구성주의적 교사가 과학 교재를 어떻게 사용할 수 있을 것인지 한 가지 방안을 설명해 보아라.
5. 구성주의적 과학 교사가 초등 과학수업을 듣는 학생 전원에게 작문 과제를 내주었다면 왜 그러했겠는가?
6. 과학을 간학문적 방식으로 가르치는 것의 단점과 장점 몇 가지를 열거해 보아라.

Chapter 11

초등 과학교육을 위한 공학기술

> 기술은 단지 도구에 지나지 않는다. 아동들로 하여금 함께 협력하게 하고 이들에게 동기를 부여한다는 측면에서 교사는 가장 중요한 역할을 하는 사람이다.
>
> Bill Gates, Founder of Microsoft

© ACE STOCK LIMITED/Alamy

우리는 학생들이 과학기술에 대하여 교사보다 더 많이 알고 있는 시대에 살고 있다. 대부분의 교사는 오늘날 어린이들의 일상 생활의 일부가 되었던 과학기술과 함께 자란 세대가 아니다. 최근 몇 년 동안 휴대폰으로 통화하고 비디오 게임을 하고 텔레비전의 채널을 찾는 일이 일상적인 활동이 되었다.

그럼에도 불구하고 교육은 오랫동안 과학기술을 사용하여 왔다. 영화, 비디오, 슬라이드는 교육과정에서 중요한 보조 자료가 되었다. 모형이나 표 및 그림으로 표현하여 과학 프로그램을 더 깊고 풍부하게 해 준다. 녹음 테이프는 노래와 무용을 배우는 데 계속 사용된다. OHP는 슬라이드, 돈, 시계, 색타일, 패턴 블럭, 빛의 스펙트럼을 보여 주는 데 사용되는데, 자석을 놓고 투명 필름 위에 철가루를 뿌려서 자기장을 보여주는 데도 사용된다. 계산기는 수학과 과학에서 어린이들을 돕는 데 사용된다.

1950년대 후반 이후부터 컴퓨터가 교육에 사용되어 왔다. 초기에는 컴퓨터 보조 수업으로 사용하여 지도 tutorial와 반복 연습을 위해 컴퓨터 **하드웨어** hardware 구조와 프로그래밍 기술을 가르치는 데 초점을 맞추었다. 1960년대는 교육 분야에 컴퓨터가 사용되는 일을 확고하게 만든 시기인데 프로그램 수업 CAI을 사용하는 일이 주로 이루어졌다.

그러나 1970년대 중반에 개인용 컴퓨터의 출현으로 문서처리, 스프레드시트, 데이터베이스, 그래프 그리기, 실험 인터페이스, 원격 학습으로 컴퓨터 이용이 확장되었고 수많은 복잡한 응용 프로그램을 교육적으로 사용하게 되었다. 컴퓨터는 연습하고, 모의 실험을 만들어 내며, 이전에 얻기 힘들었던 실험 데이터를 수집하고, 그 실험 데이터를 빠르고 정확하게 처리하여 타당한 결론을 도출할 수 있으며, 엄청난 양의 정보에 빨리 접근할 수 있으며, 학생들과 교사들에게 전 세계적으로 동료 집단이나 전문가와 의사소통할 수 있게 해준다.

어린이들이 과학기술을 편하게 사용할 수 있도록 교사가 현재의 과학기술에 충분하게 익숙해지는 것은 필수적이다. 이 장에서는 진보된 과학기술의 다양성을 공부하고, 초등학생을 위한 과정 중심의 탐구 과학을 촉진시키는 데 그런 과학기술을 사용하는 방법들에 대해서 살펴 볼 것이다.

사전 질문

이 장을 공부하면 다음 질문에 답을 하면서 논의할 수 있다.

- 왜 초등학교 과학 교실에서 기술을 사용하는 것이 좋은 아이디어인가?
- 초등 과학에서 컴퓨터를 사용한 개별 지도, 쌍방향적, 그리고 실험들이 있다면 무엇이며, 컴퓨터들은 어떻게 도움이 되는가?
- 양질의 컴퓨터 소프트웨어를 어떻게 찾고 평가할 수 있는가?
- 인터넷, 비디오, TV, 그리고 사진촬영 등이 초등 과학에서 사용될 수 있는 방법은 어떤 것들이 있는가?
- 교사들이 과학 교실에서 적용할 수 있는 최근의 기술들은 무엇이 있는가?

11.1 교사 활동

미국과학교육기준의 전문성 개발 기준 C. 평생 학습

기술 목록

당신의 'ETQ(교육공학 지수)'는 얼마인가? 이를 알아보려면, 오늘날 학교에서 일반적으로 사용되는 다음과 같은 각 기술에 대해 당신의 숙련 정도를 나타내는 공란에 X표를 하시오. 그리고 나서 아래의 채점표를 사용해 당신의 ETQ를 계산하시오.

숙련도

기술	전혀 모른다 (1점)	어느 정도 사용할 수 있다 (2점)	잘 사용할 수 있다 (3점)	너무 잘 알고 꼭 필요하다 (4점)
칠판	____ 1	____ 2	____ 3	____ 4
화이트보드	____ 1	____ 2	____ 3	____ 4
오버헤드 프로젝터	____ 1	____ 2	____ 3	____ 4
타자기	____ 1	____ 2	____ 3	____ 4

(계속)

기술	전혀 모른다 (1점)	어느 정도 사용할 수 있다 (2점)	잘 사용할 수 있다 (3점)	너무 잘 알고 꼭 필요하다 (4점)
필름 카메라	1	2	3	4
녹음기	1	2	3	4
CD 플레이어	1	2	3	4
텔레비전	1	2	3	4
비디오 플레이어	1	2	3	4
DVD 플레이어	1	2	3	4
캠코더	1	2	3	4
기본 계산기	1	2	3	4
워드 프로그램	1	2	3	4
DB 프로그램	1	2	3	4
스프레드시트 프로그램	1	2	3	4
그래핑 프로그램	1	2	3	4
프레젠테이션 소프트웨어	1	2	3	4
그래픽 조직자 프로그램	1	2	3	4
비디오 게임들	1	2	3	4
프레젠테이션 포인트	1	2	3	4
컴퓨터 게임	1	2	3	4
이메일	1	2	3	4
인터넷	1	2	3	4
웹 사이트 제작	1	2	3	4

(계속)

기술	전혀 모른다 (1점)	어느 정도 사용할 수 있다 (2점)	잘 사용할 수 있다 (3점)	너무 잘 알고 꼭 필요하다 (4점)
CD-ROM	1	2	3	4
과목용 특수 프로그램	1	2	3	4
과학 실험실 탐침	1	2	3	4
디지털 카메라	1	2	3	4
디지털 스캐너	1	2	3	4
전자칠판	1	2	3	4

채점: 당신의 점수를 더해 120으로 나눈다. 이것이 당신의 ETQ 혹은 교육공학 지수이다.

여러분의 점수는 몇 점인가? 85점이 평균치이다. 평균 점수 범위에 속한다면, 잘 알지 못하는 기술을 향상시키고 싶을 것이다. 그렇게 하고 싶다는 동기는 필요에서 나올 것이다. 60점 아래라면, 기술 능력을 향상시키는 데 상당한 고려를 해야 한다. 100점이나 그 이상일 경우, 사실상 목표를 달성한 것이다.

많은 사람들이 기술을 컴퓨터와 관련해서만 생각한다. 그러나 칠판이 발명되었을 때, 그것은 혁명적이라 생각되었다. 칠판이 처음 교실에 활용될 때 장애물 사이에서 교사는 학생들이 기겁하게 만드는, 끽끽 소리를 내지 않고 칠판에 적는 법을 배워야 했다. 그러나 그 소리는 종종 발생했고 칠판이 장애물처럼 여겨졌다. 오버헤드 프로젝터 OHP는 프레젠테이션을 비출 목적으로 기업 분야에서 먼저 사용되었다. 이를 학교에 도입하는 것은 교사들에게 몇 가지 난제를 던져주었는데, 이미지가 똑바로 비춰지게 하려면 슬라이드를 어떻게 놓아야 하는지 요령을 터득하는 것이 그 난제에 포함되었다.

즉, 컴퓨터보다는 기술을 터득하는 데 더 많은 어려움이 존재한다. 그러나 컴퓨터와 인터넷이 교육 기술에 대한 대화를 장악하고 있으므로, 이 장의 초점은 컴퓨터 관련 기술에 두고 있다.

왜 초등 과학교육에서 과학기술을 사용해야 하는가?

미국과학교육기준의 수업 기준 A. 탐구 기반의 프로그램

구성주의적 초등 과학교육에서 진보된 과학기술을 사용하는 데는 많은 이유가 있다. 그 이유는 오늘날 사회에서 과학기술은 거의 보편적이라는 것에서부터 아동의 탐구에

도움을 주는 데 엄청난 잠재력이 있는 것에 이르기까지 다양하다.

광범위한 컴퓨터기술의 사용

최근에 미국 사회의 은행과 중개회사부터 작은 상점에 이르기까지 모든 사업은 어느 정도 컴퓨터 지식을 요구한다. 거의 모든 제조 설비도 컴퓨터와 컴퓨터에 기초를 둔 과학기술을 사용한다. 2004년에는 3/4 이상의 미국 남성과 여성들이 컴퓨터를 사용하고 있었다(Brunner, 2007). 그리고 2010년 6월 현재 미국인 중 77.3%가 가정에서 인터넷을 사용한다고 말했다(Internet World States, 2010). 그린하우 Greenhow, 로벨리아 Robelia와 헉스 Hughes(2009)는 2014년이 되면 미국 내에 거주하는 모든 사람들 중 90%가 초고속 인터넷을 이용할 것으로 예측된다고 보고하고 있다. 이러한 통계자료들은 학교에서 컴퓨터와 첨단기술이 사용되어지는 이유를 제시하고 있다. 컴퓨터와 해당 기술들은 모든 곳에서 사용되고 있다.

진보한 과학기술과의 친밀함

초등 과학수업에서 과학기술이 사용되는 두 번째 이유는 많은 학생들이 집에서 비디오나 텔레비전, 캠코더, 비디오 게임과 같은 형태로 과학기술 사용에 익숙해 있다는 것이다. 요즘의 교실에 있는 학생들은 크레이그 Craig(1999)가 말하듯이, 'N세대 Net Generation'이다. 프렌스키 Prensky(2005/2006)는 '디지털 원어민 digital native'이라는 용어를 사용하여 '기술의 원어민으로 컴퓨터, 비디오게임, 그리고 인터넷 언어에 능통'하다고 말했다.

정보 이용을 위한 과학기술의 접근

셋째 이유로 초등 과학에서 과학기술은 이전에 아동들에게 사용될 수 없었던 엄청나게 다양하고 많은 정보를 이용하는 기회를 갖게 한다. 예를 들어 CD와 인터넷을 사용하여 어린이들은 교실에서 하기에는 너무 비싸거나 위험한 실험 과정을 눈으로 직접 볼 수 있다. 그들은 흥미 있어 하는 주제, 예를 들어 동물의 서식지에서부터 비행술에 이르기까지, 판구조론과 화산에서 원자력 반응 장치까지에 대하여 활동 장면이나 사진을 보거나 정보를 얻고 설명을 들을 수 있다. 백과사전 전체가 CD-ROM 상에서 이용가능하며, 이 중 일부는 '말하는' 백과사전이자 영상물로 완벽하게 제작되어, 이를 통해 학생들은 순식간에 원하는 정보를 얻을 수 있다. 인터넷을 통해 학생들과 교사들은 세계 어느 곳에서든, 또 어떤 주제에 대해서든 막대한 양의 특정 정보에 접근할 수 있게 된 것이다.

탐구를 위한 컴퓨터의 지원

넷째로 초등 과학교육에서 과학기술은 탐구하는 데 신속성, 정확성, 편리함을 제공한다. 과학기술을 통해서 어린이들은 정보 수집과 수학 계산에 시간을 덜 쓰고 실험 결과를 해석하고 분석하는 데 좀 더 많은 시간을 쓸 수 있을 것이다. 그러므로 자료 수집, 수치 계산, 실험 결과에 좀 더 정확성을 기할 수 있게 된다. 컴퓨터 실험 인터페이스에 연결된 탐침과 감지 장치는 어린이들에게 힘, 온도, 광도, 기압, 심지어 정확한 심장 박동수와 속도 등 다른 것들로는 알 수 없는 것들을 측정할 수 있게 한다. 예를 들어 온도 탐침은 교실 천장과 바닥 사이의 공기의 온도의 차이를 비교하는 데 사용될 수 있다. 운동 감지 장치는 경사면에서 수레의 속도를 연속적으로 측정할 수 있다.

스프레드시트 spreadsheet는 어린이들이 입력한 초기의 데이터에서 그들이 바라는 정보를 얻기 위한 복잡한 수학 계산을 수행하도록 프로그램화되어 있다. 예를 들어 어린이들은 스프레드시트에 15초 동안 일어나는 진자의 진동수를 입력하고 이미 프로그램화된 수식으로 평균 주기를 계산할 수 있다.

그래픽 프로그램 graphing program은 매일 기온이나 식물 성장률과 같이 어린이들에 의해서 수집된 데이터를 즉시 그래픽으로 묘사하는 데 사용되어진다.

과학기술을 통한 개별학습의 지원

다섯째, 과학기술은 어린이들의 개인적인 요구에 적합한 학습경험을 제공해 줄 수 있다. 시각적인 학습자는 거의 무한할 정도로 많은 비디오 자료를 이용하는데 이것은 방송된 녹화 프로그램에서부터 교육적인 목적으로 제작된 특별한 주제의 비디오, DVDs, CD-ROM, 인터넷에 이르기까지 다양한 범위에 이른다. 적절한 과학기술을 사용함으로써 어린이들은 다양한 자료로부터 자신이 선택한 주제에 대한 정보를 이용할 수 있고, 또한 그 주제에 대하여 자신이 직접 비디오를 제작할 수도 있다. 파워포인트® 같은 프레젠테이션 소프트웨어는 학생들이(그리고 교사들이) 멀티미디어 프레젠테이션을 만들 수 있게 해준다. 이러한 프레젠테이션에는 인터넷에서 뽑아낸 자료, 아이들이 직접 제작한 비디오 오디오 클립, 아이들이 디지털카메라로 찍은 사진, 그리고 글이 포함되며 모두가 똑같은 프레젠테이션에 속한다. 또한 아이들은 자기 학급의 출판물을 만들 수 있으며 자신이 조사하여 성취한 내용을 인터넷 사이트에 게시할 수도 있다.

과학기술은 내적 통제의 소재를 촉진시킬 수 있는 자극을 제공하는 것으로 밝혀졌다(Steinberg 1989). 적절한 과학기술을 이용함으로써, 학생들은 자신들의 독특한 문제 해결 전략을 추구하도록 격려 받으며, 그렇게 함으로써 스스로 학습을 제어할 수 있다는 것을 알 수 있게 된다. 과학기술은 장의존적인 학생들에게 장독립적인 방식을 자극하는 데 사용한다. 컴퓨터 프로그램을 만들어서 무작위적으로 짝지은 그림이나 무늬들의 차이점을 인식하는 아동의 능력을 증진시킬 수 있다. 그 때문에 모양의 인식에 대한 부수적인 사항에 대하여 아동들이 의존하는 것을 막아 주고, 더 높은 단계의 장독립성에 이르도록 돕고, 궁극적으로 비판적인 사고를 촉진시키도록 한다(Collings, 1985). 컴퓨터 프로그램의 작동은 그 자체로써 장독립적인 형태를 발전시키는 도구이다. 왜냐하면, 어린이들은 프로그램의 전체적인 면에서보다는 프로그램화된 자료의 세부 사항에 초점을 두어야 하기 때문이다. 앞서 보여준 바와 같이 컴퓨터 사용은 또한 학습장애아, 장애아, 그리고 영어학습자들에게 귀중한 도움이 될 수 있다. 예를 들면 신기술들을 자폐증이 있는 학생들이 이용할 수 있다. 해당 기술들은 부모와의 더 나은 소통을 쉽게 하기 위해 그리고 자폐증 학생들에게 더 높은 질의 교육을 제공하기 위해 설계되어 있다(Ash, 2009).

과학자들의 컴퓨터 사용

끝으로 초등학교 과학교육에 첨단 기술을 사용하는 가장 강력한 이유는 **과학자들이** 그것을 사용한다는 점이다. 초등 과학교육의 기저가 되는 전제 중 하나는 아이들이 과학에 대해 단지 읽기만 하는 것이 아니라 과학을 직접 해야 한다는 점이며, 과학자들이 과학을 하는 방식으로 이들도 과학을 해야 한다는 점이다. 이는 기술사용을 의미한다. 미국과학교사협회(1999)는 협회의 입장을 기술한 '과학교육에서의 컴퓨터 사용 The Use of Computer in Science Education'에서 이러한 태도를 채택했다:

> 과학 지식을 발전시키고 적용하는 데 컴퓨터가 핵심 역할을 수행하는 것과 마찬가지로, 과학 학습 또한 용이하게 할 수 있다. 따라서 컴퓨터가 과학 수업과 학습에서 주요 역할을 지녀야 한다는 것이 바로 미국과학교사협회의 입장이다.

초등 과학 교실에서의 컴퓨터

개인용 컴퓨터의 발달과 교육용 **소프트웨어** software의 풍부함, 그리고 현재 사용 가능한 관련 과학기술들은 교실에서 과학기술의 사용을 실질적으로 개선했다. 현재 100%의 미국 초등학교에서는 인터넷의 접근이 가능한 컴퓨터를 가지고 있다(Greenhow, Robelia, & Hughes, 2009).

미국과학교육기준의 수업 기준 F. 프로그램 기획에 참여하기

▶ 최초의 컴퓨터는 1946년에 개발되었다. 에니악 ENIAC이라 불린 이 컴퓨터는 30톤 무게에 18,000개의 진공관을 가지고 있고 3,000평방 피트를 차지하였다. 1949년 *Popular Mechanics*라는 잡지는 컴퓨터의 무게가 결국엔 1½톤 정도밖에 되지 않을 것이라 예견했다(Hamilton, 1949). 에니악은 군사 작전에 광범위하게 사용되었고, 수 초마다 진공관의 하나 이상이 타서 못쓰게 되었다. 해군 장교인 호퍼 Grace Hopper는 초기 컴퓨터 전문가 중 한 사람이었다. 하루는 그녀가 문제의 원인을 찾으려고 하는 중에 전기 단말기 사이에 있던 벌레가 전기의 흐름을 차단했다는 사실을 발견했다. 그녀는 그 벌레를 없앰으로써 문제를 풀었고 그 후에 프로그램의 에러를 찾는 것을 '*디버깅* debugging'이라 정해 새로운 용어를 만들어 냈다. 그녀는 나중에 장군이 되었고 컴퓨터 사용에서 미국의 초기 개척자 중의 한 사람이다.

과학기술의 연속선

5장에서 수업 방법으로 교사 중심의 설명식 방법에서부터 학생 중심의 자유 발견식 방법에 이르는 연속선을 제시하였다(그림 5.1 참조). 이런 특별한 수업의 연속선상의 위치는 어린이들이 스스로 탐구함에 있어서 자유로운 정도에 달려 있다.

미국과학교육기준의 수업 기준 A. 탐구 기반의 프로그램

컴퓨터 기술의 사용에 대해서도 연속선으로 나타낼 수 있다(그림 11.1 참조).

지도식으로 컴퓨터 기술을 **응용하는** 것은 본질적으로 설명적이다. 그것들은 어린이들에게 어떤 것을 가르치기 위한 것이다. 또한 반복 연습 drill-and-practice, 지도 tutorial, 복습 course review, 교정 remediation, 시험 등의 목적으로 프로그램을 활용하는 것을 포함한다.

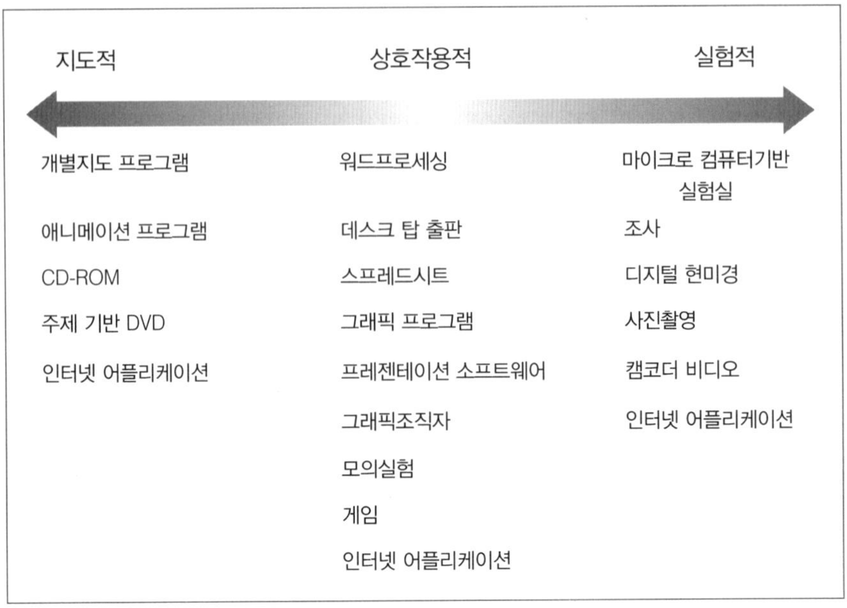

그림 11.1
과학기술의 연속선.

상호작용적으로 컴퓨터 기술을 **응용**하는 것은 어린이가 어떤 형식을 가진 컴퓨터와 상호작용을 하는 것이다. 그리고 이것은 문서 처리 프로그램, 스프레드시트 프로그램, 데이터베이스 프로그램, 그래픽 프로그램, 시뮬레이션, 그래픽조직자, CD-ROMs, 프레젠테이션 소프트웨어, e-mail, 인터넷 등을 포함한다.

실험적 응용은 아동이 그들의 실험 절차와 연관되어 과학기술을 사용하게 되는 것이다. 컴퓨터 실험 인터페이스 시스템은 다른 방법으로는 가능하지 않은 자료, 특히 오랜 시간 수집할 데이터, 경사면에서 수레가 내려올 때의 속도 증가량과 같은 짧은 시간의 데이터, 혹은 바닥과 천장의 온도 차이와 같은 얻기 어려운 데이터 등의 수집을 가능하게 한다. 실험실 컴퓨터 인터페이스 체계에서, 탐침 probe이나 센서는 데이터를 수집하는 데 사용되며, 이것이 연결된(접속된) 컴퓨터는 그 데이터를 보여주고 처리한다. 또한 많은 인터넷 어플리케이션들은 아이들이 스스로 조사를 해나가도록 장려하는데, 이 때 과학자들과 통신하고 웹 케스트 WebQuests, 애플 상호작용적 학습 프로그램 Apple Learning Interchange, 그리고 다른 온라인 시설을 이용해 특정 조사와 접속하는 것과 같은 웹을 바탕으로 한 자료의 도움을 받는다.

개인지도용으로서의 컴퓨터 사용

미국과학교육기준의 수업 기준 B. 지도 및 학습 촉진

컴퓨터를 기반으로 한 교육용 앱들은 사실 상 모든 주제에 관한 정보를 전달하도록 설계되었다. 그러한 이유에서 해당 앱들은 분명히 설명적인 요소를 그 속성으로 가지고 있다. 그 정보는 단순화된 것이거나 복잡할 수도 있다. 그 정보는 기초개념을 다루기 위해 의도된 것이거나 세부적인 것일 수도 있다. 그 정보는 초보자 혹은 전문가를 겨냥한 것일 수도 있다. 교육용 앱들의 결정적인 단점은 사용자가 그 앱들과 상호작용할 수가 없다는 것이다. 컴퓨터 프로그램의 지식을 '소유'하고 이 지식이 무엇인지를 알아내는

것은 학생들의 몫이다.

개인지도용 프로그램

개인지도용 프로그램들은 정보를 전달하고 그 정보에 대한 아동들의 숙지를 검증하기 위해 사용되어진다. 일반적으로 화면상으로 정보를 나타내고, 어린이들은 이러한 정보에 대한 물음에 답하도록 질문을 받는다. 컴퓨터는 '예' 또는 '아니오'의 대답을 준다. '예'라는 대답은 점수를 얻거나, 정해진 길이나 산의 높이를 높게 하거나 다른 방식으로 성공을 나타낸다. '아니오'라는 대답이 나오면 일반적으로 아동들에게 그 자료를 '가르치는' 또 다른 화면이 나오고 전과 유사한 문제를 다시 풀도록 한다. 지도식 프로그램은 어린이들의 답에 대해서 즉시 양적 강화를 제공한다. 많은 컴퓨터 프로그램들을 동반하는 개인지도서들을 생각해보라. 아마 당신은 워드프로세서 프로그램을 숙지하거나 온라인 평가 테스트를 치루기 위해서 그 중 하나를 직접 사용 해보았을 것이다.

지도식 프로그램들은 교사가 소개한 주제에 대한 후속 활동으로 사용되거나 자료에 대한 복습, 최초의 소개나 선행 조직자의 일부분으로서 사용할 수 있다. 이러한 것들은 수업에서 배운 개념을 여러 가지 면에서 강화하는 데 사용된다. 아동들에게 흥미를 끄는 어떤 것에 관하여 배우게 하거나 그들이 결석으로 빠뜨린 부분을 복습하게 하는 데 도움을 줄 수 있다. 또한 지도식 프로그램은 교사가 과학적 자료를 학생이 공부하는 것을 돕는 데 매우 유용하다.

애니메이션 프로그램들

애니메이션 프로그램들은 가속, 세포분열, 산의 형성 그리고 파도의 움직임과 같은 과정들에 대해 모의실험을 한다. 프로그램들은 몸 안을 돌고 있는 피 혹은 음파들 안에서의 분자들의 움직임과 같은 단순한 것에서 우주선에 작용하는 힘과 같은 복잡한 것에 이르기까지 내용의 범위에서 다양하다. 이러한 프로그램들로 인해 아동들은 다른 방법으로는 볼 수 없는 현상들의 모델을 관찰할 수 있다.

CD-ROM

CD-ROM **정보 배경** information bases은 아이들이 찾고 분류하는 절차를 통해서 바라는 사실이나 다른 정보를 분리해 내는 데 도움이 된다. CD-ROM은 엄청난 양의 정보를 저장할 수 있는 가능성을 갖고 있는 컴팩트 디스크이다. *ROM*은 "단순히 읽을 수만 있다 read-only memory"라는 뜻인데 왜냐하면 CD에는 어떤 것도 더 기록하여 추가할 수 없기 때문이다. 한 장의 CD-ROM은 550,000페이지 정도의 분량을 저장할 수 있다. 많은 CD-ROM들은 글과 함께 소리, 그림, 심지어는 움직이는 그림까지 포함한 멀티미디어의 특성을 지니고 있다. 예를 들어 삽화를 넣은 백과사전, 말하는 사전, 중요 도시에 대한 사실과 지리적인 모습을 보여 주는 데이터베이스를 가진 지도 등이 CD-ROM에서 사용 가능하다. 국립 지리학회에서는 입증된 사실, 에세이, 칼라사진, 지도, 소리, 비디오클립, 게임 등이 포함된 많은 종류의 CD-ROMs을 만들었다. CD-ROM은 일반적으로 프로그램의 기능들이 일람표로 표시되어 있고 아이들은 이러한 구분에 의해서 바라

는 정보에 빨리 접근할 수 있게 된다.

CD-ROM은 많은 과학적인 주제에 대해 사용 가능하고 데이터베이스 또는 멀티미디어 정보, 가상 현실 정보의 제공자가 될 수 있다. 비록 CD-ROM이 어린이들의 작업을 저장할 수는 없다 하더라도 재미있는 정보와 가상 현실을 많이 제공해 준다.

컴퓨터의 상호작용적 활용

미국과학교육기준의 수업 기준 B. 지도 및 학습 촉진

컴퓨터의 상호작용적 활용이란 아동이 탐구하는 데 컴퓨터를 보조 수단으로 사용하도록 한다는 것이다. 프로그램에 쓰여 있는 자료의 범위가 제한되어 있지만 이러한 활용은 아동이 직접 정신적으로 조작하는 것을 어느 정도 가능하게 해 준다.

문서 처리 프로그램과 출판용 프로그램

문서 처리 프로그램 word process program은 보고서라든지 수필, 설명문 등에 사용된다. 철자 검사라든지 문법 해석과 같은 특징은 기계적인 부분을 과도하게 우려하지 않고서 자료의 내용에 좀 더 주의를 기울일 수 있게 한다. 규칙적으로 워드 프로세서를 사용하여 글을 쓰는 아동은 더 높은 질과 더 많은 양의 작문을 한다(Goldberg, Russell & Cook, 2003). 문서 처리 프로그램은 학생들이 실험의 데이터를 기록하는 데 사용될 수 있다. 그러나 데이터를 처리할 수 없다.

출판용 프로그램 desktop publishing program은 비전문가로서 아동들에게 함께 회보나 정보 팸플릿을 만들 수 있게 한다(그림 11.2). 전문적으로 정기 회보를 배부하는 것보다 과학 수업에서 일어난 일을 지역 사회에 알리는 것이 얼마나 더 나은가? 표지판과 현수막, 플래시 카드, 달력, 그리고 심지어 저작물을 제작하기 위해 여러 가지 선택 사양들을 이용할 수 있다. 아동들은 '과학의 날' 행사를 알리기 위하여 또는 초청 연사를 환영하기 위하여 현수막을 만들 수 있다. 아동들은 다양한 실험 기구 보관을 위해서 붙일 이름표를 만들 수도 있다.

스프레드시트, 데이터베이스 그래픽 응용 프로그램

미국과학교육기준의 프로그램 기준 C. 수학과 통합

스프레드시트 프로그램 spreadsheet program은 데이터를 처리하는 데 수학 공식을 사용함으로써 빠르고 정확한 계산을 하게 하고 양적인 데이터를 기록하는 데 사용된다. 그림 11.3은 처음 데이터로부터 진자의 평균 주기를 계산하는 데 사용된 스프레드시트이다(진자 문제에 대해서는 교사 활동 3.14를 참조). 학생들은 그들이 사용한 매달린 진자의 개수와 실의 길이, 잡아당긴 거리 등을 먼저 입력한다. 그리고 나서 15초 동안의 진동수를 세 번에 걸쳐서 세어 보고 각각의 경우에 적절한 빈칸에 값을 입력한다. 각 변인에 대한 새로운 값을 입력한다. 각 변인에 대하여 세 번씩 쟀다면 각 결과를 모두 입력한다. 스프레드시트는 세 번의 실험에 대한 평균과 1분당 평균 진동수와 진자의 평균 주기를 계산하도록 프로그램되어 있다. 공식은 그 그림에 있다. 스프레드시트를 사용함으로써 학생들은 평균을 정확히 계산할 수 있고 그 값으로 실험의 결과를 해석할 수 있다. 그림 11.3에 스프레드시트와 계산공식이 나와 있다.

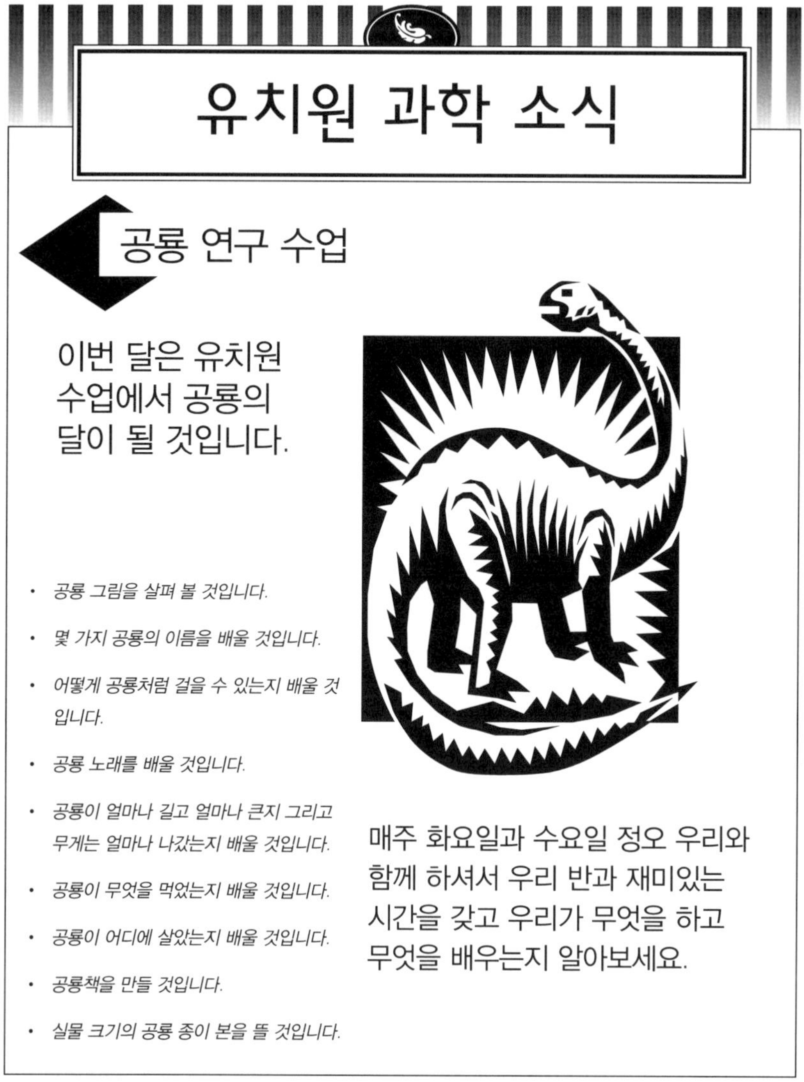

그림 11.2

컴퓨터 출판 프로그램(Microsoft Publisher®소프트웨어)을 이용해 준비한 과학 공지문.

스프레드시트는 식물의 성장률을 계산하는 데에도 사용될 수 있다. 어린이들은 일정한 높이를 측정하여 그 값을 입력하고 스프레드시트가 평균을 계산한다. 스프레드시트는 처음 데이터를 계산하여 실험 결과를 해석하는 데 필요하다. 또한 예상하고 추론하고 데이터를 해석하는 탐구 과정 기능을 발전하는 데도 도움을 준다.

그래픽 프로그램은 어린이들에 의해서 입력된 데이터로부터 다양한 종류의 그래프를 만드는 데 사용된다. 그래프 작성 형태는 일반적으로 이미 정해져 있는 원 그래프, 선 그래프, 막대 그래프이거나 아이들이 스스로 만들 수 있다. 선 그래프와 막대 그래프는 일반적으로 가로축과 세로축의 항목과 단위를 정확히 정해야 하고 이후에 데이터를 입력하는 것이 필요하다. 그래픽 프로그램은 데이터의 의미를 해석하고 데이터의 효과를 시각화할 수 있게 돕는다. 그래픽 프로그램은 다른 높이에서 대리석을 떨어뜨림으로써 형성되는 모형 달 분화구의 길이와 지름을 묘사하는 데 사용될 수 있다(그림 3.26, 그림 3.27 참조). 그래픽 프로그램은 유치원생에게 사용할 수 있는데 식물 성장, 매일의 온

그림 11.3

진자 탐구를 위한 스프레드시트. (Microsoft Excel® 소프트웨어)

진자								
A	B	C				G열	H열	I열
추의 개수	진자 길이 (cm)	당긴 길이 (cm)	10초간 진동			10초간 진동의 평균	분당 진동수	평균 주기
			시도 #1	시도 #2	시도 #3			
3	30	10	12	12	13	12.33	49.33	1.22
4	30	10	12.5	11.5	12	12.00	48.00	1.25
4	30	10	12	12	12.5	12.17	48.67	1.23
5	30	10	13	11.5	12.5	12.33	49.33	1.22

공식 G열은 10초 동안 진동한 수이며, D6:F6의 평균값이다.
H열은 분당 진동수이며, G6*6이다.
I열은 평균 주기이며, 1(H6/60)이다.

도, 해뜨는 시간과 해지는 시간과 같은 것을 도표로 만들 수 있다. 어떤 데이터베이스는 너무나 아이들에게 친숙해서 교사가 약간만 조언하면 학생 혼자서도 사용할 수 있다. 그림 11.4는 유치원에서 정오의 온도를 측정한 것을 표와 그래프로 나타낸 것이다.

그래픽 프로그램은 원 그래프나 막대 그래프의 형식으로 변인의 백분율이나 양을 나타낼 수 있다. 이러한 프로그램들은 하루 동안에 소비되는 기초 식품 영양군의 비율이나 어떤 머리색과 눈 색깔을 가진 어린이의 수와 주어진 날씨 상태를 보인 날의 빈도와 같은 데이터를 도표화하는 데 적절하다. 그림 11.5는 갈색, 푸른색, 초록색, 엷은 갈색의 눈을 가진 3학년 학생들의 수를 나타낸 두 개의 그래프이다.

프레젠테이션 어플리케이션

프레젠테이션 소프트웨어는 파워포인트®가 대표적이며 프레젠테이션을 작성하는 데 사용되며 글에 덧붙이는 헤드라인 슬라이드, 그림, 사진, 비디오, 그래프, 소리를 포함할 수 있다. 이러한 프레젠테이션은 종종 교사가 삽화를 넣은 자료를 보여줄 때 사용한다. 프레젠테이션은 초등학교 과학 학생들이 조사 과정에서 무엇을 했는가와 그 요약 결과를 보여주는 데 사용될 수 있다. 예를 들어 왕 Wang, 케덤 Kedam, 그리고 헤르초그 Hertzog(2004)는 유치원생들과 초등학교 1학년생들이 "우리 마을에서 누가 무엇을 측정하나?"에 대한 조사를 하여 이에 대한 파워포인트 프레젠테이션을(어른의 도움을 받아) 준비했던 어떤 프로젝트를 설명한다. 이들은 저학년 교실에서 컴퓨터 기술을 이렇게 사용함으로써 아이들이 자신의 생각을 분명하게 표현하고 개인적인 반향을 양성하는 데 도움을 주었다는 사실을 발견했다. 프레젠테이션 소프트웨어는 매우 유연하며, 그 구성요소는 주제를 간결하고도 빈틈없이 보여주도록 조작될 수 있다.

DAILY NOONTIME TEMPERATURES	
Date	Temperature (Degrees F)
6/21	74
6/22	74
6/23	82
6/24	81
6/25	91
6/26	86
6/27	84
6/28	82
6/29	78
6/30	78

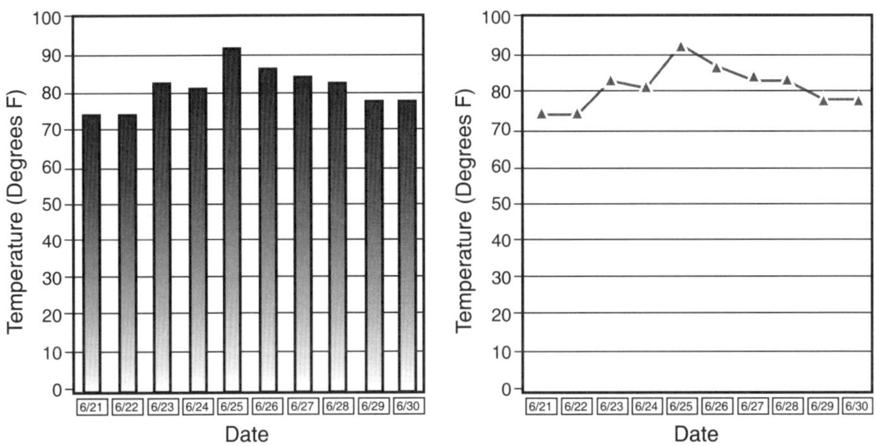

그림 11.4
매일 정오 기온 변화–데이터표, 선 그래프, 막대 그래프. (The Graph Club 2.0 소프트웨어)

그래픽 조직자 소프트웨어

그래픽 조직자 소프트웨어는 자료 준비를 그림이나 그래프로 묘사하는 데 사용된다. 그래픽 조직자에는 개념 지도, 웹 등이 포함되는데, 정보를 조직하는 데 도움을 주는 강력한 도구이다. 전자 그래픽 조직자는 고학년용 Inspiration®과 저학년용 Kidspiration® 같은 개념 매핑 프로그램을 포함한다. 몇 가지 다른 프로그램도 인터넷 상에서 이용할 수 있다. 그래픽 조직자는 학생들이 자신의 조사 계획을 짜는데 도움을 주고, 이들이 어떻게 정보를 함께 끼워 맞추는지 생생하게 보여주며, 또한 어떻게 그 결론에 도달했는지 보여준다. 12장에서는 체험적 교육 방식에 해당하는 개념 매핑에 집중하고자 한다.

교사용 비디오
다음 비디오를 보시오. "기술 교육 방법들: 파워포인트를 활용한 초등교실 수업"

그림 11.5

눈의 색깔분포를 나타낸 원 그래프와 선 그래프. (Microsoft Excel® 소프트웨어)

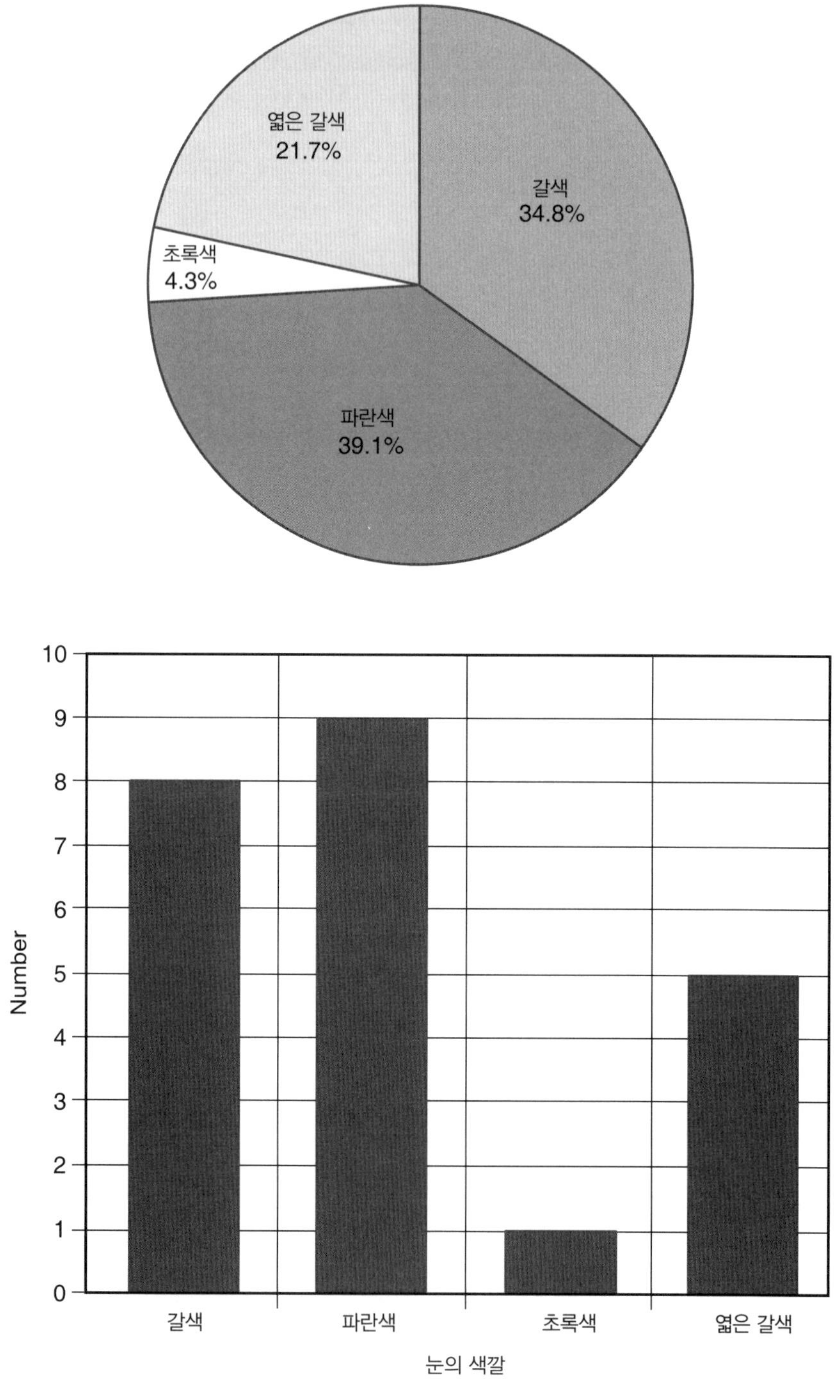

시뮬레이션과 게임

시뮬레이션 프로그램은 아이들이 실제 혹은 가설 문제에 대한 일련의 조사와 활동을 입력하여 그 활동의 결과에 대한 그래픽 정보를 얻을 수 있게 해준다. 예를 들어 고학년에게 적합한 심시티 SimCity라는 프로그램은 아이들이 도시 환경에 대한 조사를 하도록 요청한다. 어떤 도시계획이 제시되면 아이들은 그 도시에 대한 재설계를 제시함으로써 갑작스런 인구 변화, 자연 재해, 러시아워 교통, 좋지 않은 계획수립 같은 가상 공동체 변화에 대응하도록 요청된다. 이들이 새로 입력한 설계의 효과가 제시됨으로써 아이들은 자신의 계획안에 따른 결과를 볼 수 있다. 머레이 Murray와 바델메이 Bartelmay (2005)는 아이들이 레고 Legos®와 로보렙 Robolab® (Lego 컴퓨터 프로그래밍 소프트웨어)을 사용해 어떤 일반적 문제를 해결하게 될 어떤 것에 대한 자신의 모터 발명품을 만들고 작동시키는 2학년 프로젝트를 설명하였다. 웨이터 Waight와 칼리드 Abd-El-Khalid(2007)는 6학년 과학수업에서 가상 연못과 심장이식 시뮬레이션을 사용한 것에 대해 설명한다. 벨 Bell과 트런들 Trundle(2008)은 '성도프로그램 Starry Night Backyard'이라고 불리는 달의 기울기에 대한 컴퓨터 모의실험이 초등학생들로 하여금 달이 왜 기울기 단계를 갖는지 이해하도록 가능케 한다고 보여주었다.

시뮬레이션 프로그램은 비행기조종사와 우주비행사를 훈련시키고 의대생들에게 임상 문제를 제기하는 데 사용된다. 초등학교 과학교육에서 시뮬레이션 소프트웨어는 종종 다음과 같은 것을 요구하는 개념을 탐구하는 데 사용된다. (1) 비싸거나 위험한 재료 혹은 절차(핵반응과 강산성이거나 매우 반응성이 강한 화학물질을 수반하는 실험 등), (2) 아이들이 아직까지 습득하지 못한 수준의 기술(미세측정, 진공처리, 혹은 초냉각을 수반하는 활동 등) 혹은 (3) 교실 환경에서 가능한 그 이상의 시간(인구 성장 시뮬레이션 등) 등이 이에 해당된다. 컴퓨터를 이용한 시뮬레이션은 학생들이 밀도와 같은 추상적 개념을 이해하여 조작할 수 있게 하며, 포식자–먹이 관계 같은 복잡한 아이디어의 모형을 만들 수 있게 해준다.

게임은 경쟁과 학습 기회를 동시에 제공하는 상호적 프로그램이다. 다른 플레이어와 경쟁하거나 컴퓨터와도 경쟁할 수 있다. 많은 사람들은 일반적으로 오락용으로만 사용되는 비디오 게임이 탐구와 고차원적 사고 능력을 기를 수 있으며 따라서 교육적 목적으로 채택되어야 한다고 믿는다(Playing to Learn, 2006; Shaffer et al., 2005). 게임을 할 때 학생들은 과학적 사고를 적용하여 승률을 높인다. 미국과학교사협회 NSTA는 우리의 아동들과 청소년들 중 97%가 컴퓨터 기반의 게임을 즐기고 있다(숙제하는데 사용하는 것만큼 거의 똑같은 시간을 게임에 소비하고 있는 것이다)고 보고 한다(NSTA, 2008). 그러나 미국과학교사협회는 과학에서 게임의 사용에 대해 경고한다. 그 이유는 비록 과학을 기반으로 한 교육용 게임들이 교과과정과 교습에 있어 훌륭한 보조 수단이지만 과학은 가상의 대상이 되어서는 안 되고 게임은 과학을 학습하는 것을 대체해서는 안 되기 때문이다. 많은 교육적 게임들이 CD-ROM으로 제작되어 있으며 인터넷으로도 이용할 수 있다.

실험을 위한 컴퓨터 사용

미국과학교육기준의 수업 기준 A. 탐구 기반의 프로그램

컴퓨터 기반 실험 Microcomputer-based laboratories (MBLs)은 보통 교실에서 이용할 수 있는 범위를 넘어서는 데이터를 수집하도록 고안된 탐침과 함께 컴퓨터로 작동되는 소프트웨어로 구성되어 있다. 탐침은 데이터에 나타나는 매우 작은 차이점들(1/100단위로 온도 읽기 같이)을 탐지하고 인간은 민감하지 않은 감각(자외선 및 적외선 그리고 들을 수 없는 소리) 입력을 인식함으로써, 관찰 능력을 확대한다. 매우 작은 간격의 데이터 포인트(낙하하는 물체의 1/100초 간격 속도)를 제공할 수 있으며, 매우 긴 기간에 걸친 (24시간 동안 매 10분 단위의 교실 온도 같은) 관찰을 기록할 수 있다.

탐침 및 센서가 달린 프로그램들은 데이터를 판독하고, 실험자 특성에 따라 데이터를 그래프로 나타내며, 데이터를 수학적으로 조작하여 실험 평균을 구하고 속도변화로 인한 가속을 계산하는 것과 같은 실험자의 필요를 충족시킨다.

아이들이 이 프로그램의 기능 그리고 탐침이나 센서의 민감성을 이용해 자신의 조사를 진행하는 데 한계가 있는 것은 사실이지만, MBL은 이용할 수 있는 조사의 범위를 크게 확장시킨다. MBL을 사용함으로써 초등학교 과학 지도 및 학습에 대한 구성주의 접근법은 지원받을 수 있다.

미국과학교육기준의 내용 기준 B. 물상 과학: 열에너지

MBL은 많은 다양한 실험에 사용될 수 있다. 온도 탐침은 영하에서 영상 100°C까지 감지하고 기록하는 전자 온도계이다. 가장 가까운 1/10온도(혹은 미세 온도)까지 읽을 수 있으며, 어떤 길이의 기간(길든 짧든)에 걸쳐서든 어떤 간격에서든(길든 짧든) 온도를 읽을 수 있다. 예를 들어 어떤 아이가 따뜻한 물이 얼마나 빨리 차가워지는지 궁금해 한다고 하자. 온도 탐침을 이용하면 이 질문에 답해주는 데이터를 얻을 수 있다. 그림 11.6은 처음 2분이 지난 후 얼음조각을 넣어 10분간 방치해 둔 따뜻한 물 한 컵에 대한 원데이터와 결과 그래프를 보여준다. 매 30초마다 온도를 기록하여 그 결과를 그래프로 만들었다.

	최근	
	시간 (min)	온도 (°C)
1	0.0	39.4
2	0.5	40.0
3	1.0	39.6
4	1.5	39.2
5	2.0	38.9
6	2.5	35.4
7	3.0	31.4
8	3.5	31.1
9	4.0	31.0
10	4.5	31.0
11	5.0	30.9
12	5.5	30.9
13	6.0	30.8
14	6.5	30.7
15	7.0	30.7
16	7.5	30.7
17	8.0	30.6
18	8.5	30.6
19	9.0	30.5
20	9.5	30.4
21	10.0	30.4
22		
23		
24		
25		

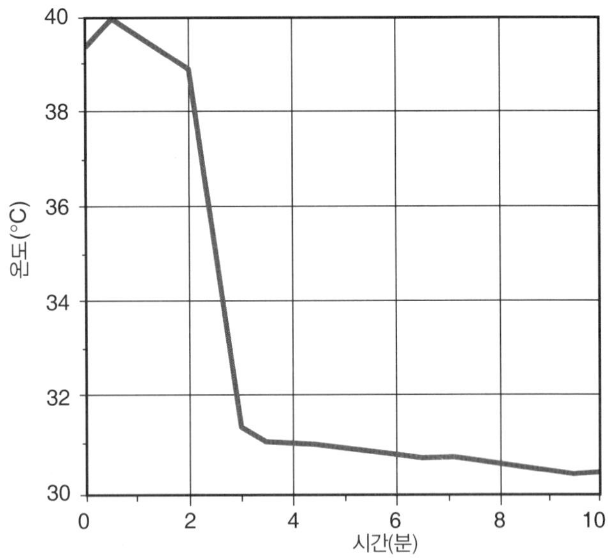

그림 11.6
물 온도 변화 그래프와 데이터 표. (Go! Temp, 1.2 버전, 버니어 소프트웨어)

온도 탐침은 또한 실외 온도를 기록하고, 수족관 온도를 점검하고, 빛에너지의 열에너지로의 전환을 기록하는 데 사용될 수도 있다.

광센서는 **광전지** photoelectric cell로 빛의 강도를 감지해 기록하는 데 사용된다. 거리가 빛의 강도에 미치는 영향을 실험하는 아이들은 광센서를 사용해 거리의 변화에 따라 광원으로부터 받게 되는 실제 빛의 양에 대한 측정치를 얻을 수 있다. 광센서는 지축의 기울기가 지구상의 다양한 위도에서 받는 복사에너지 양에 미치는 영향에 대한 시각적 묘사를 제공하는 데 사용될 수 있다. 아이들은 태양을 시뮬레이션한 플래시를 지구를 시뮬레이션한 지구본이나 풍선의 다양한 위도에 빛을 쏘아, 태양에 대한 혁명이라 할 수 있는 지구의 기울기와 그 기울기가 복사에너지 집중에 미치는 영향을 탐구할 수 있다(그림 11.7과 학교 활동 5.1 참조).

미국과학교육기준의 내용 기준 D. 지구와 우주 과학: 태양계에 속한 지구

그림 11.7
아이들이 지구를 나타내는 기울어진 풍선에 플래시 빛을 비춰 게자리 Cancer의 회귀선을 알아보고 있다.

동작 감지기는 아이들이 물체의 동작에 대한 데이터를 모을 수 있게 해준다. 폴라로이드 카메라의 자동 범위 탐지기와 유사한 이 감지기들은 높은 빈도수로 초음파를 보내 각 음파가 그 장치에서 움직이는 대상을 거쳐 다시 장치로 돌아오는 데 어느 정도의 왕복시간이 걸리는지 기록한다. 각각의 왕복시간으로부터, 장치에 딸린 컴퓨터 프로그램은 움직이는 물체의 거리, 속도, 그리고 가속도를 계산할 수 있다. 동작 감지기는 기울어진 평면을 타고 굴러 내려오는 카트의 가속도, 복도 바닥을 굴러 내려오는 물체의 감속도, 혹은 자유낙하 물체의 가속도를 측정하는 데 이상적이다. 그 결과물은 실제 데이터 면에서 그리고 속도 감소, 가속, 혹은 거리로서 그래프로 표현될 수 있다.

미국과학교육기준의 내용 기준 B. 물상과학: 운동과 힘

심박동수 모니터는 운동 기구에서 발견할 수 있는 것과 유사하다. 센서는 귀에 고정하거나 손가락에 끼운다던지 혹은 허리나 가슴에 벨트로 두르게 되는데, 맥박 수를 측정하여 시간이 경과함에 따라 이를 기록한다. 이 센서는 아이들이 운동과 휴식이 심박동 수에 미치는 영향을 조사하도록 돕는 데 이상적이다(학교 활동 2.4 참조).

pH 센서는 액체의 산성 레벨을 측정하여 기록한다(학교 활동 3.21 참조).

디지털 현미경은 이미지들을 스크린 위에 투영하고, 사진을 찍고, 영상을 만들고, 시간의 경과를 나타내는 영상 등을 촬영하는 데 사용될 수 있다.

이들 뿐 아니라 다른 종류의 탐침과 센서도 과학 공급회사에서 구할 수 있으며 컴퓨터에 친근한 사람이라면 누구든 몇 분 만에 설치할 수 있다(그림 11.8 참조).

컴퓨터 소프트웨어

알다시피 이용 가능한 컴퓨터 소프트웨어가 수없이 많다. 일부 프로그램들은 무료다. 일부는 비싸다. 일부는 추가적인 하드웨어가 필요하다. 또한 컴퓨터 프로그램들은 지원할 수 있는 아동들의 질문 정도에서 종류가 엄청나게 다양하다.

미국과학교육기준의 수업 기준 F. 프로그램 기획에 참여하기

그림 11.8
마이크로컴퓨터를 바탕으로 한 실험 탐침.

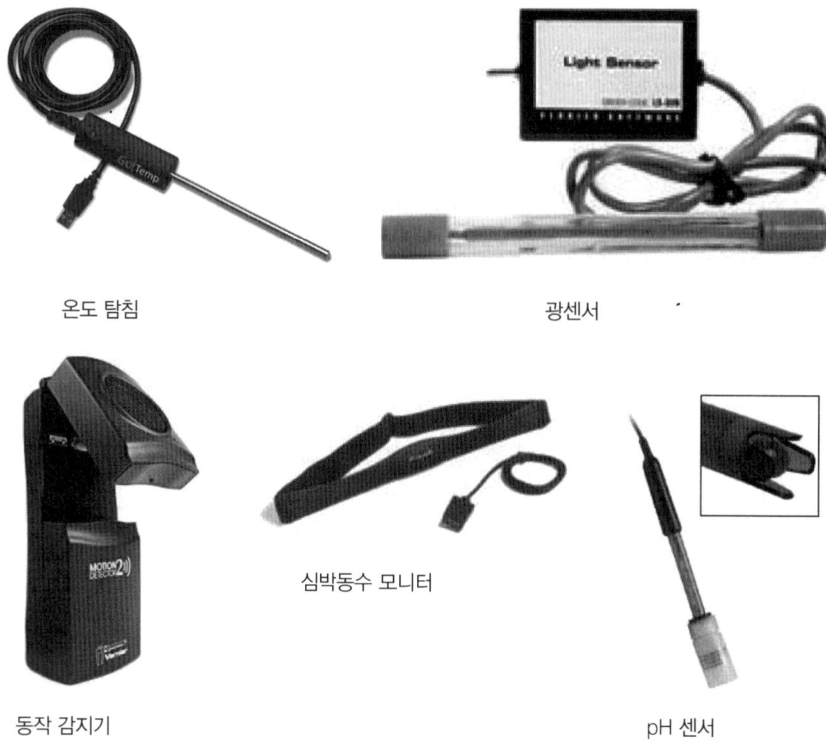

Vernier Software & Technology

컴퓨터 소프트웨어 자료

미국과학교육기준의 수업 기준 F. 프로그램 기획에 참여하기

많은 컴퓨터 소프트웨어 자료들이 있지만 어떤 것이 이용 가능하며 이들 중 어떤 것이 초등학교 과학교육 프로그램에 사용될 수 있는지 알기는 어렵다. 그럼에도 불구하고 교사들이 정기적으로 검토하고 싶을 만한 몇 가지 괜찮은 자료들이 있다.

*Educational Technology*와 *Journal of Computers in Mathematics and science teaching* 같은 많은 간행물과 잡지들은 소프트웨어 논평 칼럼을 포함하고 있다. 이들을 통해 새로운 소프트웨어에 대해 지속적으로 파악할 수 있으며 평가를 내리는 데 도움을 받을 수 있다. *Technology and Children*은 초등학교 기술 교육을 집중적으로 다루는 저널이다. 미국과학교사협회 National Science Teachers Association가 발행하는 *NSTA Report*는 검토되고 평가된 컴퓨터 소프트웨어에 대한 주기적 목록을 포함한다. *Science and Children, Science Scope, Childhood Education* 같은 전문 저널들은 소프트웨어 논평을 포함한다.

▶ Tom Snyder 프로덕션은 주요과목 분야와 유틸리티 작업에 사용할 수 있는 상을 받은 많은 소프트웨어 제품을 생산한다. 다수가 이 문헌에 사용되고 있다. 다음이 그 예에 포함된다:

- *인스피레이션* Inspiration
- *키드스피레이션* Kidspiration

- *그래프 클럽*
- *그래프 마스터*

▶ 버니어사 Software & Technology는 상을 받은 마이크로컴퓨터 기반 실험 탐침, 하드웨어, 소프트웨어를 생산한다. 많은 적용 프로그램들이 초등학교에서의 사용을 목적으로 채택되어 왔으며, 모두가 사용자 친화적이다. 다음이 그 예에 포함된다:

- *기압계*
- *pH 센서*
- *혈압 센서*
- *용해 산소 탐침*
- *상대 습도 센서*
- *심박동수 모니터*
- *염도 센서*
- *광센서*
- *자기장 센서*
- *지시 소음계*
- *동작 감지기*
- *온도 탐침*
- *산소 가스 센서*

우연히 접하게 되는 훌륭한 소프트웨어 제품 목록을 기록해 두었다가 새로운 소프트웨어가 수업을 듣는 아이들의 과학 탐구에 필요한 내용을 충족시키는 데 도움이 된다고 판단될 경우 그 목록에 추가해야 한다. 어떤 경우에든 특정 과학기술이나 과학기술 적용프로그램이 어느 정도까지 과학 지도의 탐구-지향적 조사 방법을 지원하는지 그리고 어느 정도까지 아이들이 스스로 탐구할 수 있게 해주는지를 특별히 고려해야 한다.

컴퓨터 소프트웨어의 평가

아동들에 의해 사용될 컴퓨터 소프트웨어에 투자하기 전에 무엇을 하고 있는가? 탐구심을 북돋워 주고 있는가? 사용자는 친절한가? 컴퓨터 프로그램의 결함이 올바로 수정되었는가? 내용은 적절한가? 컴퓨터 실습실에는 많은 아동들이 사용할 수 있는 네트워크가 구축되었는가? 그것이 적당한 가격인가에 대해 아는 것이 본질적으로 필요하다.

그림 11.9에 나타난 소프트웨어 평가표는 교사가 소프트웨어를 평가하는 데 도움을 준다. 표에서 위쪽 부분은 매우 '획일적'이고 상세한 정보를 요구하며, 이 정보는 판매자로부터 얻을 수 있다. 평가의 핵심은 아래 부분에 있는 항목들로서 프로그램을 검토하는 데 포함되어 있다. 점수 채점은 주관적이며, 전반적인 추천 결과는 전체를 검토한 결과이다.

그림 11.9

소프트웨어 평가표.

소프트웨어 평가표

평가자 ______

제목과 버전 ______

과목영역 ______

가격 ______ 사이트 라이센스/네트워크 버전 ______

학년 수준

고등학교 ______

중학교 ______

초등학교 고학년 ______

초등학교 저학년 ______

유치원 ______

취학 전 ______

교사 ______

형태

정보 제공 ______

반복 연습 ______

지도 ______

게임 ______

모의 실험 ______

실험 보조 ______

실험 활동 ______

교사 보조 ______

조직적으로 ______

교사 수준에서 ______

기타 ______

학생이 프로그램을 배우는 데 요구되는 노력의 양

매우 많다 ______, 어느 정도이다 ______, 적다 ______

하드웨어 요구 조건

필요한 컴퓨터 유형 ______

요구되는 하드드라이브 용량 ______

CD 드라이브 필요 여부 ______

다른 종류의 하드웨어의 필요 여부 ______

==========

점수(각 10점 만점)

문서와 안내 사항 ______

일반적인 구조 ______

내용 ______

기술적 품질 ______

프로그램 사용의 용이성 ______

설치의 용이성 ______

전반적인 결과

매우 적절하다 ______

적절하다 ______

문제가 있다 ______

적절하지 않다 ______

총점(최대 60점) ______

==========

기타 ______

인터넷

미국과학교육기준의 수업 기준 A. 탐구 기반의 프로그램

인터넷의 발달과 성장은 아마도 우리가 오늘날 경험하고 있는 정보 접근성의 폭발적 성장에 가장 크게 기여하고 있는 요소라 하겠다. 인터넷에는 수십억 개의 페이지가 존재하며 대부분 일반적인 검색엔진을 사용해 쉽게 접근할 수 있다. 인터넷은 정보의 저장 혹은 학습을 위한 통신 도구로서 주로 역할을 하곤 했다. 인터넷의 이 같은 최초의 반복 사용은 이제 '웹 1.0'이라고 일컬어진다. '웹 2.0'이라는 용어는 주로 정보의 '읽기 전용' 저장이었던 인터넷을 현재의 소셜 네트워크 사이트(예, 페이스 북, 트위터), 미디어 공유(예, TeacherTube), 협동적 지식 개발(예, 위키피디아), 팟캐스트 주문형 비디오 캐스트 블로그, 기타 등등에서 발견할 수 있는 소통을 촉진 시키는 "읽기-쓰기" 웹으로의 전환을 의미하기 위해 2004년에 처음 만들어졌다.

인터넷은 수백만 개의 정보 사이트를 전 세계적으로 느슨하게 연결하고 있는 복잡한 전자통신망이다. 1969년 군사적 적용을 목적으로 개발되었으며 전 세계가 큰 재앙에 빠지는 상황에서도 방해받지 않은 채 통신을 계속할 수 있게 하기 위한 것이었다. 월드 와이드 웹 World Wide Web은 1991년 개발되었으며, 시청자가 다른 관련 지역과 멀리 있는 장소들을 볼 수 있게 해주는 지역 사이트의 링크를 포함시키기 위한 것이었다.

초등학교 과학교육에 유용한 수백만 개의 인터넷 사이트가 존재한다. 물론 이 자료의 상당 부분은 입증되지 않은 상태이므로 어느 정도 의심을 갖고 살펴볼 필요가 있다. 인터넷 사이트에 있는 정보의 출처를 찾아보고 그에 따라 가치를 판단하는 것이 좋다. 예를 들어 하버드 대학이 개발해 유지하고 있으며 다양한 정보에 대한 가드너 Gardner의 이론을 다루고 있는 웹페이지는 교사 자료를 상업적으로 개발한 사람들이 준비한 웹페이지보다 더 권위가 있을 것이다.

국립과학디지털도서관 National Science Digital Library은 2000년에 설립되었으며 그림, 비디오, 오디오, 애니메이션, 소프트웨어, 데이터세트, 신문 기사, 수업 계획, 그리고 다른 많은 것 등 과학 교사에게 유용한 1.5백만 이상의 자료를 보유하고 있다. 그것은 국가과학 재단 NSF에 의해서 개발되고 유지되었다. 영어뿐만 아니라 스페인어와 몇몇 다양한 언어로 된 자료들이 제공된다. 각 품목은 그 품질이 입증된 것이다. 무료이며 처음 접하는 사람이 사용법을 배울 수 있는 섹션이 있다.

미국과학교사협회(1999)는 SciLINKS®라는 프로그램을 개발했는데, 과학 교과서 출판사들은 핵심 과목 분야 여백에 이 프로그램의 인터넷 아이콘과 코드를 포함시켜 참고 표시가 된 주제의 학습을 지원하는, 전문적으로 선정된 웹 사이트로 사용자들을 유도할 수 있게 한다. *SciLINKS* 코드는 NSTA가 출판하는 책 그리고 이 협회의 저널들에 실리는 많은 논문에 포함된다. 인터넷 정보를 검색하기 위해, 학생과 교사들은 *SciLINKS* 웹 사이트에 접속해 해당 주제를 다루고 있는 가장 좋은 몇 가지 인터넷 웹 사이트로 자신을 안내해줄 해당 코드를 입력한다. 웹 사이트 링크는 적합성과 새로움을 보장하기 위해 교사가 선정하고 유지할 수 있다.

인터넷은 그림 11.1 연속체에 설명되어 있는 튜터링에서 상호적 실험적 사용에 이르는 기술 적용 프로그램 전부를 제공한다. 인터넷은 구성주의 교수법과 학습법을 지원할 수 있는 이상적인 교실 도구이며, 교사들에게 아이들의 학습에 도움을 주는 이 매우 중요한 자원을 통합한 자신의 교육과정과 지도방식을 주장할 방법을 찾는 것은 필수적이다.

11.2 교사 활동

미국과학교육기준의 내용 기준 D. 지구와 우주 과학: 지상과 하늘에서의 변화들

기상이란 무엇인가?

Weather Channel 웹 사이트는 http://www.weather.com에서 접속할 수 있다. 웹브라우저 주소창에 이 URL을 치고 Weather Channel 홈페이지를 살펴본다.

어떤 특징을 관찰하게 되는가?

현지 기상 예보를 찾아본다.

미국 내 또 다른 지역의 현재 기상과 기상 예보를 찾아본다.

해외의 현재 기상과 기상 예보를 찾아본다.

이 사이트에서 찾은 내용을 수업 시간에 공유한다.

TWC Kids 사이트를 클릭하면 교사와 학생들에 유용한 자료를 볼 수 있다.

11.3 교사 활동

미국과학교육기준의 내용 기준 D. 지구와 우주 과학: 태양계에 속한 지구

NASA 탐구

NASA 홈페이지 주소는 http://www.nasa.gov.이다. 이 URL을 웹브라우저 주소창에 치고, NASA 웹페이지를 통해 접속할 수 있으며 학생과 교사들이 이용할 수 있는 막대한 정보를 살펴본다. 한 가지 링크를 골라 훑어보고 링크의 페이지마다 살펴본 후 찾아낸 것을 요약한다. 이를 수업 시간에 공유한다.

11.4 교사 활동

미국과학교육기준의 전문성 개발 기준 C. 평생 학습

과학 사이트를 찾기 위한 웹 서핑

웹브라우저를 이용해 초등학교 과학교육에 적합한 인터넷 사이트를 찾아본다. 검색 칸에 '초등학교 과학교육', '초등학교 과학 활동', 혹은 '초등학교 과학 지도' 같은 몇 개의 서술 단어들을 친다. 또는 '기상', '공룡', '기어' 등의 특정 주제를 입력한다. '아동', '초등학교', '활동', '초등학교 활동', '지도', '수업계획' 등과 같은 한정 용어를 결합시킬 수도 있다.

검색해 찾은 일부 유망한 사이트를 살펴본다. 자신에게 그리고 다른 학생들에게 유용하리라 생각되는 사이트를 발견하면 URL과 함께 그 사이트에 대한 한두 문장으로 된 요약을 적어두고 다른 학생들에게 이를 전파한다. 반 학생들 모두가 사용할 수 있도록 강좌 리스트나 소책자를 만든다. 학급 홈페이지가 있거나 전자게시판 또는 메시지 센터를 사용하고 있다면, 다른 사람들이 접근할 수 있도록 교사가 발견한 내용을 게시한다.

초등학교 과학교실에서 인터넷 사용하기

초등학교 과학교육과정에 인터넷을 어떻게 결합시킬 것인가 하는 문제를 제기할 수 있다. 크레이그 Craig(1999)는 아이들에게 당시 배우고 있는 주제와 관련하여 배우고 싶은 특정 주제의 목록을 만들게 해서 가장 많은 지지를 받은 주제를 학급 조사의 중점으로 삼는 방법을 제안하였다. 학생들은 개별적으로 혹은 그룹으로 인터넷을 조사한다. 물론 처음에는 어떻게 인터넷을 조사해야 하는지 배워야 하며(Kuiper, Volman, and Terwel, 2005, and Cohen and Cowen, 2008), 학교의 기술 혹은 미디어 전문가가 종종 이러한 필요를 충족시키게 되고, 주로 컴퓨터실이 그 장소가 될 것이다. 만약 인터넷상의 정보를 당신의 교실에서 아동들이 구할 수 없으면 당신은 그래픽과 동영상을 다운로드해서 학급 토론이나 조사활동에서 아동들이 사용하기에 편리한 자료들을 만들 수 있다.

미국과학교육기준의 수업 기준 A. 탐구 기반의 프로그램

국가차원의 교육공학 계획

연방정부는 학교에서 교육공학을 시행하도록 지원하는 활동을 해왔다. 그동안 지원해 온 주요 분야는 국가를 위한 교육공학 계획 개발이다. 제1차 국립 교육공학계획 National Educational Technology Plan이 1996년 수립되었다. 첫 번째 국립 교육공학계획이 1996년에 발표되었고 이후 기술발전의 엄청난 속도와 의심스런 결과들을 고비용의 유행으로부터 교육의 본질적인 요소로의 사고 변화를 반영하여 업데이트가 두 번 이루어 졌다. 2010년에 나온 네 번째 국립교육기술계획의 제목은 '**미국 교육을 교육공학을 활용한 학습**'이었다. 이 계획은 학교들로 하여금 (a) 학생의 학습 제도를 도모하고 (b) 학생의 성취도를 평가하며 (c) 교습을 개선하고 (d) 모든 사람들이 이용할 수 있는 지식을 만들어 내고 자원의 사용에서의 효율성을 높이는 기술을 사용하도록 촉구하고 있다(그림 11.10 참조)[교육 공학국 Office of Educational Technology (2010)].

모두가 과학기술을 우리 아이들의 교육을 돕는 데 사용할 수 있다고 생각하는 것은 아니다. 오펜하이머 Oppenheimer(2003)는 수상 경력이 있는 언론인이자 교육공학에 대한 공개적인 비평가로, 많은 예를 통해 과학기술이 학생들의 학습을 향상시키는 데 실패했거나 효과가 없었다고 지적한다. 결론적으로 그는 교육이 제대로 기능하려면 가상 경험보다는 오히려 실생활 경험에 대한 학생들의 관심을 증대시켜야 한다고 제시한다. 그러나 번 Burn(2005/2006)은 컴퓨터를 비싼 취미로 일축하기 전, 교육자들은 반드시 컴퓨터가 학생들의 학습을 발전시키는 데 지닌 교육적 잠재력을 최대치까지 사용해야 한다고 촉구한다. 또한 프리드먼 Friedman(2005)은 20세기 후반과 21세기 초반의 변화를 이끈 가장 중요한 동력이 과학기술의 폭발적 발전이라는 입장을 취한다.

교육공학 기준

국제 교육공학회 ISTE는 교육기술에 헌신한 가장 중요한 전문 조직이다. 이 조직은 학생과 교수들의 바람직한 기술 사용을 설명하는 전국 교육공학기준 NETS을 개발하였다. 전국 교육공학기준 NETS은 학생과 교사들이 습득하고 사용해야 할 여러 학문 분야에 걸친 기술 능력들을 보여준다.

국제 교육공학회는 사실상 모든 주와 많은 국가에 의해, 교육기술 기준과 프로그램

그림 11.10

교육공학을 활용한 학습 모델.
(미 교육부, 교육기술국, 2010)

2010 국립 교육공학계획의 기본 원칙

1. 학습: 참여와 능력 부여
   모든 학습자들은 우리의 글로벌 네트워크 사회에서 객관적이고 창의적이며 지식을 갖춘 윤리의식을 키우기 위해 학내외에서의 참여와 능력을 얻는 경험을 갖게 될 것이다.
2. 평가: 중요한 것을 측정
   모든 단계에서 우리의 교육체제는 중요한 것을 측정하고 지속적인 개선을 위한 평가 자료들을 사용하기 위해 기술의 힘을 지렛대로 삼을 것이다.
3. 교습: 준비 그리고 연계
   전문 교육가들은 개인과 팀별로 모든 학습자들을 위해, 더욱 효과적인 교습을 가능하게하고 고무시키는 자료, 콘텐츠, 자원, 전문지식, 그리고 학습 경험들과 그들을 연계시키는 기술에 의해 지원 받을 것이다.
4. 기반시설: 접근과 능력부여
   모든 학생과 교사들은 필요시 그리고 필요한 경우 학습을 위한 포괄적인 기반시설을 이용 할 수 있을 것이다.
5. 생산성: 재설계와 개혁
   모든 단계에서 우리의 교육 체계는 시간, 돈, 그리고 인력을 보다 효율적으로 이용하는 것과 동시에 학습 결과를 향상시키기 위해 기술의 힘을 이용하기 위한 과정들과 구조들을 재설계 할 것이다.

ISTE 2007

교육공학의 기준은 점점 더 디지털화되어가는 세계에서 효율적으로 가르치고 전문적으로 성장하기 위한 로드맵이다. 기술적 소양을 갖추는 것은 현대 사회에서 중요한 요소이다. 기술이 우리 사회의 변화를 극적으로 일으킴에 따라 교육가들은 디지털 시대 전문가의 기술과 행동을 보여줄 필요가 있다[International Society for Technology in Education (n.d.), p1].

의 기반으로서 채택되었던 두 가지 교육 기준을 개발하였다. 그 중 한 가지는 학생을 위한 기준이며 다른 하나는 교사를 위한 기준이다. 이러한 기준은 '학생을 위한(-S) 전국교육공학기준'을 의미하는 'NETS-S'와 '교사를 위한(-T) 전국교육공학기준'을 의미하는 'NETS-T'로 알려져 있다.

학생을 위한 전국교육공학기준 NETS은 창의력, 혁신, 의사소통, 협력, 실험, 고차원적 사고 기술 사회 문제들을 개선하기 위한 기술 사용에 초점을 맞추고 있다. 교사를 위한 전국교육공학기준 NETS은 학생의 창의력, 혁신, 학습 활동, 평가, 교사가 만든 학급 자료, 보고, 글로벌 디지털 사회에의 참여, 디지털 시대의 시민의식과 책임감 모형화를 향상시키는 데 초점을 맞추고 있다.

인터넷 도구, 활동, 어플리케이션

인터넷의 2단계 발전은 초등학교 과학교육 프로그램에서 학생과 교사 모두에게 도움이 될 수 있는 웹기반 어플리케이션을 확산시켰다.

웹 퀘스트

웹 퀘스트는 교사들이 설계한 학생 중심의 조회 지향적인 활동이며 학생들이 상호작용하는 정보의 일부 혹은 전부가 인터넷으로부터 나온다(Norton & Wiburg, 2003). 이것은 발견 학습, 통합된 접근 방식, 그리고 기술을 결합하는 독립된 탐구에서 학생들이 사용하는 반지시적 성격이 강하다. 웹 퀘스트는 인터넷에서 구할 수 있는 정보를 이용하여 현실세계의 문제들을 조사하기 위한 유효성이 입증된 포맷(형식)이고 다음과 같은 기본 구성 요소들이 포함되어 있다(Dodge, 1999):

1. 탐구를 준비하는 단계의 소개
2. 기본 과제
3. 인터넷 사이트, 전자우편, 회의, 검색 데이터 베이스, 컴퓨터 프로그램, 서적, 잡지, 그리고 기타 이용 가능한 자원들을 연결해주는 링크들을 포함하는 일련의 정보 소스
4. 학생들이 여러 단계로 나누어진 과제를 수행하는데 따라야 하는 과정들에 대한 설명
5. 자료를 구성하는 방법들에 대한 조언
6. 추후 연구를 위한 아이디어를 포함하는 결론
7. 웹 퀘스트의 일부인 루브릭을 통한 평가

웹 퀘스트는 이용법에 대해 안내된 탐구방법을 사용하는데 여기서 교사의 역할은 학생들로 하여금 조사를 시작하게 하고 그들의 노력과 관심이 이끄는 방향으로 그들의 조사를 계속 수행하는 것을 용이하게 해주는 것이다(5장 참조). 웹 퀘스트를 사용하여 학생들은 사실상 자신들이 탐구하고자 하는 모든 주제를 원하는 만큼 철저히 조사할 수 있다. 예를 들어 그들은 우주 프로그램의 효과를 분석하고 새나 거북이가 숨겨놓은 둥지에 대한 가상여행을 할 수 있고 가상 동물원의 전시를 준비하고 토네이도와 허리케인의 파괴력을 조사하고 사라져 가는 숲에서의 동물 생존에 대한 모의실험을 하며 더 나은 쥐덫을 만들 수 있다.

다양한 주제를 다루는 웹 퀘스트들은 인터넷에서 구할 수 있고 당신의 수업을 위해서 필요한 것들을 충족시키도록 맞춤형으로 준비될 수 있다. 일단 웹 퀘스트의 운용을 '익히면' 손수 그것을 만들어 다른 사람들이 또 사용하도록 인터넷에 올리고 싶어 할 것이다.

학교 및 학급 웹 사이트

많은 교사들은 자신의 학급, 숙제, 그리고 학급 활동에 대한 공지 사항들을 포함하는 학급 웹 사이트를 만든다. 수많은 웹 사이트들은 당신 자신의 웹 사이트를 만들기 위한 단계별 사용들을 제공한다. 일부는 그 과정을 단순화하기 위해 사용할 수 있는 틀을 제공해주며 일부는 자신이 만든 웹 페이지를 무료로 게시하도록 허용해준다. 많은 교사들은 자신의 학급에 있는 아동들로 하여금 그들 자신의 웹 사이트를 만들게 하고 있다. 이 웹 사이트들의 접근은 해당 학급의 구성원들에게만 허용되며 학생들은 자신들의 성취를 보여주기 위한 수단으로 해당 웹 사이트에 연구물을 게시한다.

위키

위키 wiki는 협동적인 웹 사이트로서 그것의 콘텐츠는 접속할 수 있는 사람이면 누구든 편집 할 수 있다. 가장 잘 알려진 예가 위키피디아다. 위키는 초등 과학수업에서 매우 유용하다. 왜냐하면 교사와 학생 모두가 그들의 의견과 생각을 위키에 작성하고, 다른 사람으로부터 답변과 비평을 요구하고 다른 사람들이 올린 글에 답변하고 그리고 자기 자신을 포함한 누구의 글이든 편집할 수 있기 때문이다. 위키 소프트웨어, 틀 그리고 사

용법들은 WikiSpace 웹 사이트에서 구할 수 있다. 무료이지만 가입을 해야 사용할 수 있다. 위키를 반드시 설치하여 학급에 있는 모든 사람들이 접속하도록 하게 하라. 위키는 비밀번호로 보호되어 비밀번호를 가지고 있는 사람들만이 위키를 읽고 편집 할 수 있거나 '공용'이어서 전 세계의 사람들이 읽고 의견을 개진할 수 있다. 이로 인해 가장 많은 수의 사람들의 의견을 모을 수가 있어 결론의 타당성을 위한 토대를 제공해준다. 게다가 어떤 특정 주제에 대해 위키를 이용하는 가장 큰 기대감은 세계의 다른 지역의 사람들이 무엇을 말할까를 기다리고 알아보는 것이다. 교사들은 자신의 과학 프로그램을 계획할 때 조언을 구하고자 종종 위키를 사용한다. 신입교사들은 교직의 첫해에서 어떻게 살아남느냐에 대한 조언을 구하기 위해 특히 위키를 사용한다.

웹 어플리케이션

학생들과 교사들이 자신의 질문에 대한 답변을 얻기 위해 사용할 수 있는 웹 기반의 어플리케이션이 많이 있다. 몇몇 대표적인 사이트들을 아래와 같이 제시한다.

- 과학자에게 질문하라 Ask-a-Scientist는 학생들이 생물, 의학, 그리고 보건을 다룰 때 할 수 있는 질문들을 전담하는 사이트이다. 이 사이트는 하워드 휴스의 의학연구소 Howard Hughes Medical Institute와 제휴한 전문가들로 그 인원이 구성되어 있다. Ask-a-Scientist라고 불리는 또 다른 사이트는 어떠한 분야를 다루든 질문들을 받는다. 그리고 자원 봉사 과학자들이 답변을 해준다. 아르곤 국립 연구소가 그 운영을 맡고 있다. 외에도 당신이 질문을 올릴 수 있는 다른 믿을 만한 사이트들이 많다. 웹 브라우저를 사용해서 해당 사이트들을 검색하라.
- 재능있는 청소년들을 위한 존 홉킨스 센터는 H1H1 바이러스와 멕시코 만 기름 유출과 같은 시기적절한 주제들에 대해 인터넷으로 **스트림** streamed 방송되는 정기적인 프레젠테이션을 제공하고 있다. 시청자들은 **실시간** real time 그리고 쌍방향으로 발표하는 과학자들과 소통하는 기회가 주어진다.
- 거의 어떤 곳이든 인터넷으로 가상 현장 견학을 할 수가 있다. 준비 완료된 인터넷 기반의 무료 현장 견학과 현장 견학을 위한 설명서를 알아보기 위해 '가상 현장 견학'을 인터넷에서 검색하라.
- 국가 과학 재단은 보스톤 대학에서 개발한 새로운 프로젝트를 금융적으로 지원했다. '진화개념을 위해 준비됨'이라 불리는 이 프로젝트는 4학년생들이 자연선택을 통한 진화에 내재된 개념들을 이해하도록 도움을 주기 위해 개발되었다.

블로그

블로그 blog는 웹 web과 로그 log의 합성어이다. 그것은 특정한 주제에 대한 텍스트, 오디오, 비디오의 게시를 포함하는 웹 사이트로서 대개 동일한 사람이나 집단이 사용한다. 블로그는 학습자들을 글쓰기를 통해서 자기 자신을 표현하여 현실 세계의 여러 상황들에 대한 자신의 의사를 반영하도록 하고 그것들에 대한 답변을 기다리기 위해 사용될 수 있다(Duplichan, 2009). 교사들은 블로그를 사용해서 개념들을 보강하고 새로운 주제들을 소개하며 학급에서 토의된 개념들을 검토하고 테스트를 검토하며 심화지식을 제공한다. 교사들은 또한 블로그를 통해 질문할 수 있고 학생들로 하여금 답변하도록 요청할 수 있다(Colombo & Colombo, 2007).

블로그를 만들기 위한 설명서와 틀은 인터넷에서 구할 수 있다. 학생들도 자신의 블로그를 만들어 독자들로 하여금 의견을 개진하도록 허락할 수 있다. 비록 블로그들은 암호로 보호하지만 일반에게 공개함으로서 많은 사람들이 읽고 답변하게 할 수도 있다. 그러나 학생들은 자신의 이름, 도시 명, 학교 명 기타 등등과 같은 개인정보를 노출하지 않도록 조심해야 한다(Davis & McGrail, 2009).

팟캐스트와 주문형 비디오 캐스트

팟캐스트 podcast ("play on demand")는 인터넷상의 오디오 방송이다. 팟캐스트는 일방 전용으로서 청취자들은 방송 진행자와 대화할 수 없다. 많은 팟캐스트들이 나중의 접속을 위해 사전에 녹음된다. 팟캐스트는 주로 어떤 개념이나 사항을 설명하거나 기술하기 위해 사용되어지며 종종 블로그에서 볼 수 있다. 아동들은 오데서티 Audacity라고 하는 무료 오디오 편집 장치를 통해 팟캐스트를 만들 수 있다. 오데서티는 사용자로 하여금 목소리를 노트북으로 쉽게 녹음한 다음 텍스트를 편집하는 동일한 방식으로 오디오를 편집하는 것을 가능하게 해준다.

주문형 비디오 캐스트 vodcast ("video on demand")는 인터넷상의 비디오 방송이다. 팟캐스트와 마찬가지로 주문형 비디오 캐스트도 일방 전용으로 많은 주문형 비디오 캐스트들의 나중의 접속을 위해 미리 녹화된다. 주로 어떤 개념이나 사항을 설명하거나 기술하기 위해 사용되어지며 종종 블로그에서 볼 수 있다.

글로그

글로그 glog는 텍스트, 사진, 음악, 그리고 다른 매체들을 단일한 프레젠테이션으로 결합하는 다중 매체 게시물이다. 글로그스터 Glogster라고 하는 인터넷 소프트웨어는 글로그의 개발과 출판을 지원한다. **글로그스터 *EDU*** Glogster EDU는 저학년의 교사와 학생들로 하여금 프로젝트를 시작하고 그 진행 상황을 보여주기 위해 다른 학생들과 그리고 다른 지역의 학급과 공유할 수 있는 게시물을 만들 수 있도록 가능하게 해준다.

스카이프

스카이프 skype는 전 세계의 누구라도 스카이프 소프트웨어를 설치하면 다른 누구와도 무료 영상 음성통화를 할 수 있게 해주는 무료 소프트웨어이다. 스카이프는 영상회의를 위해서 자주 사용된다. 현재 2,300만 명의 이용자가 이용이 최고조에 달한 시간에 스카이프에 접속한다(Skype, 2010). 또한 스카이프는 국제 통화 건수 중 13%를 차지하고 있다(Wikipedia, 2010). 스카이프 소프트웨어를 다운 받고 마이크와 웹캠을 가지고 있으면 스카이프를 설치한 다른 어떠한 학교에서의 학급과 음성 혹은 영상 회의를 진행할 수가 있다. 메인 Maine 주의 한 3학년 교사는 자신의 학급이 50개 주 각각에 있는 다른 3학년 학급들과의 회의 프로젝트를 만들었다고 보고하고 있다. 그 프로젝트는 그들의 위치, 환경, 날씨, 사건, 그리고 기타 등등에 대해서 알아보기 위한 것이며 회의를 본질상 여러 학문과 관련된 것으로 만든다.

프레지

프레지 prezi는 웹을 기반으로 한 프레젠테이션 도구로서 지도와 같은 레이아웃과 레이아웃의 어떤 부분이든 세부적인 것을 보여주는 줌 기능을 갖춘 단일한 슬라이드를 사용한다. 텍스트, 영상, 사진, 그리고 다른 프레젠테이션 어플리케이션이 포함될 수 있다. 기본 소프트웨어는 무료이며 http://prezi.com에서 다운로드할 수 있다. 프레지를 사용해본 적이 있는 사람들은 이 소프트웨어가 제공하는 포괄적인 융통성에 매료된다고 말한다. 프레지는 2008년이 돼서야 비로소 사용가능해졌고 아직도 개선이 이루어지는 중이다. 물론 교실에서 그것의 효율성을 증명할 연구는 전혀 이루어진 것이 없다.

과학적 연구

교사와 반 아이들은 인터넷을 이용해 과학적 연구에 참여할 수 있다. 예를 들어 몇 가지 인터넷 사이트를 통해 철새 이동과 동물 서식지를 추적할 수 있다.

- 저니 노스 Journey North에서 아동들은 새와 제왕나비에 대한 자신들의 목격담을 인터넷을 통해 전송한다. 이것은 다른 사이트를 이용하는 사람들의 데이터가 포함된다. 정기적인 결과들이 모든 자료 제공자들에게 전송됨으로서 그들은 이동 습성을 기록할 수 있다.
- 아이들은 학교마당이나 집 뒷마당에 있는 새의 수를 세고 이를 데이터로 입력함으로써 철새 이동과 습관을 과학적으로 연구하는 Great Backyard Bird Count에 참여할 수 있다.

수년 동안 성공적인 학급들에서 수행되었던 어떤 프로젝트에서, 1~2학년 학생들은 악화되고 있는 듯 보이는 지역의 물 서식지에 대한 몇 가지 요인들을 조사했다. 교사와 학생들은 워드프로세서, 스프레드시트, 프레젠테이션 소프트웨어를 사용해 웹 사이트를 만들어 거기에 조사 결과를 발표했다. 또한 시 공원 위원회를 위한 프레젠테이션을 준비하여, 결국 이 위원회는 이 학급들이 진행한 연구를 바탕으로 서식지 복구 기금을 승인했다(Wiske, 2004).

알다시피 인터넷 기술을 교과과정으로 통합하는 방법들이 많이 있다. 압도적인 질문은 "이러한 어플리케이션이 아동들이 과학을 학습하는 데 도움이 되는가?"와 "이 어플리케이션은 아동들이 자신들의 질문에 대해 소유권을 갖도록 도움을 주는가?"이다.

온라인 학습

온라인 학습은 교실을 대신해서 인터넷으로 진행되는 교실수업이다. 온라인 학습은 보다 더 전문적으로 훈련 받은 한 명 이상의 교사들에 의해서 제공되며 교습의 100%를 소화할 수 있거나 일부 교습은 온라인으로 이루어지고 나머지는 교실환경에서의 대면으로 이루어지는 '혼합 hybrid' 강좌일 수도 있다. 하드웨어에 따라 교습은 아마도 웹캠을 통하거나 전용 웹 사이트에서 작성된 문서를 통해서만 제공될지도 모른다. 온라인 학습은 대학(아마 당신도 한 개 이상의 온라인 강좌를 수강했을 것이다—아마 이 강좌도), 고등학교, 중학교, 그리고 심지어 초등학교에서도 제공된다. 온라인 학습은 특히 개별화된 학습 경험에 적합하다. 왜냐하면 교사는 그 밖의 다른 누구도 알지 못하게 하면서 어떤 한 명의 학생에게 맞추어서 수업할 수 있기 때문이다. 교습과 학습이 인터넷을 활용하기 때문에 교사는 보강, 질문 확장, 기타 등등을 위해 사용될 수 있는 다수의 온라인 자료를 이용할 수 있다(Davis, 2010). 온라인 학습은 특히 시골지역에서 유용하다. 왜냐하면 시골지역에서 온라인 학습은 고학년에서 제공되는 강좌에서의 간극을 채워주는데 일조하고 정기적으로 학교에 갈 수 없는 초등학년생들에게 튼실한 교육을 제공하는데 도움을 주기 때문이다.

온라인 교육을 받고 있는 K-12 학생들의 수는 증가하여 2007~2008학년도 동안 공립학교에서 백만 명 이상이 되었고 이는 2005~2006학년도보다 47% 증가한 수치다(David, 2010). 온라인 학습은 연구 결과 긍정적인 평가를 받아왔다. 예를 들어 클라이 Clary와 완더시 Wandersee(2009)는 7학기에 걸쳐서 656명의 K-12 교사들에게 5개의 서로 다른 온라인 재직 과학 강좌들을 제공했다. 그 강좌들에는 사적이고 자기 주도적인 현장경험, 현장에서 바로 쓸 수 있는 화석, 암석, 그리고 광물 키트들(학생들에게 우편으로 보내졌다)과 개인적인 연구 기회들이 포함되었다. 교사들은 그 온라인 강좌들에 대한 자신들의 평가에서 매우 긍정적이었다. 미국 교육부는 1996년과 2008년 사이에 이루어진 온라인 학습을 조사한 연구들에 대해 메타 분석을 실시했다. 그 결과 대체로 온라인 학습을 수강한 학생들이 대면 수업을 받은 사람들보다 학업 성적이 더 우수했다(미 교육부, 2009).

많은 주, 국립 교육 전문가 조직체들은 온라인 교육을 담당하는 교사들을 위한 기준들을 마련하기 위해 움직이고 있다. 다른 기준들이 언급된 주제들에 대한 고품질의 교육을 촉진하는데 공헌 하듯이 그 기준들은 고품질의 온라인 교육을 보장하기 위해 필요한 것으로 여겨지고 있다(Quillen & Davis, 2010).

평가

인터넷은 다양한 많은 방식으로 평가를 지원한다. 예를 들어 그 중 하나는 온라인 설문조사 서비스 SurveyMonkey를 통한 조사들을 이용하는 것이다. 여기서 당신은 질문들을 작성하고 학생들은 조사 프로그램을 통하여 당신에게 자신의 답변을 보낸다. 이것은 무료다. 또 하나는 루브릭을 만드는 데 도움이 되는 틀(역시 무료다)을 찾기 위해 인터넷을 이용하는 것이다. 인터넷에서 발견되는 가상현실을 사용하는 쌍방향 화이트보드 기술, 클릭 기술, 블로그, 위키, 테스트 등은 모두가 형성평가를 위해 사용될 수 있는 것들이다(Henderson, 2010).

웹 사이트를 평가

우리가 지적 한 바와 같이 인터넷에는 엄청난 양의 자료들이 있다. 일부는 사실적이고 권위가 있지만 일부는 그러하지 못하다. 교사가 그 자료들이 좋은 것인지 알아보기 위해 웹 사이트들을 어떻게 평가할 수 있는가? 눈여겨 볼 속성들은 아래와 같다.

- 과학 콘텐츠가 정확한 것인가? 해당 사이트를 개발하고 유지하는 저자 혹은 조직은 해당 사이트의 주제에 대한 권위자인가?
- 오류가 없는 사이트인가?
- 해당 사이트는 당신이 가르치는 아동들의 연령에 적합한 것인가?
- 해당 사이트는 업데이트가 이루어지는가? (가장 최근의 업데이트는 언제 이루어졌는가?)
- 해당 사이트는 사용자가 이용하기에 편리한가? 매력적인가? 읽기에 쉬운가? 살펴보

기에 편한가?
- 해당 사이트는 동일 주제에 대한 다양한 종류의 훌륭한 사이트로 연결해주는 여러 링크들을 갖추고 있는가?
- 해당 사이트는 장애인 학생들을 위한 배려사항이 있는가?

(레버 더피 Lever-Duffy와 맥도날드 McDonald, 2008에서 발췌)

인터넷 안전성

인터넷 안전성에 대한 매우 현실적인 문제가 있다. 아이들을 음란물, 스토커 그리고 다른 바람직하지 못한 노출로부터 보호하는 데 있어 여과장치는 부분적으로만 효과적이기 때문이다. 모든 화면을 볼 수 있도록 교실 안의 컴퓨터를 배치하라. 크레이그 Craig(1999)는 아이들의 인터넷 사용에 대한 가이드라인을 제공하였다. 그림 11.11은 수정 보완된 형태이다.

궁극적으로 인터넷 안전성을 결정하는 것은 바로 아이들 자신의 행동과 책임감이기 때문에, '할 것'과 '하지 말아야 할 것'에 대해 함께 이야기를 나눌 필요가 있다.

비디오, 텔레비전, 사진

미국과학교육기준의 수업 기준 A. 탐구 기반 과학 프로그램

비디오와 텔레비전 분야에 많은 진전이 이루어져 왔다. 아마도 교사에게 가장 중요한 것은 "TeacherTube"의 개발이다. 이것은 당신이 선택하는 어떤 주제든 교사들에 의해서 그리고 교사들을 위해 촬영된 수천 개의 비디오를 요약한 것이다. 교사는 이 비디오들을 자신이 가르치는데 사용할 수 있고 수업의 일부로서 그것들을 보여 줄 수 있다. 물론 교사들에게 유용한 비디오가 있는 유튜브와 같은 다른 사이트들이 많이 있다. 공영 텔레비전 방송국은 과학, 기술, 공학, 그리고 수학 STEM의 일반적인 주제들에 관한

그림 11.11
인터넷을 조사하는 학생들을 위한 수칙.

네티켓
• 인터넷을 사용하기 전 교사에게 자신의 주제에 대한 승인을 얻는다.
• 인터넷 자료를 조사할 때 자신의 주제로 선정한 *것만을* 사용한다.
• 철자법이 올바른지 확인한다.
• 사이트를 클릭하기 전 검색한 결과물에 대한 설명을 *주의 깊게* 읽는다.
• 사이트를 선정할 때, 그 제목이 분명 자신의 주제와 관련된 것인지 확인한다.
• 자신의 주제 관련 정보를 얻을 수 있는 사이트를 걸러내고 훑어본다.
• 필기한다.
• 유용한 사이트의 주소 URL를 기록한다.
• 채팅방은 *출입 금지구역*이다.
• 자신의 이름이나 학교 이름 혹은 교사 이름을 *절대로* 발설하지 않는다.

ISTE 2008

TV 프로그램들과 부수적인 웹 사이트들을 제공하고 있다.

교육공학의 발전 중 하나는 아이들에 의한 비디오 제작이다(10장의 "비디오" 참조). 아이들 스스로 영상물을 제작하도록 돕는 데 필요한 것은 약간의 노하우(혹은 미디어 전문가의 도움) 그리고 아이들이 자신의 지평선을 확장하도록 놔두고 싶은 욕구가 전부다. 예릭 Yerrick과 로스 Ross(2001)는 비디오 제작을 초등학교 과학교육에 결합시키는 것이 아이들의 조직 능력과 작문 능력은 물론 과학을 어떻게 해야 하는가에 대한 이해도 길러주었다는 점, 그리고 '아이들의 목소리와 학습 동기를 교육적 결정의 전면에 부각'시킨다는 점을 발견했다.

교사들은 사진을 사용하여 상세한 관찰 기록물들을 만든다. 사진들은 아동들이 스스로 만든 슬라이드 쇼의 한 형태로 포토 스토리 PhotoStory라고 불리는 프로그램으로 종종 배열된다. 사진들을 분류하고 포토 스토리에 업로드하는 것 이외에 아동들은 어휘를 확장하고 사진들을 위해 자막을 작성하는데 있어서 의미 있는 실천을 하게 된다(Jones, 2010). 카터 Carter, 섬롤 Sumrall과 커리 Curry(2006)는 4, 5, 6학년에서 한 프로젝트를 시행했는데 여기서 학생들은 나무의 정체를 알아보기 위해 나무의 잎과 껍질들을 찍은 사진들(디지털 카메라로 찍은)의 이용을 보여주는 파워포인트® 프레젠테이션을 준비했다. 아동들은 (카메라 사용법을 배운 후에) 취학 전의 나이에도 사진을 찍어 이야기들을 위한 삽화로써 사용할 수 있고 학급 앨범을 만들며 어휘를 늘리고 다른 아동들과 사진들을 대조하여 배열할 수 있고 그밖에 다양한 방법으로 사진들을 이용할 수 있다(Byrnes & Wasik, 2009).

초등 과학교육을 위한 기술적 진보

미국과학교육기준의 수업 기준 A. 탐구 기반의 프로그램

초등 과학교육을 위한 컴퓨터의 활용에 있어서 엄청난 진보가 이루어졌다. 현재 초등 과학교육에서 교사를 돕는 다른 기술적 진보들이 이루어진 상태다.

전자칠판

전자칠판은 컴퓨터와 접속된 전자 화이트보드이다(그림 11.12 참조). 이 시스템은 컴퓨터, 컴퓨터 프로젝터, 전자칠판, 그리고 보드와 컴퓨터를 연결하는 케이블이다. 교사가 전자칠판 위에 컴퓨터 화면을 쏘면 컴퓨터 뒤쪽으로부터 교실 앞으로 화면이 이동하게 되면서 사실상 컴퓨터상에서 이루어지는 모든 일이 화이트보드 위에서 이루어질 수 있게 된다. 작업한 내용은 컴퓨터에 저장할 수 있으며, 보드 위에 적은 글, 도표, 메모, 낙서는 보드가 접속되어 있는 컴퓨터를 이용해 나중에 이를 불러오거나 프린트할 수 있다. 그것은 모든 학생들과 교사에 의한 컴퓨터의 동등한 이용기회를 포함하고 학급 수업에서 학생들의 동기 부여를 늘리고 참여기회를 더 많이 부여하는 등 많은 이점들을 자랑한다(Manzo, 2009).

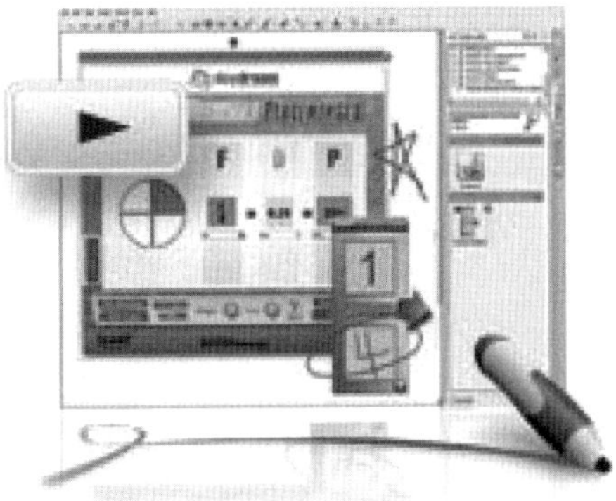

그림 11.12

전자칠판[SMART Technologies ULC (www.smarttech.com). SMART 보드와 노트북, SMART 로고는 등록 상표 혹은 SMART Technologies ULC의 상표이다]을 위한 수칙.

학생 반응 시스템

학생 반응 시스템(일명 클릭커)은 "누가 백만장자가 되길 원하는가?"와 같은 TV 쇼에서 방청객들이 사용하는 클릭커와 유사하다. 교사가 질문과 그에 대한 가능한 답들을 제시하면 학생들은 자신이 '정답'이라고 믿는 답을 선택한다. 응답들은 모든 사람이 볼 수 있도록 스크린 위에 투사되고 그래프로 표시하는 기능이 있어 반 전체 학생들이 어느 답을 우세하게 선택했는지를 알 수 있다(Manzo, 2009). 그러므로 응답은 토론의 주제, 추후의 연구 혹은 재검토를 위한 주제를 제시할 수 있다.

전자 판독기

킨들 kindle, 아이패드 iPad, 그리고 스마트 폰과 같은 일명 디지털 판독기인 전자 판독기들의 인기는 점점 증가 추세다. 모든 도서관들이 전자 판독기를 수용하기 위해 디지털 기록물들로 전환하고 있다. 종합, 단과 대학, 고등학교, 중학교, 심지어 초등학교들까지도 전자 판독기를 사용하고 있다. 전자 판독기 어플리케이션들의 이 같은 갑작스런 인기 상승으로 사람들은 전자 판독기가 아마 대학들과 심지어 K-12 교육에서 궁극적으로 대세가 될 것이라고 예측한다. 사실 당신도 어쩌면 일종의 전자 판독기로 이 책을 읽고 있을 것이다. 폭발적인 기술의 발전에 대해 우리가 말하는 바를 이해하는가?

교사를 위한 과학기술

미국과학교육기준의 전문성 개발 기준 C. 평생학습

과학기술은 아이들의 학습에 이로울 뿐 아니라 교사에게도 엄청난 도움이 된다. 교사들이 행정 업무를 보도록 돕는 데 주로 사용되는 프로그램은 때때로 *production* 프로그램이라 한다. 이 프로그램에는 프로세싱, 스프레드시트, 데이터베이스 프로그램, 출판 프로그램, 표지판 제작, 현수막 제작, 그리고 교사들이 자신의 업무를 보는 데 도움을 줄 수 있는 다른 소프트웨어가 포함된다. 우리는 앞서 이러한 어플리케이션 중 몇 가지를 살펴보았다.

워드프로세싱 프로그램은 교사들이 문서를 저장하고, 편집하고, 갱신할 수 있게 해준다. 스프레드시트는 교사가 성적을 계산하는 데 들이는 시간을 크게 단축시키고 정확성 또한 보장한다. 많은 상업적 '안내 책자' 프로그램을 이용할 수는 있지만 구매하기 전 그 프로그램이 당신 학급의 필요성에 적합한지 반드시 확인해야 한다. 이메일은 이상적이고 편리한 통신 수단이다. 또한 이메일은 전통적인 형식의 통신 수단보다 사용하기가 더 쉽고 시간을 절약해준다. 인터넷은 정보, 수업계획, 수업원조, 활동 아이디어를 얻고 다른 많은 필요를 충족시킬 수 있는 필수불가결한 원천이다. 테스트 제작 소프트웨어를 사용해 시험을 준비하면 많은 시간을 절약할 수 있다.

학교 현장 교사의 경험

코네티컷 서부 하트포드에 있는 플로렌스 스미스 과학, 수학, 과학기술 학교에 들어갔을 때만 해도, 내가 과학 교수법에 대해 얼마나 배우게 될 것인지 혹은 내가 얼마나 많은 과학기술 사용법을 배우게 될 것인지 전혀 알지 못했다. 나는 내가 속한 학군에서 이러한 독특한 상황에 있는 최초의 초등학교 과학 교사였다. 나의 임무는 이 초등학교 마그넷 학교 magnet school(다른 지역 학생들을 유치하기 위해 일부 교과목에 대해 특수반을 운영하는 대도시 학교)의 최첨단 기술을 사용한 과학 실험실에서 학생들을 가르치는 것이었다. 유치원생에서 5학년에 이르는 각 학생은 매주 이 실험실에서 학습하도록 되어 있었다. 처음 시작 당시 나는 과학기술에 대한 매우 기초적인 지식만을 갖고 있었다. 컴퓨터를 켜고 기본적인 워드프로세싱을 할 수는 있었지만 그게 다였다. 과학을 가르치는 데 첨단 과학 기술을 이용한다는 생각은 '구성주의' 방법을 사용한다는 생각만큼이나 나에게 낯선 것이었다. 나의 초기 수업은 모두 교사가 지시하는 식의 활동이지, 학생이 지휘하는 실험은 아니었다.

매우 훌륭한, 실제 체험하는 탐구를 중점으로 하는 과학수업은 첨단 과학 기술을 사용하지 않아도 얼마든지 가능하다. 필요한 것은 오감 중 몇 가지 감각과 두뇌의 일부가 전부다. 그러나 어떤 과학기술이 추가되는 경우든, 수업에 또 다른 한 겹이 보태지고, 아이들이 정보를 발견하는 데 또 다른 기회가 주어지며, 이해를 위한 또 하나의 기회가 존재한다. 과학기술은 도구이다. 아이들이 확대경과 현미경을 사용하고 있는 경우에서처럼 이들의 감각을 확장시켜줄 도구, CD-ROM을 사용하고 인터넷에 접속하는 경우에서처럼 아이들이 발전시키길 원하는 정보를 이들에게 주는 바로 그런 도구이자, 프레젠테이션 소프트웨어와 비디오카메라를 사용하는 경우에서 보듯이 아이들이 다른 사람들과 공유하고 다른 사람들로부터 배울 수 있는 도구인 것이다.

컴퓨터는 학생들이 컴퓨터가 없는 상태에서 할 수 있는 것보다 훨씬 더 많은 것을 보고 할 수 있게 해주었다. 예를 들어 학생들은 레고®로 만들려는 화성 탐사로봇의 구조를 구상하면서 정보를 수집할 때, CD-ROM 상에서 화성을 '방문'한다. 학생들은 시뮬레이션을 하는 동안 자신이 구상한 화성 탐사로봇을 가상 화성 장애물 코스에서 검사한다. 이들이 수집한 정보는 탐사로봇이 무엇을 포함하고 있어야 하는지 결정을 내리는 데 도움을 준다. 네 개의 큰 바퀴를 장착하는 게 좋은가 아니면 8개의 작은 바퀴가 나은가? 크기는 얼마가 좋은가? 학생들은 탐사로봇을 만든 후 엔진과 적외선 조정 장치를 부착한다. 로봇이 어디로 가고 있는지 보기 위해 디지털 카메라를 사용하고, 로봇에 정보를 보내고, 그로부터 정보를 받기 위해 소프트웨어가 깔린 노트북 컴퓨터를 사용한다. 이들이 만든 탐사로봇은 사진을 전송하고 그 팀의 학생들이 보낸 이동 명령을 받는 동안, 모래와 바위가 있는 장애물 코스를 돌아다녀야 한다. 이 모든 과학기술을 사용하는 것은 대단한 것이지만, 이 과정을 거치면서 학생들은 또한 소중한 교훈을 배우게 된다. 과학 기술이 항상 작동하지는 않는다는 것이다. 과학기술이 제대로 작동되게 하는 일은 매우 어려울 수가 있다. 문제를 해결해야 하고 인내심이 필요하다. 과학 기술이 제대로 작동되면, 이것은 신나는 일이자 새로운 가능성으로 아이들의 마음을 열어준다. 나는 NASA 과학자들이 화성에 탐사로봇을 보낼 때 하는 일을 아이들이 조금이라도 맛보게 된다고 생각하고 싶다.

특히 기술에 대해 잘 알지 못한다면 기술을 당신의 교습에 통합시키는 방법을 구상하는 일은 겁이 날 정도로 버거운 일이 될 수도 있다. 한 번에 한 가지씩만 결합해보자. 나는 분명 이 모든 것을 한 번에 시작하지 않았다. 과학의 위대한 점은 항상 역동적이라는 것이다. 발견하고 다른 사람들에게 전해줄 새로운 것이 항상 존재하기 때문이다.

트레이시 베넷 Tracy Bennett
초등학교 과학 교사, 유치원생에서 초등학교 5학년 담당
플로렌스 스미스 과학, 수학, 과학기술 학교
서부 하트포드, 코네티컷

시작하기

미국과학교육기준의 전문성 개발 기준 C. 평생학습

탐구-지향적 탐구 과학 프로그램을 지원하는 데 이용할 수 있는 교육공학을 모아 놓으면 앞이 캄캄하다. 전문 용어는 종종 해독 불가능해 보이며, 선택은 겉보기에 무한계이고, 하드웨어가 비쌀 수도 있다. 어떻게 시작하겠는가?

만약 이미 컴퓨터와 다른 과학기술에 익숙하다면, 곧바로 뛰어들어 광범위한 컴퓨터 응용 프로그램으로 당신의 수업을 풍부하게 할 준비가 되어 있다고 느낄 수도 있다. 그러나 과학기술에 익숙하지 않은 경우라면 천천히 시작하는 것이 좋다.

모든 교사가 최소한 워드프로세스 프로그램, 스프레드시트 프로그램, 그래핑 프로그램, 이메일, 인터넷 정도는 사용법을 알고 있을 것이다. 컴퓨터 강좌 한두 개에 등록하는 것은 어떤가. 단과대와 종합대학 그리고 지역 교육청에서는 현직 교사의 연수 형식으로 많은 강좌가 제공된다. 연방-주-후원 프로그램을 통해 과학기술 연수를 받을 수도 있다. 강좌의 범위는 초급 단계(컴퓨터 켜는 법부터 시작하는)에서 매우 복잡한 훈련에까지 이른다. 기초 프로그램과 친숙해지는 데 약간의 시간을 투자함으로써, 당신의 직업적 역할을 수행하는 데 들어가는 수많은 시간을 절약하고 교실에서 효과적으로 컴퓨터 과학기술을 사용할 수 있게 될 것이다.

이 수업에서 특정 과학기술을 바탕으로 한 활동을 하도록 요구될 가능성이 충분히 있다. 아마도 반드시 온라인 교수과목에 접속하고, 강사와 이메일로 통신하고, 전자게시판을 사용하고, 웹 사이트를 만들고, 인터넷을 검색하고, 프레젠테이션 소프트웨어를 사용해 발표내용을 준비해야 할 것이다.

교실에 과학기술을 결합하기 시작하면, 특히 가치 있어 보이는 한두 가지 응용 프로그램을 사용해 본다. 편지와 보고서를 작성하는 데 워드프로세싱 프로그램을 사용한다거나, 성적을 매기고 출석을 표시하는데 스프레드시트를 사용한다거나, 표지판과 현수막을 만드는 데 어떤 프로그램을 사용한다거나, 혹은 계획 중인 단원이나 수업에 쓸 아이디어를 찾기 위해 인터넷을 검색할 수도 있을 것이다. 처음에 어렵다고 낙담하지 말

자. 우리 모두가 처음엔 어려움을 겪기 때문이다. 선택한 프로그램을 계속 다루다 보면, 얼마나 빠르고 능숙하게 되는지에 놀라고 얼마나 많은 일과 시간을 절약할 수 있는지에 또 놀라게 될 것이다.

아마도 게임 한두 가지 혹은 아이들에게는 흥미롭지만 교육과정에는 포함시킬 수 없는 어떤 주제에 대한 프로그램이 적합할 것이다.

학군이나 학교 예산에 이를 반영시켜야 할 때가 오면, 과학기술의 장점에 대한 토론을 준비한다. 당신의 의견과 전문지식이 당신의 학교를 사이버네틱 cybernetic(인공 두뇌학의) 정보 고속도로에 올려놓는 데 도움이 될 수도 있다. 당신은 소프트웨어 평가를 위해 지역 학교위원회에 기여할 수도 있으며, 재직 학교의 과학기술 5개년 계획을 발전시키도록 도울 수도 있다. 또한 학교에서 과학기술 잡지를 구독하도록 요청할 수도 있다.

교실에서 현대 과학기술을 사용하기 위한 당신의 탐구가 발전해나갈수록, 당신의 흥분도 나날이 쌓여갈 것이다. 정보, 전문지식, 소프트웨어 저장을 추가로 계속 해나가다 보면, 이전에는 결코 불가능했던 탐구를 향해 학생들이 문을 열도록 당신이 돕고 있다는 것을 알게 될 것이다. 과학기술이 있는 한 아이들의 탐구에는 어떤 제한도 없다.

새로운 소프트웨어와 기기들이 엄청난 속도로 개발되고 있다. 대부분의 소프트웨어는 무료이며 대부분은 당신도 가지고 있는 것도 모른채 지내고 있다. 기술진보가 너무 빠르게 이루어지기 때문에 당신이 이 책을 보게 될 즈음에는 많은 기술의 변화 이루어졌을 것이다. 교사로서 당신이 해야 할 일 중의 하나는 최신의 기술혁신에 뒤처지지 않고 새로운 진보들을 사용하는 법을 알고 이것이 아동들로 하여금 과학을 실천하는데 도움이 될 것인지 판단하는 것이다.

요약

이번 장에서는 다양한 교육공학의 진보를 구성주의 관점에서 검토했다. 또한 과학 프로그램에서 어떤 유형의 과학기술을 사용할 것인지에 대해 결정하는 데 도움을 주고자 하였다. 교육공학의 활용 수준은 본질상 주로 설명위주의 개인 지도 용도부터 질문을 장려하는 쌍방향적 용도를 거쳐 탐구 과정에서 도움을 주는 실험 용도에 이르기까지 다양하다. 많은 어플리케이션들은 초등 과학 교사들에게 유용하다. 그것들 중에는 개인 지도와 정보를 기반으로 한 프로그램들, 워드프로세싱, 데스크 탑 출판 스프레드시트, 그래픽 프로그램들, 프레젠테이션 프로그램들, 그래픽 조직자들, 모의실험들, 애니메이션들, 게임들, 그리고 마이크로컴퓨터 기반의 실험실들이 있다.

인터넷은 학생들과 교사로 하여금 수많은 정보를 이용하고 비디오를 검색하고 웹 사이트, 웹 퀘스트, 블로그 그리고 위키들을 설치하고 전 세계에 있는 과학자들이나 다른 전문가들과 소통하고 쌍방향 화이트보드를 통하여 학생들이 더 철저하게 학습과정에 참여하게 하는 것을 가능하게 해줌으로서 특히 유용하다. 이용 가능한 많은 기술이 어느 정도로만 프로그래밍되어서 학생들의 조사 활동이 제한을 받는다. 그러나 많은 어플리케이션들, 특히 인터넷은 아동들에게 자신만의 조사활동을 수행하는데 도움을 준다. 초등 과학 교사로서 어느 특정 프로그램이나 어플리케이션이 질문에 대해서 아동들이 조사하는데 어느 정도까지 도움을 주는지를 고려해야만 한다.

교육공학을 배우는 목표 중 하나는 '과학기술적으로 소양을 갖추게' 하는 것이다. 과학기술은 한 때 미래를 대비하는 것이라 생각되었다. 미래가 여기 있다. 그리고 과학기술 진보는 이전에는 상상조차 할 수 없었던 학습 기회에 무제한으로 접근할 수 있게 해준다. 이 장에서는 현재 이용할 수 있는 기술들을 설명하였다. 과학기술적으로 최신이 되도록 노력하는 일은 가치 있다. 교사들은 반드시 학생들을 위해 가능한 가장 풍부한 교육을 제공해야 한다.

핵심 용어

광전지	위키
그래픽 프로그램	주문형 비디오 캐스트
글로그	팟캐스트
블로그	프레지
소프트웨어	하드웨어
스카이프	CD
스트림	CD-ROM
스프레드시트	
실시간	

토의를 위한 질문들

1. 프리슈 Max Frisch는 "교육공학은 우리가 경험할 수 없었던 세계를 정리해 주는 기교이다"라고 말했다. 그러면 오늘날의 교육공학을 활용하는 것이 아동들에게 세계를 경험하게 하는 데 어떻게 도움을 줄 수 있는지 토론해 보아라.
2. 교육공학을 학교에 투입하기에는 너무 비싸며, 아동들은 그것 없이도 너무나 잘 학습할 수 있다고 주장하는 사람들에게 어떤 조언을 해 줄 것인가?
3. 아이들이 자신의 탐구활동을 하도록 돕기 위해 초등학교 과학 지도에 어떻게 과학기술을 사용할 수 있는가?
4. 아이들의 탐구활동을 돕기 위해 초등학교 과학에 어떻게 인터넷을 사용할 수 있는가?
5. 교사를 돕기 위해 어떻게 과학기술을 사용할 수 있는가?

Chapter 12

초등 과학교육에서 개념도

> 좋은 계획은 로드맵과 같아서 그것은 대개 최종 목적지와 그 목적지에 도달하기 위한 최선의 방법을 보여준다.
>
> H. Stanley Judd, American Author

개념도는 구성주의 과학교육에 있어서 매우 유용한 도구이다. 개념도는 성취를 증진시키고 학습 소재에 관련성을 부여하며 아동이 정보를 구성하는 방법을 교사가 이해할 수 있게 한다.

개념도는 주어진 개념들의 관계를 그림으로 표현하는 방법이다. 포괄적인 상위 개념에서 하위 개념까지 모든 개념을 그림으로 단계적으로 나타낸다. 개념들을 연결하는 선과 연결 단어들은 개념들 사이의 관계를 나타낸다. 마치 지도가 땅의 특징을 묘사하고 도로들을 연결시키듯이 개념도는 지식의 배열과 관련성을 보여준다.

개념도는 발견적 교수법으로 1970년대에 개발되었고 현재에도 잘 활용되고 있다. 개념도는 유치원에서 대학에 이르기까지 모든 단계의 교육에서 계획, 학습, 평가를 돕는 데 사용된다. 이 도구는 과학 성취를 증진시키는 것으로 나타났고 과학교육 분야에서 큰 관심을 끌고 있다. 개념도를 다룬 문헌을 검토하면서, 네스빗 Nesbit과 아데소프 Adesope(2006)는 개념도를 사용하는 경우 지식보유가 일관되게 증가하며 본문, 목록, 그리고 개요보다 더욱 효과적이라는 점을 발견했다. 개념도는 학생들의 과학 교과서, 교사용 지도서 및 참고 자료들에 포함시킬 수 있다. 사실 개념도에 대한 국제회의는 2년마다 개최되어 최근 연구와 다양한 전문 어플리케이션에서의 개념도들에 대한 토론과 검토가 이루어진다.

이 장에서는 개념도가 무엇이고, 개념도 방법을 어떻게 가르치며, 초등 과학 학습을 효과적으로 증진시키는 데 어떻게 사용되는가를 보여 주려고 한다. 또한 이 장을 통해 개념도에 대한 여러분 자신의 개념을 갖게 될 것이고 궁극적으로는 학교 수업에서 개념도가 학생과 교사 모두에게 유용함을 알게 될 것이다.

사전 질문

이 장을 공부하면 다음 질문에 답을 하면서 논의할 수 있다.

- 개념도란 무엇인가?
- 몇몇 개념도 기법은 무엇인가?
- 초등학교에서 개념도들이 어떻게 가장 일반적으로 사용되고 있나?

개념도 탐색

미국과학교육기준의 수업 기준 A. 탐구 기반의 프로그램

아래에는 개념도를 구성하는 방법을 배울 수 있는 세 가지 활동들이 있다. 이 활동들을 직접 해 보자.

먼저 개념도와 친숙해지기 위해 반 전체가 아래 활동을 해 보자.

12.1 교사 활동

꽃의 개념도

종이를 3×5 크기로 잘라서 13개의 작은 카드로 만들어서 각 카드에 아래의 13개 단어들을 하나씩 써넣어 본다:

꽃	발렌타인 데이	선물
수선화	색깔	노란색
휴일	가시	빨간색
이름	부활절	생일
장미		

책상 위에 다음 순서로 카드를 배열해 본다.

1. 가장 중요한 주제는 맨 위에 둔다.
2. 덜 중요한 주제는 아래에 둔다.
3. 구체적인 예는 가장 아래에 둔다.
4. 같은 수준의 주제는 같은 단계에 둔다.

이 활동에서 자기 나름대로 배열해 보는 것이 중요한데, 왜냐하면 학생마다 각각 다르게 배열하기 때문이다. 이런 단어를 배열하는 데 있어서는 '정답'도 '오답'도 없다. 단어를 배열하는 것은 그것에 대해 생각하는 방식의 표현일 뿐이다.

▶ 스스로 만족할 정도로 배열했으면, 그 배열된 모습을 다른 빈 종이에 옮겨서 그려 놓고, 카드처럼 각 단어들에 둥그런 테두리를 하여 다른 단어들과 분리시켜라.

배열한 카드를 종이에 다시 옮겨 그리는 데에는 두 가지 이유가 있다. 첫째는 단어의 배열이 쉽게 흩어지지 않도록 함이고, 둘째는 단어들 사이의 관련성에 대해 자신감을 갖도록 격려하기 위함이다.

이제 그림 12.1을 보자. 이것은 내가 단어들을 배열한 것으로, 단지 한 사람의 해석에 지나지 않는다. 여기에는 '옳고', '그름'이 없다. 단지 나의 것일 뿐이다(개념도를 손으로 그렸던 반면, 이번 장에 포함된 대부분의 개념도는 *Inspiration*® 소프트웨어와 *Kidspiration*®을 사용해 작성한 것이다). 자신의 배열은 그림 12.1에 있는 것과 비슷한가? 맨 위에 '꽃'이 적혀 있는가? 아마 여러분의 그림은 그림 12.2 중 어느 하나와 더 비슷할지도 모른다. 어떻게 배열하든 그것은 "옳다". 왜냐하면 그것은 자신이 생각하는

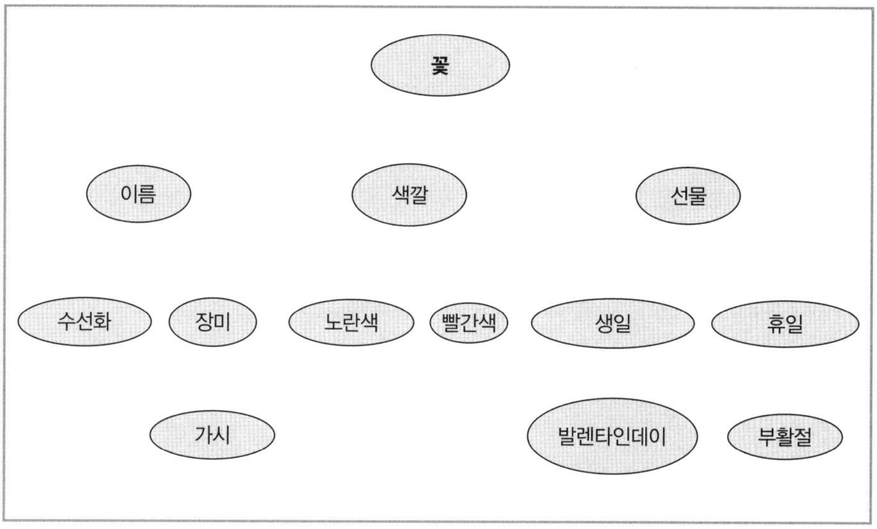

그림 12.1
'꽃' 개념의 한 가지 배열.
(Inspiration® 소프트웨어)

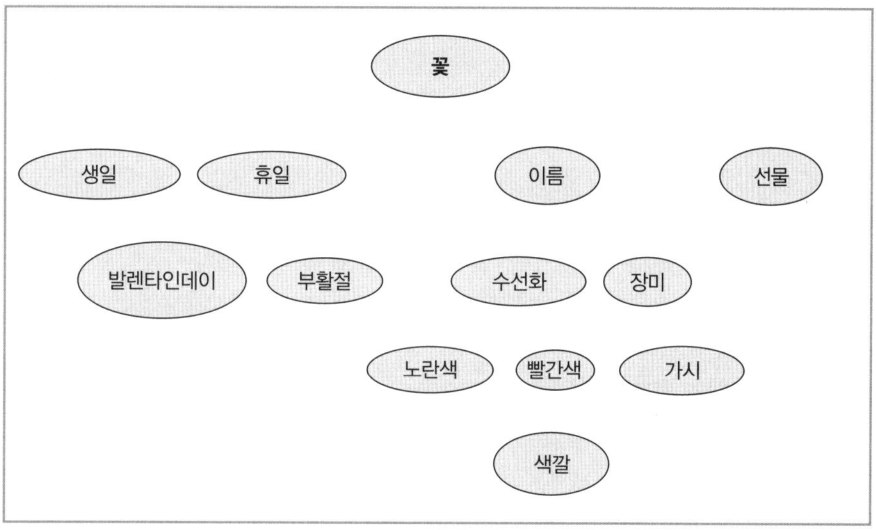

그림 12.2
'꽃' 개념의 다른 배열.
(Inspiration® 소프트웨어)

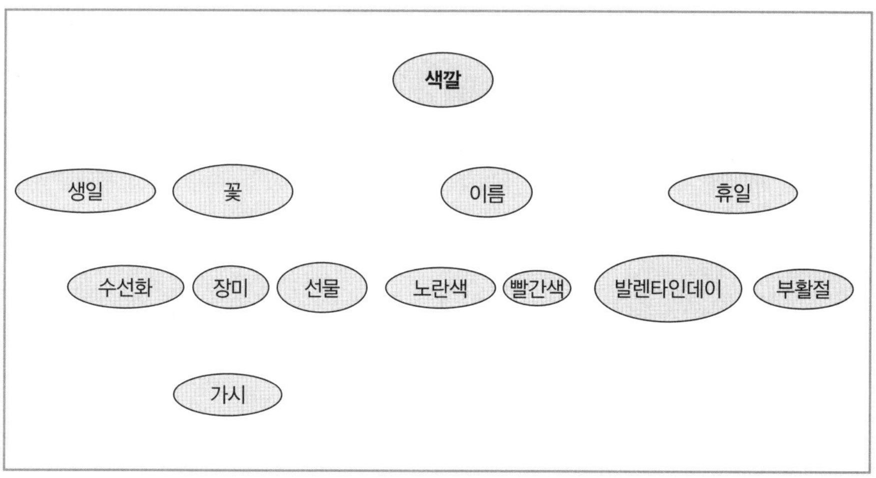

관계를 나타낸 것이기 때문이다.

▶ 1~2분 동안 자신이 배열한 것을 다른 사람들에게 보여 주어라. 왜 그렇게 그렸는지 배열에 대해 설명해 보자. 이때 개념도를 보면서 '그 지도의 길을 따라서' 설명하는 것이 좋다.

예를 들면 그림 12.1을 다음과 같이 설명할 수 있다:

꽃에는 이름이 있고, 색깔이 다르며, 선물로 사용할 수 있다. 꽃의 이름에는 '수선화', '장미'가 있고, 특히 장미에는 가시가 있다. '노란색'과 '빨간색'은 꽃 색깔의 예가 된다. 꽃은 생일날, 발렌타인데이, 휴일, 부활절에 선물로 사용된다.

다른 사람의 개념도를 논의하는 동안 동일한 13개의 단어를 사람마다 어떻게 다르게 관련시키는지의 방식들에 특히 주목해야 한다. 구성주의에서 사람들은 **자신에게** 의미 있는 방식으로 생각하며 이전의 경험에 근거한다는 것을 상기해야 한다. 바로 개념도의 가치 중 하나가 이런 단어를 배열한 방식처럼 사람들이 정보를 지각하고 구성하는 방법을 보여 준다는 점이다.

이런 활동에서 각 단어는 **개념**을 나타낸다. 개념이란 일종의 사물, 사건, 상태 등을 나타내는 말이다. 예를 들면 **'개'**, **'유리잔'**, **'의자'**는 **사물** object 개념을 나타내고, **'운전하다'**, **'바느질하다'**, **'뛰다'**는 **사건** event 개념을 나타내며, **'뜨거운'**, **'부드러운'**, **'녹색'**은 **상태** condition 개념을 나타낸다. 개념 단어는 마음속에 그림을 떠오르게 한다. 그림 12.3은 개념을 나타내는 단어와 그렇지 않는 단어 사이의 차이점을 찾는 활동이다.

그리고 다음 단계는 서로 관련된 개념 사이에 연결선을 그려 넣고, 그 관계를 설명하기 위해 한두 개의 단어를 그 선에 써넣는 것이다. 그 단어를 **연결 단어** linking words라고 부른다. 연결 단어는 두 가지 개념 사이의 관계를 보여 준다. 예를 들면 아래의 문장에서 밑줄 친 연결 단어들은 두 개념들 사이의 관계를 보여 주고 있다:

하늘은 푸르다.

야채에는 완두콩이 **포함된다**.

할로윈 축제에 호박을 **사용한다**.

건강을 **위한** 채소

소와 **같은** 동물

색에 **의해** 분류된

그림 12.4는 연결 단어를 명확히 하는 데에 친숙해지는 활동이다.

그림 12.3

개념		
다음 단어 중에서 개념을 나타내는 것은 어느 것인가?		
중에서	먹고 있는	소리가 큰
나무	공기	진실
개	수영하고있는	집단
부드러운	그	땅
가지다	밝은	모양
고양이	언제	생각
탁자	이야기하고 있는	질문
금속의	일지도 모른다	색깔
노란색	이다	깊은
기차	일 것이다	어디에

그림 12.4

연결 단어	
알맞은 연결 단어를 사용하여 아래의 개념 문장들을 완성하라(역자 주: 개념도에서 한글로 표기 시 사용전달의 어려움이 종종 나타나므로 원문과 함께 제시함).	
1. 나무는 ______ 크리스마스.	(Tree ______ Christmas.)
2. 옥수수는 ______ 노란.	(Corn ______ yellow.)
3. 고래들은 ______ 물.	(Whales ______ water.)
4. 매들 ______ 날다.	(Hawks ______ fly.)
5. 후식은 ______ 저녁식사.	(Dessert ______ dinner.)
6. 음악은 ______ 시끄러운.	(Music ______ loud.)
7. 식물들은 ______ 다년생의.	(Plants ______ perennial.)
8. 목성은 ______ 행성.	(Jupiter ______ planet.)
9. 에너지는 ______ 태양.	(Energy ______ sun.)
10. 학생들은 ______ 질문들.	(Students ______ questions.)
11. 의장은 ______ 위원회.	(Chairperson ______ committee.)
12. 직사각형은 ______ 모양.	(Rectangle ______ shape.)
13. 짖음은 ______ 개들.	(Bark ______ dogs.)
14. 별 ______ 행성.	(Star ______ planet.)
15. 교사는 ______ 숙제.	(Teacher ______ assignments.)
16. 교장은 ______ 학교.	(Principal ______ school.)
17. 요리사는 ______ 저녁식사.	(Chef ______ dinner.)
18. 귀금속 상인은 ______ 다이아몬드 반지.	(Jeweler ______ diamond ring.)

개념은 위로, 아래로 혹은 옆으로 연결될 수 있다. 만약 개념들이 수직으로 연결된다면 그 연결선은 상위 개념에서부터 하위 개념에 이르기까지를 뜻한다. 옆으로 연결된다면 그 화살표로 관계의 방향을 의미하게 할 수도 있다. 그림 12.1에서 '꽃'과 '이름'은 단어 '**가지다**'와 수직으로 연결될 수 있으며, '나팔 수선화'와 '노란색'은 단어 '**이다**'와 연결될 수 있다.

▶ 이제 몇 분 동안 연결 단어가 쓰여진 선들을 더 그려 넣어 보자.

그림 12.5와 자신이 한 것을 비교해 보자. 이 그림은 그림 12.1과 같은 것인데 단지 관계를 나타낸 것만 다르다. 이상의 과정을 통해 여러분은 처음으로 개념도를 완성하였다. 축하한다!

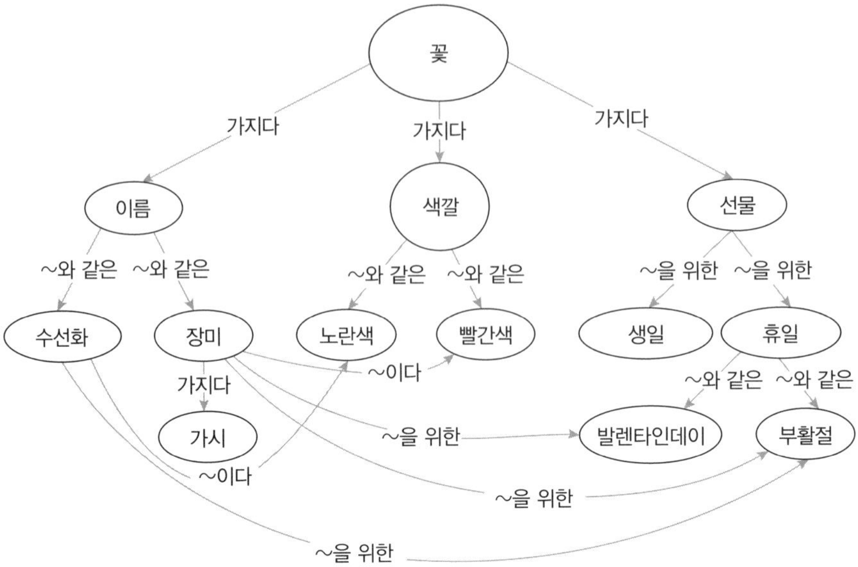

그림 12.5

완성된 '꽃' 개념도.
(Inspiration® 소프트웨어)

12.2 교사 활동

'교육과정의 원리' 개념도

또 다른 연습으로 교육과정의 원리와 관련된 개념들을 사용하여 개념도를 구성해 보자. 모둠별로 아래 16가지 개념을 선과 연결 단어를 사용하여 개념도로 발전시킬 수 있다:

교육	목표
학습자	개인차
학습 범위	개인
지식	이해
적용	교육과정
인지적	정의적
신체적	감정
교사	교수 전략

다른 방법으로 자신의 개념 목록을 만들 수도 있다. 가령 다음과 같은 방법으로 할 수 있다. (1) 교육과정 책을 구하여 가령 첫 번째 장에서 주요 개념을 뽑아 낸다. (2) '교육과정 원리'라는 주제를 갖고 그에 관해 다른 사람과 *자유롭게 토론*하여 제안된 개념을 칠판에 적은 후 그것으로부터 개념도를 작성할 수 있다. 그런데 개념도를 만드는 활동에서 처음에 20개 이하의 개념을 사용하는 것이 좋다. 위에서 교육과정 원리에 대하여 16개 개념 단어를 가지고 개념도를 만든 것도 같은 이유이다.

개념도를 만들 때 모든 구성원들이 만든 개념도에 동의하는가를 확인해야 한다. 16개 개념 단어로 만든 개념도가 그림 12.6에 있다.

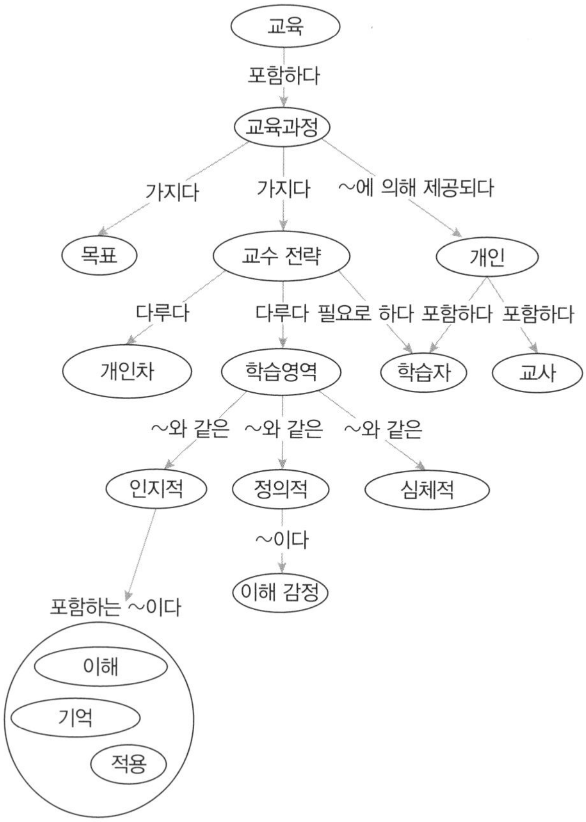

그림 12.6
'교육과정 원리'를 개념도로 나타낸 예. (Kidspiration® 소프트웨어)

교사 활동 12.3

물에 대한 단원의 개념도

마지막으로 모둠에서 세 번째 개념도를 구성해 보자. 이번에는 '물'이라는 단원의 개념도를 만들어 보자. 10~15개 개념들을 사용하여 학급에 가르치기로 결정한 개념도를 그려라. 학년 및 중점 내용은 어느 것이든 상관없다. 일단 집단이 만족한 개념도가 작성되면, OHP 용지에 복사하여 반 아이들에게 보여 주도록 하여라.

그림 12.7은 한 모둠의 학생이 그린 '물' 개념도이다.

개념도 그리는 기법

지금까지 3개의 개념도를 그려 보고 해석해 보았다. 그런 과정에서 알 수 있듯이 순서도 flow chart와 개념도가 다른데, 전자는 연결선을 제시하지 않고 한 지점에서 다른 지점으로 선형적으로 진행해 가는 반면, 개념도는 관계의 유사한 수준에서 개념의 상호 연관성을 보여 준다. 또한 개념도는 모든 단계에서 상호 연관성을 보여 준다는 점에서 분류표 classification chart와 다르다. 개념도는 의미망 semantic webbing과도 다른데 위계적 배열과 의미 있는 상호 연관성을 보여 준다는 점이 그것이다.

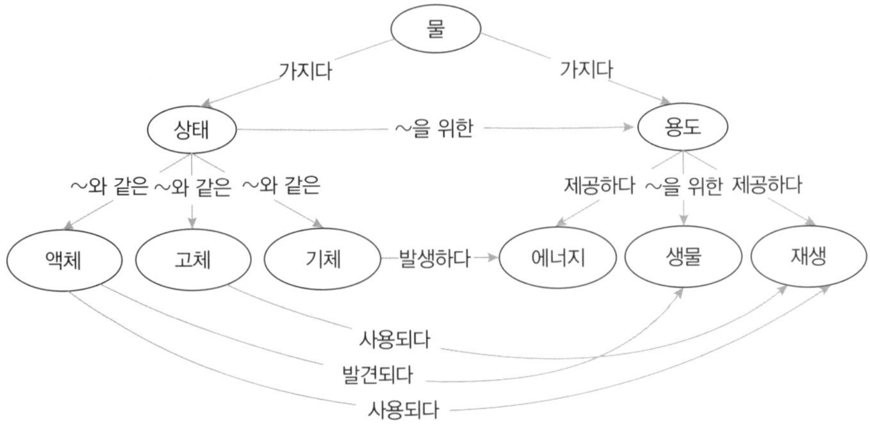

그림 12.7
학생들이 만든 '물' 개념도. (Inspiration® 소프트웨어)

개념도를 만드는 절차는 처음에 그리려는 핵심 개념들을 찾아내는 것이고, 그리고 상대적인 중요성을 결정하고, 마지막으로 가장 포괄적인 것에서 가장 구체적인 것으로 서열화하는 것이다. 그리고 유사한 유목은 대략 비슷한 위계 수준에 배열하는 방식으로 해서 위계적으로 개념을 배열한다. 그 배열은 최상위의 가장 포괄적인 개념으로부터 더욱 구체적인 몇 단계의 종속 개념까지 크리스마스 트리 모양으로 이루어진다. 가장 구체적인 개념의 예는 제일 아래에 나타난다.

지금까지 활동으로 여러분은 개념도를 어떻게 만드는지에 대해 나름대로 생각이 있겠지만, 다음은 개념도 방법을 명료화하거나, 이미 개념도에 대하여 형성된 생각이 타당한가를 보여 준다.

1. 주제를 선택한다.
2. 주요 개념을 골라내고 주요 개념이나 주제와 관련된 일련의 개념을 뽑는다.
3. 개념들을 가장 일반적(가장 포괄적)인 것에서 가장 구체적(덜 포괄적)인 것까지 위계적으로 서열을 매기고 관련된 개념들을 묶는다.
4. 개념을 타원형으로 표시하면서 개념도를 그린다.
   - 맨 위에 가장 일반적 개념들
   - 그 아래에 중간 개념들
   - 맨 아래에 가장 구체적인 개념들
   - 보통 일반적인 개념은 구체적인 개념과 두 개 이상 연결됨
5. 개념을 연결시키는 선을 그린다.
6. 연결 선을 그린다.
7. 연결 단어를 기입한다.
8. 수정하고, 또 수정하고 또 수정한다!

[조지아 주립대학의 루시(February, 1990)의 개인 통신 자료로부터 발췌]

초등 과학교육에서 개념도 사용

개념도는 '지식을 구성하고 표현하는 그래픽 도구들'이다(Novak & Canas, 2008, p.1). 개념도는 매우 다양한 교수 및 학습 상황에서 성공적으로 사용되었다. 일반적으로 교사는 개념도를 주로 수업계획, 수업, 재검토, 평가를 위한 보조 도구로써 사용한다. 초등학생은 공부하는 교재를 조직하고 그들의 조직된 생각을 표현하기 위해 개념도를 사용할 수 있다.

개념도는 사람들이 주어진 개념들을 연관시키는 방법을 시각적으로 표현해 준다. 이것이 개념도를 이용하는 가장 큰 장점이다. 아동이 그린 개념도는 우리가 그들의 머리 속을 들여다 볼 수 있게 하는 수단적 역할을 하고 그들이 정보를 구성하는 방법을 알게 해 준다.

때로 아동이 만든 개념도는 아동의 오개념을 보여 준다. 예를 들어 그림 12.8에 제시된 '꽃' 개념도에는 몇 가지 잘못된 생각이 있음을 보여 준다. 그런 오개념을 찾아 보아라. 아동이 개념도를 만드는 데 단순히 오류를 범할 수도 있지만, 그들이 만든 개념도에 들어 있는 오개념이 교사에게 잠재적인 문제에 대한 경각심을 깨우쳐 주며, 실제로 그런 오개념이 있는지를 질문할 수도 있다. 만약 오개념이 있다면 교사는 그것들을 교정해 줄 수 있어야 한다. 소집단으로 개념도를 공유하면서 서로가 기술한 것들을 비교하는 것 또한 아동으로 하여금 그들 자신의 불확실성과 오개념을 일깨워줄 수 있다.

수업계획에 개념도 사용

타일러 Ralph Tyler는 수업계획에 필요한 세 가지 기준을 (1) 연속성 continuity, (2) 계열성 sequencing, (3) 통합성 integration으로 제시하였다(Tyler, 1949). 35년 후에 노박 Novak과 고윈 Gowin은 이러한 준거를 달성하는 데 교사를 돕기 위해 개념도를 사용할 것을 제안했다(Novak and Gowin, 1984). 개념도는 의미 있고 타당한 수업계열을 함축하도록 수업의 위계를 나타내도록 한다. 개념 간의 관계를 시각적으로 묘사함으로써 수업에서 연속성을 보여 주고 있다. 또한 상호 연결이 통합성을 보여 준다.

미국과학교육기준의 프로그램 기준 A. 전 학년에 걸친 일관된 목표

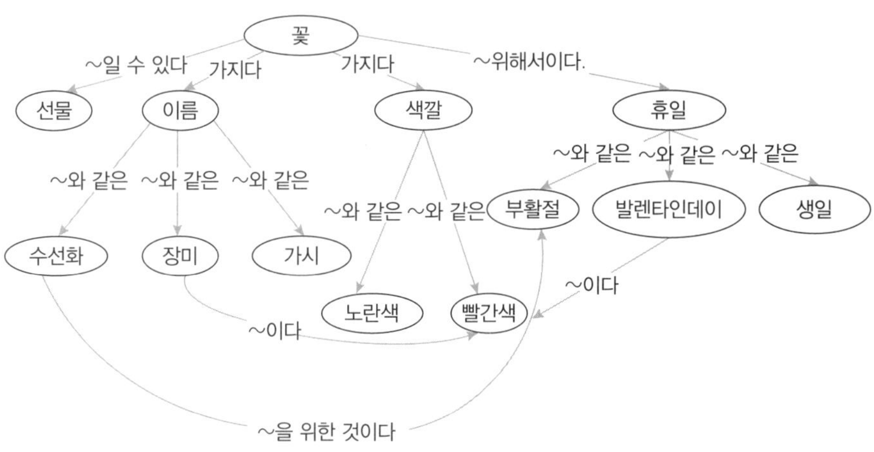

그림 12.8

'꽃'에 대한 오개념을 포함한 개념도. (Inspiration® 소프트웨어)

개념도는 교사로 하여금 수업을 조직하는 데 도움을 준다. 예를 들어 유치원 아동에게 꽃의 이름, 색깔, 선물로 사용할 수 있는 방법을 포함하여 꽃에 관한 수업을 한다고 가정해 보아라. 그림 12.5를 보면 수업을 조직하는 한 가지 방법은 개념도를 세 가지 부분으로 나누어서 각각 이름, 색깔, 선물에 해당하는 부분으로 구별하는 것이다. 그러나 이렇게 함으로써, 세 부분 간의 상호 관련성은 상실될 수 있다(아마 사례나 후속 생각을 제외하고는). 종종 교사는 한 주제의 부분들 중 하나를 가르치고 그 다음 부분을 계열적으로 가르친다. 그리고 나중에야 그 단원을 끝마칠 때 다시 그 부분들을 서로 관련짓는다. 개념도는 전체 주제에 걸쳐서 개념이 상호 연관됨을 보여 주는 것이 각 부분 안의 것을 아는 것만큼 중요하다. 따라서 개념도를 이용하여 수업을 조직함으로써 주제를 통합된 방식으로 다룰 수 있다.

많은 연구자는 개념도를 이용하여 교사들이 초등 과학교육과정을 개발하는 데 도움을 주었다. 그 연구에서 개념도를 이용하여 일관되고 통합된 초등 과학교육과정을 만드는 데 도움을 주었고 교사들에게 핵심 개념들 사이의 관계들을 보여주는 데 안내서가 되고 교사들로 하여금 연속성을 보여주는 통합이 잘 이루어지고 논리적으로 순서화된 수업 계획들을 개발하도록 도움을 준다.

교수는 선형적으로 이루어지는데 개념도는 2차원에서 위계와 상호관계를 보여 준다. 따라서 개념도는 통합적 방법과 교수 계열을 다양하게 제안하는 동시에 교사로 하여금 아동의 욕구와 흥미에 맞도록 교재를 구성하도록 한다. 개념도 그리기는 교사들이 한 단원, 등급을 매기는 기간, 혹은 심지어 한 학년 동안 가르칠 주제를 구체화한 교육과정을 차트로 만들 때 사용될 수 있다(Willis, 2006). 이것은 교육과정의 공백과 중복을 밝히는 데 사용될 수 있으며, 다양한 과목을 위해 개발된 지도는 학제 간의 상호 처리 과정에서 결합될 수 있다.

개념도는 과정 지향적인 초등 과학교육과정을 개발하는 데 매우 유용하다. 그 방법은 단순하다. 한 가지 이상의 과정을 연결 단어로 사용하는 것이다. 예를 들면 꽃 개념도에서 '꽃'과 '색깔'을 연결할 때 **관찰**이라는 과정을 사용한다. 그러면 다음과 같은 과정 지향적인 목표가 된다: "아동은 꽃의 색깔을 관찰할 것이다"

12.4 교사 활동

미국과학교육기준의 수업 기준 A. 탐구 기반의 프로그램

개념도를 사용한 탐구과정 중심의 탐구 수업계획

한 단원과 한 차시의 수업을 계획하는 데 개념도의 역할을 보여라. '물'에 관한 단원을 준비하는 데 개념도를 사용하고, 개념을 연결하는 선에 과정을 연결시켜라. 그리고 탐구과정 중심의 목표를 적절하게 묶으면서 서술하라. 그 목표를 계열화하고 수업계획을 짜 보아라.

그림 12.9는 생태학 단원의 개념도로서 과정이 연결된 것을 보여 주고 있다. 개념도에서 도출된 과정 지향적인 목표를 그 아래에 제시하였다.

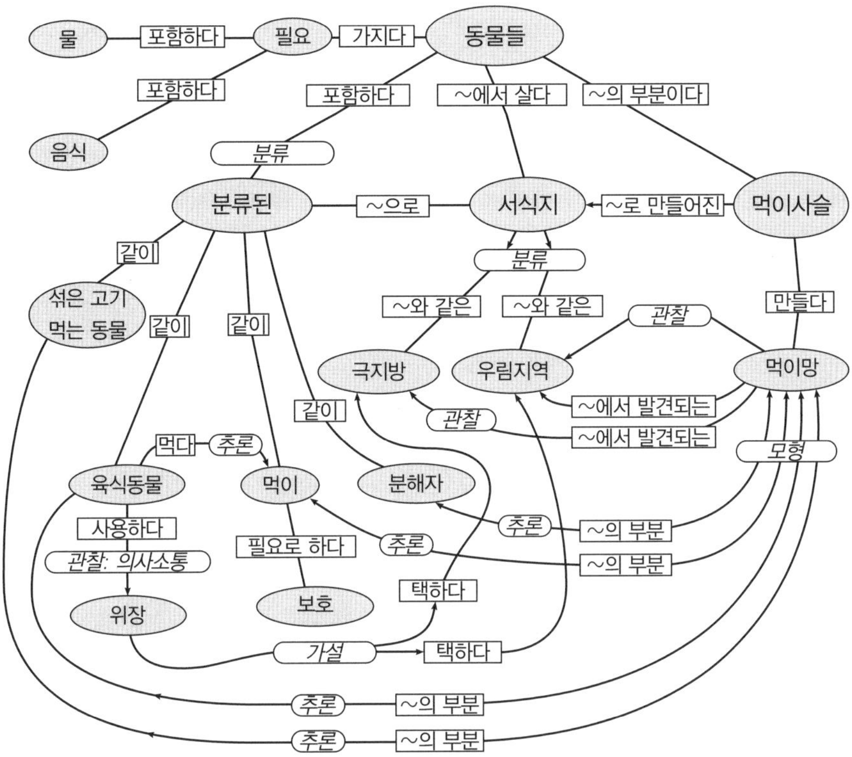

그림 12.9
'생태학' 개념도에 과정을 연결한 후 선정한 과정 중심의 목표. (Inspiration® 소프트웨어)

추출된 과정 지향적인 목표
1. 학생은 남극에 있는 동물과 숲의 서식지 간의 포식자와 피식자 관계를 추론할 수 있다. 2. 학생은 남극과 숲으로 서식지를 분류할 수 있다. 3. 학생은 동물이 남극과 숲의 환경에 어떻게 적응할지 가설을 세울 수 있다. 4. 학생은 동물이 그들의 환경에서 위장에 사용하는 방법들을 관찰하고 의사소통할 수 있다. 5. 학생은 남극과 숲 서식지에서 포식자, 피식자, 분해자, 청소자 역할을 하는 동물들을 추론할 것이다. 6. 학생은 남극과 숲 환경에서 먹이 그물에 대한 모형을 만들 수 있다.

수업에서 개념도 사용

미국과학교육기준의 프로그램 기준 A.
전 학년에 걸친 일관된 목표

개념도는 실제 수업 장면에서 수업 이전, 수업 동안, 수업 후에 각기 사용될 수 있다. 개념도는 새로운 교재에 관한 단원을 안내하는 선행 조직자로 사용될 수도 있다. 새로운 단원에 대한 선행 조직자는 아동에게 앞으로 공부할 자료의 영역과 계열을 알려 준다. 각 차시의 처음에 개념도를 선행 조직자로 사용하여 아동에게 앞으로 공부하게 될 중요한 내용과 어떻게 연결되는가를 알려 주었다. 개념도는 그런 면에서 성공적이었다. 한 가지 방법으로 교사는 도입 자료와 함께 그 단원의 개념도를 제시하고, 그 개념도를 눈에 잘 띄게 게시하여 그 단원이 어떻게 진행되는가를 알게 하였다. 또 다른 방법에서 교사는 각 아동에게 전체 단원의 개념도를 복사하여 나누어 주고, 그 단원을 진행하였다. 이와 달리 소개용 개념도를 전체 아동이 함께 만들어 갈 수도 있는데, 그 단원이 끝날 때 즈음에 공부한 자료를 하나의 개념도로 그려서 쌓아 놓는 것이다. 이것은 아동에게 외부에 있는 사람이 아니라는 점을 느끼도록 한다. 도입에서 개념도를 이용하는 또 다른 방법으로는 아동이 한 단원에서 공부할 내용에 대한 자신의 생각을 개념도로 나타내어 그것으로 그 단원이 취해야 할 전반적인 방향을 안내하는 데 사용할 수 있다. 이런 다양한 방식으로 개념도를 이용할 때 개념도는 아동에게 교재의 영역을 내면화하고, 더욱 중요하게 교재의 다른 측면이 통합된 전체로 연결되는 것을 보여 준다는 점에서 도움이 된다. 데부에노 DeBueno(2009)는 개념도가 학생들이 복잡한 개념들을 이해하도록 촉진한다는 것을 보여주었다.

개념도를 복습하는 데 사용할 수 있다. 교사는 한 단원을 학습하는 데 포함되어 있는 자료의 영역과 상호 관계를 보여 주기 위해서 개념도를 제시할 수 있다. 이와 다르게 교사는 복습을 위해 개념도를 사용한다. 아마도 가장 좋은 방법은 아동으로 하여금 단원이 진행됨에 따라 도입용 개념도를 늘려 나가게 하고, 주요 특징들과 그 특징들 간의 상호 관계를 보여 주는 최종적인 개념도를 형성하도록 하는 것이다. 만약 그 학급이 개념도를 계속 유지한다면, 마지막에 만든 개념도로 복습하는 역할을 할 수 있다.

평가에 개념도 사용

미국과학교육기준의 평가 기준 D. 공정한 평가

8장에서는 아동들은 그들에게 편안하고 참된 방법으로 그들이 이해하고 숙달한 것을 나타내어야만 된다는 입장을 취했었다. 개념도가 그와 같은 방법으로 적절하다는 것이 경험적으로 나타나고 있다.

개념도를 평가에 이용하려면 학생에게 공부한 자료의 영역과 중요한 관계를 개념도로 만들어 보라고 해야 한다. 개념을 아동에게 제시해 줄 수도 있으며 아니면 반대로 아동이 그들 자신의 개념을 제공하도록 할 수도 있다. 교사는 일대일 방식으로 아동에게 개념도를 설명하게 한다. 이런 방법은 면담과 유사한데 단지 아동이 그 자료에 대한 자신의 생각을 모아 두었다는 점이 다르다. 이런 방법을 사용하여 교사는 아동이 자료를 이해한 것을 면밀히 조사하여 진정한 평가를 할 수 있다. 개념도를 이용한 면담 결과는 후속 학습을 위한 기초로 활용될 수 있다.

평가에 개념도를 이용하는 다른 방법으로 아동에게 한 단원의 최종적인 활동으로서 개념도를 그리도록 할 수 있다. 그 개념도에 핵심 개념이 포함되었는지, 위계가 '정확한지', 핵심적인 상호 연관이 포함되었는지를 기준을 가지고 서술형 시험처럼 평가하는 데 이용할 수 있다. 완성된 개념도를 아동의 과학 잡지나 포토폴리오에 실을 수도 있다. 벨 Bell(2007)의 보고에 따르면 평가를 위해 개념도 사용은 사용되는 채점표가 정확성, 설명 수준, 개념도에 의해 그려진 복잡성에 바탕을 둘 때 타당해 보인다.

미국과학교육기준의 개념 및 과정의 통합. 시스템, 질서, 그리고 조직

아동의 개념도 사용

개념도는 유치원부터 초등학교 전 학년의 아동이 사용할 수 있다(Gallenstein, 2005). 아동은 개념도를 문학 작품의 핵심을 보여 주기 위해, 창조적인 글쓰기를 위한 계획에,

실험을 위한 변인 확인에, 어떤 주제를 탐구하기 위한 계획 개발에, 그리고 실험 절차의 보고서를 작성하는 데 사용한다. 아동은 학습 과정에서 어디까지 왔고, 현재 어디 있으며 그리고 앞으로 어디로 갈 것인지 그 궤도를 추적하는 데 개념도를 사용한다.

개념도는 새로운 자료를 이해하는 데 기초적인 학업 능력이 부족한 아동을 도와주는 데 효과적이다(Snead & Snead, 2004; Stice & Alvarez, 1987). 그것은 학습 장애를 가진 아동에게 교수 학습을 보조하는 데 효과적이며(Crank & Bulgren, 1993), 장의존적 학생에게 과학 성취와 이해에 도움을 주었다(Martin, 1991). 네스빗 Nesbit과 아데소프 Adesope(2006)는 교사가 구성한 개념도는 특히 언어 숙달도가 낮은 학생들과 의사소통하는 데 유용하다는 점을 발견했으며, 여기에는 영어 학습자들도 포함된다.

물론 아동이 개념도를 사용하기 위해서는 먼저 개념도를 만드는 방법을 배워야만 한다. 유치원생 같이 어린 아동도 개념도를 구성하는 것을 배울 수 있다. 그 방법은 이번 장 처음에 제시했던 것과 유사하다. 아동에게 친숙한 주제에 대해서 4~5개의 개념을 사용하여 개념도를 그려보게 하고, 점차적으로 복잡성을 증가시킨다. 아동으로 하여금 '그들의 길을 따라서' 말하도록 하고, 동료와 교사가 함께 비판해 준다. 한 단원에서 학습이 진행되는 것을 보여 주도록 개념도를 학급 프로젝트로 부과하면 아동은 개념도 방법을 알게 될 것이고 개념도의 중요성을 발견하게 될 것이다. 대개 아동이 몇 달간 정규적으로 개념도를 그리는 연습을 하면 좋은 개념도를 만드는 법을 배울 수 있다. 그런 시간을 잘 활용하면, 아동은 평생동안 사용할 수 있는 도구를 갖게 된다.

개념도를 개발한 노박 Joseph Novak(1991)은:

> 내 경험상 학생에게 학습하는 주제에 대해 그들 자신의 개인적인 개념도를 구성하도록 하면 그들은 그 주제에 대해서 이미 알고 있는 것과 학습할 새로운 것을 새로운 의미와 새로운 연결 방법을 찾아낸다. 간단히 말해, 학생이 구성된 개념도는 그들을 의미 있게 학습하도록 한다(Novak, 1991, p. 48).

학교 현장 교사의 경험

몇 년 전 나는 구성주의 6학년 과학수업에서 과학 기술의 통합을 주제로 활동 연구 프로젝트를 진행하고 있었다. 연구의 일환으로 나는 학생들에게 추가로 사용할 수 있는 두 가지의 도구를 주었다. 그것은 구성주의 교수 및 학습 어휘와 개념도 그리기였다. 그 어휘를 통해 해당 학급과 나는 그들의 학습, 계획된 활동과 전략에 대해 논의할 때 그리고 세상이 어떻게 진보하고 있는가를 평가할 때 공동 작업을 할 수 있었다. 또한 읽기수업에서 혁명에 가까운 것을 촉발했는데, 이 수업에서 학생들은 자신의 학습에 대한 책임을 스스로 지고, 자신이 읽고 있었던 내용에 대해 발언권을 지니고, '구성주의도 사용'하고 싶어 했다. 나는 학생들이 자신의 읽기 능력에 공을 들이는 것은 물론, 교사의 지도와 협상하여 자신만의 수업계획을 짜는 것을 배우는 데에 놀라게 되었다. 학생들은 권한을 부여받아 자신의 학습에 책임을 졌으며, 주로 조언과 자료를 구하기 위해 나에게 의지했다. 고등학교에 진학한 이 학생들과 토론하면서, 나는 이들이 자신의 학습을 주도하고, 최선을 다하기 위해 학급에서 필요한 것이 무엇인지 결정하고, 수업이 어떻게 운영되는지 이해하는 데 여전히 그 도구를 지니고(그리고 사용하고) 있다는 것을 알게 되었다.

학생들이 여전히 사용하는 다른 도구는 개념도이다. 개념도와 도표로 된 조직자는 교사와 학생 모두 확대하여 사용하는 도구이다. 학년 초 학생들이 도표로 된 조직자 개념도를 사용할 수 있게 해주는 과제를 연습하게 하는 데 많은 모델링이 필요하다. 이 능력을 얻기 위해, 우리는 칠판에 커다란 개념도를 준비하면서 함께 작업하고, 학생들은 이 개념도를 자신의 과학 일지에 그려 넣는다.

시간이 경과하면서 학생들은 작은 그룹으로 작업하고 개별적으로는 개념도를 통해 자신의 학습을 조직해 나간다. 개념도는 사전 지식을 하나의 반대 지식으로 점검하는 데 사용될 수 있으며, 이때 학생들은 해당 단원을 학습하는 내내 반대 개념도를 덧붙이게 된다. 개념도는 총괄 평가를 위한 검토를 하는 데 사용될 수 있다. 때로 부분적으로 완성된 개념도가 공식적 혹은 총괄 평가를 위해 사용될 수 있으며, 이때 학생들은 그 공란을 완성하게 된다. 에세이 시험을 위해 학생들은 조직화된 답변을 작성하기 위한 자신의 개념도를 사용할 수 있다. 학생들이 자신이 사는 지역의 지질학적 역사와 같은 주제를 연구할 때, 개념도는 연구와 정보를 조직할 수 있게 도움을 준다. 개념도 포스터는 연구결과를 다른 학생들에게 발표할 때 이를 돕는 데 사용될 수 있다.

한 교사로서 나는 단원과 활동을 계획하는 데 개념도를 사용한다. 나는 큰 개념들을 선정함으로써 한 단원을 조직하기 시작하며 학생들이 배우기 원하는 아이디어를 지속시킨다. 각각의 큰 아이디어를 위해, 학생들과 나는 함께 작업하여 개념과 활동을 조직화한 개념도를 발전시키기 때문에 이것은 학생들에게 의미 있게 된다. 더 크고 통합된 단원이나 프로젝트를 놓고 나의 교수 파트너 혹은 심지어 전체 팀과 함께 작업할 때, 개념도는 우리가 그 큰 아이디어에 집중하는 데 도움을 주며 우리에게 각 조각들이 더 큰 그림에 어떻게 꼭 들어맞는지 보여준다.

교육자로서 우리는 좀 더 능률적이고 효과적으로 작업하기 위해 개념도와 같은 도구를 지속적으로 사용하고 있다. 이러한 도구들을 학생들에게 전할 때, 우리는 학생들이 자신의 학습에 대해 더 많은 책임을 지도록 장비를 갖추어 주고 성공을 위해 무장을 시키고 있는 것이다.

6학년 교사인 *카렌 베진* Karen Bejin

드릉 DELONG 중학교

위스콘신주, 오클레어

요약

개념도는 1970년대 후반 이래 사용되어 왔고, 아동의 과학 학습에 긍정적인 영향이 있다. 개념도를 사용하면 교사 및 아동에게 인지적 자료의 의미를 증진시키고, 그 자료에 대한 주인 의식을 증진시켜 주는 동시에 개념을 통합하는 능력을 증진시키고, 수업계획을 완벽하고 효율적이도록 하고, 아동이 자료를 구성하는 다양한 방식을 이해함으로써 아동의 다양한 욕구를 충족시키는 능력을 길러 주고, 그리고 아동이 다양한 방법으로 개념적 의미를 구성하도록 하는 교사의 능력을 증진시켜 준다.

개념도는 개념들의 위계와 개념들 사이의 연관 관계를 보여주고, 유치원부터 그 위로 모든 단계에서 사용된다. 오늘날 같은 기술시대에는 개념도를 직접 손으로 그리는 것 대신 Inspiration®과/혹은 Kidspiration®이라는 소프트웨어를 사용하여 구성하는 것이 도움이 된다.

개념도는 단원, 수업계획, 교과과정 개발, 조직자와/혹은 새로운 단원들에 대한 소개, 평가, 소통, 그리고 교과 간 겹치는 단원들을 위해서 초등 과학교육에서 사용된다. 개념도는 교사에게 가르치려는 과학 주제의 성격을 이해하도록 도와주고, 아동에게 의미 있고, 관련성이 있으며, 교육적으로 건전하고 흥미 있게 학습 단원을 설계하고 실행하는 데 도움을 준다. 개념도를 사용하는 것은 확실히 장점이 있다. 따라서 개념도 방법이 교사와 아동에게 어느 정도 유용한지를 느껴야 한다.

토의를 위한 질문들

1. 개념도를 이용하여 어떻게 아동의 과학 과정 기능을 개발하고 탐구 능력을 증진시킬 수 있는지에 관해 설명해 보아라.
2. 구성주의적 교수 학습의 측면에서 개념도를 순서도 및 의미망 등 그림으로 나타내는 방법과 대비시켜 보아라.
3. 초등 과학에서 가르칠지 모르는 통합된 하나의 단원을 선택하고 개념도를 준비하라.
4. 초등 과학교육에서 개념도를 어떻게 사용할지 서술하라.

Chapter 13

초등 과학교육의 전문성

> 당신은 조직 내 다른 사람들보다 지속적으로 더 높은 수준으로 수행해야 한다. 그것이 진정한 전문가의 상징이다.
>
> Joe Pàterno, head coach of Penn State's football team and inductee into the College Football Hall of Fame

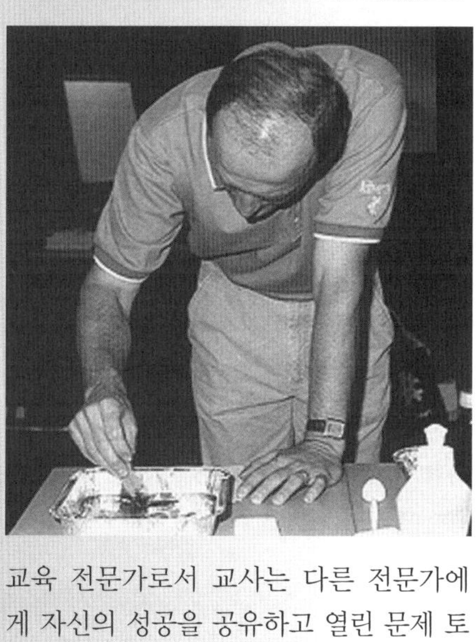

교육 전문가로서 교사는 다른 전문가에게 자신의 성공을 공유하고 열린 문제 토론에 참여하고 교육의 방향에 대해 전문적인 영향력을 끼치도록 하는 일에 많은 기회를 갖고 있다. 또한 각 아동의 개별적 요구와 학교와 지역 사회의 교육적 요구를 충족시킬 가장 적합한 교육을 할 책임이 있으며, 새로운 교육과정의 자료와 수업방법을 끊임없이 고안하고 전문성 개발에 대한 책임을 가진다.

펜너 Penner(2001)는 다음과 같이 저술하고 있다:

> 학교 과학교육은 전형적으로 사실과 형식을 축적하는 데 초점을 둔다. 과학 활동은 종종 현재 과학 지식 상태를 증명하는 것에 불과한 미리 포장된 실험에 국한되어 있다. 이러한 실험들의 전략적 목표는 이미 알려진 결과를 재생산하는 것이다.
>
> 과학교육은 학교 과학의 특징인 이러한 증명과 소위 실험을 뛰어넘을 필요가 있다. 이를 위해 연구자들과 교육자들은 학생들이 자연 현상에 대한 이해와 설명을 구하도록 하게끔 이들을 이끌어 줄 방법을 고민해야 한다.

이번 장은 교육에 영향을 끼치기 위해 교육과정을 만들고 평가하고 그리고 방법을 결정할 때 과학교육의 성장에 따른 새로운 발전과 보조를 맞추는 데 기여할 수 있도록 여러분의 전문성 증진 기회를 어떻게 이용할 것인가를 다룬다.

사전 질문

이 장을 공부하면 다음 질문에 답을 하면서 논의할 수 있다.

- 사용하기에 가장 적합한 방법론에 관한 결

정을 어떻게 수립하는가?
- 당신의 초등 과학수업에서의 교과과정에 대한 결정은 어떻게 수립하는가?
- 전문가 개발 프로그램에서 당신은 무엇을 찾는가? 그리고 탐구해 볼 만한 중요한 전문 조직들이 있다면 무엇들인가?
- 교사 연구자가 되는 것은 무엇을 의미하는가?
- 과학교육 프로젝트를 위해 어떻게 자금을 학교 외부로부터 얻을 수 있나?
- 초등 과학 교수에서의 탁월성을 어떻게 설명하겠는가?

교육방법의 결정

미국과학교육기준의 시스템 기준 A. 지역 환경에 맞추어 모든 기준들에 걸쳐 정책들이 일관성이 있음

초등 과학교육의 전문성에 공헌할 수 있는 중요한 한 가지 방법은 교육방법을 결정하고 그런 결정을 정당화하는 것이다. 이 책에는 다음과 같은 초등 과학 교수방법론에 관해 많은 문제를 제시했었다:

- 과학을 하는 것과 과학에 관해 배우는 것
- 초등 과학교육의 목표 설정
- 구성주의적 교수와 지식 전달
- 탐구적 수업과 설명식 수업
- 개인별 학습차의 확인과 조정
- 아동의 수행에 대한 참 평가
- 간학문적 접근 개발과 과목 중심 접근 이용
- 과학교육에 읽고 쓰기를 포함시키는 것
- 국가 전체와 지역의 목표와 요구 고려
- 표준화 검사의 역할 고려
- 교실의 질서 유지
- 아동의 탐구를 돕기 위한 기술 사용

여러분은 개방된 마음을 갖고 각 문제의 모든 면에 대해 고려해야 하고 각 문제에 관해 자신의 생각을 정립해야 한다.

13.1 교사 활동

미국과학교육기준의 수업 기준 F. 프로그램 기획에 참여하기

과학 프로그램 설명

학급을 두 명 혹은 소규모 혹은 절반씩 모둠으로 나누어라. 한 모둠은 학교에서 새로운 교사의 역할을 담당한다. 그 교사가 과학수업을 한 가지 방식으로 실행하려고 한다. 다른 모둠은 교장의 역할을 한다. 교장은 "교사 여러분은 어떤 과학 프로그램을 계획하고 있으며 그 이유는 무엇입니까?" 라고 질문한다. 이런 역할을 수행해 본 후에 서로 역할을 바꾸어 보고 토론을 비평해 본다.

교사는 올바른 방법을 가지고 있는가? 그 방법을 정당화할 수 있는가? 그 분야의 전문성을 갖추고 있는가? 전문가 사회에 들어 있는가? 아니면 연구자인가? 반대 관점을 알고 있는가? 지역 학교와 사회의 요구에 민감한가? 찬성과 반대하는 견해를 모두 고려했는가? 철저하게 준비되어 있는가? 교사는 '교장'의 질문에 만족할 정도로 대답했는가?

이 연습은 이제까지 개발시켜 온 초등 과학교육 철학을 새롭게 가다듬고, 이론적으로뿐만 아니라 조작적으로 그것을 진술하며 초등 과학교육 프로그램을 성공적으로 수행하는 기초를 탄탄하게 해 준다.

지금 혹은 얼마 지나지 않으면 여러분은 교사로서 자신의 교수 방법을 동료, 학부모, 교장, 관심 있는 일반인, 다른 전문가들에게 설명할 기회를 갖게 된다. 자신의 방법론적 결정을 설명하고 변호할 때 연구에 대한 나름대로의 생각과 다양한 입장이나 논쟁 및 상황을 고려한 것을 바탕으로 하여야 한다.

교사 활동 13.2

미국과학교육기준의 전문성 개발 기준 C. 평생 학습

나의 과학교육 철학과 메타포

앞의 1장과 2장에서뿐만 아니라 이번 장에서도 당신은 교육 철학을 준비하고 초등학교 과학 교사라는 역할에 대한 은유 metapor를 선정하고 향상하도록 요구된다. 이제 이들을 살펴보자. 이들은 여전히 유효한가? 혹 어떤 변화를 주고 싶은가?

본인의 철학을 재고하고 적합하다고 믿는 변화를 주도록 한다. 그 후 전문 과학 교사로서 본인이 내린 결정으로 본인을 이끌어 줄 최종 버전을 적어본다.

초기에 선택한 비교가 지닌 함의를 분리하면서 이를 재고하여 무엇이 이루어져야 할지 결정한다. 은유가 교사 활동에 대한 강력한 내적 지시대상으로서 제시되어 왔으며, 미묘하게 선정된 은유가 그러나 교사의 전문적 행위와 결정에 강력한 동력이 된다는 점을 기억해야 한다.

교육과정에 대한 의사결정

앞에서 논의한 것처럼 교육에는 무엇을 가르칠 것인가, 어떻게 가르칠 것인가, 어떻게 평가할 것인가 하는 세 가지 측면이 있다. 이 책은 기본적으로 어떻게 가르치고 어떻게 평가할 것인지를 다루었다. 그러나 교육방법과 교육과정은 일치되어야 하고 따라서 무엇을 가르칠 것인가 하는 문제에 관심을 두어야 한다.

미국과학교육기준의 시스템 기준 A. 지역 환경에 맞추어 모든 기준들에 걸쳐 정책들이 일관성이 있음

우리는 과학의 '산물'을 가르치는 것보다 '과정'을 가르치는 것이 바람직하다고 제안해 왔다. 또한 이론과 법칙, 일반화, 개념, 사실 등의 과학적 산물을 수단 vehicle으로, 즉 아동이 과학적 산물을 과학을 하는 수단으로 사용하여 과정을 숙달해야 한다고 주장해 왔다. 그리고 과학을 세 가지 영역으로 각각 분리하여 가르치는 구획화된 접근 방법보다 통합적 접근 방법이 실제 세계의 상황을 더 잘 나타낼 수 있다고 주장해 왔다.

어느 곳에도 우리는 가르칠 구체적인 내용 contents을 명시하지 않았다. 이 책의 기본적인 전제는 아동들이 과학을 실천하는 방법을 배울 때 그들은 또한 과학에 관하여 배우고 있다는 것이다. 그들은 과학 탐구들을 적용하는 데 있어서 익숙해지기 위한 수단으로 과

학 내용을 사용한다. 그리고 그들은 탐구지향적인 조사를 통해 과학 개념들을 탐구하면서 수단으로 사용되는 과학 내용에 관한 개인적이고 타당한 개념화 또한 구성한다.

이것이 구성주의 과학교육의 본질이다.

많은 책이 과학교육 개혁에 대해서 쓰여졌고, 그 안의 많은 부분이 과학교육과정의 개혁과 관련된 것이다. 국가적으로 유명한 지도적인 과학교육자는 결과 중심의 과학교육과정을 버리고 대신에 과정 중심의 탐구적 구성주의 접근으로 아동에게 과학을 하는 방법을 가르치고, 과학자들이 과학을 하는 방식과 밀접하게 관련된 간학문적 접근을 통해서 아동의 흥미를 사로잡고 아동에게 의미 있는 과학을 가르칠 것을 주장한다.

그렇지만 몇십 년간 논의되어 왔으며 많은 교사가 그런 접근에 동의했지만, 여전히 많은 과학 프로그램들이 내용 중심으로 되어 있다. 이런 원인은 행정적 요구와 표준화 검사가 교육과정을 이끌어 가는 역할을 하기 때문이기도 하다.

오늘의 초등 과학 교사는 교육과정의 딜레마에 빠져 있다. 한쪽에서 과학의 결과를 가르쳐야 하는 구속을 강요받고, 다른 면에서 과학교육을 개혁해야 한다는 요구를 끊임없이 받고 있다.

현재 과학교육은 다음 세 가지 포괄적인 목표를 추구하고 있다:

1. 탐구 과정과 문제 해결 과정으로서의 과학
2. 사회적이고 기술적인 문제를 효과적으로 다루는 데 충분한 과학 지식
3. 다음 세대의 과학자를 위한 준비

이런 목표들을 성취하기 위해 현재 과학교육과정 개발에는 여러 가지 폭넓은 요소를 고려해야 한다:

1. 과정이 내용보다 더 중요하다.
2. 과학 분야 간의 학문적 경계가 완화되어야 한다.
3. 과학은 교육과정의 다른 부분과 통합되어야 한다.
4. 과학은 삶에 의미 있어야 한다.
5. 과학 내용은 기본적인 과학 원리와 개념에 바탕을 둔다.

아동 초기 교사로서의 전문적 역할에 있어, 특정 과학 내용을 다루도록 요구될 수도 있다. 많은 주들의 초등 과학 기준들은 학생들이 과학을 실천하는 방법을 배우도록 탐구, 과정, 그리고 과학의 본질을 강조한다. 그러나 많은 경우 그 기준들은 각 학년에서 가르칠 내용을 또한 구체적으로 명시하고 있다. 규정된 과학 내용을 가르치는 것이 우리의 구성주의 관점에 반대되는 것으로 보일 수 있기 때문에, 이 분명한 양분에 대해 고려하는 것이 좋다. 어떻게 하면 규정된 내용을 가르치면서도 구성주의 접근법을 유지할 수 있을까? 본인의 만족감에 응답할 필요가 있는 많은 질문들이 등장한다. 몇 가지는 다음에 제시되어 있으며, 여기에 분명 몇 가지를 더 추가할 수도 있을 것이다. 특정하게 규정된 내용을 다루어야 한다는 요구와 구성주의 과학교육 원리를 일치시키는 데 도움을 줄 수도 있는 대답들이 제시되어 있다.

1. Q: 어떤 내용을 사용해야 하는가?
   A: 부과된 교육과정이나 범위 그리고 순서에 당면한 경우, 규정되어 있는 내용을 사용하도록 요구된다. 그러나 이 내용을 두 범주로 나눌 수 있다. (1) 자력, 동물의 위장술, 암석과 광물의 특성 등과 같이 탐구 조사로 잘 이끌어지는 내용과

(2) 행성 이름, 공룡 이름, 생태학적 원리의 특성 등과 같이 탐구로 잘 이끌어지지 않는 내용이 그것이다. 탐구로 이어지는 과학 활동에 유용 가능한 시간의 2/3 정도를 보내고, 필수 정보의 나머지를 '전해'주는 데 그 나머지 시간을 사용한다.

2. Q: 전달되어야만 하는 내용에 반대되는 것으로서, 어떤 내용이 탐구로 이어지는지 어떻게 구별할 수 있는가?

A: 아동들이 요청했거나 어떤 주제에 진실로 관심을 가지고 있는 경우, 혹은 어떤 주제가 얼음 조각, 공, 암석, 이쑤시개 등과 같은 실제 물체의 조작을 수반하는 경우에 그 주제는 탐구 관점에서 접근될 수 있다. 그러나 어떤 주제, 즉 행성의 상대적 온도, 공룡의 생활 습관, 건전지가 작용하는 방법 등과 같이 그 주제가 아동 스스로 발견할 수 없을 것 같은 무언가에 대한 학습을 수반하는 경우에, 그 주제는 아마도 탐구 접근법보다는 가르치는 식의 접근법으로 더 잘 이어지게 될 것이다. 그러나 이러한 주제들을 다룰 때조차, 진정한 구성주의 환경은 개별적인 탐구 확대와 심화를 증진시킨다.

3. Q: 반드시 사용해야 하는 과학 내용에 대한 배경지식은 어디에서 구할 수 있는가?

A: 학교 측에서 교과서나 다른 기본적 시중 자료를 사용하도록 요구할 경우, 교사 설명서에는 당신이 필요로 하는 기본적 배경지식이 포함되어 있을 수 있다. 인터넷은 하나의 훌륭한 정보 원천이다(11장 참조). 그리고 국립과학디지털도서관 National Science Digital Library은 훌륭한 온라인 자원들이다. 이와 같은 웹 사이트는 초등 과학교육에서 일반적으로 가르치는 내용을 간략하게 살펴볼 수 있게 해준다.

4. Q: 과학 내용이 규정되어 있을 경우 아이들의 관심을 어떻게 수용할 것인가?

A: 프로젝트 중심의 교수용 모델과 학습용 모델을 사용한다(10장 참조). 프로젝트의 초점을 필수 과학 주제에 두고, 해당 주제에 대한 아이들의 질문을 놓고 토론을 하게 한다. 조사하기로 채택된 질문들은 그 학급의 학생들이 지닌 공통의 관심사를 나타낸다. 당신이 생각하기에 학생들이 미심쩍은 개념을 소개해야 할 경우, 요란스런 소개와 역동적인 수업을 개발하고, 사용 가능하면서 흥미를 끌 수 있는 모든 장치를 이용해 그 주제가 가능한 한 흥미롭고 매력적이도록 만들어야 한다. 재료는 아이들 자신의 활동을 수반하는 정도까지만 그리고 자신의 삶과 생활 환경에 적용할 수 있는 정도까지만 아이들의 흥미를 끌 수 있다는 점을 기억하자.

5. Q: 규정된 범위와 순서 혹은 교육과정에 얼마나 근접해 있나?

A: 이것은 학교별로 구역별로 다양하다. 재량권이 있다면 그것을 신중하게 사용해야 한다. 재량권이 없는 경우에는 규정된 교육과정을 따르되, 그 과정에 적절한 수준에서 탐구방식과 가르치는 방식의 교수법과 학습법 사이를 오가도록 한다(앞서 언급한 질의 1 참조).

교사 활동 13.3

미국과학교육기준의 수업 기준 F. 프로그램 기획에 참여하기

과학 내용 가르치기

이제 교육과정 및 내용 문제와 씨름할 차례이다.

(계속)

본인의 개별적 상황에 적합한 수준에서 위에 제시된 질문 목록을 이어간다. 질문을 적고 각각에 대한 해답과 대안적 해결책을 제시한다. 본인의 학급 전체에서 각각을 놓고 토론하여, 아동 초기 과학교육의 특성에 대한 본인의 현재 개념적 해석에 비춰볼 때 유효하지 않다고 생각해왔던 아이디어들을 기록한다.

궁극적으로 교사는 과학 프로그램에 포함되어야 할 내용에 대해 결정을 내려야 할 것이다. 이 글을 읽고 나서 작성한 구성은 이렇듯 매우 어려운(때로는 논란의 여지가 많은) 결정을 내리는 데 도움을 줄 것이다.

글레서 Glasser(1992)가 말했듯이, "우리는 학교교육이 원하는 결과물은 교육과정이 아닌 사람이라는 점을 결코 잊어서는 안 된다. 우리가 발전시키고자 하는 것은 적극적인 사회의 기여자가 되기 위한 능력을 갖춘, 자신이 배우는 것에 대해 열정적인, 그리고 학습이 향후 자신에게 어떻게 유용할 수 있는지를 자각하고 있는 학생들이다".

전문가 양성 워크숍과 기관

미국과학교육기준의 전문가 개발 기준 C. 평생 학습

교사들은 과학 지향적 전문가 양성 워크숍과 기관들에 참여함으로써 과학과 과학교육 발전에 부응할 수 있다. 종종 학교, 교육청, 단과 대학, 종합 대학, 그리고 전문 과학 기관들은 다양한 주제에 대한 한두 시간에서 한두 주의 직무 프로그램을 제공한다. 이 주제들의 범위는 새롭게 개발된 교육과정에 대한 개요에서 다양한 과학주제에 대한 면밀하고 구성주의적이고 탐구–지향적이며 조사를 바탕으로 하는 탐구에 이른다. 내용과 방법론을 바탕으로 하는 워크숍은 일반적으로 당신이 이 글에서 익숙해진 구성주의 방식에 참가자들이 참여하도록 장려한다. 하계 기관과 다른 과학 전문가 개발 워크숍은 종종 과학 내용, 특히 학급에서 사용될 수 있는 새롭고 흥미로운 주제에 초점을 둔다. 종종 이 워크숍들은 또한 조사 방식으로 탐구되는 주제를 어떻게 가르쳐야 하는지에 중점을 둔다. 워크숍 참가자들은 주기적인 자격증 갱신 요건에 사용하거나 대학 졸업 학점을 위한 학점을 딸 수 있다.

전문가 양성이 워크숍, 기관, 그리고 다른 외부 프로그램을 수반할 필요는 없다. 이것은 개별적으로 혹은 학교 내에서도 일어날 수 있다. 니에토 Nieto(2009)는 사람들이 서로에게 배울 수 있도록 교사들은 비슷한 관심들을 가지고 있는 다른 교사/집단들과의 협력체계를 구축해야 한다고 제안하였다. 자기 주도 학습, 자기반성, 멘토링 mentoring, 구조화된 공동작업, 그리고 코치 프로그램은 실제 학급 실습 차원에서 그 학년 동안 이행되는 대안들이다(Bransfield, Holt, Mastasi, 2007; Luft, 2007; Ruby, 2006; Samaras et al, 2005).

끝으로 전문가 개발은 기술적으로 성취될 수 있다. 예를 들어 온라인 학습은 시골이나 알래스카 케나이 Kenai 반도와 같은 벽지에서 교사들의 전문성 신장을 위해 성공적으로 사용되고 있다(Ullman, 2010). 페리터 Ferriter(2009)는 교사들이 계속적이고 끊임없는 전문 소양 개발을 위해서 블로그와 위키 wikis를 사용할 것을 제안하였다.

전문성 신장 프로그램들은 교사들이 (a) 학생들의 학습에 초점을 둘 때, (b) 학생들의 성취 결과들을 교사들이 실천하는 엄격한 측정과 균형을 맞출 때, (c) 프로그램 대

신에 사람과 실천에 초점을 둘 때 교사에게 막강한 영향력을 주는 것으로 밝혀졌다(Reeves, 2010). 현재 특정한 필요 영역은 교사들이 모든 학생들에게 평등한 기회를 제공하는 데 그리고 점점 수가 많아지는 다문화 인구와 영어 학습자들에게 특히 과학을 가르치는 데 도움을 주는 전문성 신장이다.

당신이 불충분하다고 생각하는 영역들을 다루고 당신을 안전지대로부터 나오게 해 줄 고품질의 전문성 신장 프로그램들을 찾아보라(Ashbrook, 2010).

고품질 프로그램들은 다음과 같은 것들을 수행해야 한다(Hutchins, Arbaugh, Abell, Marra & Lee, 2008).

- 참가자들을 적극적으로 학습에 참여시킨다.
- "적게 가르칠수록 더 많이 배운다"는 접근 방법을 적용한다.
- 내용과 교습 둘 다 모두에 대해 주목하게 한다.
- 학생의 학습에 대한 평가에 주안점을 둔다.
- 다른 교사들과 교류하는 기회를 제공한다.
- 장기적으로 지원을 제공한다.

달링 하몬드 Darling-Hammond와 리차드슨 Richardson(2009)은 그 주제를 상세하게 다루고 1학년 동안에 걸쳐 30~100시간 동안 지속되는 전문성 신장 기회들을 찾아보라고 제안한다. 전문성 신장을 위한 기회가 오면 다음의 것들을 고려해야 한다(Maurer, 2010).

- 위치
- 시간 약속
- 비용과 비용 부담자
- 나에게 유리한 것은?
- 자발적인 것인가?
- 나의 필요에 맞는 것인가?

초임 교사를 위한 가장 의미 있는 전문성 신장은 멘토를 갖는 것이다. 초임 교사들은 직업의 변화 우여곡절에 특히 취약하다. 멘토링이 중요하다. 멘토들은 초임 교사들에게 요령을 가르쳐주고, 수업 준비를 도와주며, 자료를 찾는 것을 도와주고, 성공을 함께 나누며, 비평을 제공하고, 제안을 해주며, 행동 및 시간 관리를 위한 조언을 해주고, 초임 교사들을 도와주는 모든 종류의 일들을 해준다(Hanuscin, 2010). 만약 당신에게 멘토가 지정되지 않으면 구하라. 멘토들은 초임 교사들의 성공에 절대적이다.

전문가 단체

교사의 책임 중 하나는 교과 문제와 교육학 모두에 관하여 시대에 부응하는 것이다. 초등학교 교사에게는 불가능한 임무가 주어져 있다. 모든 과목에 대해 알고 모든 것을 잘 가르치도록 기대되기 때문이다. 아무도 모든 것을 따라잡을 수는 없다! 따라서 이 특화 시대에 본인의 지속적인 전문성 개발을 집중시킬 한 분야를 선정하는 것이 좋다. 본인에게 특히 흥미를 느끼게 하는 한 분야를 골라 그 분야의 전문가가 되어야 한다. 다른

미국과학교육기준의 전문가 개발 기준 C. 평생 학습

이들은 당신이 그 분야의 전문지식을 줄 것이라 기대하게 되고, 당신은 그 분야의 지도 역할을 상정하고 있는 자신을 발견하게 될 것이다.

그런 분야는 특정한 과목, 즉 수학, 언어학, 독서, 음악, 과학, 체육, 사회일 수도 있다. 아니면 특정한 방법, 즉 학습 장애아나 영재아, 유치원 아이, 특정한 도움이 필요한 아이를 가르치는 방법이 전문적인 분야가 될 수도 있다. 자신이 이 관심 있는 분야에서 능동적인 역할을 맡을 기회를 가질 것이다. 전문가 모임인 학회에 참가할 수 있고, 학회지를 구독하거나 학회에 논문을 제출할 수도 있다. 또한 국가적인, 지역적인 학회 모임에 참가하거나 연구 결과를 발표할 수 있다.

과학에 관심 있는 초등학교 교사들이 생각할 수 있는 전문가 단체에 대해 기술한다 (역자 주: 여기서는 미국의 경우로, 우리나라는 한국과학교육학회, 초등과학교육학회가 있다).

미국과학교사협회 National Science Teachers Association는 미국에서 가장 큰 과학 교사 모임이다. 그 협회의 목적은 과학수업과 과학 학습을 자극하고, 향상시키고, 조정하는 목적을 가지고 있다.

미국과학교사협회는 네 가지 간행물을 출판하는데, 교사의 수업에 대한 아이디어와 현장 연구 결과를 수록한다. 과학과 아동 Science and Children은 유치원에서 중학교까지의 과학교육에 활용된다. 그 간행물에는 혁신적인 연구 과제와 프로그램을 기술하고, 손으로 하는 실험 활동을 기술하고, 과학교육의 연구, 정보란 및 유용한 힌트 등을 싣는다. 과학의 눈 Science Scope은 중학생과 고등학생의 요구와 특성에 초점을 맞춘 간행물이다. 실험 활동과 시범, 중학교 교사에게 중요한 쟁점을 토론하고 기사화한다. 과학 교사 The Science Teacher는 고등학교 과학에 초점을 맞추고, 대학 과학수업 Journal of College Science Teaching은 대학교에서 과학수업 및 학습에 초점을 맞춘다. 또한 월 2회 *NSTA Report*라는 소식지 newsletter를 발행한다. 소식지에는 모든 과학교육자들이 현재 관심을 가지고, 중요시하는 사항을 기사로 싣는다.

미국과학교사협회 NSTA는 연례 학술 회의를 개최하는데, 다양한 과학 교사들이 모여서 발표하는 논문이 수천 개이며, 많은 학교 교사들이 새롭고 혁신적인 교수 방안을 제시하고 연구 프로젝트의 결과를 발표한다. 또한 매년 수 차례의 지역 회의를 개최한다.

각 주에서는 모든 학년에서 그들의 과학 교수와 아동들의 과학 학습을 향상시키는 것에 관심이 있는 지역 협회가 있다. 대부분의 주에서 학교 수업과 관련된 아이디어, 연구 보고서, 그리고 현재 과학교육의 쟁점, 현장 연구 과제의 결과를 발표하는 협회 지역 모임이 있다.

과학교육 연구협회 NARST는 학술적인 연구와 과학교육의 쟁점을 토론한다. 격월로 발행되는 과학교육 연구 Journal of Research in Science Teaching는 과학 교수에 대한 연구를 싣는다.

과학교사 교육협의회 ASTE는 과학교육의 교수와 학습과 교실에서의 연구의 적용에 초점을 맞추고 있다.

국제초등과학이사회 Council for Elementary Science International (CESI)는 미취학 아동부터 중학교 2학년까지의 과학수업을 담당하고 있는 교사들을 위한 전문 기관이자, 장차 해당 학년 교사가 될 예비 교사들을 위한 전문 기관이다. 이 기관의 과제는 과학교육의 형평성과 우수성을 증진시키는 것이다. CESI는 NSTA에 가입해 있으며 격년으로 *CESI*

*Science*를 발행하는데, 이를 통해 연구와 학급활동이 공유된다.

각 주에는 과학 학회 Academy of Science가 있어 교수, 학생, 그리고 교사들 사이의 상호작용을 위해 다양한 과학 주제를 다룬 포럼을 제공한다. 이를 위해 많은 학회들이 과학교육에 전념하는 부문을 두고 있다. 개별 주의 과학학회들은 보통 국립과학학회협회 National Association of Academies of Science에 가입해 있다. 각 주에는 또한 주니어과학학회 Junior Academy of Science가 있어 초중등 학생들의 과학을 증진시킨다. 주니어과학학회들은 미국주니어과학학회 American Junior Academy of Science에 가입해 있다. 국립과학학회협회와 미국주니어과학학회 둘 다 미국과학진흥협회 American Association for the Advancement of Science (AAAS)에 가입해 있다.

학교 과학 · 수학 협회 School Science and Mathematics Association (SSMA)의 주요 과제는 과학 및 수학의 그리고 두 과목 간에 모든 방면에서 지도를 향상시키는 것이다. SSMA는 월간지 학교 과학 · 수학 School Science and Mathematics(5~10월)을 발간하는데, 이 저널은 학급에서 지도하는 과학과 수학 원리 내에서는 물론 그 둘 사이의 문제, 관심사 그리고 교육을 강조한다. 회원들은 발행을 위한 글을 제출하도록 장려된다.

구성주의 지도협회 Association for Constructivist Teaching (ACT)가 주력하는 일은 구성주의 지도 원리에 따라 교사 개발을 양성하는 것이다. 이 협회의 사업은 구성주의 지도 방식을 따르고 이를 전파함으로써 모든 교육자와 학생들을 성장시킬 것을 강조한다. 회원에는 교사, 학생, 관리자, 단과대학 및 종합대학 직원, 그리고 교육 분야에 관심 있는 이들이 포함된다. ACT는 1년에 3번 인터넷상에 구성주의 The Constructivist를 발행하며 구성주의 수업과 학습을 주제로 연간 회의를 개최한다.

본인의 주요 관심사와 상관없이, 전문 기관, 회의, 워크숍에 적극적으로 참여함으로써, 그리고 전문 발행지를 정기적으로 검토함으로써 최근의 과학교육, 과학 내용, 그리고 구성주의 방법론에 뒤처지지 않도록 하는 것은 반드시 해야 할 일이다. 말 그대로 수십 개의 과학-지향적 기관들이 더 존재하며, 여기에는 시에라클럽 Sierra Club과 아두본학회 Audubon Society와 같이 특정 분야에 중점을 두는 몇 기관들도 포함된다. 과학에 관여하고자 하는 초등학교 과학 교사라면 별 어려움 없이 자신의 개별적 필요와 관심에 가장 적합한 기관을 발견하게 될 것이다.

연구자로서 초등 과학 교사

모든 교사는 연구자이다. 교사들은 최소한 수업을 반성하고, 잘된 점과 잘못된 점을 평가하여 보완하여야 한다. 변화하는 아동의 요구에 부응하기 위해 수업을 수정하며 모든 아동이 성공할 수 있도록 수업을 재구성한다. 또한 신뢰할 만한 평가 기술을 개발한다. 그들은 동료들과 성공적 교수 전략을 공유한다.

미국과학교육기준의 시스템 기준 G. *기준들*에서 설명된 과학교육의 비전을 달성하도록 의도된 정책들

앞으로 교사들이 완전히 새로운 교수 방법과 교육과정을 시도하고 싶다면 전반적인 새로운 체제를 시도해 볼 수 있는 시기가 올 것이다. 지금은 대개 교사가 비공식적으로 시도한다. 가령 한두 학급을 대상으로 혹은 작년과 금년의 학급을 비교한다. 그리고 그런 시도의 결과가 더 좋으면 새로운 체제를 채택할 것이다.

그러나 교사가 행하는 연구는 학급이나 학교를 벗어나지 않는다. 그래서 **연구**가 아닌 **경험**의 일종으로 생각한다. 그러나 개별적 교사의 학급에서 시도되고 증명된 아이디

어들이 모여서 더 큰 연구의 기초를 만들게 된다. 모든 과학교육의 연구는 궁극적으로 학교 현장의 실제를 향상시키는 것이다. 아동이 과학을 가장 잘 학습하게 하는 방법은? 어떤 것은 과학을 학습하게 하고, 다른 것은 그렇지 않은가? 다양한 교수방법과 새롭고 혁신적인 교수 전략이 얼마나 효과적인가? 교사들은 그 연구에서 중요한 역할을 할 수 있고 또한 해야 한다.

대부분의 연구는 대학에 있는 연구자에 기초하여 계획되고 통제되고 수행되며 분석된다. 그런 연구에서는 교사의 수업을 받는 아동을 이용하여 실험 조건과 통제를 통해서 타당성을 얻으려고 한다. 연구자는 연구할 문제를 선택하고 실험 방법을 고안하며 통계학을 적용하여 연구 결과를 얻어서 결론을 내린다. 그런 연구는 아마 교사가 읽지 않는 학술지에 출판되거나, 교사에게 친숙하지 않은 언어와 통계적 조작을 이용하며, 교사가 우선 직면하는 문제가 아닌 문제를 다루기 때문에 교사가 실행하기에는 유용하지 않다.

만일 수업에 아무 이득이 없다면 과학교육 연구를 할 이유가 없다. 그렇다고 과학교육 연구를 하지 않지는 않는다. 교사는 대부분의 연구 결과를 비현실적이고, 해석하기 어렵고, 실행 불가능한 것으로 본다.

부적절하고 무의미한 과학교육에 대한 딜레마를 해결할 수 있는 한 가지 방법은 교사가 연구에 참여하는 것이다. 자신의 교실 안에서 교사들이 행한 연구는 **현장 연구** action research라고 불린다(국내에서는 실행 연구라고 불러야 한다고 주장하기도 한다). 이런 연구는 실제 교실 수업의 효과를 결정하기 위한 것이다. '실행 action'이라는 용어는 교사가 새로운 지식의 개발에 참여한다는 생각을 나타낸 것이다. 현장 연구는 교사가 가르치면서 이루어지며 교사 자체가 연구 대상의 일부이다. 현장 연구는 학교 현장의 수업에서 변화가 일어나는가를 알기 위해서는 필수적이다. 왜냐하면 현장 연구가 교실 활동에서 실제 일어난 변화가 효과적인가를 결정하기 때문이다.

현장 연구를 할 때, 교사 본인은 학급에서 수행한 지도 실습을 체계적으로 조사하고 기록하여 그 결과를 공유해야 한다. 그 과정은 다음과 같은 다섯 단계를 수반한다. (1) 구체적 문제와 질문을 개발하고, (2) 다른 현장 연구 보고서를 읽고, (3) 데이터를 구하고, (4) 결론을 내리고, (5) 결과물을 공유하는 것이다.

1. 문제 혹은 질문은 본인이 계획한 것을 수행한 결과로 어떤 일이 일어날 것인지에 대한 교사의 생각을 간단하게 기술하는 것이 될 것이며, "체험 접근법을 시행할 경우, 학생들이 과학에 더 흥미를 느낄 것이다"가 그 예이다. 혹은 어떤 문제에 대한 기술일 수도 있는데, "매일 아이들을 데리고 나가 주변 자연을 관찰하게 할 경우 어떻게 될지 궁금하다"와 같다. 이러한 문제는 본인이 학급에서 행한 어떤 것에 대한 학생들의 반응을 알아차리게 될 때 나타날 수 있는데, "간단한 체험 활동을 제공할 경우, 아이들은 자기 스스로의 탐구에 큰 관심을 갖게 된다"가 그 예이다.
2. 다른 이들이 무엇을 알아냈고 어떻게 조사를 진행했는지 배우려면 그 과목에 대해 가능한 한 많이 읽어야 한다.
3. 데이터를 얻으려면 어떤 종류의 데이터를 수집하기 원하며 결론을 내리기 위해 이를 어떻게 사용할 것인지에 대한 계획을 세울 필요가 있다. 양적 데이터를 모으는 데 도움이 되는 이용 가능한 많은 객관적 검사가 있으며, 혹 자신의 검사를 설계할 수도 있다. 태도와 흥미 조사도구를 사용할 수 있다. 영상기록, 음성기록, 인터뷰, 저

서, 관찰, 작업 견본, 공식 토론 내용을 적은 기록 등 모두가 수집될 수 있는 유효한 종류의 정보이다.

4. 결론을 내릴 때, 어떤 것이 타당한지 알기 위해 습득한 모든 정보를 숙고하게 된다. 어떻게 정보를 분석할 것인지 이미 계획을 세웠으므로 이제 그 계획대로 한다. 그러나 이전에 고려하지 않았던 많은 새로운 데이터가 모습을 드러내기 마련이다. 물론 예상치 않은 결과를 발견하게 될 가능성이 있다. 때로 이 결과들은 유효하여 그 분석의 일부가 되기도 하고, 때로는 추가로 진행해야 할 새로운 연구의 방향이나 원래 연구의 지속 방법을 제시하기도 한다.
5. 본인의 연구결과를 타인의 것과 비교하는 것은 필수적이다. 본인의 작업을 학교의 중점 그룹과 공유하고, 전문 저널에 발행하고, 전문 회의에서 이를 발표한다.

[브링턴 Brighton(2009), 리버스 Reeves(2010) 원고에서 일부 발췌]

도움이 되는 많은 참고자료들이 이용 가능하다.

한 가지 주의할 점이 있다. 연구는 본인의 학급에 흥미와 독특함을 더해주기 위해 주로 이행되는 새로운 아이디어나 새로운 활동을 시험해보는 것과는 다르다. 새로운 아이디어, 교사에게 주는 힌트, 그리고 그 유사한 것들은 이미 효과가 있다고 알려진 어떤 것을 행하는 새롭거나 독특한 방식을 말한다. 예를 들어 구름의 유형을 가르치는 새로운 '방식'을 시험해보고 그것이 다른 방식보다 효과가 좋다는 것을 알게 된다고 하자. 이것은 구름을 가르치는 하나의 향상된 방식일 것이며 그러한 것으로서 게재되어야지, 연구는 아니다. 연구의 목표는 어느 정도의 원인과 결과를 확립하는 것이거나 어떤 일이 왜 일어나는가를 설명하는 것으로 이는 현장에서 그리고 차후 분석에서 나타나는 지식과 통찰력을 말하는 것이다.

다시 한 번 말하지만, 실행 연구의 기본적 목표는 학생들의 성취를 향상시키는 것이다. 연구 프로젝트는 그것이 우리의 실행을 향상시키는 데 도움이 되는 정도까지만 가치 있을 뿐이다.

연구비

과학교육을 지원하는 연구비는 외부에 있다! 당신의 과학 프로그램을 위해 연구비 형식으로 그 일부를 얻을 수 있다. 연구비 범위는 금전적 가치에 있어 100달러 이하에서 수백만 달러에 이르며, 정부 기관, 공공 재단, 민영 재단, 단과대와 종합대학, 대기업과 중소기업, 그리고 심지어 학부모-교사 협의회로부터도 이용 가능하다.

미국과학교육기준의 시스템 기준 D. 자원들로 지원받는 정책들

개별 초등학교 교사는 과학교육 프로그램을 확장하거나 그 질을 높이기 위해 장비, 교재, 그리고 서비스를 구입하는 데 사용하게 되는 100달러에서 1,000달러 범위의 좀 더 적은 연구비에 중점을 두어야 한다. 연구비를 받아서 나비 정원을 만들고, 식물의 심기 구역을 조성하고, 야외 계단식 교실과 자연 오솔길을 만들고, 학생들이 사용할 기본적 계산기를 구매하고, 특정 프로젝트를 위한 소프트웨어와 교재를 구입하는 등 여러 기금으로 조성되어 왔다. 간식, 증정품, 보통 학교에서 제공되는 비품에 대한 부가 물품, 전통적으로 교사가 제공하는 물품, 혹은 분명하고 특별한 완제품을 지니고 있지 않은 사용에 대해서는 연구비가 조성되지 않을 것이다. 기금 출처를 찾으려면 인터넷을

살펴도 되고 학교 관리자, 학교 구역 직원, 현지 단과대와 종합대학, 그리고 '이를 잘 알고 있는' 사람에게 물어봐도 된다.

'연구비를 얻는 방법'에 있어 첫 번째 수칙은 당신이 제안한 연구비 사용이 그 기관의 목적과 분명 일관되어야 한다는 점이다. 연구비 지원 기관은 보통 그 기관이 고려할 프로젝트의 종류를 명기한다. 예를 들어 통신회사들은 기술 진보를 다루는 연구 제안에 관심이 있다. 의료 재단은 초등학교 과학교육 향상을 위한 연구비보다는 의학 연구를 위한 연구비 지원에 더 관심이 많다. 마찬가지로 당신은 공공 텔레비전 프로그래밍을 향상하는 데 몰두하는 그룹으로부터 야외 정원을 짓기 위한 기금을 요청하지는 않을 것이다. 대신에 야외 원예를 포함하는 프로젝트에 기금을 제공하는 연구비 출처를 찾게 될 것이다. 해당 연구비 지원 기관에 접촉하여 과거 지원이 이루어진 프로젝트와 그 프로젝트에 얼마가 지원되었는지 그 사례를 알아보는 것은 허용될 뿐 아니라 좋은 생각이기도 하다.

그 두 번째 수칙은 당신의 제안이 간단명료하고, 직접적이며, 핵심을 짚도록 하는 것이다. 제안서를 작성할 때 연구비 기관이 제공하는 지침서를 따라야 한다. 요구하는 모든 정보를 제공하도록 한다. 제안을 설명할 때, 반드시 매우 명확해야 한다. 장황하게 적고 싶은 유혹이나 당신이 서술하고 있는 내용에 대해 검토하는 사람이 알고 있을 것이라 상정하려는 유혹을 피해야 한다(많은 검토자들이 비즈니스와 전문 서비스 분야 사람들이지 교육 분야 사람들은 아니기 때문이다). 반드시 작성하는 글이 본인의 프로젝트를 선명하게 설명하도록 해야 한다. 본인의 상황이나 생각을 전혀 모르는 동료나 친구에게 제안서가 이해할 수 있게 작성되었는지 알아보기 위해 읽어볼 것을 부탁한다. 이제 그들의 평가를 수용한다! 자존심이나 작문 실력을 방어할 때가 아니기 때문이다. 성공적인 연구비 제안서는 첫눈에 검토자에게 명확하고, 당신은 당신의 제안서가 성공적이기를 원한다! 검토자는 당신의 상황과 프로젝트에 대해 전혀 모른다는 점을 명심해야 한다.

예산안을 짤 때, 가능한 한 구체적이어야 한다. 연구비 기관은 기금이 무엇을 위해 사용될 것인지 알고 싶어 한다. 따라서 무엇을 사고자 하고 어떤 서비스를 구매할 계획인지 명확하게 보여주도록 한다. 간략한 예산안만이 요구된다면 상세한 예산안을 준비해 부록으로 첨부하는 것이 좋다. 그리고 무엇보다도 계산이 맞는지 점검한다!

성공적으로 연구비를 마련하기 위한 세 번째 수칙은 본인의 제안 프로젝트가 학급 아이들의 과학교육에 어떻게 차이를 만들어낼 것인지 그리고 그 효과를 어떻게 측정할 것인지 보여주는 것이다. 예를 들어 아이들이 새로운 과학 컴퓨터 프로그램을 매우 좋아할 것이라고 적는 것으로는 충분치 않다. 그 제안된 구매가 아이들의 과학 성취를 어떻게 향상시킬 것인지 반드시 보여주어야 한다.

네 번째 수칙은 인내하는 것이다. 처음에 성공하지 못한다 해도 다시 시도해본다. 제안서를 제출해 단번에 연구비를 받게 되는 경우는 거의 없다. 다음에 제안서를 제출할 때는 이를 다듬거나 수정해 다른 연구비 기관에 제출한다. 첫 제안을 거절했던 기관에 연락해 피드백을 요청한 후, 이를 다음 제안에 반영한다. 본인의 제안 프로젝트가 좋은 것이라고 믿는다면, 이를 믿고 기꺼이 연구비를 지원할 연구비 기관이 존재한다는 점을 명심한다. 그 제안이 무엇에 관한 것인지를 안다면 말이다.

길 Gill(2007)은 연구비 지원을 구하는 교육자들을 위해 다음과 같은 제안을 한다:

1. 연구비를 요청하기 전 해당 재단이나 자선 단체의 목표가 본인의 제안에 일치하는지 분명하게 알아본다. 제안을 제출할 때 그들의 가이드라인을 따르라.
2. 지역사회 그룹이나 대학 같은 외부 기관과 동반자 관계를 형성할 수 있는지 고려한다.
3. 창의적으로 생각하고 독특한 프로젝트를 생각해낸다.
4. 자신의 제안서를 작성하기 전, 다른 연구비 제안서, 특히 본인의 제안서를 검토하게 될 기관으로부터 연구비를 지원받은 적이 있는 제안서들을 읽는다.
5. 본인이 제안한 프로그램이 지속 가능하다는 점을 보여준다.
6. 크게 생각한다.

내적으로는 지원될 수 없는 프로젝트를 위한 기금이 저 밖에 있다. 이 기금은 당신이 요청할 수 있는 것이지만 명확하게 작성된 제안서를 통해 요청해야만 한다.

과학교육의 수월성

초등 과학교육의 수월성은 무엇인가? 이것에 대해 페닉 Penick과 예거 Yager(1993)는 공통적인 몇 가지의 특성을 제시했다:

미국과학교육기준의 시스템 기준 A. 지역 환경에 맞추어 모든 기준들에 걸쳐 정책들이 일관성이 있음

1. 뛰어난 과학 교사들은 교과서 중심의 과학을 포기하고, 아동과 사회가 필요로 하는 적절하고 합당한 프로그램을 개발한다. 그런 프로그램은 성격상 발견적이며 손으로 하는 접근을 취한다.
2. 우수한 초등 과학 프로그램은 내용보다 과정에 중심을 맞추고 있다. 교사는 모든 다른 교사들에게 나누어 줄 수 있도록 자료와 실험 기구를 개발해야 한다.
3. 우수한 초등 과학 프로그램은 현직 교사 교육을 제공해야 하고, 중앙 정부는 이를 강력하게 지원해야 한다.
4. 우수한 초등 과학 프로그램은 계속 발전하고 진보하는 상태에서 고려되어야 한다.

이러한 특성들은 익숙한가?

초등학생에게 과학을 가르치는 것은 어렵지 않다. 아이들은 과학을 사랑하고, 교사들은 그들의 궁금증을 격려하고, 탐구하고, 자신의 의미를 구성한다. 훌륭한 초등 과학 교사들은 아이들이 의미 있어 하고 관심 있는 현상에 관해 질문하고, 이러한 질문들이 가진 과학적 설명력과 예언력을 제시하는 방법으로 과학을 하게 하고, 과학의 발전된 영역으로 지식의 모든 분야를 활용한다. 훌륭한 초등 과학 교사들은 성별, 인종, 학력 등에 관계없이 모든 아이들이 과학적 탐구를 하게 한다.

구성주의적 접근의 활용은 교재에 제시되며, 모든 아이들의 필요를 충족시키는 초등 과학 프로그램을 발전시키며 학문적 도전의 토대를 제공하고, 성공적인 학습의 삶을 제공한다.

요약

전문성을 갖춘 교육자는 교육과정과 방법을 결정할 때 합리적 수업방법 이론, 연구, 그리고 전문적 학회의 기준에 바탕을 둔다. 전문 교육가는 새로운 교과과정 자료들, 교육학에 관한 새로운 개념들이 나올 때마다 이를 항상 숙지하고 해당 직업에서의 현재 전개 상황을 알아야 한다. 또한 새로운 생각과 전문가로서 현재의 많은 발전 기회들이 그들의 경험과 경력을 서로 공유하는 초등 과학 교사의 모임에 국가, 주, 지방, 그리고 지역 사회에 참석하는 과학 교사들이다.

과학교육의 연구는 과학 교수의 최선의 방법과 최고로 적합한 교육과정을 찾는 것이다. 전문 교육가는 국제적 보고서와 전문가 공동체의 연구의 결과를 공유하고 연구 과제를 실행하는 유일한 지위에 있다. 이러한 활동을 통하여 전문 과학 교사는 학습의 삶을 영유한다.

핵심 용어

현장 연구

토의를 위한 질문들

1. 초등 과학을 가르치는 데 사용할 가장 적합한 방법을 어떻게 결정하는가?
2. 당신의 초등 과학수업 교과과정에 무엇이 포함되어야 할지 어떻게 결정하는가?
3. 고품질의 전문성 신장 프로그램들에서 당신은 무엇을 찾는가?
4. 왜 초등 과학 교사는 실천 연구를 수행하기를 원하는가?
5. 당신이 생각하기에 어떤 속성이 우수한 초등학교 과학 교사의 특징인가?

부록

교육과학기술부 고시 제 2011-361호 [별책 9]

과학과 교육과정

2009

교육과학기술부
MINISTRY OF EDUCATION, SCIENCE AND TECHNOLOGY

[공통 교육과정]

과학

1. 추구하는 인간상

우리나라의 교육은 홍익인간의 이념 아래 모든 국민으로 하여금 인격을 도야하고, 자주적 생활 능력과 민주 시민으로서 필요한 자질을 갖추게 하여 인간다운 삶을 영위하게 하고, 민주 국가의 발전과 인류 공영의 이상을 실현하는 데 이바지하게 함을 목적으로 하고 있다.

이러한 교육 이념을 바탕으로, 이 교육과정이 추구하는 인간상은 다음과 같다.

가. 전인적 성장의 기반 위에 개성의 발달과 진로를 개척하는 사람
나. 기초 능력의 바탕 위에 새로운 발상과 도전으로 창의성을 발휘하는 사람
다. 문화적 소양과 다원적 가치에 대한 이해를 바탕으로 품격 있는 삶을 영위하는 사람
라. 세계와 소통하는 시민으로서 배려와 나눔의 정신으로 공동체 발전에 참여하는 사람

2. 학교급별 교육목표

가. 초등학교 교육목표

초등학교의 교육은 학생의 학습과 일상생활에 필요한 기초 능력 배양과 기본 생활습관을 형성하는 데 중점을 둔다.

(1) 풍부한 학습 경험을 통해 몸과 마음이 건강하고 균형 있게 자랄 수 있도록 하며, 다양한 일의 세계에 대한 기초적인 이해를 한다.
(2) 학습과 생활에서 문제를 인식하고 해결하는 기초 능력을 기르고, 이를 새롭게 경험할 수 있는 상상력을 키운다.
(3) 우리 문화에 대해 이해하고, 문화를 향유하는 올바른 태도를 기른다.
(4) 자신의 경험과 생각을 다양하게 표현하며 타인과 공감하고 협동하는 태도를 기른다.

나. 중학교 교육목표

중학교의 교육은 초등학교 교육의 성과를 바탕으로, 학생의 학습과 일상생활에 필요한 기본 능력을 배양하며, 다원적인 가치를 수용하고 존중하는 민주시민의 자질 함양에 중점을 둔다.

(1) 심신의 건강하고 조화로운 발달을 추구하며, 다양한 분야의 경험과 지식을 익혀 적극적으로 진로를 탐색한다.
(2) 학습과 생활에 필요한 기초 능력과 문제 해결력을 바탕으로 창의적 사고력을 기른다.
(3) 자신을 둘러싼 세계에 대한 경험을 토대로 다양한 문화와 가치에 대한 이해를 넓힌다.
(4) 다양한 소통능력을 기르고 민주시민으로서의 자질과 태도를 갖춘다.

3. 목표

공통교육과정의 '과학'은 초등학교 3학년부터 중학교 3학년까지 모든 학생들이 학습하는 교과로서 과학의 기본 개념을 이해하고 과학 탐구 능력과 과학적 태도를 함양하여 창의적이고 합리적으로 문제를 해결하는 데 필요한 과학적 소양을 기르기 위한 교과이다.

'과학'은 초등학교 1, 2학년의 슬기로운 생활과 고등학교 선택 교육과정의 과학, 물리 I, 화학 I, 생명과학 I, 지구과학 I, 물리II, 화학 II, 생명과학 II, 지구과학 II 과목과 연계되도록 구성한다.

'과학'의 내용은 '물질과 에너지'와 '생명과 지구'의 2개 분야로 구성하되, 기본 개념과 탐구 과정이 학년군과 분야 간에 연계되도록 한다. 그리고 과학을 기술, 공학, 예술, 수학 등 다른 교과와 관련지어 통합적이고 창의적으로 사고할 수 있는 능력을 신장시키도록 한다.

'과학'에서는 학생 수준에 따라 관찰, 실험, 조사, 토론 등 다양한 탐구 활동 중심의 학습이 이루어지도록 한다. 개별 활동뿐만 아니라 모둠 활동을 통해 비판성, 개방성, 정직성, 객관성, 협동성 등 과학적 태도와 의사소통 능력을 기르도록 한다.

'과학'의 기본 개념을 학습자의 경험과 친근한 상황 속에서 지도하고, 학습한 지식과 탐구 방법으로 과학적 문제나 사회 문제를 적극적으로 해결하려는 태도를 길러 과학이 기술의 발달과 우리 사회에 영향을 미치며 이들이 상호 관련되어 있음을 인식할 수 있도록 한다.

자연 현상과 사물에 대하여 흥미와 호기심을 가지고 탐구하여 과학의 기본 개념을 이해하고, 과학적 사고력과 창의적 문제 해결력을 길러 일상생활의 문제를 해결할 줄 아는 과학적 소양을 기른다.

가. 자연 현상을 탐구하여 과학의 기본 개념을 이해한다.
나. 자연 현상을 과학적으로 탐구하는 능력을 기른다.
다. 자연 현상에 대한 흥미와 호기심을 갖고, 문제를 과학적으로 해결하려는 태도를 기른다.
라. 과학, 기술, 사회의 관계를 인식한다.

4. 내용의 영역과 기준

가. 내용 체계

학년군 / 분야	3~4학년군		5~6학년군	
물질과 에너지	• 물체의 무게 • 물체와 물질 • 액체와 기체 • 소리의 성질	• 자석의 이용 • 혼합물의 분리 • 거울과 그림자 • 물의 상태 변화	• 온도와 열 • 용해와 용액 • 산과 염기 • 물체의 빠르기	• 전기의 작용 • 여러 가지 기체 • 렌즈의 이용 • 연소와 소화
생명과 지구	• 지구와 달 • 동물의 한살이 • 동물의 생활 • 지표의 변화	• 식물의 한살이 • 화산과 지진 • 식물의 생활 • 지층과 화석	• 날씨와 우리 생활 • 식물의 구조와 기능 • 태양계와 별 • 우리 몸의 구조와 기능	• 지구와 달의 운동 • 생물과 환경 • 생물과 우리 생활 • 계절의 변화

학년군 / 분야	중학교 1~3학년군				
물질과 에너지	과학이란?	• 힘과 운동 • 열과 우리 생활 • 분자 운동과 상태 변화	• 물질의 구성 • 빛과 파동 • 물질의 특성 • 일과 에너지 전환	• 전기와 자기 • 화학 반응에서의 규칙성 • 여러 가지 화학 반응	과학과 인류문명
생명과 지구		• 지구계와 지권의 변화 • 광합성 • 수권의 구성과 순환	• 기권과 우리 생활 • 소화 · 순환 · 호흡 · 배설 • 자극과 반응	• 태양계 • 생식과 발생 • 유전과 진화 • 외권과 우주개발	

나. 학년군(학교급)별 성취 기준

[3~4학년군 성취 기준]

(1) 학생들의 발달 단계를 고려한 활동 중심의 과학 수업을 통하여 과학 탐구에 필요한 기초 탐구 능력을 기른다.
(2) '물질과 에너지' 분야에서는 물체의 무게, 물체와 물질, 액체와 기체, 소리의 성질, 자석의 이용, 혼합물의 분리, 거울과 그림자, 물의 상태 변화의 기초 개념을 이해한다.
(3) '생명과 지구' 분야에서는 지구와 달, 동물의 한살이, 동물의 생활, 지표의 변화, 식물의 한살이, 화산과 지진, 식물의 생활, 지층과 화석의 기초 개념을 이해한다.

[5~6학년군 성취 기준]

(1) 학생들의 발달 단계를 고려한 과학 수업에서 기초 탐구 과정과 함께 통합 탐구 과정이 포함된 활동을 통하여 과학 탐구에 필요한 탐구 능력을 기른다.
(2) '물질과 에너지' 분야에서는 온도와 열, 용해와 용액, 산과 염기, 물체의 빠르기, 전기의 작용, 여러 가지 기체, 렌즈의 이용, 연소와 소화의 기본 개념을 이해한다.
(3) '생명과 지구' 분야에서는 날씨와 우리 생활, 식물의 구조와 기능, 태양계와 별, 우리 몸의 구조와 기능, 지구와 달의 운동, 생물과 환경, 생물과 우리 생활, 계절의 변화의 기본 개념을 이해한다.

[중학교 1~3학년군 성취 기준]

(1) 기초 탐구 능력의 바탕 위에 통합 탐구 과정이 포함된 탐구 활동을 통하여 종합적인 과학 탐구 능력을 기른다.
(2) '과학이란?' 영역을 통하여 과학에 대한 흥미와 호기심을 갖고, 과학을 학습하려는 태도를 기른다.
(3) '물질과 에너지' 분야에서는 힘과 운동, 열과 우리 생활, 분자 운동과 상태 변화, 물질의 구성, 빛과 파동, 물질의 특성, 일과 에너지 전환, 전기와 자기, 화학 반응에서의 규칙성, 여러 가지 화학 반응으로 물질과 에너지의 주요 과학 개념을 이해한다.
(4) '생명과 지구' 분야에서는 지구계와 지권의 변화, 광합성, 수권의 구성과 순환, 기권과 우리생활, 소화 · 순환 · 호흡 · 배설, 자극과 반응, 태양계, 생식과 발생, 유전과 진화, 외권과 우주 개발의 주요 과학 개념을 이해한다.
(5) '과학과 인류 문명' 영역에서는 과학의 발전이 인류에 미치는 영향과 과학 원리가 첨단 과학 기술에 응용된 사례를 알고, 과학과 과학 이외의 분야와의 관계를 이해한다.

다. 학습 내용 성취 기준

〈3~4학년군〉

(1) 지구와 달

이 영역에서는 지구와 달의 모양과 모습을 다룬다. 지구와 달의 모양과 모습을 이해하는 것은 우리 생활과 밀접한 내용이며, 인간의 호기심과 상상력을 자극하는 중요한 학습이다.

이 영역을 학습함으로써 학생들은 우리가 살고 있는 지구의 모양과 모습이 어떠한지 이해하고, 달과 비교하여 지구가 생명이 살 수 있는 소중한 곳임을 알 수 있다. 또 학생들이 달을 직접 관찰하여 달에 흥미를 가지고 이를 탐구하려는 자세를 갖도록 한다.

이 영역은 3~4학년군의 '지표의 변화', '화산과 지진', '지층과 화석'의 기초가 되며 5~6학년군의 '지구와 달의 운동'에서 달의 위상변화 원인으로 심화된다. 또 중학교 1~3학년군의 '지구계와 지권의 변화'와 연계된다.

[학습 내용 성취 기준]

(가) 지구와 달의 모양이 둥글다는 것을 안다.

(나) 육지와 바다의 특징을 이해한다.

(다) 지구 주위를 공기가 둘러싸고 있음을 이해한다.

(라) 달 표면의 여러 모습을 관찰하고, 달의 환경을 추리할 수 있다.

(마) 지구와 달의 모습을 비교하여 지구에 생명이 존재할 수 있는 이유를 설명할 수 있다.

[탐구 활동]

(가) 지구와 달의 입체 모형 만들기

(나) 산, 들, 강, 바다와 같은 우리 주변의 여러 지형 관찰하기

(다) 달의 표면 관찰하기

(2) 물체의 무게

이 영역에서는 물체의 무게를 다룬다. 길이, 질량, 시간, 전하 등은 물질과 에너지 영역을 서술하는 기본적인 물리량이다. 과학에서는 질량 개념을 사용하지만 초등학교 수준에서는 질량을 정의하고 측정하기 어렵기 때문에 무게를 대신 도입하여 물체의 양을 나타낸다. 일상생활에서 여러 가지 물체의 무게를 재고, 과학의 다른 영역에서 도입하는 여러 가지 실험 활동에서 무게를 정량적으로 측정하고 서술하기 위하여 물체의 무게를 3~4학년군 초반부에 도입한다.

이 영역에서는 물체는 무게가 있고 이를 측정하기 위해 저울을 사용해야 함을 알게 한다. 양팔 저울과 용수철 저울로 물체의 무게를 재는 원리를 각각 이해하게 하고, 여러 가지 저울을 만들어 무게를 비교하는 활동을 통하여 일상생활 속의 여러 가지 저울에 관심을 갖게 한다.

이 영역은 3~4학년군의 '물체와 물질', 5~6학년군의 '용해와 용액'과 연계된다.

[학습 내용 성취 기준]

(가) 여러 가지 물체 중에서 가벼운 것과 무거운 것을 구분하며, 무게를 정확히 재기 위해 저울이 필요함을 안다.

(나) 양팔 저울을 사용하여 물체의 무게를 재는 원리를 이해한다.

(다) 용수철 저울을 사용하여 물체의 무게를 재는 원리를 이해한다.

(라) 일상생활 속에서 쓰임새에 따라 다른 저울을 사용함을 이해한다.

[탐구 활동]
(가) 양팔 저울을 사용하여 물체의 무게 비교하기
(나) 용수철 저울로 물체의 무게 재기
(다) 간단한 저울 만들기
(라) 일상생활 속에서 볼 수 있는 여러 가지 저울을 사용하여 물체의 무게 재기

(3) 동물의 한살이

이 영역에서는 동물이 태어나서 어린 시절을 거치고 성장하여 자손을 남기고 죽을 때까지의 과정인 동물의 한살이를 다룬다. 많은 동물들은 한살이 과정을 통해 자손을 번식해 왔으며, 오랜 세월 동안 각 동물들에 따라 한살이 방식은 다양하게 변화해 왔다. 따라서 다양한 동물의 한살이를 통해 궁극적으로 생명이 연속하여 이어지고 있음을 이해하는 것은 중요한 학습 목표이다.

학생이 동물을 직접 기르며 한살이 과정을 관찰함으로써 동물의 한살이에 대해 이해하게 한다. 즉, 동물이 어떤 모습으로 태어나고, 자라면서 생김새가 어떻게 변해 가는지, 그리고 번식은 어떻게 하는지 등을 관찰함으로써 동물의 탄생과 생장에 따른 겉모습 변화, 번식 방법 등 동물의 한살이 개념을 이해하게 한다. 다양한 동물들의 한살이 과정을 비교 관찰함으로써 동물에 따라 한살이 과정에 차이가 있음을 알게 한다.

이 영역은 슬기로운 생활에서 다루었던 동물 내용과 이어지는 것으로 학습을 마친 후 '동물의 생활'을 학습하게 되고, 더 나아가 식물에 대해서도 학습하게 된다. 중학교 1~3학년군의 '생식과 발생'과 연계된다.

[학습 내용 성취 기준]
(가) 관찰 가능한 곤충을 선택하여 동물의 한살이 관찰 계획을 세워 기르며 관찰한다.
(나) 곤충을 길러 동물이 태어나고 자라면서 번식하기까지의 과정을 이해한다.
(다) 곤충의 종류에 따라 한살이의 유형이 다를 수 있음을 안다.
(라) 동물의 암 · 수에 따른 생김새의 특징을 구별할 수 있고, 번식 과정에서 암 · 수의 역할을 이해한다.
(마) 새끼를 낳거나 알을 낳는 등 동물에 따라 한살이가 다름을 안다.

[탐구 활동]
(가) 곤충을 기르면서 한살이 관찰하기
(나) 여러 동물의 한살이 비교하기

(4) 물체와 물질

이 영역은 물질 개념의 기본으로서 물체와 물질을 다루며, 우리 주위의 여러 사물이 무엇으로 이루어져 있는지에 대한 호기심과 궁금증을 해결하기 위한 기초적인 학습 내용이다.

물체는 주로 겉보기 모양에 바탕을 두어 어떤 구체적 형태를 기준으로 한 대상을 일컫는데 비하여 물질은 어떤 물체의 재료로서의 의미가 강조된다. 이 영역을 학습하면서 학생들은 주위에 있는 물체가 어떤 물질로 이루어져 있는지를 알고, 물체의 기능과

그 구성 물질의 성질이 어떤 관계에 있는지를 이해하게 된다. 또 여러 가지 물체와 물질의 특징에 따라 물질을 고체, 액체, 기체로 분류할 수 있게 된다.

이 영역은 3~4학년군의 '액체와 기체', 5~6학년군의 '여러 가지 기체'와 연계되고, 중학교 1~3학년군의 '물질의 특성'에서 학습하는 각각의 물질이 지닌 고유한 성질과 연결된다.

[학습 내용 성취 기준]
(가) 우리 주위의 물체를 찾아보고 어떠한 재료로 만들어졌는지 조사한다.
(나) 물체의 기능과 물질의 성질 사이의 관계를 설명할 수 있다.
(다) 물체를 구성 물질의 종류에 따라 분류한다.
(라) 여러 가지 물질의 성질을 비교하여 어떤 성질 때문에 일상생활에 활용되었는지 설명할 수 있다.
(마) 고체와 액체의 특징을 설명할 수 있다.

[탐구 활동]
(가) 물체 분류하기
(나) 물체의 기능과 물질의 성질 관계 짓기
(다) 물체와 물질을 고체, 액체, 기체로 분류하기

(5) 동물의 생활

이 영역은 우리 주변에서 볼 수 있는 동물에 대한 흥미와 관심을 갖게 하고 탐구심을 기르도록 설정되었다. 동물은 종속 영양 생물로 운동 능력과 감각을 지닌 생명체이다. 다양한 환경에 적응하여 살고 있는 여러 동물을 탐구하여 공통점과 차이점을 이해 하고, 동물에 대한 흥미와 호기심을 지닐 수 있게 한다.

여러 가지 동물을 관찰하여 생김새와 특징을 알고, 사는 곳에 따른 생김새와 생활 방식을 설명하며 공통점과 차이점에 따라 이들 동물들을 나눌 수 있게 한다.

이 영역은 슬기로운 생활에서 다루었던 동물 내용과 이전에 학습한 '동물의 한살이'의 후속 학습으로 '식물의 한살이', '식물의 생활'로 연계된다. 5~6학년군의 '생물과 환경', 중학교 1~3학년군 '유전과 진화'에서 분류 학습과 연계된다.

[학습 내용 성취 기준]
(가) 여러 가지 동물의 생김새와 특징을 안다.
(나) 여러 가지 동물을 공통점과 차이점에 따라 나눌 수 있다.
(다) 동물의 사는 곳에 따라 생김새와 생활 방식이 어떻게 다른지 이해한다.

[탐구 활동]
(가) 여러 가지 동물을 관찰하고 특징 알아보기
(나) 비슷한 특징을 가진 동물들끼리 묶어보기
(다) 동물의 생김새, 사는 곳, 생활 방식 간의 관계 알아보기

(6) 지표의 변화

이 영역에서는 흙의 생성 과정과 생물과의 관계, 유수 및 바닷물에 의한 지표의 변화를 다룬다. 흙은 식물이 자라는 데 많은 영향을 주고 있으며, 깎이거나 쌓이면서 지표를 변화시킨다. 우리가 살아가는 곳의 모습을 이해하기 위해서는 흙이 어떻게 생성되고, 지표가 어떤 과정을 거쳐 변화되는지 이해할 필요가 있다.

이 영역은 여러 곳의 다양한 흙을 관찰하기, 흙이 생성되는 과정, 흙과 생물과의 관계를 중심 내용으로 한다. 또 유수나 바닷물에 의한 지표의 변화가 어떤 특징을 가지는지 다룬다.

이 영역에서 학습한 내용은 '지층과 화석'에서 학습하는 퇴적물과 퇴적작용의 기초 개념이 되며, 중학교 1~3학년군의 '지구계와 지권의 변화'와 연계된다.

[학습 내용 성취 기준]
(가) 흙의 생성 과정을 알고 흙과 생물의 관계를 이해한다.
(나) 흙의 중요성을 알고 흙을 보존하는 방법을 안다.
(다) 유수에 의해 지표면이 깎이거나 쌓이면서 변화될 수 있음을 안다.
(라) 강 주변 지형의 특징을 유수의 작용과 관련지어 설명할 수 있다.
(마) 바닷가 주변 지형의 특징을 바닷물의 작용과 관련지어 설명할 수 있다.

[탐구 활동]
(가) 여러 곳의 흙을 관찰하고 다양한 방법으로 분류하기
(나) 운동장에 흐르는 빗물을 거름 장치로 걸러 관찰하기
(다) 흙 언덕을 만들고 물을 흘려보낸 후, 깎이는 곳과 쌓이는 곳 관찰하기

(7) 액체와 기체

이 영역에서는 물체나 물질의 기본적 상태인 액체와 기체를 다룬다. 액체와 기체는 고체에 비하여 학생들이 이해하기 어려워 부피나 무게를 재는 활동 등을 통하여 액체와 기체의 특징을 이해할 수 있도록 한다.

생활 주변에서 볼 수 있는 액체의 부피를 측정하고 그 결과를 적절한 단위로 표현하게 한다. 또 기체는 공간을 차지하고 다른 용기에 옮길 수 있음을 알고, 무게가 있음을 증거를 들어 설명할 수 있게 한다.

이 영역은 3~4학년군의 '물체와 물질'의 후속 학습으로, 5~6학년군의 '여러 가지 기체', 중학교 1~3학년군의 '물질의 특성'과 연계된다.

[학습 내용 성취 기준]
(가) 모양이 다른 그릇에 담긴 액체의 부피를 비교할 수 있다.
(나) 눈금 실린더로 액체의 부피를 측정하여 적절한 단위로 나타낼 수 있다.
(다) 실생활에서 액체의 부피를 측정하는 사례를 열거할 수 있다.
(라) 기체는 공간을 차지하고 있으며 다른 용기에 옮겨 담을 수 있음을 안다.
(마) 기체가 무게가 있음을 증거를 들어 설명할 수 있다.

[탐구 활동]
(가) 액체의 부피를 잴 수 있는 기구 고안하기
(나) 공기가 공간을 차지하고 있음을 알아보는 실험하기
(다) 기체가 무게가 있음을 알아보는 실험하기

(8) 소리의 성질

이 영역에서는 소리의 성질과 전달에 대하여 다룬다. 주위에서 들리는 여러 가지 소리를 통하여 소리를 내는 물체의 모습이나 내부 구조를 추리할 수 있다. 또 물체를 조작하여 여러 가지 다른 소리를 만들어 내거나 소리를 멀리까지 전달할 수 있다. 일상 생활, 전통 문화, 자연 탐구 등에서 소리의 성질을 이용한 활동은 과학, 기술, 사회의 관계를 인식하는 데 도움이 된다.

이 영역에서는 소리가 생기는 원리와 성질을 이해하게 한다. 여러 가지 간이 악기를 만들거나 놀이 기구를 만들어 봄으로써 소리의 성질에 대하여 탐구하고 소리를 이용한 일상생활의 예나 도구에 대하여 관심을 갖게 한다.

이 영역은 중학교 1~3학년군의 '빛과 파동'과 연계된다.

[학습 내용 성취 기준]
(가) 사물에 따라 소리가 다르고 소리를 내는 방법도 다양함을 안다.
(나) 물체가 떨 때 소리가 남을 이해한다.
(다) 소리의 세기와 높낮이를 알고 여러 가지 소리를 비교할 수 있다.
(라) 소리를 멀리까지 전달하는 방법을 고안한다.

[탐구 활동]
(가) 소리를 내는 물체의 떨림 관찰하기
(나) 세기와 높낮이가 다른 소리 만들기
(다) 소리의 성질을 이용하여 간이 악기나 놀이 기구 만들기

(9) 자석의 이용

이 영역에서는 자석의 여러 가지 성질을 다룬다. 자석은 금속을 당기거나 다른 자석을 밀거나 당기는 독특한 성질을 가지고 있으며, 모양이 다르더라도 자석의 고유한 성질은 변하지 않는다. 이러한 자석의 성질은 학생의 흥미와 호기심의 대상이며, 관찰, 예상, 추리 등 탐구 활동의 좋은 소재가 된다.

이 영역에서는 자석이 금속 물체를 끌어당기는 성질, 다른 자석을 끌어당기거나 미는 성질, 일정한 방향을 가리키는 성질 등을 다룬다. 자석의 성질을 이용하여 여러 가지 놀이 기구를 만들 수 있으며 일상생활에서도 자석이 사용됨을 알게 한다.

이 영역은 3~4학년군의 '혼합물의 분리', 5~6학년군의 '전기의 작용'과 연계된다.

[학습 내용 성취 기준]
(가) 자석끼리는 미는 힘과 당기는 힘이 작용함을 안다.
(나) 자석은 일정한 방향을 가리키는 성질이 있음을 안다.

(다) 자석의 성질을 이용하여 놀이 기구를 만들 수 있다.
(라) 일상생활에서 자석이 사용되는 예를 찾고, 새로운 쓰임새를 고안한다.

[탐구 활동]
(가) 자석의 극 찾기
(나) 자석으로 나침반 만들기
(다) 자석의 성질을 이용한 도구나 놀이 기구 만들기

(10) 혼합물의 분리
일상생활에서 볼 수 있는 물체는 대부분 둘 이상의 물질로 구성된 혼합물이다. 이 영역에서는 혼합물을 구성 물질로 분리하는 것과 관련된 기초 개념과 분리 방법을 학습한다.

탐구 활동을 통하여 혼합물의 의미를 파악하게 하며, 혼합물을 구성하는 물질들의 성질을 이용하여 혼합물을 분리하게 한다. 고체 혼합물의 경우 성분 알갱이의 크기, 자석에 붙는 성질 등에 따라 분리할 수 있으며, 액체를 포함하는 혼합물의 경우 물에 녹는 성질이나 물에 뜨는 성질 등을 이용하여 분리할 수 있다.

이 영역은 3~4학년군의 '자석의 이용', 중학교 1~3학년군의 '물질의 특성'과 연계된다.

[학습 내용 성취 기준]
(가) 혼합물의 관찰을 통해 혼합물을 구성하는 성분 물질의 차이에 대하여 안다.
(나) 알갱이의 크기와 자석에 붙는 성질 등을 이용하여 고체 혼합물을 분리할 수 있다.
(다) 서로 섞이지 않는 두 액체 혼합물을 분리할 수 있다.
(라) 물에 녹는 물질과 물에 녹지 않는 물질의 혼합물을 분리할 수 있다.
(마) 물을 증발시켜 물에 녹아있는 고체 물질을 분리할 수 있다.
(바) 일상생활에서 혼합물을 분리하는 방법이 이용되는 예를 들 수 있다.

[탐구 활동]
(가) 알갱이의 크기, 자석의 성질 등을 이용하여 고체 혼합물 분리하기
(나) 서로 섞이지 않는 액체 혼합물 분리하기
(다) 거름, 증발 실험하기

(11) 식물의 한살이
이 영역은 식물이 싹을 틔워 자라 꽃을 피우고 열매를 맺어 다시 씨를 만들기까지의 과정인 식물의 한살이를 다룬다. 많은 식물들은 한살이 과정을 통해 자손을 번식해 왔으며, 오랜 세월 동안 식물의 한살이 방식은 다양하게 변화해 왔다. 따라서 다양한 식물의 한살이를 통해 식물이 자라고 그 생명이 연속하여 이어지고 있음을 이해하는 것은 중요한 학습 목표이다.

이 영역에서는 식물을 기르면서 한살이 과정을 관찰함으로써 식물의 싹트기와 생장에 따른 겉모습의 변화, 번식 방법 등을 이해하게 한다. 또한 풀과 나무 등 다양한 식물들을 비교 관찰함으로써 식물에 따라 한살이 과정에 차이가 있음을 알게 한다.

이 영역은 슬기로운 생활에서 다루었던 식물 내용과 3~4학년군의 '동물의 한살이'의 후속 학습으로, 3~4학년군의 '식물의 생활'과 중학교 1~3학년군의 '광합성'과 연계된다.

[학습 내용 성취 기준]
(가) 식물의 한살이 관찰 계획을 세우고, 그에 따라 식물을 기르며 관찰한다.
(나) 여러 가지 씨앗을 관찰하여 공통점과 차이점을 찾고, 싹이 트는 조건을 이해한다.
(다) 씨앗이 싹트고 자라서 꽃을 피우고 열매를 맺는 과정과 그에 따른 변화를 이해한다.
(라) 여러 가지 식물의 한살이를 비교하여 식물에 따라 한살이의 유형이 다름을 안다.

[탐구 활동]
(가) 씨앗이 싹트거나 자라는 데 필요한 조건 찾아내기
(나) 식물을 기르면서 한살이 관찰하기
(다) 여러 종류의 식물의 한살이 비교하기

(12) 화산과 지진

이 영역은 화산과 화성암, 지진에 대해 다룬다. 지구 곳곳에서 많이 일어나는 화산 활동과 지진은 사람들에게 직간접적인 영향을 끼치며 막대한 인명 및 재산 피해를 주기도 한다.

이 영역에서는 화산 활동으로 생기는 다양한 물질을 알게 하고, 지진 발생의 원인과 피해를 줄이기 위한 방법을 알게 한다. 또 화산 활동으로 생기는 대표적인 암석인 화강암과 현무암을 관찰하여 화성암의 특징을 이해할 수 있게 한다.

이 영역은 중학교 1~3학년군의 '지구계와 지권의 변화'와 연계되며 판구조론 개념을 학습하여 지구 환경의 변화를 이해하는 데 기초가 된다.

[학습 내용 성취 기준]
(가) 화산 활동으로 여러 가지 물질이 나온다는 것을 안다.
(나) 화성암의 생성 과정을 알고, 화강암과 현무암의 특징을 이해한다.
(다) 화산 활동이 우리 생활에 미치는 영향을 이해한다.
(라) 지진 발생의 원인을 이해하고 지진이 났을 때의 대처 방법을 안다.

[탐구 활동]
(가) 화산 활동 모형 만들기
(나) 화강암과 현무암 관찰하기
(다) 화산과 지진의 피해 사례 조사하기

(13) 식물의 생활

식물은 엽록소를 가지고 있어 스스로 양분을 합성하는 독립 영양 생물로 일반적으로 뿌리, 줄기, 잎으로 구분할 수 있다. 이 영역에서는 환경에 적응하여 살고 있는 여러 가

지 식물을 탐구하여 공통점과 차이점을 찾아봄으로써 식물에 대한 흥미와 호기심을 갖게 한다.

식물을 관찰하여 생김새와 특징을 알고, 사는 곳에 따른 생김새와 생활 방식을 이해하며 공통점과 차이점에 따라 식물을 나눌 수 있게 한다.

이 영역은 슬기로운 생활의 식물 내용과 3~4학년군의 '동물의 한살이', '동물의 생활', '식물의 한살이'의 후속학습으로, 중학교 1~3학년군의 '광합성', '유전과 진화'의 분류 학습과 연계된다.

[학습 내용 성취 기준]
(가) 여러 가지 식물의 생김새와 특징을 안다.
(나) 여러 가지 식물을 공통점과 차이점에 따라 나눌 수 있다.
(다) 식물의 사는 곳에 따라 생김새와 생활 방식이 다름을 이해한다.

[탐구 활동]
(가) 여러 가지 식물을 관찰하고 특징 알아보기
(나) 비슷한 특징을 가진 식물들끼리 묶어보기
(다) 식물의 생김새와 사는 곳 사이의 관계 알아보기

(14) 지층과 화석

이 영역은 지층과 퇴적암, 화석에 대해 다룬다. 지층과 화석은 지구의 역사와 퇴적 당시의 상황을 추리할 수 있는 단서가 되고, 이를 통해 당시의 자연환경이나 생물 종의 변화를 알 수 있다. 또 석유나 석탄과 같은 화석 연료는 우리 생활의 유용한 자원이다.

이 영역에서는 퇴적물이 쌓이면 다양한 형태의 지층이 만들어지며, 퇴적물이 굳어져서 퇴적암이 형성됨을 이해하게 한다. 또 지층 속 화석의 생성 과정과 가치를 인식하고 지층, 퇴적암, 화석 등의 관찰을 통해 과학적 사실을 추리하게 한다.

이 영역은 중학교 1~3학년군의 '지구계와 지권의 변화'에서 학습하는 암석의 생성과 순환과정과 연계된다.

[학습 내용 성취 기준]
(가) 지층의 형성 과정을 알고 쌓인 순서를 이해한다.
(나) 지층을 관찰하고 여러 지층의 같은 점과 다른 점을 이해한다.
(다) 퇴적암이 만들어지는 과정을 이해하고, 그 특징에 따라 퇴적암을 구분한다.
(라) 화석의 생성 과정을 이해한다.
(마) 화석이 지구의 과거 모습을 알려줄 수 있음을 이해한다.
(바) 화석이 자원으로서 우리 생활에서 활용되는 다양한 예를 들 수 있다.

[탐구 활동]
(가) 지층이 쌓이는 순서 실험하기
(나) 퇴적암 관찰하기
(다) 여러 화석 관찰하기
(라) 화석 모형 만들기

(15) 거울과 그림자

이 영역은 빛의 기본 성질인 반사와 직진을 다룬다. 우리는 빛을 통해 사물을 볼 수 있다. 빛의 경로를 추리하는 탐구 활동을 통해 논리적인 사고와 과학적 태도를 기를 수 있다.

거울에 비친 물체의 모습을 관찰하여 거울의 성질을 알고, 물체의 그림자를 관찰하여 그림자가 생기는 원리를 알게 한다. 또 조건을 달리하면서 결과를 비교하는 탐구 활동을 경험하게 하고, 거울과 그림자를 일상생활에서 사용하는 예를 찾게 한다.

이 영역은 5~6학년군의 '렌즈의 이용'과 중학교 1~3학년군의 '빛과 파동'과 연계된다.

[학습 내용 성취 기준]

(가) 거울에 비친 물체의 모습을 관찰하여 거울의 성질을 이해한다.

(나) 여러 가지 물체의 그림자를 비교하고, 그림자가 생기는 원리를 이해한다.

(다) 전등과 물체 사이의 거리에 따라 그림자의 크기가 달라짐을 안다.

(라) 일상생활에서 거울이나 그림자를 사용하는 예를 찾는다.

[탐구 활동]

(가) 거울에 비친 물체의 모습 관찰하고 거울의 성질 추리하기

(나) 투명한 물체와 불투명한 물체의 그림자 비교하기

(다) 전등과 물체 사이의 거리에 따른 그림자의 크기 실험하기

(16) 물의 상태 변화

이 영역은 물의 상태 변화와 관련된 조건이나 특징 등을 다룬다. 물은 우리 몸을 구성하는 주요 성분이며, 인간이 활동하는 온도 범위에서 세 가지 상태를 모두 관찰할 수 있는 물질로서 주변에서 쉽게 볼 수 있어 고체, 액체, 기체의 상태 변화를 다루는 적절한 소재이다.

이 영역의 학습을 통하여 물의 상태가 변화할 수 있음을 알며, 물을 가열하거나 냉각시키면 상태가 변화함을 이해하게 한다. 또 물의 상태가 변할 때 무게와 부피 변화를 측정하여 확인하고, 이와 같은 상태 변화가 일상생활에서 이용되는 예를 알게 한다.

이 영역은 중학교 1~3학년군의 '분자 운동과 상태 변화'와 연계된다.

[학습 내용 성취 기준]

(가) 물은 세 가지 상태로 존재할 수 있음을 안다.

(나) 물을 냉각시키면 얼음이 되고 얼음을 가열하면 물이 되는 현상을 관찰하고, 물과 얼음의 차이점을 안다.

(다) 물이 얼 때와 얼음이 녹을 때의 무게와 부피 변화를 관찰한다.

(라) 물이 증발할 때의 변화를 관찰하고 우리 생활에서 물이 증발하는 예를 찾을 수 있다.

(마) 물이 끓을 때와 수증기가 응결할 때의 변화를 관찰하고, 그 예를 찾을 수 있다.

[탐구 활동]
(가) 물의 세 가지 상태 관찰하기
(나) 물과 얼음의 상태 변화에서 무게와 부피 변화 알아보기

〈5~6학년군〉

(1) 온도와 열
이 영역에서는 온도와 열의 이동을 다룬다. 물체를 가열하거나 냉각시키면 시간에 따라 물체의 온도가 달라지며, 온도의 변화를 관찰하여 열의 이동을 추리할 수 있다. 온도는 물체가 주위와의 열적 상호작용을 통해 변화하는 값임을 이해하는 것이 중요하다.

물체의 차고 따뜻한 정도를 구별함으로써 온도를 알게 하고, 온도계를 사용하는 방법을 알게 한다. 열이 온도가 높은 곳에서 낮은 곳으로 이동하여 점차 두 곳의 온도가 같아짐을 알게 하고, 두 물체가 접촉했을 때 두 물체의 온도 변화를 측정하여 열의 이동을 추리하게 한다.

이 영역은 5~6학년군의 '날씨와 우리 생활'과 중학교 1~3학년군의 '열과 우리 생활'과 연계된다. 온도와 열의 이동은 물질의 상태, 날씨 변화 등에 관련된다.

[학습 내용 성취 기준]
(가) 차가운 것과 따뜻한 것을 구분하고, 온도계를 사용하여 온도를 잴 수 있다.
(나) 물체나 장소의 온도는 시간이 지남에 따라 달라질 수 있음을 이해한다.
(다) 온도가 다른 두 물체가 접촉할 때 열은 온도가 높은 곳에서 낮은 곳으로 이동하며 시간이 지나면 두 물체의 온도가 같게 됨을 이해한다.
(라) 주위에서 온도가 변하는 물체를 관찰하여 열이 이동하는 예를 들 수 있다.

[탐구 활동]
(가) 여러 가지 물체나 장소의 온도 재기
(나) 온도가 다른 두 물체를 접촉할 때 두 물체의 온도 변화 측정하기
(다) 물체의 온도가 변할 때 열의 이동에 대하여 토의하기

(2) 용해와 용액
이 영역에서는 고체가 액체에 녹는 과정과 이에 영향을 주는 요인에 대하여 다룬다. 이러한 용해 과정과 이에 관련된 요인을 탐구하는 것은 용액에 대한 흥미와 호기심을 갖게 한다.

이 영역은 용액을 이해하여 생활에서 물질이 녹는 현상에 관심을 가지도록 하는 데 목적이 있다. 실험을 통해 용해 현상을 물질의 입자와 관련지어 이해할 수 있게 되며, 용해되는 양에 영향을 미치는 변인을 알고, 용액의 진하기를 상대적으로 비교하는 방법을 고안하여 실험으로 확인한다. 이 과정에서 용질, 용매, 용액의 정의를 알게 된다.

이 영역은 3~4학년군의 '액체와 기체', '혼합물의 분리'의 후속 학습으로 5~6학년군의 '산과 염기', 중학교 1~3학년군의 '물질의 특성'과 연계된다.

[학습 내용 성취 기준]
(가) 용해 전후에 무게를 비교하고, 용해 현상을 입자적 관점에서 이해한다.
(나) 물에 여러 고체 물질을 녹여봄으로써 용질의 종류와 양에 따라 녹는 양이 다름을 안다.
(다) 용액의 진하기를 상대적으로 비교하는 방법을 고안할 수 있다.
(라) 물의 온도에 따라 용질의 녹는 양이 달라진다는 사실을 실험을 통해서 확인할 수 있다.

[탐구 활동]
(가) 물에 여러 가지 고체 물질 녹여보기
(나) 용해 전과 후의 무게 측정하기
(다) 용해에 영향을 주는 요인 알아보기
(라) 고체 물질 빨리 녹이기

(3) 날씨와 우리 생활

이 영역에서는 여러 기상 요소 중 습도, 이슬, 안개, 구름, 비, 눈, 바람, 기압을 중심으로 다룬다. 날씨는 우리가 야외 활동을 하는 데 영향을 줄 뿐만 아니라 선박이나 항공기의 운항, 경제 활동 등에도 영향을 준다.

습도가 우리 생활에 미치는 영향을 알아보고, 이슬과 안개, 구름, 비, 눈, 바람 등과 같은 현상의 발생 과정을 실험을 통해 탐구하게 한다. 또한 고기압과 저기압이 날씨에 주는 영향, 계절에 따라 달라지는 날씨의 특징을 알아본다. 이런 활동들을 통해 날씨가 우리 생활에 많은 영향을 주고 있음을 알게 한다.

이 영역은 중학교 1~3학년군의 '기권과 우리 생활'과 연계된다.

[학습 내용 성취 기준]
(가) 습도가 우리 생활에 많은 영향을 주고 있음을 안다.
(나) 이슬과 안개가 생기는 원인을 이해하고, 그 차이점을 안다.
(다) 구름의 생성 과정을 알고 비와 눈이 내리는 과정을 이해한다.
(라) 바람이 부는 원인을 알고, 바닷가에서 낮과 밤에 부는 바람의 방향 변화를 이해한다.
(마) 고기압과 저기압의 의미를 이해하고, 기압이 날씨에 주는 영향을 안다.
(바) 계절별 날씨의 특징을 우리 지역으로 이동해 오는 공기의 성질로 이해한다.
(사) 날씨가 우리 생활에 많은 영향을 주고 있음을 안다.

[탐구 활동]
(가) 건습구 습도계로 습도 측정하기
(나) 이슬, 안개, 구름, 비 발생 실험하기
(다) 모형을 활용한 해륙풍 실험하기
(라) 야외 활동 계획을 세울 때 필요한 날씨 정보 조사하기

(4) 식물의 구조와 기능

이 영역에서는 식물의 뿌리, 줄기, 잎, 꽃과 같은 식물 기관의 구조와 기능을 다룬다. 식물의 기관이 각각의 기능을 수행하고 있음을 이해함으로써 식물 기관들이 통합적으로 기능하여 생명을 영위하고 있음을 알게 한다.

식물 기관의 구조와 기능을 이해하기 위해 뿌리, 줄기, 잎, 꽃과 열매를 관찰하게 한다. 돋보기나 현미경을 사용하여 관찰하고, 현미경 사용법을 익히게 한다. 또한 식물 기관의 구조와 기능 사이의 관계를 통합적으로 이해하게 한다.

이 영역은 3~4학년군의 '식물의 한살이', '식물의 생활'의 후속학습으로, 중학교 1~3학년군의 '광합성'과 연계된다.

현미경으로 식물 세포를 관찰할 때 양파의 표피 세포와 같은 비교적 다루기 쉬운 재료를 사용하도록 하며, 세포의 핵을 관찰한다.

[학습 내용 성취 기준]

(가) 식물의 전체적인 구조를 관찰하여 뿌리, 줄기, 잎, 꽃, 열매를 구별할 수 있다.
(나) 뿌리의 구조를 알고 지지, 흡수, 저장의 기능을 이해한다.
(다) 줄기의 겉모양과 속 구조를 알고, 뿌리에서 흡수된 물이 줄기를 통해 각 기관으로 이동함을 이해한다.
(라) 잎의 기능인 증산작용과 광합성을 이해한다.
(마) 꽃과 열매의 구조와 기능을 알고, 씨가 퍼지는 다양한 방법을 안다.
(바) 뿌리, 줄기, 잎, 열매의 기능이 서로 관련되어 있음을 이해한다.
(사) 현미경으로 관찰하여 식물체는 세포로 이루어져 있음을 안다.

[탐구 활동]

(가) 뿌리의 기능 실험하기
(나) 물관을 통한 물의 이동 실험하기
(다) 증산 작용 실험하기
(라) 광합성 산물을 확인하는 실험하기
(마) 현미경 사용법을 익히고 식물 세포 관찰하기

(5) 산과 염기

이 영역에서는 용액의 특성 중 산과 염기에 대하여 다룬다. 용액의 성질을 이용하여 여러 가지 용액을 산성과 염기성 용액으로 분류하는 탐구 활동은 학생에게 흥미로운 과정이다.

여러 용액에 지시약을 넣고 변화 관찰한 후, 이를 바탕으로 산과 염기로 분류하게 한다. 이 과정을 통해 산성 용액과 염기성 용액의 성질을 찾아내고, 산과 염기를 섞을 때 용액의 성질이 변화된다는 것을 알게 한다. 산성, 염기성 용액이 일상생활에서 이용되는 예를 들고 설명하게 한다.

이 영역은 3~4학년군의 '용해와 용액'의 후속 학습으로 중학교 1~3학년군의 '여러 가지 화학 반응'과 연계된다.

[학습 내용 성취 기준]

(가) 여러 가지 용액에 지시약을 넣었을 때의 변화를 관찰하고, 이를 이용하여 여러 가지 용액을 분류한다.

(나) 산성 용액과 염기성 용액의 성질을 안다.

(다) 산성 용액과 염기성 용액을 섞은 후 변하는 지시약의 색을 통해 각각의 성질이 약해지는 것을 안다.

(라) 산성 용액과 염기성 용액을 섞을 때 용액의 성질이 변하는 것을 이용한 일상생활의 예를 들 수 있다.

[탐구 활동]

(가) 여러 가지 용액을 분류하고 산성 용액과 염기성 용액의 성질 관찰하기

(나) 지시약을 만들어 산과 염기 구분하기

(다) 산과 염기를 섞을 때의 변화 관찰하기

(라) 산과 염기를 생활에 이용하는 예 찾아 설명하기

(6) 물체의 빠르기

이 영역에서는 물체의 빠르기를 다룬다. 빠르기는 물체의 운동을 표현하는 기본 개념으로 운동을 관찰하고 정량적으로 나타내는 데 필요하다. 물체의 운동은 시간에 따른 위치 변화로 나타낼 수 있으며 빠르기를 객관적이고 과학적으로 표현하는 것이 중요하다.

이 영역에서는 물체의 운동을 위치의 변화로 이해하게 한 후, 여러 가지 방법으로 물체의 빠르기를 비교하는 방법을 습득하게 한다. 스포츠, 교통수단, 바람의 빠르기 등 일상생활의 예를 들어 물체의 빠르기를 구하고, 안전한 생활을 위해 물체의 빠르기를 적절하게 조절해야 함을 알게 한다.

이 영역은 중학교 1~3학년군의 '힘과 운동'과 연계된다.

[학습 내용 성취 기준]

(가) 시간에 따른 위치의 변화로 물체의 운동을 이해하고, 운동하는 물체를 관찰하여 빠르기를 정성적으로 이해한다.

(나) 일정한 거리를 가는 데 걸린 시간으로 물체의 빠르기를 비교할 수 있다.

(다) 일정 시간에 간 거리로 물체의 빠르기를 비교할 수 있다.

(라) 물체가 이동한 거리와 걸린 시간을 측정하여 물체의 빠르기를 구할 수 있다.

[탐구 활동]

(가) 일정한 거리를 가는 데 걸린 시간으로 물체의 빠르기를 비교하기

(나) 일정 시간에 간 거리로 물체의 빠르기를 비교하기

(다) 움직이는 장난감의 빠르기 구하기

(라) 빠르기와 관련된 교통안전 수칙 조사하기

(7) 태양계와 별

이 영역은 태양과 행성, 별과 별자리를 다룬다. 태양계와 별은 예전부터 인류가 의미를 두어 오랫동안 관찰하며 기록해 왔으며, 앞으로도 관심을 가지고 연구해야 할 대상이다.

이 영역에서는 태양계의 특징을 알고 행성들의 상대적 크기와 거리를 비교하게 한다. 별이 무엇인지 알고 별들을 연결하여 별자리가 됨을 이해하고, 북쪽 하늘의 별자리와 북극성을 찾는 활동을 하게 한다. 이런 활동을 통해 인류가 우주를 탐사하는 이유를 생각해 보고, 우주에 대한 호기심과 탐구심을 갖도록 한다.

이 영역은 중학교 1~3학년군의 '태양계', '외권과 우주개발'과 연계된다.

[학습 내용 성취 기준]
(가) 태양계를 구성하는 행성을 조사하고, 태양이 지구의 에너지원임을 안다.
(나) 행성의 상대적 크기와 거리를 비교한다.
(다) 별이 무엇인지 알아보고, 별들의 연결인 별자리를 이해한다.
(라) 북두칠성과 카시오페이아 자리를 이용하여 북극성을 찾을 수 있다.
(마) 인류가 우주를 탐사하는 이유를 안다.

[탐구 활동]
(가) 태양계 행성들의 상대적 크기와 거리 비교하기
(나) 밤하늘에서 금성이나 목성, 토성과 같은 밝은 행성 찾아보기
(다) 북두칠성과 카시오페이아자리를 이용하여 북극성 찾아보기
(라) 상상의 우주 탐사 계획 세워보기

(8) 우리 몸의 구조와 기능

이 영역은 우리 몸에 있는 여러 기관들의 생김새와 위치, 기본적인 기능을 다룬다. 건강하고 정상적인 생명 활동을 유지하기 위해서는 우리 몸의 여러 기관들이 제대로 기능하여야 한다. 이 영역의 학습을 통해 우리 몸을 구성하는 기관들의 구조와 기능뿐만 아니라 이들 기관들이 통합적으로 기능하고 있음을 이해한다.

우리 몸의 뼈와 근육의 구조와 기능을 이해하고 그림과 모형을 활용하여 소화, 순환, 호흡, 배설, 감각 기관의 구조를 이해하게 한다. 그리고 이들 기관들이 서로 유기적으로 관련되어 있음을 알고, 각 기관이 정상적으로 기능해야 건강을 유지할 수 있음을 이해하게 한다.

이 영역은 중학교 1~3학년군의 '소화 · 순환 · 호흡 · 배설'과 연계된다.

[학습 내용 성취 기준]
(가) 우리 몸의 각 기관의 위치와 생김새를 안다.
(나) 모형을 통하여 뼈와 근육을 관찰하고, 뼈와 근육의 관계와 기능을 이해한다.
(다) 모형을 통하여 소화, 순환, 호흡, 배설, 감각 기관의 종류와 위치, 생김새와 기능을 이해한다.
(라) 우리 몸의 소화, 순환, 호흡, 배설, 감각 기관이 유기적으로 관련되어 있음을 이

해한다.

(마) 건강한 생활 습관과 운동이 우리 몸을 구성하는 기관을 원활하게 기능하게 함을 이해한다.

[탐구 활동]

(가) 뼈와 근육 모형 만들기

(나) 호흡기 모형을 통한 호흡 운동 알아보기

(다) 운동할 때 몸에서 일어나는 변화 알아보기

(라) 자극에 대한 우리 몸의 반응 알아보기

(9) 지구와 달의 운동

이 영역은 지구의 자전과 공전, 달의 공전에 대해 다룬다. 낮과 밤, 달과 별의 움직임, 달의 모양 변화는 흔히 볼 수 있는 천문 현상이며, 우리 생활과 밀접하게 연관되어 있다.

낮과 밤, 하루 동안의 달과 별의 위치 변화는 지구의 자전으로, 계절에 따라 달라지는 별자리는 지구의 공전으로 설명할 수 있게 한다. 또 여러 날 동안 관찰한 달의 모양 변화는 달의 공전으로 이해하게 한다.

이 영역은 5~6학년군의 '계절의 변화', 중학교 1~3학년군의 '태양계'와 연계된다.

[학습 내용 성취 기준]

(가) 낮과 밤을 지구의 자전으로 설명할 수 있다.

(나) 하루 동안 달과 별의 위치가 달라지는 것을 지구의 자전으로 설명할 수 있다.

(다) 계절에 따라 별자리가 달라지는 것을 지구의 공전으로 설명할 수 있다.

(라) 여러 날 동안 관찰한 달의 모양이 달라지는 것을 달의 공전으로 설명할 수 있다.

(마) 태양과 지구, 달의 운동을 모형이나 역할 놀이를 통해 이해한다.

[탐구 활동]

(가) 하루 동안 태양과 달, 별의 위치 변화 관찰하기

(나) 계절별 대표적인 별자리 찾아보기

(다) 여러 날 동안 해가 진 직후, 같은 시각에 보이는 달의 모양과 위치 관찰하기

(라) 태양과 지구, 달의 운동 모형 만들기

(10) 전기의 작용

이 영역에서는 간단한 전기 회로와 전자석을 다룬다. 가정이나 학교에서 여러 가지 전기 제품을 사용하고 있고, 매년 새로운 상품이 발명되어 생산되고 있어 전기에 관련된 현상은 학생들에게 매우 친숙하다. 이 영역은 전기에 대해 처음으로 다루는 내용으로, 간단한 전기 회로를 만들어 전구의 밝기를 비교하고 전자석을 만들어 보는 활동을 하게 한다.

이 영역에서는 전기 회로에서 전구에 불이 켜지는 조건을 알게 하고, 전구의 연결 방법에 따른 밝기를 비교하면서 전류를 이해하게 하고, 전기를 절약하고 안전하게 사용

하는 방법을 익히게 한다. 또 전선 주변에 놓인 나침반의 움직임을 관찰하여, 전선은 자석과 같은 성질을 나타냄을 알고 이를 이용하여 전자석을 만들며 생활에서 전자석이 사용되는 예를 찾고 새로운 쓰임새를 고안하게 한다.

이 영역은 3~4학년군의 '자석의 이용' 및 중학교 1~3학년군의 '전기와 자기'의 전기회로와 자기장 개념과 연계된다.

[학습 내용 성취 기준]

(가) 전지, 전선, 전구를 연결하여 전구에 불을 켜고, 불이 켜지는 조건을 안다.

(나) 전구의 연결 방법에 따른 밝기를 비교한다.

(다) 전기를 절약하고 안전하게 사용하는 방법을 알고 실천한다.

(라) 전류가 흐를 때 전선 주위에 생긴 현상을 이용하여 전자석을 만들 수 있다.

[탐구 활동]

(가) 전구에 불 켜기

(나) 전구의 연결 방법에 따른 밝기 비교하기

(다) 전선 주변에 놓인 나침반의 모습 관찰하기

(라) 전자석 만들기

(11) 생물과 환경

이 영역은 일정한 공간에 살고 있는 생물과 생물의 생활에 영향을 미치는 비생물적 환경 요인을 포함하는 생태계와 관련된 내용을 다룬다. 이 영역을 학습함으로써 우리가 살아가고 있는 지구 생태계를 건강하게 유지하는 것이 중요함을 알게 한다.

이 영역에서는 빛, 온도, 물 등과 같은 환경 요인의 영향을 받아서 생물의 생활에 변화가 생긴 사례와 생물이 환경에 적응한 사례를 통하여 생물과 환경과의 관계를 이해하게 한다. 생태계를 구성하는 요소 사이의 상호작용, 생태계의 평형 등을 이해하고, 환경오염에 따른 생태계 파괴에 대하여 알아보고, 환경 개발과 보전 사이의 균형과 조화가 필요함을 인식하게 한다.

이 영역은 3~4학년군의 '동물의 생활', '식물의 생활'의 후속 학습이다.

[학습 내용 성취 기준]

(가) 빛, 온도, 물 등과 같은 환경 요인이 생물에 미치는 영향을 알고, 생물이 환경에 적응한다는 것을 이해한다.

(나) 생산자, 소비자, 분해자, 비생물적 환경 요인 같은 생태계 구성 요소를 알고, 그 요소들이 관련되어 있음을 이해하며, 생태계 평형의 중요성을 이해한다.

(다) 환경오염의 원인을 알고 환경오염으로 인한 생태계 파괴 사례를 이해하며, 인간 생활이 생태계에 미치는 영향을 안다.

(라) 생태계 보전의 필요성과 생태계 보전을 위한 인간의 노력을 안다.

[탐구 활동]

(가) 환경과 생물의 관계 알아보기

(나) 생태계 관련 놀이를 통해 생태계 구성 요소 알아보기
(다) 생태계 보전 방안 조사하기

(12) 여러 가지 기체
이 영역에서는 입자적 관점에서 기체의 성질에 대하여 다룬다. 눈에 보이지 않고 손에 잡히지도 않는 다양한 기체는 학생들의 추론 능력을 불러일으킬 수 있는 흥미로운 소재 중의 하나이다.

압력과 기체의 부피 사이의 관계를 실험을 통해 정성적으로 알아보고 기체의 성질을 입자와 관련지어 이해하게 한다. 또, 산소와 이산화탄소 발생 실험을 통해 생성된 산소와 이산화탄소의 성질을 확인할 수 있으며, 생활 주변에서 사용되는 기체들을 조사하게 한다.

이 영역은 3~4학년군의 '액체와 기체', '물의 상태 변화'의 후속 학습으로 중학교 1~3학년군의 '분자 운동과 상태 변화'에 연계된다.

[학습 내용 성취 기준]
(가) 기체가 입자로 이루어졌음을 알고 기체의 성질을 설명할 수 있다.
(나) 압력과 기체 부피 사이의 관계를 입자간 거리 변화로 이해한다.
(다) 산소와 이산화탄소의 발생 방법과 그 성질을 안다.
(라) 일상생활에서 기체가 이용되는 사례를 조사하고, 이를 기체의 성질과 관련지어 설명할 수 있다.

[탐구 활동]
(가) 압력에 따른 기체의 부피 변화 관찰하기
(나) 산소를 발생시켜 산소의 성질을 확인하기
(다) 이산화탄소를 발생시켜 이산화탄소의 성질을 확인하기
(라) 여러 가지 기체의 성질과 활용 조사하기

(13) 생물과 우리 생활
인간과 함께 살아가고 있는 다양한 생물들은 우리 생활에 많은 영향을 끼치고 있다. 이 영역은 동물과 식물을 비롯하여 균류, 원생생물, 세균, 바이러스 등이 우리 생활에 영향을 끼치고, 이용되고 있는 것을 다룬다. 이 영역의 학습을 통해 인간의 생활이 다른 생명체들과 밀접한 관련을 맺고 있음을 알 수 있다.

동물이나 식물뿐만 아니라 균류나 원생생물, 세균, 바이러스 등이 우리 생활에 미치는 긍정적이거나 부정적인 측면을 인식하게 한다. 생명과학의 발달을 통해 다양한 생명체들이 인간 생활과 밀접한 관계가 있음을 이해하게 한다.

이 영역은 중학교 1~3학년군의 '과학과 인류 문명'과 연계된다.

[학습 내용 성취 기준]
(가) 버섯, 곰팡이, 해캄, 짚신벌레와 같은 생물의 특징과 이들이 사는 환경에 대하여 안다.

(나) 다양한 생물이 우리 생활에 끼치는 영향을 긍정적인 측면과 부정적인 측면에서 이해한다.
(다) 첨단 생명과학이 우리 생활에서 활용되고 있는 사례를 안다.

[탐구 활동]
(가) 버섯, 곰팡이 등 관찰하기
(나) 해캄, 짚신벌레 등 관찰하기
(다) 세균, 바이러스 등이 우리 생활에 미치는 영향 조사하기

(14) 렌즈의 이용

이 영역에서는 여러 가지 렌즈에서 나타나는 현상을 다룬다. 일상생활에서 많이 쓰이는 렌즈는 빛의 굴절 현상을 일으켜 빛을 모으거나 물체를 확대하여 볼 수 있는 도구로 학생들에게 흥미와 호기심을 일으킨다.

이 영역에서는 돋보기나 근시 안경 등의 렌즈에 의한 빛의 굴절을 중심으로 다룬다. 렌즈를 통해 물체의 모습이 확대되거나 축소되어 보임을 관찰하게 하고, 돋보기로 햇빛을 한 점으로 모을 수 있음을 알게 한다. 또 렌즈가 이용되는 일상생활의 예를 찾고 그 기능을 설명하게 한다.

이 영역은 중학교 1~3학년군의 '빛과 파동'과 연계된다.

빛의 경로를 그리는 활동은 지양하고 렌즈를 통해 나타나는 현상을 다룬다.

[학습 내용 성취 기준]
(가) 돋보기나 여러 가지 안경을 통해 보이는 물체의 모습과 실제 모습의 차이를 안다.
(나) 돋보기를 사용하여 햇빛을 한 점으로 모을 때 나타나는 현상을 안다.
(다) 일상생활에서 렌즈가 사용되는 예를 찾고 그 기능을 설명한다.
(라) 렌즈를 사용한 도구를 고안한다.

[탐구 활동]
(가) 여러 가지 렌즈로 물체 관찰하기
(나) 돋보기로 햇빛 모으기
(다) 간이 사진기 만들기

(15) 연소와 소화

이 영역에서 다루는 연소는 양초가 타는 것부터 로켓의 추진과 같은 넓은 범위에 이르기까지 이용되며, 연소의 반대 개념인 소화는 안전한 생활을 위해 학습해야 할 중요한 개념이다.

물질이 타는 현상을 관찰함으로써 물질이 연소되거나 소화될 때 필요한 조건을 이해하게 한다. 물질의 연소 실험을 통해 연소 후에 새로운 물질이 생성됨을 알게 한다. 일상생활에서 발생할 수 있는 다양한 화재 예방 및 화재 발생 시의 안전 대책과 소화기의 사용 방법을 알아 위급한 상황 시 대처할 수 있는 능력과 태도를 기르게 한다.

이 영역은 5~6학년군의 '여러 가지 기체'의 후속 학습으로 중학교 1~3학년군의 '여

러 가지 화학 반응'과 연계된다.

[학습 내용 성취 기준]
(가) 관찰을 통해 물질이 탈 때 나타나는 공통적인 현상을 안다.
(나) 연소와 소화의 조건을 알고, 연소와 소화를 관련지어 이해한다.
(다) 실험을 통해 연소 후에 생성되는 물질을 확인한다.
(라) 화재 예방 및 화재 발생 시의 안전 대책을 알고 소화기를 올바르게 사용할 수 있다.

[탐구 활동]
(가) 연소 실험을 통해 물질이 탈 때 나타나는 현상 관찰하기
(나) 물질의 연소 조건 알아보는 실험하기
(다) 연소 후 생성되는 물질 확인하기
(라) 화재의 원인과 그에 따른 대처요령 조사하기

(16) 계절의 변화

이 영역에서는 계절에 따라 달라지는 자연 현상과 그 원인에 대해 다룬다. 계절의 변화는 사람들의 의식주에 많은 영향을 끼친다.

계절에 따라 태양의 남중 고도와 그림자의 길이, 기온, 낮과 밤의 길이가 달라지므로 지구상의 자연 환경이 바뀜을 이해하게 한다. 이런 계절의 변화는 지구의 자전축이 기울어진 채 공전하기 때문이라는 것을 알게 한다.

이 영역은 5~6학년군의 '날씨와 우리 생활', '지구와 달의 운동'과 연계된다.

[학습 내용 성취 기준]
(가) 계절에 따라 자연 환경이 변화됨을 안다.
(나) 태양의 고도와 그림자의 길이, 기온의 관계를 이해한다.
(다) 계절에 따른 태양의 남중 고도와 낮과 밤의 길이, 기온 변화를 이해한다.
(라) 계절 변화의 원인을 자전축의 기울기와 지구의 공전으로 설명할 수 있다.

[탐구 활동]
(가) 하루 동안 태양의 고도와 그림자의 길이, 기온 측정하기
(나) 지구본을 이용하여 계절별 낮과 밤의 길이 측정하기
(다) 지구본을 이용하여 계절별 태양의 남중 고도 측정하기

참고문헌

A day in the desert. (1994). St. Petersburg, FL: Willowisp.

Aardema, V. (1981). *Bringing the rain to Kapiti Plain: A Nandi tale.* New York: Dial.

Aarons, D. IK. (2009). Test scores for students with disabilities found on rise. *Education Week, 29*(3), p. 13.

Acher, A., Arcà, M., & Sanmarti, N. (2007). Modeling as a teaching learning process for understanding materials: A case study in primary education. *Science Education, 91*(3), 398 – 418.

Ackerson, V. L. & Donbelly, L. A. (2008). Relationships among learner characteristics and preservice teachers' views of the nature of science. *Journal of Elementary Science Education, 20*(1), 45 – 58.

Adams, P., Mitchener, C., & Johnson, V. (1987). *Water magic.* Cleveland, OH: Modern Curriculum Press.

Adler, D. A., & Tobin, N. (1999). *How tall, how short, how far away?* New York: Holiday House.

Adler, J. (2006, November 6). Plotting Pluto's comeback: Some astronomers want to reclaim the status of planet for the distant ball of rock and ice. *Newsweek*, 60.

Akerson, V. L. (2005). "How should I know what scientists do? I am just a kid": Fourth-grade students' conceptions of nature of science. *Journal of Elementary Science Education, 17*(1), 1 – 11.

Akerson, V. L., Buzzelli, C. A., & Donnelly, L. A. (2010). On the nature of teaching nature of science: Preservice early childhood teachers' instruction in preschool and elementary settings. *Journal of Research in Science Teaching, 47*(2), 213 – 233.

Akerson, V. L., Cullen, T.A. & Hanson, D. L. (2009). Fostering a community of practice through a professional development program to improve elementary teachers' views of nature of science and teaching practice. *Journal of Research in Science Teaching, 46*(10), 1090 – 1113.

Ackerson, V. L. & Donbelly, L. A. (2008). Relationships among learner characteristics and preservice teachers' views of the nature of science. *Journal of Elementary Science Education, 20*(1), 45 – 58.

Akerson, V. L., Hanson, D. L. & Cullen, T. A. (2007). The influence of guided inquiry and explicit instruction on K-6 teachers' views of nature of science. *Journal of Science Teacher Education, 18*(5), 751 – 772.

Akerson, V. L., & Young, T. A. (2005, November/December). Science in the "write" way. *Science and Children*, 43(3), 38 – 41.

Aldridge, B. G. (1989). *Essential changes in secondary school science: Scope, sequence, and coordination.* Washington, DC: National Science Teachers Association.

Alesandrini, K., & Larson, L. (2002). Teachers bridge to constructivism. *The Clearing House, 75*(3), 118 – 121.

Aliki. (1981). *Digging up dinosaurs.* New York: Crowell.

Aliki. (1985). *My five senses.* New York: Crowell.

Aliki. (1988). *Digging up dinosaurs.* New York: Crowell.

Aliki. (1989). *My five senses.* New York: Crowell.

Aliki. (1990). *My feet.* New York: Crowell.

Aliki. (1993). *Communication.* New York: Greenwillow Books.

Allen, J. (1990). *Mucky Moose.* New York: Macmillan.

Allen, J. (1993). *Elephant.* Cambridge, MA: Candlewick Press.

Allen, R. (2005). New paradigms for parental involvement. *Education Update 47*(3), 3 – 4.

Allen, R. (2008). Analyzing classroom discourse to advance teaching and learning. *Education Update, 50*(2), p. 1, 3, 7.

American Association for the Advancement of Science. (1989). *Project 2061: Science for all Americans.* Washington, DC: Author.

American Association for the Advancement of Science. (1994). *Benchmarks for science literacy: Project 2061.* New York: Oxford University Press.

American Association of Museums. (n.d.). Museums FAQ. http://www.aam-us.org/.

Anderson, T. (2010). New species from ancient caves. *National Wildlife, 48*(2), p. 14.

Appleton, K. (2007). Elementary science teaching. In S. K. Abell & N. G. Lederman (Eds.), *Handbook of research on science education.* Mahwah, NJ: Lawrence Erlbaum Associates.

Armstrong, A. (2009). *Multiple intelligences in the classroom.* Alexandria, VA: Association for Supervision and Curriculum Development.

Arnett, R. H., & Jacqules, R. L., Jr. (1981). *Simon and Schuster's guide to insects.* New York: Simon and Schuster.

Arnosky, J. (1983). *Secrets of a wildlife watcher.* New York: Lothrop, Lee & Shepard.

Arnosky, J. (1992). *Crinkleroot's guide to knowing the trees.* New York: Bradbury Press.

Arnosky, J. (2002). *All about frogs.* New York: Scholastic Press.

Ash, D., & Levitt, K. (2003). Working within the zone of proximal development: Formative assessment as professional development. *Journal of Science Teacher Education, 14*(1), 23 – 48.

Ash, K. (2009). Assistive-Tech connections. *Education Week Digital Directions*, Fall, 2009.

Ash, K. (2009). Tech's role in teaching autistic students evolves. *Education Week Digital Directions*, September 9, 2009. http://www.edweek.org/dd/articles/2009/09/09/04autistictech_web.

h02.html.

Ashbrook, P. (2010). Searching for professional development: A road map for early childhood teachers. *Science and Children*, 47(9), 44 – 46.

Association of Children's Museums. (2007). Stats and trends. http://www.childrensmuseums.org/index.htm.

Ausubel, D. P. (1968). *Educational psychology: A cognitive view*. New York: Holt, Rinehart & Winston.

Ausubel, D. P., Novak, J. D., & Hanesian, H. (1978). *Educational psychology: A cognitive view* (2nd ed.). New York: Holt, Rinehart and Winston.

Baker, K. (1990). *Who is the beast*? San Diego: Harcourt Brace Jovanovich.

Bamberger, Y., & Tal, T. (2007). Learning in a personal context: Levels of choice in a free choice learning environment in science and natural history museums. *Science Education, 91*(1), 75 – 95.

Barber, J., Buegler, M. E., & Willard, C. (1988). *Discovering density*. Berkeley, CA: CEMS/Lawrence Hall of Science.

Barman, C. R. (1992). An evaluation of the use of a technique designed to assist prospective elementary teachers use the learning cycle with science textbooks. *School Science and Mathematics, 92*(2), 59 – 63.

Barrow, L. H. (2006). A brief history of inquiry: From Dewey to standards. *Journal of Science Teacher Education, 17*(3), 265 – 278.

Bartlett, S. (2006). Pluto left out in the cold. *The Lancet, 368* (9538), 828 – 829.

Bash, B. (1989). *Desert giant: The world of the saguaro cactus*. San Francisco: Sierra Club/Little, Brown.

Basu, S. J., & Barton, A. C. (2007). Developing a sustained interest in science among urban minority youth. *Journal of Research in Science Teaching, 44*(3), 466 – 489.

Baylor, B. (1974). *Everybody needs a rock*. New York: Aladdin.

Beane, J. A. (1997). *Curriculum integration: Designing the core of democratic education*. New York: Teachers College Press.

Beck, J., Hooks, L., Harris, G., & McArthur, D. (2007). It's a rat—No, a hamster: Animals in the classroom. *ACEI Focus on Elementary, 20*(1), 1 – 8.

Bell, B. (2007). Classroom assessment of science learning. In S. K. Abell & N. G. Lederman (Eds.), *Handbook of research in science education*. Mahwah, NJ: Lawrence Erlbaum Associates.

Bell, C. R. (1996). *Managers as mentors*. San Francisco, CA: Kochler Publishers.

Bell, R. L. & Trundle, K. C. (2008). The use of a computer simulation to promote scientific conceptions of moon phases. *Journal of Research in Science Teaching, 45*(3), 346 – 372.

Benedis-Grab, G. (2006). Sinking and floating. *Science Scope, 30*(2), 18 – 21.

Bennett, J., Lubben, F., & Hogarth, S. (2007). Bringing science to life: A synthesis of the research evidence on the effects of context-based STS approaches to science teaching. *Science Education, 91*(3), 347 – 370.

Benoit, O. (1997). *Who killed Olive Soufflé*? New York: Learning Triangle.

Benson, M. (2009). *Beyond: A solar system voyage*. New York: Abrams Books for Young Readers.

Berenstain, J., & Berenstain, S. (1977). *The Berenstain Bears' science fair*. New York: Random House.

Berenstain, S., & Berenstain, J. (1996). *The Berenstain Bears grow-it: Mother Nature has such a green thumb*. New York: Random House.

Berger, C. (2006, October/November). What are bugs worth? *National Wildlife, 44*(6), 37 – 43.

Berger, M. (1992). *All about seeds*. New York: Scholastic.

Berliner, D. C. (2009). MCLB (Much Curriculum Left Behind): A U.S. calamity in the making. *The Educational Forum, 73*(4), 284 – 296.

Berra, Y. (1998). *The Yogi book: "I really didn't say everything I said."* New York: Workman Publishing.

Bianchini, J. A., Cavazos, L. M., & Helms, J. V. (2000). From professional lives to inclusive practice: Science teachers and scientists' views of gender and ethnicity in science education. *Journal of Research in Science Teaching, 37*(6), 511 – 547.

Bibby, G. (1970). *Looking for Dilmun*. New York: Alfred A. Knopf.

Biological Sciences Curriculum Study (BSCS). (1989). *New designs for elementary school science and health: A comparative project of Biological sciences Curriculum Study (BSCS) and International Business Machines (IBM)*. Dubuque, IA: Kendall Hunt.

Biskop, A., (2007). *Exploring ecosystems with Max Axion, super scientist*. Mankato, MN: Capstone Press.

Black, P. & Wiliam, D. (1998). Inside the black box: Raising standards through classroom assessment. *Phi Delta Kappan, 80*(2) 139 – 144, 146 – 148.

Black, P., & Wiliam, D. (2010). A pleasant surprise. *Phi Delta Kappan, 92*(1), 47 – 48.

Bloom, B. S., Englehart, M. D., Furst, E. J., Hill, W. H., & Krathwohl, D. R. (Eds.). (1956). *Taxonomy of educational objectives: The classification of educational goals. Handbook I: Cognitive domain*. New York: McKay.

Bodies, The Exhibition (2006).

Bodzin, A. M., & Beerer, K. M. (2003). Promoting inquiry-based science: The validation of the Science Teacher Inquiry Rubric (STIR). *Journal of Elementary Science Education, 15*(2), 39 – 49.

Bollman, K. A., Rodgers, M. H., & Mauller, R. L. (2001). Jupiter quest: A path to Scientific discovery. *Phi Delta Kappan, 82*(9), 683 – 686.

Boothroyd, J. (2007). *What is a liquid?* Minneapolis, MN: Lerner Publishing Group.

Borenstein S. (2010). Could "Goldilocks" planet be just right for life? *Yahoo News*. http://news.yahoo.com/s/ap/20100929/ap_on_sc/us_sci_new_earths/.

BouJaoude, S. (2000). Conceptions of science teaching revealed by metaphors and answers to open-ended questions. *Journal of Science Teacher Education, 11*(2), 173 – 186.

Bowman, B. T. (1994). The challenge of diversity. *Phi Delta Kappan, 76*(3), 218 – 224.

Bradley, F. M. (1988). *Air is all around you*. New York: Crowell.

Branley, F., & Vaughn, E. (1956). *Mickey's magnet*. New York: Scholastic.

Bransfi eld, P., Holt, P., & Mastasi, P. (2007). Coaching to build support for inquiry-based teaching. *Science Scope, 30*(5), 49 – 51.

Bransford, J. D., Brown, A. L., & Cocking, R. R. (Eds). (1999). *How people learn: Brain, mind, experience, and school*. Washington, DC: National Academy Press.

Braun, J. A., Jr. (2004). Technology in the classroom: Tools for building stronger communities and better citizens. *Kappa Delta Pi Record, 40*(2), 69 – 73.

Brett, J. (1989). *The mitten: A Ukrainian folktale*. New York: G. P. Putnam.

Brighton, C. M. (2009). Embarking on action research. *Educational Leadership, 66*(5), 40 – 44.

Britt, B. R. (2006). Scientists decide Pluto's no longer a planet. Pluto definition approved, but dissenters plan a counteroffensive. *MSNBC.com*.

Brookhart, S. M. (2009). The many meanings of "Multiple Measures." *Educational Leadership, 67*(3), 6 – 12.

Brookhart, S., Moss, C., & Long, B. (2008). Formative assessment that empowers. *Educational Leadership, 66*(3), 52 – 57.

Brookover, W., Beady, C., Flood, P., Schweister, J., & Wisenbaker, J. (1979). *School social systems and student achievement*. New York: Praeger.

Brooks, J. G., & Brooks, M. G. (1999). *In search of understanding: The case for constructivist classrooms*. Alexandria, VA: Association for Supervision and Curriculum Development.

Brotman, J. S. & Moore, F. M. (2008). Girls and science: A review of four themes in the science education literature. *Journal of Research in Science Teaching, 45*(9), 971 – 1002.

Brown, C. (2008). *Amazing kitchen chemistry projects you can build yourself*. White River Junction, VT: Nomad Press.

Brown, C. L., & Bentley, M. (2004). ELLs: Children left behind in science class. *Academic Exchange Quarterly, 8*(3), 152 – 157.

Brown, J. (2002). *Journey into the desert*. New York: Oxford University Press.

Brown, J. (2006). *Four-minute forensic mysteries: Shadow of doubt (Crime files)*. New York: Scholastic.

Brown, K. (2006, Fall). The power of "mental velcro": Learning that sticks. *Human Sciences Matters, NA Newsletter for Alumni and Friends of the College of Human Sciences, Iowa State University*. Ames, IA: Iowa State University College of Human Sciences.

Brown, M. (1975). *Stone soup: An old tale*. New York: Charles Scribner's Sons.

Brown, P. L., Abell, S. K., Demir, A., & Schmidt, F. J. (2006). College science teachers' views of classroom inquiry. *Science Education, 90*(5), 784 – 202.

Bruner, J. S. (1960). *The process of education*. Cambridge, MA: Harvard University Press.

Bruner, J. S. (1965). *Toward a theory of instruction*. Cambridge, MA: Harvard University Press.

Brunner, B. (Ed.). (2007). *Time almanac 2007 with Information Please*. Boston: Information Please.

Buck, G. A., Plano Clark, V. L., Leslie-Pelecky, D., Lu, Y., & Cerda-Lizarrage, P. (2008). Examining the cognitive processes used by adolescent girls and women scientists in identifying science role models: A feminist approach. *Science Education, 92*(4), 688 – 707.

Buck, G. A. & Trauth-Nare, A. E. (2009). Preparing teachers to make the formative assessment progress integral to science teaching and learning. *Journal of Science Teacher Education, 20*(5), 475 – 494.

Burningham, J. (1970). *Mr. Gumpy's outing*. New York: Henry Holt.

Burns, M. (2005/2006). Tools for the mind. *Educational Leadership, 63*(4), 48 – 53.

Burshaw, W. J. & McNee, J. A. (2009). The 41st annual Phi Delta Kappa/Gallup poll of the public's attitudes toward the public schools. *Phi Delta Kappan, 91*(1), 8 – 23.

Buxton, C., Lee, O., & Sartan, A. (2008). Promoting science among English language learners: Professional development in today's culturally and linguistically diverse classroom. *Journal of Science Teacher Education, 19*(5), 495 – 511.

Bybee, R. W., & Fuchs, B. (2006). Preparing 21st century workforce: A new reform in science and technology education. *Journal of Research in Science Teaching, 43*(4), 349 – 352.

Bybee, R. W., Kilpatrick, J., Lindquist, M., & Powell, J. C. (2005, Winter). PISA 2003: An introduction. *Natural Selection, the Journal of BSCS*, pp 4 – 7.

Bybee, R. W., & Sund, R. B. (1982). *Piaget for educators* (2nd ed.). Columbus, OH: Charles E. Merrill.

Bybee, R. W., Taylor, J. A., Gardner, A., Van Scotter, P., Powell, J. C., Westbrook, A., & Landes, N. (2006). *The BSCS 5E instructional model: Origins, effectiveness, and applications*. Colorado Springs, CO: Biological Sciences Curriculum Study.

Byrne, S. (2008). When things go wrong, the results can turn out right. *Science and Children, 46*(2), 22 – 25.

Byrnes, J. & Wasik, B. A. (2009). Picture this: Using photography as a learning tool in early childhood classrooms. *Childhood Education, 85*(4), 243 – 248.

Capobianco, B. M. (2007). Science teachers' attempts at integrating feminist pedagogy through collaborative action research. *Journal of Research in Science Teaching, 44*(1), 1 – 32.

Capp, R. (2009). Process skills practice and standardized tests. *Science and Children, 46*(5), 28 – 30.

Carle, E. (1985). *The very busy spider*. New York: Philomel.

Carle, E. (1987). *The very hungry caterpillar*. New York: Philomel.

Carle, E. (1991). *The tiny seed*. New York: Simon & Schuster.

Carroll, L. (1938). *The walrus and the carpenter*. Berkeley, CA: Archetype Press.

Carter, D. A. (1995). *Feely bugs: To touch and feel*. New York: Simon & Schuster

Children's.

Carter, L. A., Sumrall, W. J., & Curry, K. M. (2006). Say cheese! Digital collections in the classroom. *Science and Children, 43*(8), 19 – 23.

Cartier, J. L. & Pellathy, S. L. (2009). Integration with big ideas in mind. *Science and Children, 46*(8), 44 – 47.

Caseau, D., & Norman, K. (1997). Special education teachers use science – technology – society (STS) themes to teach science to students with learning disabilities. *Journal of Science Teacher Education, 8*(1), 55 – 68.

Castelvecchi, D. (2009). The shape of atoms: New technique images electron orbitals of individual atoms. *Scientific American, 301*(6), p. 31.

Caulfield, J., Kidd, S., & Kocher, T. (2000). Brain-based instruction in action. *Educational Leadership, 58*(3), 62 – 65.

CBS News. (2009). Cold fusion is hot again. *60 minutes*. Retrieved from http://www.cbsnews.com/stories/2990/04/17/60minutes/main4952167.shtml

Cendrars, B. (1982). *Shadow*. (M. Brown, Trans.). New York: Charles Scribner's Sons.

Certo, J. L. (2006). Beginning teacher concerns in an accountability-based testing environment. *Journal of Research in Childhood Education, 20*(4), 331 – 349.

Chappuis, S., Chappuis, J., & Stiggins, R. (2009). The quest for quality. *Educational Leadership, 67*(3), 14 – 19.

Charlesworth, R., & Lind, K. K. (2010). *Math and science for young children* (4th ed.). Belmont, CA: Wadsworth Cengage Learning.

Chaucer, G. (1995). *The Canterbury tales*. San Marino, CA: Huntington Library Press. (Original work published c. 1387)

Cheney, E. D. (Ed.). (1889). *Louisa May Alcott: Her life, letters, and journals*. Boston: Brothers.

Cherry, L. (1992). *A river ran wild: An environmental history*. San Diego, CA: Harcourt.

Chokshi, S., & Fernandez, C. (2005). Reaping the systemic benefits of lesson study: Insights from the U.S. *Phi Delta Kappan, 86*(9), 674 – 680.

Clary, R. M. & Wandersee, J. H. (2009). Can teachers *learn* in an online environment? *Kappa Delta Pi Record, 46*(1), 34 – 38.

Cleary, B. (1983). *Dear Mr. Henshaw*. Madison, WI: Demco Media.

Climo, S. (1989). *The Egyptian Cinderella*. New York: Thomas Y. Crowell.

Clough, M. P. (2007). Teaching the nature of science to secondary and postsecondary students: Questions rather than tenets. T*he Pantaneto Forum*. Retrieved from http://www.pantaneto.co.uk/issue25/clough.htm.

Clymer, J. B., & Wiliam, D. (2006/2007). Improving the way we grade. *Educational Leadership, 64*(4), 36 – 42.

CMC 2008. (2008). Third international concept mapping conference. Retrieved from http://cmc.ihmc.us/cmc2008/cmc2008Program.html.

Cobb, V. (1981). *Lots of rot*. New York: Lippincott.

Cohen, V. L., & Cowen, J. E. (2008). *Literacy for children in an information age*. Belmont, CA: Wadsworth Cengage Learning.

Colburn, A. (2004). Inquiring scientists want to know. *Educational Leadership, 62*(1), 63 – 66.

Cole, J. (1990). *The magic school bus lost in the solar system*. New York: Scholastic Press.

Cole, J. (1994). *The magic school bus in the time of the dinosaurs*. New York: Scholastic.

Cole, J. (1995). *The magic school bus gets baked in a cake*: *A book about kitchen chemistry*. New York: Scholastic Press.

Cole, J. (1995). *The magic school bus in the haunted museum*: *A book about sound*. New York: Scholastic Press.

Cole, J. (1995). T*he magic school bus plants seeds*. New York: Scholastic Press.

Cole, J. (1997). *The magic school bus and the electric field trip*. New York: Scholastic Press.

Coleman, R. & Goldenberg, C. (2009). What does research say about effective practices for English learners? Introduction and Part I: Oral language proficiency. *Kappa Delta Pi Record, 46*(1), 10 – 16.

Collard, S. B., III. (2002). *Butterfly Count*. New York: Holiday House.

Colley, K. (2008). Project-based science instruction: A primer. *The Science Teacher, 75*(8), 23 – 28.

Collings, J. N. (1985). Scientific thinking through the development of formal operations: Training in the cognitive restructuring aspect of fieldindependence. *Research in Science & Technology Education, 3*(2), 145 – 152.

Collins, K. (2006). Note taking skills can enhance science learning. *NSTA Reports, 18*(1), 15.

Colombo, M. W. & Colombo, P. D. (2007). Blogging to improve instruction in differentiated science classrooms. *Phi Delta Kappan, 89*(1), 60 – 63.

Combs, A. (1993, July 19). Effectiveness of the helping professional. From a lecture at Kennesaw State University, Kennesaw, GA.

Committee on Learning Science in Informal Environments (National Research Council), Bell, P., Lewenstein, B., Schouse, A. W., & Fedley, M. A. (Eds.). (2009). *Learning science in informal environments*. Washington, DC: National Academies Press.

Costa, A. L. (2007). *The school as a home for the mind: Creating mindful curriculum, instruction, and dialogue* (2nd ed.). Thousand Oaks, CA: Corwin Press.

Council of State Science Supervisors. (n.d.). Science and safety: It's elementary. Retrieved from http://www.csss-science.org/safety.shtml.

Craig, D. V. (1999). Science and technology: A great combination. *Science and Children, 36*(4), 28 – 32.

Crank, J. N., & Bulgren, J. A. (1993). Visual depictions as information organizers for enhancing achievement of students with learning disabilities. *Learning Disabilities Research, 8*(3), 140 – 147.

Crawford, B. A. (1998). The scientific

method—a fatal flaw. *Science Scope, 21*(7), 50 – 52.

Crawford, T. (2005). What counts as knowing: Constructing a communications repertoire for student demonstration of knowledge in science. *Journal of Research in Science Teaching, 42*(2), 139 – 165.

Crowther, D. T., Lederman, N. G., & Lederman, J. S. (2005). Understanding the true nature of science. *Science and Children, 43*(2), 50 – 52.

Cruz, E. (n.d.). Bloom's revised taxonomy.

Cubie, D. (2010). Creating habitats for learning. *National Wildlife, 48*(3), 20 – 21.

Cuevas, P., Lee, O., Hart, J., & Deaktor, R. (2005). Improving science inquiry with elementary students of diverse backgrounds. *Journal of Research in Science Teaching, 42*(3), 337 – 357.

Cushner, K., McClelland, A., & Safford, P. (1992). *Human diversity in education.* New York: McGraw-Hill.

Czerniak, C. M. (2007). Interdisciplinary science teaching. In S. K. Abell & N. G. Lederman (Eds.). *Handbook of Research on Science Education.* Mahwah, NJ: Lawrence Erlbaum Associates.

Damiani, V. B. (2004). Portfolio assessment in the classroom. *Helping children at home and school II: Handouts for educators by A. S. Canter, L. Z. Paige, M. D. Roth, L. Romero, & S. A. Carroll.* Bethesda, MD: National Association of School Psychologists, p. 3-129 – S3-131.

Darling-Hammond, L. (2000). Teacher quality and student achievement: A review of state policy evidence. *Educational Policy Analysis, 8*(1), 1 – 45.

Darling-Hammond, L. & Richardson, N. (2009). Teacher learning: What matters? *Educational Leadership, 66*(5), 46 – 53.

David, M.R. (2010). Detroit-area district innovates to address dropout problem. *Education Week Special Report*, April 29, 2010. S6 – S7.

Davis, A. P. & McGrail, A. (2009). The joy of blogging. *Educational Leadership, 66*(6), 74 – 77.

Davis, M. R. (2009). Breaking away from tradition. *Technology Counts 2009 in Education Week, 28*(26), p. 8 – 9.

Davis, M. R. & Manzo, K. K. (2009). Stimulus package gives boost to school technology. *Education Week, 28*(22), p. 7.

Davis, M. R. (2010). E-learning seeks a custom fit. *Education Week Digital Directions*, Winder, 2010, 18 – 20.

de Montaigne, M. E. (1907). *Essays.* New York: G. P. Putnam's Sons. (Original work published c. 1580 – 1588.)

Dean, D., Jr., & Kuhn, D. (2007). Direct instruction vs. discovery: The long view. *Science Education, 91*(3), 394 – 397.

DeBoer, G. E. (1991). *A history of ideas in science education: Implications for practice.* New York: Teachers College Press.

DeBueno, M. deL. A. (2009). Collaborative learning and concept maps: Implications for developmental dyslexic learners to communicate learning. Abstract of poster presentation at second biennial conference of the International Mind, Brain, and Education Society, May 29, 2009, Philadelphia, PA.

DePaola, T. (1975). *The cloud book.* New York: Holiday House.

DePaola, T. (1996). *Tony's bread: An Italian folktale.* New York: Putnam Juvenile.

DeRoche, S. J. K. (2006). An adventure in problem-based learning. *Phi Delta Kappan, 88*(9), 705 – 708.

Devel, A., Nelson, T. H., Slavit, D., & Kennedy, A. (2009). Looking at student work. *Educational Leadership, 67*(3) 69 – 72.

DeVries, R. (2006). Piaget's social theory. *The Constructivist, 17*(1).

Dewey, A. (1993). *The sky.* New York: Green Tiger Press.

Dewey, J. (1929). *The quest for certainty.* Carbondale, IL: Southern Illinois University Press.

Dewey, J. (1938). *Experience and education.* New York: Macmillan.

DeWitt, J. & Hohenstein, J. (2010). School trips and classroom lessons: An investigation into teacher-student talk in two settings. *Journal of Research in Science Education, 47*(4) 454 – 473.

Deyhle, D., & Swisher, K. (1997). Research in American Indian and Alaska Native education: From assimilation to self-determination. In M. W. Apple (Ed.), *Review of Research in Education, 22*, 113 – 194. Washington, DC: American Educational Research Association.

Diffily, D. (2001). Project reptile! When kindergarten students explore a topic of their own choosing, the result is good science learning. *Science and Children, 38*(7), 30 – 35.

Dillon, J., Rickinson, M., Teamey, K., Morris, M., Choi, M. Y., Sanders, D., & Benefi eld, P. (2006). The value of outdoor learning: Evidence from research in the UK and elsewhere. *School Science Review, 87* (320). 107 – 112.

Dillon, S. (2010). Obama proposes sweeping changes for education. *The Atlanta Journal-Constitution*, p. 49.

Docter, P. (Director). *Up.* Emeryville, CA: Pixar Studios.

Dodge, B. (1999). Original Webquest Template. http://webquest.org/

Dodson, P. (1995). *An alphabet of dinosaurs.* New York: Scholastic.

Dolan, T. J., Nichols, B. H., & Zeidler, D. L. (2009). Using socioScientific issues in primary classrooms. *Journal of Research in Science Education, 21*(3), 1 – 12.

Dorros, A. (1991). *Follow the water from brook to ocean.* New York: HarperCollins.

Doug, Y. R. (2009). Linking to prior learning. *Educational Leadership, 66*(7), 26 – 31.

Douglas, R., Klentschy, M. P., Worth, M., & Binder, M. (2006). *Linking science and literacy in the K-8 classroom.* Arlington, VA: NSTA Press.

Duckworth, E. (1986). Teaching as research. *Harvard Educational Review, 56*(4), 481 – 495.

Duel, A., Nelson, T. H., Slavit, D., & Kennedy, A. (2009). Looking at student work. *Educational Leadership,*

76(3), 69 – 72.
Dunn, R. (1988). Teaching students through their perceptual strengths or preferences. *Journal of Reading, 31*(4), 304 – 308.
Dunn, R. (1990). Rita Dunn answers questions on learning styles. *Educational Leadership, 48*(2), 15 – 19.
Dunn, R. (2001). Learning style differences of nonconforming middleschool students. *NASSP Bulletin, 85*(626), 68 – 74.
Duplichan, S. O. (2009). Using Web logs in the science classroom. *Science Scope, 33*(1), 33 – 37.
Duschl, R. A., Schweingruber, H. A., & Shouse, A. W. (2007). *Taking science to school: Learning and teaching science in grades K-8*. Washington, DC: National Academies Press.

Easley, J. (1990). Could we make a breakthrough for an at-risk nation? [Guest editorial] *Journal of Research in Science Teaching, 27*(7), 623 – 624.
Ebeling, D. G. (2000). Adapting your teaching to any learning style. *Phi Delta Kappan, 28*(3), 247 – 248.
Eberle, F. (2010). First steps toward new science standards. *NSTA Reports, 22* (1), 3 – 4.
Eggen, P., & Kauchak, D. (1994). *Educational psychology: Classroom connections*. New York: Merrill.
Einstein, A. (1950). *Out of my later years*. New York: Philosophical Library.
Einstein, A. (1954). *Ideas and opinions*. New York: Crown.
Ellul, J. (1964). *The technological society*. New York: Vantage Books.
Emberly, E. (1994). *Ed Emberly's great thumbprint drawing book*. New York: Little, Brown.
Evans, I. O. (1966). *Inventors of the world*. London: Frederick Warne.
Evert, L. & Garrow, L. (2002). *Rocks, fossils and arrowheads*. Minnetonka, MN: NorthWord Press.

Fallik, O. L., Eylon, B., & B Rosenfeld, S. (2008). Motivating teachers to enact free-choice Project-Based Learning in Science and Technology (PBLSAT): Effects of a professional development model. *Journal of Science Teacher Education, 19*(6), 565 – 591.
Farland, D. (2006). The effect of historical, nonfiction trade books on elementary students' perceptions of scientists. *Journal of Elementary Science Education, 18*(2), 31 – 47.
Fathman, A. K., & Crowther, D. T. (Eds.). (2006). *Science for English language learners: K-12 classroom strategies*. Arlington, VA: NSTA Press.
Feinstein, N. (2009). Prepared for what? Why teaching "everyday science" makes sense. *Phi Delta Kappan, 90*(10), 762 – 766.
Feldman, S. (2003). A commentary from President Feldman on the *No Child Left Behind Act*. American Federation of Teachers.
Fello, S. E., Paquette, K. R., & Jalongo, M. R. (2006/2007, Winter). Talking drawings: Improving intermediate students' comprehension of expository science text. *Childhood Education, 83*(2), 80 – 85.
Ferguson, B. (2004). *Teeth*. Mankato, MN: Benchmark Books.
Ferris, T. (2009). Worlds apart. *National Geographic, 216*(6), 78 – 93.
Ferriter, B. (2009). Learning with blogs and wikis. *Educational Leadership, 66*(5), 34 – 38.
Ferriter, W. M. (2010). E-readers: Get ready for the revolution. *Educational Leadership, 68*(3), 84 – 85.
Fingon, J. C. & Fingon, S. D. (2009). What about Einstein? Using biographies to promote students' scientific thinking. *Science Scope, 32*(7), 51 – 55.
Fischer, K.W., Goswami, U., Geake, J., and the Task Force on the Future of Educational Neuroscience. (2010). The future of educational neuroscience. *Mind, Brain, and Education, 4*(2), 68 – 80.
Fleck, J. (2009). *The tree rings' tale: Understanding our changing climate*. Albuquerque, NM: University of New Mexico Press.
Fleisher, P. (2002). *Objects in motion: Principles of classical mechanics*. Minneapolis, MN: Lerner Publications.
Flores, M. M. (2008). Universal design in elementary and middle school. *Childhood Education, 84*(4), 224 – 229.
Folsom, J., Hunt, C., Schoenemann, A., & D'Amato, M. (2007). How do you know that? Guiding early elementary students to develop evidence-based explanations about animals. *Science and Children, 44*(5), 20 – 25.
Forehand, M. (2005). Bloom's taxonomy: Original and revised. In M. Orey (Ed.), *Emerging perspectives in learning, teaching, and technology*.
Francher, L. (2006). *Star climbing*. New York: Laura Geringer Books.
Franklin, J. (2001). The diverse challenges of multiculturalism. *Education Update, 43*(2), 1 – 8.
Franklin, J. (2006). NCLB a year before reauthorization. Squaring off on issues that will frame the debate. *Education Update, 48*(7), 1, 7 – 8.
Friedman, T. L. (2005). *The world is flat. A brief history of the twenty-first century*. New York: Farrar, Strauss and Giroux.
Friend, M., & Pope, K. L. (2005). Creating schools in which all students can succeed. *Kappa Delta Pi Record, 41*(2), 56 – 61.
Froschauer, L., Ed. (2008). *Science beyond the classroom: An NSTA Press journals collection*. Arlington, VA: NSTA Press.
Fulton, L., & Campbell, B. (2004). Student-centered notebooks. *Science & Children, 42*(3), 26 – 29.
Funk, M. (2004, February). Don't be a carrier: Five misconceptions you (yes, you) have been known to spread. *Popular Science, 264*(2), 62.

Galda, L., & Cullinan, B. E. (2006). *Literature and the child* (6th ed.). Belmont, CA: Wadsworth Cengage Learning.
Gallenstein, N. (2005). Never too young for a concept map. *Science and Children, 43*(1), 44 – 47.
Gándara, P. (2010). The Latino education crisis. *Education Leadership, 67*(5), 24 – 30.
Gardner, H. (1983). *Frames of mind: The theory of multiple intelligences*. New

York: Basic Books.

Gardner, H. (1995). Reflections on multiple intelligences: Myths and messages. *Phi Delta Kappan, 77*(3), 202 – 203, 206 – 209.

Gardner, H. (2003). Multiple intelligences after 20 years. Paper presented at the annual meeting of the American Educational Research Association, Chicago, IL, April 21, 2003.

Gardner, R. (2003). *Super-sized science projects with volume: How much space does it take up?* Berkeley Heights, NJ: Enslow Publishers.

Genomic Science Program. (2009). Potential benefits of human genome research project. Retrieved from http://www.ornl.gov/sci/techresources/Human_Genome/project/benefits.shtml

Gersten, R. M. (1998). The double demands of teaching languageminority students. In R. M. Gersten & R. T. Jiménez (Eds.), *Promoting learning for culturally and linguistically diverse students: Classroom applications from contemporary research.* Belmont, CA: Wadsworth Cengage Learning.

Gersten, R. M., Brengleman, S. U., Marks, S. U., Keating, T., & Baker, S.(1998). Recent research on effective instructional practice for content-area ESOL. In R. M. Gersten & R. T. Jiménez (Eds.), *Promoting learning for culturally and linguistically diverse students.* Belmont, CA: Wadsworth Cengage Learning.

Getting to the Core of Science Standards. (2007). *NSTA Reports, 18*(8), 1, 5.

Getz, D. (1994). *The frozen man.* New York: Henry Holt.

Gewertz, C. (2010). Rules urge new style of testing. *Education Week, 29*(29), 1, 17.

Gibbons, G. (1991). *From seed to plant.* New York: Holiday House.

Gibbons, G. (1991). *Whales.* New York: Holiday House.

Gibbons, G. (1999). *The pumpkin book.* New York: Holiday House.

Gill, E. K. (2007). Courting grants: The enticement of grant money challenges for schools. *Education Update, 49*(3), 4 – 7.

Gingerich, O. (2006). The inside story of Pluto's demotion: How many planets are there in our solar system? It depends on what you mean by the word "planet." *Sky & Telescope, 112*(5), 34 – 39.

Ginsburg, M. (1975). *How the sun was brought back to the sky.* New York: Macmillan.

Glasser, W. (1990, February). The quality school. *Phi Delta Kappan*, 52 – 62.

Glasser, W. (1992, May). The quality school curriculum. *Phi Delta Kappan*, 690 – 694.

GlaxoSmithKline and Human Genome Sciences announce initiation of phase 3 clinical trial of lymphostat-B(R) in systemic lupus erythematosus. (2007, February 13). *PipelineReview.com.*

Glynn, S. M., & Muth, K. D. (1994). Reading and writing to learn in science: Achieving Scientific literacy. *Journal of Research in Science Teaching, 31*(9), 1057 – 1073.

Glynn, S. M., Teasoobshirazi, G., & Brickman, P. (2009). Science motivation questionnaire: Construct validation with nonscience majors. *Journal of Research in Science Teaching, 46*(2), 127 – 146.

Goldberg, A., Russell, M., & Cook, A. (2003). The effect of computers on student writing: A meta-analysis of studies from 1992 to 2002. *The Journal of Technology, Learning, and Assessment.*

Goldberg, M. F. (2004). The test mess. *Phi Delta Kappan, 85*(5), 361 – 366.

Goldsmith, M. (2001). *Galileo Galilei.* Austin, TX: Raintree Steck-Vaughn.

Golio, G. (2010). *Jimi sounds like a rainbow: The story of young Jimi Hendrix.* New York: Clarion.

Gomez, L. M. & Gomez, K. (2007). Reading for learning: Literacy supports for 21st-Century work. *Phi Delta Kappan, 89*(3), 224 – 228.

Gonzales, P. (2004). Highlights from the Trends in International Mathematics and Science Study (TIMSS) 2003. Washington, DC: National Center for Education Statistics.

Gonzales, P., Guzmán, J. C., Partelow, L., Pahlke, E., Jocelyn, L., Pauline, D., & Pauline R. F. (1993). Microteaching: An integral part of a science methods class. *Journal of Science Teacher Education, 4*(1), 9 – 17.

Good, I. J. (Ed.). (1962). *The scientist speculates: An anthology of partly-based ideas.* London: Heinemann.

Good, R. G., Wandersee, J. H., & St. Julien, J. (1993). Cautionary notes on the appeal of the new "Ism" (constructivism) in science education. In K. Tobin (Ed.), *The practice of constructivism in science education* (Chap. 5). Hillsdale, NJ: Lawrence Erlbaum Associates.

Goode, D. (1999). *The dinosaur's new clothes.* New York: The Blue Sky Press.

Gooden, K. (2005). Biome is where the art is. *Science and Children, 43*(1), 28 – 32.

Goor, R., & Goor, N. (1981). *Shadow shere, there, and everywhere.* New York: Crowell.

Gordon, S. (2002). *Exercise.* New York: Children's Press.

Gorman, L. (2006). Teachers and the gender gaps in student achievement. *National Bureau of Economic Research Digest.*

Grace, M. (1999). When students create their own curriculum. *Educational Leadership, 57*(3), 49 – 52.

Greenblat, R. (1991). *Aunt Ippy's museum of junk.* New York: HarperCollins.

Greenburg, D., & Davis, J. E. (1998). *The misfortune cookie.* New York: Grossett & Dunlap.

Greenhow, C., Robelia, B., & Hughes, J. E. (2009). Web 2.0 and classroom research: What path should we take *now? Educational Researcher, 38*(4), 246 – 259.

Griswold, P. A. (2005). Relating academic data from the elementary grades to state test results in high school: Implications for school improvement through professional development. *Journal of Research in Childhood Education, 20*(2), 65 – 74.

Haas, D. (1986). *The secret life of Dilly McBean.* New York: Bradbury Press.

Haladyna, T., Haas, N., & Allison, J. (1998). Continuing tensions in standardized testing. *Childhood Education, 74*(5), 262 – 273.

Haley, S. T. & Dyhrman, S. T. (2009). The artistic oceanographic program. *Science and Children, 46*(8), 31 – 35.

Hall, J. K. (2000. *Field dependence-independence and computer-based instruction in geography*. Doctoral Dissertation, Virginia Polytechnic Institute and State University, Blacksburg, VA, 2000.

Hamilton, A. (1949). Brains that click. *Popular Mechanics Magazine, 91*(3), 162 – 167, 256, 258.

Hammond, L. (2001). Note from California: An anthropological approach to urban science education for language minority families. *Journal of Research in Science Teaching, 38*(9), 983 – 999.

Hammond, R. (2008). *Car science*. New York: DK Publishing.

Hannah, J., & Holub, J. (2006). *The man who named the clouds*. Morton Grove, IL: A. Whitman.

Hansen, L. (2006). Strategies for ELL success. *Science and Children, 43*(4), 22 – 25.

Hansen-Thomas, H. (2008). Sheltered instruction: Best practice for ELLs in the mainstream. *Kappa Delta Pi Record, 44*(4) 165 – 169.

Hanuscin, D. L. (2010). Everybody needs a Betsy. *Science and Children, 47*(9), 41 – 43.

Hapgood, S., & Palinscar, A. (2006/2007). Where literacy and science intersect. *Educational Leadership, 64*(4), 56 – 60.

Harman, R. (1995). *The water cycle: Evaporation, condensation & erosion (Earth's processes)*. Chicago, IL: Heinemann-Raintree.

Harr, N. & Lee, R.E., Jr. (2010). Nature detectives. *Science and Children, 48*(3), 34 – 39.

Harrison, D. L. (2003). *Oceans: The vast, mysterious deep*. Honesdale, PA: Boyds Mills Press.

Hartman, E. & Meahbesher, W. (2008). *Magnets & electromagnetism*. Oxford, UK: Raintree.

Harvard School of Public Health. (2002). Food pyramids: What should you really eat?

Hawking, S. (1998, March 6). Science in the next millennium.

Hawking, S. (2010). *Fear the Aliens*. Discovery Channel Video. Refer to http://dsc.discovery.com.

Hawking, S., & Mlodinow, L. (2005). *A briefer history of time*. New York: Bantam Dell.

Helping visually impaired students "see" science. (2009). *NSTA Reports, 20*(9), 1 – 2.

Henderson, J. (2010). Forming assessment through technology. *Education Update, 52*(2), 1, 4 – 5.

Hennessy, B. G. (1988). *The dinosaur who lived in my back yard*. New York: Puffin Books.

Herr, K. & Arms, E. (2004). Accountability and single-sex schooling: A collision of reform agendas. *American Educational Research Journal, 41*(3), 527 – 555.

Heuser, D. (2005, November/December). Learning logs: Writing to learn, reading to assess. *Science and Children, 43*(3), 46 – 49.

Hirsch, M. (2010). Keep a question in your kup. *Educational Leadership, 67* (5), 62 – 64.

Hoare, N. (2006). Scientists discover what makes us human. *Geographical, 78*(1), 8.

Hoban, T. (1978). *Is it red? Is it yellow? Is it blue? An adventure in color*. New York: Greenwillow Books.

Hoban, T. (1984). *Is it rough? Is it smooth? Is it shiny?* New York: Greenwillow Books.

Hoban, T. (1985). *Is it larger? Is it smaller*? New York: Greenwillow Books.

Holland, N. E. (2008). Refocusing educational assessments on teaching and learning, not politics. *The Educational Forum, 72* (3), 215 – 226.

Home computers and Internet use in the United States, August 2000. (2001). Washington, DC: U.S. Census Bureau.

Howes, E.V., Lim, M., & Campos, J. (2009). Journeys into inquiry-based elementary science: Literacy practices, questioning, and empirical study. *Science Education, 93*(2), 189 – 217. http://www2.ed.gov/rschstat/eval/titleiii/state-of-states.pdf.

Hudson, W. (1995). *Great black heroes: Five brave explorers*. New York: Scholastic.

Hughes, S. (1988). *Out and about*. New York: Lothrop, Lee & Shepard.

Hughes, S. (1992). *The big Alfie out of doors storybook*. Boston: Lothrop.

Human Genome Project Information. (2009). Insights learned from the human DNA sequence. Retrieved from http://www.ornl.gov/sci/techresources/Human_Genome/project/benefi ts.shtml.

Hurd, P. D. (1986, January). Perspectives for the reform of science education. *Phi Delta Kappan, 67*, 353 – 358.

Hurd, P. D. (1991). Why we must transform science education. *Educational Leadership, 49*(2), 33 – 35.

Hurd, P. D. (2002). Modernizing science education. *Journal of Research in Science Teaching. 39*(1), 3 – 9.

Hurst, C. O. (2001). *Rocks in his head*. New York: Greenwillow Books.

Hutchins, K., Arbaugh, F., Abell, S., Marra, R. & Lee, M. (2008). A consumer guide to professional development. *Science Scope, 31*(8), 16 – 19.

Hutchins, P. (1970). *Clocks and more clocks*. New York: Macmillan.

International Astronomical Union. (n.d.). Pluto and the developing landscape of our solar system. Retrieved from http://www.iau.org/public/pluto/

International Society for Technology in Education. (n.d.). Standards for global learning in the digital age. On the Web at http:///www.iste.org.standards,apx.

International Society for Technology in Education. (2004). *Curriculum and content area standards: NETS for students*. Washington, DC: Author.

Internet World Stats. (2010). Internet usage and population in North America. Retrieved from http://www.internetworldstats.com/stats14.htm.

Isadora, R. (1991). *I touch*. Fairfield, NJ: Greenwillow Books.

Jablon, P. (2006). Writing through inquiry. *Science Scope, 29*(7), 18 – 20.

Jacobs, H. H. (Ed.). (1989). *Interdisciplinary curriculum: Design and implementation*. Alexandria, VA: Association for Supervision and Curriculum Development.

Jay, J. & Jay, J. (2008). Autism and the science classroom. *NSTA Reports, 19*(9).

Jeffers, S. (1993). *Brother Eagle, Sister Sky: A message from Chief Seattle*. New York: NAL/Dutton.

Jenkins, S. & Page, R. (2003). *What do you do with a tail like this?* Boston: Houghton Mifflin.

Jenkins, S. & Page, R. (2008). *How many ways can you catch a fly?* Boston, MA: Houghton Mifflin Harcourt.

Jennings, J., & Rentner, D. S. (2006). Ten big effects of the No Child Left Behind Act on public schools. *Phi Delta Kappan, 88*(2), 110 – 113.

Jennings, T. (1990). *Junior science: Magnets*. New York: Gloucester Press.

Johnson, D. W., Johnson, R. T. & Stanne, M. B. (2000). *Cooperative learning methods: A meta-analysis*. The Cooperative Learning Center at the University of Minnesota, Minneapolis, MN.

Johnson, R. L. (1990). *The greenhouse effect*. Minneapolis, MN: Learner.

Johnson, R. L. (2004). *Acids and bases*. Washington, DC: National Geographic Society.

Johnston, T. (1988). *The forces be with you*! Milwaukee, WI: Gareth Stevens.

Jones, A. D. (2010). Science via photography. *Science and Children, 47*(5), 26 – 30.

Jones, M. W. (2009). The gift of the tree. *Science and Children, 47*(1), 40 – 43.

Joubert, J. (1966). *Pensées*. Paris: Union General d'Editions. (Original work published 1842.)

Joyner, V. (2010). A menu of options: Strategies for success with science notebooks in the elementary grades. *Science and Children, 48*(3), 29 – 33.

Kahle, J. (1985). *Women in science*. Philadelphia: Falmer Press.

Kahle, J. (1990). Why girls don't know. In M. B. Rowe (Ed.), *What research says to science teachers* (pp. 55 – 67). Washington, DC: National Science Teachers Association.

Kalat, J. W. (2007). *Biological psychology*. Belmont, CA: Wadsworth Cengage Learning.

Kalman, B. (2008). *The ABCs of Habitats*. New York: Crabtree Publishing Company.

Kamii, C. (1984, February). Autonomy: The aim of education envisioned by Piaget. *Phi Delta Kappan*, 410 – 415.

Karplus, R. (2000). Science teaching and the development of reasoning. *Journal of Research in Science Teaching, 40* (Supplement), S51 – S57. (Originally published in *Journal of Research in Science Teaching, 14*(2) (1977), 169 – 175.)

Kawagley, A. O., Norris-Tull, D., & Norris-Tull, R. A. (1998). The indigenous worldview of Yupiaq culture: Its scientific nature and relevance to the practice and teaching of science. *Journal of Research in Science Teaching, 35*(2), 133 – 144.

Keefe, J. N. (2007). What is personalization? *Phi Delta Kappan, 89*(3), 217 – 223.

Kellis, M. (2006). Finding evolution's signatures: Comparing genomes of different animals, explains Manolis Kellis, allows scientists to decipher hidden elements in the human genome. *Technology Review, 109*(14), 28.

Kennedy, C., Long, K., & Camins, A. (2009). The reflective assessment technique. *Science and Children, 47*(4), 50 – 53.

Kennedy, E. M. (2007a). Kennedy outlines agenda for NCLB reauthorization at National School Boards Association conference.

Kennedy, E. M. (2007b). Senator Kennedy announces plans for reauthorization of the No Child Left Behind Act.

Kepler, L. (2006). *Standards-based science learning centers: Quick and easy hands-on activities with recording pages that help build essential science skills*. New York: Scholastic.

Kieffer, M. J., Lesaux, N. K., Rivera, M., & Francis, D. J. (2009). Accommodations for English language learners taking large-scale assessments: A metaanalysis of effectiveness and validity. *Review of Educational Research, 79*(3), 1168 – 1201.

Kim, J. S., & Sunderman, G. L. (2005). Measuring academic proficiency under the No Child Left Behind Act: Implications for educational equity. *Educational Researcher, 34*(8), 3 – 13.

King, K., Gurian, M., & Stevens, K. (2010). Gender-friendly schools. *Educational Leadership, 68*(3), 38 – 41.

King, M. L., Jr. (1963). *The strength to love*. Cleveland, OH: Fount Books.

Kisiel, J. (2005). Understanding elementary teacher motivations for science fieldtrips. *Science Education, 89*(6), 936 – 955.

Klein, A. (2009). "Race to the Top" standards link questioned. *Education Week, 29*(15), 13 – 14.

Klentschy, M. P. (2008). *Using science notebooks in elementary classrooms*. Arlington, VA: National Science Teachers Association.

Knapp. A. (1998). *The color of noodles*. Sarasota, FL: Sandpiper Press.

Kohn, A. (2000). *The case against standardized testing: Raising the scores, ruining the schools*. Portsmouth, NH: Heinemann.

Kohn, A. (2001). Fighting the tests: A practical guide to rescuing our schools. *Phi Delta Kappan, 82*(5), 349 – 357.

Konicek-Moran, R. (2008). *Everyday science mysteries: Stories for inquiry-based science teaching*. Arlington, VA: National Science Teachers Association.

Kottke, J. (2000). *From seed to pumpkin*. Danbury, CT: Children's Press.

Kovalski, M. (1992). *Queen Nadine*. Custer, WA: Orca Book Publishers.

Krauss, R. (1945). *The carrot seed*. New York: Harper & Row.

Krulik, N. E., & Cole, J. (1996). *The magic school bus: Butterfly and the bog beast*. New York: Scholastic.

Krull, K. (2006). *Isaac Newton*. New York: Viking.

Kudlinski, K. (1991). *Animal tracks and traces*. New York: Franklin Watts.

Kuhn, D., & Brannock, J. (1977). Development of the isolation of variables scheme in experimental and "natural experiment" contexts. *Developmental Psychology, 13*(1), 9 – 14.

Kuhn, T. S. (1970). *The structure of Scientific revolutions*. Chicago: University of Chicago Press.

Kuiper, E., Volman, M., & Terwel, J. (2005). The Web as an information resource in K-12 education: Strategies for supporting students in searching and processing information. *Review of Educational Research, 75*(3), 285 – 328.

Kwan, T., & Texley, J. V. (2003). *Inquiring safely: A guide for middle school*. Arlington, VA: NSTA Press.

Landau, E. (2003). *Popcorn*! Watertown, MA: Charlesbridge Publishing.

Landau, E. (2011). *Oil spill: Disaster in the Gulf of Mexico*. Minneapolis, MN: Millbrook Press.

L'Engle, M. (1962). *A wrinkle in time*. New York: Dell.

Lebling, R. W. (2010). Arabic in the sky. *Saudi Aramco World, 61*(5), 24 – 33.

Lanier, J. (1987). From a tape recording of an address to the first Holmes Group conference.

Larsen, K. & Nethery, M. (2008). *The two bobbies: A true story of Hurricane Katrina, friendship, and survival*. New York: Walker.

Lavoisier, A. L. (1789). *Traité elémentaire de chimie*. Paris: Cuchet.

Lawrenz F., Huffman, D., & Welch, W. (2000). Policy consideration based on a cost analysis of alternative test formats in large scale science assessments, *Journal of Research in Science Teaching, 37*(6), 615 – 626.

Lawson, A. E. (1978). The development and validation of a classroom test of formal reasoning. *Journal of Research in Science Teaching, 15*(1), 11 – 24.

Lawson, A. E. (1985). A review of research on formal reasoning and science teaching. *Journal of Research in Science Teaching, 19*(3), 233 – 248.

Lebkicher, R., Rentz, G., & Steineke, M. (1960). *Aramco handbook*. Dhahran, Saudi Arabia: Arabian American Oil Company.

LeConte, J. (2007). En"LIGHT"ening geometry for middle school students. *Science Scope, 31*(4), 23 – 27.

Lederman, L. M., & Burnstein, R. A. (2006). Alternative approaches to high-stakes testing. *Phi Delta Kappan, 87*(6), 429 – 432.

Lederman, N. G. (2010). A powerful way to learn (Guest Editorial). *Science and Children, 48* (1), 8 – 9.

Lederman, N. G., Abd-El-Khalick, F., Bell, R. L., & Schwartz, R. S. (2002). Views of nature of science questionnaire: Toward valid and meaningful assessment of learners' conceptions of nature of science. *Journal of Research in Science Teaching, 39*(6), 497 – 521.

Lee, H., Linn, M. C., Varma, K., & Liu, O. L. (2010). How do technology-enhanced inquiry science units impact classroom learning? *Journal of Research in Science Teaching, 47*(1), 71 – 90.

Lee, O. (2005). Science education with English language learners: Synthesis and Research Agenda. *Review of Educational Research, 75*(4), 491 – 530.

Lee, O., & Avalos, M. (2003). Integrating science with English language development. *SEDL Letter, XV*(1).

Lee, O. & Buxton, C. A. (2010). Teaching science to English language learners. *NSTA Report, 21*(8), 3 – 4.

Lee, O., Buxton, C., Lewis, S., & LeRoy, K. (2006). Science inquiry and student diversity: Enhanced abilities and continuing difficulties after an instructional intervention. *Journal of Research in Science Teaching, 43*(7), 607 – 636.

Lee, O., & Luykx, A. (2007). Science education and student diversity: Race/ethnicity, language, culture, and socioeconomic status. In S. K. Abell & N. G. Lederman (Eds). *Handbook of Research on Science Education*. Mahwah, NJ: Lawrence Erlbaum Associates.

Lee, O., Luyky, A., Buxton, C., & Shaver, A. (2007). The challenge of altering elementary school teachers' beliefs and practices regarding linguistic and cultural diversity in science instruction. *Journal of Research on Science Teaching, 44*(9), 1269 – 1291.

Lee, O., Maerten-Rivera, J., Penfield, R. D., LeRoy, K. & Secada, W.G. (2008). Science achievement of English language learners in urban elementary schools: Results of a first-year professional development intervention. *Journal of Research in Science Teaching, 45*(1) 31 – 52.

Lehnert, M.D., Nesvabda, N. P. H., Cuby, J.G., Swinbank, A.M., Morris, S., Clément, B., Evans, C. J., Bremer, M. N., & Basa, S. (2010). Spectroscopic confirmation of a galaxy at redshift z=8.6. *Nature*, 467 (7318), 94 – 942.

Lessem, D. (1994). *Iceman*. New York: Crown.

Lever-Duffy, J., & McDonald, J. (2008). *Teaching and learning with technology*. Boston: Pearson Education.

Levine, S., & Johnstone, L. (2003). *Ultimate bubble book: Soapy science fun*. New York: Sterling Publishing Co.

Linn, R. L., Baker, E. L., & Betebenner, D. W. (2002). Accountability systems: Implications of requirements of the No Child Left Behind Act of 2001. *Educational Researcher, 31*(6), 3 – 16.

Livingston, M. C. (1984). *Sky songs*. New York: Holiday House.

Lobel, A. (1982). *Ming Lo moves the mountain*. New York: Greenwillow Books.

Loper, S. & Baker, J. (2009). More than one "right answer." *Science and Children, 47*(3), 32 – 35.

Lord, J. V. (1987). *The giant jam sandwich*. Boston: Houghton Mifflin.

Louie, A. (1982). *Yeh-Shen: A Cinderella story from China*. East Rutherford, NJ: Penguin Putnam Books for Young Readers.

Lowery, L. F. (Ed.). (1997). *NSTA Pathways to the science standards* (Elementary School Ed.). Arlington, VA: National Science Teachers Association.

Luft, J. (2007). Guest editorial. Minding the Gap: Needed research on beginning/newly qualified science teachers. *Journal of Research in Science Teaching, 44*(4), 532 – 537.

Lundeen, C. (2005). So you want to host a family science night? *Science and Children, 42*(8), 30 – 35.

Morgan, S. & Vaughan, J. (2007). *Acid rain (Earth SOS)*. London: Franklin Watts.

Macaulay, D. (1990). *Black and white*. Boston: Houghton Mifflin.

Macfarlane, G. (1984). *Alexander Fleming: The man and the myth*. Cambridge, MA: Harvard University Press.

Machotka, H. (1992). *Breathtaking noses*. New York: Morrow Junior Books.

Maestro, B. (1994). *Why do leaves change color*? New York: HarperCollins Children's.

Maestro, B., & Maestro, G. (1990). *Temperature and you*. New York: Lodestar.

Mager, R. F. (1984). *Preparing instructional objectives* (rev. 2nd ed.). Belmont, CA: Davis S. Lake.

Manley, J. (2008). Let's fight for inquiry science. *Science and Children, 45*(8), 36 – 38.

Manolis, K. (2009). *Density*. Minneapolis, MN: Bellweather Media.

Manzo, K. K. (2009). Instant class feedback. *Education Week Digital Directions*, Spring/Summer, 2009. p. 14.

Marsh, C. (2010). *Gulf Coast oil spill: Poor little pelican + a KidReport photo-documentary*. Gallopoade, International.

Marshall, J. C., Horton, R., Igo, B. L., & Switzer, D. (2008). K-12 science and mathematics teachers' beliefs about and use of inquiry in the classroom. *International Journal of Science and Mathematics Education, 7*(3), 575 – 596.

Martin, B., Jr., & Archenbault, J. (1988). *Listen to the rain*. New York: Henry Holt.

Martin, D. J. (1975). Individualizing junior high science. *The Science Teacher, 42*(3).

Martin, D. J. (1991). *The effect of concept mapping on biology achievement of field dependent students*. Unpublished dissertation, Georgia State University.

Martin, D. J., Jean-Sigur, R., & Schmidt, E. (2005). Process-oriented inquiry, a constructivist approach to early childhood science education: Teaching teachers to do science. *Journal of Elementary Science Education, 17*(2), 13 – 26.

Martin, J. B. (1998). *Snowflake Bentley*. Boston: Houghton Mifflin.

Martin, J. H. (2009). The nature of what teachers know: Exploring teacher knowledge through novel Scientific metaphors. *The Educational Forum, 73*(2), 112 – 121.

Mason, J. B., Degen, B., & Cole, J. (1997). *The magic school bus: Ups and downs*. New York: Scholastic Press.

Mathis, S. B. (1986). *The hundred penny box*. New York: Puffin Books.

Maurer, M. J. (2010). Lessons learned. *Science and Children, 47*(9), 32 – 35.

Maurer, R. (1995). *Rocket! How a toy launched the space age*. New York: Crown Publishers.

McBride, B. B. & Brewer, C.A. (2010). Nature's palette. *Science and Children, 48*(2), 40 – 43.

McCann, W. S. (1998). Science classrooms for students with special needs. *ERIC Digest*. (ERIC Document No. ED433185)

McClintock, M. (1989). *Stop that ball*! New York: Random House.

McComas, M. F. (1998). The principal elements of the nature of science: Dispelling the myths. Adapted from W. F. McComas, Ed., *The nature of science in science education*, p. 53 – 70. Amsterdam, The Netherlands: Kluwer Academic Publishers.

McDonald, M. (2010). *Stink: Solar system superhero*. Somerville, MA: Candlewick Press.

McFalls, E. L., & Cobb-Roberts, D. (2001). Reducing resistance to diversity through cognitive dissonance instruction: Implications for teacher education. *Journal of Teacher Education, 52*(2), 164 – 172.

McGinnis, J. R., & Stefanich, G. P. (2007). Special needs and talents in science learning. In S. K. Abell & N. G. Lederman, (2007). *Handbook of Research in Science Education*. Mahwah, NJ: Lawrence Erlbaum Associates.

McGrath, B. B. (1994). *The M&M's brand counting book*. Watertown, MA: Charlesbridge Publishing.

McGrath, B. B. (1998). *More M&M's brand chocolate candies math*. Watertown, MA: Charlesbridge Publishing.

McKinley, E. (2007). Post colonialism, indigenous students, and science education. In S. K. Abell & N. G. Lederman (Eds.). *Handbook of Research in Science Education*. Mahwah, NJ: Lawrence Ehrlbaum Associates.

McLaughlin, R. (2005). Girls in science. *Science Scope, 28*(7), 14 – 15.

McMahon, M. (2010). *Why do magnets attract?* Cambridge, UK: Cambridge University Press.

McMillan, B. (1994). *Sense suspense: A guessing game for the fi ve senses*. New York: Scholastic.

McNeil, M. (2009). Starting gun sounds for "Race to the Top." *Education Week, 29*(12) 18 – 19.

Meister, C. (2001). *I love rocks*. New York: Children's Press.

Merriam-Webster (2003). *MerriamWebster's collegiate dictionary* (11th ed.). Springfield, MA: Merriam-Webster.

Metz, K. E. (1995). Reassessment of developmental constraints on children's science instruction. *Review of Educational Research, 65*(2), 93 – 127.

Meyer, C. F., & Rhoades, E. K. (2006, Winter). Multiculturalism: Beyond food, festival, folklore, and fashion. *Kappa Delta Pi Record, 42*(2), 82 – 87.

Meyerhoff, M. K. (2004). Locus of control (Perspectives on Parenting). *Pediatrics for Parents, 21*(10), 8 – 10.

Milins, S. (2010). An oceanic endeavor. *Science News, 178* (9), 22 – 27.

Miller, C. C. (2007). *Marie Curie and radioactivity*. Mankato, MN: Capstone Press.

Miller, M. (2006). *Hurricane Katrina*

strikes the Gulf Coast: Disaster & survival. Berkeley Heights, NJ: Enslow Publishers.

Miller, R. G. (2006). Unlocking reading comprehension with key science inquiry skills. *Science Scope, 30*(1), 30 – 33.

Miller, R. G., & Calfee, R. C. (2004). Making thinking visible. *Science & Children, 42*(3), 20 – 25.

Minner, D. D., Levy, A. J., & Century, J. (2010). Inquiry-based instruction–What it is and does it matter? Results from research synthesis years 1984 to 2002. *Journal of Research in Science Teaching, 47*(4), 474 – 496.

Mintz, E., & Calhoun, J. (2004). Project notebook. *Science & Children, 42*(3), 30 – 34.

Misiti, F. L., Jr. (2001). Standardizing the language of inquiry. *Science and Children, 38*(5), 38 – 40.

Mitton, J. (2009 – Reprint edition). *Once upon a starry night.* Washington, DC: National Geographic Children's Books.

Mitton, J., & Balit, C. (2003). *Once upon a starry night: A book of constellation stories.* Washington, DC: National Geographic.

Mohler, R. R. J. (2000). More space shuttle experiments take flight. *Science and Children, 38*(2), 39 – 43.

Moore, R. (2010). *Why do balls bounce?* New York: PowerKids Press.

Moore, R. (2010). *Why does electricity flow? All about electricity.* New York: PowerKids Press.

Morgan, P. (1990). *The turnip.* New York: Philomel Books.

Morrison, J. A., Raab, F., & Ingram, D. (2009). Factors influencing elementary and secondary teachers' views on the nature of science. *Journal of Research in Science Teaching, 46*(4), 384 – 403.

Morrison, J. A. & Young, T. A. (2008). Using science trade books to support inquiry in the elementary classroom. *Childhood Education, 84*(4), 204 – 208.

Moyer, M. (2010). Fusion is false dawn. *Scientific American, 302*(3), 50 – 57.

Ms. Mentor. (2008). Formative assessments: Real-time responses. *NSTA Reports, 20*(2), 10 – 11.

Multiple intelligences theory, multiple improvements. (2003). *Techniques, 78*(6), 10.

Multiple intelligences: After twenty years. (2005). *Instructor,* 114(2), S2.

Munby, H. (1986). Metaphor in the thinking of teachers: An exploratory study. *Journal of Curriculum Studies,* 18, 197 – 209.

Murray, J., & Bartelmay, K. (2005). Inventors in the making. *Science and Children, 42*(4), 40 – 44.

Myers, C., & Myers, L. (1991). *McCrephy's field.* New York: Houghton Mifflin.

Myller, R. (1962). *How big is a foot?* New York: Atheneum.

National Aeronautics and Space Administration. (2009). NASA Phoenix results point to Martian climate cycles. Retrieved from http://www.nasa.gov/mission_pages/phoenix/news/phoenix-20090702.html.

National Assessment of Educational Progress. (2006). *The nation's report card. Executive summary: Science results for grades 4, 8, and 12.*

National Association for Single-Sex Public Education. (2008). Single sex vs. coed: The evidence. Retrieved from http://www.singlesexschools.org/evidence.html.

National Center for Education Statistics. (2005). *Reporting brief. NAEP 1999 trends in academic progress: Three decades of student performance.*

National Center for Education Statistics. (2006). *The nation's report card Science 2006.*

National Center for Education Statistics. (2007). *Highlights from PISA 2006: Performance of U.S. 15-year-old students in science and mathematics literacy in an international context.* Washington, DC: U.S. Department of Education.

National Center for Education Statistics. (2009). *Digest of education statistics, Table 4.1 Percentage distribution of enrollment in public elementary and secondary schools by race/ethnicity and state or jurisdiction: Fall 1997 and Fall 2007.* Washington, DC: U.S. Department of Education.

National Center for Education Statistics. (2009). Highlights from the TIMSS 2007: Mathematics and science achievement of U.S. fourth-and eighth-grade students in an international context. http://nces.ed.gov/pubsearch/pubsinfo.asp?pubid=2009001.

National Center for Education Statistics. (2009). *Highlights from TIMSS 2007: Mathematics and science achievement of U.S. fourth- and eighth-grade students in an international context.* Washington, DC: U.S. Department of Education. Retrieved from http://nces.ed.gov/timss/index.asp.

National Center for Education Statistics. (2010). *Participation in education.* Retrieved from http://nces.ed.gov/programs/coe/2010/section1/indicator06.asp.

National Center for Education Statistics. (2011). *The nation's report card: Science 2009.* Washington, DC: U.S. Department of Education. http://nces.ed.gov/nationareportcard/pubs/main2009/2011451.asp.

National Council for the Social Studies (NCSS) Task Force on Ethnic Studies Curriculum. (1992, September). Curriculum guidelines for multicultural education. *Social Education,* 274 – 292.

National Education Association. (2004). "No Child Left Behind" Act/ESA: The issue. National Education Association, Issues in Education.

National Geographic. (2007). *Atlas of the World.* Washington, DC: National Geographic Society.

National Research Council, National Commission on Science Education Standards and Assessment. (1993). *National science education standards: An enhanced sampler.* Washington, DC: National Science Education Standards.

National Research Council. (1996). *National science education standards.* Washington, DC: National Academy Press.

National Research Council. (2000).

Inquiry and the National Science Education Standards: A Guide for Teaching and Learning. Washington, DC: National Academy Press.

National Research Council. (2007). *Taking science to school: Learning and teaching science in grades K-8.* Washington, DC: Author.

National Science Board. (2006). *Science and engineering indicators, 2006.* Arlington, VA: National Science Foundation.

National Science Teachers Association. (1990). *Science teachers speak out: The NSTA lead paper on science and technology education for the 21st century.* Washington, DC: Author.

National Science Teachers Association. (1991). Responsible Use of Organisms in Precollege Science. NSTA Background Paper.

National Science Teachers Association. (1994, Oct./Nov.). Parent involvement in science education. NSTA Position Statement. *NSTA Reports* Washington, DC: Author.

National Science Teachers Association (1999). The use of computers in science education. NSTA Position Statement.

National Science Teachers Association. (2000). Position Paper: Multicultural Science Education. Arlington, VA: Author.

National Science Teachers Association (2000, July). The nature of science. NSTA Position Statement.

National Science Teachers Association. (2001). Assessment. NSTA Position Statement.

National Science Teachers Association. (2002). NSTA position paper: Elementary school science. Arlington, VA: Author.

National Science Teachers Association. (2003). Beyond 2000—Teachers of science speak out: An NSTA lead paper on how all students learn science and the implications to the science education community. NSTA Position Statement.

National Science Teachers Association. (2004). *NSTA position statement: Students with disabilities.* Arlington, VA: Author.

National Science Teachers Association. (2004). Scientific inquiry. NSTA position statement.

National Science Teachers Association. (2007). The integral role of laboratory investigations in science instruction. NSTA position statement.

National Science Teachers Association. (2008). Responsible use of live animals and dissection in the science classroom. NSTA position statement.

National Science Teachers Association. (2009). *Parent involvement in science learning.* NSTA Position Statement. Retrieved from http://www.nsta.org/about/positions/parents.aspx.

National Science Teachers Association. (2009). Science for English language learners (position paper). http://www.nsta.org/about/positions/ell.aspx.

Nawwab, I. I., Speers, P. C., & Hoye, P. F. (1980). *Aramco and its world: Arabia and the Middle East.* Dhahran, Saudi Arabia: Arabian American Oil Company.

Nesbit, J. C., & Adesope, O. O. (2006). Learning with concept and knowledge maps: A meta-analysis. *Review of Educational Research, 76*(3), 413 – 448.

Nichols, S. L. & Berliner, D. C. (2008). Why has high-stakes testing so easily slipped into contemporary American life? *Phi Delta Kappan, 89*(9), 672 – 676.

Nieto, S. (2009). From surviving to thriving. *Educational Leadership, 66*(5), 8 – 13.

Niguidula, D. (2005). Documenting learning with digital portfolios. *Educational Leadership 63*(3), 44 – 47.

Nobel e-Museum. (2000). Press release: The 2000 Nobel Prize in Physics.

Nolen, J. (2002). *Plantzilla.* San Diego: Harcourt.

Norris, S. P., Phillips, L. M., Smith. M. L. Guilbert, S. M., Stange, D. M., Baker, J. J. & Weber, A. C. (2008). Learning to read scientific text: Do elementary school commercial programs help? *Science Education, 92*(5), 765 – 798.

Norton, P., & Wiburg, K. M. (2003). *Teaching with technology: Designing opportunities to learn* (2nd ed.). Belmont, CA: Wadsworth Cengage Learning.

Novak, J. D. (1991, October). Clarify with concept maps. *The Science Teacher,* 44 – 49.

Novak, J. D. (1992, March 23). The current status of Ausubel's assimilation theory of learning. Paper presented at the 65th annual meeting of the National Association for Research in Science Teaching, Boston, MA; personal communication, same date.

Novak, J. D. & Cañas, A. J. (2008). The theory underlying concept maps and how to construct and use them, Technical report IHMC CampTools 2006-01 Rev 02-2008, Florida Institute for Human and Machine Cognition, 2008, available at http://cmap.ihmc.us/Publications/ResearchPapers/TheoryUnderlyingConceptMaps.pdf.

Novak, J. D., & Gowin, D. B. (1984). *Learning how to learn.* Cambridge, MA: Cambridge University Press.

Novakowski, J. (2010). Nonfiction literacy in kindergarten. *Science and Children, 48*(3), 40 – 43.

NRC report suggests ways to improve teacher education. (2000). *NSTA Reports, 12*(2), 6.

NSTA and NOAA present new SciGuide for exploring coral ecosystems. (2006). *NSTA Reports, 18*(4), 9.

NSTA Reports. (2004). Science de-emphasized in elementary ed, says study. *NSTA Reports!, 16*(1), 9.

NSTA. (2008). Gaming education. *NSTA Reports, 20*(4), 1 – 2.

NSTA. (2008, December). Taking science education outdoors. *NSTA Reports, 20*(4), p. 12.

Numeroff, L. J. (1985). *If you give a mouse a cookie.* New York: Harper & Row.

O'Malley, K. (2007). *Lucky Leaf.* New York: Walker Books for Young Readers.

Obama, B. M. (2009). Remarks by the President on the "Educate to Innovate" campaign. Retrieved from http://www.whitehouse.gov/issues/education/educate-innovate.

Office of Educational Technology. (2010). Transforming American education: Learning powered by technology [draft]. Retrieved from http://www.ed.gov/technology/netp-2010.

Office of External Affairs, Health Sciences Division. (2002). Eric Kandel wins Nobel prize in medicine. *Columbia News*.

Okey, J. R., & Gagné, R. M. (1970). Revision of a science topic using evidence of performance on subordinate skills. *Journal of Research in Science Teaching, 7*(4), 321 – 325.

Olien, R. (2005). *The water cycle*. Mankato, MN: Capstone Press.

Olson, J.K., & Mokhtari, K. (2010). Making science real. *Educational Leadership, 67*(6), 56 – 62.

Oppenheimer, T. (2003). *The flickering mind: The false promise of technology in the classroom and how learning can be saved*. New York: Random House.

Orlich, D. C., Harder, R. J., Callahan, R. C. & Gibson, H. W. (2010). *Teaching strategies: A guide to better instruction* 8th Ed.). Indianapolis, IN: D. C. Heath.

Ortega y Gasset, J. (1961). *Meditations on Quixote*. New York: Norton. (Original work published 1914).

Owings, S. & Merino, B. (2010). Dig deeply. *Science and Children, 48*(1), 32 – 37.

Owston, R. D. (1997). The World Wide Web: A technology to enhance teaching and learning? *Educational Researcher, 26*(2), 27 – 33.

Oxlade, C. (2009). *Experiments with water: Water and buoyancy*. Chicago, IL: Heinemann Library.

Oxlade, C. (2011). *Sedimentary rocks* (*Let's rock*). Chicago, IL: Heinemann-Raintree.

Padilla, M. (2005). Science and English language learners. *NSTA Reports, 17*(1) 3 – 4.

Pallotta, J. (1986). *The ocean alphabet book*. Watertown, MA: Charlesbridge Publishers.

Pallotta, J. (1989). *The bird alphabet book*. Watertown, MA: Charlesbridge Publishers.

Pallotta, J. (1989). *The icky bug alphabet book*. Watertown, MA: Charlesbridge Publishing.

Parnall, P. (1986). *Winter barn*. New York: Macmillan.

Partnering for science: Science and special education. (2009). *NSTA Reports, 21*(4) 12 – 13.

Pashler, H., McDaniel, M., Rohrer, D., & Bjork, R. (2008). Learning styles: Concepts and evidence. *Psychological Science in the Public Interest, 9*(3).

Patent, D. H. (2008). *When the wolves returned: Restoring nature's balance in Yellowstone*. New York: Walker.

Patrick, H., Mantzicopoulos, P., & Samarapungavan, A. (2009). Motivation for learning science in kindergarten: Is there a gender gap and does integrated inquiry and literacy instruction make a difference? *Journal of Research in Science Teaching, 46*(2), 166 – 191.

Peck, J. (1998). *The giant carrot*. New York: Dial.

Penick, J. E., & Yager, R. E. (1993). Learning from excellence: Some elementary exemplars. *Journal of Elementary Science Education, 5*(1), 1 – 9.

Penner, D. E. (2001). Cognition, computers, and synthetic science: Building knowledge and meaning through modeling. In W. G. Seduce (Ed.). *Review of Research in Education* 2000 – 2001 (pp. 1 – 35). Washington, DC: American Educational Research Association.

Perkins-Gough, D. (2006). Understanding the scientific enterprise: A conversation with Alan Leshner. *Educational Leadership, 64*(4), 8 – 15.

Peters, E. (2008). Assessing Scientific inquiry. *Science Scope, 31*(5), 27 – 33.

Peters, L. W. (1988). *The sun, the wind, and the rain*. New York: Henry Holt.

Phoenix Mars Lander arrives in Florida. (2007). Jet Propulsion Laboratory News Release.

Piaget, J. (1964, 2003). Development and learning. *Journal of Research in Science Teaching, 2*(3), 176 – 184. (Reprinted in *Journal of Research in Science Teaching*, Suppl. 40, S8 – S18.)

Pierce, W. (2001). Inquiry made easy. *Science and Children, 38*(8), 39 – 41.

Pilkey, D. (1994). *Dog breath*. New York: Blue Sky.

Pittman, K. O'Neill, L. (2001). Using metaphors to evaluate ourselves. *Classroom Leadership, 4*(5), 1 – 3.

Planck, M. (1949). *Scientific autobiography and other papers*. New York: Philosophical Library.

Playing to learn: Federation of Scientists supports "Edu-Gaming" in schools. (2006). *NSTA Reports, 18*(4), 1, 4.

Plummer, J. D. (2009). Early elementary students' development of astronomy concepts in the planetarium. *Journal of Research in Science Teaching, 46*(2), 192 – 209.

Plummer, J. D. & Krajcik, J. (2010). Building a learning progression for celestial motion: Elementary levels from an earth-based perspective. *Journal of Research in Science Teaching, 47*(7), 768 – 787.

Poetter, T. (2006). The zoo trip: Objecting to objectives. *Phi Delta Kappan, 88*(4), 319 – 323.

Polacco, P. (1988). *Boat ride with Lillian Two Blossom*. New York: Philomel Books.

Polacco, P. (1990). *Thunder cake*. New York: Philomel.

Popham, W. J. (2005). *Classroom assessment: What teachers need to know* (4th ed.). Boston: Pearson Education.

Popular Science Corporation. (2008). *Just add water: Science projects you can sink, squirt, splash, sail* (*Experiment with science*). New York: Scholastic.

Powell, J. (2003). *Oil spills*. Mankato, MN: Bridgestone Books.

Pray, L. & Monhardt, R. (2009). Sheltered instruction techniques for ELLs. *Science and Children, 46*(7), 34 – 38.

Prensky, M. (2005/2006). Listen to the natives. *Educational Leadership, 63*(4), 8 – 13.

Pringle, L. P. (2003). *Whales! Strange and wonderful*. Honesdale, PA: Boyds Mills Press.

Pringle, R. M. (2006). Preservice teachers' exploration of children's alternative conceptions: Cornerstone for planning science. *Journal of Science Teacher Education, 17*(3), 291 – 307.

Quillen, I. (2010). Web conferencing finds a niche in the elementary grades. *Education Week, 29*(29), p. 12.

Quillen, I and Davis, M. R. (2010). States eye standards for virtual educators. *Education Week, 30*(4) s3, s4, s5,

Ramsey, A. & O'Day, J. (2010). Title III policy: State of the states. ESEA evaluation brief: The English Language Acquisition, Language Enhancement, and Academic Achievement Act. Retrieved from http://www2.ed.gov/rschstat/eval/title-iii/state-of-states.pdf.

Ransford, M. (2008). Pluto gets reclassified again. Retrieved from http://www.popsci.com/militaryaviation-space/article/2008-06/plutoids

Rearden, K. T. & Broemmel, D. A. (2008). Beyond the talking groundhogs: Trends in Science Trade Books. *Journal of Elementary Science Education, 20*(2), 39 – 49.

Reeves, D. B. (2010). *Transforming professional development into student results*. Alexandria, VA: Association for Supervision and Curriculum Development.

Reid, T.R. (2001, July). Thank you, Mr. Chips. *Reader's Digest*, 132 – 135.

Rene, E. (2008). *Investigating why leaves change their color*. New York: PowerKids Press.

Restak, R. (2003). *The new brain: How the modern age is rewiring your mind*. Emmaus, PA: Rodale Press.

Rey, M., & Rey, H. A. (1989). *Curious George goes to an ice cream shop*. New York: Houghton Mifflin.

Rhian, J. (2010). Stuck Mars rover finds more evidence of water. *Cape Canaveral Space Program Examiner*. http://www.examiner.com/space-program-in-orlando/stuck-marsrover-finds-more-evidence-of-water.

Rice, D. C., Pappamihiel, N. E., & Lake, V. E. (2004). Lesson adaptations and accommodations: Working with native speakers and English language learners in the same science classroom. *Childhood Education, 80*(3), 121 – 127.

Richardson, A.D. (2007). *Electricity: A question and answer book*. Mankato, MN: Capstone Press.

Richardson, D., & Richardson, D. (2001). *Can you dig it?* Colorado Springs, CO: Little Spirit Publishing.

Riddle, B. (2007). And then there were eight. *Science Scope, 30*(5), 78 – 80.

Ride, S. (2005). Igniting girls' interest in Scientific careers. *Science Scope, 29*(2), 46 – 47.

Riochardson, J. (2009). Quality education is our moon shot: An interview with Secretary of Education Arne Duncan. *Phi Delta Kappan, 92*(1), 24 – 29.

Robelen, E. W. (2010). STEM plans embedded in winning proposals for the Race to the Top. *Education Week, 30* (3), p. 6.

Robelen, E. W. (2010). Work begins on "Next Generation" of science standards. *Education Week, 29* (21), 8 – 9.

Robertson, A., & Mahlin, K. (2005, November/December). Ecosystem journalism. *Science and Children, 43*(3), 42 – 45.

Robertson, B. (2006/2007). Getting past "inquiry versus content". *Educational Leadership, 64*(4), 67 – 70.

Robinson, T. (2001). *The everything kids' science experiment book: Boil ice, float water, measure gravity—Challenge the world around you*. Avon, MA: Adams Media Corp.

Rockwell, T. (2000). *How to eat fried worms*. New York: Random House.

Roop, P. (1985). *Keep the lights burning, Abbie*. Minneapolis, MN: Carolrhoda Books.

Rosinsky, N. (2003). *Magnets pulling together, pushing apart*. Minneapolis, MN: Picture Window Books.

Rowan, K. (1999). *I know why I brush my teeth*. Cambridge, MA: Candlewick Press.

Rowe, M. B. (1974, 2003). Wait-time and rewards as instructional variables, their influence on language, logic, and fate control: Part one—Wait time. *Journal of Research in Science Teaching, 11*(2). (Reprinted in *Journal of Research in Science Teaching*, Suppl. No. 40, S19 – S32.)

Rowe, M. B. (1978). *Teaching science as continuous inquiry*: A basic (2nd ed.). New York: McGraw-Hill.

Rowe, M. B. (1996). Science, silence, and sanctions. *Science and Children, 34*(1), 35 – 37.

Roy, K. (2004). Responsible use of live animals in the classroom. *Science Scope, 27*(9), 10 – 11.

Roy, K., Markow, P., & Kaufman, J. (2010). *Safety is elementary: The new standard for safety in the elementary science classroom*. Natik, MA: The Laboratory Safety Institute.

Royston, A. (2008). *Transparent and opaque*. Chicago, IL: Heinemann-Raintree.

Ruby, A. (2006). Improving science achievement at high-poverty urban middle schools. *Science Education, 96*(6), 1005 – 1027.

Rush, C. (1996). *Levers*. Orlando, FL: Raintree Steck-Vaughn.

Russo, G. (2007, February 15). Broad sweep of genome zeroes in on diabetes. *Nature, 445*(668), 668.

Rutherford, F. J., & Ahlgren, A. (1990). *Science for all Americans*. New York: Oxford University Press.

Ryder, J. (2000). *Each living thing*. Orlando, FL: Gulliver Books.

Sagan, C. (1988). In S. W. Hawking, *A brief history of time*. (p. ix). New York: Bantam Books.

Sagan, C. (1989, September 10). Why we need to understand science. *Parade*.

Sailor, W., & Roger, B. (2005). Rethinking inclusion: Schoolwide applications. *Phi Delta Kappan, 86*(7), 503 – 509.

Salinas, M. (2005). Scientist of the day. *Science and Children, 43*(2), 28 – 31.

Salkind, N. J. (1985). *Theories of human development* (2nd ed.). New York: John Wiley & Sons.

Samaras, A., Beck, C., Freese, A. R., & Kosnik, C. (2005). Self-study supports new teachers' professional development. *Focus on Teacher Education, 6*(1), 3 – 5, 7.

Samarpungavan, A., Mantzicopulos, P., & Patrick, H. (2008). Learning science through inquiry in kindergarten. *Science Education, 92*(5), 868 – 908.

Sandall, B. R. (2003). Elementary science: Where are we now? *Journal of Elementary Science Education, 15*(2), 13 – 30.

Santrock, J. W. (2004). *Educational psychology* (2nd ed.). New York: McGraw-Hill.

Sapre, R. (2000). *In the Indian night sky.* Haithi Chiti Books for Kids.

Scan of entire human genome finds unexpected new clues to Lou Gehrig's disease. (2006, November 30). NMI Biochip Technologies.

Scardamalia, M. (1988). In *Tomorrow's schools, seminar one: Models of learning, a summary*. East Lansing, MI: The Holmes Group.

Schaffer, D. (1999). *Mealworms.* Mankato, MN: Capstone Press.

Schmidt, W. H. (2005, Winter). A mile wide, an inch deep. *Natural Selection, the Journal of BSCS*, 18 – 22.

Schroeder, C. M., Scott, T. P., Tolson, H., Huang, T-Y., & Lee, Y-H. (2007). A meta-analysis of national research: Effects of teaching strategies on student achievement in science in the United States. *Journal of Research in Science Teaching, 44*(10), 1436 – 1460.

Schultz, L. (n.d.). Bloom's taxonomy.

Schutz, R. (2002). Vygotsky & language acquisition.

Schwartz, Y., Weizman, A., Fortes, D., Sutherland, L., Merrit, J., & Krajcik, J. (2009, Summer). Talking science. *The Science Teacher, 76*(5), 44 – 47.

Schwarz, C. V., & Gwekwerere, Y. N. (2006). Using a guided inquiry and modeling instructional framework (EIMA) to support preservice K-8 science learning. *Science Education, 91*(1), 158 – 186.

Schweingruber, H. (2010). Conceptual framework for new science education standards. Washington, DC: National Academy of Sciences, Board on Science Education. Retrieved from http://www7.nationalacademies .org/bose/Standards_Framework_ Homepage.html.

Science for students with disabilities. (2007) *District Administration, 43*(2), 65.

Scientific American. (2010). Start science sooner: Excellence in science education must begin in kindergarten. *Scientific American Magazine*, February 18, 2010.

Selsam, M. (1959). *Seeds and more seeds.* New York: Harper & Row.

Selsam, M. (1966). *Benny's animals and how we put them in order*. New York: Harper & Row.

Selsam, M. (1980). *Eat the fruit, plant the seed*. New York: Morrow.

Selsam, M. E. (1983). *A first look at spiders*. New York: Walker.

Seuss, Dr. [pseud. for Geisel, T. S.]. (1949). *Bartholomew and the Oobleck.* New York: Random House.

Shaffer, D. W., Squire, K. R., Halverson, R., & Gee, J. (2005). Video games and the future of learning. *Phi Delta Kappa*, 87(2), 104 – 111.

Shapiro, D. (2006). School gardens grow science achievement score. *Science and Children*, 17(4), 5.

Shapp, M., & Shapp, C. (1975). *Let's find out about what's light and what's heavy.* New York: Franklin Watts.

Sharmat, M. (1980). *Gregory, the terrible eater*. New York: Simon & Schuster Children's.

Shaw, J. M. (1997). Threats to the validity of science performance assessments for English language learners. *Journal of Research in Science Teaching, 34*(7), 721 – 743.

Shreeve, J. (2010). The evolutionary road. *National Geographic, 218* (1), 35 – 67.

Shroeder, C. M., Scott, T. P., Holson, H., Huang, T. Y., & Lee, Y. H. (2007). A meta-analysis of national research: Effects of teaching strategies on student achievement in science in the United States. *Journal of Research in Science Education, 44*(10), 1436 – 1460.

Shulman, L. (1989). Address given to the annual meeting of the Holmes Group, Atlanta, GA.

Shulman, L. S. (1987). Knowledge and teaching: Foundations of the new reform. *Harvard Educational Review, 57*(1), 1 – 22.

Shute, N. (2007, January 8). Unraveling your DNA's effects. *U.S. News & World Reports, 142*(1), 50 – 54, 57 – 58.

Silverman, E., Coffman, M., & Younker, B. A. (2007). Cheep, chirp, twitter, & whistle. *Science and Children, 44*(6), 20 – 25.

Silverstein, A., Silverstein, V., & Nunn, L. S. (2002). *Cells*. Brookfield, CT: Twenty-First Century Books.

Silverstein, S. (1974). *Where the sidewalk ends.* New York: Harper & Row.

Simon, S. (1980). *Einstein Anderson shocks his friends.* New York: Viking Press.

Simon, S. (1996). *The heart: Our circulatory system.* New York: Morrow Junior Books.

Simon, S. (2002). *Planets around the sun.* San Francisco, CA: Chronicle Books.

Simpson, C. G., McBride, R., Spencer, V. G., Lowdermilk, J., & Lynch, S. (2009). Assistive technology: Supporting learners in inclusive classrooms. *Kappa Delta Pi Record, 45*(4) 172 – 175.

Siry, C., & Buchinski, C. (2005). A field guide of their own. *Science and Children, 43*(1), 36 – 39.

Sizer, T. (1985). *Horace's compromise.* Boston: Houghton Mifflin.

Skirble, R. (2010). Decade-long study reveals thousands of new marine species. http://voanews.com/english/news/american-life/decade-long-studyreveals-thousands-of-new-marinespecies−−104356284.html.

Skype. (2010). *About Skype*. http://aboutskype.com.

Slavin, R. E. (1994). *Educational psychology: Theory and practice*. (5th ed.). Boston, MA: Allyn and Bacon.

Sloane, E. (1966). *The sound of bells.* Garden City, NJ: Doubleday.

Smolkin, L. B., McTigue, E. M., Donovan, C. A., & Coleman, J. M. (2009). Explanations in science trade books recommended for use with elementary students. *Science Education, 93*(4), 587 – 610.

Snead, D., & Snead, W. L. (2004).

Concept mapping and science achievement of middle grade students. *Journal of Research in Childhood Education, 18*(4), 306 – 320.

Society for Neuroscience. (2002). *Brain facts: A primer on the brain and nervous system* (4th ed.). Washington, DC: Author.

Solano-Flores, G., & Nelson-Barber, S. (2001). On the cultural validity of science assessments. *Journal of Research in Science Teaching, 38*(5), 553 – 573.

Solso, R. L. (1988). *Cognitive psychology* (2nd ed.). Newton, MA: Allyn & Bacon.

Somerville, B. A. (2010). *Mass and weight (Measure it!)*. Chicago, IL: Heinemann-Raintree.

Special education in the science classroom: Strategies for success. (2005). New York: Glencoe McGraw-Hill.

Spencer, H. (1862). *Education: Intellectual, moral, and physical.* New York: D. Appleton.

Sperry, S. (2010). World wide friends. *National Geographic*, March, 2010, p. 20.

Starnes, B. A. (2006). What we don't know *can* hurt them: White teachers, Indian culture. *Phi Delta Kappan, 87*(5), 384 – 392.

Staub, F. (2005). *The kids book of clouds & sky*. New York: Sterling Publishers.

Steinberg, E. R. (1989). Cognition and learner control: A literature review, 1977 – 1988. *Journal of Computer-Based Instruction, 16*(4), 117 – 121.

Stephens, N. (2006). *Plant cells and tissues.* Philadelphia: Chelsea House Publishers.

Steptoe, J. (1987). *Mufarro's beautiful daughters: An African tale.* New York: Lothrop, Lee & Shepard Books.

Stewart, M. (2002). *Sedimentary rocks.* Chicago: Heinemann Library.

Stewart, M. (2006). *Will it float or sink?* New York: Scholastic.

Stewart, M. (2009). *A place for birds.* Atlanta, GA: Peachtree Publishers.

Stice, C. F., & Alvarez, M. C. (1987, December). Hierarchical concept mapping in the early grades. *Childhood Education*, 86 – 96.

Stille, D. R. (2006). *Animal Cells: Smallest Units of Life*. Minneapolis, MN: Compass Point Books.

Stille, D. R. (2006). *Plant cells: The building blocks of plants*. Minneapolis, MN: Compass Point Books.

Stillinger, D. (2004). *Klutz book of paper airplanes*. Palo Alto, CA: Klutz.

Stone, L. M. (2007). *Box Turtles.* Minneapolis, MN: Lerner Publications Co.

Strauss, V. (2003, March 18). A radical formula for teaching science [Electronic version]. *The Washington Post*, A08. Accessed from *Access Research Network Library Files.*

Subramaniam, K. (2010). Clash of the Titans. *Science and Children, 47*(5), 38 – 43.

Symes, R. (2010). *Little Rex, Big Brother*. Park Ridge, IL: Albert Whitman.

Symes, R. F. (2008). *Rock and mineral.* New York: DK Publishers.

Tanaka, S. (2003). *New dinos: The latest finds! The coolest dinosaur discoveries!* New York: Atheneum Books for Young Readers.

Tankersley, A. A. (2010). Discovering curriculum concerns of early childhood teachers. *Childhood Education,* Annual Theme, 293 – 297.

Taylor, B. (1986). *I'm in charge of celebrations.* New York: Scribner's

Taylor, B. (2001). *Oxford first book of dinosaurs.* New York: Oxford University Press.

Taylor-Butler, C. (2008). *The food pyramid.* New York: Scholastic/ Children's Press.

Teale, W. H., Zott, N., Yokotam J., Glass-well, K., & Gambrell, L. (2007). Getting children in2books: Engagement in authentic reading, writing, and thinking. *Phi Delta Kappan, 88*(7), 498 – 502.

Technology training. (2000). *Kappa Delta Pi Record, 36*(4), 189.

Tekavec, H. (2004). *What's that awful smell?* New York: Dial Books for Young Readers.

Tekkaya, C., & Yenilmez, A. (2006). Relationships among measures of learning orientation, reasoning ability, and conceptual understanding of photosynthesis and respiration in plants for grade 8 males and females. *Journal of Elementary Science Education, 18*(1), 1 – 14.

Teller, E., Teller, W., & Talley, W. (1991). *Conversations on the dark secrets on physics*. Cambridge, MA: Perseus Publishing.

The state of teaching with technology. (2007) *NSTA Reports, 18*(9), 1.

The World Almanac and Book of Facts. (2007). New York: World Almanac Books.

Therman, E. (1986). *Human chromosomes*. New York: Springer-Verlag.

Thier, M. (2003). Making the best of the wonder years: Parents as partners to link science and literacy. *Classroom Leadership, 7* (1), 1 – 2.

Thirunarayanan, M. O. (1998). An exploratory study of the relationships among science, technology and society (STS) issues as conceived by fifth grade students. *Journal of Elementary Science Education, 10*(1), 60 – 75.

Thomas, J. (2005). Calling a cab for Oregon students. *Phi Delta Kappan, 86*(5), 385 – 388.

Thomas, M. D., Henley, T. B., & B Snell, C. M. (2006). The draw a scientist test: A different population and a somewhat different story. *College Student Journal* retrieved from http://findarticles.com/p/search/?qt=the+draw+a+scientist+test%3A+a+different+population+and+a+somewhat+different+story.

Tobin, K. (1990). Research on science laboratory activities: In pursuit of better questions and answers to improve learning. *School Science and Mathematics*, 90, 403 – 418.

Tomlinson, C. A. (2001). Grading for success. *Educational Leadership, 58*(6), 12 – 15.

Tomlinson, C. A. (2008). The goals of differentiation. *Educational Leadership, 66*(3), 26 – 30.

Tomlinson, C. A. (2010). One kid at a time. *Educational Leadership, 67*(5),

12–16.

Tomlinson, L. M. (1987). Locus of control and its effect on achievement. (ERIC Document No. ED276965)

Townsend, J., & Bunton, K. (2006). Indicators for inquiry. *Science and Children, 43*(5), 37–41.

Treaster, J. B. (2007). *Hurricane force: Tracking America's killer storms.* New York: Kingfisher.

Trefil, J. & O'Brien-Trefil, W. (2009). The science students need to know. *Educational Leadership, 67* (1), 28–33.

Trundle, K. G., Troland, T. H., & Pritchard, T. G. (2008). Representations of the moon in children's literature: An analysis of written and visual text. *Journal of Elementary Science Education, 20*(1), 17–28.

Tyler, R. W. (1949). *Basic principles of curriculum and instruction.* Chicago: University of Chicago Press.

Tytler, R., & Peterson, S. (2004). From "Try it and see" to strategic exploration: Characterizing young children's Scientific reasoning. *Journal of Research in Science Teaching, 41*(1), 94–118.

U.S. Department of Education. (1993). *National excellence: A case for developing America's talent.* Washington, DC: U.S. Government Printing Office.

U.S. Department of Education (1999). E-Learning: Putting a world-class education at the fingertips of children.

U.S. Department of Education. (1999b). Preparing tomorrow's teachers to use technology (PT3).

U.S. Department of Education. (2000). Revising the 1996 national educational technology plan.

U.S. Department of Education (2002). *No child left behind.*

U.S. Department of Education. (2004). *No child left behind: A toolkit for teachers.*

U.S. Department of Education. (2005). *National education technology plan.*

U.S. Department of Education. (2010). *A blueprint for reform: The reauthorization of the elementary and secondary education act.* Washington, DC: U.S. Department of Education, Office of Planning, Evaluation and Policy Development.

U.S. Department of Education. (2010). *A blueprint for reform: The reauthorization of the elementary and secondary education act.* Retrieved from http://www2.ed.gov/policy/elsec/leg/blueprint/.

U.S. Department of Education, Office of Educational Technology. (2010). *Transforming American education: Learning powered by technology: National Education Technology Plan 2010.* Alexandria, VA: U.S. Department of Education.

U.S. Department of Education, Office of Planning, Evaluation, and Policy Development. (2009). Evaluation of evidence-based practices in online learning: A meta-analysis and review of online learning studies. Washington, DC: Author. Retrieved from http://www.ed.gov/about/Offices/list/opepd/ppss/reports.html.

U.S. Department of Education, Office of Planning, Evaluation, and Policy Development. 2010. ESEA blueprint for reform. Retrieved from http://www2.ed.gov/policy/elsec/leg/blueprint.

Uillen, I. & Davis, M. R. (2010). States eye standards for virtual educators. *Education Week, 30*(4), September 22, 2010, S3–S5.

Ulman, E. (2010). Providing professional development to educators in rural areas. *Education Update, 51*(1), p. 1, 4–5.

Upadhyay, B. R. (2006). Using students' lived experiences in an urban science classroom: An elementary school teacher's thinking. *Science Education, 90*(1), 94–110.

Using the National Science Digital Library. (2006). *NSTA Reports, 18*(2), 1, 4.

Van Allsburg, C. (1981). *Jumanji.* Boston: Houghton Mifflin.

Van Allsburg, C. (1988). *Two bad ants.* Boston: Houghton Mifflin.

Van Frankenduyzen, G., & Van Frankenduyzen, R. S. (2001). *Adopted by an owl: The true story of Jackson the owl.* Chelsea, MI : Sleeping Bear Press.

Van Schijndel, T. J. P., Franse, R. K., & Raijmakers, M. E. J. (2010). The exploratory behavior scale: Assessing young visitors' hands-on behavior in science museums. *Science Education, 94*(5), 794–809.

Van Sertima, I. (1976). *They came before Columbus.* New York: Random House.

Van Sertima, I. (1988). *Blacks in science.* New Brunswick, NJ: Transaction Books.

VanCleave, J. P. (1994). *Janice VanCleave's Dinosaurs for every kid.* New York: John Wiley.

VanHook, S. J. & Huziuak-Clark, T. L. (2009). Lift, squeeze, stretch, and twist: Research-based inquiry physics experiences (RIPE) of energy for kindergarteners. *Journal of Elementary Science Education, 20*(3), 1–16.

Vanides, J., Yin, Y., Tomita, M., & Ruiz-Primo, M. A. (2005). Using concept maps in the science classroom. *Science Scope, 28*(8), 27–31.

Varlas, L. Responding to the research: Carol Ann Tomlinson talks DI and class size. *Education Update, 52*(3), p. 3.

Verplaetse, L. S. (1998). How content teachers interact with English language learners. *TESOL Journal, 7*(5), 24–28.

Viadero, D. (2009). Reading, math software found to have little effect on scores. *Education Week, 28*(25), p. 8.

Vitti, D. & Torres, A. (2006). *Practicing science process skills at home: A handbook for parents.* Available at http://www.nsta.org/sc0712—click on "handout" under "A Kinder Science Fair"

Vygotsky, L. S. (1934, 1986) On development of Scientific concepts in childhood. In A. Kozulin (Ed.), *Thought and language.* Cambridge, MA: MIT Press. Cited in Ash, D., & Levitt, K. (2003). Working within the zone of proximal development: Formative assessment as professional development. *Journal of Science Teacher Education, 14*(1), 23–48.

Vygotsky, L. S. (1978). *Mind in society.* Cambridge, MA: Harvard University Press.

Wade, N. (1993, August 5). The good, bad, and ugly [Review of the book *Bad science: The short life and weird times of cold fusion*]. *Nature, 364*, 477.

Wade, N. (2000). Three share Nobel prize in medicine for studies of the brain. *The New York Times on the Web.*

Wade, N. (2006, July 21). Scientists hope to unravel Neanderthal DNA and human mysteries. *The New York Times*, A14.

Wade, S. (1990, March). Using think alouds to assess comprehension. *The Reading Teacher*, 442 – 451.

Waight, N., & Abd-El-Khalid, F. (2007). The impact of technology on the enactment of "inquiry" in a technology enthusiast's sixth grade science classroom. *Journal of Research in Science Teaching, 44*(1), 154 – 182.

Waldman, N. (2003). *The snowflake: A water cycle story*. Brookfield, CT: The Millbrook Press.

Walker, S. M., & Feldmann, R. (2001). *Levers*. Minneapolis, MN: Lerner Publishing Group.

Walsh, E. S. (1989). *Mouse paint.* San Diego: Harcourt Brace.

Wang, X. C., Kedem, Y., & Hertzog, M. B. (2004). Scaffolding young children's reflections with student-created PowerPoint presentations. *Journal of Research in Childhood Education, 19*(2), 159 – 175.

Weatherford, C. B. (2001). *The sound that jazz makes.* Washington, DC: Walker & Co.

Web-based education commission calls for "National mobilization" around Internet. (2001). American Association of Colleges for Teacher Education. *Briefs, 22*(1), 1.

Webopedia.com. (2010). The difference between the Internet and the World Wide Web. http://www.webopedia.com/DidYouKnow/internet/2002/web_vs_internet.asp.

Wechsler, D. (2003). *Bugs*. Hornesdale, PA: Boyds Mills Press.

Weiss, E. (2002). *The nose knows*. New York: Kane Press.

Weller, F. W. (1991). *I wonder if I'll see a whale*. New York: Philomel.

Wells, J., & Lewis, L. (2006). Internet access in U.S. public schools and classrooms, 1994 – 2005 (NCES 2007 – 020). U.S. Department of Education. Washington, DC: National Center for Education Statistics.

White, E. B. (1945). *Stuart Little*. New York: Harper Trophy.

White, E. B. (1970). *The trumpet of the swan*. New York: Harper Trophy.

White, L. (1996). *Water: Simple Experiments for Young Scientists.* Brookfield, CT: Millbrook Press.

Wick, W. (1997). *A drop of water: A book of science and wonder.* New York: Scholastic.

Wikipedia. (2010). Skype. http://en.wikipedia.org/wiki/Skype.

Wikis for science ed collaboration. *NSTA Reports, 21*(6), 1 – 2.

Wilcox, J. (2007). NCLB on the eve of reauthorization. Calls for fundamental overhaul greet new congress. *Education Update, 49*(2), 1 – 2, 7 – 8.

Willett, W. C., & Stampfer, M. J. (2002). Rebuilding the food pyramid. *Scientific-American.com.*

Williams, P. A., Alley, R. D., & Henson, K. T. (1999). *Managing secondary classrooms: Principles and strategies for effective management and instruction.* Boston: Allyn & Bacon.

Willis, J. (2007). Which brain research can educators trust? *Phi Delta Kappan, 88*(9), 697 – 699.

Willis, S. (1993, September). *Multicultural teaching: Meeting the challenges that arise in practice. ASCD Curriculum Update, 1 – 8*. Alexandria, VA: Association for Supervision and Curriculum Development.

Willis, S. (2006). Curriculum mapping on the edge. *Education Update, 48*(6), 5.

Windschitl, M. (2009). Rethinking Scientific inquiry. *NSTA Reports, 21*(3), p. 3.

Winebrenner, S., & Devlin, B. (2001). Cluster grouping of gifted students: How to provide full-time services on a part-time budget. (ERIC Document No. ED451663)

Winer, Y. (2002). *Birds build nests.* Watertown, MA: Charlesbridge Publishing.

Winer, Y. (2003). *Frogs sing songs.* Watertown, MA: Charlesbridge Publishing.

Wiske, S. (2004). Using technology to dig for meaning. *Educational Leadership, 62*(1), 46 – 50.

Wolfinger, D. M. (2005). Project produce. *Science & Children, 24*(4), 26 – 29.

Wolk, R. (2010). Education: The case for making it personal. *Educational Leadership, 67*(7), 16 – 21.

Wolk, S. (2008). School as inquiry. *Phi Delta Kappan, 90*(2), 115 – 122.

Wolkstein, D. (1972). *8,000 stones: A Chinese folktale*. Garden City, NJ: Doubleday.

Women in engineering & related fields—Diversity analysis of students earning bachelor's degrees. (2006). Menlo Park, CA: *Engineers Dedicated to a Better Tomorrow D-E Communications—Critical Issues Series.*

Wong, S. L. & Hodson, D. (2009). From the horse's mouth: What scientists say about scientific investigation and Scientific knowledge. *Science Education, 93*(1), 109 – 130.

Wood, J. (1990, March/April). *Implementing developmentally appropriate classrooms.* Paper presented at the 41st annual conference of the Southern Association on Children Under Six, Dallas, TX. (ERIC Document No. ED332789)

World Almanac. (2002). New York: World Almanac Books.

Worth, V. (1986). *Small poems again.* New York: Farrar, Straus & Giroux.

Wright, R. J. (2009). Methods for improving test scores: The good, the bad, and the ugly. *Kappa Delta Pi Record, 45*(3), 116 – 121.

Wu, H.-K., & Krajcik, J. S. (2006). Inscriptional practices in two inquirybased classrooms: A case study of seventh graders' use of data tables and graphs. *Journal of Research in Science Teaching, 43*(1), 63 – 95.

Yager, R. E. (1993). The need for reform in science teacher education. *Journal of Science Teacher Education, 4*(4), 144 – 148.

Yager, R. E. (1994). Assessment results with the science/technology/society approach. *Science and Children, 32*(2).

Yee, W. H. (2003). *Tracks in the snow.* New York: Henry Holt.

Yeh, S. S. (2001). Tests worth teaching to: Constructing state-mandated tests that emphasize critical thinking. *Educational Researcher, 30* (9), 12 – 17.

Yerrick, R. K., & Ross, D. L. (2001, July/August). I read, I learn, iMovie: Strategies for developing literacy in the context of inquiry-based science instruction. *Reading Online, 5*(1).

Yoder, E. (2008). *One minute mysteries: 65 short mysteries you solve with science.* Washington, DC: Science, Naturally.

Yore, L. D., Anderson, J. O., & Shymansky, J. A. (2005). Sensing the impact of elementary school science reform: A study of stakeholder perceptions of implementation, constructivist strategies, and schoolhome collaboration. *Journal of Science Teacher Education, 16*(1), 65 – 88.

Young, T. A. & Mass, B. (2006). Nonfiction in the classroom library: A literacy necessity. *Childhood Education, 82*(4), 207 – 212.

Zahorik, J. A. (1997). Encouraging—and challenging—students' understandings. *Educational Leadership, 54*(6), 30 – 32.

Zales, C. R. & Unger, C. S. (2008). The science and literacy framework. *Science and Children, 46*(3), 42 – 45.

Zehr, M. A. (2009). Oral-language skills for English-learners focus of researchers. *Education Week, 29*(8), p. 8.

Zeldin, A. L., & Pajares, F. (2000). Against the odds: Self-efficacy beliefs of women in mathematical, scientific, and technological careers. *American Educational Research Journal, 37*(1), 215 – 246.

Zittlemanik, K. & Sadker, D. (2009 – 2010). Gender bias is alive and well and affecting our children. National PTA online edition, December/January 2009 – 2010. Retrieved from http://www.pta.org/3734.htm.

Zubrowski, B. (1979). *A Children's Museum activity book: Bubbles.* Boston: Little Brown.

Zull, J. E. (2004). The art of changing the brain. *Educational leadership, 62*(1), 68 – 72.

찾아보기

한글 찾아보기

기타 찾아보기

공통 교육과정

과학

교육과정 설계의 개요

과학과 교육과정은 미래 사회를 살아갈 시민으로서 '과학적 소양을 갖추고 더불어 살아가는 창의적인 사람'을 육성하는 것을 목적으로 한다. 과학과 교육과정에서는 과학 지식 · 이해, 과정 · 기능, 가치 · 태도가 복합적으로 발현되어 나타나는 총체적인 능력인 역량을 함양하고자 한다.

과학과 교육과정에서는 자기관리, 지식정보처리, 창의적 사고, 심미적 감성, 협력적 소통, 공동체 역량 등과 같은 범교과적이고 일반적인 총론의 역량과 연계하여 과학적 탐구와 문제해결 능력, 과학적 의사결정 능력 등을 기르는 데 초점을 둔다. 이를 위해 과학과 교육과정은 생태 소양, 민주 시민의식, 디지털 소양을 갖추고, 첨단 과학기술을 기반으로 융복합 영역을 창출하는 미래 사회에 유연하게 대응할 수 있는 과학적 소양을 갖춘 사람을 양성하는 것을 목표로 한다.

과학과 교육과정의 영역은 운동과 에너지, 물질, 생명, 지구와 우주, 과학과 사회의 5개 영역으로 구성하였다. 운동과 에너지 영역은 자연과 사물 사이의 상호작용이나 법칙을, 물질 영역은 물질의 구조와 성질 및 화학적 변화를, 생명 영역은 인간을 포함한 생명 현상의 원리를, 지구와 우주 영역은 자연 현상의 변화와 지구시스템의 주요 원리를 다룬다. 과학과 사회 영역은 개인과 사회의 지속가능한 발전에서 과학의 역할을 강조하는 현실을 반영한 추가한 영역으로, 과학의 일반적 성격 및 사회적 역할을 중점적으로 다룬다.

과학과 핵심 아이디어는 과학 영역별로 주요 개념과 일반화된 지식을 중심으로 구성하였다. 운동과 에너지, 물질, 생명, 지구와 우주, 과학과 사회 등 과학의 영역별로 주요 과학 개념과 원리의 일상생활 적용과 통합・융합 교육을 체험할 수 있도록 과학의 지식・이해, 과정・기능, 가치・태도를 종합하여 핵심 아이디어를 도출하였다. 이러한 핵심 아이디어는 해당 영역의 학습을 통해 일반화할 수 있는 내용을 진술한 것으로, 과학과 관통개념을 공유하면서 과목별로 위계성과 연속성을 지닌다.

과학과 교육과정은 '성격 및 목표', '내용 체계 및 성취기준', '교수・학습 및 평가'로 구성된다. '성격 및 목표'에서는 각 과목의 고유한 특성과 주요 목표를 제시하였다. '내용 체계 및 성취기준'에서는 과목의 핵심 아이디어와 지식・이해, 과정・기능, 가치・태도별 주요 내용 요소 및 학생이 교과 학습을 통해 할 수 있기를 기대하는 도달점을 성취기준으로 제시하였다. 즉, 과학과 성취기준은 다양한 탐구 중심의 학습을 통해 '영역'별 지식・이해, 과정・기능, 가치・태도의 세 차원을 상호보완적으로 함양함으로써 영역별 핵심 아이디어에 도달할 수 있도록 제시하였다. 과학과 지식・이해는 과학과 영역별로 학생이 알고 이해해야 하는 내용을 학년군별로 제시하였다. 과학과 과정・기능은 학생들이 과학 학습을 통해 개발할 것으로 기대하는 과학과 탐구 기능과 과정에 해당하는 것으로, 문제 인식 및 가설 설정, 탐구 설계 및 수행, 자료 수집・분석 및 해석, 결론 도출 및 일반화, 의사소통과 협업을 근간으로 영역별 특성을 반영하였다. 과학과 가치・태도는 과학 가치(과학의 심미적 가치, 감수성 등), 과학 태도(과학 창의성, 유용성, 윤리성, 개방성 등), 참여와 실천(과학문화 향유, 안전・지속가능 사회에 기여 등)으로 구성하였다. '교수・학습 및 평가'에서는 교육과정에서 제시한 성취기준에 도달하는 데 필요한 교수・학습 및 평가의 주요 방향을 제시하였다. 과학과 교육과정에서는 학생이 지식・이해뿐만 아니라 과정・기능, 가치・태도를 균형 있게 발달시킬 수 있도록 지도하고, 학생이 행위 주체로서 자신의 역량 함양을 위해 교수・학습에 참여하도록 하는 방향, 그리고 교수・학습과 연계하여 학생의 학습과 성장을 도울 수 있는 평가 방향을 제시하였다. 특히, 미래 교육 환경에 적합한 다양한 교수・학습 활동을 통해 디지털・인공지능 기초 소양을 함양하도록 하였다.

1. 성격 및 목표

가. 성격

'과학'은 '과학적 소양을 갖추고 더불어 살아가는 창의적인 사람'을 육성하기 위한 교과이다. '과학' 교과에서는 모든 학생이 과학의 기본 개념을 익히고, 과학 탐구 능력과 태도를 길러, 자연과 일상생활에서 접하는 현상을 과학적으로 이해하고, 민주 시민으로서 개인과 사회 문제를 과학적으로 해결하고 참여·실천하는 역량 함양에 중점을 둔다.

'과학'은 초등학교 1~2학년에서 학습한 내용과 연계하여 미래 사회를 살아가기 위한 역량을 함양하고, 고등학교 과학 교과목 학습에 필요한 과학 기초 학력을 보장하기 위한 교과이다. '과학'은 초등학교 1~2학년의 '슬기로운 생활'과 고등학교 1학년의 '통합과학1, 2', '과학탐구실험 1, 2', 그리고 고등학교 일반선택, 융합선택 및 진로선택 과목과 긴밀하게 연계되어 있다.

'과학'은 운동과 에너지, 물질, 생명, 지구와 우주 및 과학과 사회의 5개 영역으로 구성된다. 운동과 에너지 영역에서는 힘과 에너지, 전기와 자기, 열, 빛과 파동 등을 다루며, 물질 영역에서는 물질의 성질, 물질의 변화, 물질의 구조 등을 다룬다. 생명 영역에서는 생물의 구조와 에너지, 항상성과 몸의 조절, 생명의 연속성, 환경과 생태계, 생명과학과 인간의 생활 등을 다루며, 지구와 우주 영역에서는 고체 지구, 유체 지구, 천체 등을 다룬다. 과학과 사회 영역에서는 이들 4개 영역의 내용을 통합적으로 다루면서 과학과 안전, 과학과 지속가능한 사회, 과학과 진로 등을 다룬다.

미래 사회는 첨단 과학기술을 기반으로 혁신적인 융복합 영역이 창출되는 사회로, 과학적 문제해결력과 창의성을 발휘하는 전문가 집단과 과학적 소양을 갖춘 시민이 함께 이끄는 사회이다. '과학'에서는 다양한 탐구 중심의 학습을 통해 '과학'의 5개 영역과 관련된 지식·이해, 과정·기능, 가치·태도의 세 차원을 상호보완적으로 함양함으로써 영역별 핵심 아이디어를 습득하고, 행위 주체로서 갖추어야 할 과학적 소양을 기를 수 있을 것이다.

나. 목표

자연 현상과 일상생활에 대하여 흥미와 호기심을 가지고 과학적 탐구를 통해 주변의 현상을 이해하고, 개인과 사회의 문제를 과학적이고 창의적으로 해결하는 데 민주 시민으로서 참여하고 실천하는 과학적 소양을 기른다.

(1) 자연 현상과 일상생활에 대한 흥미와 호기심을 바탕으로, 개인과 사회의 문제를 인식하고 과학적으로 해결하려는 태도를 기른다.

(2) 과학의 탐구 방법을 이해하고 자연 현상과 일상생활의 문제를 과학적으로 탐구하는 능력을 기른다.

(3) 자연 현상과 일상생활을 과학적으로 탐구하여 과학의 핵심 개념을 이해한다.

(4) 과학과 기술 및 사회의 상호 관계를 이해하고, 개인과 사회의 문제해결에 민주 시민으로서 참여하고 실천하는 능력을 기른다.

2. 내용 체계 및 성취기준

가. 내용 체계

(1) 운동과 에너지

<table>
<tr><td colspan="2">핵심 아이디어</td><td colspan="3">· 자연과 일상생활 속의 여러 가지 힘은 물체의 속력과 운동 방향을 변화시키고, 물체의 운동은 힘과 에너지를 통해 예측할 수 있으며, 이는 안전한 일상생활의 토대가 된다.
· 전하와 전류는 다양한 전기와 자기 현상을 일으키고, 전기와 자기에 대한 성질은 전구, 전동기 등 여러 가지 전기 기구의 작동 원리로 유용하게 활용된다.
· 열은 온도가 높은 곳에서 낮은 곳으로 이동하며, 일상생활에서는 단열 등 다양한 분야에 물질의 열적 성질이나 열의 이동 방식이 이용된다.
· 빛과 소리는 반사, 굴절, 진동 등 파동의 특성을 가지며, 그 특성은 거울, 렌즈, 악기, 색의 구현 등 편리하고 심미적인 삶에 도움이 된다.</td></tr>
<tr><td colspan="2" rowspan="3">구분 / 범주</td><td colspan="3">학년(군)별 내용 요소</td></tr>
<tr><td colspan="2">초등학교</td><td>중학교</td></tr>
<tr><td>3~4학년군</td><td>5~6학년군</td><td>1~3학년</td></tr>
<tr><td rowspan="2">지식·이해</td><td>힘과 에너지</td><td>· 밀기와 당기기
· 무게
· 수평잡기
· 도구의 이용</td><td>· 위치의 변화
· 속력
· 속력과 안전</td><td>· 힘
· 중력 · 마찰력 · 탄성력 · 부력
· 부력
· 등속 운동
· 자유 낙하 운동
· 일과 에너지
· 중력에 의한 위치 에너지
· 운동 에너지
· 역학적 에너지 보존</td></tr>
<tr><td>전기와 자기</td><td>· 자석과 물체 사이의 힘
· 자석과 자석 사이의 힘
· 자석의 극
· 자석의 이용</td><td>· 전기 회로
· 전지의 직렬연결
· 전자석
· 전기 안전</td><td>· 전기력 · 대전
· 정전기 유도
· 전압 · 전류
· 옴의 법칙
· 전기 에너지
· 자기력 · 자기장</td></tr>
</table>

<table>
<tr><td rowspan="2"></td><td>열</td><td></td><td>· 온도
· 열의 이동
· 단열</td><td>· 열평형
· 전도 · 대류 · 복사
· 비열
· 열팽창</td></tr>
<tr><td>빛과 파동</td><td>· 소리의 발생
· 소리의 세기
· 소리의 높낮이
· 소리의 전달</td><td>· 빛의 직진
· 평면거울에서 빛의 반사
· 빛의 굴절
· 렌즈의 이용</td><td>· 시각과 상 · 반사와 굴절
· 거울과 렌즈 · 빛의 합성과 색
· 파동의 발생과 전달
· 파동의 요소와 소리의 특성</td></tr>
<tr><td colspan="2">과정 · 기능</td><td colspan="2">· 자연과 일상생활에서 운동과 에너지 관련 문제 인식하기
· 문제를 해결하기 위한 탐구 설계하기
· 관찰, 측정, 분류, 예상, 추리 등을 통해 자료를 수집하고 비교 · 분석하기
· 수학적 사고와 컴퓨터 및 모형 활용하기
· 결론을 도출하고, 자연과 일상생활에서 운동과 에너지 관련 상황에 적용 · 설명하기
· 자신의 생각과 주장을 과학적 언어를 사용하여 다양한 방식으로 표현하고 공유하기</td><td>· 자연과 일상생활에서 운동과 에너지와 관련된 현상을 관찰하고 문제를 찾아 정의하고 가설을 설정하기
· 적절한 변인을 포함하여 탐구 설계하기
· 운동과 에너지 사이의 관계를 이끌어내기 위해 자료를 수집하고 이를 그래프로 변환하여 해석하기
· 운동과 에너지와 관련된 다양한 현상을 관찰하여 규칙성을 추리하기
· 모형을 만들어 현상을 설명하거나 예측하기
· 과학적 증거에 기반하여 주장하기</td></tr>
<tr><td colspan="2">가치 · 태도</td><td colspan="3">· 과학의 심미적 가치
· 과학 유용성
· 자연과 과학에 대한 감수성
· 과학 창의성
· 과학 활동의 윤리성
· 과학 문제 해결에 대한 개방성
· 안전 · 지속가능 사회에 기여
· 과학 문화 향유</td></tr>
</table>

(2) 물질

<table>
<tr><td colspan="2">핵심 아이디어</td><td colspan="3">· 물질은 여러 가지 상태로 존재하며, 구성 입자의 운동에 따라 물질의 상태와 물리적 성질이 변한다.
· 물질의 상태 변화 및 화학 반응에는 에너지 출입이 수반되며, 이는 일상생활에 유용하게 활용된다.
· 물질은 서로 구분할 수 있는 고유한 특성을 가지며, 물질의 특성은 일상생활의 다양한 혼합물 분리에 이용된다.
· 화학 반응을 통해 물질은 다른 물질로 변하며, 화학 반응의 규칙성은 새로운 물질의 생성 원리가 된다.</td></tr>
<tr><td colspan="2" rowspan="3">구분
범주</td><td colspan="3">학년(군)별 내용 요소</td></tr>
<tr><td colspan="2">초등학교</td><td>중학교</td></tr>
<tr><td>3~4학년군</td><td>5~6학년군</td><td>1~3학년</td></tr>
<tr><td rowspan="3">지식 · 이해</td><td>물질의 성질</td><td>· 물체와 물질
· 물질의 세 가지 상태
· 기체의 무게
· 온도와 압력에 따른 기체의 부피 변화
· 물의 상태 변화</td><td>· 용액, 용매, 용질
· 용해
· 용액의 진하기
· 혼합물의 분리</td><td>· 입자 운동 · 기체의 압력
· 기체의 압력과 부피 관계
· 기체의 온도와 부피 관계
· 물질의 상태와 입자 모형
· 상태 변화와 열에너지
· 밀도, 용해도, 녹는점, 끓는점
· 순물질과 혼합물</td></tr>
<tr><td>물질의 변화</td><td></td><td>· 지시약
· 산성 용액
· 염기성 용액
· 연소 조건
· 연소 생성물</td><td>· 화학 변화 · 화학 반응식
· 질량 보존 법칙 · 일정 성분비 법칙
· 기체 반응 법칙
· 화학 반응에서 열에너지의 출입</td></tr>
<tr><td>물질의 구조</td><td></td><td></td><td>· 원소 · 원자 · 분자 · 이온
· 화합물 · 화학식 · 주기율표</td></tr>
<tr><td colspan="2">과정 · 기능</td><td colspan="2">· 자연과 일상생활에서 물질과 관련된 문제 인식하기
· 관찰, 측정, 분류, 예상, 추리 등을 통해 자료를 수집하고 비교 · 분석하기
· 탐구 결과를 해석하여 결론을 도출하기
· 물질과 관련된 일상생활의 문제를 해결하기 위한 탐구 설계하기
· 결론을 도출하고, 자연과 일상생활에서 물질 관련 상황에 적용·설명하기
· 자신의 생각과 주장을 과학적 언어를 사용하여 다양한 방식으로 표현하고 공유하기</td><td>· 자연과 일상생활에서 물질과 관련된 현상을 관찰하여 문제를 인식하고 가설을 설정하기
· 관찰, 측정, 분류, 예상, 추리 등을 통해 자료를 수집하고 비교 · 분석하기
· 적절한 변인을 포함하여 탐구 설계하기
· 탐구 결과를 해석하여 결론을 도출하기
· 수학적 사고와 디지털 탐구 도구 활용하기
· 변인 간의 관계를 이끌어내기 위해 자료를 수집하고 이를 그래프로 변환하여 해석하기
· 모형을 이용하여 현상을 설명하거나 예측하기
· 과학적 증거에 기반하여 주장하기</td></tr>
<tr><td colspan="2">가치 · 태도</td><td colspan="3">· 과학의 심미적 가치
· 과학 유용성
· 자연과 과학에 대한 감수성
· 과학 창의성
· 과학 활동의 윤리성
· 과학 문제 해결에 대한 개방성
· 안전 · 지속가능 사회에 기여
· 과학 문화 향유</td></tr>
</table>

(3) 생명

<table>
<tr><td colspan="2">핵심 아이디어</td><td colspan="3">· 생물은 세포로 이루어져 있고, 여러 구성 단계가 유기적으로 연관되어 있으며, 조화로운 작용을 통해 건강한 몸을 유지한다.
· 식물은 광합성으로 양분을 만들며, 생물은 호흡을 통해 생명 활동에 필요한 에너지를 얻는다.
· 동물은 다양한 감각 기관을 통해 자극을 받아들이고, 신경계와 호르몬의 작용을 통해 반응한다.
· 생물은 생식을 통해 자손을 생산하고, 생물의 형질은 유전자에 의해 자손에게 전달되며, 생물의 유전 현상은 사람의 가계에서도 관찰된다.
· 우리 주변의 다양한 생물은 환경과 영향을 주고받으며 밀접한 관계를 맺고 있으며, 생물다양성은 생태계와 인간의 삶과도 밀접하게 관련되어 있다.</td></tr>
<tr><td colspan="2" rowspan="3">구분
범주</td><td colspan="3">학년(군)별 내용 요소</td></tr>
<tr><td colspan="2">초등학교</td><td>중학교</td></tr>
<tr><td>3~4학년군</td><td>5~6학년군</td><td>1~3학년</td></tr>
<tr><td rowspan="5">지식 · 이해</td><td>생물의 구조와 에너지</td><td>· 동물의 생김새
· 식물의 생김새
· 균류, 원생생물, 세균의 특징</td><td>· 세포의 구조
· 뼈와 근육의 구조와 기능
· 소화 · 순환 · 호흡 · 배설 기관의 구조와 기능
· 뿌리, 줄기, 잎, 꽃의 구조와 기능
· 증산 작용
· 광합성 산물</td><td>· 세포와 생물 구성 단계
· 소화계, 순환계, 호흡계, 배설계의 구조와 기능
· 광합성 과정
· 광합성에 영향을 미치는 요인
· 식물의 호흡과 광합성의 관계</td></tr>
<tr><td>항상성과 몸의 조절</td><td></td><td></td><td>· 감각 기관의 구조와 기능
· 뉴런과 신경계의 구조와 기능
· 자극에서 반응까지의 경로
· 호르몬에 의한 항상성 유지</td></tr>
<tr><td>생명의 연속성</td><td>· 동물의 한살이
· 식물의 한살이
· 식물이 자라는 조건
· 다양한 환경에 사는 동물과 식물
· 특징에 따른 동물 분류
· 특징에 따른 식물 분류</td><td></td><td>· 세포분열
· 동물의 발생 과정
· 유전 형질과 유전 원리
· 변이와 생물다양성
· 종의 개념과 분류 체계
· 생물다양성 보전의 중요성</td></tr>
<tr><td>환경과 생태계</td><td>· 생물 요소와 비생물 요소
· 환경오염이 생물에 미치는 영향
· 먹이사슬과 먹이그물</td><td></td><td></td></tr>
<tr><td>생명과학과 인간의 생활</td><td>· 생활 속에서 동물과 식물의 이용
· 균류, 원생생물, 세균의 이용
· 생명과학과 우리 생활</td><td></td><td></td></tr>
<tr><td colspan="2">과정 · 기능</td><td colspan="2">· 자연과 일상생활에서 생명 현상 관련 문제 인식하기</td><td>· 생물 특징과 생명 활동 관계 추론하기
· 생물 분류하기</td></tr>
</table>

	·문제를 해결하기 위한 탐구 설계하기 ·생물 관찰 및 분류하기 ·자료 조사 및 해석하기 ·모형으로 설명하기 ·자신의 생각과 주장을 과학적 언어를 사용하여 협력적 소통하기	·생명 현상 관찰을 토대로 문제를 인식하고 가설 설정하기 ·관찰, 측정, 분류, 예상, 추리 등을 통해 자료를 수집하고 비교·분석하기 ·적절한 변인을 포함하여 탐구 설계하기 ·탐구 결과를 해석하여 결론을 도출하기 ·모형을 만들어 생명 현상을 설명하거나 예측하기 ·협력적 소통하기
가치·태도	·과학의 심미적 가치 ·과학 유용성 ·자연과 과학에 대한 감수성 ·과학 창의성 ·과학 활동의 윤리성 ·과학 문제 해결에 대한 개방성 ·안전·지속가능 사회에 기여 ·과학 문화 향유	

(4) 지구와 우주

범주 \ 구분		학년(군)별 내용 요소		
핵심 아이디어		·지구계는 지권, 수권, 기권, 생물권 등으로 구성되며, 이러한 지구계 구성 요소들이 상호작용을 통해 에너지와 물질을 교환하는 과정에서 다양한 자연 현상들이 발생한다. ·암석과 화석, 지구 내부를 탐구함으로써 지질시대 동안 지구 환경과 생물의 변천 과정을 밝혀낼 수 있다. ·물은 땅과 바다, 대기 등으로 끊임없이 순환하면서 지표의 특징을 변화시키고 지하구조를 만든다. ·지구의 기후시스템은 태양 복사와 지구 복사, 인간 활동 등의 영향을 받으며, 이러한 요인들이 복합적으로 상호작용하여 나타난 기상 현상과 기후변화는 우리 생활과 지속가능성에 영향을 미친다. ·태양계는 행성 및 소천체 등으로 구성되며, 생성 과정에 따라 태양계 천체의 표면은 다양하게 나타난다. ·별의 표면 온도, 크기, 질량, 거리 등을 결정하는 데 관측 자료와 증거 기반 해석 등이 활용된다.		
		초등학교		중학교
		3~4학년군	5~6학년군	1~3학년
지식·이해	고체 지구	·강 주변 지형 ·화산 활동 ·화성암 ·지진 대처 방법	·지층 ·퇴적암 ·화석의 생성 ·과거 생물과 환경	·지구계 ·광물과 암석 ·암석의 순환 ·풍화 작용 ·판과 대륙이동설 ·지진대와 화산대
	유체 지구	·바다의 특징 ·밀물과 썰물 ·파도 ·바닷가 주변 지형 ·갯벌 보전 ·지구의 대기	·날씨와 기상 요소 ·이슬, 안개, 구름 ·고기압과 저기압	·대기와 해양의 층상 구조 ·수권과 수자원 ·염분과 해류 ·온실효과와 지구온난화 ·대기 대순환 ·강수 과정 ·중위도 저기압 ·일기도

	천체	· 달의 모양과 표면 · 달의 위상변화 · 태양계 행성 · 별과 별자리	· 태양과 별의 위치 변화 · 지구의 자전과 공전 · 계절별 별자리 변화 · 태양 고도의 일변화 · 계절별 낮의 길이	· 태양계 구성 천체 · 태양 표면과 태양 활동 · 달의 위상변화 · 일식과 월식 · 연주시차 · 별의 특성 · 우리은하 · 우주 팽창 · 우주탐사
과정 · 기능		· 자연과 일상생활에서 지구와 우주 관련 문제 인식하기 · 문제를 해결하기 위한 탐구 설계하기 · 관찰, 측정, 분류, 예상, 추리 등을 통해 자료를 수집하고 비교 · 분석하기 · 수학적 사고, 컴퓨터 및 모형 활용하기 · 결론을 도출하고, 지구와 우주 관련 상황에 적용 · 설명하기 · 자신의 생각과 주장을 과학적 언어를 사용하여 다양한 방식으로 표현하고 공유하기		· 지구와 우주 관련 현상 관찰을 토대로 문제를 인식하고 가설을 설정하기 · 관련 변인을 포함하여 탐구 설계하기 · 지구시스템 구성 요소들의 상호작용에 대한 자료를 조사 · 평가 및 변환하기 · 지구와 우주와 관련된 다양한 현상을 관찰하여 규칙성을 추리하기 · 모형을 만들어 현상을 설명하거나 예측하기 · 과학적 증거에 기반하여 주장하기
가치 · 태도		· 과학의 심미적 가치 · 과학 유용성 · 자연과 과학에 대한 감수성 · 과학 창의성 · 과학 활동의 윤리성 · 과학 문제 해결에 대한 개방성 · 안전 · 지속가능 사회에 기여 · 과학 문화 향유		

(5) 과학과 사회

핵심 아이디어		· 과학 탐구를 통해 얻은 과학기술은 질병의 발생 원인 규명과 예방법 마련 등 인류 복지에 기여하고, 인류가 처한 여러 가지 재난 상황 극복에 활용된다. · 과학기술은 자원과 에너지 등의 효율적 이용 방안을 제공하여 지속가능한 사회에 기여한다. · 과학기술의 발달은 미래 사회의 모습과 직업에 영향을 미치며, 개인은 이러한 미래 사회의 모습과 새로운 진로를 탐색하며 자신의 삶을 준비한다.		
범주 \ 구분		학년(군)별 내용 요소		
		초등학교		중학교
		3~4학년군	5~6학년군	1~3학년
지식 · 이해	과학과 안전	· 질병과 예방 · 감염병과 건강한 생활		· 재해 · 재난 · 재해 · 재난에 대한 과학적 대처 방안
	과학과 지속가능한 사회	· 기후변화 사례 · 기후위기 대응	· 자원의 종류 · 자원의 효율적인 이용 · 지속가능한 에너지 이용	· 과학적 탐구 방법 · 과학기술의 영향 · 과학과 지속가능한 사회
	과학과 진로		· 진로와 과학의 관련성 · 진로 계획	· 과학 관련 진로와 직업 · 진로 계획 실천 방안

과정・기능	・자연과 일상생활에서 과학과 기술 및 사회의 상호작용과 관련된 문제 인식하기 ・문제를 해결하기 위한 탐구 설계하기 ・신뢰성 있는 출처를 활용하여 자료를 수집하고 정리하기 ・융합적 사고와 수학적 사고, 컴퓨터 및 모형 활용하기 ・결론을 도출하고, 과학・기술・사회의 문제 해결 상황에 적용・설명하기 ・자신의 생각과 주장을 과학적 언어를 사용하여 다양한 방식으로 표현하고 공유하기	・자연과 일상생활에서 과학과 기술 및 사회의 상호작용과 관련된 문제를 찾아 정의하고 가설 설정하기 ・문제를 해결하기 위해 변인이 포함된 탐구 설계하기 ・다양한 도구를 활용하여 자료를 수집하고 변환하기 ・융합적 사고, 수학적 사고와 컴퓨터 등을 활용해 자료를 분석・평가・추론하기 ・결론을 도출하고, 결론의 사회적 가치를 판단하여 과학・기술・사회의 문제 해결 상황에 적용・설명하기 ・타당한 근거에 기초하여 자신의 주장을 펼치고 실천적 대안 마련하기
가치・태도	・과학의 심미적 가치 ・과학의 사회적 가치 ・과학 유용성 ・자연과 과학에 대한 감수성 ・과학 창의성 ・과학 활동의 윤리성 ・과학 문제 해결에 대한 개방성 ・과학 문제 해결의 학문 간 융합적 접근 ・안전・지속가능 사회에 기여 ・과학 문화 향유	

나. 성취기준

[초등학교 3~4학년]

(1) 힘과 우리 생활

[4과01-01] 일상생활에서 힘과 관련된 현상에 흥미를 갖고, 물체를 밀거나 당길 때 나타나는 현상을 관찰할 수 있다.

[4과01-02] 수평잡기 활동을 통해 물체의 무게를 비교할 수 있다.

[4과01-03] 무게를 정확히 비교하기 위해서는 저울이 필요함을 알고, 저울을 사용해 무게를 비교할 수 있다.

[4과01-04] 지레, 빗면과 같은 도구를 이용하면 물체를 들어 올릴 때 드는 힘의 크기가 달라짐을 알고, 도구가 일상생활에서 어떻게 쓰이는지 조사하여 공유할 수 있다.

〈탐구 활동〉

- 무거운 물체를 밀 때와 가벼운 물체를 밀 때의 특징 탐구하기

(가) 성취기준 해설

- [4과01-01] 무거운 물체를 밀고 당길 때와 가벼운 물체를 밀고 당길 때 드는 힘의 크기를 느끼는 데 중점을 둔다.
- [4과01-03] 무게와 질량을 구분하지 않으며 무게를 비교하는 단위로 g, ㎏을 사용한다.
- [4과01-04] 지레, 빗면과 같은 간단한 도구를 이용할 때 힘의 크기가 달라진다는 점을 관찰하는 데 중점을 두며, 도구의 원리나 구조적 특성을 다루지 않는다.

(나) 성취기준 적용 시 고려 사항

- 초등학교 5~6학년군 '물체의 운동', 중학교 1~3학년군 '힘의 작용'과 연계된다.
- 무게를 비교할 때는 용수철저울이나 전자저울 등을 사용하고, 분동을 사용하는 윗접시저울은 다루지 않는다.
- 조사한 내용을 공유할 때 사회 관계망 서비스(SNS)를 활용할 수 있으며, 글과 그림으로 표현한 발표 자료 만들기를 할 수 있다.

(2) 동물의 생활

[4과02-01] 여러 가지 동물을 관찰하여 특징에 따라 동물을 분류할 수 있다.

[4과02-02] 다양한 환경에 서식하는 동물을 조사하여 동물의 생김새와 생활 방식이 환경과 관련되어 있음을 설명할 수 있다.

[4과02-03] 동물의 특징을 이용하여 일상생활에서 활용할 수 있는 생활용품을 설계하여 협력적으로 소통할 수 있다.

〈탐구 활동〉

- 동물 분류 기준 정하기

(가) 성취기준 해설

- [4과02-01] 동물의 형태적 특징을 찾고 그 특징에 따라 분류 기준을 정하여 분류하는 활동을 하도록 하며 생물학적 분류 체계는 다루지 않는다.
- [4과02-02] 서식지에 따른 동물의 생김새와 생활 방식의 다양성을 다루고, 적응 개념은 다루지 않는다.

(나) 성취기준 적용 시 고려 사항

- 초등학교 3~4학년군 '생물의 한살이', '생물과 환경', 5~6학년군 '우리 몸의 구조와 기능'과 중학교 1~3학년군 '생물의 구성과 다양성', '동물과 에너지'와 연계된다.
- '동물의 생활'에서는 여러 가지 동물의 형태적 특징을 중심으로 관찰, 분류 활동을 한다.

(3) 식물의 생활

[4과03-01] 여러 가지 식물을 관찰하여 특징에 따라 식물을 분류할 수 있다.

[4과03-02] 다양한 환경에 서식하는 식물을 조사하여 식물의 생김새와 생활 방식이 환경과 관련되어 있음을 설명할 수 있다.

[4과03-03] 식물의 특징을 이용하여 일상생활에서 활용할 수 있는 생활용품을 설계하여 협력적으로 소통할 수 있다.

〈탐구 활동〉

- 식물 분류 기준 정하기

(가) 성취기준 해설

- [4과03-01] 여러 가지 식물의 잎을 채집해 생김새 등과 같은 외형적 특징에 따라 기준을 세워 분류하는 활동을 하며 생물학적 분류 체계는 다루지 않는다.
- [4과03-02] 서식지에 따른 식물의 생김새와 생활 방식의 다양성을 다루고, 적응 개념은 다루지 않는다.

(나) 성취기준 적용 시 고려 사항

- 초등학교 3~4학년군 '생물의 한살이', '생물과 환경', 5~6학년군 '식물의 구조와 기능'과 중학교 1~3학년군 '생물의 구성과 다양성', '식물과 에너지'와 연계된다.
- 여러 가지 식물을 줄기, 잎, 꽃 등으로 분류 활동을 할 수 있으나, 주변에서 쉽게 구할 수 있는 식물의 잎을 대상으로 활동하도록 한다.
- 초등학교 5~6학년군 '식물의 구조와 기능'에서 각 부위의 구조와 기능을 이해하는 데 중점을 두고 다루므로 '식물의 생활'에서는 여러 가지 식물의 잎을 중심으로 관찰, 분류 활동을 한다.

(4) 생물의 한살이

[4과04-01] 동물의 한살이를 직접 관찰하고, 관찰한 내용을 글과 그림으로 표현할 수 있다.
[4과04-02] 식물이 자라는 데 필요한 조건을 찾는 실험을 설계하여 수행할 수 있다.
[4과04-03] 생물의 한살이 과정을 조사하여 생물에 따라 한살이의 유형이 다양함을 소개하는 자료를 만들어 공유할 수 있다.

〈탐구 활동〉
- 곤충의 한살이 관찰하기

(가) 성취기준 해설

- [4과04-02] 씨가 싹트는데 필요한 조건은 물과 온도로 한정하고, 식물이 자라는데 필요한 조건은 물과 햇빛으로 제한한다.
- [4과04-03] 한살이의 유형을 이해하는 생물의 범위는 동물과 식물에 한정하여 다루고, 식물의 한살이 유형은 한해살이와 여러해살이로 구분하여 이해하도록 한다.

(나) 성취기준 적용 시 고려 사항

- 초등학교 3~4학년군 '동물의 생활', '식물의 생활', '생물과 환경', 5~6학년군 '식물의 구조와 기능', '우리 몸의 구조와 기능', 중학교 1~3학년군 '식물과 에너지', '동물과 에너지'와 연계된다.

- 동물의 한살이 관찰을 위해서는 주변에서 쉽게 구할 수 있으며, 한살이 기간이 짧은 동물(예: 배추흰나비)을 선택하는 것이 좋다.
- 동물의 한살이 관찰을 통하여 동물에 대한 관심과 호기심을 증대시키는 것도 중요한 목표이므로 동물을 직접 관찰하는 활동을 권장하며, 보조 학습 자료로 동영상이나 누리망을 활용할 수 있다. 다양한 도구를 활용하여 글과 그림으로 한살이를 표현해 보도록 지도할 수 있다.
- 동물의 한살이 관찰에는 시간이 많이 소요되므로 학습이 시작되기 전에 관찰 대상을 미리 준비해야 하며, 교수・학습 전개 시 수업 차시에 따라 연속하여 진행하기에는 무리가 있으므로 동물의 한살이 정도에 맞추어 융통성 있게 수업 시간을 재구성하는 것이 좋다.

(5) 물체와 물질

[4과05-01] 물체를 이루는 여러 가지 물질의 성질을 비교하고, 물질의 종류에 따라 물체를 분류할 수 있다.
[4과05-02] 물질의 세 가지 상태인 고체, 액체, 기체의 성질을 관찰하여 비교할 수 있다.
[4과05-03] 다양한 물질의 성질을 이용하여 쓰임새 있는 물체를 설계할 수 있다.

〈탐구 활동〉
- 용기에 따른 고체와 액체의 모양과 부피 변화 관찰하기
- 기체가 공간을 차지하고 있음을 알아보는 실험하기

(가) 성취기준 해설

- [4과05-01] 나무, 철, 유리, 플라스틱 등 학생들이 일상생활에서 쉽게 접할 수 있는 물질의 다양한 성질을 관찰하고 비교하는 활동에 중점을 두고, 이를 바탕으로 여러 가지 물체를 물질의 종류에 따라 분류하도록 한다.
- [4과05-02] 물질의 세 가지 상태인 고체, 액체, 기체의 성질을 관찰하고 비교하는 활동에 중점을 두고, 한 가지 물질이 여러 가지 상태로 존재한다는 것은 다루지 않는다.

(나) 성취기준 적용 시 고려 사항

- 초등학교 3~4학년군 '물의 상태 변화', '여러 가지 기체', 5~6학년군 '혼합물의 분리', 중학교 1~3학년군 '물질의 특성'과 연계된다.
- 일상생활에서 사용할 수 있는 물체를 기초적인 아이디어 수준에서 설계하며, 물체의 쓰임새에 적합한 성질을 지닌 물질을 이용하는 데 중점을 두고 지도한다.

(6) 지구와 바다

[4과06-01] 지구가 대기로 둘러싸여 있음을 알고, 지구 표면을 구성하는 육지와 바다의 특징을 비교할 수 있다.

[4과06-02] 바닷물의 특징을 육지의 물과 비교하고, 바닷가에서 볼 수 있는 다양한 지형을 조사할 수 있다.

[4과06-03] 밀물과 썰물의 차이를 알고, 갯벌의 가치와 보전의 필요성을 설득·홍보할 수 있다.

〈탐구 활동〉

- 지구의 육지와 바다 면적 비교하기
- 육지의 물과 바닷물을 가열하여 남는 물질 탐구하기

(가) 성취기준 해설

- [4과06-02] 바닷물의 침식, 운반, 퇴적 작용에 대해서는 다루지 않는다.
- [4과06-03] 밀물과 썰물은 바닷물의 높이 변화를 다루는 수준이며, 조석 용어와 원인에 대해서는 다루지 않는다.

(나) 성취기준 적용 시 고려 사항

- 초등학교 5~6학년군 '날씨와 우리 생활', 중학교 1~3학년군 '날씨와 기후변화', '수권과 해수의 순환'과 연계된다.
- 여행에서 촬영한 사진 자료나 스마트 기기를 활용하여 육지와 바다의 다양한 모습과 지형을 탐색하여 수업에 활용할 수 있다.
- 지구의 물은 바닷물과 육지의 물로 구분하며, 지구 표면에서 바다가 차지하는 비율은 정성적으로 다룬다. 지구의 육지와 바다 면적을 시각적으로 비교할 수 있는 자료를 활용할 수 있다.
- 육지의 물과 바닷물을 가열할 때는 끓임쪽을 넣고 가열하는 등 안전에 유의한다.
- 우리나라의 대표적인 갯벌의 위치, 갯벌에 사는 생물의 다양성, 갯벌 보전의 필요성을 알아보는 활동을 통해 환경과 생명의 가치를 알고 생태감수성을 기르도록 한다.

(7) 소리의 성질

[4과07-01] 여러 가지 물체를 이용하여 소리를 내보고, 소리가 나는 물체는 떨림이 있음을 설명할 수 있다.

[4과07-02] 큰 소리와 작은 소리, 높은 소리와 낮은 소리를 구분하고, 세기와 높낮이가 다른 소리를 낼 수 있다.

[4과07-03] 여러 가지 물질을 통하여 소리가 전달되는 것을 관찰하고, 소음을 줄이는 방법을 찾아 일상생활에서 실천할 수 있다.

〈탐구 활동〉

- 소리가 나는 소리굽쇠의 떨림 관찰하기
- 물체의 길이에 따른 소리의 높낮이 비교하기

(가) 성취기준 해설

- [4과07-03] 소리가 여러 가지 물질을 통해 전달되는 현상을 관찰하는 데 중점을 두며, 소리 전달의 과학적 원리는 다루지 않도록 한다.

(나) 성취기준 적용 시 고려 사항

- 중학교 1~3학년군 '빛과 파동'과 연계된다.
- 소리를 관찰하기 위해 청각뿐만 아니라 시각, 촉각 등의 다양한 감각을 활용할 수 있도록 한다.
- 큰 소리로 인해 청각이 손상될 수 있으므로 안전에 유의한다.
- 소리의 세기와 높낮이를 탐구할 때 디지털 탐구 도구를 활용할 수 있다.
- 소음을 줄이는 방법을 찾아 실천해 봄으로써 공동체의 문제 해결에 참여하는 민주 시민으로서의 소양을 기르되, 소리 자체에 대한 부정적 인식이 형성되지 않도록 유의한다.

(8) 감염병과 건강한 생활

[4과08-01] 생활 속 감염병의 사례를 알고, 다양한 질병과 그 위험성에 대해 토의할 수 있다.

[4과08-02] 감염병으로부터 안전한 사회에 관심을 가지고, 여러 감염 과정을 통해 생활 습관과 감염병 유행과의 연관성을 설명할 수 있다.

[4과08-03] 건강한 생활을 위해 필요한 감염병 예방 수칙을 공유하고, 생활 속에서 실천할 수 있다.

〈탐구 활동〉

- 감염 과정과 감염병 예방 방법 탐구하기

(가) 성취기준 해설

- [4과08-01] 질병은 예방접종이나 범유행 상황 등 학생이 경험하거나 인지할 수 있는 생활 속 질병을 다룬다.
- [4과08-02] 감염 과정은 생활 습관과 관련지을 수 있는 접촉 감염, 비말 감염, 공기 감염, 수인 감염, 타액 감염 등의 사례로 한정하여 다루며, 감염병의 특성과 면역 반응을 구체적으로 다루지 않는다.

(나) 성취기준 적용 시 고려 사항

- 중학교 1~3학년군 '재해 · 재난과 안전'과 연계된다.
- 예방접종의 경험이나 범유행 상황 등을 통해 생활 속에서 다양한 감염 사례가 있음을 인식할 수 있도록 한다.
- 다양한 감염 과정을 놀이, 역할극, 그림, 표, 책 만들기 공예 등 다양한 시각화 방법을 통해 표현할 수 있다. 단, 단순한 표현 활동보다는 생활 속 습관과 감염병 유행과의 연관성을 탐구하도록 지도한다.
- 건강한 생활을 위해 지켜야 하는 수칙은 감염 과정과 생활 습관을 관련지어 학생들이 실천 가능한 수준으로 제시하도록 한다.

(9) 자석의 이용

[4과09-01] 자석과 여러 가지 물체를 가까이했을 때 나타나는 현상을 관찰하고, 자석과 자석에 붙는 물체 사이에 작용하는 힘의 특징을 말할 수 있다.

[4과09-02] 자석과 자석을 가까이했을 때 나타나는 현상을 관찰하여 그 특징을 자석의 극과 관련지어 설명할 수 있다.

[4과09-03] 자석을 이용하여 일상생활을 편리하게 하는 장치를 설계할 수 있다.

〈탐구 활동〉

- 자석의 극을 찾고 서로 같은 극과 다른 극을 가까이했을 때의 특징 비교하기
- 나침반과 자석을 가까이했을 때 나타나는 현상 관찰하기

(가) 성취기준 해설

- [4과09-01~02] 자석과 물체, 자석과 자석 사이의 상호작용을 다루되, 자기장의 개념은 도입하지 않는다.

(나) 성취기준 적용 시 고려 사항

- 초등학교 5~6학년군 '전기의 이용', 중학교 1~3학년군 '전기와 자기'와 연계된다.

- 자석을 이용한 장치 설계하기 활동은 학습한 자석의 성질을 이용하여 생활을 편리하게 만드는 장치를 구상해볼 수 있도록 하기 위한 것으로, 설계한 것이 반드시 만들기로 이어져야 함을 의미하는 것은 아니다.

(10) 물의 상태 변화

[4과10-01] 물이 세 가지 상태로 변할 수 있음을 알고, 우리 주변에서 예를 찾을 수 있다.

[4과10-02] 물이 얼 때, 얼음이 녹을 때, 물이 증발할 때와 끓을 때, 수증기가 응결할 때의 변화를 관찰할 수 있다.

[4과10-03] 물의 상태 변화를 이용하여 물을 얻을 수 있는 장치를 설계하고 만들 수 있다.

〈탐구 활동〉
- 물이 얼 때와 얼음이 녹을 때의 무게와 부피 변화 관찰하기
- 물이 증발할 때와 끓을 때의 특징 관찰하기
- 얼음이 든 비커의 바깥 면 관찰하기

(가) 성취기준 해설

- [4과10-01] 물의 상태 변화는 관찰 가능한 현상 수준에서만 다루고, 물의 상태가 변하는 까닭은 다루지 않는다.
- [4과10-02] 물이 얼 때와 얼음이 녹을 때의 부피 변화는 물기둥의 높이 변화로 관찰하도록 한다. 물의 증발과 끓음을 비교할 때는 물이 수증기로 상태가 변하는 현상이라는 공통점에 중점을 둔다.

(나) 성취기준 적용 시 고려 사항

- 초등학교 3~4학년군 '물체와 물질', 중학교 1~3학년군 '물질의 상태 변화'와 연계된다.
- 실험 전에 학생들에게 물을 가열하거나 얼음을 다룰 때 주의할 점과 안전사고 대처 방법을 지도한다.
- 생태전환교육과 연계하여 물의 중요성과 물 부족 현상을 다룬다. 물을 얻는 여러 가지 사례나 장치를 조사하고, 이를 바탕으로 물을 얻을 수 있는 장치를 창의적으로 고안하도록 한다.
- 물을 얻을 수 있는 장치를 설계할 때는 물의 상태 변화를 이용하는 데 중점을 두고, 우리 주변에서 쉽게 구할 수 있는 재료를 이용하여 간단한 장치를 만드는 수준에서 지도한다.

(11) 땅의 변화

[4과11-01] 흐르는 물의 작용과 강 주변 지형의 특징을 관련지을 수 있다.
[4과11-02] 화산의 의미와 화산 활동으로 나오는 물질을 알고, 화산 활동을 모형으로 표현할 수 있다.
[4과11-03] 화성암을 관찰하고 분류할 수 있다.
[4과11-04] 화산 활동과 지진이 우리 생활에 미치는 영향을 조사하여, 대처 방법을 실천할 수 있다.

〈탐구 활동〉
- 흙 언덕을 만들고 물을 흘려보낸 후, 깎이는 곳과 쌓이는 곳 관찰하기
- 지진의 피해 사례를 조사하고 대처 방법 탐구하기

(가) 성취기준 해설

- [4과11-01] 강 주변 지형은 흐르는 물에 의한 침식, 운반, 퇴적 작용을 중심으로 다룬다.
- [4과11-02] 화산 활동과 화산 분출물을 중심으로 학습한다.
- [4과11-03] 화성암은 현무암과 화강암만 다룬다.
- [4과11-04] 화산 활동의 피해와 이로운 점을 함께 다루며, 지진 발생 원인은 다루지 않는다.

(나) 성취기준 적용 시 고려 사항

- 초등학교 5~6학년군 '지층과 화석', 중학교 1~3학년군 '지권의 변화'와 연계된다.
- 휴화산이나 활화산과 같은 화산의 상태에 대해서는 다루지 않으며, 화산과 화산이 아닌 산을 비교하여 화산의 의미를 살펴볼 수 있다.
- 학생들이 화산 활동과 지진을 직접 관찰하기 어려우므로, 화산 활동이나 지진과 관련된 영상을 스마트 기기로 조사하는 활동이 필요하다.
- 화산 활동을 모형실험으로 지도하는 경우 안전사고가 발생하지 않도록 유의하며, 실제 화산 활동과 모형실험의 공통점과 차이점을 비교할 수 있다.

(12) 다양한 생물과 우리 생활

[4과12-01] 균류 · 원생생물 · 세균을 관찰하여 특징과 사는 곳을 설명할 수 있다.
[4과12-02] 균류 · 원생생물 · 세균이 우리 생활에 미치는 영향을 조사하여 발표할 수 있다.
[4과12-03] 우리 생활에 생명과학이 이용되는 사례를 소개하는 자료를 만들어 공유할 수 있다.

〈탐구 활동〉
- 버섯과 곰팡이 관찰하기

- 해캄과 짚신벌레 관찰하기

(가) 성취기준 해설

- [4과12-03] 우리 생활에 생명과학이 이용되는 사례는 균류, 원생생물, 세균을 중심으로 학생들이 생활 속에서 경험하고 인지할 수 있는 수준으로 다룬다.

(나) 성취기준 적용 시 고려 사항

- 초등학교 3~4학년군 '동물의 생활', '식물의 생활', '생물과 환경'과 중학교 1~3학년군 '생물의 구성과 다양성'과 연계된다.
- 주변에서 쉽게 구할 수 있는 버섯, 곰팡이, 해캄, 짚신벌레를 디지털현미경이나 실체현미경 등 학생들이 다룰 수 있는 다양한 도구를 사용하여 직접 관찰하도록 하고, 지역의 특성에 따라 관찰 가능한 소재로 변경하여 다룰 수 있다.
- 세균은 사진 자료나 동영상 자료 등을 활용하여 관찰할 수 있게 한다.
- 세균이나 곰팡이 등이 우리 생활에 미치는 영향이나 생명과학의 이용 사례는 실생활에 많이 반영된 자료들을 중심으로 한다.
- 우리 생활에 생명과학이 이용되는 사례는 관련 도서와 누리망 자료를 활용하고, 발표 자료를 만들고 공유하는 활동은 디지털 소양 교육과 연계하여 지도할 수 있다.

(13) 밤하늘 관찰

[4과13-01] 달의 모양과 표면, 달의 위상변화를 관찰하여 밤하늘 관찰에 흥미를 가질 수 있다.
[4과13-02] 태양계 구성원을 알고, 태양과 행성을 조사할 수 있다.
[4과13-03] 별의 정의를 알고, 북극성 주변의 별자리를 관찰할 수 있다.

〈탐구 활동〉

- 여러 날 동안 보이는 달의 모양 관찰하기
- 태양계 행성 모형 만들기

(가) 성취기준 해설

- [4과13-01] 달의 위상변화 원인을 다루지 않고, 달의 모양이 주기적으로 바뀌는 현상을 관찰하여 확인하는 데 초점을 둔다.
- [4과13-02] 태양계를 구성하는 행성들의 표면적인 특징 위주로 조사하고, 태양과 행성의 실제 크기나 태양에서 행성까지의 실제 거리, 행성의 질량, 자전 속도, 대기 성분 등과

같은 구체적인 물리량은 다루지 않는다.

- [4과13-03] 별의 정의는 행성과 비교하여 스스로 빛을 내는 천체라는 수준에서만 다룬다. 별자리는 학생들이 쉽게 관찰할 수 있는 북극성 주변의 별자리를 다루며, 계절별 별자리와 관련짓지 않는다.

(나) 성취기준 적용 시 고려 사항

- 초등학교 5~6학년군 '지구의 운동', '계절의 변화', 중학교 1~3학년군 '태양계', '별과 우주'와 연계된다.
- 여러 날 동안 달의 모양 변화 등은 관찰 시기와 방법을 안내한 후 관찰하도록 한다.
- 모형이나 시청각 자료, 천체 관측 프로그램 등을 이용하여 천체에 대한 호기심을 유도하고 공간적 이해를 도울 수 있다.
- 야간에 달, 행성, 별 등을 관찰할 경우 안전 사항을 준수하도록 한다.

(14) 생물과 환경

[4과14-01] 생태계의 구성 요소를 조사하여 생물 요소와 비생물 요소로 분류할 수 있다.

[4과14-02] 생물 요소들의 먹고 먹히는 관계를 조사하여 먹이그물로 표현할 수 있다.

[4과14-03] 인간 활동이 생태계에 미치는 영향을 조사하고, 생태계 보전을 위해 우리가 할 수 있는 일을 토의하여 실천할 수 있다.

〈탐구 활동〉

- 양분을 얻는 방법에 따라 생물 요소 분류하기
- 먹이 관계 모형 만들기

(가) 성취기준 해설

- [4과14-01] 숲, 바다, 강 등 다양한 생태계를 다루고, 각 생태계에서 생물 요소와 비생물 요소를 분류할 수 있게 한다.
- [4과14-02] 생태계에서 다양한 먹이 관계를 알아보고 먹이 관계가 복잡할수록 생물이 생존하는 데 유리함을 이해하게 한다.
- [4과14-03] 대기오염, 수질오염, 토양오염 등의 환경오염에 관한 사례를 중심으로 다루고, 생태계 보전을 위해 우리가 해야 할 일을 조사하여 실천함으로써 생태계 보전에 대한 의식을 가지게 한다.

(나) 성취기준 적용 시 고려 사항

- 초등학교 3~4학년군 '동물의 생활', '식물의 생활', '생물의 한살이', '다양한 생물과 우리 생활'과 중학교 1~3학년군 '생물의 구성과 다양성'과 연계된다.
- 먹이사슬 놀이, 먹이그물 모형 만들기 등과 같은 모의 활동을 통하여 생태계의 구성 요소들이 상호 관련되어 있음을 인식하게 한다.
- 생태전환교육과 연계하여 생태계 보전 또는 복원을 위한 활동을 학생 스스로 계획하고 실천함으로써 생태계 보전과 관련한 문제해결력을 기르도록 지도할 수 있다.

(15) 여러 가지 기체

[4과15-01] 실험을 통해 기체가 무게가 있음을 설명할 수 있다.

[4과15-02] 온도나 압력에 따라 기체의 부피가 달라지는 현상을 관찰하고, 우리 주변에서 예를 찾을 수 있다.

[4과15-03] 일상생활에서 이용되는 기체의 종류와 성질을 조사하고, 여러 가지 기체에 대해 흥미를 느낄 수 있다.

[4과15-04] 기체의 성질을 이용하여 작동시킬 수 있는 장치를 설계하고 만들 수 있다.

〈탐구 활동〉

- 공기를 넣거나 뺄 때의 무게 변화 관찰하기
- 온도나 압력에 따른 기체의 부피 변화 관찰하기

(가) 성취기준 해설

- [4과15-01] 부피가 같은 용기에 공기를 1기압으로 담은 상태와 이 상태에서 공기를 넣거나 뺀 상태의 무게를 비교하는 실험을 바탕으로 기체가 무게가 있음을 설명한다.
- [4과15-02] 온도를 높일 때와 낮출 때 공기의 부피 변화, 압력을 높일 때와 낮출 때 공기의 부피 변화를 관찰하도록 한다. 온도나 압력에 따라 기체의 부피가 어떻게 변하는지를 정성적으로 이해하도록 하고, 입자 모형으로 기체의 부피가 변하는 까닭은 설명하지 않는다.

(나) 성취기준 적용 시 고려 사항

- 초등학교 3~4학년군 '물체와 물질', 중학교 1~3학년군 '기체의 성질'과 연계된다.
- 질소, 산소, 이산화 탄소 등 여러 가지 기체의 성질과 일상생활 속 이용 사례를 조사하여 발표하도록 지도한다.
- 장치를 작동시키는 기체로는 공기를 사용하고, 장치를 평가할 때는 기체의 어떤 성질을 이용했는지에 중점을 둔다.

(16) 기후변화와 우리 생활

[4과16-01] 기후변화 현상의 예를 알고, 기후변화가 인간의 활동과 관련되어 있음을 토의할 수 있다.

[4과16-02] 기후변화의 심각성에 관심을 가지고, 기후변화가 우리 생활과 환경에 미치는 영향을 설명할 수 있다.

[4과16-03] 기후변화 대응 방법을 조사하고, 생활 속에서 기후변화 대응 방법을 실천할 수 있다.

〈탐구 활동〉

- 해수면 상승으로 인한 피해 모형실험하기

(가) 성취기준 해설

- [4과16-01] 기후변화의 과학적 원인은 다루지 않으며 기온, 강수량 등 기후요소가 평년값에 비해 현저히 높거나 낮은 사례(가뭄, 폭설, 폭염, 한파, 홍수 등)를 탐구하도록 한다.
- [4과16-02] 인간의 삶에 부정적인 영향을 미치는 기후변화 현상의 사례를 모형이나 실험 활동을 통해 알아보고, 이에 기반하여 기후변화로 인한 인간의 피해를 예측하고 설명할 수 있도록 한다.

(나) 성취기준 적용 시 고려 사항

- 초등학교 5~6학년군 '날씨와 우리 생활', 중학교 1~3학년군 '날씨와 기후변화', '재해 · 재난과 안전'과 연계된다.
- 기후라는 용어를 설명하는 데 중점을 두기보다는 기후변화의 사례를 주로 다룬다.
- 기후변화에 대응하는 방법은 기후변화로 인한 자연환경의 변화를 인간이 완화하는 방안, 혹은 변화에 적응하는 방안으로 생각해볼 수 있으나, 이를 구분하여 지도하지 않도록 한다.
- 기후변화가 우리 생활과 환경에 끼치는 영향을 학습하면서 지나친 불안감이나 무기력함을 느끼기보다는 기후위기를 해결하기 위한 진취적인 실천 의지를 다지도록 한다.

[초등학교 5~6학년]

(1) 지층과 화석

[6과01-01] 지층의 특징을 알고, 지층의 형성 과정을 모형으로 표현할 수 있다.
[6과01-02] 지층이 퇴적암으로 이루어짐을 알고, 퇴적암을 알갱이의 크기에 따라 분류할 수 있다.
[6과01-03] 화석의 생성 과정을 모형으로 설명하고, 지구의 과거 생물과 환경을 추리하는 활동을 통해 화석의 가치를 인식할 수 있다.

〈탐구 활동〉
- 이암, 사암, 역암 관찰하기
- 화석을 관찰하고 화석 모형 만들기

(가) 성취기준 해설

- [6과01-01] 지층의 두께나 색 등을 다루고, 지층이 휘어지거나 끊어진 모습을 소개하되 생성 원리는 다루지 않는다.
- [6과01-02] 퇴적암은 이암, 사암, 역암만 다룬다.
- [6과01-03] 화석 표본은 동물과 식물의 특징이 분명하게 드러나는 것을 사용한다.

(나) 성취기준 적용 시 고려 사항

- 초등학교 3~4학년군 '땅의 변화', 중학교 1~3학년군 '지권의 변화'와 연계된다.
- 여러 가지 지층, 퇴적암, 화석 등을 관찰하여 그 특징을 찾아 생성 과정을 추리하는 활동이 필요하다. 이때, 학생들이 직접 조사한 자료를 활용할 수 있다. 학생들이 박물관에서 찍은 사진이나 여행지에서 찍은 사진을 이용하여 관련 특징을 설명하면 학습 효과를 높일 수 있을 것이다.
- 디지털 소양 교육과 관련하여 실감형 자료를 활용한 화석 관찰도 가능하다.

(2) 빛의 성질

[6과02-01] 물체를 보기 위해서 빛이 있어야 함을 알고, 빛의 성질에 대해 흥미를 느낄 수 있다.
[6과02-02] 빛이 나아가는 현상을 관찰하여 빛이 직진, 반사, 굴절하는 성질이 있음을 말할 수 있다.
[6과02-03] 거울과 렌즈의 쓰임새를 조사하고 거울이나 렌즈를 이용한 장치를 창의적으로 만들 수 있다.

〈탐구 활동〉
- 어둠상자 속의 물체 관찰하기
- 평면거울에서 빛의 반사 실험하기

- 렌즈를 이용하여 빛의 굴절 실험하기

(가) 성취기준 해설

- [6과02-02] 빛이 직진, 반사, 굴절하는 성질은 햇빛이나 레이저 광선의 진행으로 나타나는 현상을 관찰하여 알 수 있도록 하되, 반사와 굴절의 법칙은 다루지 않는다. 또, 볼록렌즈와 물체 사이의 거리, 볼록렌즈와 눈 사이의 거리에 따른 물체의 모습 차이는 다루지 않는다.

(나) 성취기준 적용 시 고려 사항

- 중학교 1~3학년군 '빛과 파동'과 연계된다.
- 물체를 보기 위해서는 빛이 필요하며 빛이 없을 때 불편한 점을 과학 글쓰기, 그림 그리기, 역할 놀이 등의 다양한 활동으로 융합하여 전개할 수 있다.
- 빛의 직진, 반사, 굴절 현상을 관찰할 때 컴퓨터 시뮬레이션, 가상 현실, 증강 현실 등을 이용하여 관찰을 보조할 수 있다.

(3) 용해와 용액

[6과03-01] 용해 현상의 의미를 알고, 용질의 종류와 물의 온도에 따라 물에 녹는 용질의 양이 달라짐을 비교할 수 있다.

[6과03-02] 용질이나 용매의 양에 따라 용액의 진하기가 달라짐을 관찰하고, 용액의 상대적인 진하기를 비교할 수 있다.

[6과03-03] 일상생활에서 용액이 쓰이는 사례를 조사하여 용액의 필요성을 알리는 자료를 만들고 공유할 수 있다.

〈탐구 활동〉

- 용해 전과 후의 무게 측정하기
- 물에 녹는 용질의 양에 영향을 미치는 요인 탐구하기
- 진하기가 다른 용액에서 물체의 뜨는 정도 비교하기

(가) 성취기준 해설

- [6과03-01] 용질, 용매, 용액, 용해의 개념을 다루되, 입자 모형으로 용해 현상을 설명하거나 용해 현상이 일어나는 과학적 이유나 원리를 설명하지 않는다. 용해 전과 후의 무게를 비교하여 용해 과정에서 물질이 사라지지 않음을 이해하도록 한다.

- [6과03-02] 진하기가 다른 두 용액에서 같은 물체의 뜨는 정도가 다름을 이용하여 용액의 상대적인 진하기를 비교하도록 한다.

(나) 성취기준 적용 시 고려 사항

- 초등학교 5~6학년군의 '혼합물의 분리', '산과 염기', 중학교 1~3학년군의 '물질의 특성'과 연계된다.
- 일상생활에서 용액의 사용 사례를 조사하여 우리 주변에서 용액의 중요성과 필요성을 이해할 수 있도록 한다. 디지털 소양 교육과 연계하여 포스터, 동영상 등 다양한 형태로 디지털 자료를 제작하여 누리망이나 사회 관계망 서비스 등에서 공유하도록 한다.

(4) 우리 몸의 구조와 기능

[6과04-01] 뼈와 근육의 생김새를 관찰하고 모형을 만들어 몸이 움직이는 원리를 설명할 수 있다.
[6과04-02] 소화, 순환, 호흡, 배설 기관의 구조와 기능을 알아보고, 우리 몸의 여러 기관이 서로 관련되어 있음을 설명할 수 있다.
[6과04-03] 우리 몸의 여러 기관과 관련된 질병을 조사하고, 건강을 유지하기 위한 생활 방식을 실천할 수 있다.

〈탐구 활동〉
- 운동할 때 몸에서 일어나는 변화 관찰하기

(가) 성취기준 해설

- [6과04-01] 중학교와 고등학교 과정에서는 뼈와 근육에 대해서 학습하지 않으므로, 뼈와 근육의 구조와 기능을 기초적으로 이해하는 데 중점을 둔다.
- [6과04-02] 우리 몸의 각 기관은 종류, 위치, 생김새, 기능을 중심으로 탐구한다.
- [6과04-03] 질병은 소화, 순환, 호흡, 배설 기관과 관련된 것으로 조사하고 건강을 유지하기 위한 생활 방식은 각 질병의 예방법을 중심으로 다룬다.

(나) 성취기준 적용 시 고려 사항

- 초등학교 3~4학년군 '동물의 생활', '생물의 한살이'와 중학교 1~3학년군 '동물과 에너지'와 연계된다.
- 우리 몸의 각 기관의 위치와 생김새는 그림과 모형 등을 통해 관찰하게 하고, 각 기관의 기능은 기관계의 역할을 위주로 이해하게 한다.
- 일상생활에서 우리 몸의 각 기관에 발생하는 질병과 예방법을 책이나 발표 자료 등의 다양한 형태로 만들어 공유함으로써 학생들의 건강을 유지하기 위한 실천 의지를 다진다.

또한, 발표 자료를 만들거나 공유하는 활동은 디지털 소양 교육과 연계하여 지도할 수 있다.

(5) 혼합물의 분리

[6과05-01] 알갱이의 크기가 다른 고체 혼합물과 골고루 섞이지 않는 액체 혼합물을 분리할 수 있다.

[6과05-02] 물에 용해되는 성질을 이용하여 고체 혼합물을 분리하고, 물을 증발시켜 물에 용해된 고체 물질을 분리할 수 있다.

[6과05-03] 지속가능한 삶을 위한 과학기술 사례 중 혼합물의 분리를 이용한 장치를 조사하여 공유할 수 있다.

〈탐구 활동〉

- 모래와 자갈의 혼합물 분리하기
- 물과 기름의 혼합물 분리하기
- 소금과 모래의 혼합물 분리하기

(가) 성취기준 해설

- [6과05-01] 혼합물의 의미를 학습한 뒤 혼합물의 분리 실험을 진행하도록 한다. 혼합물은 두 가지 이상의 물질이 성질이 변하지 않고 섞여 있는 상태라는 수준에서 다룬다. 골고루 섞이지 않는 액체 혼합물 분리에서 액체가 골고루 섞이지 않는 까닭은 다루지 않는다.

(나) 성취기준 적용 시 고려 사항

- 초등학교 3~4학년군의 '물체와 물질', 5~6학년군의 '용해와 용액', 중학교 1~3학년군의 '물질의 특성'과 연계된다.
- 대부분 물질은 혼합물 상태이기 때문에 필요한 물질을 얻기 위해서는 혼합물을 분리할 필요가 있음을 이해하도록 지도한다.
- 혼합물의 분리 실험을 할 때는 우리 주변에서 쉽게 구할 수 있는 물질을 사용하고, 실험이 끝난 뒤 남은 물질은 과학 실험실 폐수 및 폐기물 처리 기준과 방법에 따라 처리할 수 있도록 한다.
- 유리 기구를 사용하거나 거름 장치와 증발 장치로 실험할 때는 실험 전에 학생들에게 주의할 점과 안전사고 대처 방법을 지도한다.
- 생태전환교육과 연계하여 오염된 물을 정화할 수 있는 장치 등과 같이 경제적, 사회적, 지역적 상황을 고려하여 개발된 과학기술 사례를 중심으로 조사하도록 한다. 디지털 소양 교육과 연계하여 조사 결과를 누리망이나 사회 관계망 서비스 등에서 공유하도록 한다.

(6) 날씨와 우리 생활

[6과06-01] 기상 요소를 조사하고, 날씨가 우리 생활에 주는 영향을 인식할 수 있다.

[6과06-02] 이슬, 안개, 구름을 관찰하고, 공통점과 차이점을 찾을 수 있다.

[6과06-03] 고기압과 저기압의 분포에 따른 날씨의 특징을 기상 요소로 표현할 수 있다.

〈탐구 활동〉

- 이슬, 안개 발생 실험하기
- 바람 발생에 대한 모형실험하기

(가) 성취기준 해설

- [6과06-01] 기상 요소는 기온, 바람, 습도, 구름의 양, 강수량을 중심으로 다루고, 기상 자료에서 규칙성을 파악하도록 한다.
- [6과06-02] 구름에서 비와 눈이 내리는 과정을 다루지 않고 현상을 중심으로 다루며, 단열 팽창과 관련된 구름의 생성 과정은 다루지 않는다.
- [6과06-03] 고기압과 저기압의 날씨와 고기압에서 저기압으로 부는 바람의 방향을 이해하는 수준에서 현상 중심으로 다룬다.

(나) 성취기준 적용 시 고려 사항

- 초등학교 3~4학년군 '지구와 바다', 중학교 1~3학년군 '날씨와 기후변화', '수권과 해수의 순환'과 연계된다.
- 날씨는 학생들이 매일 접하는 자연 현상으로, 관찰과 실험을 중심으로 한 탐구 활동의 좋은 소재가 된다. 따라서 관찰과 실험을 중심으로 여러 가지 기상 요소의 특징을 이해하고, 우리 생활과 관련짓도록 한다.
- 이슬, 안개 발생 실험 과정에서 응결 현상을 중심으로 설명하고, 단열 팽창 실험 기구를 활용하지 않는다.
- 바람 발생에 대한 모형실험은 해륙풍 모형으로 제시하며, 가열에 따른 육지와 바다의 온도 차이에 의해 고기압에서 저기압으로 바람이 부는 것으로 설명한다.

(7) 열과 우리 생활

[6과07-01] 물체의 따뜻하고 차가운 정도를 온도로 표현함을 알고, 온도계를 이용하여 온도를 측정할 수 있다.

[6과07-02] 온도가 다른 두 물체가 접촉했을 때 두 물체의 온도 변화를 관찰하고 그 원인을 추리할 수 있다.

[6과07-03] 주위에서 열의 이동으로 나타나는 현상을 관찰하여 열의 이동 방식이 다양함을 설명할 수 있다.

[6과07-04] 일상생활에서 단열을 이용하는 사례를 조사하고, 온도를 오랫동안 일정하게 유지할 수 있는 장치를 창의적으로 만들 수 있다.

〈탐구 활동〉

- 온도가 다른 두 물체가 접촉할 때 두 물체의 온도 변화 측정하기
- 열이 이동하는 여러 방식의 특징 비교하기

(가) 성취기준 해설

- [6과07-02] 온도가 다른 두 물체를 접촉하는 탐구에서는 두 물체의 온도 변화를 측정하는 데 중점을 두고, 물체의 온도가 변하는 원인이 온도가 높은 물체에서 온도가 낮은 물체로 열이 이동하기 때문이라는 사실을 추리하도록 한다. 단, 열평형이라는 용어는 사용하지 않는다.
- [6과07-03] 전도, 대류, 복사는 고체, 액체, 기체에서의 열의 이동과, 빛에 의한 열 이동 현상을 관찰하는 데 중점을 두고 다룬다.

(나) 성취기준 적용 시 고려 사항

- 초등학교 3~4학년군 '물의 상태 변화', 5~6학년군 '날씨와 우리 생활', 중학교 1~3학년군 '열'과 연계된다.
- 일상생활의 열과 관련된 현상을 과학 글쓰기, 그림 그리기, 역할 놀이, 장치 만들기 등의 다양한 활동으로 융합하여 다룰 수 있다.
- 뜨거운 물질이나 물체 등을 다룰 때 화상, 화재 등의 안전사고에 유의한다.

(8) 자원과 에너지

[6과08-01] 우리가 생활에서 이용하는 다양한 자원을 조사하고, 자원의 유한함을 설명할 수 있다.
[6과08-02] 재생에너지의 종류를 조사하고, 에너지를 지속가능하게 이용하는 방법에 관심을 갖는다.
[6과08-03] 자원과 에너지의 효율적인 이용 방법에 대해 탐색하고, 생활 속에서 실천할 수 있는 다양한 사례를 공유할 수 있다.

〈탐구 활동〉
- 효율적으로 에너지를 이용하는 집 모형의 효과 탐구하기

(가) 성취기준 해설
- [6과08-02] 재생에너지는 태양 에너지, 풍력, 수력, 해양 에너지, 지열 에너지, 바이오 에너지 등을 의미한다.
- [6과08-03] 효율적인 자원의 이용 방법에서 물 자원과 산림 자원, 광물 자원을 종합적으로 다루며, 학생들이 배운 내용을 바탕으로 생활 속에서 자원의 소중함을 느끼고, 효율적인 이용 방법을 공유하고 실천할 수 있도록 한다.

(나) 성취기준 적용 시 고려 사항
- 중학교 1~3학년군 '식물과 에너지', '동물과 에너지', '전기와 자기', '운동과 에너지'와 연계된다.
- 재활용된 자원이 순환 과정을 거치는 사례가 있으나, 이러한 사례로 인해 자원이 무한한 것이라는 인식을 갖지 않도록 유의한다.
- 일상생활에서 이용하는 에너지를 알아보고, 지속가능한 에너지 이용이 필요한 까닭을 알 수 있도록 한다.

(9) 산과 염기

[6과09-01] 여러 가지 용액에 지시약을 넣었을 때의 변화를 관찰하여 용액을 산성 용액과 염기성 용액으로 분류할 수 있다.
[6과09-02] 산성 용액과 염기성 용액의 성질을 관찰하고, 산성 용액과 염기성 용액을 섞을 때 용액의 성질 변화를 실험을 통해 추론할 수 있다.
[6과09-03] 우리 주변에서 산성 용액과 염기성 용액을 이용하는 예를 찾아서 설명할 수 있다.
[6과09-04] 산성화로 인한 환경의 피해 사례를 소개하는 자료를 만들고 공유할 수 있다.

〈탐구 활동〉
- 지시약을 이용하여 용액 분류하기
- 묽은 염산과 묽은 수산화 나트륨 용액을 섞을 때 용액의 색깔 변화 관찰하기

(가) 성취기준 해설
- [6과09-01] 리트머스 시험지, 페놀프탈레인 용액, 붉은 양배추 용액 등과 같은 지시약의 색깔 변화를 이용하여 여러 가지 용액을 산성 용액과 염기성 용액으로 분류하도록 한다.
- [6과09-02] 산성 용액은 탄산 칼슘과 반응하고 염기성 용액은 단백질과 반응하는 성질을 중심으로 다룬다. 산성 용액과 염기성 용액을 섞을 때 용액의 성질 변화에서 지시약이 들어 있는 용액의 색깔이 변하는 현상을 관찰하는 수준에서만 다루고 중성, pH, 중화 개념은 다루지 않는다.

(나) 성취기준 적용 시 고려 사항
- 초등학교 3~4학년군 '물체와 물질', 5~6학년군 '물질의 연소', 중학교 1~3학년군 '화학 반응의 규칙성'과 연계된다.
- 겉보기 성질이 비슷한 여러 가지 용액의 분류 활동 결과를 바탕으로, 용액을 분류하는 새로운 기준이 필요함을 인식하도록 한다.
- 산성 용액이나 염기성 용액을 사용할 때는 실험실 안전 수칙에 따라 실험하고, 실험이 끝난 뒤 남은 물질은 과학 실험실 폐수 및 폐기물 처리 기준과 방법에 따라 처리할 수 있도록 한다.
- 생태전환교육과 연계하여 산성비, 해양 산성화, 토양 산성화 등 산성화로 인한 생태계의 피해 사례 및 관련 자료를 수집하여 분석하도록 한다. 디지털 소양 교육과 연계하여 환경 파괴의 원인, 현황, 전망, 대책 등을 포함한 조사 결과를 누리망이나 사회 관계망 서비스 등에서 공유하도록 한다.

(10) 물체의 운동

[6과10-01] 운동하는 물체는 시간에 따라 위치가 변화함을 알고 그 변화를 표현할 수 있다.
[6과10-02] 물체의 이동 거리와 걸린 시간을 측정하여 속력을 구하고 빠르기를 비교할 수 있다.
[6과10-03] 속력과 관련된 안전 수칙과 안전장치를 조사한 결과를 공유하고 일상생활에서 교통안전을 실천할 수 있다.

〈탐구 활동〉
- 운동하는 물체의 공통된 특징 탐구하기

• 같은 시간 동안에 물체가 이동한 거리 비교하기

(가) 성취기준 해설

- [6과10-01] 시간에 따라 위치가 변하는 다양한 운동을 다루면서 처음 위치와 나중 위치를 간단한 좌표 평면 위에 표현하되 두 위치 사이의 거리는 구하지 않는다.
- [6과10-02] 물체의 속력을 구할 때 물체가 한 길을 따라 한 방향으로 운동하는 경우만 다루며, 속력의 단위 변환에 중점을 두지 않는다.

(나) 성취기준 적용 시 고려 사항

- 초등학교 3~4학년군 '힘과 우리 생활', 중학교 1~3학년군 '운동과 에너지'와 연계된다.
- 속력의 산술적 계산 능력보다는 속력의 의미를 이해하고 물체의 빠르기를 정량적으로 표현하여 소통할 수 있는 과학적인 의사소통 능력 평가에 중점을 둔다.
- 물체의 속력을 측정하고 계산할 때 디지털 탐구 도구나 계산기 등을 활용할 수 있다.
- 속력과 관련된 안전 수칙과 안전장치를 조사한 결과를 발표하거나 사회 관계망 서비스 등을 통해 공유하고, 교통안전의 실천은 실천적 습관 형성에 주안점을 둔다.

(11) 식물의 구조와 기능

[6과11-01] 생물을 이루고 있는 기본 단위인 세포를 현미경으로 관찰할 수 있다.
[6과11-02] 식물의 각 기관의 구조를 관찰하고, 기능을 알아보는 실험을 수행하여 식물 각 기관의 구조와 기능을 설명할 수 있다.
[6과11-03] 여러 가지 식물의 특징을 설명하는 자료를 만들어 공유할 수 있다.

〈탐구 활동〉

• 줄기에서 물의 이동 실험하기
• 광합성 산물 확인 실험하기
• 증산 작용 확인 실험하기

(가) 성취기준 해설

- [6과11-01] 세포 관찰은 식물 세포로 하고, 세포의 구조는 핵, 세포막, 세포벽을 용어 수준에서 다룬다.
- [6과11-02] 식물의 기관에서 물과 양분의 이동을 탐구하면서 식물의 기관이 서로 연결되어 있음을 다룬다.

- [6과11-03] 학생들이 관심 있는 식물의 구조와 기능을 관찰하거나 조사하고 이를 설명하는 자료를 만들어 발표하고 공유하게 한다.

(나) 성취기준 적용 시 고려 사항

- 초등학교 3~4학년군 '식물의 생활', '생물의 한살이', 중학교 1~3학년군 '생물의 구성과 다양성', '식물과 에너지'와 연계된다.
- 식물 세포 현미경 표본을 만들어 직접 관찰하되 학교 사정에 따라 이미 만들어진 현미경 표본을 이용하여 관찰할 수도 있다.
- 식물의 구조와 기능을 설명하는 자료를 만들어 공유하는 활동은 디지털 소양 교육과 연계하여 지도할 수 있다.
- 초등학교 3~4학년군 '식물의 생활'과 '생물의 한살이'에서는 식물들의 특징을 관찰하고 비교하는 데 중점을 두지만, '식물의 구조와 기능'에서는 식물 각 기관의 구조와 기능에 중점을 두는 만큼 실험을 통해 탐구하도록 한다.

(12) 지구의 운동

[6과12-01] 하루 동안 태양과 별을 관찰하여 위치 변화의 규칙성을 찾을 수 있다.
[6과12-02] 지구의 자전을 알고, 낮과 밤이 생기는 이유를 설명할 수 있다.
[6과12-03] 지구의 공전을 알고, 계절에 따라 달라지는 별자리를 관찰할 수 있다.

〈탐구 활동〉

- 낮과 밤이 생기는 이유 모형실험하기
- 천체 관측 프로그램을 이용하여 계절별 대표적인 별자리 관찰하기

(가) 성취기준 해설

- [6과12-01] 남쪽 하늘을 바라보는 관측자 관점에서 태양과 별의 위치가 달라지는 현상을 중심으로 다룬다.
- [6과12-02] 지구의 자전에서는 지구가 자전축이 기울어진 채 하루에 한 바퀴 도는 것을 중심으로 다룬다.
- [6과12-03] 별자리 명칭보다는 계절에 따라 보이는 별자리와 별자리의 위치가 달라지는 까닭을 이해하는 데 초점을 둔다.

(나) 성취기준 적용 시 고려 사항

- 초등학교 3~4학년군 '밤하늘 관찰', 5~6학년군 '계절의 변화', 중학교 1~3학년군 '태양계', '별과 우주'와 연계된다.
- 관찰과 실험을 중심으로 지구의 운동과 관련된 개념을 이해하고 지구의 자전과 공전에 의하여 일어나는 현상을 지구의 관측자 중심으로 탐구할 수 있는 활동이 필요하다.
- 탐구 활동을 하기 전, 교실이나 운동장 등의 공간에서 관측자가 남쪽을 바라볼 때를 기준으로 방위를 설정할 필요가 있다.
- 디지털 소양 교육 관련하여, 계절별 대표적인 별자리는 남쪽 하늘의 별자리를 중심으로 천체 관측 프로그램이나 실감형 자료를 활용하여 조사할 수 있다.

(13) 계절의 변화

[6과13-01] 태양 고도 측정기로 하루 동안 태양 고도, 그림자 길이, 기온을 측정하여 이들의 관계를 찾을 수 있다.

[6과13-02] 계절에 따른 태양의 남중 고도와 낮의 길이 사이의 관계를 자료에 근거하여 추론할 수 있다.

[6과13-03] 계절 변화의 원인을 지구의 자전축이 기울어진 채 공전하는 것으로 설명할 수 있다.

〈탐구 활동〉

- 태양 고도 측정기 만들기
- 디지털 자료를 활용하여 계절별 태양의 남중 고도, 낮의 길이 관계 탐구하기

(가) 성취기준 해설

- [6과13-03] 지구 자전축이 기울어진 채 공전하기 때문에 계절에 따라 태양의 남중 고도가 달라져 지표가 받는 태양 에너지의 차이로 계절의 변화가 생김을 이해하게 한다.

(나) 성취기준 적용 시 고려 사항

- 초등학교 3~4학년군 '밤하늘 관찰', 5~6학년군 '지구의 운동'과 중학교 1~3학년군 '태양계', '별과 우주'와 연계된다.
- 태양 고도 측정기 만들기 활동에서는 단순하게 그림자의 길이를 이용하는 장치, 정확한 태양 고도값을 측정하는 장치 등 다양한 태양 고도 측정 장치를 설계하고 만들 수 있다. 또한, 하루 동안 태양 고도와 그림자 길이를 직접 측정하여, 표와 그래프로 나타내는 활동이 필요하다.
- 디지털 소양 교육과 관련하여, 누리집을 활용하여 계절에 따른 태양의 남중 고도와 낮의 길이 자료를 수집하고 해석할 수 있다.

(14) 물질의 연소

[6과14-01] 물질의 성질이 달라지는 변화와 달라지지 않는 변화를 관찰하여 비교할 수 있다.
[6과14-02] 물질이 연소할 때 나타나는 공통적인 현상을 관찰하고, 연소의 조건을 찾을 수 있다.
[6과14-03] 연소 전과 후의 물질을 비교하여 연소 과정에서 물질의 성질이 달라짐을 설명할 수 있다.
[6과14-04] 연소 과정에서 생성되는 물질로 인한 생태계의 피해 사례를 수집하고 분석하여 해결책을 제안하고 공유할 수 있다.

〈탐구 활동〉
- 서로 다른 물질을 섞었을 때 물질의 성질 변화 관찰하기
- 양초와 알코올이 탈 때 나타나는 공통적인 현상 관찰하기
- 연소 후 생성되는 물질 확인하는 실험하기

(가) 성취기준 해설
- [6과14-01] 서로 다른 물질을 섞었을 때 물질의 성질이 달라지는 변화를 활용한 재미있고 간단한 실험을 실시한다. 물질을 섞은 후 물질의 성질이 달라지는 까닭은 다루지 않으며, 물리 변화나 화학 변화 용어를 도입하지 않는다.
- [6과14-02] 양초, 알코올, 나무 등과 같은 물질의 연소를 중심으로 다룬다.
- [6과14-03] 물이나 이산화 탄소와 같은 연소 생성물은 염화 코발트 종이나 석회수 등을 이용한 실험으로 확인하고, 그을음은 연소 생성물로 다루지 않는다.
- [6과14-04] 생태계의 피해 사례는 연소 생성물 중 이산화 탄소로 인한 피해 사례를 중심으로 조사한다.

(나) 성취기준 적용 시 고려 사항
- 초등학교 3~4학년군 '물체와 물질', '여러 가지 기체', 5~6학년군 '산과 염기', 중학교 1~3학년군 '화학 반응의 규칙성'과 연계된다.
- 연소 과정에 필요한 물질이나 연소 후 생성되는 물질을 지도할 때 초등학교 3~4학년군 '여러 가지 기체'에서 학습한 산소나 이산화 탄소의 성질을 상기시킨다.
- 실험할 때는 학생들이 적절한 안전 장구를 착용하도록 하고, 실험 전에 학생들에게 주의할 점과 안전사고 대처 방법을 지도한다.
- 생태전환교육과 연계하여 연소 생성물 중 이산화 탄소로 인한 생태계의 피해 사례를 수집하여 분석하도록 한다. 디지털 소양 교육과 연계하여 피해의 원인, 현황, 전망 등을 바탕으로 실천 가능한 해결책이나 행동 방식을 제안하고, 누리망이나 사회 관계망 서비스 등에서 공유하도록 한다.

(15) 전기의 이용

[6과15-01] 전지와 전구, 전선을 연결하여 전구에 불을 켜보고, 불이 켜지는 전기 회로의 특징을 말할 수 있다.

[6과15-02] 전지 한 개를 연결한 전기 회로와 전지 두 개를 직렬연결한 전기 회로의 특징을 비교할 수 있다.

[6과15-03] 전자석을 만들어 전자석의 성질을 탐색하고 전자석이 사용되는 예를 조사할 수 있다.

[6과15-04] 전기를 효율적이고 안전하게 사용하는 방법을 조사하여 실천 계획을 세우고 일상생활에서 실천할 수 있다.

〈탐구 활동〉

- 전구에 불이 켜지는 전기 회로와 불이 켜지지 않는 전기 회로 비교하기
- 전지 한 개를 연결한 전기 회로와 전지 두 개를 직렬연결한 전기 회로에서 전구의 밝기 비교하기
- 전자석의 성질을 영구 자석과 비교하여 탐색하기

(가) 성취기준 해설

- [6과15-02] 전구의 직렬연결과 병렬연결은 다루지 않고, 전지의 연결은 직렬연결만 다룬다.
- [6과15-03] 전자석은 전지를 이용하여 제작하고, 전지의 수에 따라 전자석의 세기가 달라지는 현상, 전지의 연결 방향에 따라 전자석의 극이 달라지는 현상을 관찰하여 영구 자석과의 차이를 비교하도록 하되, 전류에 의한 자기장 개념은 도입하지 않는다.

(나) 성취기준 적용 시 고려 사항

- 초등학교 3~4학년군 '자석의 이용', 중학교 1~3학년군 '전기와 자기'와 연계된다.
- 탐구 활동 등의 학습 과정에서 전기 안전에 유의하도록 한다.
- 전지와 전구, 전선을 연결하여 전구에 불이 켜지는 전기 회로를 구성하여 도체와 부도체를 구별하는 활동을 진행할 수 있다.
- 전지 한 개를 연결한 회로와 전지 두 개를 직렬연결한 회로의 특징을 비교하기 위해 발광다이오드, 전동기, 버저 등의 다양한 전기 부품을 이용할 수 있다.
- 전구 등의 전기 부품은 전지의 연결을 고려하여 알맞은 규격을 사용한다.
- 전기를 효율적이고 안전하게 사용하는 방법에 대한 학습을 생활 규칙 만들기, 과학 글쓰기, 그림 그리기, 역할 놀이 등의 다양한 활동으로 융합하여 전개할 수 있다.

(16) 과학과 나의 진로

[6과16-01] 미래 사회에 일어날 수 있는 문제를 조사하고, 문제를 해결하는 데 과학이 기여할 수 있는 방법을 토의할 수 있다.

[6과16-02] 다양한 진로가 과학과 관련됨을 알고, 자신의 진로를 과학과 관련지어 설명할 수 있다.

〈탐구 활동〉

- 우리의 진로에 영향을 미치는 과학적 요소 탐구하기

(가) 성취기준 해설

- [6과16-01] 단순한 상상이 아니라 현재의 다양한 정보를 기반으로 미래 사회의 문제를 예상해보도록 한다.
- [6과16-02] 과학자와 관련된 직업을 다루는 것이 아니라 학생이 희망하는 다양한 직업을 기준으로 하여 해당 직업과 관련된 과학적 요소를 찾도록 한다.

(나) 성취기준 적용 시 고려 사항

- 중학교 1~3학년군 '과학과 나의 미래'와 연계된다.
- 인구 문제, 환경 문제 등 미래 사회에 일어날 수 있는 문제의 해결과 관련하여 과학의 유용성을 다룰 때는 과학이 모든 문제를 해결할 수는 없다는 것도 함께 지도한다.
- 과학기술의 발달이 가지고 올 미래 사회의 모습에 맞춰 새로운 진로의 탐색이나 미래의 나를 위한 준비의 필요성을 느낄 수 있도록 지도한다.

초등교사를 위한 과학교육

2014년 1월 15일 1판 1쇄 인쇄
2014년 1월 20일 1판 1쇄 발행

원저자 ◎ David Jerner Martin
역 자 ◎ 권 성 기·김 동 렬·임 청 환
발행자 ◎ 조 승 식
발행처 ◎ (주) 도서출판 북스힐
서울시 강북구 한천로 153길 17
등 록 ◎ 제 22-457 호

TEL (02) 994-0071(代)
FAX (02) 994-0073
E-MAIL bookswin@unitel.co.kr
www.bookshill.com

값 23,000원

잘못된 책은 교환해 드립니다.

ISBN 978-89-5526-874-4